GÉOGRAPHIE

DE

BUSCHING.

TOME V.

GÉOGRAPHIE

DE

BUSCHING

Abrégée dans les objets les moins intéressans, & augmentée dans ceux qui ont paru l'être;

RETOUCHÉE PAR-TOUT, ET ORNÉE D'UN

PRÉCIS DE L'HISTOIRE DE CHAQUE ÉTAT.

PAR MR. BERENGER.

TOME CINQUIEME,

Qui comprend toutes les Provinces du Royaume de France.

A LAUSANNE,
Chez LA SOCIÉTÉ TYPOGRAPHIQUE.

M. DCC. LXXIX.

GÉOGRAPHIE DE BUSCHING.

PRÉCIS DE L'HISTOIRE DE FRANCE.

LE pays qui s'étend des Pyrénées à la Manche, & de la mer Occidentale au Rhin, fut d'abord occupé par les Gaulois, qu'on croit être une nation Celtique. Ceux qui habitaient la partie orientale de ces contrées conservérent le nom de Celtes. Au midi étaient les Aquitains, au nord les Belges. Chacune de trois grandes parties de la Gaule, comprenant plusieurs peuples, qui avaient leurs magistrats, leurs sénats, leurs chefs, & chacun de ces petits peuples était divisé en factions; mais tous se réunissaient pour la cause commune. Cette espèce de république fédérative, renfermait trois différens ordres, les druides, les chevaliers ou nobles, & le peuple; c'était un gouvernement presque semblable à celui de Pologne, où le peuple n'est rien, & les nobles, & les gens d'église sont tout. Les institutions des druides qui paraissent les plus singulieres, sont la permission donnée aux femmes de juger les causes pour injures particulieres, & l'éducation des enfans, élevés loin des regards de leurs parens. Ces Gaulois furent subjugués par les Romains, & quand l'empire de ceux-ci, chancelant de vieillesse eut laissé voir la facilité de le renverser, les Francs, nation qui habitait sur les bords du Rhin, envahirent une partie de la Gaule, & sous Clovis la soumirent toute entiere.

Ces Francs avaient la taille haute, les cheveux blonds, les yeux bleus; leur habit était court & serré: adroits, agiles, courageux, on les voyait s'élancer sur l'ennemi avec la vitesse du javelot: on les mettait à mort plûtôt que de les vaincre: les dépouilles du vaincu étaient leurs moissons: ils habitaient dans des forêts, dans des marécages où résidaient leurs femmes; leurs cabanes de bois, construites sans art, dispersées sans ordre, formaient des villages: ces sauvages réunis étaient sous le commandement d'un Prince à longue chevelure, ils allaient avec lui à la guerre, sans en être dominé durant la paix; ces princes étaient plûtôt les premiers des soldats, que les Rois de leurs peuples: on ne leur payait point de tribut, ils partageaient le butin, & on leur faisait des présens. Tels étaient les conquérans des Gaules, les fondateurs de la monarchie Française. Cette nation après s'être fait chrêtienne, au moins par le nom, par des soumissions à des cérémonies dont elle ne voyait ni le but, ni la fin, & par son respect pour les prêtres, perdit insensiblement ses anciennes mœurs: cependant une partie de ses institutions demeura. La démocratie s'effaça, l'aristocratie militaire prit sa sa place. Les rois furent toujours pris dans la même maison : c'était celle de Clovis : elle produisit peu de grands hommes. *Théodebert* est peut-être le seul qui mérite ce nom. Les généraux étaient élus par les grands ; & ces généraux sous le nom de Maires devinrent insensiblement les chefs de l'état, firent oublier leur roi, gouvernérent pour eux, & s'assirent à leur place. Ils l'auraient fait plûtôt qu'ils ne le firent sans les assemblées générales de la nation qui tempéraient leur pouvoir ; ces assemblées étaient composées du clergé & de la noblesse ; il fallait qu'elles consentissent à la guerre, à la paix, & aux ordonnances du prince, ou du Maire qui les donnait sous son nom, pour en faire des loix. Mais ces Maires en s'attachant la nation, en fixant ses regards par de grandes vertus, par des exploits éclatans, dictérent enfin ses décisions. Leur charge devint héréditaire, Pepin Heristel gouverna toute la France pendant 27 ans, sa veuve & son petit-fils gouvernérent après lui. Ce petit-fils était Charles Martel, homme digne du pouvoir qu'il s'arrogea, & qui mérita de donner des Rois à la France, puisqu'il sût la gouverner, la défendre, la délivrer des Musulmans qui venaient l'envahir comme ils avaient envahi l'Espagne. Il eut pû prendre le titre de roi, il ne prit que celui de duc. Pepin son fils proposa au pape de décider lequel devait porter le nom de roi, ou d'un prince incapable, ou d'un ministre qui gouverneroit avec gloire. Le pape avait besoin de Pepin ; il décida que le ministre devait être roi, & Pepin le devint : il s'était rendu agréable au clergé en lui rendant des biens que son pere lui avait ravi ; il s'était fait respecter des grands par son habileté & par sa puissance ; la nation ne connaissait ses anciens rois que de nom, & la décision du pape devint une loi pour elle. Les papes avaient alors un grand pouvoir : quand les moyens d'usage ne suffisaient plus pour se faire écouter, ils inventaient des miracles, aidaient à des prodiges, se faisaient envoyer des lettres des portiers du ciel pour arranger à leur gré les affaires de la terre : ils étaient les premiers des Evêques, & les Evêques étaient alors fort puissans ; car ils possédaient de grands domaines, & des esclaves; ils étaient les arbîtres des peines des criminels, souvent les juges des ducs & des grands de l'état, quelques fois, ils jugeaient même des affaires purement militaires. Ces évêques furent soumis sous de grands hommes tels que Pepin, ou Charlemagne ; ils devinrent les juges & les pedagogues de leurs rois quand ils furent faibles.

Charlemagne fit renaître l'Empire d'Occident & le fit respecter. Pour reconnaître en lui le grand homme, il faut le voir dictant des loix à son peuple durant la paix, & fixant la victoire par sa prudence & son courage, mais il faut détourner ses regards de sa vengeance sur les Saxons, des loix sanglantes qu'il leur donna, de sa manière de les appeller & de les fixer dans le sein de l'église Chrêtienne. Il fut la tige de plusieurs Empereurs, d'un grand nombre de rois, qui furent des hommes faibles ou cruels ; Louis le Débonnaire n'eût que les vertus d'un Moine, & ces vertus sont des défauts sur le trône : il fut malheureux, & parut mériter de l'être : on s'indigne quand on voit sa faiblesse, & on le plaint quand on sait que ses fils furent ses plus grands ennemis. Aussi mauvais fréres qu'enfans dénaturés, ces fils s'arment l'un contre l'autre après la mort de leur père, & l'Empire de Charlemagne, mis en lambeaux, est couvert du sang de ses sujets, & de ses défenseurs. Les Normands aident aux vices, à la faibleſſe ſuperſtitieuſe, à l'ambition féroce de ſes maîtres, pour le ravager. Le Clergé toujours inſatiable ſe plaignit qu'on attentait à ſes privilèges, parce qu'on l'empèchait d'étendre ſon pouvoir. Les grands, mécontens de voir les prêtres augmenter leur puiſſance aux dépens de la leur, d'être ſoumis à leur cenſure, à leurs projets ambitieux, voulurent y mettre des bornes & le voulurent en vain: ils ne furent heureux que contre leurs Rois dont ils ſe rendirent preſque indépendans: l'autorité qui devait tout tempérer, & régir, ne ſe faiſait plus ſentir, on pouvait être mépriſée. De là une multitude de déſordres, de revoltes, de guerres, de brigandages, de trahiſons. Les mœurs devinrent féroces, & le peuple malheureux & mépriſé. Au milieu des malheurs publics, la puiſſance des Papes s'élevait toujours davantage: bientôt ils prétendirent être les juges des rois, & de pouvoir décider s'ils devaient ceſſer ou continuer de l'être. Ils avaient ſacré les empereurs, c'était donc par eux qu'ils l'étaient. D'ailleurs, l'excomunication était une arme terrible dans leur main & on ne pouvait la leur conteſter: avec elle ils rompaient tous les liens qui attachaient les peuples à leurs chefs, tous les liens de la ſociété: un excomunié n'était plus un homme, il ne pouvait plus être Roi. Telles furent les principales ſources des révolutions qui déſolèrent l'Europe & ſurtout la France, dans les tems dont nous parlons.

L'Empire ſortit de la maiſon de Charlemagne, après la mort de Charles le Simple, homme plus faible, plus ſtupide & plus mépriſable que ſimple. Déjà un Roi de France avait été élû ſans être de cette famille, mais ce Roi était un héros qui avait ſu défendre l'état quand ſes chefs n'avaient plus la force de combattre pour lui. A ces traits on reconnait *Eudes* Comte de Paris. Robert son frère eût après lui le nom de Roi : mais ils ne le transmirent pas à leurs enfans. Enfin Hugues Capet petit fils du dernier, voyant que Charles Duc de Lorraine était le seul rejetton de la famille de Charlemagne, espèra faire passer le trône dans sa maison. Il inspira du mépris pour Charles, il fit regarder comme une tache qui le rendait indigne du trône sa vassalité envers l'Empereur Allemand: il avait gagné le clergé par l'intérèt, le peuple par la superstition, il était puissant & habile, il devint Roi de France, & ses fils le furent après lui. Charles Duc de Lorraine, trahi par un lâche Archevèque, mourut son prisonnier. Dans ce tems la France était divisée en une multitude de petits Etats indépendans, qui n'étaient liés au Roi que par l'hommage que son possesseur lui prètait, & par l'obligation de combattre avec lui contre l'ennemi commun. Dans le choc des intérêts multipliés que cette multiplication d'Etats avait produits, le Roi ne se faisait entendre que lors qu'il était le plus fort : chaque petit Tyran faisait la guerre pour son compte, ou pour celui d'un Tyran plus puissant auquel il devait fidélité. La France paraissait un vaste cirque rempli de combattans, où le juge des combats ne faisait respecter ses décisions qu'en descendant lui-même sur l'arène : tous les Rois n'avaient pas le courage de le faire, & ils laissaient leurs sujets se détruire : souvent ils en étaient attaqués eux-mêmes.

Robert successeur de Hugues, fut un homme bon & un Roi faible : le Pape le força de répudier une épouse aimable qui le rendait heureux parce qu'elle était sa parente au quatrième dégré : il en épousa une seconde, tracassiére, ambitieuse, cruelle, impérieuse, qui empoisonna le reste de ses jours & troubla l'Etat. Son fils Henri I, dans la crainte d'être forcé à répudier sa femme qu'il pouvait ignorer être sa parente, en chercha, dit-on, une chez les Russes : ce fut sous son règne qu'on règla que depuis le samedi jusqu'au lundi matin, on ne pourrait employer les voyes de fait, & se faire la guerre sans encourir l'amende & l'excomunication, faible & mauvais remède à des abus intolérables. Ni Henri, ni son fils Philippe I, ne firent de grandes choses; mais sous leur règne, ils virent leurs vassaux fonder ou conquérir des royaumes. Des gentils-hommes Normands devinrent souverains de Naples & de Sicile; leur duc devint roi d'Angleterre, & ce trône fut le prix d'une seule bataille. C'était un honneur pour la France; elle n'en était pas plus heureuse, & la gloire de voir un vassal de son roi, un homme né dans son sein, sur le trône d'Angleterre, devint une gloire funeste qui lui couta bien du sang. Ces vassaux trop redoutables, devinrent possesseur d'une grande partie de la France : ils étaient fiers, & ambitieux; les rois Français voulurent toujours leur faire sentir qu'ils étaient leurs vassaux & de là sortirent des guerres longues & cruelles. Louis le jeune en répudiant sa femme qui possédait la Guyenne & le Poitou, augmenta encore leur pouvoir : c'était une faute que n'effaça pas son voyage à la terre sainte entrepris par pénitence d'une action barbare qu'il s'était permise. *Philippe Auguste* fut digne de règner : mais ses guerres avec l'Anglais, & ses croisades ne lui permirent pas de faire tout le bien qu'on en pouvait attendre. Sa victoire à Bouvines le rendit redoutable : la confiscation des possessions de *Jean sans Terre* augmenta ſa puiſſance & celle du Royaume. Ce fut le premier roi de France qui eut une armée ſoudoïée & toujours ſur pied, même au ſein de la paix; institution utile d'abord, aujourd'hui trop néceſſaire, mais qui entraîne de grands abus. L'autorité royale fut plus reſpectée alors: *Louis VIII*, fils de Philippe combattit contre les Albigeois; il n'avait point d'ennemis à combattre ſans doute: mais il s'agiſſait d'écraſer des malheureux condamnés par le Pape. Saint Louis fut un modele de ſageſſe & de fermeté: il eut rendu ſes ſujets heureux, ſans ſon enthouſiaſme qui le conduiſit en Egypte où il lui fut priſonnier, & à Tunis où il mourut. Il avoit ſu réſiſter au Pape quoi qu'il fut très-dévôt, mais il ne ſut pas s'élever au deſſus des préjugés de ſon ſiècle: il publia des loix ſages, abolit les guerres particulières dans ſes domaines autant qu'une loi peut le faire, & ſubſtitua les preuves juridiques au duel.

Les croiſades produiſirent un bien: c'eſt que le peuple fut moins opprimé, obtint des privilèges des ſeigneurs avides de conquêtes dans la terre ſainte, & qui avaient beſoin de vendre dans leur pays pour acquérir dans un autre: des communautés, des villes achetèrent la liberté, & les rois interreſſés à l'abaiſſement des grands, les en firent jouir.

Philippe le Hardi ne fut qu'un homme ordinaire; ſon fils *Philippe le Bel* fut plus célèbre, eut plus de talens; mais il eût des vices, & il fit des fautes. Il ſut réſiſter avec vigueur aux entrepriſes des Papes, il apella les communes dans les états généraux, il fixa le parlement à Paris pour en faire le dépoſitaire des loix, mais il accabla le peuple d'impôts, il trompa la confiance publique en altérant la monnaie ; les templiers qui en murmurérent, & qui eurent part à quelques émeutes que ces opérations causérent, devinrent les objets de sa vengeance : ils étaient riches, on les trouva coupables, on les détruisit, & pour les justifier, ce semble, on se hâta de partager leurs dépouilles. Sous son fils *Louis le Hutin*, on vit paraître l'édit qui déclare que *selon le droit de nature chacun doit naître franc :* maxime qu'il est honteux d'avoir oublié si longtems, & d'avoir été forcé d'en faire un édit : mais il est plus honteux encore, que dans ce siécle de lumiére, elle soit encore méprisée. *Philippe le Long* exclut les évêques du parlement, parce qu'ils divisaient & affaiblissaient son autorité : il voulut seul battre monnaie, il désarma le peuple en se reservant le pouvoir de l'armer à son gré, il se proposait d'établir dans le royaume l'uniformité de poids, de mesures, & de monnaies. *Charles le Bel* ne régna que six ans, & ne fit rien de mémorable. *Philippe de Valois* fut célébre par des revers, & par des fautes : il avait de l'esprit, du courage, & peu de prudence. Sous lui, sous son fils, la France fut malheureuse ; l'Anglais triompha ; il partagea la France, & fit son roi prisonnier. Sous ce roi *Jean*, on vit les états généraux parler, agir, comme pourrait faire aujourd'hui le parlement d'Angleterre : ce pouvoir ne fut qu'un éclair qui s'éteignit bien vîte, dans l'autorité que Charles le Sage sût mériter par sa prudence. Ce prince rendit à la France, sa gloire, sa puissance, son étendue, & fit revivre le commerce & la confiance : son œconomie fut sa richesse, il entretint cinq armées, laissa un trésor, & avait diminué les impôts. Mais après sa mort tout retomba dans le trouble, & les malheurs se succédérent : aux dépradations, se joignirent les divisions intestines, & les crimes. Charles VI sort à peine de l'enfance qu'il devient frénétique & insensé. Henri V, roi d'Angleterre, par des victoires, se fit déclarer son successeur : la mort de Charles VI, celle d'Henri V, sauvérent la France. Charles VII, faible, indolent, livré aux plaisirs, devint roi, & reconquit le royaume, parce qu'il eût de bons capitaines, une maîtresse honnête & généreuse, des soldats fanatiques, qu'enflamma d'avantage encore la Pucelle d'Orléans. Paisible possesseur de son royaume, sa vieillesse fut troublée par le caractère défiant, hypocrite, cruel, ambitieux de son fils Louis XI. Sous Charles VII s'établit *la taille perpétuelle*, d'abord fort légére, mais qui augmenta sous chaque régne. Sous Louis XI, les grands furent affaiblis : il sût employer l'argent pour acheter le pouvoir, & ce fut son plus grand talent : il sût tromper, sans savoir se garantir de la tromperie : il trahit, il fut trahi, toujours craint, jamais estimé : criminel & superstitieux, il fit un ministre d'état de son barbier, un prevôt sanguinaire fut son ami, il appellait le bourreau son compère, & peut-être il fut digne de cette association. Il établit les postes, il encouragea le commerce, il créa l'ordre de Saint Michel, & augmenta le domaine des rois, de la Provence, de la Bourgogne, du comté de Toulouse & de la Champagne.

Charles VIII était loin de savoir gouverner, & il voulut être un conquérant. Il conquit en effet l'Italie comme en y voyageant, mais ses conquêtes ne durérent pas plus que son voyage. Il les perdit avec autant de facilité qu'il les avait faites. Louis XII eut le nom de Pere du peuple, & le mérita par ses sentimens, par sa bonté : il réduisit à la moitié les impôts que l'on payait, & n'y changea rien durant ſon régne, mais les guerres qu'il entreprit par ambition, continuées par imprudence, le mirent dans la néceſſité à recourir à des moyens ou ruineux, ou peu honorables, pour avoir de l'argent. François I, ardent, impétueux, plein de courage & de nobleſſe, avait les vertus d'un chevalier; mais la France avoit alors beſoin d'un roi prudent, œconome & bon. Les guerres de ce prince avec Charles-Quint mirent l'état ſur le penchant de ſa ruine: on vit le royaume épuiſé d'argent, & d'hommes, le roi priſonnier, le gouvernement chancelant, le peuple ſans eſpérance. Cependant les dernieres années de ſon régne réparérent une partie de ces malheurs: allié du Turc, il eut beſoin pour paraître zèlé chrêtien de faire brûler ſes ſujets qui avaient embraſſé le luthéraniſme: il permit des barbaries atroces, il fut intolérant & n'était pas dévôt; toujours les peuples ſont les victimes de l'intérêt & des paſſions du prince. Henri II, avec un caractère moins brillant que ſon pere, fit moins de fautes; il rendit Calais à la France & y joignit pour toujours les Evèchés de Metz, Toul & Verdun. Plus cruel encore que François I contre les réformés, il attiſa leur bucher, & prépara les guerres civiles qui ſuivirent; il oublia l'équité naturelle, l'humanité, la raiſon, juſqu'à déclarer hérétiques ceux qui oſeraient parler de pardon & d'indulgence pour ces infortunés. Ses trois fils régnérent au milieu du ſang que le fanatiſme de la religion fit répandre: au ſein des factions, des intrigues qui deshonorent ceux qui s'en ſervent & ne ſont le bien que des méchans. La France fut malheureuſe, déſolée, en proye à l'étranger & à elle-même; il fallait un grand roi, un grand homme pour la faire reſſortir de ſes ruines; elle le trouva dans Henri IV.

Il sût pardonner & vaincre, voir le bien, y tendre, & s'y attacher. Il calma les convulsions qui avaient long-tems agité l'état; il en réunit les diverses parties par son habileté, par ses bienfaits, par un édit de tolérance. Aidé de Sully, il devint le restaurateur de la France; il mérite mieux que Louis XII le nom de Père du peuple, & n'eût que celui de Grand, nom plus brillant, mais qui fait moins l'éloge d'un roi. Il alloit devenir l'arbître de l'Europe, quand le couteau du fanatisme le mit dans le tombeau; ce tombeau souvent & long-tems arrosé de larmes des vrais patriotes, ferait encore le meilleur précepteur des rois, si tous les rois avaient une ame, & s'ils avaient assez de sensibilité pour entendre la voix qui s'en éleve.

Son fils Louis XIII surnommé le *Juste* à sa naissance, n'eut que le courage qui conduit au combat; & n'eut jamais ce courage plus difficile, & plus utile, qui conduit l'homme dans toutes les situations; dans le sein de sa maison comme en public, & qui rend sa conduite uniforme & ferme: tour-à-tour dominé par de jeunes gens, par sa mère, par un ministre despotique, il fit la guerre à ses sujets, à l'Espagne, & y eût des succès. L'autorité du roi s'accrut sous son régne, mais ce fut par des rigueurs, par le sang, & il fit peu de bien, il n'était pas cruel, & n'était pas humain, il était sans entrailles: facile & foible, ayant des goûts & point de passions. Il fit ce que voulut son ministre Richelieu, homme d'un génie vaste, d'un caractère dur, impérieux, qui voulut primer en tout, & songea plus à détruire tout ce qui s'opposait à l'autorité, qu'à faire le bonheur des hommes.

L'enfance de Louis XIV fut troublée par des guerres civiles; mais dès qu'il fut à la tête de l'état, qu'il n'eut plus que des miniſtres ſubordonnés, il n'y eut plus de factions : il déploya toutes les forces de la France, & toutes ſes reſſources. Inſtruit par des miniſtres habiles, il eut eû le régne le plus heureux s'il eut moins aimé la guerre : on voit le bien qu'il aurait fait, pour celui que ſes dépenſes prodigieuſes, & ſes guerres ruineuſes ne l'empêchérent pas de faire. Le Commerce multiplia ſes branches, & ſon activité : il unit les hommes dans tous les états, il les rapprocha; les arts ſe perfectionnérent, les ſciences encouragées, furent cultivées avec le plus grand ſuccès; les finances de l'état furent adminiſtrées avec ordre. Mais ſon ambition, ſon faſte, ſa hauteur, ſouvent ſes injuſtices, irritérent ſes voiſins; ils ſe réunirent pour ſe défendre : cinq guerres longues & ſanglantes, épuiſérent les forces de la France, & il mourut peu regretté, parce qu'il laiſſa le peuple accablé d'impôts, & l'état chargé d'une dette immenſe : il eut trop de vertus d'éclat; il connut mieux les droits du trône que les devoirs du roi : trop flatté pour être ſage, il fallait qu'il eut une ame forte pour ſe croire encore un homme. Sous Louis XV, les playes de la France ſe refermaient inſenſiblement : ce prince aimait la paix, il voulait la voir régner chez ſes voiſins, & autour de lui, & cependant il en jouit peu. Entraîné dans des guerres qui lui ſemblérent inévitables, dans la premiere, il eut la gloire de pacifier l'Europe; dans la ſeconde, commencée avec les ſuccès les plus brillans, ſuivies des déſaſtres les plus grands, il perdit tout ce que la France poſſédait dans la terre ferme d'Amérique : ſes flottes, ſon commerce, ſes finances furent épuiſées, les dettes de l'état s'accrurent, la confiance du Français ſe perdit. Dans celle-là, ſon danger lui fit donner le nom de bien aimé; dans l'autre il ſembla le perdre, sans le mériter. Il n'eut pas des talens, il n'eut pas de grandes vertus : mais il eut toujours de bonnes intentions : l'ennui, une éducation mal dirigée comme le sont celles des rois, lui fit une nécessité des plaisirs, & ces plaisirs n'étaient pas toujours dignes d'un roi ; ami du repos domestique, des tracasseries ecclésiastiques l'en privèrent ; & ni lui ni son peuple ne furent heureux pendant sa vie : avec un peu plus de force dans le Prince, tous les deux l'auraient été. Il acquit l'isle de Corse. Isle importante si le gouvernement parvient à changer les mœurs des habitans & à s'en faire aimer.

Son petit fils Louis XVI, donne de grandes espérances & en a déjà justifié quelques unes. Econome, juste, pacifique, ami du peuple, aidé par un ministre qui a de grandes vues, qui est un bon patriote, un homme désintéressé, humain, bienfaisant, il fera renaître peut-être les dernières années d'Henri IV & ce serait beaucoup pour sa gloire & le bonheur des Français. Laissons à ses actions le soin de le louer, de le peindre, & de le rendre cher à l'humanité.

Du levant au couchant la France a 250 lieues d'étendue; du Sud au Nord elle en a plus de 200. Au couchant, au Nord, elle a l'Océan qui la borne, au Midi, ce sont les Monts Pyrénées, avec la mer Méditéranée, au Levant, ce sont les Alpes & le Rhin : le climat est tempéré, l'hyver est doux au Midi ; mais l'air y est moins sain ; il est plus pur vers le centre & au Nord, mais le froid y est plus vif. Dans quelques provinces, on trouve des espaces stériles, & un sol ingrat : mais en général il est fertile : de Paris à Orléans, & de ces deux villes à la mer, & en Normandie le fond est sable :

dans les provinces qui avoisinent celle-là le sol est mêlé de marne ; les contrées montueuses donnent de l'ardoise, des pierres dures, & différens métaux : les autres ne renferment que du fer. La France produit tout ce qui est nécessaire à la vie, tout ce qui la rend commode : elle est fertile en grains, & elle en peut fournir à ses voisins : on y éprouve des disettes ; mais les guerres & un ordre mal entendu en sont la source : la libre circulation des blés par toutes les provinces, permise depuis 20 ans, l'exportation ouverte depuis 1764, quand le prix du blé n'excèdera pas 30 livres dans le lieu d'où ils partiront, y encourageront l'agriculture, & préviendront peut-être ces disettes. S'il est vrai que presque la moitié des terres y soit encore incultes, si celles qui sont cultivées peuvent produire le double de ce qu'elles donnent par des plus grands soins, ou des soins mieux dirigés, on sent combien il reste encore à faire au gouvernement pour rendre la France aussi heureuse, aussi puissante qu'elle peut l'être.

La France produit des vins différens par le goût, & par les qualités, selon les lieux où on les recueille : c'est l'objet d'un commerce qui lui rapporte tous les ans 20 millions de livres : le quart de ce produit y est donné par l'eau-de-vie. La vigne y vient probablement de Grèce. A cet objet de commerce formé par ses productions naturelles, il faut joindre le sel marin qui se fait sur ses côtes, & celui de source : leur exportation s'estime à la valeur de 10 millions par an. Ses olives qui croissent au Midi, l'huile qu'on en fait, son safran qui nait en diverses provinces, son cidre de Normandie, les capres, les oranges, les citrons, les figues, les grenades, les prunes, tous fruits des provinces

Méridionales, forment un objet de commerce considérable.

Le chanvre se cultive en France: la graine s'en tire du Nord; les laines en diverses provinces sont fines & recherchées, la soie qu'on y recueille ne suffit pas encore à la consommation: elle nourrit grand nombre de bêtes à cornes, de mulets, de chevaux, mais ces derniers en général n'y sont pas robustes. Les forêts y fournissent du gibier. Celles des Pyrenées donnent du bois pour la construction des vaisseaux: les autres en donnent pour la charpente & le chauffage; mais l'exportation en est défendue. La pêche est abondante dans plusieurs rivières & sur les côtes.

On y trouve des mines d'or, d'argent, de cuivre, de fer, d'acier, de plomb, de cinabre, de cobalt, d'antimoine, de calamine: le charbon de terre se trouve dans le Hainault: le salpêtre se fait par tout.

On y trouve encore des mines de turquoises, des agathes, des perles, des carrières de marbre qui par sa finesse, son grain, sa dureté, son poli peut le disputer aux plus beaux marbres étrangers; des eaux minérales salutaires, des sources dont les propriétés sont singuliéres & diverses curiosités naturelles. On compte en France 400 villes, 43000 bourgs ou villages, & environ 22 millions d'habitans. La population serait plus grande sans la révocation de l'édit de Nantes, & sans les longues guerres qui l'ont suivies. Elle a été de 24 millions au milieu du dix-septième siècle. Elle reparera ses pertes si l'on diminue le nombre des moines, celui des impôts, celui des soldats, & si les mœurs s'y épurent. Tout dépend du gouvernement.

Les sciences, les arts y sont cultivés avec succès.

tès. Les premières semblent céder au goût général de la nation pour le brillant & le léger ; les belles-lettres y prennent trop la teinte de ce qu'on appelle le *bon ton*. La peinture y a eu plus d'éclat, mais elle en a encore ; la gravure y est perfectionnée, les sculpteurs y luttent avec ceux d'Italie. L'architecture civile & militaire semble y être tout ce qu'elle peut devenir. Dans la construction des vaisseaux on y égale les Anglais, qui sont en cet art les maîtres de l'Europe : on peut dire encore que la France se distingue dans tous les arts qui servent à la science militaire.

On y compte dix neuf universités, un grand nombre d'académies & de sociétés littéraires : les manufactures & fabriques perfectionnées, toujours encouragées, lui ont rendu tributaire une partie de l'Europe. Les tapisseries des Gobelins sont célébres : deux cents personnes y travaillent sans cesse, & c'est de-là que sortent ces ouvrages qui sont l'ornement des palais les plus superbes. La laine & la soie y sont employées avec un art qui imite la nature ; elles y font revivre les plus beaux morceaux d'histoire, exécutés par les peintres les plus illustres. Et ce n'est pas seulement aux Gobelins que ces belles manufactures sont établies, il en est en diverses provinces dont les ouvrages l'emportent par leur beauté sur tout ce qui ce qui se fait ailleurs, & le disputent à ceux-là.

Les manufactures de soie sont encore très-florissantes ; elles l'ont été bien davantage. Il sort de celles de laine des draps fins très-estimés. On y fabrique de belles toiles de lin, & de chanvre, des dentelles, des batistes, de beaux papiers, des savons. Les manufactures de glaces y surpassent celles d'Italie qui leur donna la naissance. On ne connaiſſait point à Veniſe, fameuſe pour les glaces, l'art de les couler, d'en faire de plus de huit pieds de haut, & de fondre toutes ſortes de bandes, de bordures de miroirs, de corniches, & de moulures en criſtal.

La manufacture du plomb laminé eſt plus utile encore que celles des glaces; l'art, & la machine qu'on employe viennent des Anglais, & on ne les a point ſurpaſſé. La porcelaine ſe perfectionne, l'art du liquoriſte s'étend : celui de faire les galons languit. Le velours, la panne, le ſatin, le damas, mille autres étoffes mêlées de ſoie, de laine, de poils, de fils, de coton, que l'avidité invente, que la mode fait fleurir, que le goût perfectionne & l'induſtrie diverſifié; les chapeaux, les gands, les cuirs, la coutellerie, le verre, les métaux mêlangés, coloriés, ornés ſous mille formes différentes par des mains habiles, fourniſſent une multitude d'objets au commerce : des chauſſées entretenues avec ſoin, des canaux, des riviéres navigables le facilitent, & augmentent ſon activité dans l'intérieur.

Le commerce extérieur eſt conſidérable, & pourrait l'être davantage. Par terre, il ſe fait dans toutes les Villes frontiéres, mais ſur-tout en Italie & en Suiſſe par Lyon, en Allemagne par Metz & Strasbourg, en Hollande par Lille, en Eſpagne par Bayonne & Perpignan. Par mer, il ſe fait de ports à ports, & c'eſt ce qu'on appelle cabotage, ou avec l'Angleterre, les Pays-Bas, l'Italie, rarement dans le nord : celui des trois autres parties du monde eſt plus dangereux & plus lucratif : il fut preſque toujours dirigé par des compagnies peu éclairées, avides, imprudentes, ſans grandes vues, ſans conſtance pour vaincre les obſtacles, qui ne donnaient les places qu'à la faveur, & négligeaient l'intérêt général. La compagnie des Indes n'avait pas ces inconvéniens; mais son commerce trop étendu, & le désir des conquêtes l'ont conduite au dépérissement, elle a eu le sort des autres, & le commerce des deux Indes est libre aujourd'hui.

Trente Villes en France ont des Hôtels de monnaies, dont la jurisdiction s'exerce par deux juges-gardes, un controlleur, un procureur du roi, & un greffier : on y frappe en or, des doubles louis de 48 livres, des louis, & demi louis. L'or y doit être de 22 carats à 21 $\frac{11}{16}$; en argent, des écus de 6 livres, de 3 livres, des piéces de 24, de 12, de 6 sols, & l'argent doit être de 11 deniers à 10 deniers 21 grains : en billon, des piéces de 2, d'un sol, de 6 & 3 liards : en cuivre, des piéces d'un sol ou de 4 liards, de demi sol, d'un liard, d'un denier, monnaie la plus petite & la plus rare du royaume.

Les livres de compte, & écritures s'y tiennent en livres, sols & deniers.

Les Gaulois parlaient la langue celtique; les rois Merovingiens, un dialecte allemand ressemblant au frison; les Carlovingiens, le tudesque. Dans le neuvieme siécle, les grands, & le peuple parlaient la langue latine : ils la corrompirent, la mélerent avec le jargon provincial, en formérent la langue romance qui devint la langue des provinces du midi, tandis qu'au nord un autre mélange barbare forma insensiblement la langue française.

On distingue quatre degrés de noblesse : celui des princes du sang : celui des ducs & comtes pairs, autrefois bornés à douze, six séculiers, six ecclésiastiques : mais aujourd'hui le nombre en est bien plus grand, & le roi en crée autant qu'il lui plaît par des lettres-patentes. La noblesse titrée des grands officiers de la cour, les chevaliers de l'ordre du Saint Esprit, les maréchaux, gouverneurs, lieutenans-généraux, &c. sont aussi de la haute noblesse. Le troisiéme degré est la noblesse ordinaire, divisée en noblesse de race, dont les ancètres ont toujours passé pour nobles, & en noblesse de naissance, dont les ancètres ont été annoblis. Ceux que le roi a nouvellement annoblis, ou qui le sont par des charges & des grades militaires, comme encore les conseillers au parlement de Paris & autres cours supérieures de cette capitale, les échevins de plusieurs villes, comprennent le 4e. ordre, &c. Ceux-ci se nomment *noblesse de la cloche*, parce que les assemblées qui élisent les échevins se convoquent au son de la cloche.

Les nobles ne payent point de taille personnelle, pourvu qu'ils ne fassent valoir par leurs mains qu'une de leurs métairies : ils sont exempts de logement de gens de guerre, & des droits de franc-fiefs : les études sont moins rigoureuses, moins longues pour eux, &c. Pour jouir de ces avantages assez mal entendus, des bourgeois aspirent à la noblesse, & le bien de l'état en souffre.

Les ordres de chevalerie du royaume, sont l'ordre du Saint Esprit, celui de Saint Michel, celui de Saint Louis, du mérite militaire, & de St. Lazare; le premier fut créé par Henri III parce qu'il avait été roi de Pologne, & parvint à la couronne de France le jour de la Pentecôte. Le roi est chef & souverain grand maître de cet ordre, qui ne doit être composé que de 100 chevaliers qui doivent faire preuve d'une noblesse de trois races. Le grand aumônier de France, le trésorier & le greffier de l'ordre sont dispensés de ces preuves.

Tous les chevaliers laïques du Saint Esprit, le sont de Saint Michel, & la plûpart de Saint Louis;

c'eſt pourquoi ils s'appellent *chevaliers des ordres du roi.* Quatre prélats, quatre cardinaux ſont aſſociés à l'ordre, & en font parties, mais ne ſont que chevaliers du Saint Eſprit. Un large ruban ondé en écharpe, au bout duquel eſt attaché une grande croix d'or octogone, dont les angles ont des fleurs de lis d'or, ayant d'un côté une colombe émaillée de blanc, & de l'autre l'image de Saint Michel, ſont les marques de cet ordre. Les chevaliers portent encore une croix & une colombe d'argent, brodées ſur leurs manteaux & ſur leurs habits. Le roi donne à chacun un collier, du poid de 100 écus d'or; composé de fleurs de lis d'or, cantonné de larmes de même, entrelaſſées de chiffres & de trophées d'armes émaillées de blanc. Ce cordon appartient à l'ordre; les héritiers du chevalier doivent le rendre, ou un équivalent de 3000 livres. Les officiers & les ſimples chevaliers ont des habits de cérémonie, comme un manteau de velours noir, ſemé de flammes d'or, un pourpoint de toile d'argent, des ſouliers blancs, &c. C'eſt avec ces habits qu'ils accompagnent le roi dans les proceſſions de la circonciſion, de la Chandeleur, & de la Pentecôte. L'ordre jouit de grands privilèges, & les officiers ont des penſions aſſez conſidérables.

L'ordre de Saint Michel fondé par Louis XI, renouvellé par Louis XIV, a pour marques diſtinctives un collier d'or, & au bas une medaille qui repréſente un rocher ſur lequel eſt Saint Michel combattant le dragon.

Les chevaliers de l'ordre de Saint Louis, inſtitué par Louis XIV, ſe diſtinguent par une croix octogone, cantonnée de fleurs de lis, ſur laquelle on voit d'un côté, Saint Louis avec ſa cuiraſſe & ſon manteau royal, qui de la main droite tient une couronne de laurier, & de la main gauche une couronne d'épines; au bas est le nom du fondateur: de l'autre côté est une couronne de lauriers soutenue par une épée, avec ces mots, *bellicis virtutis præmium.* Les grands croix, les commandeurs, les chevaliers la portent différemment, & jouissent de pensions plus ou moins fortes. Le roi est grand maître de ces trois ordres.

L'ordre du mérite militaire fut institué en faveur des officiers protestans étrangers. La croix est d'or émaillée, ayant d'un côté une épée en pal, avec la legende, *pro virtute bellica;* au revers est une couronne de lauriers avec le nom du fondateur. Cet ordre n'a point de revenus fixes, & ses officiers sont Allemands & Suisses en pareil nombre.

L'ordre de *St. Lazare*, est le plus ancien: il fut institué en Palestine pour la défense des pélerins chassés par les Sarrazins, & le roi leur donna les maisons de Boigny, & de St. Lazare. On a joint à cet ordre celui de notre *Dame de Mont-Carmel.* Le roi nomme leurs grands maîtres.

Le royaume a des loix fondamentales, ou des coûtumes toujours respectées, comme la loi salique, & l'inaliénabilité de la monarchie. Le pouvoir du roi est absolu: il se couronne lui-même; sa volonté régle l'état; il est le législateur & l'interprête des loix; il dispose de toutes les charges, appelle à lui toutes les affaires, multiplie ou anéantit à son gré les impositions, fait la guerre ou la paix. La couronne est héréditaire, & le moment qui ferme les yeux d'un roi, met son fils sur le trône: s'il est encore enfant, un régent est nommé ou par le roi défunt ou par le parlement.

Les états généraux limitaient autrefois son autorité. Ils étaient composé des députés du clergé, de la noblesse & du peuple. Il fallait obtenir leur consentement pour faire des levées, créer des charges, établir des impôts. Ils ont cessé d'être assemblé depuis 1614 : l'ordonnance de 1717 confirme aux états la liberté de se choisir un roi après l'extinction de la race mâle des Bourbons.

Quelques provinces du royaume ont conservé le privilège d'assembler leurs états, pour délibérer sur les demandes du roi, qui ont pour objet des nouveaux impôts, pour faire la répartition & la perception des sommes accordées.

Les grandes affaires du royaume sont traitées en différens conseils : le conseil d'*état du roi* est composé du roi, du dauphin quand il n'est plus enfant, de six ministres sécrétaires d'état, & du contrôleur-général des finances : la paix, la guerre, les alliances, &c. sont les objets de ses délibérations.

Le conseil des dépêches a pour membres ceux du conseil d'état auxquels sont joints, le chancelier, le garde des sçeaux, & deux conseillers d'état ordinaires. On y traite des affaires de provinces, des placets, des lettres & brevets pour les gouverneurs, & autres officiers.

Le conseil royal des finances, est composé du roi, du dauphin, du chancelier, du garde des sçeaux, de deux conseillers ordinaires, des intendans de finances, & du controleur général. Les revenus & les dépenses publiques sont les objets dont il s'occupe.

Le conseil royal de commerce est composé, à peu de chose près, des deux derniers. Le *conseil d'état privé* est composé du chancelier, du garde des sçeaux, des secretaires d'état, d'environ vingt conſeillers ordinaires, qui ont 5500 livres d'apointemens, du controlleur-général, des intendans des finances, de douze conſeillers d'état, de vingt-deux maîtres de requêtes cenſés membres du parlement: leur nombre eſt plus grand aujourd'hui. Le roi n'aſſiſte preſque jamais à ce conſeil; mais ſon fauteuil y eſt toujours.

Le grand conſeil exerce ſa juriſdiction dans toute l'étendue de la domination du roi, décide de tous les procès relatifs aux archevéchés, aux évéchés, aux abbayes, à tous les bénéfices conférés par le roi, excepté de ceux qui ſont conférés en regale, qui reſſortiſſent de la grand-chambre du parlement; il décide encore ſur les indults, & des cauſes des ordres de moines, du retrait des biens d'égliſe, des procès équivoques des parlemens, &c. Le chancelier en eſt le ſeul chef, & le préſident né: ſes autres membres ſont quatre préſidens, vingt deux conſeillers, un procureur-général, deux avocats-généraux, un greffier & beaucoup d'autres officiers.

La grande chancellerie de France a pour chef, le garde des ſçeaux, qui a ſous lui un grand nombre d'officiers. C'eſt là que ſe ſçellent toutes les expéditions pour les affaires ordinaires. La juſtice, eſt adminiſtrée par des tribunaux ſupérieurs, mitoyens & inférieurs: ces derniers ſont des prévôtés, des chatellenies, des vigueries, & autres juriſdictions royales ou ſeigneuriales. De ceux là, on appelle aux bailliages ou ſénéchauſſées, & de ceux-ci aux préſidiaux qui ſont les tribunaux mitoyens: ils jugent en dernier reſſort les cauſes qui n'excèdent pas la valeur de 250 livres. Les cauſes plus importantes ſe portent aux parlemens & conſeils ſouverains.

Les parlemens furent autrefois les aſſemblées

générales de la nation : puis des seigneurs : des hommes instruits qui suivaient le roi, jugeaient les causes qui ne méritaient pas, par leur importance, d'être portées aux assemblées générales; Philippe le Bel rendit cette espèce de cour sédentaire à Paris, en créa d'autres dans les provinces, & ses successeurs en augmentèrent le nombre. On en compte aujourd'hui treize qui sont ceux de *Paris*, de *Toulouze*, de *Grenoble*, de *Bourdeaux*, de *Dijon*, de *Rouen*, d'*Aix*, de *Rennes*, de *Pau*, de *Metz*, de *Douai*, de *Besançon*, & de *Dombes*. On y joint trois conseils souverains, qui sont ceux d'*Alsace*, de *Roussillon* & de *Lorraine* : ces cours n'ont guères aujourd'hui d'autre pouvoir politique que celui d'enrégistrer & de faire des remontrances sur les ordres du roi.

Le parlement de Paris est le plus ancien, il a le ressort le plus étendu & est encore la cour des pairs. Les princes du sang, les pairs de France, l'archevêque de Paris, les abbés de Clugny & de St. Denys, les maréchaux, les grands officiers de la couronne y ont voix & séance. Il est composé de sept chambres. La grand chambre, trois chambres des enquêtes, deux chambres des requêtes du palais, & la chambre criminelle de la Tournelle. Il enrégistre les arrêts, édits, déclarations du roi, quelqu'en soit l'objet ; les mariages, les traités de paix, &c., il peut faire des remontrances sur tous ces objets. La grand-chambre est composée du premier président, nommé par le roi, de neuf présidens à mortiers, de huit conseillers d'honneur, dont deux sont toujours l'archevêque de Paris & l'abbé de Clugni ; de trente sept conseillers dont douze sont clercs, de trois avocats généraux, d'un procureur-général que nomme le roi. Chaque chambre des enquêtes eſt compoſée de quatre préſidens à mortier, & de vingt quatre à vingt ſix conſeillers laïques ou clercs. Chaque chambre des requêtes a deux préſidens & dix huit conſeillers. La tournelle eſt compoſée des cinq derniers préſidens à mortier, de dix conſeillers de la grand'-chambre, de trois ou quatre conſeillers de chaque chambre des enquêtes. On joint à celles-là, la *chambre des requêtes de l'hôtel* compoſée de quatre vingt maîtres de requêtes, la *chambre de la marée* compoſée d'un préſident, de deux conſeillers commiſſaires, & de ſept autres officiers, & le *Bailliage du palais.*

La juriſdiction de ce parlement s'étend ſur l'isle de France, la Beauce, la Sologne, le Berri, l'Auvergne, le Lyonnais, le Forez, le Beaujolais, le Nivernais, le Bourbonnais, le Maconnais, le Poitou, le pays d'Aunis, le Rochelois, l'Anjou, l'Angoumois, la Picardie, la Champagne, le Maine, le Perche, la Brie & la Touraine, c'eſt environ le tiers du royaume.

Les loix ne ſont point encore uniformes dans le royaume, & c'eſt une ſource de procès, & un moyen de les rendre ruineux : ici c'eſt la coutume qui décide, là c'eſt le droit écrit.... Les ordonnances des rois ſont générales.

On diſtingue en France le droit canonique & le droit papal. Les canons des conciles confirmés, & ratifiés ſolemnellement, acceptés de l'autorité du roi, par le clergé de France, compoſent le premier. Les fauſſes décrétales, les Bulles non acceptées &c. forment le ſecond.

Le parlement s'eſt ſouvent montré le défenſeur des libertés de l'égliſe Gallicane. Les principales maximes de cette égliſe ſont que le roi n'eſt ſoumis à aucune puiſſance eccléſiaſtique. Que le Pape ou le St. Siège ne peut anéantir les décrets contenus dans la quatrième & cinquième ſeſſions du concile de Conſtance, confirmés par la pratique de toute l'égliſe, & approuvés de la cour de Rome. Que les conſtitutions reçues dans l'égliſe & dans le royaume doivent être inébranlables; qu'on doit règler l'uſage de la puiſſance apoſtolique par les canons faits par l'eſprit de Dieu. Que le jugement du pape n'eſt pas irréformable.

Ses libertés ſont, que le pape, ni les évêques ne peuvent cenſurer, ni le ſouverain, ni ſes officiers ou magiſtrats: que le St. Père n'y a d'autorité que celle que le roi veut bien lui accorder: que le roi peut convoquer les conciles, & confirmer leurs décrets ſans le conſentement du pape: que le roi peut règler l'autorité du clergé ſans le pape, que celui-ci n'y peut faire recevoir ſes décrets; exiger des contributions, ériger de nouvelles confreries, ſi le ſouverain ne les a confirmées. Le roi a le droit de nommer aux archevêchés, évêchés, abbayes, &c. qui par leur inſtitut ne choiſiſſent pas leurs chefs. Il jouit du droit de regale, c'eſt-à-dire, qu'il jouit des revenus des archevêchés, & évêchés vacans, & y exerce les fonctions du prélat, juſqu'à ce qu'il ait prêté le ſerment de fidélité. Toute juriſdiction eſt ſoumiſe au juge ſéculier, & le magiſtrat à inſpection ſur tout ce qui regarde la diſcipline extérieure & l'exercice de l'autorité du clergé. Les évêques ſont les juges naturels des queſtions qui s'élévent ſur la doctrine dans leurs diocèſes, ils jugent des décrets du pape, qui ne peut limiter leur autorité légitime & approuvée par les loix, les impoſer, les citer à ſon tribunal; ils peuvent réclamer contre lui la puissance temporelle. Le clergé même ne peut excommunier, refuser les sacremens, censurer les membres de l'Eglise qu'en conformité des canons & décrets reçus & confirmés par le magistrat : il ne peut défendre de lire l'écriture sainte, même en langue vulgaire ; il n'a point le pouvoir coercitif même quand il s'agit du culte. On ne parlera point ici des diverses sectes qui se sont élevées & subsistent encore, ni des réformés autrefois persécutés, poursuivis comme rebelles, & aujourd'hui tolérés.

Il y a dans le royaume dix-huit archevêchés, cent onze évêchés, quarante mille paroisses, huit cents abbayes d'hommes, trente-deux abbayes ou prieurés de filles, six cent soixante-dix chapitres de chanoines, vingt-quatre de chanoinesses ou filles nobles, seize maisons chefs d'ordres, & quinze mille couvens ordinaires. L'ordre de Malthe y a six grands prieurés, quatre bailliages attachés aux grands croix, cent vingt-quatre commanderies, desquelles quatre-vingt sont pour les chevaliers, & quarante pour les servans d'armes ; deux couvens de religieuses chevalieres : l'un à Beaulieu en Quercy, l'autre à Toulouse. Le tout divisé en langue de Provence, d'Auvergne & de France, jouit de 1740996 livres de rente.

Les archévêchés & évêchés du royaume rapportent environ 5000000 livres, & leur taxe en cour de Rome monte à-peu-près à 1690000 livres. Le nombre des ecclésiastiques peut être de 500 mille & leur revenu de 130 millions.

Louis le Débonnaire donna aux chapitres le droit d'élire leurs évêques, aux religieux celui de choisir leurs abbés, mais depuis François I ce sont les rois qui nomment aux bénéfices ecclésiastiques ; l'évêque titulaire de *Bethléem* nommé par le duc de Nevers, celui de Strasbourg dont l'élection se fait selon les régles du concordat germanique, sont seuls exceptés.

Le bien de l'église & de l'état demandait que le clergé dispersé dans tout le royaume, put se réunir : ses assemblées étaient autrefois toutes extraordinaires : aujourd'hui elles se font tous les cinq ans. Les archevêques de Cambrai & de Besançon, leurs suffragans, les évêques de Metz, de Toul, de Verdun, & de Strasbourg n'en sont point membres : ils étaient étrangers à la France quand ces assemblées se formérent. Il en est de grandes & de petites, toutes sont convoquées par le Roi où bon lui semble. Chaque province ecclésiastique, composée d'un archevêque & de ses suffragans, envoye quatre députés, deux archevêques ou évêques & deux simples prêtres aux grandes assemblées, & un aux petites. Quatre agens suppléent aux assemblées quand elles ne se tiennent pas, pour veiller aux intérêts du clergé & à ses droits : ils sont en charge pour 5 ans.

Les décimes que le clergé paye au roi, se levent sur tous les bénéfices. Par un contrat passé à Poissi en 1561, & toujours continué, le clergé s'engagea de donner au roi chaque année 600 mille livres. C'est dès-lors qu'on distingue les assemblées décennales & les assemblées de contrat : les dernieres ayant pour objet de délibérer s'il faut faire un nouveau contrat.

Le clergé nomme un receveur-général pour la perception des décimes : il est confirmé tous les dix ans ; il a sous lui des receveurs provinciaux qui sont à la tête d'un bureau diocésain, qui juge en premiere instance des contestations qui s'élevent.

au ſujet des décimes & autres impoſitions : on appelle de ces bureaux aux cours ſouveraines eccléſiaſtiques, qui ſont au nombre de neuf, & toutes préſidées par des conſeillers au parlement.

Le concile de Trente a force de loi pour le dogme, non pour la diſcipline.

Les revenus des rois furent d'abord peu conſidérables : ils ne les tiraient que de leurs domaines. On y ajouta enſuite les décimes ſur le clergé. Le roi Jean y ajouta les *aides*, impôts ſur les marchandiſes qui ſe tranſportent dans l'étranger, ou ſe vendent dans le royaume, ſur le vin, ſur le cidre, la bierre, &c. Charles VII accrut beaucoup ſon revenu en introduiſant la taille : il n'était cependant que d'un million ſept cent mille liv. : Louis XI le fit monter à quatre millions quatre cents mille liv. & ſon fils le diminua. François I, Henri II levérent de grandes ſommes ſur leurs ſujets, & les dépenſérent avec facilité : il laiſſerent une dette de quarante deux millions. Charles IX augmenta la taille, & multiplia les impoſitions extraordinaires. Henri IV groſſit ſon revenu par l'œconomie & le commerce qu'il fit fleurir. Louis XIII l'augmenta encore, mais les deux derniers rois l'ont fait enfin monter aſſez rapidement à deux cents trente millions. Aux domaines, aux aides, à la taille, il faut ajouter la *gabelle*, ou l'impôt du ſel qui ſe vend à différens prix en différentes provinces ; la *capitation*, le *don gratuit* du clergé qui monte à douze millions, & qu'il accorda pour être exempt d'impoſitions arbitraires. Tels ſont les revenus ordinaires: les revenus extraordinaires ſont les augmentations de tailles, les dixiémes, les vingtiémes de tous les revenus, biens-fonds, maiſons, charge, &c. En tems de guerre ces revenus ont été juſqu'à trois cents millions.

Pour faciliter la perception des impôts, on a divisé le royaume en généralités & intendances, soudivisées en élections, en diocèses, en recettes, en vigueries, bailliages, subdélégations, soudivisées encore en paroisses ou communautés, dont chacune a un certain nombre de feux.

A la tête de toutes les finances est le controlleur-général : dans chaque généralité est un intendant, un trésorier de France, deux receveurs généraux, & un grand nombre d'officiers subalternes.

Les revenus du domaine forain, les aides, les gabelles, le papier timbré, le tabac, &c. sont amodiés à une société de fermiers-généraux, pour 110 millions de livres depuis 1755.

L'administration générale des revenus, & la décision de tout ce qui les concerne, est confiée à deux cours souveraines. L'une est la *chambre des comptes*, divisée en onze chambres, dispersées en différens lieux du royaume : elle administre les revenus qui ne sont point affermés. Les *cours des aides* veillent sur les aides, gabelles, tailles, &c. connaissent des différens que ces impositions font naître, des contrats faits entre traiteurs, fermiers, munitionnaires, &c. Cinq des ces tribunaux sont séparés de la chambre des comptes ou des parlemens : les autres y sont joints.

Les forces militaires de la France consistent en 150000 hommes de troupes réglées, qu'elle double durant la guerre, auxquelles on ajoute 50000 hommes de milice, 30000 invalides, la maison du roi de 15000 hommes, & les troupes étrangères, suisses, allemandes, irlandaises, écossaises, qui montent à 50000 hommes.

Outre l'hôtel royal des invalides de Paris, il

y a 70 hopitaux militaires répartis en différens lieux. Louis XV erigea une magnifique école royale militaire où 500 jeunes gentilshommes sont instruits gratuitement.

La France jouit de grands avantages pour la marine : par sa situation, elle se défend, elle attaque avec facilité. Elle domine sur l'océan, & sur la méditerranée. Elle a des ports excellens sur l'un & sur l'autre, environnés de provinces fertiles, qui les peuplent & les approvisionnent ; elle tire de son sein les matiéres nécessaires, des ouvriers instruits, des hommes habiles pour les diriger. L'ordre qu'on a mis dans tous ces objets en rend l'emploi facile.

Il y a 50 amirautés en France qui ont deux siéges généraux, l'un à Paris, l'autre à Rouen. La première à inspection sur toute la marine de France. Le nombre des hommes enrollés pour servir sur les vaisseaux, officiers de marine, matelots, &c. peut monter à 10000 hommes, 23 régimens sont particuliérement destinés au service de la marine, des colonies & à la garde des ports.

L'amiral de France a deux vices amiraux, l'un de Ponent, l'autre de Levant, qui ont sous eux des lieutenans-généraux, qui commandent aux chefs d'escadre.

On divise la France en 16 districts de parlemens ou cours souveraines, ou en 33 intendances, ou en 18 archevêchés, ou encore en 37 gouvernemens généraux de provinces, ou militaires. On suivra cette derniére division parce qu'elle est la plus utile.

Les gouverneurs sont ordinairement les premiers hommes de l'état, ils ont peu de fonctions & résident à la cour, ils ont des lieutenans-généraux nommés

nommés par le roi, qui commandent en leur absence, & qui ont sous eux des lieutenans de roi: leurs fonctions sont d'empêcher les séditions, d'entretenir l'ordre, la paix, l'obéissance, de veiller à ce qu'il ne se fasse des levées sans ordre ou permission de S. M., de commander aux troupes, de tenir les places bien fortifiées & bien munies, d'aider à la justice. Chaque ville a son gouverneur particulier.

Nous ne faisons pas l'énumération des provinces qui composent ces gouvernemens. On la trouvera à la tête de la description de chacun.

GOUVERNEMENT DE PARIS.

Il comprend la ville de Paris & une partie considérable des territoires qui l'environnent: on ne peut en assigner des bornes bien précises. On trouve dans son enceinte, au milieu de grosses masses de sable jaune & rougeâtre, des veines horizontales de mines de fer imparfaites, mêlées d'or & d'argent. Elle comprend quatre autres gouvernemens; qui sont ceux du Louvre, des Tuilleries, de la Bastille & de l'Hôtel royal des Invalides. Mais leurs commandans ne reçoivent d'ordre que du roi. Le gouverneur de Paris a sous lui deux Lieutenans généraux.

Paris (*Parisii*, *Lutetia*,) sur la Seine, dans une plaine unie & vaste: sa figure est circulaire: jointe à ses dix fauxbourgs, elle occupe un espace de 9000 toises de circonférence. On y compte 875 rues, 105 culs-de-sacs ou *impasses*, plus de 22000 maisons de quatre à sept étages, sans y comprendre les édifices publics, les couvens, les boutiques des merciers. Elle a environ 600000 habitans. Les rues sont assez larges, bien pavées; les maisons belles, leur façade est presque uniforme. Elle n'a d'eau que celle de la Seine, ordinairement bourbeuse & laxative, ou des fontaines, auxquelles les acqueducs de *Pré St. Gervais*, de *Belleville*, de *Rougis* & d'*Arcueil* fournissent une eau mêlée de sucs lapidifiques & de matières coagulantes. Un égout construit sous la direction de Mr. Turgot, large de dix pieds, profond de six, revêtu de pierres de taille, rassemble tous les immondices de la partie septentrionale de la ville. Six pompes mises en jeu par une machine que quatre cheveaux font mouvoir, portent l'eau d'une grande fontaine dans un réservoir revêtu de pierres de taille, qui contient 22112 muids: & qui par deux gros tuyaux, verse ses eaux avec rapidité dans l'égout; elles entraînent avec elles les immondices dans la Seine: 6200 lanternes éclairent les rues de Paris pendant six mois de l'année: s'il arrive un incendie, les premiers magistrats, les guets, les gardes françaises & suisses, les moines des quatre ordres mendians, sont obligés d'y accourir.

C'est là que les richesses du royaume se réunissent & s'absorbent, que les modes prennent leur source: Paris est le centre du bon goût, & celui des ridicules. Cette ville est le siège de plusieurs cours souveraines, & d'un grand nombre de tribunaux. On y compte 51 églises paroissiales, 20 qui ne le sont pas, 17 églises collégiales, parmi lesquelles il y a 13 chapitres, 40 chapelles, 3 abbayes, 22 prieurés, & 50 couvens & congrégations d'hommes ecclésiastiques ou séculiers; 7 abbayes, 6 prieurés & 53 couvens de filles, 12 séminaires, 16 hôpitaux, 10 maisons hôpitalières de filles & de femmes, 6 maisons de refuges, une université, 6 académies des sciences, 3 académies pour l'instruction des jeunes gentilshommes, 7 bibliotheques publiques, 124 communautés d'arts & de métiers, 4 châteaux ou forteresses, 4 palais royaux, plus de 150 hôtels, & 350 autres superbes maisons qui n'ont pas droit d'en porter le titre, 16 places principales, & plus de 60 moins remarquables, 50 marchés publics, 60 fontaines, 12 ponts sur la Seine, dont 10 sont de pierres, 26 quais, 16 ports, 4 bains publics, 13 promenades publiques, dont 5 sont hors de la ville, environ 13 mille carrosses, sans compter les cabriolets.

La Seine divise Paris en trois parties. La *ville* au nord, la *cité* au centre, l'*université* au midi; chaque partie se divise encore en vingt quartiers, non compris les seize fauxbourgs. Nous allons jetter un coup d'œil sur chacun de ces quartiers.

Quartier de la Cité.

La Seine l'environne; c'est le plus ancien, le plus propre & le plus riche. Il comprend trois isles.

L'isle de *Louvier* a 172 toises de long, 67 de large: remplie de grands chantiers de bois & de planches, elle communique au quartier St. Paul par un pont de bois, le premier de ceux sous lesquels la Seine passe à Paris.

L'isle *Notre Dame*, ainsi nommée parce qu'elle appartient à cette cathédrale de Paris, a 294 toises de long & 105 de large. Sa vue est agréable; elle est remplie de magnifiques maisons, ses rues sont bien allignées, & bordées de Quais, un mur de pierres de taille en revêt l'enceinte, les appuye, & les défend contre la rapidité de l'eau. Un pont de bois la joint à l'isle du Palais. Deux pompes à la pointe de l'isle, remplissent les tonneaux qu'on porte par toute la ville pour vendre l'eau dont on les a rempli.

Cette isle contient: la paroisse de *St. Louis de*

l'isle. L'église est comptée parmi les plus belles de Paris : c'était d'abord une chapelle que *Nicolas le Jeune*, maître couvreur, avait fait bâtir pour lui : rebâtie par les bienfaits des deux derniers rois, & par la libéralité des paroissiens, la dédicace s'en fit en 1726.

Les maisons des Présidens *Lambert de Thorigny* & *le Ragois de Bretonvilliers* méritent l'attention par leur structure, & les belles choses qu'elles renferment.

L'Isle *du Palais* est l'ancienne cité de Paris. Elle a 458 toises de long & 147 de large. Elle communique au reste de la ville par onze ponts. Le *pont-neuf* est le plus grand, le plus beau, & celui où il passe le plus de monde. Il traverse deux bras de la Seine, & a 168 toises de longueur. Commencé sous Henri III, achevé sous Henri IV, il repose sur douze arches ; un chemin de cinq toises est pour les voitures ; des deux côtés est un trottoir pour les piétons, large de trois toises chacun, & élevés de deux pieds. Depuis 1756 rien n'en borne la vue. Au milieu est la statue équestre de Henri IV, en bronze, de grandeur colossale, sur un piedestal de marbre blanc, où l'on voit en relief quelques unes des actions qui le rendirent célèbre. Au bout du pont qui conduit au Louvre, est le château de la *Samaritaine*, parce qu'on en voit la figure sur les côtés d'un grand bassin. Là, est une grande pompe qui porte l'eau de la Seine en divers quartiers de la ville. Les autres ponts sont le *pont au change*, le pont *notre dame*, le *petit pont*, le *pont St. Michel*, le *pont Marie*, le *pont de la Tournelle*, le *pont rouge*, le *pont de l'hôtel Dieu*, celui de *St. Charles*, & le *pont royal*. Les trois premiers sont chargés de maisons des deux côtés : à une des extrémités du premier, se voyent les statues de Louis XIII, d'Anne d'Autriche sa femme & de Louis XIV âgé de dix ans.

L'*église cathédrale de Notre Dame* est un bâtiment gothique, mais grand & majestueux. Elle a 65 toises de long, 24 de large, 17 de haut. Elle a 45 chapelles qui s'appuyent sur son gros mur. Sa façade est terminée par deux tours quarrées de 34 toises de haut, où l'on monte par 389 degrés, & l'on va de l'une à l'autre par deux galeries hors d'œuvre dont les appuis sont en sculpture : ces tours renferment des cloches très grandes : la façade même est décorée de 28 statues de rois, dont le dernier est Philippe Auguste. L'église est soutenue intérieurement par 120 piliers disposés en 4 rangs, ornés de 48 tableaux de la main des plus grands maîtres. Au dessus de la double allée qu'ils forment sont de grandes voutes, partagées par 108 colonnes, chacune d'une seule pierre, bordées sur le devant d'une balustrade de fer. Tous les piliers de la nef, toutes les croisées sont garnies de tableaux dont les sujets sont pris dans les livres saints. Le chœur est majestueux & riche. Le sanctuaire, le grand autel, sont de marbre, & fermés par des grilles de fer doré. On y voit Louis XIII, en plomb doré, mettant le royaume sous la protection de la vierge. Louis XIV s'y voit aussi dans la même attitude. Ce beau monument a couté des millions, & on y a travaillé 15 ans : il fut achevé en 1714. Pour accompagner la richesse du chœur, le cardinal de Noailles fit construire deux autels adossés sur le mur de la clôture du chœur. L'un est dans la chapelle de la Ste. Vierge, ornée avec grandeur, éclairée par de vastes lampes d'argent. C'est sur l'autre, nommé *des martirs*, que les docteurs en théologie de l'université font jurer de défendre la religion au prix de leur sang.

En face de la chapelle de la vierge est la statue équestre de Philippe-le-Bel, qui entra tout armé dans cette église & y consacra son cheval & ses armes, après la victoire qu'il remporta sur les Flamans à *Mons en Puele.* On a cru aussi que c'était Philippe de Valois, & ces deux opinions ont produit diverses dissertations. Au bas de la nef, est la statue colossale de St. Christophe.

C'est dans cette église que se font les obséques des rois, des reines, de plusieurs princes du sang: qu'on dépose les drapeaux pris sur l'ennemi, & qu'on chante le *te deum* quand il arrive des événemens heureux & mémorables.

Près de cette église est le Palais archiépiscopal, augmenté, & embelli par le cardinal de Noailles. Au nord sont les maisons des chanoines, entourées d'un vieux mur: dans une des salles est la *bibliotheque des avocats*, que leur a donné Mr. de Riparfond, à condition que le public en jouirait pendant quelques jours de la semaine. L'archevêque a sous sa direction immédiate quatre églises collégiales: ses revenus montent à 200000 livres: sa taxe en cour de Rome est de 21415 livres. Paris était un évêché suffragant de Sens; il est archevêché depuis 1622, & a pour suffragans les évêques de Chartres, de Meaux, d'Orléans, & de Blois.

L'église de *St. Denis du Pas* est, dit-on, la plus ancienne de Paris; St. Denis fut jetté en ce même lieu dans un four brûlant, & en sortit frais & sain. On l'a cru autrefois.

L'*Hôtel-Dieu* a été consumé par les flâmes en 1772: on le rebâtit ailleurs. On trouve non loin de là une des maisons des enfans trouvés : elle est magnifique, & l'église représente l'étable de Bethléem. On y reçoit les enfans à toute heure & sans formalité : le nombre est d'environ 5000 par an. On leur apprend des métiers quand ils ont l'âge nécessaire. Les sœurs de la charité gouvernent ces établissemens.

Le *petit Châtelet* fut bâti par les Romains : c'était une porte & une forteresse de *Lutetia*, & il sert aujourd'hui de prison.

La paroisse de *Magdeleine* : son ancienneté la faite exempter d'aller en procession avec les autres paroisses de Paris. Elle renferme la grande confrairie de Notre-Dame aux seigneurs, prêtres, bourgeois & bourgeoises de Paris, dont le roi & la reine sont toujours, depuis que la mère de St. Louis s'y fit inscrire ; & l'église de *St. Séphorien*, qui sert de chapelle à la communauté des peintres, sculpteurs, & enlumineurs, qui l'ont embellie, & y ont une salle adaptée à l'église, décorée d'excellens tableaux & où l'on donne des leçons de dessin.

La *paroisse de St. Landry*, dont l'église a des fonds batismaux de porphire, orné en bronze doré. On y voit le beau mausolée de Girardon.

L'église de *St. Barthelemy* fut, dit-on, bâtie sous Clovis, & St. Denis y a prêché. C'était la chapelle des comtes de Paris, ancêtres d'Hugues Capet.

Le *Palais marchand*, donne son nom à l'isle : il fut la demeure des anciens rois, & c'est là que siège le parlement. La grande salle est couverte de deux belles voutes de pierres de taille, soutenues d'un rang de pilliers qui forme de très-belles arcades. Elle est pavée de marbre noir & blanc

A une des extrêmités eſt la Ste. Chapelle conſtruite par St. Louis pour dépoſer les reliques retirées des mains des Vénitiens, auxquels Baudouin, empereur de Conſtantinople, les avait engagées. C'eſt un édifice gothique, mais il a de grandes beautés, & ſa conſtruction eſt très-hardie. Son chapitre n'eſt ſoumis qu'au ſaint ſiège; ſon clocher eſt un des plus haut de Paris, & ſon tréſor un des plus riches. *Boileau Deſpréaux* y eſt enterré.

La *place Dauphine*, eſt une de celle dont Henri IV a orné Paris.

Le *grand Châtelet*, bâti par les Romains, ſervait de porte à la ville, & de ſûreté aux magiſtrats: on y recevait les tributs. C'eſt aujourd'hui le plus ancien ſiège de juſtice de la ville & où s'exerce la juriſdiction civile, criminelle & de police de la ville, prévôté & vicomté de Paris. Près du Châtelet eſt un lieu appellé *la Morgue* où l'on expoſe pendant quelques jours les cadavres de ceux qui ont péri & ſont inconnus.

L'égliſe de *St. Jacques de la Boucherie* a un crucifix curieux. Au devant eſt une tour la plus haute de Paris, & d'où l'on découvre mieux cette ville que des tours de Notre-Dame.

L'*Hôpital Ste. Catherine*, eſt gouverné par des chanoineſſes de l'ordre de St. Auguſtin. Elles ſont chargées d'enterrer les corps qu'on a expoſé à la *morgue*, & qui n'ont point été reconnus. Elles logent pendant trois jours les pauvres ſervantes hors de condition.

Les *dames chanoineſſes de St. Magloire*, de l'ordre de St. Auguſtin. On devait autrefois pour y être reçue, faire preuve de proſtitution. Aujourd'hui on eſt trop décent pour n'avoir pas changé cette inſtitution.

Quartier de Saint Oportune.

L'*église de St. Oportune* était un ancien hermitage situé dans les bois. C'est dans ce quartier qu'est la rue de la Ferronerie où Henri IV fut tué, l'hôtel des monnaies, & le fort-l'évêque.

Quartier du Louvre ou de St. Germain l'Auxerrois.

Le *Louvre* commencé par François I, n'est pas fini encore. C'est un édifice quarré; au milieu est une cour de 65 toises en quarré; la face bâtie sous Louis XIV, est un des plus beaux monumens de ce règne. Divers pavillons & corps avancés sont ornés de trois rangs de colonnes sur piédestaux, taillées d'une seule pierre: le premier de l'ordre Corinthien, les deux autres de l'ordre composite. Sur la corniche supérieure qui couronne toute l'architecture du nouvel édifice, est une balustrade chargée de trophées & de vases. Ce qui est fini est très-somptueux. La grande galerie, faite par ordre d'Henri IV, pour communiquer du Louvre au palais des thuilleries, dont la façade est près de la Seine, a 227 toises de long. On y conserve les plans en relief de toutes les places & forteresses du royaume, & des principales du reste de l'Europe. Il y en a 170, toutes faites par d'habiles ingénieurs, avec intelligence & la plus grande exactitude. Les rues, les maisons, les places, les églises, les fossés, les ponts, les rivieres qu'on y voit, les plaines, bois, montagnes qui les avoisinent, tout y est représenté avec la plus grande précision: quelques-unes peuvent se démonter.

Au-dessous de la gallerie sont des appartemens occupés par les ouvriers qui excellent dans leur profession. Au rez-de-chaussée est l'imprimerie, & la monnaie des médailles du roi.

On trouve dans ce palais une collection nombreuse des chefs-d'œuvres de peinture : tous les nouveaux tableaux s'exposent dans le sallon.

C'est au Louvre que s'assemblent cinq académies. L'*Académie Françoise*, fondée en 1635, composée de quarante membres, occupés de la pureté de la langue : quelques-uns ne se bornent pas à cet objet, d'autres n'y pensent pas. L'*Académie royale des inscriptions & belles lettres*, fondée en 1663. Expliquer les anciens monumens, consacrer les grands traits d'histoire de la monarchie par des inscriptions & des médailles, c'est son but. Elle est composée de dix académiciens pensionnaires, de dix honoraires, de vingt associés & de douze libres. L'*Académie royale des sciences*, fondée en 1666, composée de douze académiciens honoraires, de vingt pensionnaires, de douze ajoints, de vingt-six associés, dont huit sont étrangers & six sont libres. Elle possède les beaux cabinets d'histoire naturelle de Mrs. Reaumur & Pajot d'Ons-en-Bray. Ses études ont pour objet, la géométrie, l'astronomie, la chimie & la botanique. L'*Académie royale de peinture & de sculpture* : ceux qui y occupent les premières places corrigent les étudians : ils sont au nombre de quarante. Les chefs-d'œuvres de ceux qu'ils reçoivent, sont exposés dans trois sallons décorés des portraits des peintres célébres, & de belles statues. L'*Académie d'architecture* est composée de trente-deux architectes, d'un sécrétaire & d'un professeur. Le bon goût de l'architecture, les règles de cet art, sont son objet.

Il y a encore à Paris une *Académie de chirurgie*.

Le *Palais des Thuileries* doit ſon nom à la brique qu'on fabriquait autrefois dans ce lieu. Catherine de Médicis le fit commencer. Louis XIV l'a fait finir. Par ſon architecture variée, grande & noble, c'eſt un des plus beaux palais de l'Univers. Le veſtibule ſoutenu par des colonnes d'ordre ionique, eſt percé de cinq ouvertures ; au travers des arcades on découvre les jardins des Thuileries, la place de Louis XV, & les champs éliſées. La ſalle des machines peut contenir plus de 7000 perſonnes. Le jardin des thuileries fut commencé ſous Henri IV, ſes allées, ſes jets d'eaux, ſes baſſins, ſes terraſſes, ſes parterres, ſes ſtatues en font un des plus beaux lieux de l'Europe.

Près de ce jardin & de la rive droite de la Seine, eſt la place de Louis XV, ornée de la ſtatue équeſtre de ce roi, érigée par la ville de Paris, en 1754. La place eſt environnée de foſſés, bordée de deux côtés de baluſtrades & d'un parapet, & terminée par deux magnifiques bâtimens du côté du fauxbourg St. Honoré.

Derrière le jardin des thuileries eſt le *cours la reine.* Marie de Médicis y fit planter 1800 ormes en trois allées : quand il fait beau, il eſt couvert de carroſſes.

Les champs éliſées ſont formés par de belles allées & une vaſte campagne.

L'égliſe de *St. Germain l'Auxerrois* porte le titre de paroiſſe royale, parce que les palais dont nous venons de parler ſont dans l'étendue de ſa paroiſſe. Son veſtibule eſt ſemblable à ceux des temples élevés par les Grecs ou les Romains. Elle a un autel magnifique.

Le fauxbourg de *Chaillot*, ou *de la conférence* eſt

dans une ſituation charmante : on y reſpire un air pur, on y travaille le verre & le criſtal, & on y fait des tapis veloutés, façon du Levant, manufacture unique en Europe.

Quartier du Palais royal.

Le *couvent des pères de l'oratoire* : c'eſt le plus ancien de tous, & la réſidence du ſupérieur. Le cardinal de Berule, leur fondateur, y a un beau mauſolée. Il a une belle bibliotheque de 20000 volumes imprimés ou manuſcrits.

Le *palais royal*, commencé par le cardinal de Richelieu. Le duc régent, Philippe d'Orléans le décora de tableaux pour quatre millions de livres : le fond de cette collection eſt le cabinet de Chriſtine, reine de Suède.

L'*hôtel royal des quinze-vingt*, fut fondé par St. Louis. Il a 84 toiſes de long & 46 de large. Il a droit de quêter par tout le royaume : il faut être Français ou naturaliſé, pour y être admis. Il renferme 140 aveugles, 60 voyans, 98 femmes aveugles ou voyantes, le maître & le portier : ce qui forme le nombre preſcrit par le fondateur.

L'*égliſe de Saint Roch* eſt un des plus beaux édifices de Paris, & un monument de la piété des deux derniers rois. C'eſt là que ſont enterrés Mdme. Deshoulieres, le grand Corneille, Fontenelle & Crébillon.

La *place de Louis le Grand* eſt de figure octogone, a 75 toiſes de long, 70 de large, eſt bordée de beaux bâtimens dont toutes les façades ſont d'ordre Corinthien. Au milieu eſt la ſtatue de Louis XIV vêtu à l'antique : la ſtatue, le cheval ont été fondus d'un ſeul jet, & ont plus de 20 pieds de haut. C'eſt l'unique en ce genre. Le piédeſtal eſt de marbre blanc, a 30 pieds de haut, 24 de long, 13 de large, eſt élevé de quelques degrés & chargé d'inſcriptions latines.

Une *maiſon des feuillans :* le portail de leur égliſe eſt le coup d'eſſai de Manſard. L'égliſe eſt entourée de 14 chapelles magnifiques qui appartiennent à des familles illuſtres. Elle fut fondée par Henri III.

Une *maiſon des capucins :* fondée par Catherine de Médicis, c'eſt le chef lieu de l'ordre en France. Ange de Joyeuſe & le pere Joſeph du Tremblay y ſont enterrés.

Dans le fauxbourg *St. Honoré*, on voit la pépinière & l'orangerie royale, la manufacture du tabac, pluſieurs hôtels & édifices publics.

Quartier de Mont-Martre.

La *place des Victoires*, bâtie par le maréchal de la Feuillade, de forme ovale & de 46 toiſes de diamètre. Elle parait plus grande parce que ſix grandes rues y viennent aboutir & en laiſſent voir la magnificence. Elle eſt décorée par les maiſons qui l'environnent, & ſurtout par une ſtatue de bronze doré, de 13 pieds de haut, repréſentant Louis XIV debout & revêtu des habits de ſon ſacre. Sous ſes pieds eſt un Cerbére, & au bas ſont ces mots : *Viro immortali.* Derrière la ſtatue, eſt une victoire de même hauteur, de bronze doré, ayant un pied poſé ſur un globe & le reſte du corps élevé. D'une main elle couronne Louis, de l'autre elle tient des palmes & des branches d'olivier. Le tout fait un groupe de 16 pieds de hauteur. Derrière les deux figures eſt un bouclier, un faiſceau d'armes, une maſſe d'Hercule, & une peau de lion, tout a été fondu d'un ſeul jet & peſe plus de 30,000 livres. C'eſt le plus ſuperbe monument qu'un ſujet ait élevé à ſon prince.

L'*égliſe des petits peres* : le portail, & la chapelle de N. D. de Savone ſont eſtimés. Lully & Lambert ſont enterrés dans une de ces chapelles. La bibliothéque du couvent eſt riche & ſon cabinet rempli de médailles & d'antiquités.

La *bibliothéque royale*, autrefois l'hôtel de Nevers, eſt composée de magnifiques galleries de 86 toiſes de long. Elle contient 150,000 volumes imprimés, reliés en maroquin rouge avec les armes du roi, plus de 80,000 manuſcrits, un cabinet d'eſtampes très-remarquable par la quantité, le choix, & le format : un cabinet de médailles, & les globes terreſtres & céleſtes faits par le *Pere Coronelli* pour le cardinal d'Eſtrées, qui en fit préſent à Louis XIV.

Les *capucines*, couvent ſoumis à une règle plus ſévère encore que celles des capucins, fondé par la veuve d'Henri III, reconſtruit ſous Louis XIV qui y dépenſa plus de 200,000 écus. Le couvent eſt propre & commode. L'égliſe n'eſt pas grande, mais elle eſt ſomptueuſe, ſurtout les chapelles où ſont les mauſolées de Louvois & du duc de Crequi, & celle où ſe lit l'épitaphe de Colbert.

L'*Abbaye Mont-Martre*, ſur un mont qui porte ce nom, parce que les moines de St. Denys y ont ſouffert le martire.

L'*égliſe de St. Joſeph* n'a rien de ſingulier : dans ſon cimetiére fut enterré Moliére, homme pour lequel on cherche un mauſolée, tandis que d'autres en ont qu'on ne cherche pas.

Quartier de St. Euſtache.

La paroiſſe en eſt conſidérable. Derrière le chœur

de l'église est le mausolée de Colbert. C'est là que sont ensevelis La Mothe le Vayer, Voiture, la Chambre, Furetiere, la Fontaine, le duc de la Feuillade, &c.

L'*hôtel de Soissons*, aujourd'hui les *nouvelles halles*. Il y a une colonne dorique de 100 pieds de haut élevée par Cathérine de Médicis pour faire des observations célestes.

Les *filles de St. Agnès*, fondées par Anne Pasquier en 1678 : ce sont trente religieuses qui apprennent des métiers aux filles pauvres de la paroisse.

Quartier des Halles.

Il est mal-propre. On y voit la halle, le pilori où les banqueroutiers frauduleux & les concussionnaires sont exposés pendant trois jours de marché ; la fontaine adossée à l'église des Innocens, est regardée comme un très beau morceau d'Architecture.

Quartier de St. Denis.

L'*hôpital de la trinité*, ou le *vœu de la reine* fut fondé par deux Allemands pour retirer les pélérins qui arrivaient trop tard pour entrer dans la ville. Sous François I, il fut destiné pour les orphelins qui y sont élevés jusqu'à l'âge d'apprendre des métiers. Les garçons donnent 400 livres & les filles 500 pour y être reçues, mais on leur rend cette somme quand ils en sortent.

La *porte St. Denis*, est la plus magnifique de Paris : elle est construite en arc de triomphe en l'honneur de Louis XIV, & a 72 pieds de face : le dessus est découvert comme les anciens arcs de triomphe. L'ouverture est de 24 pieds ; de chaque côté sont des pyramides de trophées d'armes posées sur des piedestaux, percés dans leur dès d'une porte de 9 pieds. Les bas reliefs du côté de la ville, représentent le passage du Rhin, & ceux du côté de la campagne, la prise de Mastrecht.

Dans le fauxbourg St. Denis, on voit les *Lazaristes*, les *Sœurs grises*, &c.

Quartier St. Martin.

La *porte St. Martin* forme un arc de triomphe de 54 pieds de haut, & d'autant de large, élevé à la gloire de Louis XIV. Les bas reliefs représentent divers événemens de son règne.

Le prieuré *de St. Martin des champs* est un lieu de franchise : il vaut 45,000 livres de rente à son prieur. Il donne le patronage de 25 prieurés simples & de 70 cures.

L'*hôpital du nom de Jésus* pour les vieillards & les infirmes. Celui de *St. Louis* pour les maladies contagieuses, dédié par Henri IV à ce roi, parce qu'il mourut d'une de ces maladies.

Quartier de la Grève.

La *place de Grève*, fut nommée ainsi parce que la Seine la couvrait de gravier. C'est le lieu où l'on fait les feux de joye, & les exécutions des criminels. Ceux qui ont réunis ces deux objets dans le même lieu n'avaient pas d'entrailles.

L'*hôtel de ville* est un bâtiment vaste, à demi gotique, & surchargé d'ornemens. C'est le lieu où s'assemblent le prevôt des marchands, les échevins, &c. & où le roi fait payer les rentes dont il est chargé. Au-dessus de la porte, au milieu de l'édifice, est la statue équestre d'Henri IV, au fond de la cour, sous une des arcades, est la statue pedestre de Louis XIV, vêtu à l'antique : elle est de bronze, & posée sur un piédestal de marbre blanc.

L'*hôpital du St. Esprit*, pour les enfans nés à Paris

Paris de peres & de meres morts à l'hôtel-Dieu, & âgé de moins de 9 ans.

Le *grand bureau des pauvres* est présidé par le procureur-général du parlement : il a le droit de lever une taxe sur tous ceux qui habitent Paris, princes ou artisans, ecclésiastiques ou laïques, dont le produit est pour les pauvres.

L'*église de St. Gervais* : son portail est un des plus beaux morceaux d'architecture qu'il y ait en Europe.

Quartier de St. Paul ou de la Mortellerie.

L'*église de St. Paul* fut bâtie sous Charles VI. On y voit les tombeaux du maréchal de Biron, qui fut décapité : celui de Jean Nicot, que l'usage du tabac rend célébre, &c. Rabelais n'y a point de tombeau, mais il y est enterré.

Le *monastère des célestins*. La grande porte de l'église est décorée de la statue de Charles V & de son épouse. On ne voit dans cette église que piramides, mausolées & tombeaux : après St. Denis, c'est l'église de France qui renferme le plus de monumens célébres. La bibliotheque des célestins est fort nombreuse.

L'*Arsenal*. Le grand a 168 toises de long : le petit a le double de cette longueur. Il y a un magazin à poudre, deux fonderies où l'on faisait des canons, & où l'on ne fait plus que des statues de bronze. Parmi les curiosités qu'on y trouve est le cabinet de *Duvivier*, & une arquebuse de fonte à deux canons, montée sur deux roues, qui la meuvent de tous côtés, & la font manier avec autant de facilité qu'un mousquet ordinaire. Elle se charge par la culasse : elle perce, dit-on, une planche épaisse à la distance de deux lieues : il est permis de douter de cela. Elle fut inventée pour tuer les généraux ennemis ; mais on a cru trop dangereux d'en faire usage. Le jardin est ouvert au public, la vue y est belle & l'air pur.

Quartier de Ste. Avoye.

Il renferme le prieuré des blancs manteaux ; ou serviteurs de la Vierge : le monastère des filles de Ste. Avoye, pour les vieilles femmes infirmes qu'on nomme *beguines* : une maison des pères de la merci, & plusieurs hôtels magnifiques, entre lesquels on remarque celui de Soubise & celui de Strasbourg où l'on conserve la bibliotheque du président de Thou, qui s'augmente tous les jours de livres rares & précieux.

Quartier du Temple ou de Marais.

Le *temple* doit son nom aux templiers qui l'habitaient. Il fait une espèce de bourg séparé de Paris par une enceinte de murs. Philippe le Bel, après la destruction de l'ordre des templiers, le donna aux chevaliers de Malthe, & c'est la résidence du grand prieur de la langue de France : son palais est beau, & orné d'un grand jardin. Son revenu est d'environ 76 mille livres. C'est un lieu d'azile. Des maisons y sont occupées par des artistes qui n'ont pas encore acquis le droit de maîtrise. L'église est faite, dit on, sur le modèle de celle de St. Jean de Jérusalem.

Plusieurs couvens & hôtels : celui de Camus mérite d'être vu, ainsi que les jardins de celui de Boucherat.

Quartier de St. Antoine.

On y voit la maison qui appartenait aux jésuites, donnée aux chanoines de la congrégation de France. Le portail de l'église a un aspect majestueux. Rien de plus riche que l'autel dans des jours de fêtes : on y voyait un tabernacle tout d'argent, enrichi de différentes pièces de vermeil ; un grand nombre de vases, de chandeliers, de girandoles d'argent, de magnifiques reliquaires ; quelques-uns d'or : un grand ſoleil d'or, enrichi de diamans & de perles. L'or & l'argent y brillent de toute part : les perles y ſervent de broderie. Le grand luminaire était ce qu'il y a de plus éclatant en ce genre. Dans différentes chapelles ſont les cœurs de Louis XIII & de Louis XIV, les mauſolées de Henri de Bourbon & du grand Condé.

La place-royale eſt quarrée & a 72 toiſes de long ; c'eſt là qu'était le jardin du palais des tournelles, habité par les rois juſqu'à Henri II. Elle eſt ornée de 35 pavillons, qui ſont joints par une galerie qui règne autour de la place. Elle eſt pavée le long des portiques. Au centre eſt la ſtatue équeſtre de Louis XIII, ſur un piédeſtal de marbre blanc. Ce monument lui fut élevé par le cardinal de Richelieu.

La *rue St. Antoine* eſt une des plus belles & des plus larges de Paris. C'eſt celle par où les ambaſſadeurs font leur entrée.

La Baſtille fut bâtie par Charles V pour défendre Paris contre les Anglais. C'eſt une courtine flanquée de 8 tours, avec un baſtion, un rempart & des foſſés. Trop petite pour défendre la ville, trop baſſe pour la commander, on en a fait une priſon. Il y a un magazin d'armes.

La *porte St. Antoine*, fut bâtie ſous Henri II pour ſervir d'arc de triomphe à ce prince. Elle a été reconſtruite depuis. Elle eſt belle, ornée de ſtatues, d'inſcriptions, &c.

Au fauxbourg *St. Antoine*, on voit les ſtatues d'Hercule & de Minerve ſur des piédeſtaux, & la manufacture des glaces, on les y polit, mais on les fond au château de *St. Gobin* en Picardie. L'hôtel des mouſquetaires noirs est un des plus grands de Paris, on y peut loger 1200 personnes. Ces mousquetaires ont pris leur nom de la couleur de leurs chevaux.

Les *picpus*. La bibliotheque de ce couvent est bien fournie, le jardin rempli de grottes & de coquillages. Il y a un appartement pour les ambassadeurs. C'est là où l'introducteur va les chercher dans les carosses du roi.

Près du fauxbourg est le château de *Vincennes*, commencé par Philippe Auguste en 1183. C'est un quarré long sur lequel s'élévent plusieurs tours quarrées : plusieurs jointes ensemble forment le donjon. Les faces sont ornées de pilastres d'ordre toscan & dorique : l'itérieur est grand & magnifique. Il y a une manufacture de porcelaine. Il est éloigné de 20 stades de Paris, & de là vient son nom, *ad vicenas*. Le parc a 1400 arpens d'étendue. La chapelle fondée par Charles V est faite sur un dessin gothique ; mais qui a des beautés. Le château de *Conflans*, celui de *Bercy*, sont grands & superbes ; leurs jardins, leurs points de vue en font un des grands ornemens, ils ont été formés par *le Nôtre*.

L'Université.

L'université, fut, dit-on, fondée par Charlemagne ; il est vrai que son amour pour les sciences lui donna la naissance.

Louis le Jeune confirma l'école qui s'y était formée, & lui fit don des droits de messagerie : elle prit alors une forme permanente, se choisit un recteur, se divisa en nations pour les arts libéraux, en quatre facultés pour les sciences. Ces quatre facultés sont celle de théologie, celle de droit, celle de médecine & celle des arts. La procession du recteur est comparée à la cérémonie du doge de Venise quand il va époufer la mer. Elle fe fait tous les trois mois, on y voit un grand nombre de capuchons, de bonnets quarrés, de robes fourrées, &c. la gravité de la marche en impofait autrefois ; mais cette gravité commence à devenir ridicule, & la proceffion n'eft plus admirée que du peuple. Nous n'entrerons pas dans de plus grands détails fur l'univerfité : il en faudroit trop pour en donner une idée jufte. Elle a été très-puiffante, & la France lui doit beaucoup par les lumières qu'on y puifait : mais elle eut le défaut des grands corps. Elle adopta un plan de doctrine, & tout autre que le fien devait être mauvais, de-là s'élevérent des cabales & des perfécutions. Elle tient fes affemblées au collège de Louis le grand.

Quartier de la place Maubert.

La *porte St. Bernard*, eft un monument élevé à la gloire de Louis XIV, fur les deffins de Blondel.

La Salpétrière ou l'hôpital général, parce qu'elle eft un des principaux bâtimens de cet hôpital, qui comprend celui de bicêtre, de la pitié, &c. Ce bâtiment reffemble à un grand bourg. Il renferme ordinairement 10 mille perfonnes de tout âge & de tout fexe. Une fupérieure, 36 fœurs, aidée de 80 gouvernantes, & d'une multitude de domeftiques, fervent & dirigent cette maifon. On y voit plus de 3000 filles travaillant, on en dentelles, ou en tapifferies, en brodure, en bas, &c. La ftructure de fon églife eft finguliere & convenable à fon objet & à celui de la maifon.

Bicêtre tient fon nom de fon fondateur Jean de Wincefter. Son enceinte comprend de grands édifices & plufieurs places, & environ 10000 ames. Il eft environné de murs. On y enferme les fous, les mendians, les gens ſans aveu, les libertins. Son puits eſt ſingulier par ſa ſtructure & ſon utilité. Il eſt rond, revêtu de pierres de taille, a 34 toiſes de profondeur, & 15 pieds de diametre. Au niveau de l'eau eſt une galerie pour en examiner le fond plus commodement. Une machine miſe en mouvement par quatre chevaux monte l'eau par deux ſceaux qui en contiennent 1200 livres, & la verſent dans un large baſſin revêtu de plomb d'où elle coule dans un réſervoir vouté, & de ce réſervoir elle eſt conduite par des tuyaux dans tous les endroits de l'édifice où le beſoin l'exige.

L'*hôpital de la pitié*, eſt dans le fauxbourg St. Victor. C'eſt l'azile des orphelins & des enfans trouvés, au nombre d'environ 1200 : l'égliſe eſt propre. Les adminiſtrateurs de l'hôtel-Dieu ſont les mêmes que ceux de l'hôpital général, & les principaux ſont l'archevêque de Paris, le premier préſident du parlement, le procureur-général, &c. : ils tiennent leurs aſſemblées ordinaires à la pitié.

Le *jardin royal des plantes*, a été fondé par Louis XIII, mais perfectionné & enrichi depuis. On y cultive preſque toutes les plantes connues dans toutes les parties du monde. Le roi a deſtiné pour ſon entretien une rente annuelle de 13000 livres. On y fait toutes les années un cours de botanique, de chymie & d'anatomie, où les curieux peuvent aſſiſter. Dans le jardin eſt une colline artificielle ſous laquelle eſt un labyrinthe. Dans le bâtiment eſt un riche cabinet d'hiſtoire naturelle, une bibliotheque compoſée des meilleurs livres de phyſique, de botanique, &c. On y voit 60 volumes de plantes & d'animaux peints en miniatures, les herbiers de Vaillant & de Tournefort, une ſalle où ſont renfermés toutes les piéces d'anatomie, & un parterre de coquilles choisies. On y voit encore une galerie superbe où sont suspendues toutes sortes d'armes, d'équipages, d'habillement de sauvages, de fruit des Indes, de quadrupédes, de poissons, d'amphibies, &c. Autour des murs sont rangés tout ce que les trois règnes ont de plus précieux. C'est le trésor de la nature.

L'*hôpital de Notre-Dame de la miséricorde*, fut fondé par le chancelier Séguier pour cent orphelins. Les filles qu'on y éleve donnent droit de maîtrise à ceux qui les épousent. On leur apprend le dessein, la musique, &c.

Les *filles de Ste. Pelagie*, communauté de filles pénitentes qui font encore preuve de mauvaise conduite, l'honnêteté pour y avoir droit, a donc besoin de se vêtir des haillons du vice.

L'*abbaye de St. Victor*, communauté de l'ordre de St. Augustin. L'abbé a 45000 livres de rente : sa taxe en cour de Rome est de 500 livres. La bibliotheque est riche en manuscrits, en livres anciens, & a une collection rare de cartes & d'estampes.

Le *couvent des carmes*. Le grand autel y est fait en forme de tombeau & le tabernacle en globe. On y visite le cabinet du père Sébastien Truchet.

Le *collège de Navarre*, fut fondé par Philippe le Bel & Jeanne de Navarre sa femme. Cette maison est divisée en quatre communautés. On y enseigne particuliérement la théologie. Le collège proprement dit est distingué de la maison : on y enseigne les humanités & la philosophie : Louis XV y a établi une chaire de physique expérimentale, & l'abbé

Nollet la remplit. Sa bibliotheque est ancienne & curieuse.

L'*église collégiale de St. Marcel*, a été bâtie par Rolland neveu de Charlemagne. Un bœuf ruminant étoit son simbole, & on le voit au bas du clocher.

Plusieurs couvens, quelques hôpitaux pour les femmes, ou filles libertines. La manufacture des Gobelins.

Quartier de St. Benoît.

L'*école de médecine* avec un théâtre anatomique. Il a un professeur en botanique, un en physiologie, un en pathologie, un en chirurgie & deux en pharmacie qui visitent les drogues dans les boutiques d'apoticaires.

Le *prieuré de St. Yves*: sur les murs du chœur on voit un grand nombre de sacs où sont renfermés les piéces des procès que l'intercession du Saint a fait gagner. Il fut l'avocat des pauvres pendant sa vie, & ils l'invoquaient après sa mort; mais est-ce pour tromper la justice qu'ils l'invoquent, ou pour suppléer à ce qu'ils ne mettent rien dans sa main?

Les *mathurins*, c'est l'ordre de la rédemption des captifs; son établissement est respectable quoique mal entendu.

Le *collège de Cambrai*: on y enseigne le droit.

Le *collège royal*, fondé par François I, rebâti par Louis XIII. Il a dix-neuf chaires. On y enseigne l'hébreu, le syriaque, l'arabe, le grec, la philosophie, les mathématiques, l'éloquence, le droit canon, la médecine, la chirurgie, la botanique, la pharmacie. Les professeurs ont le titre de conseillers du roi, ils font un corps séparé de l'université depuis 1633. Le secrétaire d'état qui a la maison du roi dans son département, les dirige.

Commanderie *de St. Jean de Latran*, de l'ordre de Malthe : elle vaut 26550 livres de rente. Son enclos est privilégié comme celui du Temple pour ceux qui ne sont pas maîtres.

Collège de Louis le Grand, fondé par l'évêque de Clermont, Guillaume Duprat, en 1682. C'est là que sont déposées les archives de l'université. La bibliotheque est considérable, & le sur-intendant Fouquet a laissé un fond de mille livres de rentes pour l'augmenter.

Le *collège de Montaigu*. Erasme & Calvin y ont étudié.

Le *collège des dominicains*, le grand autel de l'église est formé de colonnes de marbre d'ordre corinthien avec les armes du cardinal de Mazarin, qui en a fait la dépense. La chapelle de la confrairie du Rosaire où sont inscrits les enfans de France dès leur naissance, fait partie de cette église. Dans la salle on conserve les portraits des hommes illustres de l'ordre, qui a produit 12 saints, 4 papes, 60 cardinaux. On vante ses grands noms, quand on n'a pas de grands hommes & surtout des hommes utiles à l'humanité. Près de là sont les écoles de St. Thomas.

L'*abbaye de Ste. Geneviève*, fondée par Clovis : l'église fut commencée par ce prince : on y voit son tombeau, celui de Clotilde, & celui de la Sainte. Le tabernacle est fait en dôme octogone accompagné de quatre portiques pavés d'un marbre très-rare : il est d'un travail exquis : le lapis, le jaspe, l'agathe & autres pierres précieuses y brillent de toutes parts. Il est soutenu sur un pied de marbre bleu de turquie, en forme de cul de lampe, ayant à ses côtés les statues de St. Pierre & de St. Paul en bronze doré. Derrière le grand autel sont les reliques de Ste. Geneviève dans une chasse de vermeil : on la promene encore dans les tems de calamité. Je ne sais si elle fait tomber la pluye sur les champs altérés ; mais elle a fait tomber une pluye d'or sur l'abbaye. Marie de Médicis décora cette chasse d'une couronne de diamans de grand prix, & Anne d'Autriche d'un riche bouquet de brillans. La nouvelle église est magnifique. Au-dessous est une église souterraine où est le tombeau de la Sainte. C'est dommage que de si beaux bâtimens soyent toujours formés de croix & de croisillons, mauvais goût que la religion ne consacre point, mais la superstition ou l'habitude. La bibliotheque est une des plus belles de l'Europe, soit par le vaisseau qui la contient, soit par le nombre des volumes. Elle en a 60000, mais tous ne sont pas des livres choisis. L'abbé est supérieur général de l'ordre qui possède environ 100 maisons en France. Les revenus de Ste. Geneviève monte à plus de 80000 livres.

L'*église paroissiale de St. Etienne du Mont*, est une des plus anciennes, des plus belles de France ; on remarque surtout la construction de ses voutes & de ses galeries. Pascal, de Sacy, Racine, Tournefort y sont enterrés.

L'*église de St. Jacques du haut-Pas*. Son portail formé de quatre colonnes isolées d'ordre dorique qui soutiennent un fronton avec un attique, est remarquable par ses proportions.

Les *filles de la providence*, couvent fondé en 1620, azile des jeunes filles dont la vertu est en danger dans le monde. L'azile est trop petit pour le nombre de celles à qui il fut destiné; il ne l'est pas pour celles qui le cherchent.

Les *carmelites déchaussées :* c'est le premier couvent que cet ordre ait eu en France. L'église est ancienne & belle. Le grand autel formé de quatre colonnes de marbre est fort élevé ; les ornemens en sont de bronze doré au feu : le tabernacle est d'argent ; il représente l'arche d'alliance. Les jours de fête, il est orné d'un soleil d'or, enrichi de pierreries, accompagné de chandeliers, de vases & d'autres piéces d'orfévrerie. Le crucifix de bronze, les peintures de la voute sont remarquables. Toutes les chapelles sont magnifiques, & dans l'une est déposé le cœur de Turenne.

L'*abbaye du Val de Grace*, monument de la piété & de la reconnaissance d'Anne d'Autriche pour la naissance de Louis XIV. C'est un beau morceau d'architecture : l'ordre corinthien y domine. Le dome couvert de lames de plomb à bandes dorées, & peint par Mignard, le grand autel, le tabernacle; tout y est beau, grand & riche. Anne d'Autriche la décorée de plusieurs reliquaires d'or & d'argent, enrichis de pierreries, entr'autres d'un soleil d'or émaillé de couleur de feu, tout couvert de diamans, soutenu par un ange d'or, dont les bords de la robe sont aussi garnis de diamans. C'est le fruit de sept ans de travail d'un habile artiste. La chapelle de Ste. Anne est toujours tendue de noir. On y conserve le cœur d'Anne d'Autriche & d'autres princes & princesses. Les revenus de l'abbaye sont considérables.

L'*abbaye de Port-Royal ;* c'est un débris de l'ancienne abbaye de Port-Royal. Un oratoire où Philippe-Auguste égaré trouva un azile lui donna son nom.

L'*obſervatoire* fut élevé en 1667. C'eſt un gros bâtiment quarré, dont les faces ſont tournées vers les quatre points cardinaux du monde. Aux angles de la face du midi ſont deux tours octogones ; au milieu de la face du nord eſt une tour quarrée : le batiment a quatorze toiſes de haut, eſt ſéparé en deux étages, avec une plate-forme, de laquelle on découvre tout l'horiſon, & d'où l'on peut faire la plûpart des obſervations aſtronomiques, ſans le ſecours d'inſtrumens. Cet édifice vouté par tout, n'a dans ſa conſtruction, ni bois, ni fer, & ſa ſolidité eſt très-grande. On deſcend dans ſes ſouterrains par 171 marches : ces ſouterrains ou carrières ont plus de 50 rues, larges au moins de 4 pieds, taillées dans le roc à 100 pieds de profondeur & qui s'étendent bien avant dans la ville. A une extrémité eſt une eſpèce de ſallon de 4 toiſes de diametre taillé dans le roc, d'où découle continuellement une liqueur qui ſe congèle en une eſpèce de talc tranſparent. L'eſcalier qui conduit aux ſalles eſt très-hardi. Ces ſalles ſont grandes & belles, remplies de modèles de machines & d'ouvrages curieux, inventés par d'habiles mathématiciens. L'une de ces ſalles a la propriété de faire entendre une perſonne d'un mur à l'autre ſans qu'une perſonne placée au milieu y puiſſe rien comprendre.

Quartier de St. André.

Le *couvent des cordeliers*, eſt le collège général de l'ordre. L'égliſe eſt vaſte & ſimple. La ſtatue de St. Louis placée ſur la grande porte eſt très-reſſemblante.

On croit voir dans ce quartier les reſtes du palais de Julien : ce ſont de vieilles ruines parmi leſquelles eſt une voute quarrée très-vaſte, d'une hauteur prodigieuſe, ſans piliers & que le tems a respectée : elle soutient un jardin d'arbres fruitiers & plus de 15 pieds de terre.

Le *collège de Sorbonne :* la théologie y est enseignée deux fois le jour par six docteurs. On y enseigne aussi la langue hébraïque : l'église n'est ni grande, ni éclairée ; mais c'est un chef d'œuvre d'architecture. Elle est d'ordre corinthien : son pavé est de marbre. C'est un raccourci du pantheon. Le tombeau du cardinal de Richelieu est au milieu du chœur. C'est l'ouvrage de Girardon qui y travailla 20 ans. Sa bibliotheque est très-nombreuse ; on y voit des manuscrits rares, & un Tite-Live traduit sous Charles V, rempli de figures en miniatures & de vignettes dorées de cet ancien or aussi brillant que s'il venait d'être appliqué. On a perdu ce secret depuis 200 ans.

Les *grands Augustins* : à côté du chœur de leur église est la chapelle du St. Esprit, où se sont faits à plusieurs fois les cérémonies des chevaliers de cet ordre. Dans le chœur sont six grands tableaux qui représentent autant de réceptions solemnelles de chevaliers faites par les deux derniers rois. Il y a dans le couvent quatre salles magnifiques où sont les portraits & les armes des chevaliers reçus depuis l'institution. L'église renferme les tombeaux de Philippe de Comines & de Jean de la Fontaine.

Quartier de Luxembourg.

Le *palais du Luxembourg*, est un des plus beaux qu'il y ait au monde. La description en serait froide & ce serait mal le peindre. Parmi les appartemens, est la gallerie de Rubens ; garnie de vingt tableaux peints par cet homme célèbre. Ils représentent la vie de Marie de Médicis ; mais on y cherche en vain la mort d'Henri IV. Cette reine qui fit conftruire le Luxembourg en moins de six ans, mourut dans l'indigence à Cologne. Le jardin est long de 408 toises, partagé en plusieurs allées avec des parterres. C'est-là qu'on respire l'air le plus pur de Paris.

Les *chartreux*. Leur église fondée en 1276 a de beaux tableaux; ceux sur-tout du petit cloître paraissent inimitables. Ils représentent la vocation de St. Bruno & sont d'Eustache le Sueur. Des rivaux de ce peintre les ont défigurés & leur basse jalousie fait son éloge.

L'*Oratoire* : l'église en est assez belle. On y voit le magnifique tombeau de marbre du cardinal de Berulle.

Les *carmes déchaussés*. Le couvent est beau : la peinture blanche dont ces religieux ont le secret le rend très-propre. Dans l'église on admire la statue de la Vierge, sculptée par Antonio Raggi.

Le *petit Luxembourg* est un palais magnifique : l'architecture en est très-estimée. L'intérieur est fort riche.

La *paroisse de St. Sulpice* : c'est peut-être la plus considérable du monde chrétien par ses revenus. Le fauxbourg de cette abbaye s'étant fort peuplé, on rebâtit plusieurs fois son église, autrefois chapelle des domestiques de l'abbaye de St.Germain-des-Prés. On la recommença en 1655 pour la quatrième fois sur les dessins de *Le Vau*. Le défaut de fond le fit suspendre jusqu'en 1719. Le curé *Languet de Gergy* fit reprendre l'ouvrage, & son zèle ranima & la charité des grands. Il la finit, & il la décora. On en fit la dédicace en 1745 avec le plus grand appareil. Le portail, le chœur, le sanctuaire, le tabernacle, les chapelles, les vases sacrés, les tableaux, les statues, les mausolées y sont de la plus grande beauté. Près du portail sont deux bénitiers d'un coquillage unique & très-estimé, donnés par Louis XV. Le tombeau du Curé répond à la magnificence de l'édifice qu'il a fait construire.

La *foire de St. Germain-des-Prés*, est un vaste bâtiment couvert, divisé en allées qui se communiquent, garnies de boutiques où l'on étale pendant huit jours de franchise toutes sortes de marchandises : dans les Cours sont les danseurs de corde, les animaux, les instrumens singuliers. La foire s'ouvre le 3 Février & finit la dernière semaine de la passion.

Divers hôtels, tels que celui des ambassadeurs, celui de Condé, qui est simple au-dehors, mais au-dedans règne la magnificence & la profusion : celui de Vendôme, &c.

L'*hôpital des incurables*, fondé par le cardinal de la Rochefoucault : c'est l'humanité qui donna l'idée de cet établissement ; c'est la piété qui le soutient.

L'*hôpital des petites maisons*. Ses cours environnées de maisons petites & basses, lui ont donné son nom. Sous Charles VIII, il fut destiné aux maladies vénériennes, puis aux femmes âgées, caduques ou faibles d'esprit. On y guérit encore les maladies vénériennes ; on y reçoit 400 vieillards des deux sexes & les foux occupent les petites maisons.

Quartier de St. Germain-des-Prés.

L'*abbaye de St. Germain-des-Prés* fut bâtie par Childebert I. L'abbé jouit de plus de 130000 livres. Le cloître est un beau bâtiment. La bibliotheque est après celle des rois la plus considérable de Paris. Elle a des manuscrits rares, & elle s'accroît tous les jours ; l'accès en est accordé aux savans ;

ainſi que le cabinet d'antiquité : la magnificence de l'ancienne égliſe le fit nommer St. Germain-le-doré. Ravagée & pillée, elle fut rebâtie dans le onzième ſiècle : elle eſt gothique mais elle y a un air de grandeur : le deſſin du maître-autel eſt majeſtueux. On y voit des tombeaux de pluſieurs rois & reines de la première race.

Le *ſéminaire des miſſions étrangères :* on y raſſemble & inſtruit de jeunes gens qu'on envoye enſuite en Perſe pour ſe perfectionner dans l'étude des langues, & pour en connaître les mœurs.

L'*hôpital de la charité :* on y reçoit 2500 malades par an. Il y a 200 lits partagés en trois ſalles pour autant de malades, qui, de leur lit voyent l'autel. Une quatrième ſalle eſt ouverte depuis le printems juſqu'en automne pour y panſer ceux qui ont la pierre. Les *frères de l'ordre de St. Jean de Dieu.* Le portail de l'égliſe eſt remarquable.

L'*hôtel de Conti.* La grande porte eſt très-belle & de bon goût. C'eſt un garde-meuble du roi. Les tapiſſeries qu'on y trouve faites de ſoye & d'or ; & la grandeur du deſſin, la beauté du travail y ſurpaſſent la richeſſe de la matière : on y admire ſur-tout les batailles & les triomphes de Scipion, faites ſur les deſſins de Jules Romain : divers autres imités des deſſins de Raphaël, d'Urbain, de Charles le Brun, d'Albert Durer ſont très-eſtimés. Cet hôtel renferme encore d'autres raretés ſingulières par l'art qui les créa, ou par des traits d'hiſtoire.

Le *collège Mazarin ou des quatre Nations*, fondé par le cardinal Mazarin pour l'entretien & l'éducation de 60 jeunes gentilshommes des environs de Pignerol, des Pays-Bas, de l'Alſace & du Rouſſillon : c'eſt de là qu'il tire ſon nom. A la place des nobles

de

de Pignerol étrangers à la France, on a substitué des nobles de Bresse, de Bugey & du pays de Gex. Les héritiers du fondateur nomment à ces places. On y compte 800 étudians : le bâtiment est magnifique : la bibliotheque a 36000 volumes. L'église, de forme ronde au-dehors, ovale au-dedans, est propre & simple. Elle est pavée de marbre noir. Le tombeau du cardinal est près du grand autel : il est représenté en marbre blanc, sur son tombeau de marbre noir : auprès de lui sont des statues de bronze. On enseigne dans ce collège les belles lettres, la philosophie & les mathématiques.

L'*Ecole royale militaire*, est un des plus beaux monumens du règne de Louis XV. Cinq cents jeunes & pauvres gentilshommes y trouvent l'entretien. Ils sont divisés en huit classes. Les services rendus à la patrie, sont les seuls titres pour être des premières. L'édifice, commencé en 1752, est superbe.

Le *champ de Mars*, est un espace long de 470 toises, large de 202, entouré d'un fossé, d'une terrasse au-dedans & d'une autre au-dehors. C'est là que la maison du roi, les mousquetaires, les régimens des gardes, & les éleves de l'école royale militaire sont exercés.

L'*Hôtel royal des invalides*, est près de la rive gauche de la Seine : le bâtiment a 231 toises de long & 168 de large. La place & la promenade ont encore autant d'étendue. C'est le plus superbe édifice élevé par la générosité des rois, aux travaux, à la valeur qui fut utile & que la vieillesse rend impuissante. Cinq cours entourées de logemens bien bâtis, uniformes, à 4 étages, avec des mansardes, composent cet édifice dont la façade simétrique a devant elle une esplanade ornée de pavillons. Les trois faces extérieures ſont entourées d'un foſſé revêtu, & l'on y fait la garde comme dans une place de guerre. Les cours ont deux rangs d'arcades l'un ſur l'autre, & ils forment des corridors qui règnent tout autour. Les appartemens en ſont commodes. On y reçoit 4000 hommes, & il y a plus de 3000 lits.

La chambre du conſeil eſt vaſte, ornée de grands tableaux qui retracent les grands événemens du règne de Louis XIV. Ils ſont peints dans les réfectoires. On a voulu que le ſoldat ſe reſſouvînt dans ſa retraite de ce qu'il avait été, & du roi qui lui prépara cet azile; & on rend encore utile ceux qui peuvent l'être. Rien de plus grand & de plus magnifique que l'égliſe, diviſée en deux: l'intérieure eſt pour le ſervice de ceux qui habitent l'hôtel. Le dôme de l'extérieure, élevé de 300 pieds, eſt un ouvrage unique. Au-devant eſt une baluſtrade ornée de 16 ſtatues; ſes ornemens ſont très-riches, & on les admire plus encore par le goût qui les a dirigés. De tels édifices doivent être vus: une peinture, une deſcription ne fait point naître ce ſentiment d'admiration qu'on éprouve en les voyant. On peut cependant conſulter la deſcription de celui-ci publiée par Mr. Bertrand en 1756, *in-folio*.

Paris doit ſon nom aux *Pariſii*, peuple qui habitait la contrée où elle eſt placée. Lorſqu'on l'appellait *Lutetia*, on y adorait la déeſſe Iſis. Julien s'y plût & la fit connaître, Clovis la choiſit pour ſon ſéjour. Abandonnée par ſes ſucceſſeurs, elle devint le partage des ancêtres d'Hugues Capet, & ce prince en montant ſur le trône en fit la capitale du royaume. Elle s'eſt accrue ſucceſſivement; en 1500, un auteur Français aſſure qu'on y trouvait 6000 belles filles, ſans compter celles des fauxbourgs. La ville s'est peu accrue sur ce point, ou cet homme a exagéré.

Dans la banlieue de Paris, qui ne s'étend pas bien loin, on trouve des bourgs, des villages, des maisons dont on doit dire un mot.

Passy, village sur un coteau charmant; il a un beau couvent de minimes & des eaux minérales ferrugineuses. Il y en a de nouvelles & d'anciennes: les premières sont seules fréquentées.

Boulogne, paroisse près de la Seine: le bois de ce nom en est voisin: il est fermé de murs, contient 1970 arpens, & à l'entrée, est la maison de chasse nommée *la Meute*: au-dedans est *Madrid*, maison bâtie par François I, & dit-on sur le modèle de sa prison; le fait est fort douteux, à l'extrémité est l'abbaye de *Longchamps*; vis-à-vis est le village de *Surenne*.

Mont-Valerien, petite montagne escarpée, couverte de vignes. Elle est, dit-on, semblable au Calvaire, & au sommet est l'Eglise & la maison des prêtres du Calvaire, où les hommes pieux font des retraites. Elle est partagée en terrasses & sur les degrés qui conduisent de l'une à l'autre sont de petites chapelles où l'on a représenté ce qu'on appelle *la passion*. Ce mont renferme une platrière d'un produit considérable.

Belle-vue, château sur une colline près de la Seine, bâtie par Louis XV, pour la marquise de Pompadour.

Sèves, bourg où l'on fabrique une porcelaine estimée & travaillée avec beaucoup d'art & de goût. Il a un pont sur la Seine.

Issy, village qui a une abbaye de bénédictines, un séminaire & de très-belles maisons de campagne.

Vanvre est connu par son excellent beurre, *Veaugirard* par sa beauté, *Jory* par son château, *Gen-*

tilly par ſon ancienneté : il a été le ſéjour des rois de la première & de la ſeconde race.

St. Martin-des-foſſés, eſt un bourg. Son abbaye de bénédictins eſt changée en chapitre ſous le titre de Doyenné.

Charenton, eſt un grand bourg. Il a un beau pont de pierres ſur la Marne. Sur les ruines de l'égliſe des réformés eſt un couvent de religieuſes du St. Sacrement.

Bagnolet, eſt un lieu agréable. *Arcueil* doit ſon nom à l'Aqueduc que l'empereur Julien y fit conſtruire, & que Marie de Médicis a fait relever ; il a 200 toiſes de long, & 12 dans la moindre hauteur ; il conduit à Paris les eaux de Rongis éloigné d'une lieue.

GOUVERNEMENT DE L'ISLE DE FRANCE.

Fertile en vins, en blés, en fruits, il comprend quatre gouvernemens ſubalternes.

I. *Isle de France.*

Ce nom lui eſt donné parce qu'elle eſt environnée preſque par tout, de la Seine, la Marne, l'Oiſe & l'Aiſne. On y trouve dans le village de *Senliſſe* une fontaine qui fait tomber les dents ſans douleur ; les chimiſtes n'en ont pu découvrir la cauſe.

St. Denis eſt dans une plaine riante & féconde. St. Denis y avait ſon tombeau : la dame *Catulle* perſuada aux pariſiens d'y bâtir une égliſe ſur la fin du ſixième ſiècle : détruite, relevée, ſaccagée tour-à-tour, celle qui exiſte eſt du tems de Charles le Chauve. Cet édifice gothique eſt remarquable par la légéreté & la délicateſſe de ſa ſtructure : la charpente du comble eſt admirée, ſes orgues ſont les meilleures de France. Le ſanctuaire eſt de marbre; l'autel eſt formé de quatre colonnes de cuivre; le retable, enrichi de pierres précieuſes, a cinq bas reliefs dont trois ſont d'or, & deux de vermeil. Le devant de l'autel eſt de vermeil doré & peſe 200 marcs. Une ſalle renferme les joyaux de la couronne & un tréſor qu'on croit être un des plus riches du monde. L'égliſe eſt la ſépulture des rois de France depuis *Dagobert: Du Gueſclin* & *Turenne*, ſont les ſeuls ſujets qu'on ait aſſocié aux rois: la poſtérité plus juſte encore, les éléve au-deſſus d'un grand nombre d'entr'eux. Le couvent, a moins l'aſpect d'un monaſtère que d'un palais ſuperbe.

Ce monaſtère eſt un édifice majeſtueux de belles pierres de taille, & fait à neuf. Les ſalles étonnent par leur grandeur & leur beauté. Dans les grandes cérémonies, on y reçoit les princes, le parlement, les cours ſupérieures. Le dortoir des religieux eſt magnifique: il n'ont plus qu'un prieur à leur tête, parce que les revenus de l'Abbé ont été affectés à la maiſon de St. Cyr, ils étaient de 100,000 livres. Le prieur eſt vicaire perpétuel de l'archevêque de Paris, il eſt encore juge civil de la ville & jouit de 50000 livres de rente. La ville renferme encore treize égliſes, un hôtel-Dieu & cinq couvens.

Chelles, bourg près de la forèt de Bondy, autrefois appellée *Laochonia Sylva*. Les rois Mérovingiens y avaient un palais. Ste. Baltide y fonda une abbaye de filles: elle eſt de St. Benoît: des princeſſes en ont été abbeſſes, & ſes revenus montent à 60000 livres.

Montmorency, petite & ancienne ville dans un vallon agréable: elle était un duché pairie, elle l'eſt encore, mais sous le nom d'*Enguein*. On y voit un chapitre, un monastere de mathurins, & la belle maison du peintre *le Brun*.

Ecouen, village avec une belle maison bâtie par le connétable de Montmorenci après sa disgrace.

Beaumont, petite ville sur l'Oise qui a le titre de comté, & un gouverneur particulier. C'est une pairie.

Gonesse, bourg qui a justice royale, un marché, deux paroisses, un hôtel-Dieu. On y fait un pain blanc qui a un goût excellent que lui donnent les eaux de *la Crou* : cette rivière fait mouvoir 16 moulins.

Lusarche, petite ville qui a un chapitre de chanoines, & où l'on fait beaucoup de dentelles : près d'elle est l'abbaye de Royaumont.

Louvres, *Argenteuil*, sont des bourgs : dans le dernier il y a un bureau de papier timbré, trois couvens ; l'un d'Augustins, le second d'Urselines, le troisieme de religieuses de l'ordre de Citeaux : celui-ci est fort riche. Le bourg est entouré de murs, & a un grand nombre de portes. Les bénédictins de St. Maur en sont seigneurs ; on y compte 5000 habitans, on y commerce en vins, en denrées & en plâtre qu'on trouve dans ses environs. On prétend qu'on y posséde la robe sans couture de Jesus : mais les moines ne le disent plus qu'au peuple.

II. *La Brie Françoise.*

Lagny, petite ville sur la Marne, avec une abbaye de bénédictins, trois paroisses & une commanderie de Malthe, de près de 20000 livres de revenu. Dans les faux-bourgs ſont un couvent & un prieuré.

Brie, autrefois *Braye*, petite ville fondée par Robert de France, comte de Dreux. Il y a un gouverneur, une juſtice royale, & un couvent de minimes.

Corbeil, *Corbolium*, *Joſedum*, ville ſituée ſur les deux rives de la Seine, au confluent de la Juine qui ſépare la nouvelle ville, qui fait partie du Hurepoix, de l'ancienne qui eſt dans la Brie. Elle a un pont de pierres ſur chacune des deux rivières qui l'arroſent, 3 faux-bourgs, 4 égliſes, 2 prieurés, 2 couvens, un hôtel-Dieu; le tan, les peaux ſont les objets de ſon commerce.

Roſoy, petite ville avec un couvent, & une belle égliſe bien bâtie; elle eſt ſituée dans une plaine fertile en grains.

Ville-neuve St. George, petite ville ſur la Seine, vis-à-vis Ville-neuve le Roi.

Nangis, petite ville avec un château & un parc. Ses environs ſont agréables & fertiles.

Gevres ou *Treſme*, a le titre de duché-pairie. *Tournan*, *Hericy* ſont deux bourgs.

Duché de Valois.

Autrefois comté de Creſpy, déclaré pairie par Louis XIV, aujourd'hui au duc d'Orléans.

Crepy fut autrefois une ville conſidérable, le commerce du grain & du bois la ſoutient encore; mais elle eſt déchue. Elle a un gouverneur, une juſtice royale, cinq égliſes, un couvent de capucins. Elle eſt ſituée dans une preſqu'isle que forment deux ruiſſeaux: l'un d'eux nommé *la fontaine Ste. Agathe*, eſt célèbre par la bonté des ſes eaux.

Senlis, *Sylvanectes*, *Augustomagus*, Sur une hauteur, près de la Nonette, avec un évêché, une élection, un gouverneur, trois faux-bourgs, six églises paroissiales, & une chapelle royale. Le diocese renferme cent soixante & dix-sept paroisses, quarante quatre chapelles, trois abbayes, neuf prieurés & dix-neuf hôpitaux; ses revenus montent à 18000 livres, sa taxe à la cour de Rome, de 6270 florins. Senlis a son droit municipal, est fermée de murs, entourée d'un fossé sec & de quelques boulevards. On y lave des laines pour les manufactures de Beauvais; mais elle est sans manufactures & sans commerce: habitée par des gens de justice & d'église, dans un pays de bois.

Chantilly, bourg considérable, autrefois à la maison de Montmorency, aujourd'hui à celle de Condé. Il y a deux châteaux magnifiques avec des jardins, une ménagerie, un parc, une orangerie, une forêt, &c. Les curieux, les gens de goût, ne les visitent pas sans plaisir. Vis-à-vis du grand château est la statue équestre, en bronze, du dernier connétable de Montmorency: elle est estimée. L'écurie de ce château n'a pas de pareille en France.

Creil, petite ville avec un bailliage: vis-à-vis, au milieu de l'Oise est une isle agréable où Charles V fit bâtir un château.

Pont St. Maixance, petite ville assez commerçante qui a un pont sur l'Oise.

Verberie, petite ville sur l'Oise; il y a dans son voisinage une source d'eau minérale, froide, insipide.

Bethisy, bourg qui a deux paroisses, & est du bailliage de Crepy.

Coudun, bourg près duquel les troupes passent

en revue. C'eſt ce qu'on appelle le camp de Compiégne.

Compiégne, *Compendium*, ville ancienne & belle ſur l'Oiſe, qui y reçoit l'Aiſne. Elle a un gouverneur, un bailliage, une élection, une magnifique maiſon royale où la cour paſſe une partie de l'été & de l'automne. C'eſt la plus ancienne maiſon royale, parce que c'eſt un pays de chaſſe. Cette ville à cinq égliſes, un hôtel-Dieu, & l'abbaye de bénédictins de St. Corneille qui partage avec le roi la juriſdiction : il n'y a plus d'abbé, ſes revenus ſont unis à l'abbaye de Val-de-Grace. Le commerce de Compiégne conſiſte en blés, en bois, en laine. La forêt voiſine a 29000 arpens, ou 27000 ſelon l'Encycl. on en coupe 100 toutes les années : le vin de Compiégne eſt peu eſtimé.

Mouchi le Châtel, eſt un bourg qui a un hôtel-Dieu & une maladrerie.

Blerancourt a un beau château.

Ferté-Milon, *Firmitas Milonis*, petite ville ſur l'Ourque, qui la diviſe en haute & baſſe. Le comte Milon la fonda : elle a trois paroiſſes, deux prieurés, un couvent de cordelieres, une maiſon de l'ordre de cîteaux, un magnifique château à l'évêque de Soiſſons.

Vitters-cotte-Retz, petite ville à l'entrée du bois de Retz : Racine y était né : elle a un gouverneur, une abbaye, un beau palais au duc d'Orléans. *Vé*, château.

Nanteuil le Haudouin, petite ville qui a une prévôté de bénédictins, & un château dans une belle expoſition.

Soiſſonnais.

Soiſſons, *Noviodunum*, dans un vallon agréable

& fertile qu'arrose l'Aisne : elle est grande & peuplée, a le titre de comté, un gouverneur, une intendance, une élection, est le siege d'un évêque qui sacre le roi quand l'archevêque de Rheims n'y est pas. Son diocese renferme plus de quatre cents paroisses & vingt trois abbayes : ses revenus sont de 18000 livres : sa taxe en cour de Rome est de 2400 florins : elle a été autrefois capitale d'un royaume : le palais des rois étoit dans l'abbaye de St. Médard. Soissons a plusieurs couvens & une académie françoise. Le comté est aujourd'hui partagé. La ville commerce en grains. On y montre encore la maison où Louis le Débonnaire fut enfermé par ses enfans.

Breune ou *Braine*, petite ville dans une belle plaine sur la Vesle, avec le titre de comté & une abbaye qui donne 7000 livres de rente à son abbé.

Vaili ou *Vulli*, petite ville sur l'Aisne ainsi que *Pont-à-verre*.

Cœuvres ou *Estrées*, ville qui a été duché-pairie.

Humieres ou *Mouchi le pierreux*, petite ville sur l'Aronde ; c'est un duché. *Rouci* est un comté, *Fiere en Tardenois* est un bourg.

Noyonnais.

Noyon, Noviomagus, ville ancienne, assez grande, peuplée, sur la Verse près de l'Oise. Elle a un gouverneur, un bailliage, une élection, un évêque qui est comte & pair de France. Son palais est magnifique, ses revenus sont 25000 liv. sa taxe en cour de Rome de 3000 flor. son diocese de 450 paroisses. La ville en renferme dix avec deux abbayes, six couvens, un college, un séminaire, deux hôpitaux, un bel hôtel de ville. *Calvin* y est né. Le roi Childeric y fut enterré, Charlemagne couronné, & Hugues Capet élû roi. Les blés, les toiles de chanvre & de lin, les cuirs tannés sont les objets de son commerce.

Chauni, *Calniacum*, petite ville sur l'Oise qui commence à y devenir navigable. Elle a un gouverneur, deux paroisses, trois couvens.

Laonnais.

Laon, sur une hauteur escarpée au milieu d'une belle plaine quarrée, que rétrécit une double chaîne de montagnes, séparées par un vallon marécageux. Ses rues sont belles, ses maisons jolies, l'air y est sain. Elle a un gouverneur, une élection, un bailliage qui est le premier du royaume, seize paroisses, 8000 habitans, une commanderie de l'ordre de Malthe qui vaut environ 12000 livres, cinq abbayes, cinq couvens, deux hôpitaux, une maison de filles hospitalieres, un séminaire, un college. L'évêque est second duc & pair du royaume, ses revenus sont de 50000 livres, & sa taxe de 4000 florins. Son diocese a 420 paroisses, & dix neuf abbayes. On fait du vin estimé dans ses environs, & on y cultive d'excellens artichaux.

Corbigny, bourg qui a une église célebre, dédiée à St. Marculphe, & un beau couvent de bénédictins, où les rois, après leur sacre, allaient faire une neuvaine. Ils n'y envoyent aujourd'hui que leur aumonier, aussi ne guérissent-ils plus les maladies qu'ils guérissaient autrefois.

Notre Dame de Liesse, bourg formé par des hôtelleries & des boutiques de merciers qui vendent des chapelets & des médailles. Une image de la Vierge les leur fait vendre en y attirant des pélerins.

Coucy, *Codiacum*, ville divisée en haute & basse: la haute est sur une montagne: il y a une tour extraordinaire par sa hauteur, sa solidité, sa grosseur, reste d'un ancien château. C'est un marquisat dont jouit le duc d'Orléans. Elle a un gouverneur, un bailliage, un prieuré de bénédictins qui vaut plus de 3000 livres de rentes.

Prémontré : on connaît l'abbaye de ce nom.

Crepi en Laonnais, petite ville dans une campagne fertile en grains & en pâturages.

Chauni, petite ville, peu importante: il y a cependant quelque commerce. Elle est sur l'Oise & a une châtellenie.

III. *Le Beauvaisis.*

Beauvais, *Bellovacum*, ville ancienne & belle, sur le Thérain. L'évêque en est seigneur spirituel & temporel, il a le titre de comte & pair de France, & porte le manteau royal dans le sacre des rois. Son diocese a 598 paroisses, douze chapitres, quatorze abbayes, quarante huit prieurés, 300 chapelles. Ses revenus montent à 60000 livres, sa taxe 4600 flor. La ville serait forte si les montagnes qui l'environnent ne la dominaient. Elle a treize paroisses, trois abbayes, plusieurs couvens, deux hôpitaux, une commanderie de l'ordre de Malthe, un bailliage. Le chœur de la cathédrale est gothique, mais d'une construction très-hardie. Assiegée par *Charles* le téméraire, les femmes y firent admirer leur courage & leur constance: elles en acquirent le droit de précéder les hommes dans les processions. Cet usage est aboli & ne devroit pas l'être. Le commerce de cette ville est fondé sur ses manufactures de petites étoffes de laine, & sur celles de tapisseries, façon de Flandres.

Clermont en Beauvaisis, ville sur une hauteur près de la Brêsche. Elle a un gouverneur, une justice royale, une élection, un bailliage. Elle commerce en grains. C'est un comté que St. Louis donna à son fils Robert, tige de la maison de Bourbon.

Gerberoy, *Gerboredum*, petite ville sur une hauteur près du Therain. L'évêque de Beauvais en est seigneur, ou vidame.

Filtz-james, ou *Warti*, duché-pairie érigée en 1710, pour un fils naturel de Jacques II. roi d'Angleterre.

Cagny ou *Boufiers*, duché-pairie. Dans son château magnifique est la statue équestre de Louis XIV. par Girardon.

Bulles, petite ville où l'on fabrique de la belle toile.

St. Leu, bourg au bas d'une montagne, près de l'Oise: ses campagnes sont fertiles en vins; on y trouve des carrieres excellentes. *Liancourt*, autre bourg, qui a un beau château & des jardins délicieux.

Le Vexin français.

Pont-Oise, *Briva Isance*, mots celtiques qui signifient Pont-sur-l'Oise. Ce pont est de pierre; près de lui est une roche dont une partie s'écroula, & laissa l'église du chapitre de St. Mellon, suspendue sur la partie du roc qui demeurait encore: on l'a soutenue par un mur épais: dans l'intérieur de ce roc, & fort loin de la superficie, on trouva des coquilles de mer pétrifiées, ornées des couleurs les plus vives, une piece de monnaie du tems de St. Louis, appellée alors *épine*, un requin pétrifié, &c. La ville située sur une hauteur, a une mairie royale, une élection, un bailliage, sept paroisses, deux abbayes, un vaste couvent de cordeliers, cinq autres, un college, cinq hôpitaux. Un château la défend. Près d'elle est l'abbaye de Maubuisson, où est le tombeau de la mere de St. Louis.

Magny, petite ville avec un bailliage, trois couvens, un hôpital.

Chaumont, *Calvus-mons*, ville bâtie près d'une montagne nue, sur laquelle étoit une forteresse. C'est une élection, un bailliage, une justice royale, elle a une paroisse, deux couvens, & une maison de religieuses hospitalieres.

La Roche-Guyon, petite ville, duché connu.

IV. *Le Mantois.*

Mantes, *Medunta*, ville sur la Seine, où elle a un beau pont de pierre de trente six arches. Elle a un gouverneur, un bailliage, un chapitre, trois couvens, un hôpital. Près d'elle est l'isle *Champion*, belle promenade le long de la Seine. L'enclos du monastere des célestins rapporte d'excellens vins.

Meulan, *Melleatum*, petite ville qui a un bailliage, & qui est sur la Seine, où elle a un pont de pierre de vingt & une arches. Elle a deux paroisses, deux couvens; vis-à-vis est une isle où est un fort, la maison du gouverneur, une église, & un couvent.

Dreux, *Durocasses*, ville ancienne, au pié d'un mont, sur la Blaise. Elle a un bailliage, une élection, un gouverneur, deux paroisses, deux couvens, des manufactures de laine qui ne sont plus florissantes, un vieux château, une belle église. Elle se régit par une coutume particuliere. On prétend qu'elle tient son nom de Druis, rois des Gaulois, instituteur des Druides.

Montfort l'Amauri, petite ville sur une colline. Elle a une élection, un bailliage, deux couvens, un hôtel-Dieu : c'est un duché-pairie. On y commerce en bois, en vins, & en blés.

Anet, bourg au confluent de l'Eure & de l'Aure, avec un beau château, bâti pour Diane de Poitiers.

St. Cloud, ou *Nogent*, bourg sur une hauteur près de la Seine. C'est un duché-pairie, uni à l'archevêché de Paris. Il a un beau pont de pierres sur la Seine, un château royal dont l'architecture, les marbres, les peintures, les sculptures, les jardins, les cascades, les bois, la situation font un des plus beaux palais de France; & un des séjours les plus agréables. Le bourg appartient au duc d'Orléans. On y fabrique de la belle porcelaine.

Ruel, bourg agréable avec un beau château, dont les jardins sont magnifiques, & les cascades les premieres qu'on ait vues en France.

Sceaux, bourg à deux lieues de Paris, avec un château charmant & bien situé.

Bourg la Reine, *Paloisel*, deux bourgs qui n'ont rien de remarquable.

Clugny, château régulier, chef-d'œuvre de Mansard. Les jardins, l'orangerie, &c. sont dignes d'être vus.

Versailles, était d'abord un village, dépendant de St. Magloire, dans un terrain sablonneux, & infertile. Louis XIII. y fit bâtir une maison de chasse. Louis XIV. en a fait une ville de 30000 ames, divisée en vieux & nouveau. Ce dernier est le plus beau. Le château est la plus belle maison de l'univers; c'est l'avilir que de le compter avec les sept merveilles des Grecs : il est le chef-d'œuvre des plus fameux architectes, des meilleurs peintres, des plus habiles sculpteurs. Les jardins, les bassins, les parterres, les acqueducs, les jets d'eau, sont dignes du roi magnifique qui les fit faire : les machines qui font jouer les eaux, leur font prendre dans l'air mille formes agréables. On y voit des allées d'eau, des arcs de triomphe, des pavillons, des berceaux, des théâtres, des montagnes. On admire les bassins de Cérès, de Flore, d'Apollon, de Bacchus; la salle des festins, la colonade, le labyrinthe, le parterre d'eau. On y a prodigué l'or, l'argent, le marbre, le bronze, la porcelaine fine, le cristal, les glaces. Le plomb seul qui est enseveli sous terre vaut 30 millions.

La grande avenue du château partage la ville en deux parties: c'est au-dessous du village de Viroflée qu'on entre dans la grande avenue formée par quatre rangs d'ormes qui forment trois allées, dont celle du milieu a vingt-cinq toises de large. On avance, on trouve le *Chenil*, où sont les équipages de chasse. Vis-à-vis est l'hôtel de la princesse de Conti, aussi propre qu'élégant. Les écuries viennent ensuite: elles sont des deux côtés; leur magnificence surpasse celle de beaucoup de palais; une grille de fer les ferme, & les ornemens en sont d'or. Là se perd l'avenue, & se forme la place royale où viennent aboutir encore les avenues de St. Cloud & de Sceaux. Là s'avancent deux pavillons, qui flanquent deux aîles, en se réunissant au principal avant-corps, & terminent la place en demi-lune. L'élévation insensible du terrain, la diminution de la largeur des cours, de la hauteur & grandeur des bâtimens, forment une magnifique décoration de théâtre. On s'avance dans l'avant-cour du château, qu'une grille de fer sépare de la place, & le long de laquelle sont deux guérites de pierre qui représentent les victoires de la France sur l'Espagne & l'Empire. L'une est faite par Gaspard de Marsy, l'autre par Girardon. Cet avant-cour

our en forme de demi-lune a 85 toises de long, t quatre gros pavillons pour en flanquer les aî-es. C'est-là que logent les quatre secrétaires d'é-at, divers autres officiers. De-là on pénétre dans ne grande cour fermée, ornée de même; mais es guérites y servent de piedestaux à la paix, & à abondance. De celle-ci, on entre dans une plus pe-ite, pavée de marbre blanc & noir. La face & les iles de l'ancien château, bâtis en briques & pierres e taille ont leurs trumeaux ornés de bustes antiques. à est la nouvelle chapelle, d'ordre corrinthien, ont les trois rangs de fenêtres ont des glaces pour itres, & dont le comble est orné de vingt-huit tatues: l'élégance de l'architecture, la sculpture & a peinture qui se sont efforcées de l'orner, & le oût a présidé à leurs efforts.

Ce qu'on appelle le château neuf, donne sur les ardins. La façade a plus de 300 toises de long: le omble est chargé de statues, de trophées, de vases ans nombre sur la balustrade qui y regne. Au de-ans on admire les bains, le grand escalier, le abinet des antiquités, les salles de l'abondance, e Vénus, de Diane, de Mars, &c. La grande allerie est la plus belle qui soit au monde, elle trente sept toises de long, & cinq de large. Sa face dix-sept fenêtres ceintrées, qui répondent à au-ant d'arcades garnies de glaces. Elle est voutée 'un berceau à plein ceintre, sur lequel sont des ableaux allégoriques de le Brun. On y voit des tatues antiques, des pilastres, des colomnes dont es chapiteaux sont ornés de couronnes, & de fleurs le lys. Tout y est de marbre de différentes cou-eurs. Il est long de tout dire, & en abrégeant on ent qu'on dit mal. Ajoutons cependant encore quel-ues mots, l'appartement du roi renferme la salle du conſeil, le cabinet du billiard, où l'on voit un horloge ſingulier : l'heure approche, le coq chante, la ſtatue du roi paraît, Hercule ſort, aſſomme une Hydre qui paraît de l'autre côté, la victoire deſcend, couronne le roi, un concert ſe fait entendre ; l'heure ſonne, & tout diſparaît. Enfin la petite gallerie eſt ornée de tableaux des peintres les plus célèbres.

Les jardins ſe diviſent en grand & petit parc, ils comprennent une étendue de dix-neuf lieues de circuit. Dans le petit parc, l'œil eſt fatigué des objets qu'il préſente : là ſont des ſtatues de bronze, des thermes, des vaſes, des grouppes, &c. Ici, eſt une forêt d'orangers, de lauriers, de mirthes, d'autres arbres précieux & rares. Là eſt la piece des Suiſſes. Un lac long de trois cents cinquante toiſes de long, ſur cent & vingt de large. Ici eſt le labyrinthe : à l'entrée ſont Eſope & l'amour : à chaque détour eſt une fontaine avec un baſſin de rocaille, où l'on a repréſenté quelques-unes des fables d'Eſope. Au milieu de tant de magnificence & de grandeur, en voyant par-tout l'art vaincre la nature, on ſe ſent frappé d'une réflexion triſte : on ſe dit ; tout ceci fut fait pour les plaiſirs d'un homme, qui doit remplir les devoirs d'un pere envers d'autres hommes qui languiſſaient dans la miſère, & payaient encore pour faire créer tant de prodiges qu'ils ne virent jamais..... Le grand parc vient d'être changé en un vaſte champ, il n'eſt plus chargé d'arbres inutiles, mais d'abondantes moiſſons : un jeune roi plus avide de faire régner l'abondance que d'étonner ſes ſujets, a ordonné qu'on en fît ce louable uſage : cette réflexion conſole & fait oublier la premiere. Verſailles a ſon gouverneur particulier.

La Ménagerie, est un petit château, bâti en dôme de figure octogone. Le sallon a la même structure, il est rempli de dorures, de glaces, de peintures, &c. Un appartement est pour l'hyver, l'autre pour l'été. Plus bas est une belle grotte ; dans les sept cours qui l'environnent, séparées par des grilles, sont des animaux rares, &c.

St. Cyr, abbaye & village. L'abbaye fut élevée par madame de Maintenon, qui la gouverna comme abbesse jusqu'à sa mort. Les religieuses y consacrent leur vie à l'instruction de deux cents cinquante jeunes filles nobles, dont les peres ont vieilli ou sont morts au service du roi. Divisées en quatre classes qu'on distingue par des rubans de diverses couleurs, il faut, pour qu'on les y reçoive, qu'elles fassent preuve de quatre degrés de noblesse, & qu'elles ayent sept ans & moins de douze. On les instruit des arts convenables à leur sexe. A vingt ans & trois mois, elles deviennent religieuses ; ou se marient, en recevant quatre cents pistoles ; ou retournent à leurs parens. Les revenus de l'abbaye sont de 220000 livres par an.

Trianon, château, joli sous Louis XIV, beau sous Louis XV. Il n'a qu'un étage : sa face a soixante-quatre toises, ses aîles sont terminées par des pavillons : les combles y sont ornés d'une balustrade chargée de statues, d'urnes & d'autres ouvrages de sculpture. En entrant dans la cour, on voit un péristile de colonnes de marbre, d'ordre ionique, dont quatorze sont rouges, & huit vertes, avec des pilastres. D'un côté sont les gardes : de l'autre est la salle de la comédie, & les appartemens des grands officiers. Près de-là est le château de *Trianon sur Bois*.

Marly-le-Roi, bourg à peu de distance de la Seine. Louis XIV. y fit bâtir un château superbe : on y voit un parc de 3765 arpens : bâti sur les dessins de Mansard ; c'est un grand pavillon, un cube de vingt toises en tout sens, dont le comble est rempli de figures, dont les quatre faces ont chacune un perron & un escalier enrichis de grouppes & de vases placés avec goût, taillés d'une main exercée : des peintures à fresque embellissent les murs : ses jardins sont magnifiques : sur ses ailes sont bâtis douze autres pavillons égaux en grandeur, en situation, & à des distances égales, qui se communiquent par des allées en berceau. Les statues, les fontaines, les jets d'eau, les cascades, les bassins y sont en grand nombre, mais ceux en marbre blanc ont été négligés & endommagés depuis la mort du prince qui l'habitait : ce qu'on en admire le plus, c'est la machine hydraulique, inventée par le chevalier De Ville : par des écluses, des réservoirs placés le long d'un côteau ; & plus élevés à mesure qu'ils s'éloignent, par des pompes animées par des roues, & des balanciers, on éleve une partie d'un bras de la Seine, dans un bâtiment quarré, sur une petite montagne, éloigné de la riviere de six cents dix toises. De-là, l'eau descend par des tuyaux enterrés, elle se dégorge dans le haut réservoir de Versailles. L'eau que cette pompe fournit aux jets, aux bassins, est élevée à la hauteur de soixante deux toises. L'entretien de cette machine coute annuellement 50000 écus, cinquante hommes en ont la direction, & toutes les nuits cinq d'entr'eux y veillent, pour remédier aux dérangemens qui pourraient y arriver : on le peut avec facilité, parce que chaque pompe peut être arrêtée sans nuire au mouvement des autres.

St. Germain en Laye, ville bien bâtie, & fort peuplée; on y jouit d'une vue admirable, d'un air pur, de beaucoup de franchises. Elle est sur une montagne, près de la Seine, a de belles rues, bien pavées, de grandes places, plusieurs autels, un hôpital, trois couvens, une prévôté soumise à celle de Paris. Un couvent bâti par le roi Robert dans la forêt de *Ledia*, depuis *Laia*, fut l'origine de la ville & de son nom. François I. y bâtit un château, & Henri IV. en bâtit un autre, où naquit Louis XIV. qui l'embellit encore. Il est sur la croupe du mont, dont la pente est un jardin formé par trois terrasses, soutenues par des voutes, enrichies de marbre. C'étoit un lieu enchanté, l'air, la situation, la forêt, peuplée de gibier & partagée par des allées, tout en faisoit une solitude charmante; mais on l'abandonne, les escaliers superbes se dégradent, les voutes s'affaissent, les galeries deviennent des galetas, les beaux tableaux qui y sont encore, couverts de poussière, sont défigurés. C'est-là que vécut, & que mourut Jacques II, sa femme, & sa fille. St. Germain peut renfermer 7000 ames.

Poissy, ville ancienne sur la Seine; où elle a un beau pont de pierres. Elle a une prévôté dépendante de celle de Paris, un prieuré de filles de l'ordre de St. Dominique, dans l'église duquel sont les tombeaux de quelques rois; deux couvens, un hôpital. Le commerce a pour objet les bestiaux. Il y avoit autrefois un château où naquit S. Louis. Le pays qui l'environne s'appelle *Pincerais*.

Houdan, est ancienne, a un prieuré, une manufacture de bas de laine & un gouverneur. La Vesgre & l'Obton s'y réunissent.

Le Hurepoix.

Meudon, *Metiosedum*, bourg qui a une église,

un couvent, & un beau château bâti par le cardinal de Lorraine, qu'ont possédé & embelli le surintendant Servien, le chancelier Le Tellier, & Louvois. Louis XIV. l'acquit après sa mort, son fils l'orna & l'habita. Il est sur un rocher : de sa terrasse on voit tout Paris, ses environs & le cours de la Seine. Les glaces, les peintures, les statues en marbre, & en bronze, les bustes dont les appartemens sont enrichis, ne peuvent être inférieurs qu'à ceux de Versailles. Les jardins sont en terrasses, au bas sont des pieces d'eau, aux environs des bois charmans où l'on respire la fraîcheur, le calme & le silence.

Dourdan, ville qui a une élection, un gouverneur, un bailliage, deux paroisses, une communauté de filles, deux prieurés d'hommes, un hôpital. Elle est sur l'Orge, & a des marchés de blés considérables, des fabriques de bas de laine & de soie.

Rambouillet, bourg, avec un beau château & titre de duché-pairie au duc de Penthievre. *Longjumeau* est aussi un bourg avec un prieuré.

Montlhery, petite ville sur une colline agréable. Elle a titre de comté, une jurisdiction royale, deux paroisses, un prieuré.

Arpajon, autrefois *Chartres*, petite ville sur l'Orge, dans un vallon agréable, entre deux côteaux : c'est un marquisat & un bailliage. Proche d'elle est l'ancien & beau jardin de *Chante-loup*.

Chevreuse, petite ville dans une campagne agréable & fertile. C'est un duché-pairie.

Port-Royal des Champs autrefois célebre abbaye de filles de l'ordre de citeaux. Leur austérité, celle des jansenistes qui vinrent vivre en pénitens autour d'elles, l'ont rendue célebre. Leur refus de signer une bulle a fait détruire l'abbaye en 1709.

La Ferté-Alais, petite ville sur la Juine & l'Essone. Ses environs sont fertiles. *Itteville* est un bourg sur la Juine & l'Etampes. *Vaux-le-Villars*, un duché & une belle maison de campagne.

Le Gatinois français.

Melun, *Melodunum*, ville ancienne sur les deux rives de la Seine qui y forme un isle, & la divise en ville, qui en est la partie la plus considérable, & est du côté de la Brie ; en isle ou cité, où l'on voit des vestiges d'un temple d'Isis : la troisieme partie est en Gatinois. Elle servit de modele pour bâtir Paris, disent ses habitans : sa situation est la même. Deux ponts de pierres en unissent les parties. Elle a une élection, un gouverneur, un bailliage, un présidial, cinq paroisses, deux abbayes, & plusieurs couvens. Son commerce consiste en fromages, farine, vins, & blés : elle a de beaux privileges.

Fontainebleau, *Fons Bliaudi*, grand bourg, avec un beau château royal. Les uns font naître son nom de ses eaux, d'autres du chien *Billaud*, d'autres encore du cri de chasse *billaut*. Louis VII. y fit bâtir un château; François I. y commença celui qui subsiste aujourd'hui, & ses successeurs l'ont embelli & augmenté. C'est un des plus vastes, des plus beaux & des plus commodes de l'Europe. C'est-là que la cour passe l'automne, où le roi fait *l'honneur au cerf de le prendre*, comme on le grave sur leur bois que l'on conserve enchassé dans les murs à des têtes imitées au naturel. Dans les appartemens sont peints les chasses de Henri IV, les plus beaux châteaux de France, toutes les maisons royales avec les forêts & les places des environs. Autour du château, est la forêt percée d'une multitude de routes, & qui comprend 32424 arpens, où sont renfermés des monts couverts de rochers qui semblent être jettés au hazard les uns sur les autres, & des plaines assez vastes.

Morel, *Muretum*, petite ville sur le Loing, c'est un comté. On y voit un château, un couvent, & plusieurs églises.

Pont-sur-Yonne, petite ville sur l'Yonne, où elle a un pont de pierres.

Château-Landon, *Castrum-Nantonis*, ville sur une colline, près du Fusin. Elle a une prévôté, une abbaye, trois paroisses, un hôpital, *&c.*

Milly, sur le ruisseau d'Ecôle, ville qui a un bailliage, une église, une belle place.

Nemours, est petite, mais bien bâtie, son château fut bâti avant elle : le bois qui l'environne lui a donné son nom, (*Nemus*). C'est un duché-pairie qui appartient au duc d'Orléans. Elle a un gouverneur, une élection, un bailliage, un prieuré, deux églises, un college, un hôtel-dieu : le commerce consiste en blés, farine, & fromage. Elle est sans manufactures.

Courtenai, petite ville sur la Clairy. Son unique richesse vient d'un marche fréquenté.

Étampes, *Stampæ*, ville & duché sur la Juine. Elle a son droit municipal, une élection, un bailliage, cinq églises, six couvens, un hôpital ; les gouverneurs de l'Orléanois & de l'Isle de France s'en disputent la possession.

Le Thimerais.

Château-neuf en Thimerais, a un bailliage & un gouverneur. *Senonches*, est un bourg qui a titre de principauté. *Bressolles* sur la Merette. *Bazoches* a une juridiction royale. *Champron* est peu considérable.

GOUVERNEMENT DE PICARDIE.

Le mot *Picardie* est du treizieme siecle : que ce nom ait été donné aux habitans de ce pays, parce qu'ils inventerent les piques, ou parce que le vieux mot *Picard* signifie quereleur, petulant, c'est ce qui importe peu : de petits peuples, tels que les *Ambiani*, les *Morini*, &c. habiterent d'abord cette province; elle fut soumise aux Romains : ce fut une des premieres conquêtes des rois français. Elle eut ensuite des comtes qui se rendirent souverains. Sous Louis XI elle revint à la couronne. Bornée au nord par la mer & le Hainaut, au midi, par l'Isle de France, elle a au couchant la Normandie, au levant la Champagne. C'est un pays assez froid, presque sans montagnes & sans collines, les champs y sont féconds, les vergers, les jardins peu fertiles : il a peu de paturages, peu de bois en quelque canton on ne peut brûler que de la tourbe : il a peu de vin, & ces vins sont sans force. La marne blanchâtre & grasse y fertilise, y échauffe les terres froides & compactes, y fait mourir les herbes nuisibles, & son engrais dure trente ans. Au village d'Andengheim près deBologne on a découvert une mine de charbon ; il est utile, mais moins bon que celui d'Angleterre. Le voisinage de la mer & l'industrie des habitans y rendent le commerce florissant. Les blés, le lin, le chanvre, le poisson, les toiles fines, les grossieres, les rubans, les draps & autres étoffes ; le savon & le charbon de terre, exportés au-dehors, y donnent la facilité de payer les charges de l'état & de se procurer ce dont on y manque. Toutes les années 5 à six mille poulains y passent en Normandie, où sont de grands pâturages. Dans les forêts qu'on y trouve, on fabrique le verre & les glaces,

La Picardie est arrosée par la *Somme*, *Sumina*; l'*Oise*, *Isara*; la *Canche*; *Quentia*, l'*Authie*, *Actilia*; la *Lis*, *Légia*; l'*Aa*, la *Scarpe*, la *Deule*. La premiere prend sa source au village de Fousomme, deux lieues au-dessus de Saint-Quentin; à Corbie elle porte bateaux; elle a vingt-cinq lieues de cours navigable, & elle se perd dans la mer. On pourroit la joindre à l'Oise; elle faciliteroit le commerce. * Elle reçoit l'Ancre, l'Elce, l'Aurigne, &c. L'Oise prend sa source près du Hainaut, est navigable à Fére, reçoit la Verre, la Delette, l'Aine, le Therain, l'Aronde, & se perd dans la Seine. On voit la source de la Canche dans l'Artois, on y navige à Mératreuil, elle se décharge dans la mer près d'Etaples. L'Authie prend sa source sur les frontieres de la Picardie, & se jette dans la mer. La Lis sort de l'Artois, & se jette dans l'Escaut. L'Aa commence près de Therouanne, est navigable à Vindres, & se perd dans l'Escaut. La Scarpe naît près d'Aubigny, porte bateaux près d'Arras, tombe encore dans l'Escaut. La Deule est un ruisseau qui par des écluses devient riviere. La Deule supérieure fait communiquer Lens, Lille, Douai. La Basse s'étend de la Lis à Lille.

La Picardie a un gouverneur général, deux lieutenans généraux & quatre gouverneurs subalternes: nous suivrons cette derniere division en y joignant le Boulonnois: on la divise aussi en haute, moyenne & basse. On y compte six bailliages & cinq sieges d'amirautés, deux présidiaux & deux sénéchaussées.

---

* On vient de finir ce canal en 1777.

I. *Thierarchie.*

Son nom vient du ſeigneur d'Avennes, Thierri, qui vivoit ſous Charlemagne.

Guiſe, *Guiſium Caſtrum*, ſur l'Oiſe. Elle a un gouverneur, un lieutenant de roi, une élection, un couvent de Minimes, &c. c'eſt un duché-pairie aſſez grand, qui s'étend dans la Champagne, & appartient à la maiſon de Bourbon Condé. Près d'elle eſt une fontaine dont l'eau renfermée ne ſe corrompt point: elle eſt ſavonneuſe & légérement ferrugineuſe.

La *Fere*, petite ville dans un marais, l'Oiſe & la Serre s'y joignent. Elle a un gouverneur, une juſtice royale, un bailliage, deux égliſes, une abbaye, un couvent, un arſenal, un moulin à poudre, un moulin à ſcier, une fonderie de canons, une école d'artillerie & un beau corps de caſernes. Dans la forêt de la Fere ſont pluſieurs verreries. Louis XIV n'a laiſſé à cette ville qu'une enceinte de murs & des écluſes qui peuvent répandre les eaux de l'Oiſe autour d'elle & la rendre inacceſſible.

Saint-Gobin, château, manufacture de glaces; on en coule qui ont cent cinq pouces de long, & cinquante de large. Elles reçoivent le dernier poli aux Gobelins. Près de là, entre les villages de Suſſ & de Céſieres, on a découvert une terre ardente, noire, compoſée de ſoufre, mêlé de parties ferrugineuſes, en forme de pellicules rangées comme dans les oignons. Elle eſt filamenteuſe, eſt à 22 ou 24 pieds de profondeur, ſon feu eſt violent & ſoutenu: elle eſt un bon engrais pour les terres.

La *Capelle* a été une ville forte, & n'eſt plus qu'un bourg.

Vervins, petite ville sur une hauteur, avec titre de marquisat.

Marles, *Marna*, sur une hauteur qu'arrose la Verre. Il y a un vieux château bien situé, un gouverneur, un bailliage, un lieutenant de roi : elle a titre de comté.

Ribemont, ville petite, mais qui a son droit municipal, un gouverneur, un lieutenant de roi, une prévôté royale. Elle est sur une hauteur près de l'Oise: au pied on trouve une abbaye.

Aubenton, petite ville sur l'Aube.

Moncornet, *Crecy*, sont deux bourgs sur la Serre : le premier est sur un mont & a une manufacture de serges.

Vermandois.

Saint-Quentin fut appellée *Augusta Veromanduorum*, des Vermandures qui l'habiterent. Saint-Quentin y est inhumé. Elle est sur une hauteur près de la Somme. Elle est forte, a son droit municipal, un gouverneur, un lieutenant de roi, une élection, un bailliage, deux abbayes, plusieurs couvens, deux églises collégiales, dont l'une est des plus belles de France ; son chapitre a cinquante-six chanoines, & le roi en est le premier, & en confere les prébendes. Vingt-cinq marchands y font le commerce des batistes qu'on y fabrique, & en tems de paix, il s'en vend pour deux millions. Elle a une belle place & un hôtel de ville bien bâti.

Ham, petite ville sur la Somme, dans une plaine, au milieu d'un marais qu'elle domine. Elle a un château fort, dont une tour ronde a des murs de trente-six pieds d'épaisseur, & qui en a cent de diametre &

de hauteur. Elle a un gouverneur, une justice royale, un bailliage, trois paroisses & une abbaye.

Le *Catelet* a été une petite ville forte : elle est aujourd'hui toute ouverte.

Vermand, bourg sur l'Ouvignon, a une belle abbaye de prémontrés. Près de lui est un reste de boulevard qu'on croit élevé par les Romains. *Saint-Simon* est un duché-pairie. *Beaurevoir* est près la source de l'Escaut. *Mont-Saint-Martin*, *Honnecourt*, sont deux abbayes.

I I. *Le Santerre.*

Peronne, petite ville qui a son droit municipal & une excellente police : ses fortifications, ses marais, la Somme qui l'arrose, la rendent forte ; elle se dit pucelle & c'est une ville ancienne. Elle a cinq paroisses, une église collégiale dédiée à St. Furce, dont le corps repose sur le grand autel, & qui a soixante prébendes ; un hôtel-dieu, un hôpital, quatre couvens, un beau college, une élection, un gouverneur, un lieutenant de roi, un grand baillif, &c. Dans la place publique est un *grès* long de quatre pieds, large de deux, élevé au-dessus du pavé de quatre ou cinq pouces, qui a été érigé en fief, dont il est la glebe & le domaine. Quand le roi entre dans la ville, le possesseur du fief doit ferrer en argent les pieds d'un cheval ou d'une haquenée, & le lui présenter pour qu'il le monte. Ce possesseur a la desserte & la vaisselle qui a servi au roi dans le repas qu'il fait après son entrée ; il jouit d'une redevance sur la bierre que la ville consume, perçoit un droit sur les boutiques de foire, choisit dans celles où l'on vend des instrumens tranchans ce qui lui convient : chez les couteliers, un couteau ; chez les taillandiers, une doloire, une hache, &c. Ce grès est un azile inviolable pour un homme décrété de prise de corps.

Près de Péronne est une source d'eau minérale, qui a les vertus de celle de Forges, & prend la teinture minérale dans tous les tems : on y voit encore l'abbaye du *Mont S. Quentin*, de l'ordre de S. Benoit, qui jouit de plus de 25000 liv. de rente.

Crevecœur-les-Libus, bourg, marquisat qui a un beau château.

Mont-Didier, *Mons Didesiderii*, ville ancienne, sur une montagne qu'arrose le Don; elle a son droit municipal, une élection, un bailliage, un gouverneur, un prieuré, plusieurs paroisses & couvens, un hôtel-Dieu, un hôpital, un college presque sans écoliers. Quelques rois de la troisieme race ont tenu leur cour à Mont-Didier.

Roye, *Rauga*, ville qui a un gouverneur, un bailliage, trois paroisses, deux hôpitaux, une communauté. Près d'elle est une fontaine minérale qui sort d'une montagne au nord; l'eau est claire, limpide, & a une saveur ferrugineuse : elle est exempte d'acide vitriolique & de selenite.

Moreuil, gros bourg; abbaye de bénédictins qui y jouissent de 5000 liv. de rente.

Nesle, *Nigella*, petite ville, & le premier marquisat de France; quatre-vingt fiefs en dépendent.

Albert, ou *Acre*, *Ancora*; petite ville sur l'Encre, avec titre de marquisat; c'est un bureau de cinq grosses fermes.

Libons, *Rosieres* sont deux bourgs; le premier est dans une campagne riante, & a un prieuré.

Bray-sur-Somme est une petite ville dont le nom exprime la situation.

Chaulres est un bourg & un duché.

III. *L'Amienois.*

C'eſt l'ancien pays des *Ambiens* ou *Ambianiens* : l'évêque en fut ſouverain juſques ſous Philippe Auguſte. Il comprend ſix villes ou bourgs.

Amiens, *Samarobriva Ambianorum* ; ville ancienne, belle, grande, dans une ſituation agréable, ayant cinq mille neuf cents quatre-vingt feux, 35 mille ames; & qui eſt défendue par une citadelle: ſes rues ſont larges & droites, bordées de beaux édifices. Sa cathédrale eſt grande, ornée, une des plus belles du royaume ; ſa nef paſſe pour un chef-d'œuvre : elle eſt haute de cent trente-deux pieds. La Somme l'arroſe ; elle eſt la capitale de la Picardie. Elle a une généralité, une intendance, un grand bailliage, une élection, un préſidial, une juriſdiction conſulaire & ſon droit municipal, deux prévôtés, un hôtel des monnaies, un évêché dont les revenus ſont de (*) 40000 liv. Sa taxe, en cour de Rome, eſt de 49 florins. Son diocèſe eſt de ſept cents ſoixante-ſeize paroiſſes, cent ſept annexes, douze collégiales, vingt-ſix abbayes, cinquante-cinq prieurés, quarante-huit communautés, ſix colleges, deux hôpitaux-généraux, dix hôtels-Dieu. La ville renferme quatorze paroiſſes, un hôpital, un hôtel-Dieu, pluſieurs abbayes, pluſieurs couvens, une académie des ſciences. Sa cathédrale renferme des reliques ſingulieres : telle eſt la tête de S. *Jean-Baptiſte*. Le commerce y eſt très-actif, ſurtout en rubans de laine, camelots façon de Bruxelles, étamines, pluches, ſayettes où la laine peignée, filée au rouet, fait ſeule la chaîne ; ſavons dont les manufactures produiſent, année commune, ſeize

(*) L'Ecyclopédie ne lui en donne que 30000.

cents cinquante-deux mille livres. Le gouverneur de la ville est toujours grand bailli.

Conty, *Contejum*, ville sur la Selle, dans une contrée agréable & fertile. Une branche cadette de la maison de Bourbon en a pris son nom.

Poix, *Pisa*; ville, principauté dont dépendent douze paroisses & neuf fiefs avec un prieuré sur la riviere de Poix.

Dourlens, *Dulincum*; petite ville assez forte, sur l'Authie. Elle a un château fort, une élection, un bailliage, une prévôté royale, un gouverneur, &c. On y compte trois paroisses, un hôtel-Dieu, un abbaye de filles, & des sœurs grises.

Corbie, *Corbeja*, sur la Somme. Elle a cinq paroisses, un hôtel-Dieu, un abbaye de bénédictins, un petit college, une belle place publique: ses murs ont été rasés.

Pequigny, sur la Somme, est un duché. Elle a un doyenné, un château, une église collégiale.

Rubempré, *Beauquesnes*, *Grand-Villiers*, sont des bourgs.

Le Ponthieu.

C'est un comté dont dépendent deux cents cinquante fiefs en mouvance directe, & plus de quatre cents en arrieres fiefs. Il est fertile, arrosé par la Somme & la Canche. Louis XIV l'acquit en 1696.

Abbeville, *Abbatis-villa*; ville, autrefois métairie de l'abbé de Saint-Riquier, dans un vallon agréable & fertile: l'air y est bon, les eaux saines; elle est à quatre lieues de la mer, arrosée par divers bras de la Somme, par le Scardon, le Sottins, la Corneille, petites rivieres qui facilitent les manufactures. On y trafique en blés, avoines, chenevis, &c. en huile, lins, chanvres, savons gras, cordelles, laines tortes, fils

fils de caret ; on y fabrique d'excellentes armes à feu ; elle a cinq belles manufactures : celle des draps fins de Van-Robetz qui fait mouvoir cent métiers, emploie quatre mille personnes, en fournit annuellement 1600 demi-pieces de 18 à 20 aunes. Celle des bouracans, & des serges façon de Londres, ou drapées, fait mouvoir sept à huit cents métiers ; celle des mocades ou moquettes, tapisserie de bon usage, celle des toiles filées, ou en houpes, celle des laines filées ; les Anglois mêmes y font filer les leurs, & c'est en faire l'éloge. Abbeville a (*) trois mille six cents quarante maisons, quarante-trois mille habitans, quatorze paroisses, un prieuré de bénédictins, trois abbayes de filles, douze couvens, un hôpital, un hôtel-Dieu, un bureau des pauvres, une commanderie de l'ordre de Malthe, une élection, un présidial, un bailliage, une prévôté, une sénéchaussée, une amirauté, une jurisdiction consulaire. Elle n'a jamais été prise, & son commerce est encore aidé par le flux qui y remonte de six pieds. Cette ville déchoit : des jardins succédent aux maisons ; elle a beaucoup de misérables, comme dans toutes les villes de manufactures. Le commerce y est estimé, mais la noblesse y est recherchée ; la loi donne tout à l'aîné, & refuse une dot aux filles : on peut croire que ces causes s'opposent à la prospérité de cette ville, & la font pencher vers sa décadence.

Saint-Riquier, *Centule*, petite ville près de la source du Scardon : elle a une abbaye de bénédictins plus ancienne qu'elle, deux paroisses, une prévôté royale, un hôpital. *Drugy & la Ferté* dépendent de Saint-Riquier ; ce sont deux villages.

(*) L'abbé Expilli dit qu'elle a 3641 feux, & 4500 maisons. Il est évident qu'il se trompe.

Crecy, bourg qui a châtellenie, bailliage & prévôté; il est sur la Maye, & commerce en bestiaux, fils, laines, chanvres, &c.

Montreuil, *Monasteriolum*, ville forte, sur une colline, à trois lieues de la mer; la haute ville est séparée de la basse par un mur. Elle a un gouverneur, un bailliage, huit paroisses, deux abbayes de bénédictins, deux couvens, &c.

Saint-Paul est un comté.

Rue, petite ville dans des marais, sur la Maye: elle commerce en poissons, laines, moutons, chevaux; a un gouverneur, un bailliage royal, deux couvens.

Pont de Remy, a un gouverneur & un prieuré: une île, formée par la Somme, lui est jointe par un pont.

Cretoi, ou *Crotoi*, *Cretenve castrum*; village pauvre, habité par des pêcheurs, & qui a des priviléges de ville: il élit un maire, a un gouverneur militaire; son port, qui n'est qu'une petite anse, a tous les droits des grands ports. Ce fut autrefois un havre fameux, & avec quelque travail, il pourrait le redevenir encore: il est à une lieue de la mer sur la Somme: tout dégradé qu'il est, les marins le préferent à S. Valery, & il est bien plus sûr. Son terrein est plat & marécageux; ses murs & son château sont tombés en ruines.

Le Vimeu.

Saint-Valery, *Leuconaus*, bourgade voisine d'une autre bourgade qu'on nomme *la Ferté*. Un couvent, fondé par S. Valery en 613, fit naître cette petite ville: le couvent est devenu une belle abbaye de bénédictins. La ville, située sur une roche élevée, voit les vaisseaux mouiller à ses pieds entre les rosque les vagues ont détachés : ils y demeurent le plus souvent à sec : les fortes marées les relevent ; la Somme qui forme le port, s'étend sur un vaste terrein, & se perd par une embouchure d'une lieue de large. Elle s'éloigne tous les jours d'un port dangereux qui change de place par les bancs de sable que la mer y amasse. Plusieurs vaisseaux y périssent. Cependant St. Valéry a un gouverneur & une amirauté ; on y fait assés de commerce, & de bons navigateurs l'habitent.

On a proposé d'y former un vaste port, & il semble qu'on le devrait : la mer y est profonde, & la côte solide, tandis que les autres petits ports de la côte n'ont que des sables; un canal pourrait joindre ce port à la ville d'Amiens par le moyen de la Somme.

Bourg d'Ault, bourg qui a un port pour les bateaux, & une amirauté : c'est delà que le meilleur poisson frais vient à Paris.

Gamaches, Gamapium, petite ville qui a une église collégiale, un prieuré, un château ; c'est un doyenné, & un marquisat.

Oisemont, *Avimons*, bourg, chef-lieu d'un doyenné, avec une prévôté royale & une commanderie de Malthe.

Le Pays reconquis.

Il le fut par le duc de Guise en 1558. Il renferme les comtés de Guine & d'Oye, & a de long & de large six lieues & demi, en y comprenant la seigneurie d'Ardres. Le comté de Guine renferme douze baronnies & douze pairies féodales : donné d'abord à l'abbaye de St. Bertin ; un prince normand s'en empara, & ses successeurs le vendirent aux rois de France.

Guines, petite ville dans une campagne abondante

en blé & en lin, coupée par des marais, d'où l'on tire de la tourbe. C'était un village dépendant de l'abbaye de St. Bertin. Le Normand Sifrid, qu'on dit être la tige de la maison de Bournonville, y bâtit une forteresse, & en fit une ville.

Ardres, petite ville forte, chef lieu d'une seigneurie : elle a une prévôté royale. Son gouvernement comprend dix-neuf paroisses, exemptes de tailles & de gabelles ; mais elle paye des fournitures pour la garnison de la ville. Elle est dans une contrée marécageuse.

Licques, bourg voisin d'Ardres qui a une abbaye de l'ordre des prémontrés. *Courtebonne* est un marquisat.

Oyes, *Anseria*, bourg : les oyes qu'on y nourrissait lui ont donné leur nom.

Calais, *Calesium*, ville forte, munie d'une citadelle, avec un port fortifié, mais dangereux ; une jettée de quarante pas le défend contre les vents. C'est la capitale du pays reconquis. Deux paquebots, deux fois par semaine, vont de Calais à Douvres, port d'Angleterre distant de sept lieues, ou de cent vingt-un mille trois cents soixante-neuf toises. Calais est un quarré long, dont la circonférence est de douze cents toises, qui est flanqué de huit bastions antiques, & de quelques ouvrages. Les rues en sont belles, droites, bien pavées : elle renferme près de neuf mille ames. Son bailliage ressortit du parlement de Paris : elle a une jurisdiction consulaire, une amirauté, un gouverneur, deux lieutenans de roi, quatre couvens, une belle église, deux communautés pour l'instruction de la jeunesse, un hôpital-général, un militaire, un arsenal magnifique, orné du buste du cardinal de Richelieu, placé sur une piramide. On n'y boit que de l'eau de citerne. Le commerce a pour objet les vins, les eaux-de-vie, le ſel, le lin, les chevaux, le beurre, les cuirs, & autres marchandiſes que plusieurs canaux font circuler avec facilité dans les provinces voiſines. Le Gouvernement eſt composé de vingt-quatre paroiſſes, toutes exemptes de tailles, mais qui fourniſſent cinquante mille liv. pour l'entretien des canaux, & le dédommagement des terres qu'on a compriſes dans les fortifications. Ces fortifications furent perfectionnées par Vauban, & peuvent être inondées. Calais n'a que quatre à cinq mille ames, ſelon d'autres auteurs.

Le fort *Nieulay*, à demi lieue de Calais eſt un quarré long régulier, bâti ſur pilotis, communiquant à la citadelle de la ville par une digue, défendu par quatre baſtions, deux demi-lunes, un ouvrage à cornes &c. au milieu eſt une écluſe avec 4 vannes, pour faire écouler les eaux ou inonder le pays.

Le Boulonnois.

C'eſt un gouvernement indépendant de celui de Picardie. Il faiſoit partie de la Flandre qui le borne d'un côté & la Canche de l'autre. Tous ſes habitans en état de porter les armes, ſont ſoldats; ils compoſent une armée de 15000 hommes, commandée par la nobleſſe, pour la garde des côtes & celle des frontieres. Le tiers ſeulement ſert en tems de paix, diviſé en ſix régimens d'infanterie, cinq de cavalerie, une compagnie de carabiniers, deux de dragons, & trois de cavalerie pour la garde des côtes. (†) Ce peuple eſt exempt de toutes impo-

(†) Buſching dit que juſqu'à 5000 hommes y ſervent en tems de paix. Lenglet réduit ce nombre à 3000.

ſitions miſes ou à mettre, à l'exception de 40000 livres par an, pour s'exempter de recevoir des troupes en quartiers d'hyver. Le Boulonnais a eu des comtes : le dernier l'échangea pour le comté de Lauragais. Louis XI en donna la ſuzéraineté à l'égliſe de Notre-Dame de Boulogne, & le garda comme fief chargé d'une redevance d'un cœur d'or, de la valeur de 6000 livres. Ses ſucceſſeurs l'ont payé comme lui. Il a douze lieues de long, & huit de large : il commerce en charbons de terre, en beure, harengs, & liqueurs fortes.

Boulogne, jadis *Geſoriacum*, ville ancienne & forte, ayant un gouverneur, un commandant, un lieutenant de roi, une ſénéchauſſée, un bailliage prévôtal, une amirauté, un évêché dont le diocèſe eſt diviſé en dix-ſept doyennés, renferme deux cents ſoixante & dix ſept paroiſſes, & cent quarante ſept annexes, dont les revenus montent à 20000 liv. & la taxe à 1500 florins. Elle ſe diviſe en haute & baſſe. Celle-ci eſt mieux bâtie, plus grande, plus peuplée que celle-là : habitée par des commerçans, la Lianne l'arroſe, elle a un mauvais port où les bâteaux de pêcheurs même, n'entrent qu'à l'aide de la marée ; les vaiſſeaux de guerre n'abordent qu'à la rade de St. Jean : deux jettées qu'on y a conſtruit, l'ont rendu meilleur ſans le rendre bon. L'on y compte 1600 maiſons, un ſéminaire, trois couvens, un hôpital, des écoles pour la jeuneſſe. La ville haute, occupée par les nobles, les chanoines, les gens de juſtice, n'a que quatre cents maiſons. C'eſt-là qu'eſt le château, le palais épiſcopal, la maiſon du gouverneur, le magaſin du roi, la maiſon de ville, le palais de la juſtice, l'égliſe cathédrale, deux couvens de filles : la haute eſt ſéparée de la baſſe, de l'eſpace d'environ cent pas. Près de-là eſt une ſource d'eau minérale fort légère, que ſon goût a fait nommer *fontaine de fer*.

Etaples ou *Eſtaple*, *Stapulæ*, petite ville, port pour les petits vaiſſeaux. Elle a un bailliage. Voiſine de l'embouchure de la Canche, ſon commerce a pour objet les harengs & les maquereaux. On croit que c'eſt le port *Iccius* d'où partit César pour l'Angleterre. Elle a été conſidérable & ceſſe tous les jours de l'être; on y compte ſept cents habitans. Son château eſt ruiné. On la croit bâtie ſur les ruines de l'ancienne ville *Ceientavia*.

Monthulin, fut une forteresſe & n'eſt plus qu'une paroiſſe.

Ambleteuſe, ville ſur la mer, défendue par un fort & une tour, ayant un port, conſidérable autrefois, qu'on a voulu réparer & qu'on a laiſſé imparfait. Elle eſt franche de tailles & de droits d'entrée: il y a cependant un bureau des cinq groſſes fermes. Une écluſe y ſoutient la rivière de *Sclak*; elle a un gouverneur, *Marquiſe*, bourg, qui a du marbre gris. *Bournonville* fut un duché. *Tingri* eſt une principauté. *Devres* eſt un bourg, ainſi que *Viſſand*, dont quelques ſavans font auſſi le port *Iccius*. Ce bourg n'eſt plus qu'un village; il fut une grande ville & l'était encore du tems de Froiſſard, c'eſt le lieu où le détroit eſt le plus reſſerré.

GOUVERNEMENT DE L'ARTOIS.

L'Artois, *Atrebatenſis*, du nom des *Atrebates* qui l'habitaient autrefois, fait partie des Pays-bas, eſt au nord & à l'orient de la Picardie, & a vingt-deux lieues de long & onze de large. Les Francs s'en emparerent. *Charles le chauve* le donna au comte de Flandre avec ſa fille Judith; un mariage le fit retourner à la France. St. Louis en fit un comté pour ſon frere Robert, il paſſa aux ducs de Bourgogne ; d'eux à Maximilien d'Autriche, & c'eſt ſur cette maiſon que la France l'a reconquis. C'eſt un pays plat & fertile : beaucoup de grains, peu de fruits, point de forêts, on n'y brûle que de la tourbe : ſes grains, le lin, le houblon, la laine, les huiles de navette & de coſſas, ſur-tout ſes toiles, ſont ſes objets de commerce. Il fait un gouvernement particulier depuis 1765. Il a un gouverneur, un lieutenant général, onze gouverneurs particuliers, huit lieutenans de roi, & trois commandans. Un conſeil provincial, d'où trente juriſdictions reſſortiſſent, juge en dernier reſſort les affaires criminelles, les conteſtations des nobles, &c. mais dans les affaires purement civiles, on appelle au parlement de Paris. C'eſt un pays d'états ; ils ſont compoſés des évêques d'Arras & de St. Omer, de dix-huit abbés, de dix-huit repréſentans des chapitres pour les eccléſiaſtiques, de ſoixante & dix gentilshommes de cent ans d'ancienneté pour la nobleſſe ; des douze échevins d'Arras qui n'ont qu'une voix, & des députés des magiſtrats des neuf principales villes de l'Artois : on ne reçoit dans l'aſſemblée que ceux qui ont une lettre de cachet du roi : l'intendant y expoſe les raiſons de l'aſſemblée, & finit par la demande d'un don gratuit, qui depuis la priſe de St. Omer a été de 400000 liv. par an : la province fournit encore du fourage pour la cavalerie qui ſe trouve dans la province.

On diviſe l'Artois en bailliages ; celui d'Arras a le titre de gouvernance.

Gouvernance d'Arras.

Arras, ſelon Ptolomée, *Origiacum*, ſelon César,

Atrebatæ, ville forte ſur la Scarpe, avec une citadelle, ouvrage de Vauban. On y compte 3768 maiſons : diviſée en deux parties par un foſſé, un rempart, une vallée où coule le Crinchon, l'une s'appelle la cité, l'autre la ville. Elle a de belles places & de beaux édifices. La cathédrale eſt un édifice noble, grand, & bien orné. Arras a onze paroiſſes, onze couvens, deux abbayes de filles & la fameuſe abbaye de bénédictins connue ſous le nom de St. Waaſt, dont l'égliſe eſt magnifique & renferme de beaux tombeaux. Elle eſt ſouveraine d'un petit pays entre l'Artois & la Flandre, nommé *l'Allocue*, qui renferme la *Gorgue*, *La Ventie*, *Fleurbois & Sailly*, bourgs & villages, habités par des hommes durs, quoique dans une contrée fertile. L'Evêque d'Arras eſt le ſeigneur ſpirituel d'Arras ; il n'eſt le ſeigneur temporel que de la cité. Il eſt préſident des états. Son diocèſe a 400 paroiſſes & 199 annexes : diviſé en douze doyennés, ſes revenus ſont de (†) 40000 livres : ſa taxe eſt de 4000 flor. On y fabrique des tapiſſeries, & il y a longtems qu'on en fabriquait, puiſque S. Jérôme en parle. On en fait aujourd'hui de plus eſtimées, & des camelots groſſiers. Elle a été une des douze villes du pays des Belges. Elle a un gouverneur, un bailliage, &c.

Buquoi, *Vitri*, *Houdain*, *Havrincourt*. ſont des bourgs, le premier eſt un comté, le dernier un duché.

Bailliage de Bapaume.

Bapaume, n'était qu'un bourg ſous Charles-

(†) L'Encyclopédie ne lui en donne que vingt-deux mille.

Quint, c'est aujourd'hui une petite ville forte qui a un gouverneur, un lieutenant de roi, un bailliage, un château : sans rivières, sans fontaines, il a fallu y conduire des eaux de trois lieues au de-là ; on y compte 4500 personnes.

Courcelles, *Metz en Couture*, sont des bourgs. *Arouaise*, *Yaucourt*, sont deux abbayes.

Bailliage d'Avesnes.

Avesnes le Comté, est un grand bourg, & a une chatellenie royale.

Bailliage de Hesdin.

Hesdin, ville forte sur la Canche qui remplit ses fossés. C'est un exagone régulier, environné de marais qui en défendent l'accès : le vieux Hesdin est à une lieue plus haut ; il a deux paroisses. Hesdin a un gouverneur & un bailliage.

Humieres est un petit bourg.

Bailliage ou comté de St. Pol.

St. Pol, est un bourg sur la Ternoise. *Croix*, *Grincourt les pas*, *Crequi*, *Lisbourg*, *Renti*, &c. sont peu considérables. *Perne* est une petite ville qui députe aux états. *Azincourt* est un village célèbre dans l'histoire.

Bailliage d'Aubigny.

Aubigny, n'est qu'un bourg, une baronnie divisée en deux jurisdictions. La Scarpe prend sa source près de-là.

Bailliage de Lens.

Lens, ville dans une belle plaine ſur le Souchet, autrefois *Vicus-Helenæ.* Elle a été forte & a une égliſe collégiale & deux couvens. *Hennin-Lietard* eſt le nom d'nn comté & d'une abbaye. *Epinſi* eſt une principauté.

Bailliage ou *Avocatie de Bethune.*

Bethune eſt petite & mal fortifiée: ſon château a été réparé par Mr. de Vauban. Elle a un gouverneur, un lieutenant de roi, un bailliage, eſt ſituée ſur la Bierre ou Lave, a trois couvens d'hommes, quatre de femmes, un hôpital: les rues ſont mal pavées, les maiſons mal bâties; ce qu'elle a de plus beau eſt une place vaſte & quarrée où ſe tient le marché.

Annezin, eſt un château entouré d'un foſſé ſec: c'eſt un pantogone irrégulier. *Richebourg l'avoué* & *Richebourg St. Waaſt* ſont de petits bourgs.

Bailliage de Lillers.

Lillers eſt ſituée ſur le Navez, ſon bailliage eſt petit. On y cultive trois ſortes de fromens, le barbu, le roux, le blanc: ce dernier eſt le plus eſtimé; tous font la richeſſe du pays: on y cultive auſſi le colſa dont la graine donne de l'huile, & le ſenevé: on y trouve des pierres de taille très-dures & de la tourbe. La ville eſt petite & n'a plus de ſeigneurs, ni de fortifications; elle a une égliſe collégiale.

Bailliage d'Aire.

Aire, *Heria*, ville forte; réparée par Mr. de

Vauban, elle a un château, une église collégiale dédiée à St. Pierre, sept couvens, deux hôpitaux, dont l'un est pour les soldats. La Lis la partage en deux parties inégales, un canal la fait communiquer à St. Omer, à Dunkerque, &c. un autre la joint au Fort St. François, Fort régulier, élevé pour défendre le passage de la Lis & les canaux.

Saint-Venant, petite ville sur la Lis dans des marais: moins forte qu'elle n'a été, deux ruisseaux qu'on peut répandre autour d'elle font sa plus grande sûreté.

Fauquemberg bourg, *Robecque* principauté.

Bailliage ou *Regale de Thérouane.*

Thérouane, ancienne capitale des Morins, eut un évêque puissant, était sur la Lis: on en découvre à peine les ruines. Son territoire renferme les biens de l'abbaye de St. Augustin.

Bailliage de Saint-Omer.

Saint-Omer, *Audomaropolis*, jadis *Sithiu*: ce dernier nom était proprement celui de la riche abbaye de St Berthin qui donna naissance à la ville. St. Omer est sur la Lis, en partie sur une hauteur, en partie dans des marais qui en défendent l'accès. Elle a de beaux édifices, une église collégiale magnifique, six paroisses, deux colleges, plusieurs couvens, un hôpital, &c. elle a un gouverneur, un lieutenant de roi, un bailliage, un évêché, dont le diocèse a cent & dix paroisses sans les annexes, dix abbayes, & quelques chapitres. Ses revenus sont de 40000 livres, sa taxe de 10000.

Arques est un bourg possédé depuis plus de mille

ans par l'abbaye de St. Berthin. *Tourneheim*, est peu considérable.

GOUVERNEMENT DE FLANDRE.

Il renferme les Pays-Bas François, qui forment une bande de six à dix lieues de large sur quarante-deux à quarante-cinq de long, allant du sud-est au nord-ouest & situé au nord de la Picardie. La discipline ecclésiastique y est réglée par les évêques d'Ypres, de Tournai, d'Arras, de St. Omer, & par l'archevêque de Cambrai. Le civil l'est par le parlement de Douai. Dunkerque, Gravelines, & Bourbourg se réglent par la coutume, ou le droit romain, ou les ordonnances des rois. Là où on assemble les états, ce sont eux qui réglent les impositions : où il n'y a point d'états, c'est l'intendant.

La Flandre a fait partie de la Gaule belgique ; d'épaisses forêts, de profonds marécages couvraient le pays. César le premier y pratiqua des routes, les Romains regnerent sur ce pays, les Francs l'envahirerent, & ce fut là qu'ils établirent d'abord leur empire. Clovis s'y fit obéir en barbare. Ses successeurs en nommaient les comtes : Charlemagne voulant la peupler, mèla aux Flamans soixante mille Saxons, voulant corriger l'un de ces peuples par l'autre, & d'un diable, dit-on, il en fit deux. Lideric fut la tige des comtes de Flandres. Charles le Chauve en fit un comté mouvant de la couronne, & il en devint bientôt indépendant : après que la famille de Lideric fut éteinte, ce pays fut en proie aux révolutions ; il devint une possession des ducs de Bourgogne, puis de la Maison d'Autriche, & la France en démembra ce qu'elle possède aujourd'hui.

L'air y est grossier & rude : les canaux, les étangs,

la mer qui l'avoisinent le rendent humide & froid; les vents du nord y regnent souvent : l'été y est court, & souvent très-chaud. Les grains, les pâturages y sont excellens : on y recueille peu de fruits, point de vin; la bierre qu'on y fait très-bonne, y supplée. C'est un pays de commerce, les habitans le rendent actif par leur industrie, & leurs canaux le facilitent. La partie de la Flandre possédée par les Français se divise en Flandre Gallicane ou Vallonne, où l'on parle un français corrompu, & Flandre Flamingante ou Teutone où l'on ne parle pas français. On la divise aussi en trois *quartiers* : c'est cette division que nous suivrons. Les légumes y sont abondans, le lin y est magnifique, les pâturages y font engraisser un grand nombre de bestiaux. On y brûle la tourbe, & cette contrée dont les possesseurs anciens s'appellaient *Forestiers*, parce que leur pays ne semblait être qu'une forêt, manque aujourd'hui de bois.

Quartier de Terre Franche.

Il contient trois chatellenies qui prennent leurs noms des villes suivantes.

Gravelines, ville forte sur un terrein marécageux près de la mer, sur l'Aa, un château la défend du côté de terre, son port est muni d'un fort. Elle a un gouverneur, un lieutenant de roi, un corps de ville, deux couvens, une maison de sœurs grises. Souvent exposée à des sieges, elle est plus considérable par sa situation que par le nombre de ses habitans.

Bourbourg, petite ville sur le canal navigable de *Haute-Colline*. Ses fortifications ont été démolies: elle a des foires franches, son territoire est fertile. Elle a un subdélégué, un bailliage, un vicomté, un corps de magistrats, une cour féodale, dont dépendent sept cents & deux fiefs ou arriere-fiefs, une abbaye de filles nobles de l'ordre de St. Benoît & un couvent de capucins.

Berg-Saint-Vinox ou *Winoxberg* doit son nom à un monastere voisin. Elle est mal bâtie; mais forte & dans des marécages, au pied de la montagne verte ou *Groenberg*. St. Vinox était un seigneur flamand qui demeura dans ce lieu. La ville est au point de réunion de plusieurs canaux qui conduisent à Dunkerque, Gravelines, St. Omer, Furnes, &c. dans d'autres lieux de la Flandre. C'est le siege d'une subdélégation, d'un gouverneur, d'un bailliage & vicomté, d'un corps de magistrats, d'une cour féodale; elle a deux paroisses, un beau college; le Fort Lapin & le Fort Suisse en sont à une portée de canon. Le Fort St. François est plus éloigné & a quatre bastions. La ville peut inonder ses environs.

Hondischotte, bourg ou petite ville, dépendant de Bergue-Saint-Vinox.

Dunkerque a fait jusqu'en 1728 un gouvernement particulier: il ne s'étendait que sur la ville & 6 villages; aujourd'hui elle fait partie du gouvernement de Flandre. Dunkerque ne fut d'abord qu'un hameau de pêcheurs sur un terrein sabloneux, un peu élevé, qui fut autrefois un banc de sable, & où St. Éloi fit bâtir une petite église dont la ville a pris son nom. Dunkerque, église des Dunes. Elle fut entourée de murs en 980 par Baudouin le jeune; son port la rendit florissante, & ses flottes défendirent le pays contre les pirates Normands. Elle éprouva des vicissitudes fréquentes & eut différens maîtres; acquise enfin par la France en donnant cinq millions à l'indolent & voluptueux Charles, roi d'Angleterre, Louis XIV en fit une ville redoutable, un boulevard de la France.

Des dunes furent applanies, de vastes canaux creusés pour recevoir les plus grands vaisseaux, des jettées mirent un frein aux vagues menaçantes, un large bassin s'ouvrit, la ville fut entourée de tout ce que le génie inventa pour rendre une place inexpugnable, des casernes magnifiques & un grand arsenal se formerent. Les Anglois craignirent que cette ville ne fût fatale à leur commerce, ils exigerent en 1713 que la France demolit ses fortifications & comblât son fort : on le fit avec lenteur ; en détruisant le port on aggrandissait le bassin qui pouvoit en tenir lieu, c'était, disait-on, pour faire écouler les eaux, pour purifier l'air ; mais les Anglais n'ont point trouvé que ces raisons pussent l'emporter sur un traité, & ils ont exigé de nouveau en 1762 que le port de Dunkerque fut détruit, & ses fortifications rasées. Dans le fond elles étaient plus redoutées que redoutables, & couterent plus qu'elles ne furent utiles. Elle avait plus de 40000 habitans dans sa prospérité, il s'en faut qu'elle les ait aujourd'hui : elle a cependant un subdélégué, un commandant, un corps de ville, une chambre de commerce, un siége général d'amirauté, une *justice des traités*, un beau collége, quatre couvens de religieux, quatre de filles, une abbaye de bénédictines Anglaises, une école pour les orphelines, deux hôpitaux, dont l'un est militaire, six places publiques, *&c.* On ne trouve dans ses environs, ni fossiles, ni mines, ni eaux minérales, mais on en tire beaucoup de tourbe : elle a deux pieds d'épaisseur, c'est un composé de bois pouris, d'arbres entiers avec leurs branches & leurs feuilles, des coudriers avec leurs fruits & différentes sortes de roseaux entassés & mêlés : quand elle est séchée, elle fait un feu ardent, mais dont l'odeur est désagréable. Il semble qu'elle doit son origine à une inondation subite de la mer. Ellle s'étend

tend de la Moere à l'Aa, entre les Dunes & les environs de Bergues.

Mardik, (le vieux) village au bord de la mer, à une lieue & demi de Dunkerque ; il avait deux Forts qui sont détruits : Louis XIV y fit faire un canal magnifique pour l'écoulement des eaux qui menaçaient de couvrir dix lieues de pays en comblant le port de Dunkerque ; il avait trois mille toises de long ; une écluse la plus belle qu'on eut vue encore, ouvrait par deux portes, chacune du poids de cinquante milliers, deux entrées pour les plus grands vaisseaux. Les avantages qu'en aurait retiré la France fit exiger qu'on le détruisit ; le cardinal Dubois y consentit, ainsi que le régent : mais les bons Français ont blâmé leur facilité à engager l'état à ne jamais construire de port, d'écluse, de bassin, ni à Dunkerque, ni à Mardick, ni à deux lieues aux environs.

Quartier de Cassel.

Cassel, *Castellum-Morinorum*, ville assez grande, entourée des débris de ses fortifications, presque ruinée elle même, sur une montagne la plus haute des Pays-Bas, qu'environne une belle plaine, & d'où l'on voit la mer & trente-deux villes : c'est de la terrasse du château qu'on jouit le mieux de cette perspective. Cette montagne a un lit horizontal de coquillages d'un pied d'épaisseur ; ils sont de la même espece que ceux qu'on vend dans la ville, & se mange cru comme les huîtres. Quand on creuse la terre au pied de la montagne, on trouve d'abord de la terre végétative, au dessous, du beau sable fin, puis de la terre glaise, semblable à celle qui se forme du limon de la mer ; au-dessous de la tourbe, puis des coquillages, plus bas encore un sable bleuâtre : tout ce pays semble s'être élevé par couches successives. De la châtellenie de Cassel dépendent quatre petites villes, & quarante-sept villages. Elle a une subdélégation & une cour féodale. Des incendies l'ont dépeuplée, trois batailles la font connaître.

Valten, petite ville avec une abbaye de l'ordre de St. Augustin.

Merville ou *Merghem*, *Menariacum*, ville sur la Lis, elle a un subdelégue & 2 couvens de capucins. Il y avait une abbaye qui a été transferée à Douai. On y fabrique beaucoup de toiles.

Bailleul ou *Belle*, *Belgiolum*, sur le Bellebeck. Elle a un présidial, une châtellenie, une subdélégation, un corps de ville, une cour féodale, un couvent de capucins. Ses fortifications sont détruites, elle a moins de commerce & moins d'habitans qu'elle n'en avait autrefois: elle est ancienne, on y fabriquait encore il y a 30 ans des étoffes de laine & de fil; on n'y fabrique presque plus que du fil retors. Son territoire est fertile en froment, grosses feves, avoine, lin, colsa & navette, pommes de terre, truffes & foin; il y a beaucoup de bétail, mais peu de bœufs: les chevaux y font tous les travaux.

Etaire, ou *Stegers*, *Hasebroek*, *Nieukerke*, sont trois petites villes.

Quartier de l'Isle ou *Lille*.

C'est une espece de pays d'états, régi quant aux finances, par quatre grands baillis.

Lille, *Ryssel*, *Castrum Illense*, ville grande & la plus commerçante des Pays-bas, après Amsterdam. La ville est très-forte; la citadelle est le premier & un des plus beaux ouvrages de Vauban. La Deule, déjà navigable, la traverse. Le gouverneur-général

& l'intendant y résident. Elle a une subdélégation, un bailliage, une gouvernance, un corps municipal composé de trente-trois magistrats électifs & six permanens, une cour de monnaie, une chambre de commerce, une chambre consulaire, &c. Un château dont les environs inondés furent desséchés, & élevés, donna le nom à la ville. On y compte cent soixante-dix rues dont plusieurs sont belles, trente places publiques, huit mille maisons, environ onze mille deux cens quatre-vingt-quatre feux & cinquante-six mille ames. L'église collégiale de St. Pierre, fondée en 1067, a un chapitre nombreux: on y voit les tombeaux de plusieurs comtes de Flandre. Lille est divisée en sept paroisses, a huit couvens d'hommes, dix de filles, une maison de beguines, une maison *du salut* pour la correction des filles de mauvaise vie, trois grands hôpitaux, trois autres moins considérables, deux maisons pour les orphelins, une, où l'on reçoit les vieillards qui ont plus de soixante ans, d'autres pour les femmes paralytiques, pour les femmes en couche, pour élever les filles nobles, trois colléges, un séminaire, un mont de piété où l'on prête sur gage & sans intérêt, plusieurs autres établissemens pieux. L'enceinte est irréguliere, elle a sept portes & quelques-unes sont magnifiques. La fertilité du pays, la commodité de la navigation, la facilité du débit, l'industrie & la richesse des habitans assurent leurs succès dans le commerce. On y fabrique des draps, des camelots, des ratines, des étoffes en laines ou mêlées de soie, de coton, de lin : des toiles de toutes qualités & de tous desseins ; des dentelles en soie, en or, en argent, en fil ; des galons, des rubans, des très-beaux fils, des tapisseries de haute-lisse, des chapeaux, des cuirs dorés & autres, des maroquins, des bas, des bonnets au tricot & au métier des ſavons blancs & noirs, du papier, &c. c'eſt le magaſin, l'entrepôt le plus riche des marchandiſes de Flandre. Sa châtellenie ſe diviſe en ſept quartiers qui renferment cent trente-ſept villages.

Le *Melantois*, au midi de la ville, *Medenantum*, a pour chef-lieu *Seclin*, *Sacilinium*.

Le *Ferain*, au nord du *Melantois* entre la Lis & la Deule a *Comines* ſur la Lis, ville aujourd'hui ouverte, plus connue par ſon ſeigneur Philippe de Comines, que par elle-même. Le Ferain appartient en partie à la maiſon d'Autriche.

L'*Aveſne* ou la *Wepe*, où l'on trouve *Armentieres*, jolie petite ville ſur la Lis, qui a un corps municipal, & où l'on fabrique d'excellens draps, & de bonnes briques. *La Baſſée*, petite ville qui communique à la haute Deule. Ces deux villes ont été fortes. Dans ce quartier on voit encore deux abbayes.

Le *Carembaud* renferme *Phalempin*, bourg où eſt une abbaye de chanoines de l'ordre de St. Auguſtin, la ſeconde pour l'ancienneté.

La *Peule*, à l'orient du dernier, a *Bouvines* bourg célebre dans l'hiſtoire.

Le comté de *Lannoy*, dont le chef-lieu *Lannoi*, *Alnetum*, eſt un grand bourg où l'on commerce en étoffes de laine, & qui appartient à la maiſon d'Autriche.

Le quartier d'*Awe* a les bourgs de *Turcoing* & de *Roubais*, grands bourgs où l'on fabrique des étoffes mêlées de ſoie & de laine.

Châtellenie d'Orchies.

Orchies, *Origiacum*, petite ville qui a un bailliage & un corps municipal : elle députe aux états de la province: plus conſidérable autrefois, elle commerce encore en étoffes de laine qu'on y fabrique.

Marchiennes, *Marciana*, ſur la Scarpe, dans des marais, eſt petite, mais une abbaye de bénédictins, qui jouit de plus de 60000 livres de rente, y doit donner de l'aiſance.

Saint-Amand ſur la Scarpe, a un ſubdélégué, un bailli, une riche abbaye de bénédictins ou de l'ordre de Cîteaux, dont l'abbé eſt ſeigneur de la ville; elle faiſait partie du Tournaiſis avant que d'être à la France. Près d'elle eſt une fontaine d'eau minerale.

Mortagne, *Moritania*, bourg ſur l'Eſcaut & la Scarpe: par les traités on ne peut y faire d'écluſes ni de fortifications.

Bailliage de Douai.

Douai, *Duacum*, ville grande, forte, riche, ſur la Scarpe qui la diviſe, & y eſt navigable. Elle a un parlement pour les Pays-Bas français, une ſubdélégation, une gouvernance, un gouverneur particulier, un corps de magiſtrats, un bailliage, une univerſité célebre, fondée en 1562. On y compte ſept paroiſſes, & deux mille ſept cents trente-ſept feux; on y voit un beau ſéminaire, trois abbayes de filles, & pluſieurs couvens. Près d'elle eſt le fort de la Scarpe, pour défendre l'entrée des canaux.

Le Cambreſis

Il a le titre de comté: ſa longueur eſt d'environ dix lieues, ſa largeur de trois à ſix. C'eſt un pays d'états, une contrée fertile, peuplée, arroſée par l'Eſcaut, la Seille & la Sambre. Son ſol eſt fertile en grains; & c'eſt un des objets de ſon commerce.

Cambrai, *Cameracum*, ville belle, grande, ancienne, forte sur l'Escaut, qui en remplit les fossés & la traverse. Elle a une citadelle & un fort; c'est là le siege d'une subdélégation, d'un grand état major, d'une officialité, d'un corps municipal, de plusieurs baillis, d'un archevêque, dont le diocese a (†) six cents paroisses, trente-huit abbayes, huit chapitres, & dont les suffragans sont les évêques d'Arras, de St. Omer, de Namur & de Tournai: ses revenus annuels sont de 150000 livres, & sa taxe en cour de Rome, de 6000 florins. Ses titres sont: prince du Saint-Empire, duc & comte du Cambresis, & seigneur de Cambrai. La ville a dix paroisses, environ trois mille feux, cinq abbayes, plusieurs couvens, deux hôpitaux, un séminaire, &c. Ses toiles fines sont l'objet principal de son commerce: elle y fait encore des draps, du savon, & des cuirs.

Catteau-Cambresis, ville sur la Seille. L'archevêque de Cambrai en est seigneur, y a un château, & un siege de justice. Elle a été fortifiée. On y voit une abbaye de bénédictins sous le titre de St. André.

Creve-cœur, *Crepicordium*; a une manufacture de serges; *Valincourt* est une pairie; *Vaucelles* a une abbaye.

Le Hainaut Français.

Il comprend la moitié du comté de Mons, la prévôté du Quesnoy, le district de Condé, la seigneurie de Valenciennes, le comté d'Ostrevant, &c. C'est un pays froid & pluvieux. Il a environ 18 lieues de long, & six à huit de large. Le charbon de terre y est devenu une branche de commerce lu-

(†) L'Encyclopédie dit huit cents paroisses.

crative, & il le doit au zele éclairé & constant du vicomte des Androuens.

Valenciennes, *Valentinianæ*, ville ancienne, peuplée, forte; mais dont l'enceinte est très-irréguliere. Sa citadelle est belle, l'Escaut l'arrose, & commence à y devenir navigable. Elle est le siege d'un Intendant, d'un gouverneur particulier, &c. Les premiers rois de France y avaient un palais; elle s'est beaucoup accrue depuis, & a aujourd'hui quatre mille maisons & vingt-cinq mille habitans. Sur un terrein un peu élevé, ses rues étroites, obscures, en font un labyrinthe : deux manufactures célebres l'enrichissent; celle d'étoffes de laines, camelots, bouracans, & celle des toiles fines qu'on nomme *batistes*. A ses portes est une mine de bon charbon de terre : quand on creuse la terre autour, on rencontre toujours une pierre grisatre, & de l'eau au-dessous dont on ne connaît pas le fond : ce qui fait dire qu'elle est bâtie sur un lac souterrein.

Famars, *Fanum martis*, bourg qui fut une ville considérable, & donna son nom à une partie du Hainaut.

Condé, *Condatum*, ville petite & forte. Elle a une subdélégation, unie à celle du Bouchain, & un grand état major. Située au confluent de la Haisne & de l'Escaut, elle peut, par des écluses, inonder ses campagnes. Elle a donné son nom à une branche de la maison de Bourbon qui ne la posséde plus.

Denain, *Denonium*, ville sur l'Escaut, avec un chapitre de chanoinesses.

Bouchain, *Buccinium*; petite & forte ville, capitale de l'Ostrevant, sur l'Escaut, siége d'une prévôté royale, d'un grand état major, d'un corps municipal : elle ne commerce qu'en bestiaux & en graines.

Pequincourt, *Bavay*, deux villages; le dernier est

ancien, a une prévôté, deux couvens. Ses ruines, les médailles qu'on y trouve, des restes de chaussée, annoncent que c'était une ville considérable.

Le Quesnoy, *Quercetum*, place forte; elle a un gouverneur, un bailliage, une subdélégation, une abbaye de filles, & quatre couvens.

Maubeuge, *Melbodium*, ville fortifiée sur la Sambre qui la traverse; & y devient navigable par des écluses. Elle a un gouverneur, un chapitre de chanoinesses nobles de trente-deux quartiers, & plusieurs couvens. Des hauteurs la commandent de toutes parts.

Landrecies, *Landeriacum*, sur la Sambre, a un gouverneur, une prévôté, un couvent de carmes, &c. Elle est forte.

Longueville est un bourg; *Solre le Château*, un comté.

Avesnes, ville forte sur l'Hepre. Elle a un gouverneur, titre de pairie, bailliage royal, &c. Elle est petite, mal percée, mal bâtie; a deux couvens, un college, un hôpital. Son gouverneur a près de 12000 liv. de revenus par an.

Mariembourg, entre la blanche & la noire eau, qui se jettent dans la Meuse: Marie, reine de Hongrie, sœur de Charles-Quint, l'entoura de murs, & lui donna son nom. Elle a une prévôté, & un couvent de filles.

Philippe-ville, est petite, mais jolie & forte; a un gouverneur, une prévôté, un couvent de filles. Elle fut un bourg nommé *Coubigny*, avant Marie, reine de Hongrie, qui l'entoura de murs, & lui donna le nom de son neveu Philippe II.

Chimay, *Cimacum*, sur la blanche-eau. C'est une principauté; elle a un château magnifique, avec de beaux jardins. Ses environs sont fertiles en bois, en pâturages : on y trouve des mines de fer, des forges, des fourneaux ; on prétend qu'il y a aussi une mine d'argent.

Anchin, *Crespin*, *Hasnon*, *Liasies*, *Haumont*, *Marville*, &c. sont des abbayes de bénédictins ; *Fontenelle*, une abbaye de filles de l'ordre de Cîteaux, *Aimeries*, *Berlaymont*, *Gomignies*, &c. sont des baronnies.

La partie française du comté de Namur.

Charlemont, jolie, forte ville, sur un rocher escarpé, que baigne la Meuse. Charles-Quint lui donna son nom, après l'avoir achetée de l'évêque de Liége.

Givet, ne fait, en quelque maniere, qu'une même ville avec Charlemont ; quoi qu'enfermée d'une enceinte différente : elle occupe le pied du mont dont Charlemont occupe le sommet, & a le même gouverneur. La Meuse la divise en deux ; l'une est Givet St. Hilaire ; l'autre, Givet Notre-Dame : toutes deux sont fortifiées. Il y a de beaux bâtimens, des casernes, plusieurs églises & couvens, une belle place, une prévôté royale, &c.

GOUVERNEMENT DE CHAMPAGNE ET DE BRIE.

La Champagne touche au nord à l'évêché de Liége & au Hainaut, à l'orient au Luxembourg & à la Lorraine, au couchant à l'Isle de France & à la Picardie, au midi à la Franche-Comté & à la Bourgogne. Sa longueur est d'environ soixante-cinq lieues, sa largeur de quarante-cinq. Différens peuples l'habiterent ; les plus connus sont *les Remi*

Elle fit, sous les Romains, partie de la Gaule Belgique. Sous les rois Francs, elle eut des ducs ou gouverneurs, puis des comtes héréditaires. *Philippe le Long* incorpora cette province à la couronne. Sa mere étoit fille unique du dernier comte. Ses plaines vastes lui ont donné le nom qu'elle porte; ce n'est qu'aux extrémités de cette province qu'on trouve quelques collines, quelques montagnes peu élevées : une partie est couverte de forêts. Son sol est fertile en graines, elle a de beaux pâturages, elle produit d'excellens vins que la mer n'altere point; mais les vendanges abondantes y sont rares, & la vigne demande de grands soins. L'arpent de trente-deux mille quatre cents pieds ne produit, année commune, qu'une mesure de vin qui pese cent douze à cent vingt livres. Le bled, le vin, le fer, le bois, les bestiaux, les foins, les étoffes en laines & demi-soie, les toiles, les cuirs, le papier, &c. sont les objets de son commerce. Ses chevaux sont petits, mais legers; on y éleve beaucoup d'abeilles, & on n'y craint d'animaux venimeux que la vipere : mais les loups, les renards, les fouines, les rats, &c. y font souvent du ravage. On y trouve beaucoup de marne, & de la terre à porcelaine. Les maisons n'y sont presque construites que de craie. Le climat y est tempéré, les hommes y sont doux & laborieux, les rivieres qui l'arrosent sont la Meuse, la Seine, la Marne, l'Aube, l'Aisne. La Meuse, *Mosa*, prend sa source près du village de Meuse dans le Bassigni, devient navigable à St. Thibaut, se joint au Wahall, au-dessous de l'Isle de Bommel où elle prend le nom de Meruve, & se jette dans l'Océan entre la Brille & Grawesande. On prétend qu'elle est plus haute d'un demi-pied pendant la nuit que durant le jour, si le vent ne s'y oppose pas. La Seine, *Sequana*, prend ſa ſource en Bourgogne. La Marne, *Matrona*, a ſa ſource dans le Baſſigni, au pied d'un mont, devient navigable à Vitri-le-Français, elle ſe jette dans la Seine au-deſſous de Charenton. On y pêche beaucoup d'ablette. L'Aube, *Alba*, a une double ſource dans la Bourgogne : on a voulu en vain la rendre navigable. L'Aiſne, *Axona*, ſe forme de pluſieurs ruiſſeaux à quatre lieues de Ste. Menehoud. Le cours de ces rivieres facilite le commerce de cette province avec Paris. Elles abondent en brochets, carpes, carbeaux, & en truites. La Champagne a des eaux minérales à *Bourbon-les-Bains*, à *Sermaiſe*, à *Hermanville*, &c. Elle renferme quatre archevêchés, quatre évêchés, un grand nombre d'abbayes, trois grands prieurés de l'ordre de Malthe. Elle dépend, pour le civil, du parlement de Paris, a neuf bailliages & ſiéges préſidiaux, une grande maîtriſe des eaux & forêts, quatre juriſdictions conſulaires, deux hôtels des monnaies, une généralité diviſée en douze élections. Pour le militaire, elle a un gouverneur général, quatre lieutenans généraux, quatre lieutenans de roi de la province, ſix lieutenans de maréchaux de France. Elle ſe diviſe en haute & baſſe, en Chalonnois, Rémois, Rethelois, &c.

Baſſe Champagne.

Troyes, *Auguſtomana*, *Tricaſſes*, ville ancienne ſur la Seine. Elle a une élection, une prévôté royale, un bailliage, un préſidial, un hôtel des monnaies, un évêché dont le diocèſe a trois cents ſoixante-douze paroiſſes, quatre-vingt dix-huit annexes, dix-neuf abbayes. Ses revenus ſont de 20000 liv. ſa taxe eſt de 2500 fl. Elle fut floriſſante autrefois : ſes marchands étaient la meilleure caution qu'on put donner alors aux princes étrangers. Sa situation est agréable, dans de belles prairies, coupées de canaux qui ajoutent à l'agrément & à la facilité des fabriques. L'air y est bon, le terroir fertile, les eaux mal-saines, elles y ont la propriété de dégorger très-bien les étoffes, & d'être excellentes pour les tanneries. Le commerce des toiles y est considérable : il y a des manufactures de lin, de chanvre, de coton, de futaine. Ses basins sont les plus estimés de ceux qu'on fabrique en France. Six cents ouvriers & plus encore sont occupés à ces ouvrages. Le chanvre est sa plus grande richesse. On y fait encore des épingles, du papier, des bougies, des chandelles recherchées. C'est la ville de Champagne dont le commerce est le plus étendu. Troyes a treize paroisses, quatre abbayes, dix couvens, un collége, un séminaire, un hôpital.

Isle d'Aumont, bourg avec titre de duché pairie : on y voit les ruines d'un château construit, dit-on, par les Romains.

Mery-sur-seine a une jurisdiction royale, & un prieuré de bénédictins. C'est une petite ville.

Anglure, ancienne baronnie; *Plancy* est un marquisat, & a un chapitre; *Ramern*, baronnie & abbaye, &c. *Arcys*, quatre petites villes qui sont sur l'Aube. La derniere est ancienne, & distribue 28 muids de sel par an.

Piney, petite ville, duché-pairie, sous le nom de Luxembourg.

Pargnay, *Lusigny*, *Beaufort*, *Monmorancy* sont des bourgs.

Haute Champagne.

Chatillon-sur-Marne, petite ville qui a un bailliage

d'où ressortissent plusieurs mairies royales, & un prieuré d'Augustins. C'est la patrie d'Urbain II.

Espernay, *Sparnacus*, est partagée par la Marne: ces deux villes furent données au duc de Bouillon en échange de Sédan. Celle-ci a une élection, un gouverneur, un bailliage, une abbaye d'Augustins. Son territoire est peu fertile, mais ses vins sont les plus estimés de la province: on les appelle vins de la rivière. Il y a divers métiers & manufactures; les fameux draps de Pagnon en sont originaires.

Ay, *Ayejum*, près de la Marne, avec une mairie royale. Le vin y est excellent, & c'est, dit-on, le meilleur de la Champagne.

Avenay, petite ville, sur un ruisseau, avec un chapitre, & une riche & magnifique abbaye de bénédictines, dont le revenu annuel est de 25000 liv.

Vertus, petite ville, comté-pairie. Elle a un chapitre, deux abbayes, du bon vin: elle est au pied d'une montagne.

Fere en Tardenois, gros bourg; *la Fere Champenoise*, petite ville sur la Pleurs; *Dormans*, sur la Marne; *Haut Villiers*, abbaye de bénédictins, sont petites aussi: il croît dans la derniere d'excellens vins, ainsi qu'à *Pierry*.

Le Chalonnois.

Il a dix lieues de long, & à peu près autant de large. Les terres y sont fertiles en grains, sur-tout en avoine. Il renferme de bons pâturages; & on y recueille des vins excellens. Les vins, les grains, les laines & le bétail sont les principaux objets de son commerce.

Châlons, *Catalaunum*, sur la Marne; c'est le siege d'un intendant, d'un prévôt général, d'un gouverneur, d'un grand bailli d'épée. Elle a un bailliage, une élection, une jurisdiction consulaire, un évêque qui est comte & pair ecclésiastique ; son diocèse a trois cents quatre paroisses, quatre-vingt-treize annexes, dix abbayes, quatre chapitres. Son revenu est de 30000 liv. sa taxe de 3000 fl. La ville a deux mille huit cents feux, dix-huit mille ames, treize paroisses, trois abbayes, neuf couvens, deux hôpitaux, une société littéraire, dont l'objet est l'histoire naturelle, ecclésiastique, civile, politique & littéraire de la Champagne. Le jubé, les deux clochers de pierre de taille de sa cathédrale sont des chefs-d'œuvre. Le *Jard* ou *Jardin* est une des plus belles promenades du royaume ; elle est formée d'un grand nombre d'allées qui aboutissent à *Sarri*, château des évêques, au bord de la Marne. C'est à trois lieues delà qu'on montre des vestiges qu'on croit être ceux du camp d'Attilla. Le terroir qui l'environne est sec, & ne produit que du seigle & de l'avoine. Elle a des manufactures de pinchinats, de capucines, & d'autres étoffes en laine.

La Croisette, petit bourg.

Le Rémois.

Rheims, *Durocorturum*, *civitas Remorum*, ancienne, célebre & grande ville, assez bien bâtie, sur la Vesle, dans une plaine fertile en grains, & environnée de collines, où croît du vin délicieux. C'est le siége d'une élection, d'un gouverneur, d'un grand bailli d'épée, d'un bailliage, d'un présidial. Elle a un hôtel des monnaies, une université, plusieurs églises, cinq abbayes, un séminaire, un college, trois grands hôpitaux, neuf couvens, deux commanderies. Son archevêque est duc &

pair de France, légat du St. Siége, primat de la Gaule Belgique. Il a, depuis *Louis le jeune*, le droit de ſacrer les rois. Ses ſuffragans ſont les évèques de Soiſſons, de Châlons-ſur-Marne, de Laon, de Senlis, de Beauvais, d'Amiens, de Noyon & de Boulogne. Son diocèſe renferme quatre cents ſoixante-dix-ſept paroiſſes, trois cents ſoixante-cinq annexes, vingt-quatre abbayes, ſept chapitres. Ses revenus ſont de 80000 liv. ſa taxe, en cour de Rome, de 4750 fl. La cathédrale eſt gothique, mais le portail eſt beau; le frontiſpice a un air majeſtueux qui frappe; tout y eſt chargé de ſculpture. Le grand autel qui ſert au couronnement des rois, eſt revêtu de lames d'or; le tréſor, formé par les préſens des rois qu'on y couronne, eſt très-riche & curieux: on y voit le grand & riche calice d'Hincmar, le reliquaire d'argent doré de Louis XV, qui peſe 125 marcs. L'évangile, ſur lequel le roi met la main, eſt couvert de lames d'or, de pierres fines & brutes, eſt écrit en langue Slavone. Le palais épiſcopal eſt magnifique: l'égliſe de St. Remi eſt obſcure, mais grande, belle, pavée en marbre & en pierres cuites. Le grand autel eſt enrichi d'or, & de pierreries: on y voit deux grenats, preſque de la groſſeur d'un œuf. Derriere eſt le tombeau de St. Remi, en marbre blanc, orné de colonnes de porphire, de ſculptures faites avec goût, des ſtatues des douze pairs de France qui aſſiſtent au couronnement & la ſtatue de Clovis qu'on a décorée de l'ordre de St. Michel. La porte du monument eſt brillante de perles, d'émeraudes, de rubis, &c. C'eſt-là que l'on conſerve le corps de St. Remi & la Ste. Ampoule, petit flaccon d'un verre rouge, fermé d'une vis d'or, enchaſſée dans un reliquaire d'or, affermi ſur une baſe d'argent: on ne la voit qu'au travers d'un criſtal.

Une colombe l'apporta, dit-on, du ciel pour le baptême de Clovis, & son huile semblable à du beaume n'a point diminué, quoiqu'on s'en soit servi pour le sacre de plus de soixante rois de France. Cette histoire demeure; mais l'ignorance qui la fit repandre n'est plus.

L'église de St. Nicaise est belle; son arc-boutant tremblant a passé pour une merveille, & a exercé les physiciens. Le clocher renferme douze cloches dans deux tours, les onze sonnent & le premier pillier boutant demeure immobile: la cinquieme audessus de la grosse se met en branle, & on le voit aller & venir comme elle: ce pillier est de 40 piés plus bas que la cloche, il est à dix-huit piés de la tour: quand on intercepte entr'eux la communication de l'air, l'effet subsiste: on ôte à la cloche son battant & il subsiste encore. La situation des tours & des murs, celle de la cloche, celle de l'arc-boutant & sa longueur, ont expliqué ce phénomène.

Rheims conserve de beaux monumens d'antiquité: tel est l'arc de triomphe qu'on voit proche de la porte de Mars, on l'attribue à Jules-César: mais les hommes instruits n'y reconnaissent pas le goût & la maniere du tems de cet homme célebre. Il est composé de trois arcades d'ordre corinthien, ornées de diverses figures allégoriques, de l'abondance, des quatre saisons, des 12 mois; de Remus & Romulus, le berger Faustus & sa femme. Leda embrassant un cigne y sont encore conservés. A deux cents pas de la Vesle, on voit les restes d'un amphithéâtre: pres de l'université sont les ruines d'un autre arc de triomphe. L'archevêque est seigneur de la ville: elle a donné quatre papes au S. Siége: elle a eu douze princes pour archevêques, douze cardinaux, cinq chanceliers, &c. Voilà sa gloire, voici ses richesses, elle commerce en vins, vin, en pains d'épices, en petites étoffes de laine, comme rases cordelieres, étamines, basins, flanelles, camelots, crépons, sergettes; en étoffes de laine & de soie, comme dauphines à grandes raies, ras de maroc, &c. en chapeaux, couvertures, cuirs & toiles. Ses environs offrent des curiosités naturelles: elles sont rassemblées à *Courtagnon.*

Fismes, *Fimæ ad fines*, ville ancienne, petite, sur la Vesle, avec justice royale & un bailliage.

Cormicy appartient à l'archevêque; c'est une petite ville.

Rocroi, *Rupes Regia*, ville forte, environnée de bois, à deux lieues de la Meuse. Elle a un gouverneur, un lieutenant de roi, une prévôté royale.

Chateau-Porcien; petite ville, principauté que l'Aire arrose. Elle a un gouverneur, un vieux château sur un roc, &c. On y fabrique des serges, & on y compte 2500 habitans.

Maubert-Fontaine, *Aubigny-les-Potes*; *Avaux-la-ville*, *Avaux-le-château* sont des bourgs: *Sillery* un marquisat.

Hermonville, bourg de 900 habitans: derriere est une montagne d'où descendent les eaux de deux sources: l'une très-claire, incruste l'herbe de ses bords, elle parait fraiche & verte; on la cueille & elle est ferme comme du jonc: deux autres sources sortent au pié de la montagne, l'une d'elles guérit les dissenteries, & son écume dore le bassin d'argent dans lequel on la dépose.

Rethelois.

Il est abondant en bois, en grains, en pâturages, mines de fer; on y voit des forges, &c. c'est un duché-pairie.

Rethel, *Registete*, sur l'Aisne, a une élection, un

gouverneur, un bailliage. Un Fort construit par les Romains pour défendre le passage de la riviere, & dont on voit encore une tour, a été l'origine de Rhetel. Il y a quelques manufactures.

Attigni, bourg considérable, chef-lieu de la vallée *Du bourg*, où l'Aisne serpente, & qui est couverte de bois & de pâturages. Clovis II y avait fait élever un palais. Wittikind y reçut le baptême : plusieurs rois fainéans y allerent cacher leur inutilité. Il y a eu plusieurs assemblées d'états, où l'on a fait des loix telles qu'on les faisait dans ce tems.

Mezieres, *Maceriæ*, ville forte : elle a une citadelle, un gouverneur, est située dans une presqu'isle formée par la Meuse, sur laquelle elle a deux ponts. On dit qu'elle n'a jamais été prise : c'est qu'elle a été mal ou rarement attaquée.

Charleville, ville petite & belle, séparée de Mezieres par la Meuse: c'était autrefois un village nommé Arches : Charles, duc de Nevers, la bâtit en 1609, & l'orna par des fortifications : ses successeurs en furent les souverains jusqu'en 1709 ; les rues y sont droites, les maisons égales, couvertes d'ardoises : quatre belles portes conduisent par quatre grandes rues à une large place dont le centre est embelli d'une fontaine, & l'enceinte, de maisons simétriques. Non loin de là était la citadelle du mont-olympe qu'on a rasée. Elle a une fabrique d'armes : on y fait encore des draps, des tapisseries & d'autres étoffes de laine : autour sont des carrieres de marbre.

Donchery, sur la Meuse, a une prévôté & une belle manufacture de laine. Elle a des murs & quelques ouvrages de fortifications.

L'Argonne.

Entre la Meuse, la Marne & l'Aisne, il a 11

lieues de long sur une largeur inégale : c'est une forêt dans les vuides de laquelle on a bâti quelques villes & des villages. Les habitans en cultivent les environs ; mais les bêtes fauves y dévorent souvent presque tout : leur ressource est dans le bétail, & dans le produit de leurs bois.

Sainte-Menehoud, ancienne ville sur l'Aisne dans un marais, entre deux rochers ; sur le plus haut est un château dont le domaine renferme deux cents cinquante fiefs. Elle a un gouverneur, un lieutenant de roi, une élection, un bailliage. Elle est du domaine du roi. Elle a été une forteresse, mais ses fortifications ont été démolies.

Beaumont est petite, a une justice royale, une prévôté, une mairie. *Moujon*, *Villefranche* sur la Meuse, *Montfaucon* sont de petites villes, la derniere avait une abbaye & un château fort qu'elle n'a plus. *Grand-pré* est un comté.

Le Pertois.

Il est fertile en blés, en pâturages, & on y recueille du vin ; il serait plus fertile s'il était mieux cultivé.

Vitri-le-Français, *Victoriacum Franciscum*, sur la Marne, a un droit municipal, une élection, un gouverneur, un grand bailli, une prévôté, un bailliage, un présidial, une belle place, trois couvens, deux hôpitaux. Ses maisons sont de bois ; mais elle est bien bâtie. François I la bâtit, lui donna son nom. Son commerce de blés, facilité par la Marne, l'enrichit.

Vitri-le-brulé sur la Sault, fut une ville considérable, & n'est plus qu'un village. Charles-quint la détruisit : cent vingt fiefs relevent des ruines d'un château voisin ; près de-là est une abbaye : les campagnes qui l'environnent sont riantes & fertiles.

Saint-Didier ſur la Marne, fait partie du domaine du roi, a un gouverneur, un lieutenant de roi, un bailliage royal, deux couvens, un hôpital, une abbaye : elle a des forges près d'elle & commerce en fer : autour ſont des pierres poreuſes de la nature du ſilex, & empreintes de pétrifications.

Cheminon, bourg avec une riche abbaye de l'ordre de cîteaux. *Pertes*, bourg qui fut capitale du pays détruit par Attilas. *Sarmaiſe*, bourg ſur la Sault : il a de jolies maiſons, eſt bien peuplé & riche par ſes eaux minerales ; elles ſortent d'un côteau, contiennent du vitriol, du ſoufre & quelques parties ferrugineuſes ; elles guériſſent la gravelle, les fievres, &c. les animaux la cherchent pour en boire.

Le Vallage.

Ses vallées lui ont donné ſon nom : c'eſt un pays de prairies, où l'on entretient beaucoup de beſtiaux.

Vaſſy, ville ancienne, mais petite, ſituée ſur la Blaiſe ; elle a un gouverneur, une prévôté royale, une châtellenie, un couvent, un hôpital & une manufacture de droguets : le maſſacre de Vaſſy eſt connu.

Attencourt, n'eſt qu'un village ; mais il a des eaux minerales, des bois, des mines de fer, des forges, ſes eaux ſont ferrugineuſes & diſſipent les obſtructions.

Joinville, *Jovisvilla*, ſur la Marne, au pied d'une montagne ſur laquelle eſt un beau château. C'eſt une ville ancienne, une principauté qui appartient aux ducs d'Orléans, & qui renferme quatre-vingt-deux villages. Elle a un gouverneur, une élection, un bailliage, cinq couvens, deux hôpitaux : dans la grande égliſe ſont de ſuperbes monumens des anciens princes ; ses environs sont montueux, fertiles en vins, & en pâturages : elle a une manufacture de droguets.

Rosnai, *Brienne*, anciens comtés pairies. La derniere est composée de deux bourgades appellées, l'une la ville, l'autre le chastel.

Bar-sur-l'Aube, ancienne petite ville, a un gouverneur, une élection, une prévôté royale, un riche chapitre & titre de comté. Sur une montagne voisine sont les ruines d'un château ruiné par les Vandales.

Clairvaux, abbaye de l'ordre de cîteaux, fondée & gouvernée par St. Bernard.

Châteauvilain, duché-pairie sur l'Aujon : la ville a un couvent de recolets, un hôpital, un beau château; elle est petite & entourée de murs flanqués de grosses tours.

Grancey-sur-Ource, bourg.

Le Bassigny.

Il est mêlé de montagnes & de plaines. La Marne, la Meuse, l'Aube, l'Amance, d'autres rivieres encore y prennent leur source : c'est la partie la plus méridionale & la plus basse de la Champagne, & de-là vient son nom. L'air y est bon & tempéré ; la terre fertile en blés, en vins, en fruits, en bois, en pâturages. Une partie s'étend dans le duché de Bar.

Langres, *Lingones*, *Andomantunum*, ville ancienne sur la Marne : elle a une élection, un gouverneur, un bailliage, un présidial, quatre églises, un beau seminaire, un college, sept couvens, deux hôpitaux, & dix-huit cents feux. Son évêque est duc & pair de France, & dans le couronnement des rois il porte le sceptre : son diocèse a six cents paroisses, vingt-six abbayes, huit chapitres, plusieurs prieurés. Ses revenus sont de 40000 livres ; sa taxe est de 9000 fl.

Elle est sur une montagne, & l'on dit que c'est la ville la plus haute qu'il y ait en France, mais c'est une erreur. Ses couteaux sont estimés, cette fabrique a été plus florissante ; mais elle occupe encore un grand nombre de bras ; on y fait différentes étoffes, & c'est la patrie de Diderot.

Grancey-le-Comté a un chapitre, c'est une petite ville sur une hauteur que la Tille arrose.

Bourbonne-les-bains, *Verronæ castrum*, petite ville avec une mairie royale & un hôpital militaire, célebre par ses bains connus déjà des Romains ; les eaux en sont si chaudes qu'on peut à peine y tenir la main quelques instans : cependant elles n'alterent point la couleur de l'herbe, elles cuisent moins vîte que l'eau commune, dit-on, & sont chargées de soufre.

Aigremont est une baronnie : *Viguery* sur la Marne est un comté. *Val-des-écoliers*, abbaye des augustins fondée par quatre docteurs de Paris qui s'y retirerent en 1212.

Chaumont, *Calvus-mons*, ville du domaine du roi, sur une montagne, près de la Marne. Elle a une élection, un baillage étendu, un présidial, une justice royale, une paroisse, une abbaye, un college, un couvent de carmelites dont l'église est magnifique. Elle a été fortifiée ; on y fabrique beaucoup de gros draps, & on y passe en megie beaucoup de peaux de boucs & de chevreaux.

Montigny-le-roi, près de la source de la Meuse, a été fortifiée. *Coiffy-la-ville*, & *Coiffy-le-chatel* forment une ville peu importante. *Clemont* est une ancienne baronnie. *Andelot* a prévôté & justice royale. *Hombervaux* est une baronnie. *Vaucouleur*, petite ville qu'une situation charmante a fait nommer ainsi : elle est sur le penchant d'une colline, d'où s'étend à perte de vue une riante prairie, où serpente la Meuse : elle a dépendu de la Lorraine, & formait une principauté: elle a une prévôté royale, deux couvens, un prieuré. Près de-là eſt le château de *Turſey* ou *Fouzy* connu par le concile qui s'y aſſembla. On voit dans l'égliſe le tableau de l'entrevue de l'empereur Albert & de Philippe le Bel, & non loin d'elle les bornes qu'ils paſſerent.

Dompremi ou *Dom-Remy*, village ou nâquit la Pucelle d'Orléans: il jouit de l'exemption de tailles, & d'impoſitions accordées par les rois de France, en conſidération des ſervices de Jeanne d'Arc.

Le Senonois.

Il eſt ſitué le long de l'Yonne.

Sens, *Agendium Senonum*, ville ancienne, ſur la Vanne & l'Yonne qui s'y joignent. Elle a une élection, un bailliage, un préſidial, & une prévôté royale. Elle fut conſidérable, elle eſt mal peuplée, & peu commerçante, quoique ſa ſituation l'invite à l'être. Elle a dix-ſept paroiſſes. La métropole eſt très-grande, & renferme des tombeaux d'hommes célebres par leurs dignités; tel eſt celui du dauphin de France mort en 1765, & celui de ſon épouſe. Elle renferme cinq abbayes & neuf couvens. L'archevêque a le titre de primat des Gaules & de Germanie. Ses ſuffragans ſont les évêques de Troyes, d'Auxerre, de Bethléem & de Nevers. Son diocèſe a 775 paroiſſes, vingt-ſix abbayes, ſeize chapitres, ſoixante couvens ou communautés. Ses revenus ſont de 80000 livres, ſa taxe de 6166 flor. On y voit d'anciens veſtiges des édifices élevés par Céſar à qui elle réſiſta long-tems: du vin, du bois, du charbon, de l'avoine & du foin ſont les ſeuls objets de ſon commerce.

Montereau-faut-Yonne, *Monasteriolum ad Icaunam*, au confluent de la Seine & de l'Yonne, dans un pays de chasse. Elle a une élection, & un bailliage : c'est sur son pont que Jean, duc de Bourgogne fut tué. Son commerce consiste en blés, en fromages, & en draps.

Joigny, petite ville, ceinte de murs épais, flanqués de solides tours, sur le penchant d'un côteau couvert de vignes, près de l'Yonne qu'on y passe sur un pont de pierres. Elle a vingt-sept terres dans sa mouvance. C'est un comté, & une élection. Elle a un gouverneur, un bailliage, un beau château, une grande place, de belles maisons, trois paroisses, & un couvent de capucins, qui a une jolie bibliothéque : son territoire a de bons pâturages, de fertiles champs, & des vignes excellentes.

Ville-neuve l'Archevêque sur la Vanne, *Ville-neuve-le-roi* sur l'Yonne a un bailliage. *Brion* est sur l'Armançon. *St. Florentin* sur l'Yonne, vicomté, élection, bailliage. Il a de grandes mouvances.

Tonnerre, *Ternodurum*, petite ville qui fut célebre par ses anciens comtes, & qui l'est aujourd'hui par ses bons vins. On en recueille, année commune, trente mille muids dans son département. Elle a une élection, un bailliage royal, une église dont le frontispice est beau, une abbaye, huit couvens, & un hôpital, ancienne demeure des comtes. Ils ont aujourd'hui de plus beaux palais.

Pontigny sur la Serain, petite ville qui a une riche abbaye d'hommes, la seconde des filles de cîteaux.

Chablis, *Cabelia*, petite ville remarquable par ses excellens vins blancs. *Ancy le Franc* a un magnifique château.

Ligni-du-château, bourg & vicomté. *Bray sur*

Seine, petite ville, baronnie, pairie qui a un chapitre & un prieuré de filles.

Nogent ſur Seine, a une élection, un bailliage royal, deux couvens, un hôtel-Dieu. Elle a quelques vignes; ſon principal commerce eſt en foin: elle a une filature de coton, & une manufacture de bas; les maladies épidémiques n'y ſont pas à craindre.

Pont ſur Seine, a un bon pont de pierres qui lui donne ſon nom, un bailliage royal, & un château ſuperbe.

Brie Champenoiſe.

Sa partie la plus ſtérile n'eſt qu'une craie pulvériſée: elle produit cependant du ſeigle, de l'avoine, du vin exquis, & nourrit beaucoup de gibier & de moutons.

Meaux, *Jatinum*, *Meldæ*, ville ancienne, eſt un comté, a une élection, un préſidial, & une prévôté, eſt le ſiege d'un lieutenant général, d'un gouverneur, d'un évêque dont le dioceſe comprend deux cents vingt ſept paroiſſes, neuf abbayes, & ſept chapitres, qui forment deux archidiaconés, & chacun d'eux trois doyennés. Ses revenus ſont de 25000 livres: ſa taxe de 2000 flor. L'égliſe cathédrale eſt magnifique dans ſes ornemens, & dans ſa ſtructure. Près du grand autel eſt une colonne de marbre qui porte dans une coupe le cœur du généreux Louis de l'Hopital. Le palais épiſcopal a une belle cour, & un eſcalier ſans degrés. Le territoire de Meaux produit du vin, du blé, de bons pâturages: c'eſt-là que ſe vendent les fromages de Brie. La Marne diviſe Meaux en ville, & en marché. C'eſt-là que Brunehaut fut priſonniere; c'eſt-là que les proteſtans commencerent à prêcher.

Dammartin petite ville; *Germigny l'évêque*, bourg

où l'évêque de Meaux a un château ſuperbe. *St. Fiacre*, prieuré de bénédictions où l'on fait des pélerinages.

Coulomiers, *Columbania*, petite ville ſur le Morin, dans un terrain fertile. Elle a une élection, un prieuré, une commanderie: elle avait un château qui a couté plus de deux millions de livres & qu'on a fait démolir.

Provins, ancienne & jolie ville. Elle a une election, un gouverneur, un préſidial, un bailliage; une prévôté, quatre paroiſſes, trois égliſes collégiales, deux abbayes, un collège, un hôtel-Dieu. Elle eſt ſur la Vouſie, diviſée en ville baſſe & ville haute. Celle-ci eſt la plus ancienne, elle était forte: & elle commerce en blés & en roſes rouges.

Sezanne, ville ceinte de murs, entourée de foſſés. Elle a une élection, un bailliage, une prévôté royale, un gouverneur, une abbaye, deux couvens, & un hôpital. Le blé eſt tout ſon commerce. Elle a le titre de comté.

Montmirail ou *Montmirel*, *Montmirabilis*, ſur une hauteur, près du Morin. Elle eſt le ſiège d'un bailli d'épée, d'un lieutenant général, de deux juriſdictions privilégiées, a le titre de baronnie dont relevent un grand nombre de ſeigneuries & qui releve elle-même de la groſſe tour du Louvre.

Château Thierri, *Caſtrum Theodorici*, ſur la Marne, qu'on y paſſe ſur un beau pont de pierres, chef-lieu de la Brie pouilleuſe, ayant une élection, un bailliage, un préſidial, une prévôté, trois paroiſſes, trois hôpitaux, quatre couvens, & une abbaye royale. C'eſt un duché-pairie, patrie de la Fontaine. Sa ſituation eſt belle. Près de-là eſt l'abbaye de Valſers, & le village de *Buſſiares*. On y trouve une fontaine d'eau minérale légere, l'odeur du soufre, exempte de sélénite & d'acide vitriolique : par la distillation elle donne un peu de fer, un peu de terre calcaire & de sel marin : elle est bonne pour la poitrine & engraisse les canards.

GOUVERNEMENT DE SÉDAN.

Pour le civil, ce gouvernement ressortit du parlement de Metz. C'était une petite souveraineté à l'orient du Rethelois, qui renfermait dix-sept villages que Fréderic Maurice, duc de Bouillon, échangea contre les duchés d'Albret, de château Thierri, & le comté d'Évreux, &c.

Sédan, ville forte sur la Marne, l'une des clefs du royaume, est divisée en trois parties, la haute ville, la basse, le grand faux-bourg, renfermées par différens ouvrages, & défendues par une citadelle. Elle n'a que deux portes. Le château est un des plus beaux magasins du royaume pour les anciennes armes. Elle a un gouverneur, un présidial, une justice royale, deux couvens, & une paroisse. On y fabrique des verges : ses draps fins sont connus. Avant la révocation de l'édit de Nantes, il y avait une université reformée.

Mont-Dieu, chartreuse ; c'est la plus belle qu'il y ait eu en Europe.

Mouzon, *Mosomagus*, petite ville du domaine du roi, avec un bailliage, une prévôté, une abbaye de bénédictins, un couvent de capucins, un hôtel-Dieu. On y fait des serges, ses campagnes sont fertiles en blés & en pâturages : on en a rasé les fortifications : elle appartenait autrefois à l'archevêque de Rheims.

Château-Renaud, *Castrum Reginaldi*, bourg prévôté, sur la Senoise & la Meuse, autrefois principauté qui s'étendait ſur vingt-ſept villages. On en a fait raſer le château.

GOUVERNEMENT, DE METZ.

Il comprend la ville & l'évêché de Metz, les prévôtés de Longwi, de Jametz, de Dun & de Stenai; le Luxembourg Français, les duchés de Carignan, & de Bouillon, le pays de la Sarre, Verdun & le Verdunois. Il eſt à l'orient de la Champagne & au nord de la Lorraine. Il eſt arroſé par la Meuſe, la Moſelle, la Meurthe, l'Ornes, la Sarre & la Seille. La Moſelle, *Muſella*, ſort du mont de Faucilles, dans les Voſges, paſſe à Metz où une digue & des écluſes la rendent navigable toute l'année, & ſe perd enſuite dans le Rhin: ſes eaux coulent ſur le ſable & le roc, s'enflent aiſément & débordent ſur les champs voiſins. La Meurthe ſort des Voſges, porte bâteaux au deſſus de Nanci, & ſe perd dans la Moſelle. L'Ornes prend ſa ſource au village d'Ornes & s'unit à la Moſelle. La Serra prend ſa ſource au château de Salm dans les Voſges, porte bâteaux à Saralbe, & ſe joint à la Moſelle. La Seille naît de l'étang de Lindre-Lorraine, paſſe à Marſal, & ſe perd dans la Moſelle.

Ce pays fit partie du royaume d'Auſtraſie, ou de la France orientale. Metz en était la capitale. Il ſecoua le joug des Français, ſe fit protéger par les empereurs qui ne pouvaient que les protéger, reconnut l'évêque pour ſouverain qui diſputa quelque tems ce titre avec les comtes; mais ceux-ci diſparurent bientôt. En 1211 la ville ſe gouverna par ſes loix, les évêques partagerent avec les habitans le droit d'élire des magiſtrats, & c'eſt dans ſes mains qu'ils prêtaient le ſerment; mais leur autorité en était indépendante. Henri II. protecteur de la liberté germanique, voulut protéger Metz, Toul, & Verdun, puis il se fit céder les droits politiques de l'évêque & devint bientôt le souverain de ces villes libres.

Territoire de Metz.

Metz, *Metæ*, *Divodurum Mediomatricorum*, est une ville ancienne & forte: sa citadelle est vaste, & bien construite. Elle a un parlement, une chambre des comptes, une chancellerie, un bailliage royal & un présidial, une table de marbre, une chambre de police, un hôtel des monnaies, une jurisdiction consulaire, une de la marque des fers, &c. un gouverneur particulier, une direction d'artillerie & du génie, une école de cavalerie, une intendance, une subdélégation, un évêque, quatre chapitres, six abbayes, dix-neuf couvens, trois hôpitaux, & une communauté de Juifs. L'évêque est suffragant de Treves, & prend le titre de prince du St. empire. Son diocèse se divise en quatre archidiaconés & comprend 623 paroisses, seize abbayes, neuf chapitres. Ses revenus sont de 120000 livres. Sa taxe de 6000 flor. La ville située, partie dans un fond, partie sur une colline, au confluent de la Seille & de la Moselle, a 2500 toises d'enceinte. Elle s'est embellie depuis peu de tems, & on y voit de beaux édifices, tels que l'hôtel de l'intendance, les casernes &c. 620 lanternes l'éclairent durant les nuits d'hyver. La ville neuve fondée en 1728 est séparée de la ville par la Moselle. La promenade de l'*Isle* est très-belle: le *Wadrineau* est une digue qui la défend des eaux de la Moselle. Une société royale des sciences fut fondée par le maréchal de Belle-Isle. Metz a 5827 feux, & environ 36000 habitans. Lenglet dit 20000 familles, & 90000 ames. Le commerce y eſt floriſſant. Près de ſes glacis on trouve du charbon de terre eſtimé.

Montigny-la-Grange a un beau château : *Ennery*, *Ury*, *Bionville*, *Borny* ſont peu conſidérables.

Évêché de Metz.

C'eſt un bande longue, irréguliere, un pays fertile, qui fut plus étendu autrefois: l'évêque en a aliéné une partie, comme ſes ſalines qui appartiennent à la Lorraine, & pour leſquelles il tire encore 3000 liv. & quatre cents muids de ſel que le roi fait livrer.

Helfedange, *Hauboudange*, *Inqueſſange*, fiefs dont l'évêque eſt ſuzerain ; *Remilly* eſt un bourg avec chatellenie; *Fribourg*, village & chatellenie, comme *Garde* qui a un château dans un étang, & de bons pâturages.

Vic, petite ville ſur la Seille ; elle a une ſubdélégation, un ſiége de la chancellerie épiſcopale, un grand bailliage, & une châtellenie. On y fait du ſel.

Richecourt eſt un comté qui releve de Metz ; *Turqueſtin* & *Châtillon*, ſont des ſeigneuries.

Baccarat, petite ville ſur la Meurthe, châtellenie dont l'évêque eſt ſeigneur, & dont le duc de Lorraine eſt ſouverain ; elle a une vicairie, un couvent de cordeliers, & un hôpital.

Rambervilliers, petite ville, chef-lieu d'une belle châtellenie, ſur la Mortagne.

Prévôté de Longwi.

C'eſt un comté qui appartenait aux ducs de Lorraine, que la France s'eſt fait céder, & qui renferme onze communautés.

Longwi, *Longus vicus*, ville forte, ſiege d'une ſubdélégation, d'un bailliage & d'un gouverneur. Elle eſt ſur le Chiers, & ſe diviſe en haute ou nouvelle, & en baſſe ou vieille. Celle-ci n'eſt qu'un village, entouré de trois montagnes eſcarpées, au haut deſquelles eſt la ville neuve bâtie par Louis XIV, & fortifiée par Vauban. Elle a trois couvens, une paroiſſe, un hôpital militaire, & une belle place.

Prévôté de Jametz.

Jametz, *Gemmatium*, petite ville ſur la Loiſon, forte autrefois, & aujourd'hui toute ouverte. Elle a été aux comtes d'Ardennes, aux évêques de Verdun, à la maiſon de la Marck, aux ducs de Lorraine, aux rois de France qui ne s'en ſont réſervé que l'hommage: elle appartient aux princes de Condé, & appelle au parlement de Paris.

Juvigny eſt une abbaye de filles de l'ordre de Cîteaux fondée par Richilde, femme de Charles le Chauve.

Prévôté de Dun.

Elle fut vendue aux ducs de Bar, unie à ce duché dans le douzieme ſiecle, & cédée enſuite à la France.

Dun, eſt une petite ville ſur la Meuſe dont les murs ont été abbatus.

Prévôté de Stenay.

Elle ne dépend du gouvernement de Metz que pour le militaire; pour le reſte, elle eſt du reſſort de Clermont en Argonne.

Stenay, *Aſtenidum*, *Satanacum*, petite ville forte dont Louis XIV fit raſer les fortifications, rétablies ensuite en partie. Godefroi de Bouillon la vendit à l'évêché de Verdun, elle passa aux comtes de Bar, puis aux ducs de Lorraine, aux rois de France, qui la céderent aux princes de Condé.

Le Luxembourg Français.

Il fut cédé à la France par le traité des Pirennées en 1659; il renferme quatre prévôtés.

Prévôté de Thionville.

Thionville, *Theodonis villa*, petite ville forte sur la Moselle, sur laquelle est un beau pont de pierres défendu par un ouvrage à cornes. Elle a une subdélégation, un bailliage & un gouverneur. Sa situation est riante; les rois d'Austrasie l'habiterent. Ses habitans sont Allemands.

Budange est une seigneurie.

Prévôté de Damvilliers.

Elle est composée de sept villages enclavés dans le Verdunois.

Damvilliers, petite ville dans des marais. Elle est démantelée.

Prévôté de Marville & Arancey.

C'est une seigneurie que le roi d'Espagne & le duc de Lorraine possédaient par indivis, & cédée à la France en 1661.

Marville, *Martis villa*, petite ville sur l'Ottain, entourée de vieux murs flanqués de tours.

Prévôté de Mont-medi & Chauvancy.

Elle eſt compoſée de treize communautés.

Mont-medi, *Mons medius*, ville petite & forte, diviſée en haute & baſſe, ſur le Chiers, avec un gouverneur, de belles caſernes, un hôpital militaire, un hôtel-de-ville.

Le duché de Carignan.

Il eſt entre le Luxembourg, la Lorraine & la Champagne; il était connu ſous le nom de prévôté d'Yvoi. Il fut aux ducs de Luxembourg, aux ducs de Bourgogne, à la maiſon d'Autriche, cédé enſuite à Louis XIV, qui l'érigea en duché, & en fit don à Emmanuel Philibert comte de Soiſſons-Savoie.

Carignan, *Yvoſium*, ſur le Chiers, elle a un bailliage, une manufacture d'étoffes de laine, & trois foires fréquentées.

Duché de Bouillon.

Il dépendait du comté d'Ardennes, & eſt dans la forêt de ce nom; il appartint enſuite à l'évêque de Liége, auquel Louis XIV l'ôta, & le donna à Maurice de la Tour, pour en jouir avec ſes deſcendans, ſous ſa protection, à titre de duché ſouverain: il renferme vingt paroiſſes.

Bouillon, jolie ville ſur le Semois, avec un château fortifié ſur un roc, où le roi envoie garniſon. Elle a un gouverneur, une cour ſouveraine, mais dont on appelle à un tribunal formé de neuf juges, que le duc a établi à Paris.

Le pays de la Sarre.

Sarre-Louis, ville forte, que Louis XIV fit bâtir en cinq ans : elle a un siége présidial, un gouverneur des corps de casernes, plusieurs magasins, deux couvens. Elle est dans l'Isthme de la presqu'île formée par la *Sarre*, & qu'on peut inonder : c'est un exagone régulier : on y entre par deux portes diamétralement opposées. Son territoire a été donné à la France en 1713 ; mais la ville lui fut cédée par le traité de Riswick.

Le Verdunois.

Il s'étend le long de la Meuse : il n'a d'autres villes que sa capitale ; mais il renferme plusieurs bourgs & villages qui formaient un gouvernement particulier qu'on a uni à celui de Metz. Les *Veroduni* l'habiterent ; d'abord soumis aux Français, puis à des comtes particuliers, puis aux évêques dont elle acheta sa liberté, la France l'acquit en toute souveraineté en 1648.

La ville & comté de Verdun.

Verdun, *Verunum*, ville ancienne, grande, forte, sur la Meuse qui la partage, au sommet d'une colline qui se joint au rivage par une pente douce. Elle est divisée en haute, basse & neuve ville, & a onze paroisses, six abbayes, dont la principale est celle de *St. Vanne* ; plusieurs couvens & magasins, deux hôpitaux, des casernes, & de beaux édifices. Elle a une bonne citadelle, un gouverneur, un commandant, un lieutenant de roi, une école de mineurs, une ſubdélégation, & un évêché dont le poſſeſſeur prend le titre de prince du St. Empire, & comte de Verdun, jouit de 60000 liv. de revenu, & paye de taxe, en cour de Rome, 4466 fl. Son diocèſe a trois cents cinquante paroiſſes, pluſieurs annexes, dix abbayes, quatre chapitres. La ville renferme deux mille huit cents familles.

Évêché de Verdun.

L'évêque en eſt ſeigneur temporel : il a cent ſix paroiſſes, & n'a point de villes, il fut plus conſidérable autrefois.

GOUVERNEMENT DE TOUL.

Il faiſait partie de celui de Metz, qu'on appellait le gouvernement des trois évêchés : il a peu d'étendue. Habité par les *Leuci*, il a ſubi les mêmes révolutions que Metz & Verdun. On le diviſe en ville & évêché de Toul.

Diſtrict de la ville.

Toul, *Tullum Leucorum*, ville ancienne, régulierement fortifiée, dans un vallon fertile, riant, & couvert de vignes, ſur la Moſelle, où elle a un beau pont de pierre. Elle a une ſubdélégation, un gouverneur, un lieutenant de roi, un bailliage, un préſidial, & un évêque dont le diocèſe renferme mille ſept cents paroiſſes, vingt-ſix abbayes, treize chapitres; dont les revenus ſont de 30000 liv. & a taxe de 2500 florins. La ville a cinq paroiſſes, trois abbayes, deux prieurés, ſept couvens, deux hôpitaux, une commanderie de Malthe, & deux mille cinq cents familles. On l'appellait la *Dorée*, parce qu'une ceinture dorée entourait ses murs.

Void, *Noniantus*, bourg sur un ruisseau : son château passait pour imprenable, & il a été pris sous Louis XIV.

Évêché de Toul.

C'est un bailliage dont l'évêque est seigneur, & le roi de France souverain : il a six prévôtés formées de bourgs, & de villages. Les bois qui l'environnent, les Vosges qui le dominent y rendent l'air froid, & le climat humide & variable : l'automne y est la plus belle saison de l'année. Ses plaines sont souvent battues par la grêle & les ouragans. Les brouillards y sont fréquens & nuisibles à la vigne & au bétail : le sol y varie par sa nature & sa fertilité : il y est ou rouge, ou jaune, & l'*humus* n'est jamais plus profond que de deux pieds. Le froment y réussit presque par-tout. On y compte quinze villages qui ne sont habités que par des vignerons. Les monts, vers le nord, y sont presque stériles : les vallées qu'ils forment sont pierreuses, & les plantes s'y déracinent aisément. Vers le midi les montagnes sont couvertes de bois, sur-tout de chênes ; les vallons sont très-fertiles, la terre y est grasse & presque gluante. On y recueille beaucoup de pommes de terre, des navettes, du chanvre, &c. L'engrais y manque, le bétail y est petit & faible : c'est sur-tout aux bords de la Meuse que sont les plus belles prairies : il n'y a guere que le haut des montagnes qui ne soit pas cultivé.

Liverdum, petite ville sur un côteau que baigne la Moselle. Elle avait un château important, presque ruiné aujourd'hui.

Vicheri eſt un bourg où ſe tiennent chaque année quatre foires.

GOUVERNEMENT DE LORRAINE ET DU BARROIS.

La Lorraine n'eſt qu'une petite partie du royaume qui porta ce nom, & qui s'étendait de Vienne en Dauphiné juſqu'à Cologne & les Pays-*Bas*. Elle doit ſon nom à Lothaire II, petit fils de Louis le Débonnaire, *Lotharingia*, & en tudeſque, *Loter Reich*. Les princes ſucceſſeurs & deſcendans de Charlemagne ſe la diſputerent, & la déchirerent. Brunon de Saxe, archevêque de Cologne, frere de l'empereur Otton I en obtint le gouvernement ſuprême ſous le titre d'archiduc, & la diviſa en baſſe & haute Lorraine : cette derniere eſt la Lorraine d'aujourd'hui. Après différentes révolutions, elle fut donnée à Gérard d'Alſace, ſouche de la maiſon de Lorraine actuelle. Ses guerres avec la France l'épuiſerent dans le dernier ſiecle ; l'inconſtant Charles, duc de Lorraine, mourut fugitif ; Charles V mérita d'y régner, & ſoutint l'empire contre les Turcs : ſon fils Léopold y regna, & rendit ſes peuples heureux. François-Etienne ſon fils & ſon ſucceſſeur, devenu gendre de l'empereur Charles VI, vit les Français s'emparer de la Lorraine en 1733 ; un traité la céda à la France en 1735 & 36 : l'empereur donna la Toſcane en dédommagement à ſon gendre, & Stanislas beau-pere vint donner en Lorraine un grand & trop inutile exemple aux rois, regna en pere, mourut en 1766, pleuré de ſes ſujets, & regretté de tous les gens de bien. La France, depuis ce tems, poſſede la Lorraine. Les états y avaient partagé le pouvoir avec les ducs ; mais peu à peu les princes se rendirent indépendans.

Les ducs prenaient les titres des états sur lesquels ils avaient eu des prétentions : ils se disaient rois de Jérusalem, ducs de Calabre & de Gueldres, comtes de Provence, & ils étaient loin de posséder quelque chose dans ces divers pays. Par le traité, ils conserverent & les titres des terres qu'ils n'avaient pas, & ceux des terres qu'ils abandonnaient en toute souveraineté. Ils auraient de grands droits au bonheur, si les titres le donnaient.

La Lorraine & la Barrois sont à l'orient de la Champagne, au nord de la Franche Comté, au midi du Luxembourg, au couchant de l'Alsace: separée du duché de Bar, elle a trente neuf lieues de long, & vingt-sept de large. L'air y est épais, mais sain & froid. Les plaines arrosées par diverses rivieres sont fertiles en grains, en fruits, en vins ; les montagnes, les vallées sont couvertes de bois, habitées par du gibier de toute espece : il en sort des sources d'eau minerale ; elles recelent des mines d'argent, d'azur, de cuivre, de plomb, de fer : ses lacs, ses étangs sont poissonneux : celui de Lindre rapporte, dit-on, 16000 liv. par an. La Neuné, la Vologne produisent des perles: les Vosges, montagnes que s'étendent au midi & à l'orient de la Lorraine fournissoient des agathes, des grenats de toutes couleurs, des calcédoines, du jaspe & autres pierres précieuses, & si l'on n'en trouve plus, c'est peut-être par ce qu'on en a negligé les mines. On y trouve une matiere fossile dont on fait des coupes & des vases. On y trouve encore des puits salés, & de la houille. La Lorraine étoit peu peuplée, & l'est moins encore, depuis qu'en changeant de maîtres, une partie des Lorrains a changé de patrie. Elle n'a pas 600000 ames. Ses habitans sont robustes & courageux. Ses revenus joints à ceux du Barrois ſont de huit à neuf millions de livres. On n'y a d'autre religion que la catholique romaine, & d'autre langue que la françaiſe, excepté dans quelques baillages où l'on parle auſſi allemand. Elle eſt diviſée en treize baillages royaux.

Bailliage de Nanci,
compoſé de quatre-vingt communautés.

Nanci, *Nancejum*, grande ville au pié d'une montagne, à quelque diſtance de la Meurthe, dans une belle & fertile plaine. C'eſt le ſiege d'un gouverneur, d'un commandant, d'un lieutenant de roi, d'une intendance, d'une cour ſouveraine, d'une chambre du comptes, d'une chambre de conſultations, d'un corps municipal, d'une lieutenance générale de police, d'une juſtice conſulaire. On la diviſe en vieille & nouvelle ville. La premiere, aſſez mal bâtie, forme un quarré long de trois cents toiſes, & large de deux cents, environné de murs & de baſtions : les rues en ſont étroites, ornées cependant de beaux édifices, & tels ſont ceux qui environnent la *Carriere*, place de ſoixante & quinze toiſes de long ſur vingt de large où ſe faiſaient les tournois, aujourd'hui diviſée en allées d'arbres, & fermée par un mur chargé de vaſes. Tels ſont encore le *palais* où l'on rend la juſtice, la *bourſe*, le palais de l'intendance : vis à vis ce dernier eſt la porte royale, où l'arc de triomphe, qui communique à la ville neuve, ſeparée de la vieille par un foſſé. La neuve eſt plus grande, occupe un eſpace coupé en croix, de 500 toiſes de long, ſur 300 dans ſa largeur moyenne : ſes rues ſont tirées au cordeau, & ornées de belles maiſons. La place royale conſtruite par le roi Stanislas eſt bordée de maiſons à faces égales & un magnifique hôtel de ville en borne le côté méridional. Aux angles ſupérieurs ſont de belles fontaines entourées de grillages. Au milieu de la place eſt la ſtatue pedeſtre de Louis XV élevée ſur un piédeſtal de marbre, les yeux tournés vers la France, & le bras droit tendu vers l'Allemagne. La place de S. Stanislas eſt bordée de maiſons régulieres, & a au centre un fontaine en plomb de figure piramidale. Nanci a une citadelle peu importante, une égliſe primatiale où Stanislas eſt enterré, & cinq autres égliſes, celle de bon Sécours, bâtie par Stanislas, renferme le corps de ſa femme. Elle a encore deux hôpitaux, deux confrairies de pénitens, une abbaye de bénédictins, dix couvens d'hommes, & treize de filles. La ville neuve était bien fortifiée, mais elle ceſſa de l'être en 1661. Les faux-bourgs de Boudonville & de bon Sécours ont de beaux batimens: dans le premier eſt le *Crône* ou port: c'eſt près de-là queCharles le téméraire fut tué. Nanci renferme 6000 familles. *Stanislas le bienfaiſant* y fonda une ſociété royale des ſciences & belles lettres, qui diſtribue annuellement deux prix de 600 livres chacun à des Lorrains, une bibliothéque publique, un collége royal de médecine &c. Nanci a une univerſité. Sa longitude eſt vingt-trois degrés cinquante deux minutes; ſa latitude quarante-huit degrés quarante-une minutes, vingt huit ſecondes.

La Malgrange, chateau de plaiſance bâti par Stanislas & où il paſſait l'été. D'un côté eſt un bois de hauts & vieux chênes, de l'autre un taillis formé en boſquet. On y jouit d'une perſpective riante.

Frouard, était plus conſidérable autrefois, il eſt ſur la Moſelle, a un château, & titre de Marquiſat.

Cuſtines ou *Condé* ſur Moſelle, eſt un bourg. *Amance*, bourg ſur une montagne dont l'Ameſule baigne le pié : c'était autrefois une forteresse.

Gondreville petite ville ſur la Moſelle ; les ſucceſſeurs de Clovis y avaient un palais : elle a un chateau, & un bel hôpital.

S. Nicolas, petite ville ſur la Meurthe qui y devient navigable, & ſur laquelle elle a un beau pont. C'était d'abord un village nommé *Port*; une relique, qu'on y apporta de la Pouille, & qu'on plaça dans une égliſe, y attira des pelerins & fit une ville du village : ſon commerce a été conſidérable. Elle a quatre couvens & un hôpital.

Lay S. Chriſtophe, eſt diviſé en Lay haut & Lay bas, un étang voiſin lui donna ſon nom ; un prieuré eſt tout ce qu'il a de remarquable.

Lupcourt, *Ville en Vernois*, *Azelot*, *Manoncourt*, *Gerardcourt*, *Chaligni* ſont des comtés, *Ars ſur Meurthe*, eſt un bourg, & a un prieuré ; près de-là eſt la belle chartreuſe de *Boſſenville* : on y voit les tombeaux de Charles III & de ſon fils.

Baillage de Roſiere aux Salines, composé de trente-une communautés.

Roſiere aux Salines eſt ſur la Meurthe qui la traverſe & y forme des isles. Ses ſalines étaient conſidérables & ne le ſont plus. La ville eſt petite, & ancienne, a une égliſe paroiſſiale, un prieuré, un hôpital, un couvent, un hôtel de ville, &c.

Bayon ſur la Moſelle, petite ville, marquiſat ; c'était une ville forte, on ne voit plus que les reſtes de ſes murs.

Hauſſonville eſt une baronie, *Belchamp* une abbaye d'Auguſtins de 3000 liv. de rente.

Baillage de Chateau-Salins, composé de trente communautés.

Chateau-Salins ſur la Seille, a un hôtel de ville,

une église, un couvent, un château. Elle est petite, mais ses salines sont considérables. *Vivier* est une baronie.

Baillage de Luneville, formé par 117 communautés.

Luneville, ville ancienne, dans un marais desséché, à l'entrée d'une vaste plaine, entre la Meurthe & la Vezouse qui se réunissent un peu au dessous. Un temple de Diane placé sur une montagne voisine, lui a, dit-on, donné son nom. Ce fut d'abord une maison de chasse : les maisons s'y accumulerent rapidement. Le duc Léopold l'agrandit, l'embellit d'une belle place, de trois faux-bourgs, & de quelques édifices. Elle a un bailliage, un lieutenant de police, un hôtel de ville. Elle a été la résidence des derniers ducs. La marquise du Chatelet est inhumée dans une de ses églises : elle a une abbaye d'Augustins, plusieurs couvents, un bel hôpital, une commanderie de l'ordre de Malthe, une école de cadets, une fayancerie, une manufacture d'amidon & de poudre à poudrer, faite avec les pommes de terre. On y voit un château superbe avec des jardins, des bosquets décorés de statues & d'une cascade charmante au haut de laquelle est un sallon. Vis-à-vis est *Chauteheux*, village où est un beau pavillon ; la distance qui les sépare est bordée de charmilles & de vignes.

Jolivet, beau château sur une colline : au pié est le village d'Huviller.

Emville, *Audani villa*, bourg qui fut ville. Il a une église, un couvent de Picpus, & un château embelli par le roi Stanislas.

Craon n'est qu'un village appellé auparavant *Hadonviller*. Le château superbe des princes de Craon lui a donné son nom.

Gerbeviller petite ville, marquisat, prêvôté, sur

une montagne, près d'un ruisseau qui se perd dans la Meurthe. Elle a un faux-bourg, une église paroissiale, & deux couvens.

Remberviller, sur le penchant d'une montagne, unie à son fauxbourg par un beau pont de pierre. C'est une chatellenie & un bailliage. Elle a une église paroissiale, un hôtel de ville, un hôpital, deux couvens. Il ne reste de ses anciennes fortifications, que ses portes & des pans de murs. Elle appartient à l'évêque de Metz.

Denevre, *Danubrium*, ville ancienne sur une montagne, près de la Meurthe. Elle a une église collégiale.

Badonvillers, petite ville sur la Blette, prêvôté royale; elle a deux faux-bourgs, un monastere d'Annonciades des dix vertus, une église &c.

Beaupré, abbaye de Bénédictins, dans une contrée agréable, proche de la Meurthe. Ses revenus montent à 62000 livres. *Ogeville* est une seigneurie.

Bailliage de Nomeny, composé de seize communautés.

Nomeny sur la Seille, sur le penchant d'un côteau, ville peu considérable, qui appartenait aux évêques de Metz: les ducs de Lorraine l'acheterent, & elle a suivi le sort de ce duché.

Delme, *Vaudrevange*, *Sistrof*, petits bourgs.

Bailliage de Blamont: il a vingt-cinq communautés.

Blamont, *Albus-mons*, petite ville sur la Vezouze. Elle a titre de comté, une église collégiale, deux couvens, un hôpital: c'était un *franc-aleu* de l'évêque de Metz: la souveraineté en fut cédée au duc Charles II.

Bailliage de St. Diez, composé de cinquante communautés.

Saint-Diez, petite ville partagée par la Meurthe, dans le vallon de Galilée, entre de hautes montagnes autrefois desertes & affreuses, où St. Déodat se retira, & fonda un monastere devenu un chapitre, dont le chef prétend avoir les droits épiscopaux, & ne relever que du St. Siege. Ses ruës sont régulieres, elle a un hôpital, un hôtel de ville, &c.

Raon l'étape, *Rado*, ville au bas d'un côteau, au confluent de la Meurthe & de la Plaine. Elle a été fortifiée : on y commerce en bois.

Sainte-Hippolite ou *St. Plit*, petite ville près des Vôges, au-dessous du château de Lunsbourg bâti par le duc Léopold. C'est une prévoté royale, qui faisait partie de l'Alsace.

Sainte-Marie-aux-mines, grand bourg sur le Leber qui le traverse, partie en Alsace & partie en Lorraine. Il a une prévôté royale, un couvent, une églife, une maison de charité, une douane : on y avait établi une manufacture de gallons d'or & d'argent, une de bas de coton & de filoselle : elles n'ont pas réussi. Ses mines d'argent & de plomb la font connaître.

Sainte-Croix a une papeterie. *Lievre* dans un vallon, fut une petite ville, *le grand & petit Rumbach* sont des bourgs. *Misloch* est un hameau qui a des mines de plomb, de cuivre & d'argent.

Bailliage de Vezelize : il s'étend sur soixante-seize communautés.

Vezelize, ville sur le Brenon, dans un lieu resserré

par des côteaux ; elle a trois couvens, un hôpital, & eſt la capitale du comté de Vaudemont.

Vaudemont, *Vadani mons*, ville ancienne ſur une montagne a la ſource du Brenon : on y voit des ruines antiques ; elle-même eſt preſque déſerte. Les ducs de Lorraine donnaient le nom de comte de Vaudemont à leurs fils aînés avant qu'ils fuſſent mariés. On y voit les reſtes d'une tour que Brunehaut y fit bâtir. Près d'elle eſt le mont de Sion, ſur lequel eſt un couvent de Picpus fondé par Charles III.

Neuviller ſur la Meuſe, bourg au pié d'une montagne, dans une campagne riante. Il a une prévôté, un château fort, un prieuré : c'était autrefois une principauté ; il eſt aujourd'hui un comté. L'hermitage de *N. D. de grace* n'en eſt pas loin. *Harouel* eſt un marquiſat.

Bailliage de Commerci, composé de trente-trois communautés.

Commerci ſur la Meuſe eſt une principauté ; la ville était connue au dixieme ſiecle : un duc de Lorraine la donna aux évêques de Metz, les évêques la donnerent en fief à des ſeigneurs, qu'on nommait *Damoiſeaux*. Elle devint enſuite une eſpece de ſouveraineté, partagée entre la maiſon de Naſſau & celle de Retz, qui céderent leurs droits aux ducs de Lorraine. Elle a deux égliſes, deux couvens, un hôpital, & un château embelli par le roi Stanislas.

Vignot, bourg fermé de murs ſur la Meuſe, patrie de Thiriat, conſtructeur de la digue de la Rochelle. *Sorcy* bourg, comté, prévôté : il a deux paroiſſes, un couvent, pluſieurs monumens des maiſons de Chatelet & Choiſeuil ; il eſt ſur la Meuſe.

Foug ou *Fau*, bourg dans le Toulois, ancien domaine des ducs de Lorraine. On l'avoit fortifié, mais il n'eſt plus fort. Près de là eſt le hameau *Savonieres-lez-Toul*, où les rois de la ſeconde race avaient un palais, où trois rois & les prélats de douze provinces des Gaules & de Germanie s'aſſemblerent en 859 pour faire des réglemens eccléſiaſtiques, & où Charles le Chauve préſenta requête contre l'archevêque de Sens, monument de la faibleſſe du monarque & de l'ignorance de ſon tems.

Bailliage de Neuf-Château, formé par ſoixante-trois communautés.

Neuf-Château, ville ancienne, ſur une éminence, près de la Meuſe. Elle a trois fauxbourgs & deux paroiſſes, un hôtel de ville, une abbaye de St. Claire, une commanderie de Malthe, un prieuré de bénédictines, cinq couvens & deux hôpitaux.

Chatenoy, ancien bourg, premier ſéjour des ducs de Lorraine. Il a un prieuré de bénédictins.

Beauffremont eſt une baronnie.

Bailliage de Mirecourt : il a cinquante-une communautés.

Mirecourt, *Mercurii curtis*, ville ancienne, aſſez grande, ſur la rive gauche du Madon, qu'on y paſſe ſur un pont. Elle a quatre couvens, un hôpital, un hôtel de ville. Elle eſt capitale des pays des Vôges. On en recherche les moutons qu'on y nourrit, & les violons qu'on y fait : c'eſt une grande fabrique de dentelles.

Bailliage de Charmes formé, de vingt-deux communautés.

Charmes, *Carbini*, petite ville qui a deux couvens, un hôpital, &c. un long pont y traverse le vallon où coule la Moselle.

Bailliage de Chaté-sur-Moselle, composé de vingt-quatre communautés.

Chaté ou *Chatel*, *Castellum in Vosago*, petite ville sur la Moselle, près de l'Urbion, qui a deux couvens, une église paroissiale, un hôpital, un hôtel de ville: c'était une place forte aujourd'hui demantelée; elle fut une seigneurie séparée de la Lorraine: les ducs l'acquirent par échange. Elle est bâtie en amphithéatre.

Porcieux, *Maguienville*, villages où sont des verreries.

Bailliage d'Epinal composé de vingt-une communautés.

Epinal, *Spinalium*, ville la plus peuplée, la plus commerçante, la plus belle des Vôges, sur la Moselle qui la partage inégalement. Elle a une célébre abbaye & chapitre de chanoinesses nobles, quatre couvens, un hôpital. La tirannie des évêques de Metz la firent donner à la France qui la céda aux ducs de Lorraine en 1650.

Bailliage de Bruyeres, cinquante-une communautés la composent. La riviere de Vologne le rend célébre à cause de ses perles.

Bruyeres, ville qui dépend du chapitre de Remiremont, dont la jurisdiction a le nom de justice commune. On y voit les ruines de son château, un hôtel de ville, un hôpital, un couvent, &c. Il s'y fait un commerce considérable en denrées. Près d'elle est la montagne d'*Avison*, l'une des Vosges. Le premier dimanche de carême, les garçons de Bruyeres grimpent à son sommet & y allument un grand feu après le soleil couché. Le stentor de la compagnie y lit un petit écrit qui contient les projets de mariage entre les filles & garçons qui ont paru se convenir & qui paroissent s'aimer. Chaque projet est suivi d'une décharge de boetes. C'est le prélude des concerts, bals, &c. qui se font le dimanche suivant.

Laveline, *Aquilina*, bourg entre la Vologne & le Neuné. René, duc de Lorraine, accorda par reconnoissance à ses habitans des priviléges que les femmes donnaient à leurs maris & à leurs enfans: aujourd'hui ils ne sont attachés qu'aux mâles, & les femmes ne les communiquent à leurs maris que pendant leur vie. C'est ce qu'on appelle les gentilshommes de Laveline.

Champs-le-duc, ancien village, paroisse considérable, où Charlemagne, Louis le Debonnaire, & ses successeurs avaient un palais.

Bailliage de Remiremont qui renferme quarante-un communautés.

Remiremont, *Romarici mons*, ville ancienne, entourée de murs, qui doit son origine à un chapitre de chanoinesses nobles, aujourd'hui sécularisées: l'abbesse est princesse de l'Empire, a haute & basse justice sur plusieurs terres considérables, peut à son gré imposer des tailles, & partage le pouvoir dans la ville & le fauxbourg de Remiremont.

Bains, village dans un vallon, près du Coné

conn

connu par ſes eaux minérales : il y a un bain qu'on croit l'ouvrage des Romains.

Buſſans, village, a des ſources minérales, froides, aigres, alkalines, diſſolvantes. On a un ouvrage ſur leurs effets, & ceux qui vont les boire doivent aux ſoins du roi Stanislas, une grande partie des commodités qu'on y trouve.

Arches, bourg ſur la Moſelle : il a un hôpital.

Plombières, *Plubariæ*, bourg bien bâti, couvert de hautes montagnes, & traverſé par l'Eaugrogne. Il a une paroiſſe, un couvent de capucins dont le jardin ſert de promenade, un château, un hôpital, une manufacture de fil de fer, une papeterie. Ses bains, ſes eaux minérales étaient connues des anciens ; elles ſont douces, ſavonneuſes, calmantes, apéritives : il y a pluſieurs bains ; le plus grand a cinquante-quatre pieds de long, ſur moins de large : ces eaux cuiſent un œuf de poule en quelques minutes : miſes au feu elles ne bouillent pas plutôt que l'eau commune.

Bailliage de Darney : il a ſoixante & onze communautés.

Darney, ville ancienne ſur la Saone. Elle a deux égliſes, deux couvens, un hôtel de ville.

Dompair, petite ville qu'arroſe un ruiſſeau qui ſe perd dans le Madon. Il a une vieille égliſe qui tombe en ruines & cinq chapelles. Les rois d'Auſtraſie & les ducs de Lorraine y faiſaient ſouvent leur demeure ; elle ne parait qu'un village depuis qu'elle a été brûlée par Charles, duc de Bourgogne, en 1475. C'eſt une prévôté.

Chamourey, bourg, abbaye d'auguſtins. *Bonfay*, abbaye de prémontrés.

Bailliage de Sarguemines : il comprend soixante & quatorze communautés.

Sarguemines ou *Guemund*, au confluent de la Sarre & de la Blise, ville fermée de murs, avec un vieux château sur la montagne : l'église est dans le village de *Neunkirch* ; la chapelle est dans la ville ; elle a été fortifiée.

Saralbe, *Sara alba*, petite ville au confluent de la Sare & de l'Albe, seigneurie des ducs de Lorraine, autrefois aux évêques de Metz ; elle a une prévôté royale, une hôtel de ville, &c.

Bouquenom, sur la Sarre, fermée de murs appuiés d'antiques tours, & d'un fossé large, profond, & rempli d'eau. Elle a une prévôté royale, un couvent de religieuses, & dépend du comté de Sarwerden.

Sarwerden, ville pauvre sur la Sarre, chef lieu d'un comté qui fut considérable autrefois. Les ducs de Lorraine & les comtes de Nassau se le disputerent long-tems, & enfin le partagerent.

Graffenthal ou val de la comtesse, prieuré de Guillelmites.

Puttelange, petite ville qu'arrose un ruisseau qui se rend dans l'Albe. Elle a une jurisdiction, est une seigneurie, & fut un ancien fief de l'évêché de Metz.

Forbach, petite ville, comté qui renferme treize villages & fermes.

Bailliage de Dieuze. Soixante-neuf communautés le forment.

Dieuze, *Decempagi*, ville ancienne dans une plaine entre deux ruisseaux. Elle a quatre couvens, deux hôpitaux, &c. Sa saline était connue dans le onzieme siecle, sa source est la plus abondante & la plus forte de la Lorraine. Elle a été un fief de l'évêché de Metz.

L'eau salée y vient, dit-on, de trois quarts de lieue; elle est rassemblée dans un grand puits, d'où quatre pompes mises en mouvement par huit chevaux, l'élevent dans un reservoir, d'où on les distribue dans différentes chaudieres: le sel est blanc & de qualités diverses: on dit qu'elle rapporte cent louis de bénéfice par jour. Cependant elle consomme vingt-quatre mille cordes de bois par an & plusieurs centaines de milliers de fagots. La ville prospere par elle: c'est une des salines les mieux entretenues: le sel des cendres sert pour les verreries, & le *caput mortuum* est un engrais pour les terres.

Marsal, *Bodatium*, ville fortifiée, dans des marais, près de la Seille. Sa saline a été considérable; d'abord negligée, elle est aujourd'hui détruite. Elle appartenait à l'évêque de Metz.

Morhange, a deux vieux châteaux entourés de fossés, c'est une seigneurie qui a eu le titre de comté, & était possedé en franc-alleu par des seigneurs nommés *Wildgraves*, qui n'étaient soumis qu'aux empereurs. Elle a une prévôté dont on appelle à la cour souveraine de Lorraine.

Tarquinpol, village dans une isle élevée dans l'étang de Lindre, où l'on voit des antiquités qui annoncent une ville romaine.

Dordhal, communauté, seigneurie qu'a possedée l'électeur palatin. Près d'elle est une carrière de marbre.

Sarrebourg, *Pons-Saravi*, ville ancienne, seigneurie cédée par l'évêque de Metz aux ducs de Lorraine en 1561.

Moyenvic, petite ville sur la Seille, cédée aux rois de France par l'évêque de Metz: elle est entourée de fossés pleins d'eau, & a une saline considérable, dont les eaux sont conduites à Dieuze par des canaux souterrains.

Bailliage de Boulay. Soixante-huit communautés le forment.

Boulay, ville sur un ruisseau à une demi-lieue de la Nied. Elle a un couvent des recolets, une église, une synagogue.

Faulquemont ou *Valckenberg*, grand bourg sur la Nied allemande, seigneurie qui fut aux évêques de Metz, & tomba aux ducs de Lorraine. Il a deux églises, & une prévôté dont on appelle à la cour souveraine de Lorraine.

S. Avold, petite ville dans les montagnes, sur la Roselle : Elle fut encore aux évêques de Metz : une abbaye de bénédictins la fit naître, & le corps de S. Nabor, ou S. Navau transporté de Rome en ce lieu, lui donna son nom.

Hombourg, ville ancienne sur la Roselle, divisée en haute & basse, l'une au pié d'une montagne dont la premiere occupe le sommet environné d'autres montagnes plus élevées. Elle a un couvent de recolets.

Bailliage de Bouzonville. Cent dix-sept communautés le composent.

Bouzonville, petite ville sur la Nied, ancienne seigneurie des évêques de Metz. Elle a une prévôté, & une abbaye de bénédictins.

Berus ou *Belrain*, bourg sur un mont escarpé; il a été forteresse, & il est encore une ancienne seigneurie,

L'église, à une demi-lieue de-là, est gardée par un hermite.

Siersberg, *Sigeberti castrum*, château detruit, sur une montagne : sur ses ruines sont trois maisons avec fiefs.

Sierques ou *Sirk*, petite ville près de la Moselle, autrefois fortifiée.

Bailliage de Bitche. Il a cinquante communautés.

Bitche, *Bidisium*, ville ancienne, petite, forte, au pié des Vôges sur l'Horn, près des frontieres de l'Alsace & des Deux-ponts. Louis XIV s'en empara & Vauban la fortifia, elle fut ensuite démantelée & rendue aux ducs de Lorraine. Elle fut fortifiée de nouveau en 1740. Ses ouvrages sont taillés dans le roc. Ses casernes, ses magazins, &c. sont à l'épreuve de la bombe: elle a un puits singulier, vaste & très-profond.

Bitche est dans un bassin entouré de hautes montagnes chargées de forêts ; son sol est élevé de 117 toises plus que celui de Paris. La plaine du comté est une terre forte, & fertile en froment : les montagnes sont sablonneuses, & produisent du seigle, de l'orge, du blé de Turquie, d'excellentes pommes de terre qui font la ressource du pauvre. On y trouve des mines de fer, & du bitume : l'hyver y est froid & long, l'été court & brûlant, les nuits y sont humides ; deux étangs qui se renouvellent sans cesse y donnent une eau saine & légere : on y trouve deux sources d'eaux minérales ; le peuple y est bon, belliqueux, paresseux pendant l'hyver qu'il passe près de ses fourneaux, laborieux dans les beaux jours, il se nourrit de légumes, de *saurkraut*, & de mauvais fromages. Ce pays appartenait aux ducs de Lorraine dans le onzieme siecle. On en détacha en 1606 le bailliage de Lemberg, qui fait aujourd'hui partie des terres de l'empire. Voyez l'article Lichtenberg dans le cercle du haut Rhin T. 2.

Bailliage de Lixheim : Il n'a que vingt-deux communautés.

Lixheim, petite ville, principauté ſur le ruiſſeau de la Briche. La France la poſſede ſans qu'elle lui ait été jamais cédée, ni par l'empire, ni par la Lorraine à qui elle n'appartenait pas. Louis XIV. en fit démolir l'égliſe luthérienne.

Zarcich, terre dont dépendent pluſieurs villages.

Bailliage de Schambourg, formé par vingt-ſix communautés.

Schambourg, château ſur une montagne : on voit encore les ruines de ſes fortifications. Au bas eſt le village de *Tohlei*, *Theologicum*, où eſt une abbaye de bénédictins fondée par Dagobert I. Ce canton appartenait à l'empire, & la France le poſſede ſans qu'il lui ait été cédé. C'eſt un pays rempli de bois, & de montagnes.

Bailliage de Feneſtrange. Il a vingt communautés.

C'était autrefois une baronie, long-temps poſſedée par la maiſon de ce nom : après ſon extinction, elle fut partagée entre les princes de Salm & ceux de Croy. La France en eſt aujourd'hui ſouveraine quoiqu'elle fut terre libre de l'empire qui ne la lui a point cédé : elle a des champs féconds, de bons pâturages, une pêche abondante. Parmi ſes viviers, on remarque celui de *Stockweiher*, qui a près de deux lieues d'étendue. Ses habitans étaient protestans : aujourd'hui la moitié sont catholiques.

Feneſtrange ou *Viſtrengen*, petite ville qui n'a pas deux cents ménages, elle eſt ſur la Sarre, & ſes murs ſont détruits. Elle a un vieux château, & près d'elle eſt l'hermitage de *Brudergarten*, retabli en 1713.

On joint à ces vingt-cinq bailliages, celui de Merzig & de Sargow poſſedé par la France par indivis avec l'électeur de Treves. Il a un *haut Maire* pour premier juge, nommé alternativement par les deux poſſeſſeurs : deux baillifs, l'un Lorrain, l'autre de Treves, forment ſon ſiége de juſtice, ils ſuivent dans leurs ſentences le droit écrit & les uſages d'Allemagne.

Le Merzig eſt à droite de la Sarre, & comprend ſix communautés. *Merzig* eſt un bourg ſur le ruiſſeau de Brotterhoft. Il a un prieuré, un hôpital, &c.

Le Sargaw eſt à gauche de la Sarre : il eſt diviſé en deux mairies, & renferme quinze communautés. *Hilbring* eſt le chef-lieu de la haute mairie. *Schwemling* l'eſt de la baſſe.

Duché de Bar.

Situé au couchant de la Lorraine, il a trente deux lieues de long, ſeize de large, eſt varié dans ſes aſpects, & dans ſes productions par ſes montagnes, ſes collines, ſes plaines : le bois, le vin, les blés, le gibier, la volaille, le poiſſon y ſont abondans : ſes habitans commercent en beſtiaux, que d'excellens pâturages nourriſſent. Le château de Bar lui a donné ſon nom. L'empereur Otton en fit un comté : on ignore à quel titre ſes comtes ſont dévenus ducs. Ils ont prétendu que leurs terres étaient libres de tout hommage : mais Henri III. comte de Bar, ne put ſortir en 1297 de ſa priſon qu'en renonçant à cette prétention. Ses successeurs firent hommage de tout le comté ou duché, Charles IX. restraignit cet hommage à la partie du Barrois qui est au couchant de la Meuse, en faveur de Charles duc de Lorraine son beau-frere. Alors on divisa le Barrois en *mouvant* & en *non mouvant.* Stanislas divisa le duché en dix bailliages.

Bailliage de Bar, formé de 178 *communautés.*

Bar, ou *Bar-le-duc*, ville considérable, divisée en haute & basse, separées par le château, nommé *Barrum*, parce qu'il était frontiere ou barriere de la France & de la Lorraine. Louis XIV. en a fait démolir les tours & les murs. La cour en est vaste; au fond est l'église de S. Marc riche en antiquités, & la chapelle des anciens ducs. La ville haute s'étend en amphithéatre sur une montagne qui s'éleve pendant demi-lieue: on y voit divers édifices publics, comme le palais de la justice, l'hôtel de ville, les halles, &c. La ville basse est traversée par l'Ornain sur laquelle sont trois ponts; elle occupe un beau vallon, & renferme plusieurs monasteres. Les deux villes ont une même enceinte de murs percée de sept portes. On y compte 8000 ames. En général, les maisons sont mal bâties & sombres. Dans l'Ornain on pêche de bonnes truites; aux environs, on recueille d'excellens vins.

Ligni, *Liniacum*, dans un vallon qu'arrose l'Ornain. Cette ville a titre de comté, a une prévôté royale, une église collégiale qui renferme divers monumens de la maison de Luxembourg, quatre couvens, &c. On y faisait autrefois de la poudre. Le parc de son château est devenu une promenade publique, & le lieu qu'occupait le château a été changé en une rue.

La ville a quatre portes, ses murs antiques ont resisté au tems.

Dammarie, bourg sur le Saux, chef-lieu d'un Doïenné. Il a un prieuré. Le roi y exerce la haute justice : le prieur a la moyenne & la basse. *Souilles* est aussi un bourg. *Naix* ou *Nas*, sur l'Ornain, fut une ville sous les Romains : un chemin souterrain la joignait à Signi : on y voit d'antiques tombeaux, & on y a trouvé des médailles. *Morlay*, vieux bourg sur le Saux où était un palais des rois d'Austrasie. *Montier sur Saux*, *Monasterium*, bourg qui doit son nom à une maison de bénédictins & qu'on a détruite, pour y élever une fortresse qui n'est plus. C'est une baronie. *Pierre-fite*, village, chef-lieu d'une ancienne châtellenie, divisée entre plusieurs seigneurs qui y font rendre la justice pendant un tems proportionné à l'étendue de leurs domaines. Ce village a des halles; on y voit les ruines d'un palais des ducs de Bar. *Rembercourt-aux-pots*, bourg à la source du Chez. Il a eu une mairie royale. *Revigny aux vaches*, bourg sur l'Ornain. *Koeurs la grande & la petite*, villages sur la Meuse, seigneurie ancienne, où les ducs ont residé quelquefois. *Mussay*, bourg & châtellenie: c'était un fief des évêques de Verdun, dont les ducs s'approprierent la souveraineté. *Fains*, *Fanis*, village au pié d'une montagne sur l'Ornain : on y découvre des antiquités, & un camp romain est tracé sur la montagne : son château est plus ancien que celui de Bar. *Condé*, gros bourg près de la Moselle, châtellenie autrefois aux évêques de Metz. *Stainville*, érigé en duché sous le nom de Choiseuil.

Bailliage de la Marche, formé de soixante-dix-neuf communautés.

La Marche, petite ville près de la source de la

Mouzon. Elle a une maiſon de charité & un cou
vent de mathurins.

Conflans, dans une belle prairie ſur la Lanterne
ce bourg a été ceint de murs, a eu un château
une prévôté royale, & n'a plus qu'une égliſe &
deux couvens. Il eſt enclavé dans la Franche
Comté.

Saint-Thiebauld, ſur la Meuſe, bourg qui eſt un
grand paſſage. *Morvilliers* eſt un comté : le bourg eſt
dans une plaine, ſur un ruiſſeau qui ſe perd dans la
Meuſe. *Gondrecourt-le-château*, petite ville ſur l'Or
nain, diviſée en haute & baſſe, qui a joui de grand
priviléges, & qui n'en a plus. *Chatillon-ſur Saone*
bourg, prévôté, dans une contrée abondante en
pâturages excellens.

*Bailliage de Pont-à-Mouſſon : il comprend cinquante
ſix communautés.*

Pont-à-Mouſſon, ville aſſez grande, qui tire ſon
nom d'un pont ſur la Moſelle, qui communique
la montagne de Mouſſon, ſur laquelle était un châ
teau, demeure des comtes & leur plus ancienne
ſeigneurie. L'empereur Charles IV en fit un marqui
ſat & une cité de l'empire. Ses murs, ſes tours ſont
antiques, des côteaux fertiles l'environnent, la Mo
ſelle la partage : elle a un bailliage : on y compte
quatre paroiſſes, deux ſéminaires, un beau college
deux abbayes, onze couvens, &c. Son univerſité
avait perdu ſon luſtre, quand on ceſſa d'être
ignorant : on l'a transférée à Nanci en 1768.

Preny, bourg ſur une montagne, autrefois for
tereſſe fameuſe, d'où les Lorrains avaient pris leur
cri de guerre *priny*.

Mandre aux quatre tours, bourg vers les ſources

de l'Ache ; c'était une ſeigneurie dépendante de l'évêque de Metz. Un château démoli, flanqué de quatre tours lui donna ſon nom. *Pierrefort*, château, eſt un des plus anciens fiefs du Barrois. *Dieulouard* fut une ville fortifiée dans une isle formée par la Moſelle : c'eſt un bourg, une ſeigneurie qui dépendait des évêques de Verdun. *Gorze*, grand bourg ſur la Gorze, qui appartient à une abbaye de bénédictins : l'abbé a poſſédé long-tems les droits regaliens & celui de battre monnaie. Le cardinal de Lorraine y forma un chapitre, comme il obtint d'ériger une égliſe collégiale à Nanci, & une univerſité à Pont-à-Mouſſon. Il faiſait partie du Meſſin, ainſi que *Malatour*, bourg dont les ducs de Lorraine uſurperent la ſouveraineté ſur les évêques de Metz.

Bailliage de Bourmont : il a quarante-une communautés.

Bourmont, *Brunonis mons*, ville ſur une montagne de difficile accès, près de la Meuſe. Elle a deux couvens, &c.

La Mothe, autrefois ville très-forte, ſur une montagne eſcarpée. Le Grand Condé la fit raſer, & on n'en voit que les veſtiges.

Bulgneville, bourg, ſeigneurie dont dépendent neuf villages, elle fut érigée en comté, puis en marquiſat : elle a une prévôté.

Bailliage de St. Mihiel ; il s'étend ſur ſoixante-trois paroiſſes.

Saint-Mihiel, ville ſur la Meuſe, dans un vallon entouré de montagnes, ſur l'une deſquelles était un château. La ville a ſix portes, trois faux-bourgs, une église bien sculptée, six couvens, un hôpital, un hôtel de ville. Elle avait une cour souveraine que l'érection de celle de Nanci a fait anéantir. Elle doit son nom à un ancien monastere.

Bouconville, bourg sur la riviere de Maid. *Apremont*, grand bourg, devenu village, au pié d'une montagne escarpée : c'était une baronnie, & un des plus grands fiefs de l'évêché de Metz.

Hatton-Chartal, ville fondée par Hatton, évêque de Verdun, elle est située dans des campagnes couvertes de bois : & a été une forteresse importante, érigée en marquisât par l'empereur Maximilien II.

Bailliage de Thiaucourt, formé de vingt communautés,

Thiaucourt, petite ville sur le Maid. *La Chaussée* bourg sur l'Iron, châtellenie, près du bel étang de la Chaussée.

Bailliage d'Etain, formé de cinquante communautés.

Etain, *Stagnum*, dans le petit pays appellé *Vaivre*, entre la Meuse & la Moselle. Elle est sur l'Orne, & entourée de vieux murs avec quatre portes. Elle appartint à un monastere de Treves, puis à un chapitre de Verdun, puis aux comtes de Bar.

Buzy, est un bourg sur l'Orne. *Noroi sur sec*, à la source de l'Ottain près de l'hermitage de la *Mongrée* où l'on tient des foires. *Amermont*, paroisse sur une hauteur, seigneurie érigée en baronnie.

Bailliage de Briey, que forment quatre-vingt deux communautés.

Briey, ville dans une gorge sur le ruisseau

Mance, châtellenie & comté, autrefois ſeigneurie des évêques de Metz. Les cordeliers habitent le château qui domine ſur la ville.

Gondrecourt, bourg ſur les bords d'un étang, d'où ſort la riviere d'Ottain, au milieu de bois & de pâturages. *Conflans en Jarniſy*, au confluent de l'Orne & de l'Iron : ce bourg avait un château, une prévôté royale, des murs ; tout cela n'exiſte plus : il était du domaine de l'évêché de Metz. *Jarny*, village ſur l'Iron, donne ſon nom au pays qui l'environne.

Moyeuvre la grande, bourg dans un fond entouré de bois près de l'Orne. Près de là ſont de riches mines de fer & des forges.

Sancy, bourg, châtellenie.

Bailliage de Longuyon : il a vingt-neuf communautés.

Longuyon, petite ville au confluent du Chiers & de la Crune, ancien domaine des comtes de Bar : elle a une forge de fer conſidérable, & une manufacture de canons à fuſil.

Arrancy, bourg avec un hôpital : il y avait autrefois une prévôté royale, on voit pluſieurs maiſons ſur les ruines de ſon château qui avait ſoutenu pluſieurs ſieges.

Bailliage de Villers-la-montagne, formé de quarante-ſept communautés.

Villers-la-montagne, bourg ſur la Moulonne. Il a une égliſe & un bel auditoire. Près de là eſt la forêt de Selomont, dans laquelle on voit les ruines d'une ville, qui fut, dit-on, conſacrée au ſoleil.

La Grandville, bourg ſur le Chiers, baronnie érigée en marquiſat, où eſt un prieuré.

Clermontois ou *comté de Clermont en Argonne.*

Ce comté n'eſt ſoumis à aucun des gouvernemens qui l'environnent ; il touche au Barrois & à la Champagne : il appartint à l'évêque de Verdun, ſes châtelains s'y rendirent indépendans, les comtes de Bar s'en emparerent, & en firent hommage à l'évêque ; cet hommage n'exiſte plus, moyennant un petit dédommagement. Charles III fut obligé de le céder à Louis XIII, & ſon fils le donna au prince de Condé : cette maiſon en fait hommage, elle l'a en propriété, mais non en ſouveraineté.

Clermont eſt une ville ſur une montagne, environnée de bois & de pâturages près des rives de l'Air.

GOUVERNEMENT DE L'ALSACE.

L'Alſace appartint aux ſucceſſeurs de Clovis & de Charlemagne, elle fut unie enſuite à l'empire d'Allemagne, qui en fit un landgraviat à l'orient de la Lorraine, au nord de la Suiſſe, ſéparé de l'Allemagne par le Rhin, & touchant au nord au Palatinat du Rhin, & à l'évêché de Spire. Elle a 40 lieues de long, & 8 à 12 de large : l'Ill ou l'Ell lui a probablement donné ſon nom : ceux qui l'habitaient furent appellés *Elſaſſen*, ou voiſins de l'Ill. Les anciens auteurs Français l'appellent *Pays d'Aulſais*, d'où peut auſſi venir le nom d'Alſace. L'air y eſt ſain, le climat tempéré. Entre l'Ill & le Rhin, le ſol eſt ſec, ſans vignes, preſque ſans prairies, & les débordemens du Rhin le couvrent d'un ſable infertile : le ſeigle, l'orge, l'avoine y viennent cepenfant. De l'Ill aux montagnes, de Sulz à la riviere de Soor au-dessus d'Haguenau, la terre est féconde en toutes sortes de grains, en vins & en pâturages. De Sulz à Bedfort, sont des champs humides & pesans, couverts de tous côtés par des bois & quelques belles prairies. Vers la Suisse le sol est très-fertile. Autour d'Haguenau sont des bruieres sablonneuses, auxquelles l'industrie & le travail font produire la garance, le blé de Turquie, la pomme de terre, & quelques grains. Autour de Strasbourg sont des champs fertiles, couverts de blés, de tabac, de chanvre, de legumes, de safran, de lin, de navette dont on fait de l'huile, d'oignons supérieurs à ceux de Banberg qu'on estime. La plaine de Landau est abondante en fruits & en blés; de là, d'un côté vers les montagnes, sont des forêts : de l'autre vers Weissembourg, la terre est couverte de vignes.

Les Vôges sont les montagnes les plus considérables de cette province : elles naissent près de Langres, s'étendent d'occident en orient jusqu'à Bedfort, & sont la barriere commune de la Lorraine & de la Franche-Comté, sous le nom de Mont des Faucilles; de là elles s'étendent vers le nord, vers l'électorat de Treves, & aboutissent aux Ardennes. Leur moindre largeur est à la *montée de Saverne*. Leurs sommets les plus élevés sont le *Balon*, si haut, dit-on, que le crépuscule du soir touche à celui du matin pour celui qui s'y trouve: (on ne doit regarder cela que comme une exagération populaire.)

La montagne de St. Ovide, au bord d'une belle plaine près d'*Ebenheim*, est abondante en sources, fertile en grains, en vins, en fruits; de son sommet on voit le Brisgaw, & du Palatinat, la vue s'étend jusqu'au *mont Jura*, jusqu'aux Alpes. Les Romains y avaient établi un camp : Eutichon, duc d'Alsace y fit bâtir un monastere pour sa fille Odile. *Le Framont*, *Ferratus mons*, entre Molsheim & Marie-aux-mines, est très-haut, & renferme des mines de fer. Un grand nombre de rivieres sortent des Vôges : elles sont semées d'hermitages, de couvens, d'oratoires, & de châteaux, dont plus de deux cents ne sont plus que des ruines. Les côteaux, les vallons qu'elles forment, sont couverts de pâturages, de vignes, d'arbres élevés, & d'humbles arbustes, de plus de quinze cens cinquante plantes que la médecine emploie, ou que le goût fait rechercher. Leurs entrailles fournissent des fossiles. Dans le *Val-de-Lievre*, on retire encore chaque année des mines pour 1500 marcs d'argent : dans celles de *Viller*, de *Rosemont*, & d'autres lieux, on en retire plus de 160 marcs; ailleurs on trouve du fer excellent, du plomb, de l'antimoine, du soufre, du cobolt, & plusieurs autres minéraux, du charbon bitumineux, & de la tourbe. On en voit sortir des sources salutaires; & quelques parties sont couvertes de forêts; celle de Hart, qui commence près de Bâle, a huit lieues de long sur deux de large. Celle d'Haguenau couvre cinq lieues de long sur quatre de large; la moitié en appartient au roi, & le reste à la ville. Le Bienwald ou Bois des Abeilles l'égale en étendue, & appartient à l'évêque de Spire. La chasse y est abondante & variée.

L'Alsace est arrosée par le *Rhin*, *Rhenus*; il lui nuit par ses débordemens, & dépose de l'or sur ses rivages; il est pur & beau, mais il n'est pas abondant : dans une étendue de quatre mille pas, Strasbourg dans un an n'en recueille qu'à peine 5 onces. Le Rhin rejette aussi sur ses bords des cristaux de la grosseur d'une noix, très-durs, qu'on appelle *cailloux du Rhin*. Le *Lievre* sort des Vôges, mêle ses eaux

eaux à celle du *Cher* qui en vient auſſi : tous les deux ſe perdent dans l'*Andlau*, qui ſe jette dans l'*Ill*, qui reçoit auſſi l'*Ergers*. La *Bruſch* ſort des montagnes de Lorraine, ſe partage en deux branches, dont l'une reçoit l'Ill, l'autre forme un beau canal de 24 pieds de large ſur huit de profondeur, & dont la pente, ſur 4 lieues, eſt de quatre-vingt-quatre pieds. La navigation y eſt rendue commode par des écluſes. Elle ſe perd dans le Rhin, comme la *Sorr*, la *Selze*, la *Motter*. La *Queiche* ſert de canal à Landau, comme la *Bruſch* à Strasbourg. L'*Ill* porte bateaux à Seeleſtadt, & ſort du comté de Ferrette. Ces rivieres & divers étangs donnent d'excellens poiſſons, & font mouvoir une multitude de machines.

L'Alſace eſt fort peuplée ; on y trouve cinq cents mille habitans, ſoixante & douze villes, neuf forteſſes, ſept cents cinquante paroiſſes, & plus de mille villages ou hameaux : les deux tiers des paroiſſes ſont formées de catholiques romains : l'autre tiers ſont ou de luthériens ou de réformés : ceux-ci forment quatre communautés. Les anabatiſtes y ſont diſperſés ; les juifs y ſont tolérés : on y en comptait plus de dix mille en 1750. Le plus grand nombre parle allemand : quelques cantons ont conſervé la langue Romance dans les villes, & le Français y eſt commun. Sa nobleſſe ſe diviſe en nobleſſe médiate & immédiate. Toute eſt ſoumiſe également à la France ; mais les cauſes de la premiere ſe portent au conſeil de Colmar : la ſeconde a ſon directoire particulier ou préſidial à Strasbourg, qui juge dans ſes procès juſqu'à la valeur de 500 liv. quand la ſomme en litige ſurpaſſe cette valeur, on peut en appeller au conſeil ſouverain. Chaque membre du préſidial eſt nommé par le roi, ſur trois ſujets que ce conſeil lui préſente. Les noms des nobles, les terres qui lui appartiennent, ſont inſcrites dans la *matricule* ; ces terres ſe diviſent en dix diſtricts : leurs privileges invitent la nobleſſe médiate à ſe faire adopter par l'immédiate.

Les ducs d'Alſace y regnerent avant Charlemagne ; elle fit ſous ſes ſucceſſeurs partie du royaume de Lorraine, elle fut enſuite unie à l'empire d'Allemagne, gouvernée par des officiers nommés *Cameræ nuntii*; tantôt jointe à la Lorraine Allemande, tantôt à la Souabe. Le jeune & infortuné Conradin, décapité à Naples en 1262, fut ſon dernier ſouverain : depuis ce tems, elle releva immédiatement de l'empire, & fut diviſée en deux landgraviats. Les landgraves étaient des juges ſupérieurs, ils préſidaient aux tribunaux : peu à peu ils agirent en maîtres, & le devinrent. Le landgraviat inférieur comprenait toute la baſſe Alſace, ou le *Nortgaw*, comme on l'appellait alors : il ſe diviſa dans le quatorzieme ſiecle entre l'évêque de Strasbourg & diverſes familles. Le ſupérieur renfermait la haute Alſace & le Suntgaw, nom donné d'abord à toute la haute Alſace : il paſſa dans la maiſon d'Habsbourg ou d'Autriche, qui le joignit au Brisgaw, & adminiſtra l'un & l'autre par une régence commune, établie à Enſishein. Louis XIV acquit par le traité de Munſter toute l'Alſace & le Suntgaw ; il promit de ne point toucher aux immunités des états de cette province, de laiſſer aux villes impériales la liberté dont elles avaient joui ſous la protection de l'empire ; promeſſe bien-tôt oubliée, comme le ſont celles du puiſſant qui a intérêt de les enfraindre. La liberté diſparut de cette contrée ; les villes impériales furent ſaiſies, Strasbourg achetée & conquiſe, toute la province ſoumiſe à un gouverneur général chargé du militaire, à un intendant qui regle les impoſitions, les justice & la police, & à un conseil souverain composé de deux chambres, dont chacune à son président, dix conseillers, un avocat général: deux chevaliers d'honneur d'églises, & trois conseillers chevaliers d'épée siegent dans la premiere chambre. Elle paye la subvention, au lieu de la taille, la capitation, la milice, les fortifications, le vingtieme, &c. mais elle n'a ni élection, ni chambres des aides, ni bureau de finances.

La haute Alsace est séparée de la basse par la riviere d'Egginbach qui tombe dans l'Ill, & par le fossé de *Landgraben:* on divise l'une & l'autre en subdélégations, composées de bailliages & de seigneuries. Nous suivrons cette division.

Basse Alsace.

Strasbourg, *Argentoratum*, sur les rivieres réunies de l'Ill & de la Brusch, à un quart de lieue du Rhin. C'est la résidence d'un gouverneur général, de l'intendant, du commandant, d'un lieutenant de roi, des commissaires de guerre, d'artillerie, des fontes, d'une université, d'une direction du génie, d'un évêché dont les revenus montent à 400000 livres, & c'est le plus riche de la France: il est prince de l'empire, & a séance à la diete de Ratisbonne, pour quelques fiefs qu'il possede au-delà du Rhin. La ville se nomma *Strateburgus* dans le sixieme siecle, parce qu'elle était sur la route d'Allemagne. Elle occupe un espace de 2200 toises de long sur 1200 de large: elle est munie de fortifications, d'une citadelle bâtie par Vauban, & dont les ouvrages extérieurs s'étendent jusques près du Rhin. Elle a six portes, & deux cents rues, la plupart étroites: la grande rue, celles du marché &

de la petite boucherie ſont très-belles & droites ; quatre mille maiſons privées, plus ſolides qu'ornées, environ 60 mille habitans, & une garniſon qui varie de 6 à 10 mille hommes, ſuivant le beſoin. Elle a 8 ponts ſur l'Ill, dont 2 ſont de pierres, & un pont de bois ſur le Rhin qui a 3900 pieds de long, ſoutenu au milieu par une isle où était un château fort : un canal joint le Rhin à la Bruſch, & par une écluſe on peut inonder le pays à 1500 toiſes de diſtance. Sa cathédrale eſt un chef-d'œuvre d'architecture gothique : on en jetta les fondemens en 1015, & elle fut finie en 1275. La tour ne fut achevée que 164 ans après ; elle a 115 pieds de haut, & elle eſt de forme pyramidale, travaillée à jour avec une délicateſſe qui étonne, parce qu'elle eſt jointe à la ſolidité. L'horloge eſt admirée : elle fut faite ſur le plan que donna *Daſypodius*, mathématicien, & ſurpaſſe celle de St. Jean de Lyon : quelques-uns de ſes mouvemens commencent à lui manquer, & pluſieurs manquent à celle de Lyon. En ſe rendant maître de la ville, Louis ôta bientôt aux luthériens cette grande égliſe qu'il orna de ſes dons, de chaſubles, de vètemens pour l'autel, de ſix grands chandeliers d'argent maſſif, d'un crucifix d'argent qui peſe le double des ſix chandeliers. Le chapitre eſt compoſé de vingt-quatre comtes qui prouvent 32 quartiers, il fut inſtitué en 1019 par Henri II, qui voulut en être chanoine, & qui fonda une prébende dont le titulaire le repréſentait, & s'appelle *le roi du chœur*. Les luthériens y ont 7 égliſes, & un college : dans l'égliſe neuve était le corps du maréchal de Saxe dans un mauſolée de marbre blanc. On l'a tranſporté en 1777 dans l'égliſe de St. Thomas où on voit ce magnifique monument élevé à la gloire de ce général ; ouvrage admirable de Pigall. Au bas d'une pyramide de marbre, paraît le héros armé, la tête ceinte de lauriers, ayant en main le bâton de commandement : il descend d'un pas intrépide les marches d'un gradin qui conduit au tombeau : il voit la mort, & la regarde avec indifférence. A droite, les nations qu'il vainquit, représentées sous des figures symboliques, paraissent épouvantées, & leurs enseignes sont brisées. A sa gauche, l'amour en larmes, le fixe & renverse son flambeau : là sont aussi élevés les drapeaux de la France. Sur les degrés paraît la France ; son air est intéressant & noble, la figure est pleine d'expression & de grace. D'une main, elle s'efforce de retenir le maréchal, & de l'autre, de repousser la mort qui est à gauche du tombeau ; le clepsydre à la main, elle annonce au héros que sa derniere heure est venue, elle l'appelle & le presse d'entrer dans le tombeau qu'elle tient ouvert. De l'autre côté du sarcophage est une figure d'Hercule, dont la douleur mâle & profonde contraste avec celle de la France, plus animée & mieux sentie : au-dessous sont les armes du maréchal, ornées du collier de l'Aigle Blanc de Pologne. Sur la face antérieure de la pyramide, est une inscription latine qui annonce les titres du mort & celui qui lui fit élever ce monument.

L'université de Strasbourg est célebre ; elle a 20 professeurs, & tous sont luthériens. Elle a aussi une université catholique, fondée par le cardinal de Furstemberg. Les magasins publics sont remplis pour nourrir le peuple pendant plus d'une année ; ils sont administrés avec sagesse par le corps des magistrats. L'hôpital militaire est beau, celui des bourgeois est plus utile : on y reçoit huit cents personnes de tout sexe, & de toute religion. On y fait un amas de vins & de grains. Il y a du vin de cent ans, du bled de cent trente,& on en fait quelquefois du pain pour plaire aux curieux. On y voit encore deux maiſons d'orphelins, une d'enfans ttouvés, un hôpital pour les maladies vénériennes, une maiſon de charité pour les mendians, un lazaret pour les maladies épidémiques ; une belle ſalle & un cabinet d'anatomie, un jardin de botanique, une bibliothéque riche en manuſcrits anciens, celle de M. *Schœpflin* qu'il a donnée au public, avec ſon cabinet de médailles & d'antiquités ; une école royale d'artillerie & du génie, une école de deſſein, une d'accouchement, un obſervatoire. Le palais épiſcopal, bâti par le cardinal de Rohan en 1741, eſt magnifique : l'hôtel-de-ville, bâti en quarré avec des pavillons aux angles, avec une façade dorée & peinte, a un air de grandeur. L'arſenal, antique & vaſte bâtiment, fourni d'armes anciennes, renferme l'habillement de Guſtave Adolphe, roi de Suede. Strasbourg renferme d'autres édifices encore ; ils ſont bâtis de pierre de taille rouge, dure, ſolide, qu'on tire des carrieres de Saverne. Les luthériens ſeuls y exerçaient autrefois les emplois ; ils les partagent aujourd'hui avec les catholiques. Le corps des bourgeois eſt partagé en vingt tribus ; celui des magiſtrats en cinq chambres ; celle des treize eſt la principale, celle des quinze la ſuit, puis celle des vingt-un, enſuite le grand & petit ſenat : des nobles, des lettrés, des marchands, des artiſans y ſont admis. Ils peuvent décider des procès dont la valeur n'excede pas 1000 livres : au-delà de cette ſomme, on en appelle au conſeil ſouverain. La ſituation de cette ville la rend commerçante : elle a une manufacture de tabac, une de porcelaine, une d'acier de fonte, une affinerie de ſucre ; on y fait des broderies & des dentelles, de la moquette, bergame en tapisserie, des draps, des cuirs, &c. on y imite le linon teint avec la cochenille de Constantinople. Elle s'embellit tous les jours; on n'y éleve des maisons qu'en se conformant au plan de l'architecte Blondel, dressé en 1767, pour corriger l'irrégularité des rues. Elle a de belles promenades: ses revenus patrimoniaux montent à un million de livres; mais elle n'est plus au nombre des villes libres. A quelque distance, entre l'Ill & le Rhin, on voit l'isle de Ruperzau, assez grande, bien peuplée, & dont les habitans sont bourgeois de la ville.

Le domaine de Strasbourg renferme le bailliage de *Dorlisheim*, composé de sept villages; la seigneurie de *Baar* qui comprend le bourg de *Baar* & cinq villages: la seigneurie de *Waselnheim* a cinquante-huit villages, celle de *Morley* ou *Marlé* est composée de quatre villages: ceux qui habitent ce domaine sont luthériens.

II. *Subdélégation de Strasbourg.*

Villes royales.

Haguenau, sur la Motter qui la traverse, dans une campagne sabloneuse, au milieu de la forêt qui porte son nom. C'était un village que Fréderic I. entoura de murs, & qui devint bientôt ville impériale, on lui donna le nom de *chambre de l'empire*, parce qu'on y gardait les ornemens impériaux sous la maison de Souabe. Elle avait un palais que les empereurs habiterent quelquefois, mais la guerre y a presque tout détruit: elle est entourée de murs flanqués de tours, ceints d'un large fossé revêtu plein d'eau, & soutenu par des batardeaux. Elle a deux églises, quatre monasteres d'hommes, deux de femmes, un hôpital, un hôtel de ville, & 3400 habitans tous catholiques. La Motter y eſt navigable, le terroir preſque ſtérile, le commerce peu étendu : il conſiſte en garence & en tabac. Ses revenus ſont de 40000 liv., & ſon territoire renferme quatre villages. Sa préfecture rapporte 50000 livres à celui qui en eſt revêtu.

Rosheim, ville ancienne à l'entrée d'un vallon arroſé par la Mayele. Elle a deux égliſes, & un hôpital ; les habitans ſont catholiques ou juifs.

Ober-Ehnheim, ville ancienne, au pié de la montagne de Ste. Odile, près de l'Ehn. Elle a deux égliſes, deux couvens, & un hôpital ; ſes habitans ſont aujourd'hui catholiques romains. On lui donne le nom d'Ober ou Haut Ehnheim, pour la diſtinguer du bourg de *Nieder-Ehnheim*, qui en eſt voiſin. Son territoire renferme le vieux château de *Kagenfels*, celui d'*Oberkirch* & le village de Bertzweiler, dont les habitans ſont bourgeois d'Ober-Ehnheim. A une lieue de cette ville eſt une manufacture d'armes blanches : qui eſt très-conſidérable, a donné ſon nom à la vallée de *Klingenthal*. Ses ouvriers ſont proteſtans, & ont l'exercice public de leur religion.

Bailliage de Dachſtein. Il appartient à l'évêque de Strasbourg.

Dachſtein, *Dabichii lapis*, petite ville ſur la Bruſch : ſes fortifications ont été détruites.

Molsheim ſur la Bruſch, a une égliſe, un college épiſcopal, & une belle chartreuſe.

Biſchofsheim, *Grisheim*, *Sulz*, *Bergbietenheim*, & treize autres villages : les deux derniers ont été villes. *Sulz* a un bain minéral. Il eſt au pied des Vôges, des forêts le ſéparent du Rhin, à la diſtance de cinq lieues: ſur les collines voiſines du bourg ou village, la terre eſt argilleuſe & produit du froment, de l'épautre, de l'avoine, de l'orge, du mays, & de l'excellent vin. Derriere lui eſt une vallée étroite qui tient à des forêts qui s'élevent ſur les montagnes; autour on trouve du charbon de terre & des ſcories de fer. Près de-là ſont des fontaines qui coulent dans des prairies marécageuſes, & dont les eaux ſont chargées de bitume: l'eau de la principale & de la plus ancienne eſt bleuâtre comme le petit lait; on les appelle *fontaines de Lamperſloch*. Un Suiſſe imagina qu'elles paſſaient ſur une mine de bitume; il fit creuſer & on la trouva: on l'exploite aujourd'hui & on y a fait diverſes galeries: ſous le bitume, on trouve du charbon de terre, & ſous celui-ci de l'argille. Au deſſus eſt une terre de potier d'un jaune gris, puis une terre ſablonneuſe portée par de l'argille qui touche au bitume: il n'eſt pas par-tout le même; il en eſt du plus ſolide, du plus tenace, du plus puant les uns que les autres, il en eſt qu'il faut ſéparer du ſable qui y eſt mêlé. Quand il eſt épuré, il eſt noir, a une odeur aſſez forte & reſſemble au ſuccin: jetté ſur le feu il donne une fumée blanche & ne s'enflamme point, expoſé à l'air, il devient léger & plus tenace. On peut s'en ſervir en place de goudron: on en graiſſe les voitures, & on le mêle alors avec du ſavon & du ſuif: évaporé au dernier degré, il devient un véritable aſphalte.

Bailliage de Mulzig. Il appartient à l'évêque de Strasbourg, & renferme des châteaux ruinés & vingt & une paroiſſes.

Mulzig, petite ville ſur la Bruſch; elle a un

vaſte couvent de recollets, & un château épiſcopal.

Schirmeck, village qui fut ville, dont une partie appellée *la Broque* ou *Pont*, appartient à la Lorraine. Il avait un château ſur la montagne.

Haslach, grand village, avec une égliſe collégiale, dans une campagne couverte de noiſettiers, qui le firent nommer *Avelana*.

Bailliage de Benfeld, il appartient à l'évêque de Strasbourg, & a vingt-ſix paroiſſes.

Benfeld, petite ville ſur l'Ill: elle a un château, & a eu des fortifications, & a été habitée par des proteſtans: tout cela n'eſt plus.

Dambach, petite ville: deux villages ruinés l'ont formée en 1340.

Rheinau, petite ville ſur le Rhin, comme ſon nom l'annonce. Elle a été demantelée. L'ancienne Rheinau fut engloutie par le Rhin; on en découvrit un vaſte édifice en 1749, année où les eaux de ce fleuve baiſſerent beaucoup.

Epfiſch, gros village. *Eberſmunſter* village, autrefois ville, abbaye de bénédictins dont les revenus ſont de 20000 livres.

Terres du Haut chapitre, ou *bailliage de Franckenbourg.*

Il renferme ſeize paroiſſes, réunies en trois bailliages, dont les chef-lieux ſont *Chatenoy* bourg, *Erſtein* grand village, qui fut une ville fortifiée, & eut un palais royal.

Berſe, petite ville ſur l'Engers.

La ſeigneurie de la Roche.

Elle tire ſon nom d'un château placé ſur un rocher. Les terres qui en dépendent forment une vallée de ſix lieues de long, terminée par une montagne très-haute, & au dos de laquelle eſt une plaine de deux lieues, terrein fertile en excellens pâturages, voiſin d'un étang dont les eaux n'augmentent, & ne diminuent, ni par la ſéchereſſe, ni par la pluye. La vallée renferme huit villages & quelques métairies diviſées en deux paroiſſes : on y trouve des mines : les habitans ſont luthériens, & ils parlent une langue qui eſt dialecte de la romance.

Bailliage de Girbaden.

Il releve de l'évèque de Strasbourg, & appartient à la maiſon de Rohan Soubiſe : il eſt ſitué dans la vallée de Schirmeck, & tire ſon nom de l'ancien château de Girbaden.

Le bailliage de Wantzenau.

Il dépend auſſi de l'évèque de Strasbourg, & prend ſon nom de Wantzenau, grand village qui occupe une isle formée par l'Ill & le Rhin. Il comprend pluſieurs villages & l'isle d'*Honau*.

La ſeigneurie ou comté de Lichtenberg. Voyez dans le Tome II. la deſcription entiere de cette ſeigneurie à l'article *Hanau-Lichtenberg*, dans le cercle du haut-Rhin.

Terres de la nobleſſe immédiate de la baſſe Alſace.

Ces terres ſont diviſées en dix diſtricts comme nous l'avons dit : elles renferment un grand nombre de villages, la petite ville d'*Andlaw*, ſur la riviere de ce nom, fief d'une abbaye voiſine de dames nobles. Ces terres une fois inſcrites ne s'effacent plus, quels que ſoyent leurs poſſeſſeurs, à moins qu'on ne les échange ; alors les nouvelles prennent la place des anciennes. On y professe les deux religions.

III. *Subdélégation de Landau.*

Landau, ville ancienne, très-forte, & assez belle. La Queisch coule dans ses fossés; des campagnes fertiles & riantes l'environnent; la gorge d'Anweil s'ouvre devant elle; ses rues sont droites, & bordées de maisons élégantes. Elle a quatre églises, dont la principale est partagée entre les catholiques & les luthériens, un hôpital militaire, un de bourgeois, & un couvent d'Augustins. Les magistrats sont pris dans ceux qui professent l'un & l'autre culte: elle a été impériale. C'est dommage que la guerre étende si souvent ses ravages sur elle. Cette ville n'a pas 4000 habitans. Son territoire comprend trois villages.

Fort-Louis, petite ville, forteresse redoutable, construite par Vaubau, située dans une isle du Rhin. Elle forme un quarré régulier; les rues y sont tirées au cordeau, & les maisons belles & symetriques. Ses habitans sont catholiques: elle a une église, & un couvent de capucins.

Le grand bailliage de Lauterbourg.

Il appartient à l'évêque de Spire, & renferme vingt paroisses: nous en avons parlé dans la description de l'évêché de Spire, au cercle du Haut-Rhin. Nous devons répéter ici que c'est-là que sont terminées les lignes de son nom, & qu'elles commencent à Wissenbourg. Disons encore, que de Lauterbourg à Mottere on voit un ancien lit d'un bras du Rhin, qui semble vouloir y reprendre son cours.

Les Bailliages de Madenbourg & de Dhan ſont à l'évêque de Spire : ils renferment douze villages & des ruines de châteaux antiques.

Le grand bailliage de Guttenberg.

Un château qui exiſte encore entre Veiſſenbourg & Saverne-des-monts lui a donné ſon nom : il appartint long-tems aux comtes de Linanges, il eſt aujourd'hui au duc de Deux-ponts. Les habitans ſont proteſtans & forment onze paroiſſes, *Minfeld* eſt ſon chef-lieu : le village de *Lang-Kandel* s'étend l'eſpace d'une demi-lieue.

Bailliage de Beinheim.

Poſſédé par les Margraves de Brade, il renferme la petite ville qui lui donna ſon nom, les villages de *Littenheim* & de *Neuhauſel* : ſes habitans ſont catholiques.

Bailliage de Hatten.

Il appartient au landgrave de Heſſe Darmſtadt. Il renferme l'ancien *Hantgau*, qui eut titre de comté, le bourg de *Hatten*, le village de Bühel. L'un & l'autre culte y ſont pratiqués.

Bailliage de Wœrd.

Il renferme ſept paroiſſes, & appartient au landgrave de Heſſe Darmſtatt. *Wœrd* eſt une petite ville, la Soor & la Soulzbach en font une isle : elle fut entourée de murs, & capitale des Vôges. Un ancien autel indique qu'elle exiſtoit ſous les Romains. *Gersdorff* a été une ville : ſon couvent de franciſcains, ſon égliſe de N. D. du Chêne, fréquentée par les pelerins, ſont bâtis ſur la montagne. *Lampertsloch* ; une huile de pierre ſort des environs de ce village. Les habitans ſont ou catholiques ou luthériens.

Bailliage de Kutzenhauſen.

Situé entre Soulz & Gersdorff, il appartient au Landgrave de Heſſe-Darmſtatt, & eſt composé de ſept villages: *Nieder-Kutzenhauſen* eſt le plus grand. La religion y eſt mixte.

Baronnie de Fleckenſtein.

Elle appartient à la maiſon de Rohan Soubiſe, elle ſe diviſe en neuf prévôtés ou quêtures; les proteſtans y ſont les plus nombreux. Le château de ce nom était placé ſur le ſommet d'un rocher qui s'éleve comme une colonne iſolée, entre Wiſſembourg & Haguenau: il était très-fort. *Sulz* eſt un grand village, & était une ville: dans ſes ruines, eſt une ſource abondante d'eau ſalée, la ſeule qu'il y ait en Alſace. *Weiterſweiler*, village, a une ſource d'eau minérale qui guérit de la gale, &c.

Bailliage de Hohenbourg.

Il renferme des châteaux ruinés, & les villages de *Weindheim* ou *Winger*, & de *Klimbach*.

IV. *Subdélégation de Wiſſembourg.*

Wiſſembourg, *Sebuſium*, ſur le Lauter, au pié des Vôges, & qu'un grand luſtre ſuſpendu dans l'égliſe, & donné par Dagobert II, a fait diſtinguer des autres par l'épithete *kron*. *Kronwiſſembourg*, elle ne parait pas tre ancienne, elle a été rendue plus forte en 1746, & a eu le nom de ville impériale ; son église collégiale est plus ancienne qu'elle, & son chef était abbé & prince. La ville a une commanderie de l'ordre teutonique, une maison de Malthe, deux couvens, un hôpital, une salle d'anatomie, deux églises, dont l'une est commune avec les catholiques ; les magistrats sont pris dans l'une & l'autre religion. Son territoire renferme plusieurs villages.

Bailliage d'Altenstadt.

Il appartient au chapitre de Wissembourg ; & est composé de huit villages. *Altenstadt* a été une ville, *Schleithal* est un long village.

Bailliage de St. Remi.

Trois villages, trois châteaux ruinés le composent. Les fossés & une partie des remparts de celui de St. Remi subsistent encore.

Seigneurie de Schœneck.

Elle renferme neuf villages, & sept châteaux. La religion y est mixte ; on y trouve des mines de fer, & des forges dans la vallée de Jagerthal qui en fait partie.

Seigneurie de Berwartstein ou *Barbelstein.*

Un château dans les Vôges lui donna son nom : il est aux nobles de Waldenbourg, ainsi que les villages d'*Erlenbach*, de *Bundenthal*, & de *Lauterschwan*. La religion y est mixte.

La plus grande partie de cette subdélégation s'appelle *Mundat* de Weissembourg: il a cinq lieues d long, & quatre de large. L'abbaye & la ville en son seigneurs, les habitans y jouissent en commun de bois, des pâturages, de la chasse, & de la pêche Nous avons parlé d'une partie de ce qu'il renferme il y faut ajouter cinq villages qui appartiennent la maison Palatine des Deux-Ponts, & deux qui son à l'électeur.

V. *Subdélégation de Saverne.*
Bailliage de Saverne.

L'évêque de Strasbourg en est possesseur : il ren ferme six villages. *Saverne*, *Tabernæ*, sur la Soor, es la résidence de cet évêque, & le siege de ses tribunaux Elle fut fondée par les Romains, a un hôtel-Dieu deux couvens, deux palais épiscopaux; l'ancien es le plus élevé, le nouveau est le plus magnifique commencé par Egon de Furstenberg, il fut achev par Armand de Rohan. Ses jardins sont très-ornés Saverne avait une citadelle, elle n'est plus défendu que par de vieux murs, ouverts par trois portes elle communiquait à la Lorraine par un chemin difficile que Louis XV a changé en une chaussée su perbe de six toises de large sur 6691 de long, qu s'elevant en cercle insensible par une pente de quatr pouces sur une hauteur de 22 pieds, rend la monté & la descente facile : 17 ponts la soutiennent, & quelques-uns ont 88 toises de long.

Bailliage de Cochersberg.

Il prend son nom d'un château qui n'existe plus est à l'évêque de Strasbourg, comprend vingt-hui villages habités par des catholiques; *Gugenheim* & *Wilten* sont les principaux.

Bailliage

Bailliage de St. Jean des Choux.

Il appartient à l'abbaye des bénédictins qui porte nom, & comprend deux villages dont les habitans ont catholiques.

Marche de Marmoutier ou *Maurmunster.*

Composée de huit villages, de plusieurs métaies & châteaux ruinés, elle appartient à l'abbaye Marmoutier de l'ordre de St. Benoît, & dont abbé était prince de l'empire. Childebert lui donna e petit pays. Ceux qui l'habitent sont catholiques. *Marmoutier*, *Maurimonasterium*, est une petite ville ans les montagnes, ceinte de murs, qui renferment l'abbaye fondée par Léonard, renouvellée par Maurville, & soumise pendant quelque tems à l'évêhé de Metz. Des seigneurs voisins éleverent les hâteaux du grand & du petit *Geroldrek*, d'abord our défendre l'abbaye, puis ils s'emparerent de on territoire, qui lui a été rendu.

Bailliage de Neubourg.

L'abbaye de Neubourg lui a donné son nom : il st formé par quatre communautés catholiques.

Seigneurie d'Oberbronn.

Elle est composée de deux bailliages, habitée ar des luthériens, & appartient à différens maîtres, e village de *Niederbronn* a un bain minéral assez onnu.

La ville de *Reichshoven* fondée au treizieme siecl appartient à un magistrat de Strasbourg.

Bailliage de Bischweiler.

Il appartient au duc des Deux-Ponts, & le grai nombre de ses habitans sont protestans. *Bischweil* est un grand bourg sur la Motter près du Rhin où on fabrique des draps, où les luthériens & l réformés, tour-à-tour dans les deux langues, céll brent le culte divin : il est défendu par le châtea de *Tieffenthal*, flanqué de quatre tours, & défendu p deux fossés. Là siegent les officiers municipaux là s'assemblent un jour chaque année tous les m siciens de la basse Alsace.

Comté de Dabo.

Il doit son nom au château de Dabo ou Dach bourg, dont il ne reste que le grand village qu dominait : il est formé par sept autres communau tés. Celle de *Walschied* est habitée par des homm durs & féroces : celle d'*Elbenweile*, s'enrichit pa le commerce du bois que la Sarre facilite.

Seigneurie d'Herrenstein.

Elle est formée de cinq communautés, doit so nom à un château ruiné, & est habitée par des pro testans ; au moins ils font le plus grand nombre.

Principauté de Pfalzbourg.

Elle est formée de quinze communautés, dépen pour la justice & les finances du gouvernement de

Metz, & de l'Alſace pour le militaire & le ſpi-rituel.

Pfalzbourg, ville ſur une hauteur qui tient aux Vôges, fondée en 1570, & fortifiée par Vauban en 680 : elle forme un exagone un peu ovale, a des aſernes, un corps de genie, une égliſe, un hôtel le ville, & peut avoir 1200 habitans ; ſon territoire enferme une centaine de baraques.

Comté de Petite Pierre.

Il était plus conſidérable autrefois. Burckard, vers 'an 1500, quitta l'évêché de Strasbourg pour ce omté: ſes fils ſe firent haïr par leurs voiſins, & l'électeur Palatin les dépouilla. Il appartient aujourd'hui u prince des Deux-Ponts & renferme vingt-ſept villages preſque tous lutheriens. *Petite Pierre* eſt une etite ville dans les Vôges, munie d'une garniſon l'invalides français : elle doit ſon origine & ſon nom u château qu'on y voit encore.

Baillage d'Haguenau.

Déſigné autrefois ſous le titre de *Reich* ou *Ban mperial*, il eſt formé de trente cinq villages, dont les lus conſidérables ſont *Kittelsheim*, près duquel eſt n étang qui ne gêle jamais & une ſource ſulphureuſe. *urbourg* où il y avait une abbaye transférée à Haguenau, & *Suffelnheim.*

VI. *Subdelégation de Sceleſtatt.*

Sceleſtatt, ville autrefois impériale, ſur l'Ill, à uatre lieues du Rhin, & à une des Vôges. Son égliſe aroiſſiale eſt belle, ſes caſernes magnifiques, ſon arsenal bien-fourni. Elle a un hôtel de ville, quatre couvens, six grandes routes viennent y aboutir. Les habitans, aidés par l'empereur Sigismond, en avaient conduit une au milieu des marais jusqu'au Rhin, pour laquelle il fallut faire trente quatre ponts : l'utilité de ces travaux en fut la recompense : Scelestatt était cour royale sous les Francs, & cité sous les Allemands ; elle est ville forte aujourd'hui, & traversée par deux canaux remplis par l'Ill & le Cher. Un des ses habitans trouva au treizieme siecle le secret d'émailler ou d'enduire de verre les pots & vases de terre. Son territoire n'a qu'un village & un château.

Seigneurie de Viller.

Elle s'étend sur les trois quarts de la vallée de ce nom, longue de sept lieues, & large de quatre ; fertile en grains, en vins, elle a des belles prairies, des forêts, des sources. C'est de-là que sortent les rivieres de Brusch & de Cher. La seigneurie renferme vingt-deux villages & trois châteaux, & appartient aux marquis de Meuse de la maison de Choiseuil. Les habitans sont catholiques. *Viller* est entouré d'un mur & d'un fossé. *Albé* ou *Erlenbach* est le plus grand de tous ses villages.

Bailliage de Marckolsheim.

L'évêque de Strasbourg le possède : voisin du Rhin il est en partie dans la haute Alsace, fut autrefois aux comtes dans Habsbourg, renferme sept villages & la petite ville de *Marckolsheim*, fermée de murs depuis long-tems. Cette subdélégation renferme encore plusieurs villages seigneuriaux.

HAUTE ALSACE.

VII. *Subdelégation de Colmar.*

Colmar, *Columbaria* : ſon étendue, le conſeil ſouverain qui y réſide en font la ſeconde ville de l'Alſace ; elle eſt la capitale de la haute ; elle était un village ſous les rois francs, & devint une ville impériale. Le pays qui l'environne eſt des plus fertiles de cette province, l'air y eſt ſain, elle eſt arroſée par les rivieres de Fecht & de Lauch, qui nettaient les rues par leurs canaux, & vont mêler leurs eaux à celles de la Tour, ſur laquelle eſt un grand & beau pont de pierres, & qui ſe jettant dans l'Ill à une lieue de-là, le rend navigable, & facilite le commerce. Elle n'eſt ceinte que d'un mur flanqué de tours, renferme 1877 feux, plus de 15000 ames, dont 6000 ſont luthériens, & ont un conſiſtoire. Les catholiques y ont une égliſe collégiale, un prieuré converti en collége royal, une commanderie de Malthe, trois couvens d'hommes, deux de religieuſes de S. Dominique. Les luthériens ont une égliſe, & un gimnaſe pour la jeuneſſe. Les magiſtrats ſont mixtes, l'hôpital bourgeois eſt pour les deux religions. Elle a un hôpital militaire, un hôtel de ville, une ſalle d'anatomie, un bel arſenal qui ſert de magazin. Elle ſe régit par le droit municipal, jouit de pluſieurs privilèges, commerce en blés, en vins qui ſont excellens, renferme beaucoup de tanneurs, a dans ſes environs un moulin royal de poudre, des uſines, des fabriques le long du canal de la Fecht, une pépiniere royale, &c. Ses revenus montent à plus de 100000 livres. Ses biens patrimoniaux ſont la petite ville de *S. Croix*, achetée pour 130000 livres. Un couvent nommé *S. Croix* parce que le pape Léon IX. fils de son fondateur, lui donna un morceau de la vraie croix, lui donna l'existence : on y conserve encore ce morceau de croix, mais il il n'a plus le même prix : la seigneurie de *Landsbourg*, que Louis XIV. lui donna en échange d'autres terres ; elle comprend la petite ville de *Wintzenheim* au pié d'un mont, entourée de murs ; le tiers de celle de *Turingheim*, trois villages, le tiers de la petite ville d'*Ammesrchweyer* ou *Mariville*, celle de *Kiensheim* dans une vallée des Vôges fertile en vins ; le grand & beau village de *Singolsheim* & celui de *Lagelnheim*.

Munster, dans la vallée de S. Grégoire. Elle doit son nom, & son origine a l'abbaye de l'ordre de S. Bénoît qui s'y trouve ; l'abbé était membre de l'empire. Son église a une ancienne couronne qu'on dit être un présent de Dagobert II. La ville a une église qui sert aux deux cultes, & environ 1800 habitans. Le magistrat y est mixte ; Louis XIV. en fit abbattre les murs.

La *Vallée de S. Grégoire* est couverte de paturages où paissent de nombreux troupeaux, on y cultive le chanvre, le lin, la vigne, le blé ; les vergers y sont abondans en fruits, les forêts en gibier, les rivieres & les étangs en poissons, sur-tout en truites excellentes. 8000 habitans y sont répandus, y commercent en beurre, en fromages estimés, en eau de cerises, en racine de *gentiane*, & en papier qu'ils fabriquent ; ils participent à la bourgeoisie de Munster : on y trouve la petite ville de *Soulzbach*, fief mouvant de la Lorraine, & où l'on voit une source d'eau minérale fréquentée.

Keisersberg, ville bâtie sous l'empereur Frederic II, sur la Weiss, au pié d'une montagne élevée, d'où l'on decouvre le Rhin : elle était libre & impériale ; & elle a encore aujourd'hui son magistrat municipal.

Ses habitans ſont catholiques ; elle a une égliſe, un couvent, un hôtel de ville &c. Ses environs donnent de très-bons vins.

Turingheim ou *Turckheim*, ville autrefois impériale ſur la Fecht, à l'entrée de la vallée de S. Grégoire. Son magiſtrat eſt municipal, ſes habitans ſont catholiques, la culture de la vigne les occupe, & le vin qu'ils en recueillent eſt excellent : elle a des droits ſur un village ; mais l'abbaye de Munſter, & Colmar en exercent ſur elle.

Les trois villes dont nous venons de parler faiſaient partie de l'ancienne Dinaſtie de Keiſersberg, changée par Louis XIV. en emphitéoſe poſſédée par les barons d'Andlau.

Neu-Briſac, forteresſe réguliere, près du Rhin, conſtruite par Vauban : les rues ſont tirées au cordeau ; les maiſons ſimétriques, ſa place d'armes eſt très-vaſte, & au centre de la ville ; c'eſt un quarré planté d'arbres tout autour, & qui a une belle fontaine au milieu. Les magiſtrats, les habitans ſont catholiques, au nombre de 1700. Les proteſtans y ont liberté de conſcience : à mille pas de la ville eſt le *Fort Morier*, vis-à-vis le vieux Briſac. Le Rhin forme près de-là une isle, où était la ville de *S. Louis*, ou de *la Paille*, détruite en vertu du traité de Ryswick ; il n'y reſte que quelques chaumieres. Le conſeil ſouverain qui eſt à Colmar, réſidait à S. Louis.

Seigneurie de Ribeaupierre.

Elle eut long-tems des ſeigneurs particuliers : les filles des derniers, en épouſant des princes d'Allemagne leur donnerent leurs prétentions. Louis XIV. décida en faveur de comte palatin de Birckenfeld ; & par-là elle appartient aux comtes palatins de Deux-

Ponts. La religion y est mixte, les catholiques forment le plus grand nombre; elle renferme neuf bailliages dont nous allons parler.

Le bailliage de Ribeauviller.

On y trouve les trois châteaux ruinés de Ribeaupierre de Stein ou Girberg, de S. Ulric ou grand Ribeaupierre, disposés en triangle, sur des hauteurs, & dont l'aspect est agréable de loin. *Ribeauviller*, petite ville, située au bas des châteaux, divisée en haute & basse, siége de la chancellerie & de la chambre des finances du prince : tous les officiers municipaux y sont mixtes : elle a un couvent, un hermitage où accouraient les pélerins, un château, de jolis jardins, une chapelle pour les officiers du prince & les luthériens. C'est là que s'assemblent un jour de chaque année les musiciens de la haute Alsace. *Thannen-Kirch*, placé dans une montagne couverte de sapins, ce village en a pris son nom.

Le bailliage de Guemar.

Guemar est une petite ville, fondée par Rodolphe de Habsbourg. Il n'y a que quelques familles protestantes. Elle communique son droit de bourgeoisie à divers villages. Entr'elle & Scelestatt, Onenheim, Elsenheim, Musig, Bergheim & Colmar, est une vaste plaine où les villes & villages voisins ont droit d'envoyer leurs troupeaux : mais la jurisdiction appartient au seigneur de Ribéau-pierre.

Le bailliage de Bergheim.

Bergheim, est une petite ville ancienne : c'était

un azyle où se réfugiaient même les assassins, qui dit-on y étaient en sureté pendant cent ans & un jour. Elle communique son droit de bourgeoisie à *Raviller* & *Rodern*. Là commence le Landgraben, fossé qui sépare la haute Alsace de la basse, & s'étend des Vôges à l'Ill & de l'Ill au Rhin.

Le bailliage de Zellenberg. Zellenberg est une petite ville; près d'elle est un château ruiné & trois villages.

Le bailliage de Heiterheim. Heyterheim est un village ancien: il a un château, trois autres villages l'environnent,

Le bailliage de Wihr, dans la vallée de St. Grégoire, il a près de deux lieues d'étendue, renferme quatre villages, trois châteaux ruinés, & la petite ville de *Wihr*, ou *Weyer* près d'une montagne couverte de vignes, & d'une chapelle visitée par les pélerins.

Le bailliage d'Orbey renferme la vallée de ce nom, les châteaux ruinés de Hahenack, & de Judenbourg, cinq villages paroissiaux: *Orbey*, *Urbis*, a un grand territoire qui renferme deux lacs: dont l'un paroît noir, & l'autre blanc; & on les distingue par ces noms; & 7 petits villages ou hameaux. Tous les habitans sont catholiques, parlent un patois roman, & gardent des troupeaux. Enfin la riche abbaye de *Pairis*, *Parisiensis monasterium*, est encore de ce bailliage.

Le bailliage de Sainte-Marie s'étend dans le val de Lievre, que le Lebre traverse en coulant vers l'Ill où il se perd. Une partie de la vallée appartient à la Lorraine; l'autre comprend cette portion de *Marie aux mines* où l'on parle allemand, & que le Lebre sépare de celle où l'on parle roman. On y dit la messe, on y preche tour-à-tour dans les deux langues, & les anabaptistes y croyent ce qu'ils veulent:

tous fabriquent des draps, des étoffes de coton, & y fouillent les mines. A ce bourg, sont joint plusieurs villages.

C'est ici que Busching place le comté d'*Horbourg*, les seigneuries de *Riquewir* & d'*Osteim* : elles font partie de la haute Alsace, & renferment dix-sept villages & une petite ville. Nous les avons joints aux états du duc de *Wurtemberg* dont elles font partie. *Voyez* T. II. P. 2. *pag.* 227.

Haut-Mundat de Ruffac, *Emunitas rubeacensis superior*, parce qu'il était exempt de la jurisdiction des landgraves. C'est la plus ancienne possession des évêques de Strasbourg, entre la Thur ou Tour & Colmar, elle s'étend l'espace de cinq lieues, est mêlée de champs, de prairies, de bois, de vignobles. Les juges sont nommés par l'évêque ; mais on appelle de leurs sentences : la religion catholique y est seule établie, comme aussi dans toute la partie de l'Alsace qui nous reste à parcourir. Le Haut Mundat se divise en trois prévôtés.

La prévôté de Rouffac, où est *Rouffac*, ville municipale sur le Rothbach, qui a une église, un couvent, une commanderie de l'ordre teutonique, un château sur une colline couverte de vignes, & où demeurerent quelques rois mérovingiens, on y compte encore six villages. Celui de *Geberswiller* a un couvent de franciscains, visité encore par des pélerins; celui de *Sultzmatt* est connu par ses bains d'eaux minérales : près de lui sont trois châteaux.

La prévôté de Soulz, où est *Soulz*, petite ville qui a un couvent & une commanderie de l'ordre de St. Jean ; où sont encore trois villages.

La prévôté d'Egesheim, où est *Egesheim* petite ville fondée au treizieme siecle, & qui doit son existence à ses antiques châteaux, dont l'un est placé au ſommet d'une haute montagne, compoſé de trois tours maſſives & quarrées, qui ont chacune leur nom : l'autre plus ancien eſt dans la ville. On y remarque encore deux villages : dans celui de *Wettelsheim* eſt une égliſe qui, dit-on, ſervit d'autel aux payens.

A ces trois prévôtés ſont joints quelques fiefs, tels que celui de *Freudſtein*, château ruiné ſur une montagne : celui d'*Olweiler*, château magnifique ; *Herlisheim*, petite ville ſur la Lauch, à deux lieues au-deſſus de Colmar ; *Schranckenfels*, château ruiné ſur un mont ; *Jungholtz*, château ſur un roc élevé, au bas duquel eſt un village habité par des Juifs : on leur y a donné le droit de ſépulture, & ſans doute, on a cru leur faire une grace.

Territoire du Chapitre de Murbach.

Ce chapitre fut une abbaye, dont le chef était prince de l'empire, & en prend encore le titre. Louis XV l'a ſéculariſé, & a diſtribué ſes revenus comme canonicats & bénéfices à divers nobles d'Alſace qui en jouiſſent chez eux. Ce territoire eſt diviſé en trois prévôtés.

La prévôté de *Gebweiler* eſt dans la vallée qu'on nomme *Blumenthal* ou *Florival* à cauſe de ſa beauté ; diviſée en deux autres, l'une extérieure a le nom de vallée de *Gebweiler* ; l'autre extérieure a celui de *Murbach* ou de *Bolon*, d'un ſommet des Vôges qu'on déſigne par ce nom, au pied duquel eſt ſituée l'abbaye. La ville de *Gebweiler* eſt à l'entrée du Florival, ſur la Lauch, parmi des côteaux de vignes. Son égliſe neuve eſt un beau monument d'architecture, elle a un couvent d'hommes, un monaſtere de filles, une commanderie de Malthe. La prévôté renferme encore quelques villages & châteaux ruinés.

La prévôté de Watteviller renferme *Watteville*, petite ville ſur un monticule au pié des Vôges, connue par ſes eaux minérales, ſalutaires à ceux qui ſouffrent de l'eſtomac & de la poitrine. *Uffholtz* eſt un bourg plus grand, plus riche que la ville; deux châteaux ruinés, deux villages, forment avec le bourg & la ville cette prévôté.

La prévôté de S. Amarin s'étend dans une partie de la vallée de ce nom, vallée charmante, fertile, couverte de prairies riantes, & d'habitans aiſés. Elle a des mines de fer, eſt arroſée par la Thur, & eſt diviſée en haute & baſſe: la baſſe embraſſe la petite ville de *Saint-Amarin*, où il y a deux égliſes; pluſieurs villages & le petit palais de *Waſſerling*. La haute renferme trois grands villages, des hameaux; & les ruines d'un château que ſon aſpect horrible a fait nommer *Wilderſtein*.

Bailliage de Bollviller.

C'était une baronnie que Louis XV érigea en marquiſat, placée entre Soultz & Enſisheim; il renferme *Bollviller*, grand village élevé ſur les ruines d'une ville de même nom, entre trois petites montagnes, & cinq autres villages. Le territoire eſt fertile.

Seigneurie d'Iſenheim ou *d'Eiſenheim.*

Elle a eu fait partie du territoire de Murbach auquel il touche. Elle renferme trois villages.

Ville d'Enſisheim.

Enſisheim ou *Ensheim*, au centre d'une belle plaine

sur un canal que l'Ill remplit de ses eaux. Cette ville a été capitale de l'Alsace autrichienne; elle a un bailliage, une église dans laquelle est suspendue la pierre *Donnerstein*, pesant 280 l. & tombée du ciel, disent les théologiens moines, un couvent de capucins, & un de franciscains: elle possede le village de *Rulesheim*, & le tiers de celui d'*Ungersheim*. Elle est à deux lieues de *Mulhouse*, alliée des Suisses.

Prévôté de Sernay.

Sernay ou *Sennheim*, petite ville sur la Thur, gouvernée par un prévôt, & des magistrats municipaux, elle est assez ancienne & a deux foires fréquentées: *Steinbach* est un village; *Berlingen* un prieuré.

Seigneurie & Baïlliage de Thaun.

Elle est dans le Suntgaw & en dépend. *Thann*, *Pinetum*, ville sur la Thur, environnée de vignobles, à l'entrée de la belle vallée de Saint-Amarin. La guerre l'a souvent épuisée. La tour de son église est des plus hautes & des mieux travaillées de la province: elle a deux couvens, & deux fauxbourgs. Entre cette ville & Sernai est la plaine d'*Ochsenfeld*, vaste, & presqu'inculte, qu'on croit être le champ du mensonge où Louis le Débonnaire fut trahi par ses fils: d'autres le placent près d'*Osthein* dans la plaine de *Rothleuble*. Cette seigneurie renferme encore six villages divisés en trois mairies, & deux prévôtés: celle de *Burnhaupten* composée de six à sept villages, de quelques châteaux, & celle de *Traubarch*, divisée en quatre mairies, formées de plusieurs villages & du bourg de *Damerkich*: quatre autres mairies appellées de *Balschweiler*, de *Sulzbach*, de *Reinigen* & de *Rispach*.

Seigneurie de Landser.

C'eſt la partie du Suntgaw, ſituée entre Bâle, Mulhouſe & le Rhin. Elle eſt diviſée en deux bailliages ; l'un formé de la ſeigneurie de Landſer proprement dite, que les comtes d'Habsbourg s'étaient acquiſes par toutes ſortes de moyens : l'autre faiſait partie de la terre d'Enſisheim, dont elle fût démembrée au douzieme ſiecle.

Le bailliage ſupérieur de Landſer ſe diviſe en cinq prévôtés. Celle de *Landſer* renferme le bourg, autrefois ville de ce nom, où eſt un couvent de capucins & les ruines de ſon château. Son nom latin eſt *Decus regionis :* s'il l'a eu mérité il ne le mérite plus : les quatre autres prévôtés n'ont que des villages.

Le bailliage inférieur ſe diviſe en quatre prévôtés, & eſt formé de onze villages: *Habsheim* en eſt un, il eſt conſidérable, & a été une ville forte, brûlée par les Suiſſes en 1468. *Othmarsheim* a un péage qui rapporte plus que tout le reſte de la ſeigneurie, une abbaye de filles nobles, dont l'égliſe eſt un monument précieux des anciens Romains, très ſolide, & le ſeul de la province qui ait triomphé des injures du tems & des fureurs de la guerre. On croit que c'était un temple conſacré à Mars.

La ſeigneurie de Landſer renferme encore pluſieurs fiefs.

Bailliage d'Eſcholzweiler.

Il eſt compoſé de huit villages.

VIII. *Subdélégation de Belfort* ou *Béfort.*

Seigneurie de Belfort.

Le terroir n'y eſt pas bien fertile ; on y trouve des

étangs poiſſonneux, des prairies, des bois, beaucoup de mines de fer : elle touche au Montbéliard, & eſt ſous la juriſdiction d'un grand baillif, & ſe diviſe en cinq diſtricts : dans tous on parle la langue romance.

La prévôté de Belfort renferme *Belfort*, petite ville, capitale du Suntgaw, fortifiée à la Vauban, ſiége d'un gouverneur particulier, &d'un état major; on y compte environ deux mille habitans : on y voit une égliſe collégiale, deux hôpitaux, une ſalle d'anatomie, un couvent de capucins, & pluſieurs forges d'où ſortent chaque année, plus de deux cents mille livres d'excellent fer. Son château lui a donné ſon nom, & l'a reçu de ſa force & de ſa ſituation charmante; delà on découvre l'Alſace, la Lorraine, la Bourgogne, l'évèché de Bâle & la Suiſſe. Il y a un commandant, & une garniſon d'invalides; on y enferme les vagabonds. Près delà, ſur une montagne, eſt la tour de *Miotte*, que les habitans réparent avec ſoin, ſans qu'on ſache à quel uſage. La prévôté renferme cinq mairies, formées de divers villages.

La prévôté d'*Angeot* eſt diviſée en deux mairies; l'une a trois villages, l'autre, quatre.

La grande mairie de l'*aſſiſe* eſt partagée en deux petites : l'une compoſée de ſept villages, l'autre de trois.

La ſeigneurie de *Roſemont* eſt la meilleure partie de la ſeigneurie de Belfort; elle eſt ſituée près des Voſges, & ſe diviſe en deux mairies, l'une appellée *Haut Roſemont*, s'étend entre des montagnes, & comprend douze villages; celui de *Giromagny* eſt fort grand, & a de belles mines de fer. *Le Bas Roſemont* renferme trois villages.

La ſeigneurie de *Déle*, formée de différentes terres : ſon nom lui vient d'un château dont on voit les ruines ſur un rocher. Il comprend la ville de *Déle*, *Datira*, au pied du rocher, & neuf mairies, qui renferment une vingtaine de villages.

Quatre fiefs relevent de la ſeigneurie de Dêle : la *ſeigneurie de Florimont*, compoſée de la ville de ce nom & de quatre villages : la *ſeigneurie de Montreuil*, compoſée du château de Montreuil & de quatre villages. La *ſeigneurie de Granvillar & Morvillar*, formée de la ville de Granvillar & de trois villages : la *baronnie de Montjoie*, ſur le Doux, ſéparée du Suntgaw, renſerme quinze villages, & le château ruiné de Montjoie.

Bailliage de Maſevaux & de Rougemont.

Il renferme les deux ſeigneuries de ce nom & deux mairies. La *ſeigneurie de Maſevaux* s'étend dans une vallée de cinq lieues d'étendue, bornée par une riviere & une haute montagne. Elle tient ſon nom de l'abbaye de *Maſmunſter*, *Maſonis monaſterium*, remplie de chanoineſſes nobles & Alſaciennes. Elle renferme la ville de ce nom, petite, municipale, commerçante en bois, en fer & en fil ; on y compte environ mille habitans.

La haute mairie comprend onze villages : dans celui d'*Oberbruck*, on fond le fer qu'on retire des mines des environs : dans celui de *Kirchberg*, on le forge en plaques ; dans celui d'*Hubach* eſt une chapelle célebre.

La Baſſe Mairie n'a que quatre villages.

La *ſeigneurie de Rougemont* a pris ſon nom de deux châteaux, l'un au ſommet, l'autre au pié d'une montagne ; là était la ville de Rougemont qui n'éxiſte plus ; la ſeigneurie renferme encore quatorze villages.

Seigneurie

Seigneurie & bailliage de Ferrette.

Il ne s'agit point ici de l'ancien comté de Ferrette
i comprenait la plus grande partie du Suntgaw; elle
est aujourd'hui que ce qu'elle était dans son origine.
lle prend son nom du château de Ferrette, *Phirreta*,
ti sur un rocher, & presqu'en ruines. Elle ren-
rme la petite ville de *Ferrette*, & trente-quatre vil-
ges distribués en six mairies. *Oltingen* est le plus
and de ces villages.

Plusieurs fiefs relevent de cette seigneurie. Telle
t la *seigneurie de Morimont*, qui renferme quatre
llages; le district de *Blomont* qui a deux lieues d'é-
ndue & prend son nom de la montagne bleue: le
âteau de *Lowemberg*, de *Waldeck*, & autres.

Seigneurie & bailliage d'Altkirch.

Son nom est celui d'un château démoli qu'on
it sur une colline près de l'Ill. Elle comprend la
tite ville d'Altkirch, divisée en haute & basse,
trente-quatre villages divisés en sept mairies. On
ouve du bitume dans son enceinte.

Bailliage de Brunstatt.

Il est composé de plusieurs châteaux & de plusieurs
llages. *Brunstatt*, village, donne son nom à la sei-
neurie; *Zillisheim* est grand, & a un palais qui a au-
nt de fenêtres qu'il y a de jours dans l'année. *Lau-
bach* a un prieuré.

Ville d'Huningue.

Huningue, forteresse sur le Rhin, bâtie par M.

de Vauban ; elle eſt réguliere, jolie, mais petite Elle eſt le ſiége d'un gouverneur particulier : Bâl en eſt à une lieue.

Château de Landſcron.

Il eſt ſur une montagne eſcarpée qui ſépare la Suiſſ du Suntgaw. Louis XIV donna en échange de ce fief 3000 liv. par an au Margrave de Bade-Dourlach qui le poſſédait.

On a établi douze grandes routes dans les Vôges pour faciliter le commerce & la communication de la Lorraine & de l'Alſace. Celles de la vallée de *St Grégoire*, & de *Dabo* ne ſont utiles qu'aux piétons & aux cavaliers. Celles de *St. Amarin*, de la *Vallée d'Orbay*, du val de *Lievre*, de *Willer*, de *Schirmech*, de *Nieder-bronn-Bitſch* ſont pratiquables pour toutes ſortes de voitures ; celles de *Maſevaux*, de *Giromagny*, de *Saverne*, de *Wiſſembourg-Bitſch* sont des ouvrages admirables, où l'art & le travail ont fait preſque des prodiges pour applanir & rendre aiſé les lieux les plus inacceſſibles & les plus impraticables.

GOUVERNEMENT DE FRANCHE-COMTÉ.

La Franche-Comté eſt au ſud de la Lorraine, la Suiſſe la borne à l'orient, la Breſſe au midi, la Bourgogne à l'occident. Elle a trente-neuf lieues de long, & ving-ſix de large. On la nomme comté de Bourgogne, pour la diſtinguer du duché de ce nom & Franche-Comté, à cauſe de ſes franchiſes, ou parce que Renaud III, l'un de ſes comtes, en refuſa l'hommage à l'empereur Lothaire II. Les *Sequani* l'habiterent ; les Romains la conquirent, les

Bourguignons, nation d'au-delà du Rhin, vinrent l'envahir vers l'an 408, enfin les successeurs de Clovis l'unirent à leurs états : sous Charles le chauve, on l'appella *Haute-Bourgogne*. Elle fit partie du nouveau royaume de Bourgogne que fonda *Rodolphe d'Estralinghen*. En 1002 elle fut soumise à des comtes particuliers, jusqu'à ce que Philippe le Hardi duc de Bourgogne, l'eut conquise : elle fut unie à la Bourgogne jusqu'à la mort de Charles le Téméraire : sa fille, en épousant Maximilien d'Autriche, en fit un appanage de sa maison ; Charles-Quint l'unit aux Pays-Bas & l'a soumit à la domination de l'Espagne, qui la perdit dans la guerre de 1672 entre Louis XIV, &, depuis ce tems, elle est demeurée unie à la France.

Les neiges qui couvrent ses montagnes y rendent les hyvers rigoureux & longs ; les printems y different peu de l'hyver ; les étés y sont très-chauds, les automnes belles. La nature l'a divisée en pays uni, abondant en blés, en vins, en chanvres, pâturages, noix & autres fruits ; en pays de montagnes où il ne croît que de l'orge, de l'avoine, &c. en pays mêlés, fertiles en blés, en avoines, en vins : les forêts y sont communes, & y rendent l'hyver plus supportable ; le gibier y est abondant. Le pays des montagnes est le plus riche, parce qu'on y éleve de beaux troupeaux. Diverses rivieres l'arrosent. La *Saone*, qui vient de la Lorraine : le *Doux* qui prend sa source près de Pontarlier, l'arrose en divers sens, & est navigable en partie : l'*Ougnon* qui sort des Vôges, & n'est jamais navigable ; mais sert à flotter le bois, & se perd dans la Saone : la *Louve* qui sort du bailliage d'Ornans, son cours est impétueux, & elle se perd dans le Doux. Le Dain, qui a sa source dans le bailliage de Salins ; & qui toujours rapide, ne sert qu'à flotter le bois, & se jette dans le Rhône. On vante la carpe de la Saone, le barbeau de l'Ougnon, le brochet du Doux, l'ombre de la Louve, la truite du Dain. On trouve encore dans ces rivieres des lamproyes, des anguilles, des vilains, des aloses, des perches, &c. Au pié des monts on trouve des sources d'eaux minérales ; ailleurs des mines de fer, de cuivre, de plomb & d'argent ; des salines abondantes, des carrieres d'albâtres blancs & jaspés, de marbres noirs, &c. Elle renferme diverses curiosités naturelles. Tels sont deux puits ; l'un près d'Ornans, très-profond, qui dans les grandes pluies regorge un torrent d'eau qui repeuple la Louve de poissons : l'autre, près du village de Froté, large à son ouverture de quinze toises, sur vingt de profondeur; étroit au fond, une petite source y coule d'une fente de rocher. S'il pleut deux jours de suite l'eau s'éleve, &, comme une montagne d'eau, inonde les campagnes qui l'environnent. Telle est la *Fontaine ronde*, qui sort d'un lieu pierreux sur le chemin de Pontarlier, se jette dans deux bassins, est soumise à un flux & reflux réglé, qui peut se mesurer sur une pierre aiguë, au milieu d'un des bassins. Un bruit sourd annonce le flux ; l'eau sort de toutes parts en bouillonnant, remplit les deux bassins, regorge, & forme un ruisseau assez grand ; bientôt il ne dégorge plus, elle reste d'abord tranquille, puis redescend ; la fontaine tarit, deux minutes après le flux recommence, & son période est d'un quart-d'heure. Tels sont encore deux ruisseaux près de Besançon : l'un nommé *la Craye*, forme dans son lit des incrustations pierreuses ; en deux ans il forme un second tuyau de pierre, épais d'un pouce & demi, dans les tuyaux de bois qu'il traverse pour mouvoir des forges de fer : l'autre nommé *Bougeaille*, dissout ces incrustations, & en mêlant leurs eaux, ils perdent leurs qualités. On doit compter parmi ces curiosités une grotte & une glaciere. La grotte est à une lieue de Quingey, près du *Doux* : la nature y a formé des figures de tombeaux, de colonnes, de statues, des cabinets, des fruits, des fleurs, des festons, des trophées. L'imagination aide, sans doute, à la nature. La glaciere est dans la croupe d'une haute montagne, près du village de Leugné. On trouve d'abord une descente longue de 300 pas; une porte, plus grande que celles des grandes villes, la termine; au-delà est la caverne, profonde de trente-cinq pas, large de soixante, & dont la voûte a soixante pieds de haut. Un ruisseau la traverse, & se glace en été, jamais en hiver. Au fond sont des pierres semblables à l'écorce du citron confit; au haut sont d'épais glaçons suspendus. Les brouillards à l'entrée de la caverne y annoncent la pluie; la pureté de l'air y annonce le beau tems. Entre Lons-le-Saunier & Bourg-en-Bresse, on trouve une forêt souterraine; le bois en est devenu brun, ou noir; l'écorce s'en est pourrie : il se change au feu en un vrai charbon végétal : quelques parties s'en sont minéralisées. Les habitans de cette province sont laborieux, mais agrestes encore. Le bled, le vin, le chanvre, les chevaux, les bœufs, les porcs, le fromage, le beurre, le fer, le sel, les bois, un charbon de terre excellent, sont les principaux objets de leur commerce. Sur les bords de l'Ougnon, du Doux, de la Saone, on trouve une trentaine de forges, où l'on fabrique un fer excellent, où l'on fond des bombes, & des boulets; dans Besançon, & dans Pontarlier, on fait de bonnes armes à feu. On y compte 2134 villes, bourgs, paroisses, ou communautés; 665000 personnes de tout âge, de tout état ; 2000 prêtres, religieux, ou religieuses. L'administration militaire est dans les mains d'un gouverneur-général, d'un lieutenant-général-commandant de la province, de quatre lieutenans de roi, de quatre lieutenans des maréchaux de France, de quatre grands baillifs d'épée. L'administration ecclésiastique est presque toute entiere dans les mains de l'archevêque de Besançon & de l'évêque de S. Claude. Les finances y sont régies par un intendant, & une chambre des comptes établie à Dole. Une imposition ordinaire, le domaine & les salines, les octrois des villes, les dons du clergé, les capitations, l'utencile, la milice, les impôts extraordinaires, &c. y forment un produit annuel de 4,830,000 liv. La justice s'administre par cinq tribunaux subalternes, qu'on nomme *présidiaux*, d'où l'on appelle au parlement, rendu d'abord sédentaire à Dole par Philippe le Bon, duc de Bourgogne, & transféré à Besançon en 1676. Il est composé d'un premier président, de cinq présidens à mortier, de trois chevaliers d'honneur, de quatre maîtres des requêtes, de quarante-cinq conseillers, de deux avocats-généraux, d'un procureur-général & deux substituts, d'un greffier en chef, & de trois autres. On y suit la coutume du comté de Bourgogne, rédigée en 1499. On divise la Franche-Comté en quatre grands bailliages, & en quatorze petits : nous suivrons ces divisions.

I. *Grand Baillage de Besançon.*

Il renferme 100 paroisses, formées de 6385 feux.

Besançon, *Vesontio*, ville ancienne & forte, dans un fond entre de hautes montagnes, sur le Doux, qui en fait une presqu'île, & la partage en ville haute

& ville basse, jointes par un beau pont de pierre, au bout duquel est un portique superbe : des deux côtés regne un quai très-étendu, dont la structure & la situation présentent un coup-d'œil agréable. Trois portes communiquent à la campagne dans la haute ville, & trois dans la basse. On appelle l'une d'elles *Porte taillée*, parce que Jules-César y fit couper à l'endroit qu'elle occupe, un énorme rocher, pour ouvrir un passage à un aqueduc dont on voit encore des vestiges. Au dedans de la porte de *Bregille*, est une place vaste, bordée sur ses deux aîles de casernes magnifiques, dont le plus grand corps sert à loger l'infanterie; l'autre est pour la cavalerie. L'art & la nature l'ont rendue forte : le Doux sert de fossés à la ville haute, défendue par une enceinte flanquée de huit tours bastionnées. La basse est environnée d'ouvrages plus grands & plus nombreux, ceinte d'un large fossé, muni d'un chemin couvert revêtu, & d'un glacis. La citadelle est un quarré long, elle est bâtie sur un rocher très-escarpé, au bas duquel est le *Front-Saint-Etienne*. Du côté de la campagne, un profond fossé taillé dans le roc, va d'un bord de la riviere à l'autre, & ferme la presqu'île. Besançon fut sous les Romains une des plus magnifiques places d'armes qu'il y eût dans les Gaules. Il reste de beaux vestiges des ouvrages qu'ils y avaient faits : on y voit des débris de pavés à la mosaïque, d'édifices superbes, de colonnes, de statues de marbre & de bronze, des médailles antiques. En creusant les fondemens d'un grenier public, on découvrit un temple antique. Hors des murs sont les restes d'un amphithéatre de 120 pieds de diametre. Plusieurs quartiers conservent les noms que les Romains leur avaient donnés. Elle a plusieurs belles fontaines : dans l'une on voit un aigle de bronze à deux têtes, qui jette de l'eau par ses deux becs : Charles-Quint couronné de lauriers, est sur cet aigle ; il tient un globe d'une main, & une épée de l'autre. Au devant du couvent des Carmes, on voit un Neptune, un trident dans sa main droite, assis sur un dauphin, qui jette de l'eau dans un grand bassin. Elle fut ville impériale, & tomba enfin sous le pouvoir de Louis XIV, qui lui a conservé ses coutumes particulieres. Elle est le siege du gouverneur général, d'un gouverneur particulier, de deux états-majors, du parlement, de l'intendant, du grand baillif, d'un hôtel des monnaies, d'un présidial, &c. On y compte huit paroisses, deux chapitres, quatre abbayes, douze couvens, un séminaire, un college, un hôtel-dieu, trois hôpitaux : la grille en fer qui ferme la grande cour, est un morceau unique en son genre. Son archevêque prend le titre de prince du saint empire, & a pour suffragans les évêques de Lausanne, de Bâle & de Bellay. Son diocèse renferme 876 paroisses, 29 abbayes, & 13 chapitres. Ses revenus montent à 40000 liv. sa taxe à 1023 fl. Le pape seul est son supérieur. Il a un grand maréchal, un grand veneur, un grand échanson, &c. Ses obséques sont curieuses. La cathédrale est bâtie au pied du mont S. *Etienne*, autrefois *Mons Cœlius*. On y conserve la tête de S. *Agapit*, homme plus vénéré que connu ; & le S. *Suaire*, qu'on montre le jour de Pâques, & le Dimanche qui suit l'Ascension.

L'université de Besançon est ancienne & fut célebre : elle a une académie des sciences, belles-lettres & arts, fondée en 1752 ; une société littéraire & militaire, une direction du génie, une école d'artillerie, une bibliotheque publique, dirigée par les Bénédictins, & où l'on voit une tête d'Apollon, d'airain qui rendit autrefois des oracles. Son hôpital-généra[l] est orné d'un grillage de fer, d'un goût & d'un travail exquis, qui sert de portail, & s'étend d'une aile à l'autre. Les greniers publics, construits par la ville, sont vastes, solides & magnifiques. La maison du gouverneur mérite l'attention par les statues, les tableaux rares, les livres, & les manuscrits qu'elle renferme. La façade de l'hôtel-de-ville est ornée d'une fontaine, qui représente une espece d'apothéose de l'empereur Charles-Quint : on y voit sa statue en bronze, portée par une aigle à deux têtes, jettant de l'eau par l'un & l'autre bec. Une couronne de lauriers est sur sa tête ; d'une main il tient le globe du monde, de l'autre une épée nue : au-dessus est l'ancienne devise de la ville : *Plût-à-Dieu!* Elle a trois autres fontaines très-belles : celle qu'on voit devant le couvent des Carmes, représente Neptune armé du trident, assis sur un dauphin, qui remplit d'eau un grand bassin. Une autre représente une nymphe nue, jettant de l'eau par les mammelles. Ses rues sont belles, propres, bien pavées ; ses maisons bien bâties. Elle a huit paroisses, deux chapitres, quatre abbayes, une commanderie de l'ordre de Malthe, un séminaire, un collége royal, douze couvens, un hôtel-dieu, où l'on éleve les enfans, un hôpital pour les enfans-trouvés, un réfuge pour les filles débauchées, environ 20,000 ames, & la garnison toujours assez nombreuse. Près de Besançon sont les deux ruisseaux nommés *Craye* & *Bougeaille*, dont le premier forme des incrustations, & l'autre les détruit.

Avannes sur le Doux, *Avenay*, avec un prieuré, *Beure*, *Bonnay*, *Champlive*, *Nazey*, sont tous de grands villages : le dernier est dans les montagnes : *Cromeri* est sur l'Ougnon. *Châtillon-Guiote* & *le Duc*, *le Vaux* sont peu considérables.

II. *Grand bailliage de Dole.*

Il comprend les petits bailliages de Dole, de Quingey & d'Ornans.

Le bailliage de Dole a 177 paroiſſes, & renferme 8084 feux.

Dole, *Dola Sequanorum*, ville ſur la rive droite du Doux, entourée de campagnes fertiles, qu'on appellait autrefois le Val d'Amour. Elle a un corps de magiſtrature. Dans la grande égliſe de Notre-Dame eſt le tombeau de *Jean Carondelet*, chancelier de Bourgogne, en marbre blanc. Elle a un magnifique collége royal, dix couvens, une commanderie de l'ordre de Malthe, une de l'ordre du Saint-Eſprit de Montpellier, pluſieurs belles rues décorées de beaux bâtimens particuliers, un palais pour la chambre des comptes, un hôtel-dieu, pluſieurs veſtiges de monumens élevés par les Romains, entr'autres la *Place des Arenes*. Lorſque Beſançon ſe gouvernait par ſes propres loix, Dole était la capitale de la province; le parlement, & l'univerſité y réſidaient; les maiſons où ils s'aſſemblaient ſont encore belles. Demeure des ſouverains, on l'appellait *Dole la joyeuſe*; ruinée par les Français, on l'appella *Dole la dolente*. Elle était forte, mais Louis XIV en fit démolir les fortifications: cependant elle a toujours un commandant. On y compte 9 à 10,000 habitans.

Annoires, *la Loye*, *Moiſſey* ont environ 600 habitans. *Jampans* a de belles carrieres de marbre & de pierres jaſpées. *Orchamps*, *Rocheſort*, *Fraiſans* ſont ſur le Doux; *Montmirei* eſt ſur une élévation. *Vaudrei* eſt connu par la maiſon qui en porte le nom. Ce ſont tous des bourgs, ou des villages.

Le bailliage de Quingey est formé de 39 paroisses, qui font ensemble 1407 feux.

Quingey, petite ville sur la Louve. Elle a une église paroissiale, une communauté de prêtres, un prieuré, un couvent de Dominicains. Dehors la ville sont des forges considérables, qui emploient un grand nombre d'ouvriers. *Arc*, *Senans* sont des villages, qui, réunis, peuvent avoir 900 ames.

Le bailliage d'Ornans a 69 paroisses, & 1980 feux.

Ornans, petite ville sur la Louve. On voit près d'elle une caverne où la nature a formé des colonnes, des tombeaux & des figures de toute espece. Elle a une église paroissiale, une communauté de prêtres, & deux couvens. Elle formait autrefois une seigneurie avec les villages de *Brancons* & *Vuillafans*. *Lodz*, *Moutier*, *Russel*, *les Vaudabons*, *Verul* sont encore de grands villages.

Grand bailliage appellé d'Amont.

Sa situation au nord lui donne son nom. Il contient les bailliages de Vesoul, de Gray, de Baume-les-nones.

Le bailliage de Vesoul est composé de 467 paroisses, & d'environ 19000 feux.

Vesoul, *Castellum Vesullum*, ville près du Durgeon, au pied d'une montagne, appellée *la Motte de Vesoul*. Son territoire est fertile & riche; elle a été une cité des Séquaniens, elle est aujourd'hui le siége d'un commandant, d'un présidial, & d'un corps municipal: elle a un college, trois couvens, une église collégiale. Elle a été fortifiée; ses murs tombent en ruines. Près d'elle est la fontaine minérale de Repes ; son eau légere, sans goût & sans odeur, renferme un sel acide : elle est purgative & diurétique.

Claire fontaine, *Bellevaux*, deux abbayes d'hommes de l'ordre de cîteaux : l'abbé de la premiere a 5000 liv. de rente, celui de la seconde en a 6000.

Jussey, ville avec une prévôté, & un prieuré à la nomination du pape. Elle est sur l'Amance, dans les montagnes, environnée de champs fertiles & de beaux pâturages.

Charlieu, paroisse, abbaye de l'ordre de cîteaux sur l'Airon, fondée en 1130. L'abbé a 20000 l. sa taxe en cour de Rome n'est que de 885 liv.

Faverney, bourg sur la Lanterne, avec une abbaye d'hommes de l'ordre de St. Benoît, de 5 à 600 liv. de rente.

Jonvelle, *Amance*, *Montaigu*, *Granvelle*, *Flagi*, *Rup* sur la Saone, *Fondrement* sur une montagne, *Conflanday*, *Bourguignon*, *Conflans*, *Bitaine* abbaye, sont des paroisses considérables, *Montboson*, communauté, prévôté, sur l'Ougnon, *Belot* seigneurie érigée en marquisat en 1706. *Montjustin* village & prévôté ; *Villers-sur-Scey*, *Granges le bourg* sur l'Ougnon, *Vaux-Villers*, chef-lieu d'une jurisdiction particuliere. *Faucogney*, ville sur le Breuchin, prévôté, *Fougereule* bourg au milieu des montagnes, dans une vallée abondante en pâturages, sur la Fougereule. *Servana* & *St. Hilaire* grandes paroisses.

Luxeuil, *Luxovium*, ville avec une jurisdiction particuliere, & une abbaye de bénédictins fondée, dit-on, en 602 par St. Colomban. Elle est en commande & vaut à l'abbé 25000 liv. de rente, sa taxe en cour de Rome est de 3000 l. Près d'elle sont des sources ferrugineuses, & des bains chauds très ions. Jules-César en avait fait élever le bâtiment par Titus-Labienus. L'intendant de la province a fait élever l'édifice vaste & commode qu'on y voit, il en posa la premierr pierre en 1764. Près d'elle est la fontaine *de Disette*; plus elle est abondante, & plus le laboureur craint pour sa recolte.

Lure, *Ludera*, bourg, prévoté, dans les montagnes, environné de bois, près de l'Ougnon, & dans une isle formée par un étang. Il y a une abbaye de bénédictins fondée en 611 par St. Deicole, disciple de St. Colomban : elle est unie à celle de Murbach en Alsace, son revenu est de 10000 liv. son abbé prend le titre de prince de l'empire.

Le bailliage de Gray, comprend 181 *paroisses, & 9494 feux.*

Gray, *Gradium*, ville peuplée, & commerçante sur la Saone. Elle a une église dont le chapitre fut fondé par le roi Philippe le Long, cinq couvens, un college : son château servait de résidence au gouverneur de la Franche-Comté. L'université qui était à Dole, & qui est à Besançon, fut d'abord établie ici. Elle étoit une des fortes places de la province, ses fortifications ont été rasées : on y embarque les grains & le fer destiné pour Lyon, & c'est une grande branche de son commerce.

Corneux ou *Cornoceil*, abbaye de prémontrés qui jouit de 9000 livres de rentes.

Mont Benoît, abbaye d'augustins qui vaut à son abbé 10000 livres de rentes.

La Charité, abbaye de l'ordre de cîteaux, qui vaut à son abbé 12000 liv. de rentes.

Acey, *Accinetum*, abbaye de l'ordre de cîteaux, dont l'abbé jouit de 6000. liv. de rentes.

Baujeux, village & ſeigneurie. *Raï*, paroiſſe & ſeigneurie. *Bouclans* érigé en marquiſat en 1749.

Champlitte ou *Chamnitte*, petite ville ſur le Salon elle a une égliſe collégiale, un prieuré, un couvent diviſée en haute & baſſe.

Champlitte, paroiſſe, comté. *Dampierre*, bourg ſur le Salon, qui a 1000 habitans. *Gy*, bourg de plus de 2000 habitans, où les archevêques de Beſançon ont une maiſon de campagne. *Marnay-la-ville*, bourg & marquiſat. *Peſmes*, grand bourg ſur l'Ougnon, qui a titre de baronnie & un beau château. *Velleſme*, *Vellezon*, paroiſſes qui ont plus de 500 habitans chacune. *Viray*, village près duquel eſt une fontaine qui coule ſouvent quand les autres ſont taries, & qui tarit quand elles ſont abondantes.

Le bailliage de Baume-les-nones ou les dames, a 184 paroiſſes & 5096 feux.

Baume-les-nones, *Balma*, ville ſur le Doux, qui prend ſon nom d'une abbaye de bénédictines, obligées de faire d'exactes preuves de nobleſſe pour y être reçues. Sa fondation eſt incertaine : elle était conſidérable ſous Charlemagne, & n'eſt point riche, car elle n'a que 3000 l. de rentes. La ville a encore une communauté de prêtres, un couvent de capucins bien bâti. Dans l'égliſe eſt le tombeau de St. Gontrand.

Lieu-croiſſant ou *les trois Rois*, abbaye de bénédictins de 3000 liv.

Grammont ou *Villerſexel*, bourg, ſeigneurie érigée en marquiſat en 1718 : il eſt ſur l'Ougnon, & a un beau & grand château.

L'Isle ſur le Doux, *St. Hypolite*, bourg, chefpeu du comté de la Motte : il a un hôtel de ville, un couvent, des moulins.

C'est ici que nous devrions parler des seigneuries d'*Hericourt*, de *Blamont*, de *Clemont*, de *Châtelot*, *Grange* & *Passavant*, parce qu'elles sont du ressort de ce bailliage : mais nous avons cru devoir les placer dans l'article du Wurtemberg : nous dirons seulement qu'elles renferment quatre petites villes, & quarante-quatre paroisses.

IV. *Grand bailliage d'Aval.*

Il renferme les bailliages de Salins, de Poligny, de Pontarlier, de Lons-le-Saunier, d'Orgelet, & la jurisdiction des terres de St. Claude. Sa situation au sud lui donna son nom.

Le bailliage de Salins a 100 *paroisses*, & 23480 *habitans.*

Salins, *Salinæ sequanorum*, ville connue par ses salines, qui en ont fait une ville. C'était d'abord un bourg placé près de la grande saline ; d'autres maisons s'éleverent, & on vit deux bourgs, que la jalousie rendit ennemis. L'archiduc Philippe en 1497, pour terminer leur dissention, les unit, & rendit leurs intérêts & les honneurs communs à tous. *Salins* s'accrut encore, & c'est aujourd'hui une ville habitée par plus de 8000 ames : elle est sur la *Furieuse*, petite riviere qui prend sa source dans un vallon formé par les deux hautes montagnes de *Poupet* & de *Creselle* : la premiere, la plus haute, avait sur son sommet le château *Poupet* : elle y a aujourd'hui le fort *Belin*. Sur la Cresille était le château *Bracon*, qui a fait place au Fort *Bracon* & au Fort St. André.

Une grande rue traverse Salins, d'un côté sont les salines & la Furieuse; de l'autre est un côteau couvert de maisons. Là siegent un gouverneur, un lieutenant de roi, & un présidial: on y compte trois chapitres, quatre paroisses, trois couvens de moines, deux maisons de prêtres de l'oratoire, cinq couvens de religieuses, trois hôpitaux, une infirmerie, un college. La grande saline forme une espece de place forte de 140 toises de long sur 46 de large, entourée de murs épais flanqués de tours, couronnés d'un parapet. L'entrée de cette édifice est une grande tour quarrée dont le couvert finit en dôme octogone, dans lequel est une horloge qui sert pour toute la ville. Des bâtimens spacieux sont placés des deux cotés de la saline: c'est là que sont logés les fermiers, & les officiers qui veillent sur les salines, & y font observer l'ordre; la profondeur des souterains étonne ceux qui les visitent: on y descend par une rampe de pierre & de bois de soixante-une marches; on descend dans une voute où le bruit des roues qui se meuvent avec rapidité, & celui des eaux qui coulent & tombent effraye l'homme courageux. Là, à la lueur de quelques lampes, on voit bouillonner six sources d'eaux salées, & deux d'eaux douces qui sortent du même rocher. D'autres voûtes tiennent à celles-là soutenues par des pilliers massifs, & dans l'une est une vaste cuve où l'eau salée se rassemble: un peu plus loin on voit encore dix-huit sources, dont dix sont d'eaux douces: une espece de grue éleve celles-ci & les fait couler dans la riviere: les sources salées le sont plus ou moins, & toutes le sont davantage dans des tems de pluies. si 100 liv. de ces eaux ne produisent pas de 18 à 20 livres de sel, la dépense excède la recette; elles n'en rendent jamais plus de 28. Ces salines

alines produisent chaque année vingt millions de ivres. Près de-là est le palais où l'on rend la justice ; en face de ce batiment s'éleve un grand avillon quarré, dont le dessous sert d'entrée aux outerrains où sont les sources. On exploite aux environs de Salins du marbre noir. Près d'elle est ne carriere d'albâtre jaspé; on y trouve de si grands locs qu'on peut en faire des colonnes de quine pieds de haut ; & une vaste forêt de sapins qui ert à faire cuire le sel.

Goille, abbaye d'augustins fondée en 1199. Elle st près de Salins, & sa situation lui fit donner le om de *Beaulieu*.

Nozeroi, *Nucillum*, petite ville sur une hauteur, u pied de laquelle coule le Dain. Elle a un château, ne église collégiale.

René est sur la Louve ; *Ste. Anne*, château sur un ocher escarpé. *Chalamont*.

Le bailliage d'Arbois renferme vingt-une paroisses, qui réunies forment 1814 feux.

Arbois, *Arborosa*, ville sur la Cuisance ou Lausne, dans une contrée fertile en vins très-recherhés. Son église collégiale est exempte de la jurisdiction de l'archevêque ; son doyen, & ses douze chaoines sont nommés par le roi. Elle a un prieuré, ne communauté de prêtres, cinq couvens, une ommanderie de l'ordre de Malthe. Elle est peuée, mais petite.

Montigny, paroisse de six cents habitans, avec une bbaye de filles de l'ordre de St. François, & un ouvent d'Urbanistes, dont la supérieure est nommée par le roi, & l'est pour sa vie.

Mesnay a 123 feux, & est sur la Cuisance.

Le *bailliage de Pontarlier* a soixante-neuf communautés & 5410 feux, en y comprenant la seigneurie de *Joux*, & les vals de *Mortau* & de *Saugeois*. Le bailliage seul n'a que quarante-neuf paroisses.

Pontarlier, *Pons Elaverii*, ou *Aelii*, ville sur le Doux, passage fréquenté pour la Suisse & la principauté de Neuchâtel. On croit que c'est l'ancienne *Arriarica*; l'empereur *Aelius Adrian* y fit bâtir un pont, & élever une tour pour le défendre; il lui donna son nom. On y trouve un prieuré conventuel, une communauté de prêtres, trois couvens, un hôpital. Dans le grand chemin qui conduit de Pontarlier au village de Touillon, à l'extrêmité d'un pré, est une fontaine qui a un flux & reflux; la terre qui l'environne est fangeuse, arrosée par une autre fontaine; mais le lieu même d'où elle sort est pierreux; elle s'est formée deux bassins. Dès que le flux a commencé, on entend au dedans une espece de bouillonnement; l'eau s'éleve & monte d'un pié, & fait alors un ruisseau considérable: deux minutes après, l'eau diminue, s'abaisse & semble tarir. On entend une sorte de gazouillement qui ne cesse que lorsque le flux recommence.

La Mothe a un prieuré; *Abergement* est voisin de l'abbaye du *Mont Ste. Marie*. *Are*, *Chatel-blanc*, la *Cluse*, *les Fourgs*, *Frasné*, *Goux*, *Longueville-lès-Rochejean*, *la Riviere*, paroisses considérables.

La seigneurie de Joux ou Jougne.

C'est un pays hérissé de montagnes, & qui touche au canton de Berne; les communautés d'hôpitaux vieux, d'hôpitaux neufs, de Mestabier, & le château de Joux la composent. Le Doux l'arrose; on y voit deux lacs, celui de Joux & celui des Rousses a n trouve des truites dans l'un & l'autre. C'est près e Jougnes que Jules-César tailla dans le roc un assage pour se rendre en Allemagne. Un chemin ui va du Pays de Vaud à Poligny, traverse cette eigneurie. Le château de Joux est fort par sa situation ; il est assis sur la pointe d'un rocher, & semblable à une pyramide : à son pié on voit serpenter e Doux.

Le val de Mortau est formé de cinq communautés, & a neuf cents trente-deux feux : un grand hemin conduit de ce val à la ville de Neuchâtel. Celui de Saugeois a douze communautés, & a 1300 eux.

e bailliage de Poligny est long, peu large, & a cent trois paroisses, quatre mille huit cents quatre-vingt douze feux.

Poligny, *Polemniacum*, dans un pays riant, fertile n grains, en vins, en fruits, sur un ruisseau qui e perd dans le Doux. C'est l'ancien Comté de *Varasch*, ainsi nommé des Varasci qui l'habitaient: lle a une église collégiale, une communauté de rêtres, cinq couvens, un college, un hôpital, & ne commanderie de l'ordre du St. Esprit.

Chatel, Chalon, bourg, abbaye de bénédictins nobles.

Baume-les-Moines. bourg, abbaye de bénédictins, ondée en 926 : elle vaut 13000 liv. à l'abbé commendataire que le roi y nomme ; il faut faire preuve e noblesse de quatre générations pour y être admis.

Aumont, *Bevilly*, *le grand Bois*, *Champagnole*, *la Chaux de Crotenay*, *Communailles & Toulouse*, *&c.* ont des communautés considérables.

Le bailliage de Lons-le-Saunier a quatre-vingt-dix sept paroisses, & cinq mille huit cents quatre-vingt six feux.

Lons-le-Saunier, *Ledo Salinarius*, a pris son nom d'une Auge ou mesure d'eau salée, appellée *Long* on y faisait un grand commerce en sel : aujourd'hui, faute de bois, on néglige ses sources salées qui toutes les douze heures ont flux & reflux. Elle un présidial, une communauté de prêtres, un prieur de bénédictins de Cluni, une abbaye de Ste Claire cinq couvens, un college. Elle est sur la Solvan ou Valliere. Près de cette ville est une mine d'argent assez abondante.

Arley, bourg, baronnie. *Arthena*, *Beaufort*, *Cesenay*, *Chapelle-Volant*, *Montmorot*, *Bleterans*, &c sont des paroisses considérables.

Le bailliage d'Orgelet a cent quatre-vingt-douze paroisses, & quatre mille sept cents cinquante-six feux.

Orgelet, petite ville : la situation en est jolie, l'air y est pur. Elle a un couvent de l'ordre de cîteaux & est près des sources de la Valouse.

Clerval ou *Clairevaux*, paroisse de cent trente quatre feux, près du lac. *Gigny*, bourg dans un vallon, sur le Surain, avec un prieuré conventuel de bénédictins nobles. Des montagnes l'environnent. *Alliége*, *Chavannes*, *Crepi*, *Scia*, *St. Amour*, *Fa-zigny*, *Orgens*, *&c.* Paroisses considérables.

La jurisdiction de la terre de St. Claude a quatre vingt & une paroisses, & trente-quatre mille cent quarante habitans.

St. Claude ou *St. Oyant*, petite ville au pié des

montagnes, sur le Lison, près des frontieres de la baronnie de Gex. Les maisons en sont assez bien bâties. Elle a deux églises; l'une, pour une confrairie de séculiers; & l'autre, desservie par une communauté de vingt prêtres; un hôpital, un college, trois couvens, une abbaye ancienne & riche, dont les 24 religieux font preuve de noblesse jusqu'au trisayeul du côté paternel & maternel. Chacun d'eux vivait en particulier, avait son revenu préparé, s'habillait en prêtre séculier, & avait une croix d'or pendue à un cordon, ornée de l'effigie de St. Claude. L'abbé avait 30000 liv. de rente, pouvait ennoblir ses vassaux, ses habitans, les légitimer & leur faire grace, soumis cependant en ces points au souverain, & au parlement. Bénoît XIV sécularisa cette abbaye en 1742, fit de l'abbé un évêque, de l'abbaye un chapitre, ne leur laissa de voeu que celui d'être chaste, le plus difficile, celui dont la violation est le plus facile à cacher, & le moins respecté peut être; au lieu d'être chaste, on se contente d'être célibataire, & pour avoir quelques saints inutiles, on fit beaucoup de vicieux. L'évêque de St. Claude a quatre-vingt-quatre paroisses, vingt-trois annexes, 4 chapitres; il jouit de 34000 liv. de rente, & paye une taxe 1500 fl. L'église cathédrale est belle: sa relique la plus révérée est le corps de St. Claude qui y amene un grand nombre de pélerins. Ses habitans sont la plupart *tourneurs*; le buis qui croît sur leurs montagnes, leur donne la facilité d'en faire des chapelets, des croix, des figures de Saints, des sifflets, &c. La ville a des juges municipaux, des juges ordinaires, & un juge supérieur: tous agissant au nom de l'évêque, tous sont nommés par lui, mais on appelle de leurs jugemens au parlement de Besançon.

Charcillat, *Moiran*, *Grand ſerva*, &c. Paroiſſes étendues.

GOUVERNEMENT DE BOURGOGNE.

Il eſt compoſé du duché de *Bourgogne*, de la Breſſe, du Bugey, du Val Romey, & du pays de Gex; nous verrons tous ces articles à part.

La province de Bourgogne eſt au couchant de la Franche-Comté, elle touche au nord à la Champagne, au ſud au Baujolois & à la Breſſe. Elle a environ cinquante lieues de long ſur vingt à vingt-trois de large. Mêlées de collines, de montagnes & de plaines, l'air y eſt ſain, froid ſur les hauteurs, tempéré dans les plaines. La terre y eſt fertile, les plaines y ſont couvertes de champs féconds & de prairies magnifiques. Les collines ſont couvertes d'arbres fruitiers, & de vignes; & de Dijon, à dix lieues vers le ſud-oueſt, elles produiſent d'excellens vins. Cette *côte* eſt très-peuplée. Les montagnes nourriſſent des chevaux, des bœufs & de nombreux troupeaux, récélent des mines & des carrieres & portent des forêts remplies de gybier: on en compte juſqu'à 60000 arpens, & partie en bois de conſtruction: des officiers de marine veillent à l'exploitation de ces bois.

Elle eſt arroſée par la Saone & le Rhône. La *Seine* y prend ſa ſource, devient navigable à Troyes, & ſe perd dans l'Océan. On dit de l'*Armençon*, bon poiſſon, mauvaiſe riviere: il ſort, ainſi que le *Serain*, du bailliage *d'Arnay-le-Duc*, toutes deux ſe perdent dans l'*Yonne*: celle-ci ſort des montagnes de Morvant, devient navigable à Clamecy, & ſe perd dans la Seine. L'*Ouſche*, *Oſcara*, a ſa ſource dans le bailliage de Baune, & ſe perd dans la Saone. La *De-*

bune, la *Barbince*, *Burbuncia* sortent de l'étang de *Longpendu* : la premiere se perd dans la Saone, la seconde, dans l'Arroux, *Adrus*, & par elle il serait facile de réunir la Saone à la Loire. Le projet a été proposé, jugé utile & abandonné. l'*Arroux* sort de l'étang de Mouillon dans l'Auxois, & se jette dans la Loire. Un grand nombre d'autres rivieres y passent ou y prennent leur source : toutes sont poissonneuses, & quelques-unes sont navigables.

Des eaux minérales sortent à Apoigni, à Premeau, à Vezelai, à St. Reine & à Bourbon-Lanci. Les Grottes d'Arcy ne doivent pas être oubliées. A cinq cents pas du village d'Arcy, près de la riviere de Cure, on voit une entrée étroite, on y entre, & on voit une cavité de trois cents toises de profondeur. Le haut est en ceintres qui forment des voûtes de vingt à trente pieds de hauteur, d'où tombe une eau crystalline qui se convertit en pierre dure & brillante, & forme des pointes & culs de lampes de toutes grosseurs, qui descendent, s'allongent & forment diverses figures : ici sont cinq ou six tuyaux de cinq ou six pieds de haut, de huit à dix pouces de diametre, creux en-dedans, arrangés comme des orgues, & quand on les frappe, ils rendent des sons agréables ; là est un petit lac de quinze à vingt toises de long sur cinq de large, qui s'est formé de l'eau qui tombe goute à goute ; ailleurs est une salle, le plafond en est uni, & couleur de caffé brûlé ; mille chiffres bisarres s'y entrelassent entr'elles & avec des figures mal formées : près delà est un parquet de coquilles larges d'un pied & demi. Cette grotte paraît s'être formée en tirant de la pierre : sur elle sont des champs qui ont dix pieds d'épaisseur au-dessus de la grotte.

A Pourrain, à trois lieues d'Auxerre, on trouve

de l'ocre estimée & dont les teinturiers se servent. En divers autres lieux on exploite, ou l'on peut exploiter du charbon de terre.

Les Lingones, les Aedui, les Mandubii, les Ambarri, les Zédiones habitaient cette province, avant qu'elle fut soumise aux Romains. Les Bourguignons qui la subjuguerent au cinquieme siecle, étaient Germains, mais selon les uns, ils étaient Gaulois d'origine: selon d'autres, ils étaient Scithes. Le commerce leur fit perdre la grossiereté qu'ils avaient apportée de leurs forêts, la nécessité de se défendre, de surmonter la résistance qu'on leur opposait, leur fit sentir celle de l'ordre & de la subordination; ils eurent des loix, élurent des rois, qui trop souvent répondaient des événemens. Les Romains chasserent d'autres barbares par leurs mains; les Bourguignons se fixerent d'abord dans la Suisse & une partie de la Franche-Comté: ensuite ils s'étendirent le long du Rhône & de la Saone, & formerent un grand état. La Bourgogne alors fut divisée en Transjurane ou haute, & en Cisjurane ou basse du nom du Mont-Jura, qui s'étend de Bâle à l'extrêmité du pays de Gex. Les rois de France s'en emparerent sous la troisieme race, une grande partie de ce royaume devint un duché héréditaire dans des princes du sang royal. Henri II la donna en 1032 à son frere *Robert*, qui fut la tige de la premiere maison ducale de Bourgogne. Elle finit en Philippe de Rouvres, mort sans postérité en 1361. Deux ans après le roi Jean la donna à son quatrieme fils Philippe le Hardi, & cette seconde maison finit en *Charles le Hardi* ou le *Téméraire*, tué devant Nanci en 1477. Sa fille Marie porta pour dot à Maximilien d'Autriche la Franche-Comté, la Flandre, le Brabant, le Hainault, le Comté de Namur, le

Luxembourg, l'Artois, le Limbourg, Anvers, Malines, la Hollande, la Zélande, la Gueldre, le Comté de Zutphen; &c. qui étoient alors joints à la Bourgogne: mais pour cette province Louis XI. s'en empara, & elle n'a plus été séparée de la couronne.

Les Bourguignons ont de l'induſtrie, & du courage, amis du travail, amateurs des ſciences, ils font un aſſez grand commerce en vins, blés, bois, beſtiaux, chanvres, toiles, étoffes de laine, fer, &c. C'eſt une des provinces de France que la nature enrichit le plus, & où le peuple eſt le plus miſérable. On y compte quarante-une villes, ſoixante-neuf bourgs, 1327 paroiſſes, 744 hameaux. Le chriſtianiſme y parvint dans le milieu du ſecond ſiecle; les évêques d'Autun, de Chalons, de Mâcon, d'Auxerre, de Dijon, y adminiſtrent les affaires eccléſiaſtiques. Le parlement de Dijon y eſt le premier tribunal de juſtice: il eſt compoſé d'une grand'chambre, d'une chambre de la tournelle, de la chambre des requêtes du palais, de celle des enquêtes. Il a ſous lui pluſieurs juriſdictions ſubalternes, treize bailliages principaux, neuf particuliers, huit préſidiaux, dont deux dépendent du parlement de Paris, & ce ſont ceux de Mâcon & d'Auxerre, ſeize bailliages ſeigneuriaux, nombre de mairies, une table de marbre de laquelle reſſortiſſent cinq maîtriſes particulieres des eaux & forêts, ſix juſtices conſulaires, &c. On y ſuit la coutume; & on y conſulte le droit écrit.

Le gouvernement militaire y eſt dans les mains d'un gouverneur général, d'un lieutenant général commandant, de quatre lieutenans généraux pour le roi, de ſix lieutenans de roi pour la province, de ſept lieutenans des maréchaux de France, deux grands ſénéchaux héréditaires, &c.

Pour les finances, il y a une chambre des comptes & une cour des aides, les états accordent les impositions : ils sont composés de trois ordres ; celui du clergé comprend les cinq évêques, celui d'Autun y préside, & celui de Mâcon prétend y devoir présider. Après eux viennent les abbés de cîteaux, de Ste. Benigne, de St. Etienne, &c. puis les doyens : les évêques siegent dans des fauteuils, les abbés dans des chaises à bras, les nobles sur des siéges à dos, le tiers état n'a ni dos ni bras : ainsi dans les choses les plus importantes tout est géné par les prérogatives, & conduit par l'opinion : le gouverneur y parle, on sait ce qu'il doit dire, on sait ce qu'on lui répondra, la demande & la réponse sont les mêmes sous différens gouverneurs, en différens tems, tout y est cérémonie. Les états s'assemblent tous les trois ans ; l'exécution de leurs décrets est confiée à quelques-uns de leurs membres, qu'on nomme *Elus*, & chaque ordre a des commissaires qui veillent sur ces agens ou élus.

Il y a dans la province plusieurs *greniers à sel*, plusieurs *justices de gabelles*, *entrepôts*, *traites foraines*, *bureau des finances*, *intendance*, *commission des dettes des communautés*, &c.

Le duché de Bourgogne a des comtés qui en dépendent : voyons d'abord les parties qui le composent.

Le Dijonois.

C'est un pays riche en vins, en grains, en prés, en bois ; il y a beaucoup de forges, & l'on en tire des bestiaux.

Dijon, *Divio*, est traversée par l'Ouche. Le ruisseau de Suzon en remplit les fossés : placée dans une plaine fertile & charmante, terminée par un rideau de montagnes, sur le penchant desquelles on recueille d'excellens vins, & dont le pied est bordé de grands villages : quatre belles avenues conduisent à ses quatre portes : elle a trois faux-bourgs ; son enceinte est ovale, longue de 1500 pas, large de 1000 ; elle a près d'une lieue de tour : ses murs sont beaux, ses fortifications antiques : son château est au nord, & fut bâti par Louis XI, quatre grosses tours en marquent les angles ; il est flanqué de deux fers à cheval. Les rues en sont droites, larges, bien pavées ; les maisons assez belles. Elle est divisée en sept quartiers dont chacun a ses officiers de milice bourgeoise, tous élisent le maire qui est leur chef d'armes & jouit de beaux priviléges. Sa cathédrale était l'abbaye de St. Etienne bâtie en 343 sur une chapelle souterraine, construite dans le tems que le christianisme y fut prêché pour la premiere fois. Dans l'église de la Ste. Chapelle, on voit une hostie donnée par le duc Philippe le Bon, qui l'avoit reçue du pape Etienne IV : elle avait reçu des coups de couteau d'un juif, & on voit encore les plaies sanglantes qu'il fit à ce morceau de pâte : elle a fait beaucoup de miracles, elle en ferait un grand aujourd'hui, si elle faisait croire aux gens instruits ce qu'on en raconte. On la garde dans un coffre d'or ; & on la montre aux fideles dans un vase d'or : Louis XI la décora d'une couronne d'or. La place publique qui est devant l'église de St. Etienne sert de promenade : on y voit une fontaine ornée de la statue d'Hercule en bronze antique. La place royale est ornée d'une statue équestre en bronze de Louis XIV : à son piédestal a été employé 7895 pieds de marbre blanc pommelé & gris, qui rendu à Dijon coutait tout brut 32 liv. le pied. Le palais des ducs de Bourgogne est magnifique, & c'est là que s'assemblent les états. Le palais, où s'assemble le parlement est grand & antique : la grand'chambre est très-ornée : elle est l'ouvrage de Louis XII. Dijon a sept paroisses, trente-trois églises, six communautés de prêtres; un doyenné, un séminaire, une commanderie de l'ordre de Malthe, une magnifique chartreuse dans le fauxbourg de l'Ouche, dont l'église servit de sépulture aux derniers ducs de Bourgogne. Quatre abbayes, onze couvens, une communauté de veuves & de filles pour soulager les pauvres, un beau collége, un grand hôpital desservi par des religieuses, un hôpital pour les enfans trouvés, un pour les pauvres filles, un pour les pélerins dévots pour St. Fiacre : une maison pour les filles débauchées. Son parlement fut érigé en 1480 par Louis XI : son évêché en 1731 par Clément XII. Elle a une chambre de domaine, un présidial uni au bailliage, une mairie qui exerce la justice ordinaire, civile, criminelle, dans la ville & la banlieue, un hôtel des monnaies, une intendance pour la marine, &c. Elle est le siége du gouverneur-général, ou du lieutenant-général-commandant, d'un gouverneur particulier, de deux lieutenans de roi, d'un grand sénéchal, de deux lieutenans de maréchaux de France, d'une académie des sciences, arts & belles-lettres, fondée en 1725 par Mr. *Pouffier*, mort doyen du parlement : d'une faculté de droit-civil & canonique créée en 1723. l'évêque est premier conseiller d'honneur au parlement, son diocèse est un démembrement de celui de Langres & de celui d'Autun : il a 211 paroisses, cinq abbayes, huit chapitres, 25000 liv. de rente, & sa taxe monte à 1233 florins.

Dijon a environ 25000 ames; ses dehors sont ornés de cinq cours ombragées par des allées de tilleuls; dans l'une d'eux l'on jouit d'une vue magnifique. Elle est la patrie de Bossuet. Elle n'était sous les Romains qu'un château élevé, pour faciliter la communication de Langres avec Autun.

Fontaine-lez-Dijon, paroisse où St. Bernard nâquit, & dont son pere était seigneur, un couvent de Feuillans a succédé à son château.

Brazey, paroisse, châtellenie. *Esbarres* sur la Saone, baronnie.

Foybillot, bourg sur le Saulon, entre des montagnes & des bois. Il a un prieuré & une baronnie.

Fontaine-Française, bourg, prieuré, près de la Champagne, connu par l'imprudence heureuse de Henri IV.

Mirebeau, *Sauls-le-duc*, bourgs : le dernier est dans des bois, sur une montagne.

Is-sur-Tille, petite ville qui a une mairie, un couvent, un hôpital. *Selongey* est aussi une petite ville dans une plaine.

Ars-sur-Tille, *Beire*, *Chaignay*, sont des paroisses considérables.

Le bailliage particulier de Beaune : il a 133 *paroisses.*

Beaune, *Belna*, ville fortifiée sur la Bourgeoise, dans une contrée fertile, & célébre par ses bons vins. Elle a un gouverneur, une mairie, un archidiaconé qui a son tribunal, cinq paroisses, une communauté de prêtres, une commanderie de l'ordre de Malthe, une chartreuse, huit autres couvens, un collége, un hôpital général très-beau, fondé par Rottin, chancelier de Bourgogne, un de la charité pour les orphelins, une chambre des pauvres, dont les revenus sont destinés pour les pauvres honteux, & à faire apprendre des métiers à leurs enfans. Elle a un subdélégué.

Nolay, bourg, marquiſat, dans un vallon étroit; on y voit la fontaine appellée la *Fournée*.

Pomard, bourg, châtellenie, ſur l'Avantdueſne, *Aubaiſne*, *Beligny*, *Murſaut*, *Volerai*, &c. ſont de grandes paroiſſes. *Cuſſy* a une colomne remarquable.

Le bailliage particulier de Nuits, composé de 75 communautés.

Nuits, *Nutium*, ſur le Muſain, au bas d'une montagne ſtérile ſur ſa cime, mais qui produit ſur ſon penchant les meilleurs vins de la province. C'eſt une petite ville, ſiége d'un gouverneur, d'une prévôté royale, d'une mairie, d'une ſubdélégation. Elle a deux égliſes, dont l'une eſt collégiale; une communauté de prêtres, deux couvens, deux hôpitaux, un collége. Ses fortifications n'exiſtent plus. C'eſt la patrie de Sarraſin, poëte, & hiſtorien médiocre.

Citaux, *Ciſtercium*, abbaye, chef-lieu de l'ordre de ſon nom, ne dépendant que du S. ſiége, & dont 1800 monaſteres d'hommes, ou de filles dépendent. Elle eſt ſur la Vouge, & fut fondée en 1098, par une colonie de moines de l'abbaye de Moleſmes en Champagne, armée d'une permiſſion du pape, & des dons du vicomte de Beaune. Le bâtiment eſt vaſte; il jouit de 110,000 livres de rentes, eſt habité de 80 religieux, & de 40 domeſtiques. L'égliſe eſt décorée de tableaux & d'autels. L'abbé eſt ſupérieur de tout l'ordre, a le pouvoir du chapitre univerſel non aſſemblé, & qu'il convoque ſeul. Il fait, ou fait faire la viſite dans les monaſteres, reçoit les appellations des jugemens rendus par les peres immédiats; a droit de permettre aux religieux de ſon ordre de faire imprimer des livres, exerce une juriſdiction exclusive ſur les colléges généraux. Supérieur des cinq ordres de chevalerie qui ſont en Eſpagne & en Portugal, conſeiller né au parlement de Bourgogne, il eſt le ſeul abbé régulier qui prête ſerment entre les mains du roi après ſon élection.

Abergement-le-Duc, bourg & prévôté. *Argilly*, paroiſſe qui a une juſtice royale, près d'une belle forêt de 5449 arpens. *Premaux*, où ſont des ſources d'eaux minérales, inſipides & tiedes, & d'excellens vins. *Molaize*, village, & abbaye royale de l'ordre de Cîteaux. *Chambolle*, *Morey*, *Gilly*, *Vougeol*, dont le vin eſt le meilleur de la Bourgogne.

Le bailliage particulier d'Auxonne a 85 paroiſſes.

Auxonne, ville forte ſur la Saone, dans une belle ſituation. Elle a un gouverneur, dont les revenus montent à 10,000 liv. un grand état-major, officialité, mairie & vicomté, qui exerce la juſtice ordinaire & la police; une juſtice conſulaire, & une ſubdélégation. Elle a une communauté de prêtres, quatre couvens, un collége & un hôpital. Ceinte d'un double mur revêtu de pierre de taille, de foſſés larges & profonds, elle a un château flanqué de ſix groſſes tours, un pont ſur la Saone, & au-delà une levée de terre de 2350 pas de long, ſoutenue par vingt-trois arcades, revêtue de pierres, conſtruite pour faciliter l'écoulement des eaux de la riviere. On y compte 6000 ames. On y commerce en vins, en bleds & bois, qui deſcendent à Lyon par la Saone.

Chapelle S. Sauveur, paroiſſe, dont pluſieurs fiefs dépendent.

Chauſſin, petite ville, marquiſat ſur le Doux.

Pontaillier, bourg, châtellenie, mairie & prieuré.

Elle a deux paroiffes & un collége. Elle eft dans une efpece d'île formée par la Saone.

Bellegarde, ou *Seurre*, *Surregium*, ville & marquifat, dans une fituation heureufe, fur une hauteur environnée de vaftes prairies, fur la Saone. Elle a un gouverneur, un bailliage, une mairie, une fubdélégation, quatre couvens, un collége & un hôpital. Elle a trois fauxbourgs, 600 pas de long, & 1200 toifes de tour. Le terroir des campagnes voifines eft fertile en grains & en fruits : fes vins ne font pas bons. Des étangs, la Saone & le Doux y rendent le poiffon abondant. La volaille y eft commune & les bois peuplés de gibier : tout y promet une vie douce & tranquille ; mais il faut de l'indépendance pour être heureux.

Verdun, *Viridunum Caftrum*, petite ville & comté fur le Doux & la Saone, qui s'y réuniffent. Le fauxbourg eft plus beau & plus grand que la ville. Il s'y fait un grand commerce : elle a une foire, qui dure quinze jours ; mais elle eft fujette aux inondations.

Flamerans, *Foucherand*, &c. paroiffes confidérables.

Le bailliage particulier de S. Jean de Lône a une dizaine de paroiffes.

S. Jean de Lône, *Latona*, probablement parce que Latone y avait un temple. C'eft une mairie. Il y a deux couvens & un hôpital. Forte par fa fituation, petite, célebre par des traités, &c. fa défenfe généreufe contre les Impériaux lui fit accorder exemption de tailles, taillons, & de tous fubfides quelconques : affranchiffemens de francs-fiefs, permiffion d'acquérir des feigneuries de haute, moyenne & baffe juftice, &c.

Autunois

Autunois.

Il abonde en beaux pâturages, en ſeigle, en châtaignes, &c. a 17 lieues de long, & 12 de large : c'eſt un terroir aſſez ingrat.

Autun, *Auguſtodunum*, ou *Civitas Aeduorum*, ville ancienne & belle, ſur l'Aroux, au pied de trois grandes montagnes. C'eſt un archidiaconé & un évêché. Elle a une officialité du diocèſe & du chapitre, un gouverneur, une lieutenance des maréchaux de France, une mairie, une ſubdélégation, une juſtice conſulaire, deux égliſes cathédrales, & une collégiale ; cinq abbayes, huit paroiſſes, deux ſéminaires, deux prieurés, deux hôpitaux & cinq couvens. L'évêque, ſuffragant de l'archevêché de Lyon, en eſt l'adminiſtrateur né pendant ſa vacance. Son diocèſe a ſix cents onze paroiſſes, treize abbayes & ſeize chapitres. Ses revenus ſont de [illegible]0,000 liv. & ſa taxe de 4080 fl. On voit dans cette ville divers monumens de ſon ancienne grandeur ; tels ſont les reſtes de trois temples payens, & un amphithéatre. Elle n'eſt pas le tiers de ce qu'elle a été, & eſt diviſée en trois parties ; le *Château*, ou *Capitole*, où l'on voit les deux cathédrales, un château ruiné, une fontaine ornée d'une architecture admirable, qui jette l'eau par huit tuyaux, & forme une belle caſcade : la *Ville*, & le *Mars-Chaud*, ou Champ de Mars. On y compte environ 9000 ames.

Couches, bourg, baronnie, châtellenie royale, prieuré, hôpital, &c.

Montjeu, château & marquiſat ſur une montagne élevée, & dont les jardins ont cependant de beaux jets-d'eau.

Epinac, paroiſſe & comté. *Beuvray*, village au

pied d'une montagne, qu'on croit être l'ancie *Bibracte.*

Aligny, *Anost*, *Chissei*, *Issy-l'Evêque*, *Lucenai-l'E vêque*, &c. paroisses considérables.

Le bailliage particulier de Mont Cenis a 50 pa roisses.

Mont Cenis, *Mons Cinisius*, ville, ou bourg, ba ronnie située sur une élévation entre deux mon tagnes. Elle a une châtellenie royale, une justice or dinaire de la ville, une mairie & un couvent d'Ur sulines. Loin des grandes routes, & sans rivieres na vigables, elle est sans commerce, & l'on ne trouv dans ses environs que des bois, du charbon d terre, &c.

Blancy, *Broye*, *Charmoy*, *Torci*, &c. grande paroisses.

Le bailliage particulier de Semur en Brionnais, 66 paroisses, dont une partie compose le Brionnais qui prend son nom de la ville de Brienne, qui a cess d'être depuis long-tems.

Semur, *Castrum Sinemurum Briennense*, petit ville sur un mont, châtellenie royale & mairie. Ell a un gouverneur.

Le bailliage principal de Bourbon-Lancy a 19 pa roisses.

Bourbon-Lancy, *Burbo-Anselii*, ville sur les con fins de la Bourgogne, à demi-lieue de la Loire. Prè de son enceinte on trouve des statues, des médaille des marbres, des ruines antiques, &c. qui prouven son ancienne splendeur. On la divise en trois par tes; la ville, le fauxbourg, vers le nord & le cou chant; le fauxbourg S. Leger, où sont les bains : il est dans un fond, au pied d'un rocher escarpé, où se trouve un château fort, qui voit autour de lui un pays d'une grande étendue. L'eau y sort par sept sources : celle du grand limbe est si chaude qu'elle brûle la main : cependant elle ne cuit point les œufs, & ne fait point sentir sa chaleur aux levres & dans l'estomac : leur chaleur naturelle ne les fait point bouillir plutôt que l'eau froide ordinaire. Le grand bain est fermé de murs, a une forme ronde, & est pavé de marbre. C'est un ouvrage des Romains.

Cette ville a un gouverneur & un subdélégué. C'est une baronnie, une mairie, &c. Elle a trois paroisses, trois couvens, deux hôpitaux, un collége & un prieuré de Bénédictins.

Cronat, *Vitri sur Loire*, *Chalmoux*, &c. sont des paroisses.

Châlonais.

Ce pays abondant & fertile, long & large de 13 lieues, a eu ses comtes particuliers. On le divise en Châlonais propre, & en Bresse Châlonaise, qui, réunis, forment un bailliage principal. Il fournit du bois & des bestiaux.

Le Chalonais propre, ou *la Montagne*, à cause d'une chaîne de monts qui le traverse, en formant un arc, de Beaune au Mâconais. Il abonde en forêts de haute-futaie & taillis; en fourages, en vins délicieux, en grains, sur-tout dans les belles plaines qui bordent la Saone. Il embrasse 156 paroisses.

Châlons sur la Saone, *Cabillonum*, ville ancienne, assez belle, entourée de murs, avec une citadelle. Elle était petite avant qu'on eût renfermé ses fauxbourgs dans son enceinte. Elle a quatre églises, deux abbayes, deux commanderies, l'une de Malthe, &

l'autre de S. Antoine ; un séminaire, un collége ; huit couvens, un hôpital-général, & un de la charité. Elle a un gouverneur, un lieutenant de roi ; une lieutenance des maréchaux de France, un présidial, une mairie, une justice consulaire, un subdélégué, &c. L'évêque a le titre de *Comte de Châlons* & de *Baron de la Salle*. Son diocèse renferme 204 paroisses, sept abbayes, quatre chapitres & onze prieurés. Ses revenus sont de 15,000 liv. & sa taxe de 700 fl. Son plus grand commerce consiste en grains, en vins & en bois.

Brancion, seigneurie & châtellenie royale, située sur une montagne. *Bos-Jean*, comté sur la Braine. *Brange*, marquisat sur la Seille. *Belle-Croix*, paroisse & commanderie de l'ordre de Malthe, qui vaut 4100 l. de rentes. *Escorailles*, marquisat. *Germolles*, paroisse, & châtellenie royale. *Gergy*, bourg & comté dans une campagne fertile. *Givray*, bourg, avec une mairie, près d'une forêt de son nom. *La Ferté-sous-Grône*, bourg, & abbaye, la premiere fille de Cîteaux, fondée en 1113, & dont le revenu annuel est de 30,000 l. *Chagny*, *Beaumont-sur-Grône*, *Longepierre*, *Bantauge*, marquisat, &c. sont des paroisses.

La Bresse Chalonoise a quelques montagnes, de vastes plaines abondantes en grains, en bois de futaye & taillis, en pâturages, arrosée de plusieurs rivieres & de ruisseaux, d'étangs poissonneux.

Saint-Laurent-lez-Châlons, séparé de Châlon par la Saone, est une petite ville, a une châtellenie, un hôtel-Dieu.

Cuisery, petite ville sur une hauteur près de la Seille, elle a une mairie, une châtellenie royale, une église collégiale.

Cuizeaux, petite ville, baronnie, église collégiale & mairie.

Louhans, *Loviacum*, ville entre la Seille, la Salle & le Solvart qui en forment une isle. C'est une baronnie, une mairie, un dépôt de marchandises pour la Suisse & l'Allemagne. Elle a un couvent, un hôpital, un collége, & des manufactures d'étoffes : on peut aller à couvert par toute la ville.

L'Auxois.

C'est un pays mêlé de montagnes, de plaines, de bois, de champs, de prairies, de vignes ; le terroir y est fertile, l'air sain, mais froid, sa longueur est de quinze lieues sur neuf de large. Entre Semur & Flavigny est la montagne de Poulnez : à son pié est une mine d'or, mais pauvre, & une source d'eau salée que la ferme empêche de rendre utile aux habitans.

Le bailliage principal de Semur a 215 paroisses.

Semur, *Simmurum*, ville située sur des roches escarpées, au travers lesquelles coule l'Armençon dans un lit étroit qu'elle déborde souvent avec fureur. Des murs la divisent en trois parties : le *Bourg* est agréable & plus peuplé : le *Donjon* qui sert de citadelle, & le château. Elle a six faux-bourgs, un chapitre, deux prieurés, six couvens, un collége, un hôpital, un gouverneur, un lieutenant de roi, une prévôté royale, un présidial, une mairie, un hôtel de ville : elle commerce en draps.

Alise, *Alesia*, village sur un mont, on y voit encore les ruines de l'ancienne *Alexia*.

Sainte-Reine, bourg voisin d'Alise : il a des eaux minérales, froides, claires, insipides : il en est de meilleures à peu de distance ; mais elles ne sont pas dans l'enceinte du couvent, & par-là ne sont pas protégées par Ste. Reine, qui souffrit le supplice du cachot, du chevalet, des lampes, qui fut décapitée, & dont on a des reliques précieuses & cheres à ceux qui reçoivent les dons des dévots.

Flavigny, petite ville sur une montagne que d'autres environnent, arrosée par l'*Ozerain*, & couverte de vignes dans son penchant. Une abbaye de bénédictins en est seigneur : l'abbé en nomme le juge & les officiers de justice. Elle a un gouverneur, un maire, un subdélégué, un couvent, un hôpital. Elle a été plus grande & plus florissante : on la resserra pour en faire une place forte; elle demeure resserrée, a perdu l'avantage qu'on avait cherché en diminuant son enceinte.

Montbart, ville dont le Brenne traverse une partie, dont l'autre est sur le penchant d'un mont, dans un vaste vallon. Elle est fermée de murs dont les tours tombent en ruines : mais au-dessus est un fort château. Elle doit son nom aux *Bardes*, philosophes gaulois. C'est la patrie de Buffon & de Daubenton, philosophes qui valent mieux que les Bardes. Elle a un couvent, un collége, un hôpital, une châtellenie royale, une mairie & un subdélégué.

Le bailliage particulier d'Avalon a 117 paroisses.

Avalon, *Aballo*, ville sur le Cousain, dans une contrée agréable. Elle est ancienne, & forte par sa situation : ce que l'art y avait ajouté n'est plus. Elle a trois paroisses, quatre couvens, un collége, un hôpital; c'est le siége d'un gouverneur, d'une mairie, d'une prévôté royale & d'une subdélégation.

Carré-lez-Tombe, est un village remarquable par des antiques tombeaux.

Tanlay, marquifat, fur l'Ormançon, *Chatelus*, comté : *Montréal*, bourg fur la croupe d'un mont, environné de vignes, avec châtellenie, mairie & prieuré d'auguftins.

Noyers, *Nocetum*, ville & comté dans un vallon entouré de montagnes, & fur le Serain qui en fait une efpece d'isle : elle a un fubdélégué, un maire; un couvent, deux hôpitaux, un bailliage, un collége & un prieuré de bénédictins.

Château-Girard, *Eftivey*, *Irolier*, *Nuys*, & vingt-fept autres communautés dépendent de ce comté.

Le bailliage particulier d'Arnay-le-duc a 120 *paroiffes.*

Arnay-le-duc, fur l'Arroux, dans un pays mêlé de montagnes & de plaines. Elle a trois portes, trois faux-bourgs, un prieuré dont le chef exerce la juftice pendant deux jours chaque année, deux couvens, un hôpital, un collége.

Château-neuf, bourg, baronnie, fur une montagne: au pied eft un hôpital.

Pouilli, bourg, au pied d'un mont.

Le bailliage particulier de Saulieu a quatre vingts & cinq paroiffes.

Saulieu, *Sidoleucum*, petite ville fur une hauteur, fermée de murs, entourée de foffés; elle a cinq faux-bourgs plus peuplés que la ville. Elle a une mairie, une juftice confulaire, un hôpital, une églife collégiale. L'évêque d'Autun en eft feigneur : il nomme les juges qui prononcent en fon nom, & on en appelle au bailliage royal.

Le pays de la Montagne, ou *bailliage de Châtillon-fur-Seine.*

Il renferme 164 paroiffes, eft fitué dans des montagnes, eſt abondant en fruits, grains, bois, mines de fer, &c.

Châtillon-ſur-Seine, ville ſur les deux rives de la Seine, & fermée de murs : elle eſt aſſez grande & n'a qu'une paroiſſe. Elle a un gouverneur, un lieutenant des maréchaux de France, un préſidial, une mairie, une ſubdélégation, une abbaye d'auguſtins, une de bénédictines, une commanderie de Malthe qui vaut 3 à 4000 liv. cinq couvens, deux hôpitaux, un collége. Une partie de la ville s'appelle Bourg, l'autre Chaumont : dans cette derniere ſont les ruines de l'ancien château des ducs, dans ſes environs ſont des forges de fer.

Aigney-le-duc, ville ſur une montagne : l'Agney paſſe au pié. Elle a une prévôté royale.

Aizey-le-duc, bourg, baronnie, dans des montagnes & des bois, ſur la rive droite de la Seine.

Arc-en-Barrois, petite ville ceinte de murs, de tours, de foſſés remplis d'eau vive, & ſur l'Aujon. Elle a un château fortifié, un hôpital, une maladrerie, deux couvens, une mairie : c'eſt un duché-pairie.

Frolois, comté, *Chanceaux*, bourg ſur la montagne d'où ſort la Seine. La marmelade d'épine vinette eſt l'objet le plus conſidérable de ſon commerce. *St. Seine*, bourg, abbaye ancienne de bénédictins. *Dueſmie*, bourg ſur la Seine, dans un vallon étroit, avec châtellenie, prieuré de bénédictins, chef-lieu du *Dueſmois*, pays qui ne renferme que des bourgs & des villages.

Latrecy, paroiſſe. *Gié*, &c.

Comtés dépendans du duché de Bourgogne.

Charollais.

Il a 9 lieues de long, 7 de large, eſt parſemé de collines & d'étangs, fertile en grains, en vins, abondant en bois, & en pâturages. Fief des ducs de Bourgogne, enlevé à la fille de Charles le Téméraire par Louis XI, rendu à Philippe IV, enlevé à son fils Charles II, donné au prince de Condé. Il forme un bailliage de 84 paroisses, & a ses états particuliers subordonnés à ceux de la province.

Charolles, *Quadrigellæ*, ville sur une colline entre l'Arconse & la Semence. Elle a un château sur la hauteur; deux portes, une église collégiale, un prieuré de bénédictins, trois couvens, un collége, un hôpital. Elle a encore une châtellenie ou justice ordinaire, &c.

Paray-le-Monial, *Paredum Moniale*, ville dans une plaine sur la Bourbince : elle a un cours qui va d'une ville à l'autre, & des dehors rians. On y voit un prieuré de bénédictins, deux couvens, un collége, une seigneurie de l'abbé de Cluni & une mairie, &c.

Toulon-sur-Arroux, *Tullus*, bourg, prieuré. *Mont-saint-Vincent*, bourg sur la plus haute montagne de Bourgogne, avec un prieuré de bénédictins. *Perci*, *Baubri*, *Digoin*, *Lugni*, baronnies, *Jonci*, &c. paroisses.

Mâconais.

Pays mêlé de plaines fertiles en grains, de côteaux couverts de vignes, & de montagnes souvent blanchies par la neige. Il a dix-huit lieues de long sur quatorze de large, a eu ses comtes particuliers, a encore ses états, & forme un bailliage de 116 paroisses.

Mâcon, *Matisco*, ville sur le penchant d'un côteau baigné par la Saone, qui le sépare de la Bresse, avec laquelle elle communique par un pont de pierre de treize arcades, assez long, au bout duquel est une tour qui dépend de Mâcon, quoique dans la Bresse : cette ville ancienne est le siége d'un évêque dont le diocèse renferme 268 paroisses, deux abbayes, deux chapitres dont les revenus ſont de 20000 liv. & la taxe de 1000 fl. Il eſt préſident né des états du Mâconais, & baron de Romenai. Mâcon a deux officialités, un gouverneur, un lieutenant des maréchaux de France, un préſidial, une prévôté royale, une mairie, un ſubdélégué, &c. On y voit quatre égliſes, une commanderie de Malthe, un ſéminaire, ſept couvens, un collége, un hôpital. Elle a quatre portes, & a la figure d'un demi cercle de 1300 pas de long, de 640 de large, de 3000 de circuit. Ses rues ſont étroites, mal percées, n'a point de belles places, a des fortifications imparfaites, & un commerce aſſez actif. Au-deſſous d'elle la Saone forme une petite isle où eſt une petite prairie entourée d'arbriſſeaux fort propre à donner des fêtes.

Saint-Gengoux le royal, petite ville, preſque au bas de la montagne de Montgobaut ſur la Grône. Elle a un couvent, un hôpital, une châtellenie royale & une mairie; la juſtice appartient au roi.

Saint-Gengoux de Ceſſey, petit bourg dans les montagnes.

Tournus, *Tournucium*, ville ancienne ſur la Saone; elle a deux paroiſſes, deux couvens, un hôpital, un collége, une antique tour, où, dit-on, les abbés de Tournus faiſaient battre monnaie, ſon ancienne abbaye de bénédictins eſt devenue un chapitre & ſon chef eſt haut juſticier de la ville, & a 12000 livres de rentes.

Cluny, ville entre deux montagnes ſur la Grône. C'eſt là qu'eſt l'abbaye de bénédictins de ce nom, chef de la congrégation de ſon nom, fondée en 910 par Guillaume duc d'Aquitaine, & ſoumiſe immédiatement au St. Siége. L'abbé eſt ſupérieur de l'ordre, eſt électif & à vie, jouit de 50000 liv. de rentes. Les religieux en ont 70000: l'égliſe une des plus

'andes du royaume, a 600 pieds de long, & 120
e large, & a la forme d'une croix archiepiſcopale.
'abbaye a une magnifique bibliothéque. La ville
'eſt guere connue que par elle, ſon enceinte eſt plus
rande que celle de Mâcon ; mais elle eſt bien moins
euplée, elle a un ſubdélégué, une mairie, diverſes
ſtices, trois paroiſſes, & un couvent, &c.

Marcigny, *Marcinianum*, ville près de la Loire
ui la rend commerçante, ſur-tout en blés. Elle a
ne abbaye de bénédictins, deux couvens, une
airie, une ſeigneurie ou juſtice ordinaire qui ap-
artient aux religieuſes.

Verizet eſt un bourg près de la Saone ; le *Bois*
te. Marie, & la *Clayette* ſont des bourgs connus.
'zé, *Boyer*, *Lagny*, *Charnay*, &c. ſont des pa-
oiſſes.

AUXERROIS.

C'eſt un pays ſec, aride, inégal, fertile en vins,
bondant en bois, qui font ſon unique richeſſe. Il a
lieues de long & 5 de large, & forme un bailliage de
uarante-trois paroiſſes Il fut uni à la Bourgogne
n 1669.

Auxerre, *Autiſſiodorum*, ville ancienne, & conſi-
érable, ſur le penchant d'un côteau que baigne
Yonne qui facilite ſon commerce. Elle a trois ab-
ayes, douze paroiſſes, deux prieurés, une com-
anderie de Malthe, ſept couvens, un college,
eux hôpitaux, un gouverneur, un préſidial, un
eutenant des maréchaux de France, une prévôté
yale & une mairie, une ſubdélégation du prévôt
es marchands de Paris, une de l'intendance, une
ſtice conſulaire, &c. une académie des ſciences
: belles-lettres. Sa figure eſt circulaire, les rues
ſont propres, bien pavées ; l'air y eſt pur, la

ſituation agréable, les égliſes bien décorées, le maiſons bien bâties, & le commerce floriſſant. On compte vingt mille ames : elle a deux places pu bliques, l'égliſe de l'abbaye de St. Germain eſt l plus remarquable par les reliques & les tombeau des ſaints qu'on y fait voir. L'évêque y a un bea palais : ſon diocèſe a deux cents trente-huit paroiſſe quatorze abbayes, & neuf chapitres. Ses reven ſont de 35000 liv. ſa taxe pour l'expédition de ſe bulles eſt de 4400 florins.

Seignelay, petite ville, marquiſat près de l'Yonne elle a deux manufactures.

Appoigny, bourg, petit chapitre ; il a une ſourc d'eau ferrugineuſe, froide, vantée par des auteurs & négligée par les habitans.

Cravant ou *Crevant*, petite ville ſur la Cure l'Yonne. Elle a un gouverneur, un ſubdélégué, un mairie, une ſeigneurie, un couvent, &c.

Coulanges-les-Vineuſes, petite ville dans un pay montagneux, enrichi par des vignes. Elle manqua d'eau, mais M. Couplet, tréſorier de l'académie de ſciences, lui en a procuré.

Coulanges-ſur-Yonne, petite ville, prévôté.

Vermanton, petite ville : ſon égliſe eſt antique & ſon portail l'annonce. *Arcy*, bourg ſur une co line, ſur la Cure, avec un prieuré d'Auguſtin nommé *Bois d'Arcy* : *Courſon*, *Mailly-la-Ville*, *St Cir*, *Mailli-le-Chatel*, &c. ſont des bourgs ou de paroiſſes.

Comté de Bar-ſur-Seine.

Pays enclavé dans la Champagne, rempli de mon tagnes ; mais il a peu de champs, & de pâturages beaucoup de vignes ; ſon bailliage a trente-une pa roiſſes.

Bar-ſur-Seine eſt au pié d'une montagne qui

ouvre au couchant, la Seine lui sert de fossé à orient. Elle a trois portes, deux ponts sur la riiere qui se divise en deux bras, un prieuré de énédictins, un de Mathurins, un couvent d'ursulines, un college & un hôpital. C'est le siége d'un ouverneur, d'une prévôté royale, d'une mairie : une subdélégation, &c. Elle était plus grande, lus belle autrefois, & avait une forteresse sur la monagne. Dans un bois près delà, on trouve, dit-on, ans un vieux chêne une image de la Vierge, à laquelle on a bâti une chapelle, où le peuple accourt ans cesse; le vulgaire est si sot, qu'il faut être bien onnête homme pour ne savoir pas le tromper. Entre ette ville & Chatillon en Champagne est le bourg e *Molême* qui a une carriere de pierres très-blanches, où sont empreints des arbustes, des fossiles différens coquillages : on y a trouvé un vaste loc de spath, où l'on remarquait un jeu de quilles imétriquement arrangé avec sa boule.

Avirey, prévôté royale; *Langrevillers*, mairie oyale; *Balnot*, *Loches*, &c. sont des paroisses,

Comté de Bresse.

Il touche au nord à la Bourgogne & à la Franche-Comté, il est borné au sud par le Rhône. Long & arge de seize lieues, il est arrosé par la Saone, 'Ain, le Rhône, la Valouze, le Suran, la Velle, la Ressouze, &c. Son nom lui vient d'une forêt nommée *Bruxia*, qui avait sept à huit lieues de long & cinq six de large. On l'a défrichée; & l'on voit de elles prairies & des villes sur le sol qu'elle occupait. Habité successivement par les *Insubres*, les *Segusiani*, & les *Aedui*, par les *Romains*, par les Bourguignons, oumis aux Français, puis au second royaume de Bourgogne, divers seigneurs se le partagérent; il parvint à la maison de Savoye qui le posséda long tems, & le céda enfin à la France en 1601. Le gouvernement militaire, les finances & la justice y sont administrées comme en Bourgogne. Quant à l'église il dépend du diocèse de Lyon. Les assemblées du clergé se tiennent à Bourg, où l'on élit quatre députés, un des haut-bénéficiers, un des chapitres un des curés, & un des chartreux : ces députés font la répartition des impositions & les décimes.

Elle a de beaux pâturages & des étangs poissonneux, elle produit beaucoup de grains, & on y recueill du vin, du chanvre, du bois. On y fait des toiles l'air n'y est pas sain ; les fiévres y regnent huit mois de l'année ; les habitans, chargés d'impositions, y sont misérables.

La Bresse est un pays d'impositions ; les nobles s'y assemblent tous les trois ans, mais pour leurs affaires particulieres : elle forme une élection & un bailliage principal qui ressortit du parlement de Dijon, & qui se divise en vingt-cinq mandemens.

Le mandement de Bourg a vingt-une paroisses.

Bourg, Tamnum Burgus, est sur la Ressouze, presque au milieu de la province, dans un pays un peu marécageux, mais fertile en grains. On y nourrit une volaille recherchée. Les blés, les chevaux, le bétail, les peaux blanches sont les principaux objets de son commerce. Une partie est dans la plaine, & l'autre est sur une colline. Elle a une église collégiale & paroissiale, six couvens, 2 hôpitaux, un college. C'est le siége d'une officialité, d'un gouverneur, d'un lieutenant des maréchaux de France, d'un présidial uni au bailliage, d'une châtellenie royale, d'une mairie, d'une élection, d'une subdélégation, &c.

On y entre par trois portes, & on y compte quatre mille cinq cents habitans. Près de la ville est l'église de N. D. de Brou, bâtie par Marguerite d'Autriche, tante de Charles-Quint, qui est un chef-d'œuvre d'architecture. On y voit le magnifique mausolée de Philibert de Savoie. Bourg est la patrie de Vaugelas.

Le mandement de Bagé ou Baugé a vingt-huit paroisses.

Burgé, ville sur une hauteur, marquisat mairie. Elle a été capitale de la Bresse.

Le mandement de Boulignieux a deux paroisses.

Boulignieux, bourg, comté, le *Plantay*.

Le mandement de Chatillon-les-Dombes, a douze paroisses.

Chatillon-les-Dombes, petite ville, dans un vallon, sur la Chalaronne. Elle a une église collégiale, deux couvens, un college, un hôpital, un gouverneur, une justice ordinaire, une mairie, &c.

Le mandement de Coligny a treize paroisses.

Coligny, bourg, comté qui donna son nom à la maison de Coligny-Chatillon.

Le mandement de Gordan a trois paroisses.

Gordan, bourg sur l'Ain.

Le mandement de Jasseron a sept paroisses.

Jasseron, bourg, dans des campagnes fertiles en grains, & abondantes en pâturages.

Le mandement de Lange est une baronnie : il a deux paroisses.

Estré, village dans une campagne fertile.

Le mandement de Loye a cinq paroisses.

Loye, bourg sur une hauteur peu éloignée d l'Ain.

Le mandement de Mirebel a sept paroisses.

Mirebel, bourg, marquisat; il a deux paroisses & deux justices.

Le mandement de Montaney a quatre paroisses.

Montaney est un petit bourg.

Le mandement de Mondidier a douze paroisses.

Mondidier est un village, une baronnie.

Le mandement de Montluel a treize paroisses.

Montluel, *Mons Lupelli*, petite ville, capitale d la Valbonne, au pié d'une colline sur le sommet d laquelle est une tour d'où l'on voit le Rhône ser penter, & d'où l'on jouit d'une perspective char mante : elle a trois paroisses, deux couvens, u college, un hôpital, un gouverneur, un comté châtellenie royale, une mairie, & n'est pas sans com merce.

Le mandement de Montrevel a seize paroisses.

Montrevel, ville comté; elle a une mairie, u couvent d'augustins.

Le mandement de Peronge a sept paroisses.

Peronge, petite ville, baronnie.

Le mandement de Pont d'Ain a treize paroisses.

Pont d'Ain, petite ville assez longue, marquisat près de l'Ain.

Le Mandement de Pont-de-Vaux a sept paroisses.

Pont-de-Vaux, petite ville, duché, près de la ione, dans une plaine, sur la Ressouze qui se joint lla Saone un peu au-dessous. Elle a une église colgiale, une officialité, deux couvens, &c. Elle est ıvironnée de beaux pâturages; son terroir est ferle, les blés, le chanvre, le bétail, tout est à ses ortes, & remplit ses marchés. Elle a deux portes, eux faux-bourgs, une justice seigneuriale, & une ıairie.

Le Mandement de Pont de Velle a quinze paroisses.

Pont de Velle, petite ville, comté, sur la Velle, où lle a un pont. Elle a un faux-bourg, un prieuré, n college, une justice d'appel, une justice ordiıaire, un gouverneur, &c. & des blanchisseries de oiles.

Le Mandement de S. Paul de Varas à trois paoisses.

S. Paul de Varas, village & comté.

Le Mandement de S. Julien a trois paroisses.

S. Julien, village de près de 300 ames, sur la essouze.

Le Mandement de S. Trivier a dix-sept paroisses.

S. Trivier, bourg, comté & mairie, dans une tuation heureuse pour se défendre, sur une hauteur u'entourent des marais.

Le Mandement de Treffort a huit paroisses.

Treffort, bourg & marquisat. Il a justice d'appel, ıstice ordinaire, &c.

Le Mandement de Varambon a huit paroiſſes.

Varambon, bourg & marquiſat.

Le Mandement de Villars a onze paroiſſes.

Villars, village & marquiſat ſur la Chalaronne.

Le Mandement de Villereverſure a cinq paroiſſes.

Villereverſure, bourg de 105 ménages.

Le Bugey.

L'Ain le ſépare de la Breſſe, le Rhône de la Savoie & du Dauphiné. Comme la Breſſe, il fit partie du royaume de Bourgogne; il fut ſoumis aux comtes & ducs de Savoie, & fut cédé à la France en 1601: une petite partie au-delà du Rhône eſt demeurée unie à la Savoie. Le Bugey a 16 lieues de long, & 9 de large. On le diviſe en haut & bas: celui-ci a des plaines fertiles, & des marécages; celui-là eſt rempli de montagnes couvertes de ſapins & de pâturages. Son plus grand commerce eſt celui du fromage & du beurre: le vin & le bled en font encore des objets. Ce pays ſe gouverne comme la Breſſe: c'eſt un pays d'impoſitions. Les aſſemblées du clergé s'y font à Belley: il a toujours une chambre eccléſiaſtique, formée de l'évèque de Belley, de l'abbé de S. Sulpice, d'un député de la cathédrale, & d'un autre pour le clergé.

Le Bugey renferme le Bugey propre, le Valromey & la Michaille: il forme une élection, & un bailliage diviſé en dix mandemens.

Le Mandement de Rossillon a soixante-douze paroisses.

Rossillon, bourg & comté. Il a justice d'appel & justice ordinaire.

Belley, *Belica*, est la capitale du Bugey, & est placée entre deux côteaux fertiles, dans des campagnes abondantes, à une lieue du Rhône. C'est le siege d'un évêché, de l'officialité du diocèse, d'un gouverneur, d'un lieutenant des maréchaux de France, d'une justice & seigneurie de l'Evêque, d'une mairie, d'une élection, d'une subdélégation, &c. L'évêque se donne le nom de Prince de l'Empire. Son diocèse a quatre-vingt-trois paroisses, deux abbayes & un prieuré. Ses revenus sont de 8 à 10,000 liv. & sa taxe de 333 fl. La ville n'a qu'une paroisse, un séminaire, une abbaye de filles de Cîteaux, quatre couvens, un collége & un hôpital. Elle a long-tems fait partie de l'Empire.

Armix, *Chavorney*, *Hauteville*, *Sellionaz*, *Virieu-le-Grand*, *Nattage*, baronnie, &c. sont des paroisses.

Le Mandemant de Mattafelon a 5 paroisses.

Mattafelon, bourg près de l'Ain.

Le Mandement de Montréal a dix-sept paroisses.

Montréal, bourg & comté, situé dans les montagnes, ayant justice d'appel, & justice ordinaire.

Le Mandement de Nantua a onze paroisses.

Nantua, ville, baronnie, prieuré de Bénédic-

tins, qui exerce la justice; elle a un couvent, u
hôpital, une mairie, est assez jolie, & entourée de mon
tagnes. La vue ne peut s'étendre que sur son lac
que sur ses rives au couchant. Ce lac a un quart d
lieue de long sur un peu moins de large. Ses bord
sont garnis de roseaux, & son enceinte remplie d
poissons, sur-tout de truites. Les montagnes qui l
renferment, & les gorges qu'elles forment, le ren
dent dangereux par les orages impétueux qui l'a
gitent. Vers l'orient, dans les montagnes, dans un
vallée inculte, est un autre lac, plus long que cel
de Nantua, & plus étroit, qui a la figure d'un de
mi-cercle. Près des montagnes de Nantua sort l'A
barine, qui se jette dans l'Ain, quatre lieues plu
bas.

Le mandement de Pontcin a huit paroisses.

Pontcin, petite ville, entourée de vieux murs
près de l'Ain, avec une église collégiale. C'est un
baronnie au duc de Savoie, ainsi que celle d
Cerdon.

Cerdon, bourg assez laid, dans un creux, entour
de tristes montagnes, sur le chemin de Lyon.

Le mandement de Seyssel a dix-neuf paroisses.

Seyssel est capitale du Val-Romey, a un gouver
neur, une châtellenie royale, & quatre couvens. L
Rhône y devient navigable. C'est un grand passage
on s'y embarque pour Lyon : on y débarque le sel
qui se répand en Savoie, à Geneve, en Suisse & dan
le Valais. La ville est assez jolie; une partie est au-del
du Rhône, & fait partie de la Savoie, mais cell
qui appartient à la France est plus grande & plu
agréable.

Châtillon, bourg, ou village près de la vallée de ıelſeri, ſur le penchant de la montagne de Mi- aille. Il eſt le chef-lieu de la vallée de ce nom, ıns laquelle coule le Rhône, ſur un lit aſſez reſ- rré.

Anglefort, *Chenay*, *Riviere-furens*, &c. ſont des ommunautés.

e mandement de S. Germain d'Emberieu a onze paroiſſes.

Emberieu, bourg au pied d'une montagne : il a 26 ménages.

Ambournai, *Ambroniacum*, petite ville qui n'a u'une rue : elle eſt pauvre ; mais l'abbaye eſt riche. De l'ordre de S. Benoît, fondée en 800, elle n'eſt oumiſe qu'au S. ſiege, & ſon abbé jouit de 14,000 l. On a trouvé dans les titres de cette abbaye le teſta- nent d'une dame, qui léguait tous ſes biens aux re- gieux, à condition qu'ils lui ouvriraient les portes u paradis. En attendant qu'il ſoit prouvé que ces ortes ont été fermées pour elle, ou n'ont pas été uvertes par eux, ils jouiſſent des biens de la teſta- rice, & l'on doit penſer qu'ils en jouiront long- ems.

Le Château-Gaillard, *S. Denis*, *S. Jean-de-Vieu*, oli village, &c.

Le mandement de S. Rambert a dix-ſept paroiſſes.

S. Rambert-de-Joux, près du Jura, ſur l'Arbarine, dans un vallon, entre de hautes montagnes. C'eſt une petite ville, qui a un college, & une abbaye de Béné- dictins, qui lui donna l'exiſtence & ſon nom, & qui fut fondée dans le cinquieme ſiecle. Des officiers

royaux y exercent la police. La jurifdiction civile appartient à l'abbé & au duc de Savoie.

Aran, *Rougemont*, font des marquifats. *Argil*, &

Le mandement de S. Sorlin a onze paroiffes.

S. Sorlin, bourg & marquifat au duc de Savoie.

Lagnieu, petite ville fur le Rhône. *Ambutrix*, *Cha-
fey-fur-Ain*, &c. font des communautés.

Le mandement de Val-Romey a vingt-trois paroiffes.

C'eft un pays élevé, fur des montagnes, qui e-
font une efpece de vallée. *Vallis Romana*, fon nom
latin, eft l'origine de celui qu'il porte. *Abergement*, *le
grand & le petit*, *Champagne*, *Charancin*, *S. Martin*
&c. font des communautés.

Pays de Gex.

Il confine à l'orient au lac de Geneve, & le mont
Jura le borne au couchant. Il a au nord la Suiffe, &
au midi la Savoie & Geneve. Du fort de l'Eclufe au
village de Craffi on compte fept lieues; c'eft fa plus
grande longueur : fa largeur eft moindre & inégale.
Le climat y eft fain; l'hiver affez fouvent y eft long;
le fol eft pefant & rude, fans être infertile; &
fur le mont Jura, couvert de neige pendant cinq
mois, font d'excellens pâturages, où 2,000 vaches
vont pâturer au mois de Juin, & en defcendent en
Octobre. On y recueille du vin & du bled; mais les
habitans n'en recueillent pas affez pour leur fubfif-
tance. Quelquefois les châtaignes fuppléent au bled;
& prefque toujours le commerce à l'un & à l'autre.
On trouve dans le pays un grand nombre d'horlo-

gers & de lapidaires, que Geneve fait travailler : & ces objets, joints au fromage, au beurre, au bois & au charbon, sont les seuls qui forment son commerce. Peut-être cette province changera bientôt de face, & deviendra plus florissante, depuis qu'elle est délivrée des fermes ; mais celui à qui elle doit ce bienfait ne peut plus le lui assurer. Le Rhône la côtoie, & la sépare de la Savoie ; mais il n'y est pas navigable. La *London*, & sur-tout la *Versoy* l'arrosent : celle-ci prend sa source au pied d'un mont, près du village de Divonne : elle est déja forte à sa source ; mais son cours n'a guere plus de deux lieues. On y trouve des truites recherchées.

Ce pays est une baronnie qui appartint aux comtes de Genevois : une fille de l'un d'eux la fit passer à la maison de Joinville, qui la céda aux comtes de Savoie. Elle fut cédée à Henri IV, en 1601, en échange du marquisat de Saluces. On y compte vingt-sept paroisses : dans son enceinte sont des portions du territoire de Geneve.

Gex, petite ville sur le penchant du mont Jura, traversée par le chemin qui conduit de Geneve à la Franche-Comté. Elle a quatre couvens, un petit collége & un hôpital. Elle est le siege d'un gouverneur, d'un grand baillif, d'un maire, qui veille sur la police, & d'un subdélégué : ces deux derniers emplois sont exercés par la même personne. Il y a quelques belles maisons : toutes sont en pierre ; & du tertre où son église est placée, on jouit d'une belle perspective. Au-dessous, vers le nord, est Gex-la-Ville, *Villa*, assez grand village.

Divonne est un grand village : ses prairies arrosées par la Versoy, ses bois, ses châtaignes, ses papeteries le rendent assez riche.

Versoy, laid village, qui fut fortifié sur les bords

du lac : on y voit un beau pont de pierre sur la ri viere de ce nom, & les ruines d'un ancien fort. C'est près de lui qu'on devait élever une ville dans un position riante & avantageuse ; mais elle n'a été qu tracée, & les traces s'en effacent. Un vaste por avait été jetté dans le lac, & c'est le seul monumen qui reste des travaux qu'on projettait. On y fabriqu de la faïence, & on y cuit des tuiles.

Ferney, chétif village en 1770 : il devient presqu une ville. C'est-là que M. de Voltaire fixa son séjou pendant les dernieres années de sa vie : il l'a embel li, peuplé, étendu. Il y fit bâtir un grand nombre d maisons, y appella des artistes, & y facilita leur in dustrie & leur commerce. Les deux chemins qui s' croisent sont devenus deux rues : l'un va de la Suiss à Lyon, & l'autre de la Franche-Comté à Ge neve.

L'Ecluse, ou *la Cluse*, fort taillé dans le roc, l'extrêmité du mont Jura. Le Rhône roule dans un vallon profond, qui le borne & le resserre : il sembl n'y avoir que l'apparence d'un ruisseau ; mais la ra pidité de sa course, & l'écume dont se couvrent se eaux agitées, font retrouver le fleuve qu'on n'y re connoissait pas d'abord. Près de là est *Collonges* communauté à laquelle on donne le nom de bourg c'est un lieu laid & triste.

La vallée de *Cheseri* est regardée aujourd'hu comme une partie du bailliage de Gex : c'est un vallée longue de trois lieues & demie, & large d'une bornée dans sa longueur, d'un côté par le mont Ju ra, & de l'autre par la Valserene, ou Valserine qui l'un & l'autre se terminent au Rhône. Cette val lée est couverte de pâturages, de champs & d'arbre fruitiers. On y compte dix-huit villages, tous pe considérables. Un couvent lui donna son nom, & su moines y jouissent de droits qu'ils ne devraient avoir nulle part.

La Valserine coule en divers endroits dans un lit qu'elle s'est creusé dans des rocs : elle semble s'y cacher, & se jette dans le Rhône par une belle cascade, un peu au-dessous du lieu où le Rhône lui-même, après s'être précipité, avec la rapidité d'une fleche, dans un abime dont il couvre l'ouverture, en sort en bouillonnant, par une embouchure étroite.

Principauté de Dombes.

Elle est dans l'enceinte du gouvernement de Bourgogne, sans en faire partie : environné par la Bresse & la Saone, ce petit pays à sept lieues de long (*a*), & autant de large. Il fit partie du royaume de Bourgogne, & devint une souveraineté indépendante, que posséderent successivement les maisons de Baugé, de Beaujeu, de Thoire, de Villars, de Bourbon; & en l'enlevant au connétable de ce nom, on en fit un ennemi de la France. Après sa mort, François I l'unit à la couronne; puis il la donna au frere de cet homme trop fameux : elle parvint à la maison d'Orléans, au duc du Maine; & son fils, le comte d'Eu, la céda au roi en 1762, & elle a été encore réunie à la couronne. Le prince l'était *par la grace de Dieu*; il avait droit de vie & de mort sur ses sujets, de les imposer, de les annoblir, de battre monnaie. Ses revenus montaient à 1,50,000 liv. Un conseil souverain le suivait, & un parlement rendait la justice en son nom.

Le climat y est sain & tempéré le sol, fertile en

(*a*) L'Encyclopédie lui en donne neuf.

bleds, en vins & en fruits, abonde en pâturages, a des étangs poissonneux, & des bois remplis de gibier; est arrosé par la Saone, le Fontblin, le Forment, la Chalarone, la Velle & le Moignant: on y commerce en bleds, en bestiaux & en volaille. On divise ce petit pays en haute & basse Dombes. Un gouverneur général le gouverne au nom du roi. Son parlement a été conservé. Il a deux cens vingt-cinq paroisses, réunies en douze châtellenies.

La châtellenie de Trévoux a quatorze paroisses.

Trévoux, *Trivortium*. C'était là que le grand chemin des Gaules, tracé par Agrippa, se divisait en trois autres; & de-là vient son nom *Trivium*. Sur une colline dont la Saone arrose le pied, cette ville a été plus grande quelle n'est. Elle a une église collégiale, trois couvens, un collége & un hôpital. Là réside le gouverneur, siege le parlement, le bailliage, &c. Le palais du gouverneur, l'hôtel de la monnaie y sont beaux. Elle est connue par son Journal & par son Dictionnaire, sortis des presses de son imprimerie.

La châtellenie de Thoissey a quarante-huit paroisses.

Thoissey, *Tossiacus*, petite ville près de la Chalarone & de la Saone. Elle a une église paroissiale, un couvent, un beau collége, fondé en 1680, un château fort, qui a été détruit, & un bailliage. Son port est au confluent de la Saone & de la Chalarone, à un quart de lieue plus bas qu'elle: son ancien port est de l'autre côté de la Saone.

Garnerans, bourg & comté. *Mogneneins*, bourg

avec un château. *S. Didier*, bourg, l'un des plus grands du pays.

La châtellenie de Villeneuve a vingt-trois paroiſſes.

Villeneuve, petite ville. *Agnerans*, bourg. La châtellenie y a ſiégé : on l'appellait alors la Juſtice des Hérons.

La châtellenie de Montmerle a dix-neuf paroiſſes.

Montmerle, bourg & couvent ſur la Saone. *Amareins* a un château; *la Batie*, a le titre de comté; *Lurcy*, celui de baronnie. *Guereins* eſt un bourg près de la Saone.

La châtellenie de Beauregard a quatorze paroiſſes.

Beauregard, ſur la Saone, fut une ville, & eut une citadelle, elle fut la capitale du pays, le ſiege de ſon parlement,mais priſe d'aſſaut en 1377,& dévaſtée, ce n'eſt plus qu'un village. *Flechere* eſt une baronnie.

La chatellenie de Ligneu a cinq paroiſſes.

Ligneu, village.

La châtellenie d'Amberieu a vingt-une paroiſſes.

Amberieu, bourg. *Montbertoud*, doyenné : *Montieu*, village & château. *St. Olive*, baronnie.

La châtellenie de St. Trivier a dix paroiſſes.

St. Trivier, petite ville, baronnie, prieuré. Elle eſt ſituée entre trois petits bois & un lac.

La châtellenie de Chalamont a trente-neuf paroisses.

Chalamont, ville sur une hauteur, près d'un étang poissonneux, dans des campagnes fertiles.

Montjavri, paroisse, & prieuré.

La châtellenie de Lent a dix paroisses.

Lent, petite ville, sur la Velle, autrefois florissante : son château n'est qu'un monceau de ruines.

La châtellenie de Chatelard a dix-neuf paroisses.

Chatelard, bourg, sur une hauteur, la Chalaronne coule à son pié. Elle a été une ville, & a eu un château célebre.

Marlieu, petite ville sur le Renon, entre deux lacs.

Ville, château voisin, *Montrosar*, village & château.

La châtellenie de Baneins, a trois paroisses.

Baneins, petit bourg, comté, mais le château de Baneins n'en dépend pas : il est dans la Bresse.

GOUVERNEMENT DU DAUPHINÉ.

Le Dauphiné est borné au nord par le Rhône & la Savoye, à l'orient par le Piémont, au midi par la Provence, au couchant par le Rhône encore. Il a quarante lieues de long, trente-six de large, & environ 660 lieues quarrées de surface. L'air y est sain ; la neige qui couvre les montagnes pendant plusieurs mois, y rend le climat plus froid qu'il ne devrait l'être. Les parties voisines du Rhône jouissent d'un hyver plus doux : les étés y sont chauds & tous les fruits y meurissent. Le bas Dauphiné est le plus fertile : il produit des blés, du vin, des olives, des noix, des chataignes, de la ſoie, du chanvre, du paſtel, de la couperoſe, du vitriol, du ſel, du criſtal, du fer, du cuivre, du plomb, de l'or, de l'argent, du charbon de terre. Le haut Dauphiné a quelques vallées riches, mais les deux tiers ſont hériſſés de montagnes. On y trouve d'excellens pâturages, des bois, des plantes médecinales, des minéraux. Elles ſont habitées par des boucquetins, des loirs, des marmottes, des ours, des chamois, des perdrix, des lievres & même des lievres blancs, des faiſans : l'aigle, l'autour y cherchent & y trouvent leur timide proye. Près de Briançon & de Pragelas, on voit des melezes, ou larix dont on tire le benjoin, arbre qui ne produit ni fleurs, ni fruits, mais qui donne la manne, dont l'écorce ſe couvre d'agaric, excreſſence qui ſert en medecine & pour la teinture en écarlate : & un bois très-durable, qui ſert à la batiſſe & à la menuiſerie. On trouve des diamans dans la montagne d'*Orel* près de Die, qui doit ſon nom à une mine d'or exploitée par les Romains. Celle de *Breſier*, près des alpes, vomit quelquefois des flammes.

Le mont *Alvar* renferme deux mines de cuivre, & des pierres du *grand glaizin*, qu'on croit annoncer des mines de cuivre & d'azur, à quelque diſtance ſont de belles marcaſſites de cuivre; plus loin deux autres mines de ce métal. Le mont de *Coche*, a des mines où le cuivre eſt mêlé à l'or & à l'argent : en général, toute la chaîne inférieure des montagnes du haut Dauphiné, en préſente un grand nombre : quelques-unes de celles de plomb, de cuivre & de fer ſont exploitées. Ailleurs on y trouve de la terre à porcelaine, de la terre ſavonneuſe & à foulon, des argilles colorées, des ardoiſes, des ſables blancs pour le verre, des marbres, des criſtaux, &c.

Cette province eſt arroſée par diverſes rivieres le *Rhône* la cottaie ; la *Durance* ſuinte du mon Genievre, devient un ruiſſeau, reçoit la *Clarée* l'*Ubayette*, l'*Aſſe*, le *Verdon*, le *Colavon*. Son cour eſt rapide, elle inonde ſouvent les champs voiſins ſon lit eſt hériſſé d'islots & de bancs de ſable : ell en change quelquefois, de-là vient qu'elle n'eſt poin navigable : elle ſe jette dans le Rhône après avoi parcouru une partie de la Provence & une eſpace d cinquante lieues. L'Iſere ſort du mont Iſera dans les Alpes, à cinq lieues du mont Cenis ; ell traverſe la Savoye & le Dauphiné dans une eſpac de quarante à quarante cinq lieues. Elle porte bâ teau depuis Montmeillian, & en porte de grand depuis ſa jonction avec le Drac. Son cours eſt tortueux & rapide, ſes débordemens ſont redoutables elle ſe joint au Rhône ainſi que la *Drôme*, torren qui groſſi par des torrens, tantôt enfle & ſe déborde, tantôt eſt preſque à ſec. Sa ſource eſ dans l'étang & la vallée de ſon nom. Elle perc dans ſon cours une partie de ſes eaux, & ſe jette enfin dans un gouffre. Le *Drac* prend ſa ſource près d'Embrun, & dans un cours de vingt lieues coule dans des vallées profondes, devient un torrent furieux dans les grandes pluies, & ſe jette dans l'Iſere entre Grenoble & Saſſenage. Le *Guye* ou *Guyer* n'a qu'un cours de huit à neuf lieues, & ſe jette dans le Rhône au deſſous de St. Genis l'Hôte. *L'Oron* & la *Venſe*, ont, à ce qu'on prétend, une même ſource, ſe perdent tous les deux dans des ſables, reparaiſſent & ſuivent un cours différent, elles ſont fort baſſes pendant ſept ans, & fort hautes dans les ſept qui ſuivent. On a expliqué ce dernier fait ; mais on aurait mieux fait de s'en aſſurer : il nous parait fort incertain & l'explication inſuffinte. Ces rivieres sont poissonneuses, & on y trouve aucoup de truites.

On pourrait desirer ici le tableau des merveilles Dauphiné, si vantées autrefois. Nous n'en dins qu'un mot: on voit près du village de St. rthelémy s'élever des flammes rouges & bleues, la hauteur d'un demi pied & qui exhalent l'odeur soufre, d'un espace d'environ huit pieds de ng sur quatre de large. Le terrain est brûlant; consume le papier, la paille, & le bois, &c. ais la poudre à canon ne s'y allume point. La uye éteint ses flammes; un petit ruisseau y passit autrefois, & s'y échauffait: de-là vient le nom *Fontaine ardente* qu'on donnait à ce lieu; mais ns le milieu du seizieme siecle, ce ruisseau prit cours un peu différent, & il roule ses eaux oides & limpides dans le creux du vallon, vers milieu duquel sont ces flammes. La *Tour sans ven*, a été une chapelle dédiée à St. Vrain, dont le uple a fait *Verain*, mot qui signifie *venin* dans dialecte du pays. De cette erreur des noms nt venues les vertues qu'on attribue à cette Tour. *montagne inaccessible*, ou *Mont Aiguille* est un roc carpé qui s'éleve au dessus d'une montagne: l'imanation lui donnait la figure d'un cône qui repose r sa pointe; l'observation lui a ôté le nom de erveille. On est monté sur ce roc: au haut est, t-on, une plaine où paissent des chevres ou des amois. Les *Cuves de Sassenage* sont deux pierres euses dans une grotte, au-dessus du village de ce m. Elles se remplissaient le jour des rois; l'une nonçait la disette ou l'abondance du blé, l'autre lle du vin: elles n'annoncent plus rien, pas même peuple. Plus haut est un lieu orné d'une jolie casde où l'on montre la chambre & la table de la

Fée Mélusine. Dans ce même lieu on trouve des pierres blanches, ou d'un gris obscur, luisantes, douces au toucher, diaphanes, de la grosseur & de la forme d'une lentille; on leur donne le nom de *pierres precieuses*, & elles le mériteraient, si elles avaient, comme on le dit, la faculté de tirer de l'œil les corps étrangers, celle de guérir l'épilepsie, &c. Le *Pré flottant* est un assemblage de terre, de racines de roseaux, & d'herbes, mêlées de limon rendu gras par l'écume de l'eau d'un étang qu'on nomme *Prés de Pelbotiers*, & qu'on nommait *Etang de Cerseulas*, sur lequel il flotte. Cette croute mouvante se couvre de verdure, & on la fauche. Nous avons dit quel arbre produisait la manne de Briançon; mais cette manne se trouve aussi sur les tilleuls, les sycomores, les érables, &c. La grotte de *Notre-Dame de Balme* est près de la petite ville de Cremieu: son ouverture est haute de cinquante toises, elle est large de soixante; mais sa largeur diminue en s'enfonçant. Là était un lac qui a disparu; il n'y reste qu'un ruisseau qui tarit souvent, & sur les bords duquel se trouvent des pétrifications, ou, comme dit Buchoz, des congélations. La *Fontaine vineuse*, ou l'*Oinorhoe*, est une fontaine minérale près du village de *St. Pierre d'Argenson.* Son eau est ferrugineuse, sa qualité est febrifuge, son goût est un peu aigre, & c'est ce qui aida l'imagination à en faire une fontaine de vin. Le ruisseau de *Barberon* dans le Briançonnais, a un cours périodique, & on a voulu qu'il annonçât la fertilité ou la disette. Les eaux minérales qu'on trouve dans la province, seront décrites lorsque nous parlerons des lieux où elles sont situées.

Le commerce a différens objets dans le Dauphiné; Lyon, la Savoie, la Provence sont ses débouchés. On y fabrique des toiles, des draps de toutes sortes, du n papier ; des chapeaux, des bonnets, des gands. es productions du pays sont l'huile d'olives, le ben-in, l'agaric, la manne & les bestiaux. On y fait u beurre en plusieurs endroits & de très-bons fro-ages. La soie, les laines, les peaux, les gros cuirs u'on y prpare ; le fer, l'acier qu'on y travaille, & ont on fait des lames d'épée, des couteaux ; &c. e cuivre, les mines de plomb & divers autres mi-éraux qu'on y exploite ; les bois qu'on en tire pour construction & la mâture ; les canons de fer, les ncres, divers autres objets en font une province ommerçante, & en feraient un pays riche, s'il était oins chargé d'impôts.

Diverses nations l'habitaient au tems de Jules-ésar. Il devint une province du premier royaume e Bourgogne : Clovis en fit une partie des états ir lesquels regnerent ses descendans. Les Sarrasins nis aux Goths s'en emparerent dans le huitieme ecle. Charles Martel le remit sous la domination ançaise. Vers la fin du neuvieme siecle, il fut en-ore compris dans le second royaume de Bourgogne. 'anarchie qui le fit disparaître fit naître de petits ty-ans qui se partagerent le pays. Les comtes d'Albon irent les plus puissans d'entr'eux : bientôt ils réu-irent sous leur pouvoir le Graisivaudan, le Vien-ois, le Gapençois, l'Embrunois & le Briançonnois. 'un de ces comtes, Gui IV, ou Gui I est regardé omme la tige des Dauphins. Son fils ajouta le nom e comte de Grenoble à ses titres : Gui VI ou Gui II céda les dîmes du Graisivaudan à l'évêque de Grenoble : & depuis ce tems ce prélat prit le titre de rince de Grenoble. Gui VIII fut le plus illustre es comtes d'Albon ; il força l'évêque de lui céder la moitié de la jurisdiction de Grenoble, obtint d'y aire son séjour, & bientôt y fut le maître ; il fut combattre : & la plûpart de ſes ancêtres n'avaient f que fonder des monaſteres & mourir moines. Il eſt l premier qui ait pris le nom de Dauphin : on croi qu'il le prit comme un ſurnom, à cauſe du cimie de ſon caſque. Ses ſucceſſeurs s'honorerent de pren dre ſon nom, & le comté d'Albon devint inſenſible ment le *Dauphiné.* Son fils obtint de Frederic Bar berouſſe le droit de battre monnaie, & celui d'êtr un ſouverain indépendant. Il n'eut qu'une fille qu fit paſſer le Dauphiné à un duc de Bourgogne ; il fu l'apanage du fils qui nâquit de cette union. Sur la fi du treizieme ſiecle, le ſeigneur de la Tour du Pi poſſéda le Dauphiné par les droits de ſa femme ſœur d dernier Dauphin. Ce fut ſon petit fils Humbert II, cré *roi de Vienne* par l'empereur Louis V, qui ſe voyan ſans héritiers, céda ſes états à Charles, petit fils d roi Philippe de Valois, à condition de payer ſes dette & de celles de ſes prédéceſſeurs, qu'il porterait le nor de Dauphin & ſes armes écartelées de France : qu le Dauphiné ne ſerait point réuni au royaume, & ſerait toujours un état ſéparé. Humbert ſe réſerva de penſions & quelques terres, ſe fit dominicain, de vint patriarche d'Alexandrie, adminiſtrateur de l'ar chevêché de Rheims, & mourut enfin dans la forc de l'âge en 1355. C'eſt depuis Louis XI que les fil du roi portent le titre de Dauphin, ſans être ſou verains du Dauphiné ; ils n'en portent que les arme Les eccléſiaſtiques aiderent à la réſolution de Hum bert ; il était de leur intérêt que leur prince fût puiſ ſant, eût des grands domaines, & put maintenir l paix. Les nobles qui penſaient plus au maintien d leurs droits qu'à la tranquillité publique, voulaien ſe donner aux ducs de Savoie.

Ce pays n'eſt pas auſſi floriſſant qu'il pourrait l'être une multitude de droits ſeigneuriaux ornés de nom barbares, y oppriment le peuple. On y compte 745566 habitans, en y comprenant la principauté d'Orange. Les rocs & les plaines sablonneuses peuvent couvrir un peu moins du tiers de son étendue. Il renferme peu de lacs : le plus considérable est celui de Paladru qui a une lieue & demi de long & demi lieue de large : il est le seul qui soit dans la plaine, & l'on y trouve beaucoup de poissons dont le plus rare est l'omble. D'autres lacs plus petits sont entre de hauts rochers : tel est celui de Luz, formé il y a plus d'un siecle par l'éboulement de deux rochers ; on en compte trois à Laffrey ; il en est d'autres au-dessus d'Allevard : la perche & la truite s'y nourrissent. Il est un grand marais près de Bourgouin ; il en est un autre à Brangues : on a parlé de les dessécher, on sent l'avantage qui en résulterait pour le pays, & ce projet demeure toujours un projet.

Il renferme deux archevèchés, six évèchés, 1213 paroisses, annexes ou succursales, 1015 communautés, six collégiales, dix abbayes d'hommes, trois chefs d'ordre, soixante & quinze couvens d'hommes, cinq prieurés de filles, sept commanderies de Malthe, huit séminaires, deux universités qu'on parle de réunir à Grenoble: ce sont celles de Valence & d'Orange. Si l'on compte le nombre de prètres que ces établissemens supposent, on le trouvera trop grand sans doute, & c'est peut-être une des causes de la faiblesse du commerce de cette province. On y vend du blé, du vin, du chanvre, du bois : ce dernier y diminue beaucoup. On y trouvait du bois de constuction pour les vaisseaux : ses forèts en sont aujourd'hui épuisées. Il y a de faibles manufactures de draps, de quelques étoffes grossieres de laine : on y fabrique la toile, les cartes, les cuirs, le fer : on y cultive le meurier blanc : & le produit de la soie semble s'y augmenter chaque année.

La justice s'y administre selon les loix romaines elles sont cependant quelquefois mêlées à des coutumes particulieres. Il en est une à Grenoble par laquelle l'adultere n'est puni que par une amende de 100 sols : elle dut son introduction au pouvoir des prêtres ; ces amendes faisaient partie des revenus de l'évêché. On n'y croit pas que toute terre doive avoir son seigneur.

Les tribunaux de justice de la province, sont le *parlement*, la *cour des aides* qui lui est jointe, une *chambre des comptes*, *un présidial*, *sept bailliages*, *trois sénéchaussées*, *quatre judicatures royales*, & les justices particulieres des seigneurs.

Le parlement fut érigé par Louis XI en 1453 pour remplir les fonctions du conseil Delphinois institué par Humbert II en 1340 ; il fut confirmé par Charles VII & Henri II. Les roturiers qui en étaient membres pendant vingt ans, devenaient nobles : on a rendu inutile cette institution, en n'y recevant que des genti's-hommes. Le parlement est composé de quatre chambres qui alternent pour le rang ; toutes connaissent des affaires civiles & criminelles : mais celle qui est la premiere a seule l'attribution des affaires de police ; elle reçoit les requêtes qui ne viennent point à exécution d'arrêt, & le premier président les distribue aux autres chambres selon la maniere dont elles doivent être jugées. Les vêtemens des présidens sont d'écarlate & d'hermine, dans les grandes cérémonies, ils portent le mortier à la main. Le premier président est toujours à la tête de la premiere chambre : neuf autres présidens sont distribués entr'elles. Ils composent le parlement joint à deux chevaliers d'honneur, à cinquante con ſeillers laïcs, à cinq conſeillers clercs, à trois avocats généraux, à un procureur général, &c. Le gouverneur & le lieutenant-général de la province y ſiegent avant le premier préſident ; les évêques, qui ſont dans l'étendue de ſon reſſort, y ſiegent auſſi, mais après les préſidens, & n'y ont que voix inſtructive : l'évêque de Grenoble ſeul y a voix délibérative.

Son reſſort ſe diviſe en deux grands bailliages, celui du *Viennois* en renferme trois autrres qui ſont ceux de Vienne, de Graiſivaudan & de St Marcellin : celui des *Montagnes* renferme ceux de Briançon, d'Embrun, de Gap & du Buys. Le bailliage de Die ne reſſortit d'aucun des grands, parce que l'évêque en eſt ſeigneur ; il reſſortit du parlement d'une maniere immédiate, ainſi que la principauté d'Orange. La ſénéchauſſée du *Valentinois* ſe diviſe auſſi en deux vice-ſénéchauſſées, celles de Creſt & de Montelimart.

Le *Préſidial* de Valence fut créé en 1636. Sa juriſdiction eſt ſemblable à celles de tous ces tribunaux ; un ſénéchal y préſide, deux préſidens y ſiegent, & il eſt formé encore de trente autres membres qui ont différentes dénominations.

La *chambre des comptes* exiſtait en 1383. Elle ſuit le parlement par ſon rang, connait & juge des comptes des receveurs de tailles & du domaine, veille ſur le dénombrement des terres, a l'œconomat des bénéfices vacans en régale ; un premier préſident, & cinq autres forment le tribunal avec quarante autres officiers de juſtice.

Le gouvernement militaire eſt formé par le gouverneur-général, le lieutenant-général pour le roi, un officier-général commandant, un ſergent de bataille de province, cinq lieutenans de roi, un ſénéchal, trois grands baillifs d'épée, quatre lieutenans des maréchaux de France, un prévôt-général de maréchaussée, &c. La province peut fournir en tout tems la subsistance à cinq régimens de cavalerie, chacun de six cents chevaux, & à celle de douze mille hommes d'infanterie.

On divise le Dauphiné en pays de montagnes & pays de plaines, ou en haut & bas Dauphiné.

Le haut Dauphiné s'étend en partie dans les Alpes, & renferme le *Graisivaudan*, le *Royanez*, le pays de *Champsaur*, le *Briançonnais*, l'*Embrunois*, le *Gapençois* & les *Baronnies*. Parcourons ces différententes divisions.

I. *Le Graisivaudan.*

Son nom latin est *Pagus Gratianopolitanus*. Il a titre de Comté & de bailliage, & appartint aux évêques sous le nom de principauté.. Ils le tenaient des rois de Bourgogne; l'ambition & l'habileté des comtes d'Albon ne leur en laissa bientôt que le titre qu'ils prennent encore. Il a quinze lieues de long & quatorze de large; il est hérissé de montagnes inhabitées, les unes coupées à plomb & séparées par des abîmes, d'autres couvertes de rocs qui laissent l'herbe s'élever au-dessus d'eux, & montrent entr'elles de belles vallées, des plaines fertiles en grains, chanvres, fruits & pâturages. La vallée dans laquelle serpente l'Isere, très-resserrée en quelques endroits, est par-tout d'une fertilité singuliere : on y cultive beaucoup le mays & la pomme de terre : la vigne s'y éleve sur des arbres, & son fruit y mûrit. Les Drac, la Romanche, les deux Guyens, sont les rivières les plus considérables de cette partie du Dauphiné.

Grenoble (Gratianopolis) capitale de la province, est sur l'Isere, au-dessus de son confluent avec le Drac. Son premier nom fut *Cularo* ; elle était alors resserrée entre les montagnes au nord & l'Isere, c'est ce qu'on appelle aujourd'hui St. Laurent & la Perrierre, longue rue, étroite, assez sale & laide. Gratien la retablit, lui donna son nom, & l'embellit par des édifices dont on montre encore les ruines. Il existe encore douze tours des fortifications qu'il y éleva. C'est au midi de l'Isere qu'est la plus grande partie de cette ville ; les principales rues en sont bien percées, assez belles & grandes ; elle a de beaux édifices ; tel est l'hôtel de Lesdiguieres qui sert aujourd'hui d'hôtel-de-ville : sa façade moderne qui donne sur les jardins mérite d'être vue. Le palais épiscopal est antique & bien décoré en-dedans : l'église cathédrale est peu remarquable ; celle de Ste. Claire renferme les tombeaux de l'épouse & de la fille du connétable de Lesdiguieres, exécutés en marbre, estimés par les draperies. Le palais où le parlement s'assemble ainsi, que divers autres tribunaux, est dans la place St. André (*a*). La place Grenette, ou Breuil, est la plus belle de celles qui décorent cette ville, où l'on compte plusieurs paroisses, plusieurs couvens, un séminaire dirigé par les prêtres de l'Oratoire, un hôpital militaire, un hôpital général, bâti avec goût & solidité, orné de beaux jardins ; un arsenal qui forme une espece de citadelle, une école d'artillerie & onze cents maisons. La ville acheta en 1772, la bibliotheque de son évêque (*Caulet.*) On y comptait quarante-cinq mille volumes, réunie à celle des avocats, elle peut en renfermer aujourd'hui cinquante mille, disposés avec ordre dans une

(*a*) Busching en fait une des décorations de la place Grenette : cette erreur est peu importante.

grande & belle ſalle ; on y a joint la collection de l'hiſtoire naturelle du Dauphiné.

Cette ville eſt bâtie dans un marais, ſes maiſons ſont aſſurées par des pilotis, & le ſol n'y eſt élevé que de ſept pieds ſur l'Iſere qui l'inonde ſouvent. On a propoſé de creuſer un nouveau lit à la riviere, & de lui faire environner la ville au midi pour la garantir de ſes inondations ; peut-être ce projet utile s'exécutera un jour. On voit au nord les reſtes de l'ancienne citadelle ; du milieu de ſes ruines, on jouit d'une perſpective riante : la ville eſt à vos pieds ; à l'orient s'ouvre une vallée fertile, où l'Iſere ſerpente & amene différens bateaux : au ſud eſt une plaine qui ſemble n'être qu'un vaſte verger, terminé de tous côtés par des montagnes : celle du midi, éloignée d'environ deux lieues, s'appelle la *Matoiſine*, coupée en petites terraſſes, ſoutenues par des murs de terre ſéche, & cultivées juſqu'au ſommet. Une telle ſituation n'eſt pas propre à faire une ville forte, & Grenoble ne peut l'être. Ses baſtions ſont tracés à la maniere du chevalier de Ville. Ses murs mal dirigés & conſtruits avec le ſable terreux de l'Iſere, y tombent en ruines ſans être vieux : ceux où l'on employa le ſable du Drac, ſont bien plus antiques, & ſemblent inaltérables. Ses promenades ſont belles ; & celle qu'on nomme le *Cours* eſt très-étendue. Le gyps & le plâtre ſont communs dans ſes environs. On y trouve auſſi une terre bitumineuſe qui ſe coupe comme la tourbe, & brûle mieux lorſqu'elle eſt fraîche : c'eſt l'*ampelite* des anciens & dans des puits un ſel de la nature de celui de Glauber. On connaît ſes manufactures de gands très-floriſſantes encore, ſon ratafiat recherché, ſes bonnets de laine, &c. *Plancus* parle de cette ville dans ſes lettres à *Cicéron*, & ce fait peut faire juger de son antiquité. A l'orient de la porte de N. Dame, on voit une voûte qui fut nommée Porte Herculiennne. L'évêque de Grenoble est suffragant de Vienne, il exerce la justice de concert & avec égalité de pouvoir avec le roi : son diocèse renferme trois cents trente-quatre paroisses, dont soixante & quatre sont en Savoie; une abbaye de filles & deux chapitres. Ses revenus annuels sont de 40000 liv. sa taxe, en cour de Rome, est de 1008 florins. Grenoble est au 23 dégré, 24 min. de long. au 45 dég, 45. min. 51 sec. de latitude. Elle a un gouverneur.

Barraux, bourg dans la vallée du Graisivaudan, au pied des montagnes. Il n'est ni beau ni riche : à un quart de lieue vers le sud est le Fort de ce nom, sur une hauteur, bâti en 1597 par le duc de Savoie, & dont les Français seuls ont joui. Un gouverneur y commande ; il est muni de beaux canons, & l'on y voit celui que fit jetter le maréchal d'Humieres, avec cette inscriprion : *ultima ratio regum.*

Tóuvet, bourg étroit, mais long & assez agréable. On dit que sur un rocher assez escarpé on lit cette inscription singuliere : *Hic fines Ollorum.* L'encyclopédie la cite, un voyageur instruit l'a cherchée & n'a pu la trouver.

Crolle, bourg, on a remarqué que ces bourgs & les villages voisins sont ornés de jolies maisons, fruit de l'aisance qu'y répand le commerce des vins.

Grande-Chartreuse, monastere fameux, & prieuré chef d'ordre général, situé à quatre lieues au N. E. de Grenoble, sur une hauteur qu'environnent des rochers affreux, & des monts presque inaccessibles. Plusieurs chemins y conduisent, deux seulement sont pratiqués : l'un est le chemin de Sapey, qui conduit par une montagne couverte de sapins, au village de *Chartreuse*, qui a donné son nom au couvent & à l'ordre. Près de là est le torrent de *Giert-mort*, qui resserré, écume, & tombe entre des rochers que joint un pont muni d'une porte qui fait l'entrée de l'enclos des moines : on s'avance, on découvre un bâtiment où est établie une imprimerie, où se fabrique tout ce qui est nécessaire pour l'intérieur : tous les travaux s'y font avec ordre, avec économie & avec activité, sous l'inspection d'un procureur. L'autre chemin est celui de *Saint-Laurent du Pont* ; il traverse des déserts affreux, il est muni de garde-fous, & a été rendu praticable par de grands travaux : cependant il est dangereux encore. Son nom lui vient d'une terre que possede le couvent ; & les moines y ont formé des étangs, y ont établi des martinets, une scie, diverses usines, &c. Tout ce qui environne ce monastere montre des précipices effrayans, & un aspect triste & noir ; lui seul parait agréable. Il est vaste, commode, propre ; sa bibliotheque nombreuse & bien choisie ; sa grande salle est ornée de belles peintures, & c'est où se tiennent les chapitres généraux de l'ordre : elle touche à une galerie où sont placés les plans des principales chartreuses de l'Europe. L'église est construite avec goût : on y conserve diverses reliques, & parmi elles se voit l'os du bras de St. Bruno, fondateur de l'ordre. De petites chambres sont destinées aux étrangers qu'on y nourrit gratuitement. Autour de la maison sont des magasins où l'on voit un tamis qui sépare à la fois quatre sortes de grains. La cave est remplie de vastes tonneaux qui n'en peuvent sortir, & qu'on remplit par la voute avec de longs tuyaux de cuir. Là est l'apoticairerie, ici est le four : dans un lieu on travaille à la ménuiserie, dans un autre à la corderie ; ailleurs à diverses fabriques. Le sol qui l'entoure est plat, couvert d'un fin gazon ; à un quart

e lieue de-là sont deux chapelles, l'une dédiée à
. Bruno, l'autre à la Vierge. Ce monastere fut
ondé en 1086 : les dons de plusieurs princes, & son
conomie l'ont enrichi. On y trouve toujours une
entaine de moines : ils ont des jours de récréation,
ors on les voit traverser la cour en silence, la robe
oussée, le bâton à la main : ils arrivent à leur pro-
enade, s'embrassent, se parlent, & se plaisent à errer
nsemble dans les bois & les rochers. Ils élisent leur
rieur, qui est en même tems le général de tout l'or-
re : c'est là que les différens couvens de l'ordre, ré-
artis dans les diverses parties de l'Europe, en-
oient tous les ans leurs prieurs, qui forment, avec
elui de la Grande Chartreuse, le chapitre général.
es seuls prieurs allemands viennent à cheval jusques
ans la cour, & siegent aux premieres places, préro-
atives qu'ils doivent aux soins qu'ils prirent de ter-
iner le grand schisme des papes.

Voreppe est un joli village : sur la montagne qui le
omine est une mine de charbon de terre.

Sassenage, village au pied d'un mont : il a titre de
aronnie, & il est connu par ses pierres ophtalmi-
ues & ses caves naturelles. On y fait d'excellens
omages qui portent son nom. Le rocher sous lequel
est situé est un amas de coquillages unis par une
pece de silex.

Uzille ou *Vizille*, bourg sur la Romanche : son
aste château était la résidence du connétable de Lef-
guieres : il a, dit-on, autant de fenêtres qu'il y a
jours dans l'année : le tems en efface les beautés.
ourg d'Oysans est une paroisse sur la même riviere.

Mens, bourg, chef-lieu du pays de Trieves, à
elque distance de la rive gauche du Drac : on
ouve dans ce district beaucoup de protestans, à qui
n permet aujourd'hui de vivre en paix.

Corp ou *Corps*, paroiſſe dans une vallée qui préſente un mélange pittoreſque de verdure & de roc; elle eſt voiſine de la rive droite du Drac.

La Mure, grand bourg, chef-lieu de la Mataiſine. Il a un grenier à ſel & un couvent de capucins.

Voiron, bourg où l'on fabrique des toiles.

II. *Le Royanez.*

Il a ſix lieues de long, & quatre de large : ſes habitans furent exemptés de la capitation par les Dauphins, & ne le ſont pas par les rois de France. On y remarque *pont de Royan*, ville de ſix cents habitans, marquiſat, arroſé par la riviere de Bourne, près de la rive gauche de l'Iſere, au pied des montagnes. Elle a un prieuré de religieux de St. Antoine. On y trouve des pierres tranſparentes qui ſe taillent comme les cailloux de Medoc. Près de l'Iſere encore, on voit la paroiſſe de *Beauvoir* & celle de *Beaume d'Autun* ou *d'Hoſtun* : cette derniere a titre de duché : ſa ſituation ſur une hauteur, eſt aſſez agréable.

III. *Champſaur.*

C'eſt un pays couvert de montagnes, au ſud du Graiſivaudan. Louis XIII le donna au duc de Leſdiguieres. Il renferme pluſieurs villages, le bourg de *St. Bonnet* arroſé par le Drac, & connu par la naiſſance de *François* de *Bonne*, duc de Leſdiguieres : on y montre encore la maiſon où il náquit. A peu de diſtance, ſur la rive droite du Drac, eſt le bourg de *Leſdiguieres*. Il eſt dans une vallée, & l'on y voit les ruines du château de ce nom, ſa chapelle exiſte encore, & l'on va y viſiter encore le mauſolée en marbre blanc & noir de ce connétable célebre. Sa ſtatue couchée par terre paroît ſe relever ſur le coude, & demander à ceux qui le regardent : *pourquoi venez-vous troubler mon repos ?* Les traits de ce guerrier ſemblent y reſpirer encore.

IV. *Briançonnois.*

Il a titre de comté, eſt long de quatorze lieues, large de ſept; ſes montagnes font une partie des Alpes; elles renferment d'excellens pâturages, où viennent paître de nombreux troupeaux de moutons. L'air y eſt froid pendant l'hiver, & très-chaud pendant l'été, ſurtout dans les vallées profondes. On y recueille aſſez de blés, quelques fruits, beaucoup de manne & preſque point de vin. Ses habitans ſont ſobres, actifs, induſtrieux. Ils furent connus des Romains ſous le nom de *Brigantini*. Fatigués des guerres où les expoſoit la décadence de l'empire romain, ils voulurent vivre indépendans, & ils s'y maintinrent longtems; mais l'Ariſtocratie s'y établit avec tous ſes vices, & le peuple indigné de l'oppreſſion de ſes chefs, ſe donna aux Dauphins, en ſe réſervant divers priviléges qu'il n'a pas conſervés ſous la domination de la France. Un grand chemin traverſe les Alpes du Briançonnois, & joint ce pays à l'Italie.

Briançon, *Brigantio*, *Origuntium*, ville ancienne, très-forte, entourée de rochers & de montagnes, garnis de Redoutes & de Forts, ſur la Durance. Elle a un château & un gouverneur particulier. Parmi les Forts qui la défendent, on remarque ceux de *Rambouillet* & des *trois têtes* : ils ſe communiquent, ont de beaux ſouterains taillés dans le roc, de vaſtes & magnifiques corps de cazernes, qui peuvent mettre plusieurs bataillons à couvert de la bombe une grande chapelle, de superbes magasins construits avec solidité, plusieurs vastes citernes où se rendent diverses sources défendues avec soin, un précipice affreux les séparaient de la ville, & on les y a joints par un pont d'une seule arcade longue de vingt toises, dont l'intérieur est de pierres de taille très-rares dans les environs. Les pieds de ce pont reposent sur de profondes entailles faites dans les rocs qui forment ce précipice, à 160 pieds d'élévation du lit de la riviere qui y coule avec grand bruit. A quelque distance de la ville est un roc percé qu'on nomme *Pertuis-Rostang*, & on lit à l'entrée cette inscription *D. Cæsari Augusto dedicata; salutate eam.* Dans les montagnes voisines on a ouvert une mine de charbon de terre, qui sert à chauffer la garnison.

Monestier, bourg situé dans une vallée sur le chemin de Briançon à Grenoble. Il a deux sources d'eaux minérales chaudes, où l'on va chercher du soulagement pour les fiévres d'accès, les faiblesses d'estomac, les paralysies naissantes, le rhumatisme, la sciatique, les blessures, &c. Ses habitans sont merciers, quincailliers, vendeurs d'estampes, ils se répandent dans le royaume, l'Italie & l'Espagne: souvent ils reviennent avec le prix de leurs travaux, y jouir d'une honnète aisance.

Mont-Genèvre, montagne connue, où sont les limites qui séparent la France de la Savoie: au bas est une paroisse qui porte le même nom.

Queyras, bourg entouré de quelques fortifications situé dans une vallée, muni d'un château: la petite riviere qui l'arrose tombe dans la Durance au-dessous de Guillestre.

V. *Embrunois.*

Les *Caturiges* habitoient ce pays ſous les Romains. appartint ſucceſſivement aux différens états qui ſe ırmerent de la ruine de l'empire romain, parvint ıx comtes de Forcalquier, dont l'héritiere le fit ıſſer à *Gui-André*, Dauphin du Viennois qui l'épuſa ; & depuis ce tems il a ſuivi le ſort du Dauniné. L'archevêque d'Embrun avait reçu le droit e ſuzeraineté de l'empereur Conrad II, & il en a onſervé le titre de prince d'Embrun. Ce pays ſt hériſſé de monts eſcarpés, où l'on trouve beauoup de marcaſſites, ornés & qui forment des dierſes collines & vallées, ornés de rians pâturages où ſe ourriſſent un grand nombre de brebis : on y voit uſſi des champs fertiles & cultivés avec ſoin. L'air eſt vif, pur & froid, l'été y eſt court & brûlant. e pays peut avoir quarante lieues quarrées de ſurce : la Durance l'arroſe & ſert à exporter les bois construction qu'on trouve ſur ſes bords : on voit de beaux qui, placés dans des lieux preſ-'inacceſſibles, demeurent inutiles.

Embrun, *Eburodunum*, eſt une ville forte, bâtie r un rocher eſcarpé, proche la rive droite de la urance. Elle eſt aſſez conſidérable : un archevêque ſiége & partage la juriſdiction avec le roi. Son lais eſt beau, & la cathedrale eſt remarquable. Cette lle eſt très-ancienne, elle fut alliée des Romains, ſous *Conſtantin*, elle était déjà un évêché. Elle nferme environ 12000 ames, a un gouverneur, ıq portes, cinq paroiſſes, trois couvens, un colge où enſeignerent les jéſuites. On dit que c'eſt la lle la plus élevée de l'Europe.

Ses archevêques prennent le titre de *princes*

d'Embrun, *comtes de Beaufort & de Guillestres*; ils en avaient autrefois de plus beaux, & jouissaient de plus grands droits : ils avaient celui de Chambellan de l'empire, & faisaient battre monnaie. Leurs Juges siégent alternativement dans le bailliage avec ceux que le roi nomme. Leur diocèse renferme 21 paroisses, un chapitre & une abbaye : les évêques de *Die*, de *Grasse*, de *Vence*, de *Glandèves*, de *Senès* & de *Nice* sont ses suffragans : ses revenus annuels sont de 30000 liv. sa taxe en cour de Rome est de 2400 florins.

Guillestre est une petite ville sur une riviere de son nom, qui s'y joint à la Durance, à l'entrée d'une vallée. La neige couvre ses campagnes pendant sept mois de l'année. Elle a titre de baronnie de l'empire, & appartient à l'archevêque. Elle a un château.

Beaufort fut aussi une baronnie de l'empire, & l'archevêque en est le seigneur.

Mont-Dauphin, ville forte peu étendue, située sur une montagne escarpée presqu'environnée de la Durance. Ses habitans sont exempts de taille. Elle a un gouverneur, une garnison assez nombreuse, & une église desservie par deux aumoniers que le roi paye.

VI. *Gapençois*:

C'est un comté long de onze lieues : large de sept, qui peut avoir cinquante lieues quarrées de surface, parsemé de montagnes & de vallées : on y cultive le blé, on y nourrit beaucoup de brebis, & il est abondant en gibier : l'air y est sain & froid. On y trouve un étang où l'on voit une prairie flottante : de la terre embarrassée dans des roseaux, du limon mêlé à de l'écume : la forme tous les ans on

fauc

uche l'herbe, & on l'appelle *Lac de Pelhutiers.* Les aturiges l'habiterent, il fit partie des royaumes de ourgogne, & ensuite des domaines des comtes de Proence & de ceux de Toulouse; enfin de ceux de Forlquier: ce fut encore une partie de la dot de leur éritiere qui épousa *Gui-André*, Dauphin de Vienois.

Gap, *Vapincum*, ville bâtie par les *Caturiges*, & ui fut la capitale des *Triconii.* Elle est au pied 'une montagne, arrosée par la Benne qui coule ans une vallée fertile, couverte de champs & de âturages. Un incendie a fait resserrer son étendue, l'a fait rebâtir moins laide qu'elle n'était. C'est le ége d'une élection, d'un gouverneur, d'un évêché, 'un bailliage. Elle renferme plusieurs églises, un éminaire & trois couvens. L'évêque est suffragant 'Aix; son diocèse s'étend dans les Alpes & renferc 229 paroisses, dont 150 sont en Provence. Il ne dit plus *prince de Gap*; mais il prend le titre de omte & porte l'épée & la crosse en pal dans ses rmes. Ses revenus sont de 20000 livres: sa taxe à ome est de 1400 florins. A peu de distance de ses urs, dans la vallée, on voit un couvent, & plus in sur une colline, le hameau fameux de *Laus*, ù est une église dédiée à la Vierge qui y fait des iracles, au moins aux yeux du dévot qui aime s'en repaître.

Chorges, petite ville qui doit son nom aux *Caturiges* qui l'habiterent. Des montagnes l'environnent; quelque distance coule la Drance.

Serres est une ville de montagne, *Orpierre*, une igneurie qui appartint au prince d'Orange, dont le oi est aujourd'hui seigneur. *Montmaur*, une des uatre anciennes baronnies du Dauphiné, dont les ossesseurs sont présidens nés de la noblesse aux états aſſemblés, & peuvent ſiéger au parlement l'épée au coté : les trois autres ſont celles de *Saſſenage*, *Clermont*, & de *Maubec* ou *Breſſieu*.

Tallard eſt une petite ville, ſur la Durance, ſiége d'un gouverneur. *Veynes* eſt un bourg connu par ſes foires. *Ventavon* eſt encore un bourg qu'on croit être l'*Alabunte* des anciens,

Chabeſtan eſt le chef-lieu du comté de la Ric. La tour de *Champerou* eſt un petit Fort, ſur le bord du Buſch. *Montmaur*, village qui a dans ſes environs du charbon de terre, dont la flamme preſque ſans odeur, s'éleve de plus de deux piés.

VII. *Les Baronnies.*

Ce pays eſt le plus méridional du Dauphiné : il doit ſon nom aux deux baronnies de *Meuoillon* & de *Montauban*, autrefois indépendantes, & qui le furent pendant trois ſiecles. Les Dauphins les achéterent. Il eſt hériſſé de montagnes arides, ſéparées par des vallées charmantes, fertiles en grains & en bois, pâturages, arroſées par l'*Oueze* & l'*Aygues* : ſa ſurface peut être de cinquante lieues quarrées. La baronnie de *Meuoillon* doit ſon nom à une communauté, qui voit près d'elle les mazures d'une fortereſſe; elle a encore un gouverneur qui n'y réſide pas. La ſeule ville de cette ſeigneurie eſt *Le Buys*, chef-lieu d'un bailliage, & ſituée dans un vallon qu'arroſe l'Oueze.

Celle de *Montauban* prend ſon nom d'une paroiſſe peu conſidérable. Elle renferme *Nyons*, petite ville ſur la rive droite de l'Aygues : on y voit un couvent & un prieuré. Ses campagnes forment une vallée fertile en grains, en vins, & ſur-tout en huiles.

lle a de beaux pâturages, plusieurs de ses champs ont couverts de mûriers, qui nourrissent beaucoup e vers à soie: trois foires y amenent quelques richesses: une multitude d'oliviers y contribue plus encore. On y visite quelques curiosités naturelles, & un pont qu'on croit être l'ouvrage des Romains. C'est là que finissent les montagnes: le vent qu'on isait sortir de leur sein, n'est plus aujourd'hui qu'un vent d'orient qui descend par la vallée.

Montbrun, *Rosans*, *Condorcet*, &c. sont des especes de bourgs. Un savant qui porte le nom de ce dernier, le fait connaître.

BAS DAUPHINÉ.

I. *Viennois.*

Le Rhône, l'Isere & le Graisivaudan l'environnent; Vienne lui donna son nom, & ses comtes furent l'origine des Dauphins. Il y a des plaines sabloneuses & stériles; mais la plus grande partie est fertile, abondante en vins recherchés, en fruits, grains & chanvres. Une multitude de mûriers y nourrissent des vers à soie; le noyer & le châtaignier y donnent, avec leurs fruits ordinaires, un suc assez semblable à la manne de Briançon.

Vienne, *Vienna Allobrogum*, ville ancienne & célebre, d'une enceinte irréguliere: elle a 1780 toises de tour. Elle est sur la rive gauche du Rhône, ses rues sont étroites, mal pavées, & la plupart sur des pentes assez rapides. Ses antiquités romaines sont nombreuses, & parmi elles on distingue une espece de tombeau: il a vingt-deux pieds de haut, est quarré au-dehors, fait en voute au-dedans, & sert de base à une pyramide de même hauteur: tout eſt bâti de pierres de taille fort dures, & jointes ſans ciment. Vienne eſt le ſiége d'un archevèché, d'un gouverneur, d'un bailliage, d'une élection, &c. La juſtice s'y rend alternativement au nom du roi & à celui de l'archevêque. La cathédrale eſt belle sa façade en impoſe par ſon étendue, ſes ornemens & ſon antiquité. On y compte trois chapitres & trois abbayes ; près de celle d'*André-les-Bas* eſt une platte-forme ſurmontée de quatre pilliers élevés, & appellée *Table ronde*. Les hommes & les richeſſes qui y étaient renfermés y devenaient ſacrés, & c'était autrefois un aſyle inviolable. Parmi pluſieurs autres égliſes, on diſtingue celle de St. Séver bâtie dans un lieu où l'on adorait autrefois 100 dieux ſous un grand arbre qui ſervait de temple & celle de *Notre-Dame de Vie*, bâtiment quarré & antique qui parait avoir été un prétoire romain. Il eſt voiſin de l'ancien palais des Dauphins où s'aſſemblent aujourd'hui les cours de juſtice. Près de là encore, eſt un pont que commande une vieille tour élevée. On y trouve de plus un prieuré, un ſéminaire, un collége, neuf couvens. On y fabrique des toiles, du papier, des peaux, des gros cuirs, des ancres de vaiſſeaux, des lames d'épées qu'on y travaille très-bien, & pluſieurs autres ouvrages en fer, en acier & en cuivre. Elle a une manufacture pour mouliner & devider la ſoie. Le diocèſe de ſon archevêque renferme 365 paroiſſes, cinq abbayes d'hommes, neuf de filles & ſix chapitres. Ses revenus ſont de 30000 livres, & ſa taxe en cour de Rome eſt de 1854 florins. Il prend le titre de grand primat des Gaules : un diſciple de St. Paul fut, dit-on, le premier des évêques de la ville. C'eſt à Vienne que s'aſſembla le concile fameux qui détruiſit l'ordre des Templiers : les environs de cette ville, le long des rives du fleuve, entrecoupés de monts, de vallées & de plaines, offrent un prospect riant. Vers le coté opposé, deux grandes montagnes l'obscurcissent. Près d'elle est la fontaine de *Givri* où l'on trouve des cailloux ronds dont le fond est jaune, marbré de taches purpurines, & la mine de *Poufile*, dont on tire du plomb Ses environs sont riches en mines de ce métal, en fer & en charbon de terre.

St. Saphorin d'Ozon, joli bourg dans un vallon fertile & de figure circulaire.

La Tour-du-Pin, petite ville plus connue par ses seigneurs que par elle-même : elle fut une baronnie libre ; une petite riviere l'arrose & porte son nom.

Quirieu, petite ville près de la rive gauche du Rhône, sur une hauteur.

Cremieu est éloignée du Rhône : elle est ancienne, & plus connue que riche.

Verpilere, petite ville qu'arrose la Bourbe : les rues en sont étroites, les maisons mesquines ; mais il y a un assez beau château.

Bourgoin est sur la même riviere : c'est un assez grand bourg où l'on commerce en chanvre & en toiles : à quelque distance sont des marais qui corrompent l'air, & n'offrent que de mauvais pâturages : à demi lieue de là est un mont sur lequel est un couvent, & une espece de château qu'habita J. J. Rousseau. On y jouit d'une perspective étendue & riante.

Pont de Beauvoisin, bourg sur les frontieres de Savoie, qui a un gouverneur, & des douanes armées de maréchaussées pour empêcher la contrebande. Le Guyer-vif le sépare en deux parties, dont l'une appartient à la Savoie : un pont de pierre les joint, un grillage se voit à chacune de ses extrêmités gardées par des soldats.

Auberive, bourg ſur une pente rapide dont la Verezy arroſe le pied. Le Rhône n'en eſt pas éloigné.

Saint-Vallier porte le nom de ville ; elle eſt ſur une colline aride & près des bords du Rhône. On y fabrique du papier.

Cotte St. André eſt une petite ville, célébre par les vins qu'on recueille dans ſes environs.

Thin ou *Tain* eſt un bourg, ſur le Rhône qui le ſépare de Tournon : vis-à-vis eſt un mont connu ſous le nom de l'*Hermitage* ; il eſt couvert de vignes, & c'eſt de là que vient le vin recherché qui porte ce nom. Il y a une mine d'or & d'argent dans ſon voiſinage, bien ſituée, négligée peut-être parce qu'elle le mérite, & une de vitriol très-abondante.

Albon, paroiſſe ſur une hauteur, remarquable parce que les Dauphins en porterent d'abord le nom. *Beaurepaire* eſt un bourg près d'un torrent. *Tuylins* un bourg encore, dans une ſituation agréable, où l'on fait beaucoup de toiles, & où l'on travaille le cuivre. *Rives*, bourg dans un creux noirci par ſes forges & ſes martinets : on y fait auſſi du papier.

Romans eſt une des villes les plus agréables du Dauphiné ; l'Iſere l'arroſe, elle eſt commerçante & ſiége d'une élection : on y voit une égliſe collégiale, quelques couvens, & deux abbayes, dont l'une la fit naître. Ses rues ſont étroites : elle a quelques belles maiſons, les habitans ſont honnêtes, la plaine qui l'environne préſente un coup d'œil très agréable. Près d'elle eſt la belle maiſon de *Triord*.

Saint-Antoine, bourg entre deux montagnes, où eſt une abbaye célébre, chef d'ordre des Antonins, & la ſeule qu'ils poſſédent.

Saint-Marcellin, ville aſſez conſidérable, à quelque

distance de l'Isere, sur une colline. C'est le siége d'un bailliage ; les campagnes voisines sont fertiles sur-tout en vins. Ses maisons ni ses rues ne sont point agréables : elle est fort peuplée. *Pusignan*, *St. Jean de Bournai* sont des bourgs.

II. *Valentinois.*

C'est un comté qui forme un petit état distinct du Dauphiné : il est en partie situé le long du Rhône, & renferme des campagnes fertiles ; mais on y trouve aussi beaucoup de champs pierreux.

Valence, *Civitas Valentinorum*, ville ancienne & assez peuplée. Elle n'est pas d'une grande étendue ; de doubles murs l'environnent, & un gouverneur, un évêque, un baillif, un présidial, une élection y siégent. La cathédrale est assez belle, la citadelle mérite à peine ce nom, & le gouverneur l'habite. L'évêché est remarquable par la gallerie qui regne le long du Rhône. On y compte six couvens, une église collégiale, trois abbayes, un séminaire, un collége & une université. L'évêque, suffragant de Vienne, compte 140 paroisses dans son diocèse, avec six abbayes & trois chapitres. Ses revenus sont de 18000 livres, sa taxe en cour de Rome est de 2389 florins. Les environs de Valence sont agréables, on y commerce en laines & en peaux de moutons. On y a transporté l'école d'artillerie qui était à Grenoble.

Valentin, château environné d'un parc étendu, accompagné de quatre pieces d'eau, chacune de 400 pieds de long, revêtues de pierres de taille, qui se remplissent en vingt-quatre heures, & vient de là arroser une prairie immense. Sa gallerie est imitée de celle de Versailles, moins riche en ornemens, elle l'eſt davantage par ſa ſituation : le Rhône l'orne & l'étendue de la perſpective n'a de bornes que la foibleſſe de la vue.

L'Eſtoile , *Chabeuil* , ſont deux bourgs : le dernier a le titre de principauté , & n'a rien qui y annonce un prince.

Creſt , *Criſta* , petite ville ſur le torrent de la Drôme. Elle renferme un chapitre & un château ; elle a été forte , mais n'a plus aujourd'hui qu'une tour ſur le ſommet du mont dont elle occupe la pente : cette tour eſt gardée par une compagnie d'infanterie , ou par des invalides. On y renferme des priſonniers d'état : le roc qui la ſoutient eſt un amas de coquillages pétrifiés. La ville a quelque commerce , ſur-tout en laine , & on y fabrique du papier.

Montelimart, *Mons Adhemari*, ville qui doit ſon nom à ſes anciens maîtres. Elle a une élection & un gouverneur particulier , une citadelle peu fortifiée , mais qui peut l'être avec facilité , un corps de caſernes habité par des invalides , une collégiale, ſix couvens , un hôtel-Dieu & un hôtel-de-ville. Elle a été plus étendue qu'elle n'eſt , mais ce qu'elle ne peut perdre , c'eſt la beauté de ſa ſituation. Ses environs offrent par-tout des payſages rians & variés. Là ſont des côteaux de vignes où l'on recueille des vins excellens : ici , des plaines couvertes d'arbres ou de moiſſons , des boſquets frais , de vertes prairies qu'arroſent le *Roubion* & le *Jabion* , qui dans leur cours animent diverſes fabriques , ſe ſéparent en canaux , pour donner aux campagnes & à la ville plus de fraîcheur ; leurs eaux paiſibles ſe raſſemblent enfin , & vont ſe mêler aux flots majeſtueux du Rhône qui coule à demi-lieue delà.

Montelimart a la figure d'un croiſſant, dont les cornes tournées vers le levant , ſont réunies par la citadelle qui, placée ſur une élévation, domine & protege la ville dont elle fait un cercle. Elle a quatre portes dirigées vers les quatre points cardinaux : celle vers le nord eſt d'une architecture noble & ſimple ; celle du midi s'appelle *Aygut*, d'*Ayguno*, ville qui exiſta dans les environs. Les rues ſont larges, aſſez droites, & aboutiſſent à des places d'une étendue médiocre & ſans décoration : au-dedans & au-dehors des murs, regne une double allée qui ſert de promenades. Son climat doux y fait réuſſir les vers à ſoie : les fruits à noyaux y ſont excellens, & ſes vins ſont connus. On y voit peu de terres incultes, peu de bois, peu de pâturages, mais beaucoup de prairies que l'on fauche quatre fois par an. On y fabrique des étoffes de laines & de ſoie, on y travaille les cuirs. La chaux qu'on y fait ſe modele comme le plâtre : on en fait des voûtes & des caves pour renfermer la vendange. Près d'elle eſt une montagne qui dans une couche de ſable, préſente une quantité ſingulière de grandes coquilles des Indes, huitres & autres, qui conſervent encore leur nacre & leur forme.

Loriol, bourg près de la Drôme, qu'on paſſe ſur les bacs ainſi que l'Iſere & la Durance. Il ferait digne de la France & d'un protecteur du commerce de l'y faciliter par des ponts.

Livron, bourg à une lieue du Rhône, près de la Drome, ſur une hauteur.

Pierre-Latte, bourg où l'on voit un château placé ſur un roc, & qui a un gouverneur particulier. Il eſt ſitué à l'entrée d'une belle plaine qu'arroſe la Berre, & qui eſt voiſine du Rhône.

Dieulefit, petite ville dans une vallée, ſur un ruiſſeau qui va ſe jetter dans le Roubion. Près delà ſont trois ſources d'eaux minérales, ſortant de quelques rochers de grais & de pyrites martiales, tapissés d'efflorescences sulphureuses. L'une d'elles, appellée *St. Louis*, est remarquable par le vitriol qu'elle contient. Ces eaux, prises extérieurement, sont bonnes pour les maladies des yeux; elles dissipent les inflammations, fortifient la vue, & guérissent les maladies de la peau & les vieux ulceres.

Taulignan a le nom de ville : c'est tout ce qu'on en peut dire.

III. *Diois.*

Il a le titre de comté, le roi le porte, & l'évêque jouit du domaine utile. C'est un pays hérissé de montagnes & peu fertile : ses pâturages font sa richesse : la *Drome*, le *Roubion* y prennent leur source & l'arrosent : sa surface peut s'évaluer à quatre-vingt lieues quarrées. Il eut long-tems ses comtes particuliers, & passa à la Franee avec le Valentinois. Les évêques tenaient, depuis 1178, de l'empereur *Fréderic Barberousse*, la souveraineté de Die, les régales & le droit de battre monnaie, qu'ils n'ont plus depuis 1449. Les *Vocontii* habitaient ce pays sous Jules-César.

Die, *Dia Vocontiorum*, ville située sur la Drome, dans une vallée. Elle est le siége d'un bailliage & d'un Evéché. Elle a un séminaire & un college : il y avait une académie de réformés avant la réformation de l'édit de Nantes, & on y voit encore les ruines d'une citadelle. L'évêque compte dans son diocèse deux cents paroisses, deux abbayes & deux chapitres. Il est seigneur de la ville, de quatre-vingt-quinze paroisses, & de vingt-quatre châteaux; ses rentes annuelles sont de 18000 livres; sa taxe, en cour de Rome, est de 2126 florins.

Saillans, petite ville qui appartient à l'évêque. Elle est située sur un ruisseau nommé *Riou-sec*, parce u'il manque ſouvent d'eau, & on y compte douze ents habitans. Les villages voiſins y viennent vendre produit de différentes fabriques, ce qui la rend ſſez commerçante.

Bordeaux eſt un bourg ſur le Roubion ; *Aoſte* eſt ır la Drome, & on le croit l'ancienne *Auguſta ocontiorum*. *Luc* eſt peu éloigné du lieu où fut jadis ne ville de ſon nom, ſubmergée par la Drome. *uint*, bourgade : on y voit des nobles labourer leurs hamps. *Meinglon*, village au midi de Die, près duuel eſt un rocher qui renferme du plomb.

IV. *Tricaſtinois.*

Les *Tricaſtini* l'habiterent, & delà vient ſon nom : touche à la Provence, eſt fertile & peuplé.

St. Paul-trois-Châteaux, *Auguſta Tricaſtinorum*, etite ville ſur le penchant d'une colline, à une lieue u Rhône, & ceinte de bons murs. C'eſt le ſiége un bailliage & d'un évêché : un vice-bailli, nommé ır le roi, y eſt le préſident d'un tribunal de juſtice endant deux ans, après leſquels il cede ſa place pour n terme égal à un juge nommé par l'évêque. Trenteois paroiſſes forment ſon diocèſe, dix chanoines rment ſon chapitre, 15000 livres ſont ſes revenus nuels, & 400 florins ſont ſa taxe en cour de ome. La cathédrale eſt aſſez belle : au-dehors des urs eſt un couvent de Jacobins orné d'un portique réable.

La Garde, bourg ſur une hauteur, au bord de Berre ; il a le titre de marquiſat. *Donziere* a celui principauté qui appartient à l'évêque de Viviers. bourg eſt au pié d'une montagne près du Rhône, a devant lui une plaine fertile en blés & en vins.

Principauté d'Orange.

Elle eſt enclavée dans le comtat Venaiſſin, & l Rhône la ſépare du Languedoc : ſa ſurface peut étr de neuf à dix lieues quarrées, & ſon revenu annu de 50,000 l. L'*Aygues*, le *Meyne*, l'*Ouveze*, la *Seil* y ſerpentent, avant de ſe perdre dans le Rhône qu'on y traverſe ſur un pont & ſur un bac. Un gran nombre de fontaines y préſentent leurs eaux viv & pures ; le climat y eſt doux & ſain ; le ſol fertil en grains, en vins recherchés, en huiles, en frui de toutes eſpeces, en légumes, ſafrans, &c. L ver-à-ſoie fait une des richeſſes de ce pays, que l vent du nord rafraîchit en été, mais dont la vio lence eſt quelquefois incommode.

Ce pays faiſait une partie de la province Narbon noiſe ſous les Romains : il fut un comté à la fin d ſeptieme ſiecle, & il était alors bien plus étend qu'il n'eſt aujourd'hui. Quatre différentes familles l poſſéderent : la premiere aliéna une partie de ſ poſſeſſions ; la quatrieme fut la plus célebre. René d Naſſau était neveu du dernier comte de la troiſiem race ; il fut ſon ſucceſſeur, & laiſſa ſon héritage a fondateur des Provinces-Unies. Louis XIV ſe ſaiſi de la principauté d'Orange, après la mort de Gui laume III, roi d'Angleterre, & elle lui fut cédée pa le traité d'Utrecht. Elle fut unie au Dauphiné e 1731. Les habitans ne paient d'impoſitions que cell des vingtiemes. Ils dépendent de leur évêque, pou le ſpirituel, & des tribunaux de la province, pou le civil. Le gouverneur général du Dauphiné y a u lieutenant pour ce qui concerne le militaire.

Orange, *Arauſia Cavarum*, ville plus célebre qu conſidérable, ſituée au pied d'une colline, qui te oîne une vaste & belle plaine, à une lieue du Rhône, près de l'Aygues, sur le Meyne, qui baigne ses murs. Sous les Romains, son enceinte était de 2,500 toises : ces conquérans des Gaules l'embellirent par les plus beaux monumens, & on y voit encore les vestiges d'un amphithéatre, d'un cirque, d'un arc de triomphe, de temples, de bains & d'aqueducs. Jules-César y avait fondé une colonie formée de soldats de la seconde légion, & c'est ce qui la fit nommer *Aurasio Colonia Secundanorum.* Sur la colline était un château, ou citadelle, que Maurice de Nassau fit construire, & que Louis XIV fit démolir. Orange n'est plus ceinte que d'un mur. Elle est le siege d'un commandant, d'un lieutenant de roi, d'un évêque & d'une justice royale. Elle renferme une université, trois couvens, une abbaye de filles de Cîteaux, & un collége. On y compte six places publiques, plusieurs belles fontaines, dont les eaux sont excellentes; plusieurs belles maisons, un hôpital, une maison de ville, & environ 7000 habitans. Au dehors de la porte *l'Ange* est un fauxbourg très-habité : le grand chemin de Marseille à Lyon en forme la rue, & le rend bruyant. Plus loin, au milieu de vastes plaines, ou sur le penchant de petits côteaux, on voit un grand nombre de métairies dispersées, qui animent une campagne charmante, d'où l'on contemple, avec une sorte de respect, le cours majestueux du Rhône. L'embouchure du Meyne y forme un port, où l'on vient déposer les marchandises utiles au pays. Le produit de ses manufactures, en serges & autres étoffes estimées, rend Orange commerçante. Son évêque est suffragant d'Arles. Son diocèse est de vingt paroisses, dont dix forment la principauté. Ses revenus actuels sont d'environ

10,000 livres ; & sa taxe en cour de Rome est de 408 fl.

Courteson, petite ville où l'on compte environ 2000 ames, située dans une contrée délicieuse, arrosée par la Seille. *Causans*, bourg, chef-lieu d'un marquisat, dont l'Oueze, ou l'Ourez, rend les prairies plus riantes. Les autres lieux de la principauté sont peu considérables.

PROVENCE.

Elle a au nord le Dauphiné, à l'orient le Var en est la limite ; à l'occident c'est le Rhône, au midi la mer Méditerranée la termine. Longue de 53 lieues, & large de 42, elle peut avoir 1200 lieues communes quarrées dans sa surface irréguliere. Les Romains lui donnerent son nom *Provincia* (*a*) : ils la regardaient comme une autre Italie, & la préféraient à toutes les provinces de leur vaste empire. On a dit qu'on pourrait la diviser en trois zones ; & en effet, au midi la chaleur ardente y est rarement tempérée par les pluies ; au nord elle est hérissée de montagnes, & des orages fréquens, des pluies presque continuelles y entretiennent le froid & une humidité mal-saine ; au centre est un climat doux & fertile. Tandis qu'on moissonne près de la mer, on seme dans les montagnes, & quand on moissonne ici, là on vendange. L'orge recueilli en Mai dans les campagnes du midi, est porté dans celles du nord ; on l'y seme, & on l'y moissonne encore dans la même année. Lorsque les fruits & les légumes commencent à

(*a*) On voit encore l'origine de ce mot, dans ces deux-ci : *Pro victa*.

mûrir dans les montagnes, ils ſont paſſés dans la plaine, & par-là on en peut doubler l'uſage. L'air y eſt ſain & ſalubre, depuis qu'on y a deſſéché des marais, dont les vapeurs donnaient aux habitans une maladie qu'on nommait *charbon provençal*. La biſe tempere tous les jours au matin, l'exceſſive chaleur qui regne le long de la côte. Le *Circius*, ou vent du nord, eſt violent en quelques endroits, il renverſe des arbres & des maiſons; mais il épure l'air, & c'eſt pour cette raiſon que Céſar lui fit élever un temple & un autel.

La Provence ſe diviſe en haute & baſſe. La premiere eſt riche en pâturages & en beſtiaux: elle produit du bled & divers fruits, peu de vin; mais c'eſt là que ſe recueille le plus eſtimé de la province. La ſeconde ne produit pas la moitié des grains qu'elle conſomme; mais elle eſt couverte de vignes, d'arbres fruitiers & de fleurs. Là croît le vin muſcat, le blanc, le rouge, le paillet, le clairet & la malvoiſie; toutes ſortes de légumes & d'herbes potageres, le millet, le champignon, la fraiſe, la mûre, la framboiſe, la groſeille, l'abricot, la pêche, les plus belles poires, les meilleures pommes, pluſieurs fruits qui lui ſont particuliers, ou qui y ſont meilleurs qu'en aucun autre lieu de la France: telles ſont les prunes qu'on nomme *brignoles*, les truffes, les olives, les figues, les jujubes, les carroubes, les oranges, citrons, limons & poncires, les dattes, les grenades, les capres, le ſafran, &c. Le myrte, le thérébinte, le thym, le romarin ornent ſes campagnes, & les embaument: le bruc, du milieu de ſes feuilles aiguës, y fait ſortir ſon fruit rouge, qui ſe conſerve toute l'année; le kermès, eſpece de chêne-verd, y nourrit l'inſecte utile pour la teinture qui porte ſon nom; l'arbouſier, dont la feuille eſt ſemblable au kermès, & le fruit à la cerise; l'azerollier dont le fruit aigrelet est recherché; le laurier, le cyprès, l'akacia d'Afrique, le houx, dont on fait la glu, le frêne, le micacoulier, l'if, venimeux pour les animaux, & qui ne l'est pas pour l'homme; le liége, le meleze, sur lequel on recueille la manne & l'agaric; la lavande, le thamarin, le nepruh, le genêt, le petit aconit, l'aloés vulgaire, le fer-à-cheval, le bec-de-grue, le lys asphodele, l'arbre de storax; & presque toutes les plantes médicinales y prosperent. Les champs sont ornés, ou bordés de mûriers: le ver-à-soie est une des grandes ressources des habitans, ainsi que le miel qui y est d'un goût délicat.

On y a reconnu des mines de fer & d'or: le long des côtes on pêche le corail: près de Marseille, on prépare la resine & la poix: ailleurs on trouve du jayet, du lapis, du charbon de pierre, du plâtre, du marbre, de petites pierres en forme de lozanges transparentes ainsi que le diamant, & qui donnent au soleil une couleur nuancée comme l'arc-en-ciel. L'ane, le mulet, le bœuf y sont plus communs que le cheval, & y servent à battre le blé. Parmi les bêtes fauves, le lievre & le lapin sont les plus nombreuses: il y a beaucoup de moutons, & la chair en est excellente, beaucoup de chevres dont on fait de bons fromages, & dont le poil sert à faire diverses étoffes, mais il n'y a pas assez de manufactures pour les employer. Les serpens, les crapeaux, les scorpions y sont communs, & la crainte les fait plus dangereux qu'ils ne le sont. On y voit un grand nombre d'oiseaux: l'aigle, le vautour, le faucon, l'épervier, l'émérillon y cherchent & trouvent leur proie; l'homme fait la sienne de la perdrix, de la bécace & des bequefigues: on y voit dans les mois d'avril & de septembre

mbre des nuées de *benaris* ou d'ortolans qu'on end avec des filets.

La mer lui présente aussi le tribut des richesses ''elle renferme dans son sein : on y pêche la sole, thon, le dauphin, la lamie, le merlan, le surmu, la sardine, la mulette, la raye, la langouste, verses moules, & des coquilles parmi lesquelles est *datte* qui se trouve dans le creux des rochers du nd du port de Toulon, ou dans la rade d'Ancone où on l'arrache à coups de marteau. On y pêche ssi le *nonnat*, poisson de la longueur d'une petite ingle, & très-recherché par son goût. Depuis les jusqu'au Var, en passant aux bords de la mer, ne trouve point de montagnes, mais c'est là seulement qu'on n'en trouve point : ailleurs on voit s'éver une partie des Alpes & diverses montagnes dispersées : telle est le *Léberon* d'où sortent quatre torns qui viennent grossir la Durance, l'*Esterel* qui, uverte de grands bois, fut jadis aux yeux du vulire l'asyle de la fée Esterelle, la *Ste. Victoire*, monne la plus haute du pays, sur le sommet de laquelle un bassin tapissé de verdure, & un hermitage jadis ebre, environné de roches escarpées qui ne laist d'entrée que par une fente étroite : la *Ste. Baume* i a dix lieues de long, curieuse à parcourir, & is célebre encore que curieuse. Ces montagnes sont plûpart dépouillées de bois, & la province en nque : elle a cependant quelques forêts, composées hautes futaies ; celles de *Meailles* & de *Beauvezet* t des sapins propres à la construction ; celle d'*Aubes* remplie de melezes. Le *Rhône* & la *Durance* arrot cette province : le *Verdon* se joint à la derniere, sort de la vallée de Barcelonette, & prend son nom la couleur de ses eaux : la *Sorgue* sort d'un roc ssin de la fontaine de Vaucluse, & se jette dans le

Rhône : l'*Argens* doit son nom à la limpidité de s
eaux qui jaillissent de trois sources ; il se jette dans
mer près de Fréjus : l'*Arc*, torrent fougueux, d
vaste ses bords avant de se jetter dans l'étang de Ma
tigues ; le *Var* sort du mont *Cameliône*, & reço
plusieurs torrens dans son lit : on croit que l'étim
logie de son nom vient du mot *Variare* : en effe
il est peu de rivieres plus inconstante dans s
cours, & le voyageur le voit souvent rouler ses ea
écumantes où fut une prairie verdoyante, & trou
un abyme où il vient de trouver un gué ; il se je
dans la mer à une lieue de Nice. Des rivieres moi
considérables se perdent dans la mer, & presq
toutes sont poissonneuses : elles arrosent les ca
pagnes, & trop souvent les ravagent ; divers canau
tracés avec intelligence, en temperent la fureur
divisant leurs eaux : le plus considérable est celui
Crapône, du nom de celui qui le fit exécuter en 155
il joint la Durance au Rhône, a plus de douze lieu
de long, & a fertilisé & peuplé les lieux où il pass
autrefois deserts & incultes. Parmi les lacs on
marque celui d'*Alloz* : il est dans la vallée de Bar
lonette, au sommet d'une haute montagne, & s
circuit est d'une lieue : il est rempli de truites,
on y en trouve de très-grandes. Les étangs d'*Iotre*
de *St. Mitre*, de *Napoûle*, abondent en poissons a
oiseaux aquatiques : plusieurs autres servent à fai
du sel : diverses fontaines sortent des monts ; ce
de *Vaucluse* est celebre ; celle de *Sorp* ou de l'*Evê*
jaillit des rochers avec tant d'abondance qu'on
divise en dix canaux qui font mouvoir chacun
moulin : on y pêche une quantité prodigieuse
truites : elle environne de ses eaux une belle mais
qui appartient à l'évêque de Riez, & qui fut élevée
les ruines de deux anciens monasteres. La fontaine

Moutiers eſt abondante comme elle : celle de *Val* eſt connue par ſes treize ſources, celle de *Foux* par l'abyme d'où elle ſort, ſemblable à un puits profond creuſé dans un vaſte rocher : elle tarit quelquefois en été : il en eſt d'autres encore déjà fameuſes du tems des Romains. Diverſes ſources d'eaux minérales y offrent leur ſecours pour diverſes maladies: telles ſont celles d'Aix, de Digne, & de Greoulx : il en eſt de ſalées à *Tartonne*, à *Moriez*, à *Caſtellane*, à *Clumans* & ailleurs encore. Le port de *Bouc* eſt bon pour les galeres, celui de Marſeille en eſt l'aſyle : les vaiſſeaux du roi le trouvent dans celui de Toulon; d'autres ports ou mouillages y peuvent mettre les bâtimens en ſûreté : différens caps s'avancent dans la mer, le plus méridional eſt le *Cap Négre* : nous parlerons des isles qui dépendent de la Provence dans la place que leur aſſigne leur ſituation.

On compte 39 grands chemins dans cette province, tous bien entretenus : ils y facilitent un commerce très-actif : deux marchés par ſemaine dans preſque toutes les villes & bourgs, 80 foires établies par acte du parlement, & privilégiées, ſont comme les foyers du commerce intérieur. Elle ne ſuffit pas à ſa conſommation par ſes manufactures : elle ne l'excéde que par celle de ſavon, & ſes productions naturelles, telles que l'huile, les fruits, les ſoies, les vins de liqueur : elle manque de grains & de différens beſtiaux ; la haute fournit à la baſſe différens objets, & en reçoit d'elle. Les villes maritimes ont ſeules le droit de commercer en poiſſons ſalés, tels que le thon, la ſardine & les anchois. Marſeille eſt l'ame du commerce extérieur de cette province : elle expédie, chaque année, pour 3050000 livres, en Italie, de draps, cadis, ſerges, toiles, bas & chemiſettes de coton, bas de fil & de laine, miel, prunes, figues, huile, eaux de vie, &c. Elle en retire du chanvre du ris, du blé, du soufre, de l'anis, de la manne de la soie, &c. pour environ 30336000 livres. Ell envoie en Espagne des toiles, étoffes de soie & de laine, draps d'or & d'argent, galons & dentelles diverses épingles, peignes, quincailleries, futaines basins, chapeaux, papiers, prunes, buffles, coton filés, encens & gomme arabique, galles, safrans drogues de toutes especes pour environ 9170000 livres, & en retire de la cochenille, du quinquina de l'indigo, des laines, des soies, des piastres des huiles, du bois de campêche, de la salsepareille du sucre, du vermillon, de la reglisse, des raisin secs, &c. pour environ 8185000 liv. Son négoc dans les échelles du levant est plus grand encore.

Différens peuples l'habiterent: les plus connus sont les *Salyes*, les *Commoni*, les *Oxibii*, les *Albici*, le *Vulgientes*, les *Nerusi*. On sait qu'une colonie de *Phocéens*, tentés par la beauté du climat, & par les avantages du lieu, y jetterent les fondemens de Marseille; qu'attaqués par leurs voisins, ils appellerent les *Romains* à leur secours, qui soumirent bientôt leurs ennemis & eux-mêmes. De ces conquérans elle passa successivement sous la domination des *Visigots*, des *Bourguignons*, des *Ostrogots* & des *Français*. Elle eut long-tems ses comtes particuliers sous quatre races différentes: la plus malheureuse fut la seconde fondée par Raymond Berenger, comte de Barcelonne: la derniere fut celle de Louis d'Anjou, fils de Jean roi de France, dont la postérité éteinte, laissa la Provence à Louis XI: elle fut réunie pour jamais à la couronne par Charles VIII.

La justice y est administrée par un parlement, douze sénéchaussées auxquelles on appelle des six jurisdictions d'*Appeaux*, des deux jurisdictions o *prud'hommes*, & de vingt-six judicatures royales établies dans diverses villes. Par-tout on suit les ordonnances des rois de France & les loix romaines.

Elle est divisée en vingt-cinq vigueries, à la tête desquelles est un viguier ou vicomte. Depuis la suspension des états, le roi y convoque des assemblées générales qui s'assemblent à Lambesc. Le *clergé* y est représenté par deux évêques, la *noblesse* par deux gentil-hommes, le *tiers-état* par les députés des vigueries & de quinze communautés qui y ont séance & suffrages. Au fond de la salle où elle se tient est un riche autel, un rideau le couvre, un espece de trône s'éleve auprès, le gouverneur qui a convoqué l'assemblée s'y assied: à ses cotés sont l'archevêque d'Aix qui préside & l'intendant de la province: sur ses cotés sont placés, selon leur rang, les évêques, les nobles, les députés des communautés: les consuls d'Aix & le trésorier de la province sont à la tête des derniers. C'est là que se proposent les demandes de la cour, qu'on accorde des dons gratuits, qu'on en régle la perception. Le trésorier ne rend compte qu'à l'assemblée, & n'en doit point au roi.

Un intendant & trente-six subdélégués y réglent la police, un archevêque & quatorze évêques y dirigent ce qui concerne le spirituel. Un gouverneur général, un lieutenant général, quatre lieutenans de roi, neuf lieutenans des maréchaux de France y veillent sur le militaire. Une milice de terre, une milice garde-côtes y forment un corps de 3500 hommes indépendant de 5880 hommes de troupes réglées réparties en différentes garnisons. Ce sont là les troupes qu'elle entretient pendant la paix.

Nous diviserons la Provence en douze sénéchaussées: la basse en contient huit; on en compte quatre dans la haute.

BASSE PROVENCE.

I. *Sénéchaussée d'Aix.*

Elle renferme 102 communautés qui forment la viguerie de son nom : c'est la plus étendue de la province.

Aix, *Aquæ sextiæ*, ville située dans une plaine, au pied de plusieurs collines couvertes d'oliviers, de vignes, d'abricotiers & de pruniers. *Caius sextus Calvinus* bâtit un Fort sur le lieu qu'elle occupe, théâtre de sa victoire sur les Gaulois, & lui donna son nom : il y découvrit les eaux thermales qu'on y fréquente encore. Cette ville est l'une des mieux bâties de la France. Elle est le siége d'un archevêque, d'un parlement, d'une intendance, d'une généralité, des différens tribunaux de justice : d'une chambre souveraine du clergé, d'un corps de ville, d'un hôtel des monnaies, &c. Elle renferme une université fondée par le pape Alexandre V, une *commanderie de l'ordre de Malthe*, dont l'église renferme un tombeau des anciens comtes, un séminaire, deux colléges, plusieurs couvens parmi lesquels on remarque celui des *Jacobins prêcheurs*, beau dans sa construction, orné d'une bibliotheque nombreuse, des portraits des hommes illustres de cet ordre, & de galleries bien éclairées ; & celui des capucins où est un crucifix fameux nommé l'*Invulnérable* : un hôpital général, beau & commode, un hôtel-dieu, le palais des anciens comtes où s'assemble aujourd'hui le parlement, & où l'on voit une salle d'audience, dans laquelle sont arrangés tous les portraits du roi de France ; un hôtel de ville élégant & vaste orné de pilastres & de statues, mais mal placé : il renferme une bibliothéque publique. Elle a huit portes d'entrée, diverses places, dont la principale est celle des prêcheurs, longue de quatre-vingt toises, large de soixante, bordée de maisons hautes, belles & bâties en pierres de taille. Ses promenades sont charmantes, ses fontaines belles, & ses casernes bien construites. Sa cathédrale est antique & vaste ; on y voit les mausolées de plusieurs anciens comtes : on y remarque encore deux chapelles célébres, un *batistaire* trés-beau, de figure octogone, ayant les faces ornées de sept autels, & un dôme soutenu de huit colonnes de jaspe & de granite, une *Sacristie* renfermant plusieurs reliques, & un trésor où est une statue d'argent de la vierge, de hauteur naturelle, & une rose d'or bénite, présent du pape Innocent IV, au comte Raimond Berenger. Cette ville qui ne rassemble que 22000 habitans, est peut-être la plus agréable du royaume : elle l'est plus que Paris par les campagnes qui l'environnent, par la beauté de son climat, par ses belles maisons ; elle l'égale pour les plaisirs de la société. Le quartier qu'on nomme *Orbitello* est très-beau : ses rues bien pavées, sont tirées au cordeau : ses maisons sont bien bâties, & au centre est une promenade charmante longue de 200 toises, divisées en trois allées, bordée par deux rues sur lesquelles s'élevent des bâtimens réguliers, bâtis en pierres de taille, ornés de sculptures & de balcons. Ici une maison somptueuse la termine, là c'est une terrasse d'où l'œil se promene sur une campagne riante & fertile : au centre sont des fontaines intarissables de différentes formes, ornées de bassins variés par leurs ornemens : l'une d'elles fournit une eau tiede & minérale.

Aix a deux faux-bourgs : l'un est celui de *Saint-Jean*, l'autre est celui des *Cordeliers*. C'est dans ce dernier que sont les eaux minérales, & on y a élevé des bâtimens beaux, grands & commodes pour ceux qui viennent en boire. Sa ville a d'anciens priviléges encore respectés, quelques fabriques d'étoffes, & trois foires de cinq jours chacune. Son territoire est fertile en excellens vins & en huile très-fines & très-recherchées. L'archevêque est président né des états, le premier conseiller clerc du parlement. Cinq évêques sont ses suffragans, 84 paroisses & un chapitre forment son diocèse : ce chapitre est celui d'Aix composé de vingt chanoines. Ses revenus sont de 40000 livres, & sa taxe à Rome de 2400 florins.

Pertuis, *Vicus C. Petronii*, ville située au milieu de campagnes fertiles, & peut-être des plus agréables de la Provence: son climat est doux, son air est sain : elle est placée sur une hauteur au bord de la Durance qu'on y passe sur un bac. Il s'y tient d'abondans marchés de blés. Elle a une justice royale, cinq couvens, faisait partie du comté de Forcalquier, député aux assemblées du pays, & a pour seigneurs le roi & l'abbé de Montmajor : son nom fait croire que l'agréable débauché Pétrone en était originaire.

Lambesc, *Castrum de Lambesco*, ville qui a le titre de principauté. On y voit de belles maisons, des fontaines abondantes & salubres, deux couvens : ses campagnes sont fertiles en vins & en huiles. On a vu que les assemblées de la province s'y tenaient : la justice s'y administre au nom du roi & du seigneur.

Salon, *Salum*, petite ville située sur le canal Crapone. On voit le tombeau de *Nostradamus* dans son couvent de cordeliers : c'est une pierre quarrée de la hauteur d'un homme, appliquée contre le mur qu'elle déborde : ses armes, celles de sa femme y sont gravées, & son épitaphe annonce qu'il fut le seul homme digne de voir l'avenir dans le cours des astr res. Cette ville renferme encore d'autres couvens, une églife collégiale, & un château qui appartient à l'archevêque d'Arles.

Berre, ville qui a le titre de baronnie, fituée à l'embouchure de l'Arc, fur un grand étang d'eau falée, à qui elle donne fon nom, fes environs font fertiles fur-tout en huiles, & font parfemés de falines abondantes qui en rendent l'air mal fain. Son églife renferme des reliques que les habitans réverent. Ses fortifications font tombées en ruines. L'étang de Berre eft de figure circulaire, a quatre lieues de long, trois de large & dix de circuit; il eft profond de quatorze toifes, eft par-tout navigable & très-poiffoneux. Il communique à la mer par le canal de Martigues & celui de Bouc; un grand nombre de villages le borde, à une lieue de là eft l'étang de Beaumont ou de Marignane, qu'on croit être l'ouvrage de *Caius-Marius*, & c'eft pourquoi les habitans l'appellent *Lou-Caiou*.

Martigues, *Maritima*, *Aftromela*, ville entre l'étang de Caronte & celui de Berre qui porte auffi fon nom. Elle eft compofée de trois bourgs, dont l'un eft bâti fur une isle: & les deux autres fur deux prefqu'isles; celui du nord eft le plus confidérable, & s'appelle *Jonquieres*, celui du fud a le nom de *Ferrieres*: ils communiquent les uns aux autres par des ponts fur les étangs qui les féparent. Avant 1581, ils formaient trois communautés, qui avaient leur adminiftration, leurs territoires, leurs priviléges différens. Elle a encore trois paroiffes, une juftice royale & une municipale, deux couvens de capucins, trois confreries, trois chapelles de pénitens & trois hôpitaux. Le plus ancien des bourgs eft celui que Raimond Berenger bâtit, & auquel il donna le nom d'isle *de St. Genies*: il fe peupla des habitans d'un bourg voisin, que la crainte des Sarrasins fit abandonner: bientôt l'affluence des hommes fit élever les deux autres. Martigues jouit d'un air sain & tempéré : ses campagnes produisent beaucoup d'huiles, presqu'égales en bonté à celle d'Aix, la plus estimée de la Provence. Ses habitans ne paient point de tailles : la pêche du poisson, celle du corail, des coquillages & autres productions marines, est leur principale occupation. Le corps des pêcheurs y donne presque tous les ans le spectacle des joûtes sur la mer, au son d'instrumens militaires, & aux yeux d'une multitude d'hommes qui accourt pour en jouir.

La Ciotat, ville au fond d'une baye de la Méditerranée, dans un terroir fertile en fruits délicieux, en huiles & en excellens vins muscat, rouge & blanc. Trois tours élevées par des pêcheurs Catalans, pour se défendre des corsaires d'Afrique, furent l'origine de cette ville ancienne, qui a un port, une amirauté, quatre couvens, trois confrairies de pénitens. Son port a la forme d'un fer à cheval ; il est dominé par plusieurs Forts, & on y construit des petits vaisseaux, dont le bois de *Conils*, qui en est voisin, fournit les matériaux.

Cassis, ville au bord de la mer, dans une contrée abondante & fertile en fruits excellens & en vins. Son port est presque comblé ; mais à demi-lieue delà est celui de *Miou*, environné de hauts rochers qui le défendent contre tous les vents ; son bassin est profond : il a 1100 pas de long sur 457 de large : on le croit l'ancien *Port-Emine*.

Aubagne, petite ville qui donne à l'évêque de Marseille le titre de baron : il a une abbaye de filles : ses campagnes sont riantes, & le Veaunne les arrose.

Ollioules, *Osiula*, est un bourg qui députe aux

ſſemblées de la Provence, & qui doit probablement on nom aux belles olives que produiſent ſes environs. Il a un couvent de religieuſes, que l'honnête ésuite *Girard* a rendu célebre.

St. Chamas, grand bourg au bord de l'étang de erre, dans un terroir très-fertile ; il eſt célebre par bonté des olives qu'on y ſale, & que les habitans ppellent *Picholines*.

La Cadiere, bourg qui a un couvent & un prieuré : eſt à demi-lieue de la mer. *St. Cannat*, petite ville. *a Tour de Bouc* eſt une tour fortifiée dans une petite le, vis-à-vis de Martigues. Elle a un port & un ouverneur. *Iſtre*, bourg an bord de l'étang de erre : près de lui ſont des ſalines. *Le Bauſſet*, eſt ans un lieu fertile en huiles : les olives de *Lançon*, ourg voiſin de Lambeſe, ſont ſur-tout recherchées : *Auriol* eſt dans un vallon qu'arroſe la Veaunne. *ardane* eſt un bourg & une ſeigneurie où l'on cultive beaucoup de melons, & d'un goût exquis ; il eſt tué entre deux ruiſſeaux. *Roquevaire* eſt une petite ille, *Reans*, un bourg, chef-lieu d'une jolie vallée. *llauch* eſt près du ruiſſeau de Jarrêt. *Alene* eſt ſitué ans une belle plaine plantée d'oliviers & près du anal de Crapone. *Bouc* eſt ſur une petite montagne, a le titre de marquiſat.

II. *Sénéchauſſée d'Arles.*

Arles eſt une ville ancienne dont Céſar parle ſous nom d'*Arelate*, & à qui Conſtantin donna ſon om. Elle eſt ſituée ſur la rive gauche du Rhône, nvironnée de marais ſur leſquels elle domine ; mais ont elle reçoit des vapeurs mal-ſaines, (*a*) amenées

(*a*) L'excellent dictionnaire de Voſgien, comme dit l'Encyclopédie, aſſure qu'on y reſpire un air pur & très-ſain.

par les vents. Elle a un archevêque, un gouverneur, une amirauté, divers bureaux, un hôtel de ville avec jurisdiction, & un tribunal des juges-consuls. C'est le chef-lieu de ce qu'on appelle *terres adjacentes*, composées des terres qui ne faisaient pas partie du comté de Provence. Elle renferme un collége, un séminaire, sept couvens, parmi lesquels une belle église & une école de philosophie font distinguer celui des dominicains, un hôpital & divers autres édifices publics. Elle eut une académie qui ne s'y est pas soutenue long-tems, peut-être parce qu'elle ne devait être composée que de gentils hommes. Son hôtel de ville est magnifique, de forme quarrée, bâti en pierres de tailles, sur les desseins de Mansard, situé entre deux grandes places, il a une façade sur chacune de douze toises de hauteur, ornée des trois ordres, & de sculptures relatives à son histoire. Chacune a un beau & grand portail, surmonté d'un balcon. Son vestibule a une voûte hardie, presque plate, soutenue de vingt colonnes, entre lesquelles sont placées les bustes des comtes de Provence, & au fond est une statue de Louis XIV. Au-dessus est une des plus vastes salles qu'on voie en Europe, Arles conserve encore beaucoup d'antiquités. On y voit une collection d'urnes & d'autres meubles sépulchraux romains, un obélisque de 52 ou de 58 pieds de haut, & du poids de 2000 quintaux, déterré en 1675, relevé en l'honneur de Louis XIV : selon Busching & Lenglet, il est de granites, dans l'Encyclopédie, on le dit de porphire, & cela importe peu. Au haut est un globe d'azur, parsemé de fleurs de lis d'or, couronné d'un soleil, & au bas sont des lions de marbre à chaque angle : les faces sont chargées d'inscriptions latines qu'on doit croire élégantes & flatteuses, puisque *Pelisson* en est l'auteur, & qu'il ès fit pour son roi (*a*). Parmi ces monumens on remarque encore l'amphitéâtre : sa forme est ovale, il a 194 toises de tour, & fut bâti par Jules-César. Ses portiques à trois étages, & dont chaque étage a soixante arcs, tous bâtis en pierres de taille d'une grosseur prodigieuse, subsistent encore quoique défigurés. Les *Champs Elisées* nommés *Elifcamp*, occupent une belle colline sur laquelle on voit dispersés différens tombeaux, plus ou moins enfoncés dans la terre, & dont plusieurs ont des inscriptions ou des croix qui annoncent que les payens & les chrétiens y ont mêlé leurs cendres. La plus grande partie en est détruite par l'avarice qui cherchait l'or, ou par la curiosité des antiquaires. Sur cette colline s'éleve l'église de *St. Honorat*, où l'on voit une belle statue de la Vierge, & des tombeaux de saints : c'est sur-tout dans une catacombe qu'elle renferme, qu'on peut en visiter un grand nombre. Nous ne parlons pas des vestiges de temples, des ruines d'un capitole, de diverses colonnes, d'un buste d'Esculape, &c. tous les environs offrent des objets intéressans à l'amateur des antiquités.

Arles a de belles promenades : il en est une qui n'est formée que par un pont de batteaux, bordés de bancs pour y prendre le frais & jouir du spectacle de la campagne & du fleuve, où remontent & descendent sans cesse des bateaux qui passent par une espece de pont-tournant qui s'ouvre & se ferme au milieu du pont même, lequel joint la ville au bourg

(*a*) C'est le seul monument de ce genre qui soit en France : on le trouva près du Rhône enseveli dans un jardin ; il venait d'Egypte. *Obelisque* signifie, *rayon* en égyptien, & les premiers furent consacrés au soleil dans la ville d'*Héliopolis*.

de *Trinquetaille*, qui eſt ſur la rive droite du Rhône. Hors de la ville eſt le *cours* planté d'arbres ſous leſquels des bancs ſont diſpoſés avec art : il eſt terminé par le canal de Crapone dont les eaux ſont retenues par des arcs bâtis ſur pilotis & qui forment un bel aqueduc.

L'archevêque d'Arles prend le titre de prince de Montdragon & a pour ſuffragans les évêques de Marſeille, de St. Paul trois Châteaux, de Toulon & d'Orange. Son dioceſe renferme cinquante & une paroiſſes, trois abbayes, quatre chapitres. Ses revenus ſont de 50,000 livres, ſa taxe de 2008 florins.

Arles a un territoire plus étendu qu'aucune ville du royaume : il a quarante lieues de tour : on le diviſe en *Crau*, *Plan du Bourg*; *Camargue*, & *Très-bon*.

La *Crau*, eſt une plaine de cinq lieues de long ſur trois à quatre de large, couverte de cailloux, ſans arbres, & d'un aſpect ſtérile. Au printems elle ſe couvre de moutons, qui écartant les pierres y paiſſent une herbe fine & ſavoureuſe dont ils ſont avides, & qui donne à leur chair un goût très-délicat. L'ardeur de l'été, les rigueurs de l'hyver peuvent ſeules les en chaſſer. Cette plaine eſt bordée d'étangs & de ſalines; la partie que le canal de Crapone arroſe eſt couverte de vignes, d'oliviers, d'arbres fruitiers, de quelques champs & d'un grand nombre de maiſons de campagne. On n'y compte que deux paroiſſes.

Le *Plan du Bourg* eſt une plaine longue de ſix lieues, mais fort étroite, partagée par deux canaux paralleles au Rhône, pour y recevoir les eaux de l'étang de Moriés & de la Viguerie de Taraſcon. Le ſol en eſt très-fertile & trés-cultivé, abondant en pâtu rages, très-vivant par les troupeaux & les maisons qui le couvrent.

La *Camargue* est une isle formée par le Rhône, de sept lieues de long, d'une figure triangulaire, ayant une surface de vingt-sept lieues quarrées : on n'y trouve pas un caillou, & le fleuve la sépare presque seul de la plaine pierreuse de la *Crau* : l'eau qui l'environne, qui circule & l'arrose dans des canaux, y rend l'air épais & mal sain, sur-tout dans l'été, mais elle en fait la contrée la plus fertile de la France: la recolte du blé y est prodigieuse ; ses pâturages féconds sont couverts dans tous les tems de chevaux & de bêtes à cornes qui y paissent en liberté, sans conducteurs ni gardiens. Il y avait autrefois une forêt, mais on n'y voit plus que quelques arbres. Le Rhône, au dessus de cette isle, se partage & ne se rejoint plus. Une de ses branches rapides passe à Arles, & son embouchure se nomme *Gras de Passon* : l'autre s'appelle *le petit Rhône*, & se jette dans la mer entre *Pecaïs* & *Trois Maries* : toutes deux sont inaccessibles aux vaisseaux par les sables qu'elles charient. La Camargue est semée de maisons de campagnes, & on y compte huit paroisses, parmi lesquelles le remarque le bourg de *Notre-Dame de la Mer* : son eglise est, dit-on, la premiere eglise chrétienne qu'il y ait eu en France : il est au midi de l'isle, & ses habitans sont pêcheurs. On lui donne aussi le nom de Saintes-Maries, parce que plusieurs saints y aborderent, & parmi eux les trois Maries dont il est parlé dans l'évangile.

Le *Très-bon* est peu étendu : c'est une plaine qui s'étend d'Arles au territoire de Tarascon dans l'espace d'une lieue & demi, moins large encore, très-fertile en blés, & fort peuplé. Là est le bourg de *Baux*, autrefois chef-lieu d'une baronnie indépendante, qui renfermait quelques villes & plus de soixante & dix bourgs ou villages. On y voit encore le château où les barons habiterent, bâti sur un rocher escarpé presqu'inaccessible, dont le sommet forme une platte-forme étendue, très-unie, & qui servait autrefois d'asyle au milieu des dévastations. Les environs sont couverts d'oliviers. *Fontvieille* est une paroisse où est une carriere de belles pierres. *Montmajor* est une abbaye bâtie sur une éminence, entre les canaux de *Robines*, dans une contrée marécageuse. Le roi *Childebert* la fonda.

La sénéchaussée d'Arles renferme encore la Viguerie de *Tarascon*, composée de trente-deux communautés.

Tarascon, *Tarasco*, ville médiocre par sa grandeur, fort ancienne, située vis-à-vis de Beaucaire, avec laquelle un pont de bâteaux la joint. Lenglet l'appelle une petite ville; cependant elle a un gouverneur, une justice royale, une église collégiale formée de quinze chanoines, un collége, une abbaye de femmes, sept autres couvens, un château bien bâti & fortifié à l'antique. La Croix lui donne le nom de *Jolie*. Vosgien la dit grande & peuplée: ces épithetes sont souvent placées pour arrondir la phrase: Tarascon a 7000 habitans, & est dans une plaine très-fertile, son ciel est pur, son peuple gai, le Rhône l'embellit encore; ses campagnes sont agréables, & c'est par-là qu'elle pourroit se distinguer.

Saint-Remy, *Fanum Sancti Remigii*, ville médiocre encore, quoique Vosgien la dise petite, & Busching grande & peuplée. Elle est située dans une belle plaine, près du lac de *Glaciere*; elle est ancienne & fut connue sous le nom de *Glanum*. Les deux *Nostradamus* y nâquirent; & malgré le proverbe, Michel y eut la réputation de Prophete. Saint-Remy a un

ı gouverneur, une collégiale & deux couvens : elle
ıpute aux assemblées générales. A un quart de lieue
cette ville on voit un mausolée antique, cons-
uit de pierres très-solides, décrit dans les mé-
oires de l'académie des Inscrip. & B. L. T. VII.
ès de là sont les restes d'un bel arc de triomphe.
Barbantane, est un bourg, chef-lieu d'une seigneu-
:, sur une hauteur, près du confluent de la Du-
ıce & du Rhône; on y voit un petit couvent &
ıe commanderie de Malthe qui vaut 3000 livres à
ı possesseur. Ses environs sont abondans en bons
ns & en excellens fruits, parmi lesquels le melon
ıdistingue.

Orgon, petite ville sur la rive gauche de la Duran-
, dans une contrée agréable, au pied d'une mon-
gne escarpée, sur laquelle est un couvent d'au-
ıstins.

Château-Renard, bourg situé au pied d'une colline
uverte de vignes; on y recueille un excellent vin
ınc connu sous le nom de *Clairette*. *Eyguieres* est
: une branche du canal de Crapone, & ses cam-
gnes donnent une huile exquise. *Airagues* est riche
vin de *Clairette*, & est arrosé par un ruisseau. *Gra-*
son est dans une plaine abondante en blés, vins,
iles & fruits : on y fait beaucoup de soie.

III. *Sénéchaussée de Marseille.*

Elle ne s'étend que sur le territoire de cette ville,
g de cinq lieues, large de deux & demi, mêlé
plaines & de collines, arrosé par la Veaunne,
arrêt & divers ruisseaux, sous un des plus beaux
nats de la Provence : point de terre n'y demeure
friche; il ne parait qu'un vaste jardin, varié de
iries, de vignobles, d'arbres fruitiers, de champs

où l'on recueille du froment, du seigle, de l'or[ge] & toutes sortes de légumes ; du vin de différente[s] qualités, de l'huile excellente, des fruits délicieux des figues recherchées, des fleurs, des simples pr[é]cieux, du vermillon, &c. 500 maisons de camp[a]gnes dispersées, l'ornent & l'enrichissent.

Marseille, *Massilia*, est la seconde ville de la Pr[o]vence, pour le rang, & la premiere par ses richess[es] & son commerce. Elle fut bâtie par des Phocéens 600 ans avant l'ere chrétienne. Elle a la forme d'u[n] quarré long, de 3000 toises de tour, & se divise [en] vieille & nouvelle ville. La vieille est sur une hauteu[r] vers le nord, au-dessus du port : elle est coupée [de] rues étroites, d'une pente rapide, & bordées de ma[i]sons laides. La neuve, bâtie avec goût, avec magn[i]ficence, a ses rues droites & larges, de beaux bât[i]mens, & est séparée de la vieille par une rue trè[s] belle, dont une partie sert de promenade : elle [est] plantée d'arbres, avec des bancs de pierre dans l[es] intervalles, des fontaines au milieu, des maiso[ns] symétriques de chaque côté, ornées de portiques [&] de grandes colonnes. Une enceinte de murs l'env[i]ronne, une citadelle la défend, ou plutôt la menac[e] deux autres forts, ou châteaux l'assurent ; quat[re] commandans y veillent. Elle est le siege d'un évêch[é] a une académie, des écoles d'hydrographie & [de] construction ; deux colleges (ou quatre, selon d'au[]tres auteurs), cinq paroisses, quatre abbayes trente-trois autres couvens, onze confrairies de p[é]nitens, neuf hôpitaux, des établissemens pour l[es] pauvres orphelins, pour les pauvres honteux, po[ur] les filles repenties, pour les courtisannes, & po[ur] les pauvres demoiselles. Elle a encore un mont [de] piété, un hôtel de ville bâti sur les desseins de P[u]get, un palais de justice, un tribunal de prud'hom[]

nes, une justice consulaire, & diverses jurisdic-
ions. On y compte sept portes d'entrée, plusieurs
laces publiques, de belles boucheries, une poisson-
erie, un grand nombre de magasins, deux arse-
aux pour les galeres, une superbe salle d'armes, &
nviron 90,000 habitans. Son évêché est ancien; il
e renferme que trente-sept paroisses, trois abbayes
x quatre chapitres; mais ses revenus sont de
0,000 liv. & sa taxe en cour de Rome n'est que de
00 fl.

Elle est bâtie au fond d'un golfe, couvert & dé-
endu par quelques îles dont nous parlerons bientôt.
on port est peut-être le plus sûr qui soit sur la
Méditerranée, par son entrée resserrée entre deux
ochers, retrécie encore par l'art, & fermée d'une
haîne. Il est à l'abri des orages, & les vaisseaux peu-
ent les y braver. Il forme un ovale de 580 toises de
ong, sur 160 de large, est revêtu de quais de
ierres de taille de chaque côté, & défendu par la cita-
elle & le fort S. Jean. Là est un bureau de santé,
récaution salutaire contre la peste; ici est un chan-
ier où se construisent les galeres, qui portent pluieurs milliers de forçats, qui, lorsqu'ils deviennent
nvalides, sont employés dans un *bagne* (*a*) à toutes
ortes d'ouvrages, comme des draps, des toiles à
oile, &c. Dans son voisinage sont de grands maga-
ins & divers autres bâtimens publics, protégés par
château de *la Garde*, placé au sommet d'un roc
naccessible. L'entretien de ce port coûte 25,000 liv.
haque année. Quelques rochers nommés *Mange-
ins* en rendent l'accès difficile: il n'est pas assez pro-

(*a*) On l'appelle aussi *Parc d'Artillerie*.

fond pour les vaiſſeaux de guerre, qui s'arrêtent à l'île d'If ; mais les galeres & les vaiſſeaux marchands y entrent, & s'y tiennent ſans danger ; ils ſe rangent les unes d'un côté, & les autres vers le côté oppoſé. C'eſt en face du port qu'eſt placé l'hôtel de ville, édifice parfait dans ſon genre : au rez de chauſſée eſt la *Bourſe*, qui en occupe toute la largeur. Au-deſſus du frontiſpice eſt une galerie ſaillante, avec un balustre de pierre : le buſte de Louis XIV la couronne. Cette ville ne fait point corps avec la Provence : elle fut long-tems une république puiſſante & célebre, & conſerve encore de grands privileges : elle paye ſéparément ſes impoſitions. On y fabrique des étoffes d'or & d'argent, de ſoie, de laine, &c. : on y travaille le corail. Vis-à-vis, trois petites îles en couvrent la rade, & forment enſemble un gouvernement particulier.

L'île, ou *château d'If* eſt un roc vif, taillé dans ſon contour en angles ſaillans & rentrans, ſur lequel eſt un donjon quarré, flanqué de quatre tours, où l'on enferme les jeunes libertins.

L'île de Ratonneau, ou de *S. Etienne* a demi-lieue de long. Vers le centre eſt un donjon octogone, défendu par trois tours, & par une double enveloppe réguliere : aux deux extrêmités ſe peuvent placer des mortiers & des canons.

L'île de Pomegué eſt défendue par une grande tour ſituée à ſon ſommet, & gardée par ſeize ſoldats. Au midi elle a un petit port, où s'arrêtent les bâtimens qui viennent du Levant & de l'Afrique, pour y faire la quarantaine.

IV. *Sénéchauſſée de Brignolles.*

Elle eſt formée de la viguerie de ce nom, compoſée

ée de dix-sept communautés ; de celle de *S. Maximin*, qui en renferme dix-huit, & de celle de *Barjol*, qui en comprend vingt-six.

Brignolles, *Brinonia*, ville médiocre, célébre par ses fruits excellens, & sur-tout par les prunes qui portent son nom. Son territoire est riant & renfermé entre des montagnes. On y compte quatre couvens, un hôpital & trois confrairies de pénitens.

Besse est un bourg près de l'Issolle, voisin d'un petit lac. *Correns* est dans une contrée montagneuse & agréable, arrosée par la riviere d'Argens, sur les bords de laquelle est encore le bourg de *Carces*.

Vins & *le Val* sont des bourgs : le premier est un marquisat.

S. Maximin, petite ville sur l'Argens : elle est le siege d'un bailliage. Là est un couvent qui fut autrefois aux Bénédictins, qui est aujourd'hui aux Dominicains, & dont l'église est la plus belle de la province. On dit que les reliques de Ste Madeleine y sont renfermées, & cette fable utile pour les moines, les a enrichis. Ce couvent a fait naître la ville.

Porrieres, bourg & chef-lieu d'une seigneurie. Elle a un beau couvent de Minimes & un château. On trouve d'antiques monumens dans ses environs. Il est dans une vaste plaine qu'arrose l'Arc, & c'est-là que Marius vainquit les Cimbres. Une pyramide triomphale qui y fut élevée, & dont on voit encore les restes, a donné à une partie du territoire de Porrieres le nom de *du Triomphe*.

La Sainte-Beaume est un amas de rochers, formant une montagne de dix lieues de long, & dont on ne peut atteindre le sommet qu'en trois heures de marche. Là est une grotte transformée en une jolie église, voisine d'une fontaine qui ne tarit jamais, & d'un petit couvent de Jacobins. Cette grotte fut, dit-on, l'aſyle de Madelaine, ſœur de Lazare. Tandis que le frere devenait évêque de Marſeille, la ſœur méditait dans un recoin de cette grotte, aujourd'hui renfermé d'une grille de fer, & y médita trente ans. Près de là eſt le *Saint Pilon*, ou le *Saint Pilier*, lieu où les anges élevaient la ſainte ſept fois durant le jour. On a peint ce miracle dans un tableau que renferme une petite chapelle bâtie au bord d'un précipice. Il eſt aujourd'hui plus facile de le peindre que de le croire.

Barjols ou *Barjoux*, ville médiocre dont les environs ſont charmans; elle eſt peuplée, a trois foires fréquentées, & renferme deux couvens & une collégiale. Elle a une juſtice royale.

Cotignac, grand bourg ſitué au milieu de petites montagnes: il a titre de baronnie. Ses campagnes ſont riantes & fertiles en excellens fruits. Au ſommet de la montagne la plus élevée qu'on y voie, eſt une maiſon de prêtres de l'oratoire, & une chapelle dédiée à N. D. *des graces*, qu'une multitude de pélerins y va demander.

Entrecaſteaux a titre de marquiſat, & eſt ſur un ruiſſeau. *Tavernes* & *la Vendiere* ſont encore des bourgs.

V. *Sénéchauſſée de Toulon.*

Elle ne s'étend que ſur la Viguerie de ce nom, formée de ſept communautés.

Toulon, *Telomartius*, *Portus Citthariſta*, ville aſſez grande, mal propre & mal peuplée, mais forte & commerçante, ſur-tout en vins. Elle a un gouverneur, un évêché, un bailliage, une amirauté, une ſubdélégation, une juſtice conſulaire, un tribunal de prud'homme. On la diviſe en vieux & nouveau quartier. Le premier eſt laid, le ſecond très-élégant.

Dans celui-là eſt la cathédrale, l'hôtel de ville, remarquable par deux thermes parfaits placés aux côtés de la grande porte, & qui ſemblent ſoutenir un balcon; un collége, une promenade ou rue, que l'ombre des arbres garantit des ardeurs du ſoleil; huit couvens, un hôpital, &c. Dans le quartier neuf, bâti ſous Louis XIV, ſont de beaux bâtimens, trois couvens, deux hôpitaux, une belle place publique où les troupes s'exercent. Le port eſt un des plus ſûrs de la Méditerranée; mais ſon entrée étroite ne permet pas à deux vaiſſeaux d'y entrer à la fois. Il ſe partage en vieux & nouveau port: leur rade eſt commune & un canal les joint. Des montagnes élevées le défendent des vents, & on les a hériſſées de châteaux, de tours & de batteries qui forment un feu croiſé. Le port neuf conſtruit par Louis XIV, a un arſenal magnifique, où l'on enſeigne les mathématiques, le deſſein, les armes, &c. aux gardes de la marine; où l'on voit des atteliers pour le ſculpteur, le ſerrurier, le menuiſier, le forgeron; où chaque vaiſſeau de guerre a ſon magaſin particulier, formé par le magaſin général. Le parc eſt rempli de canons en piles, de bombes, de grenades, de mortiers, de boulets à deux têtes & de différentes eſpeces. Un canal bordé d'ancres, fait mouvoir les forges. La ſalle des voiles eſt immenſe: la corderie bâtie de pierres de taille, eſt longue de 320 toiſes, a trois rangs d'arcades couvertes au rez de chauſſée, où trois bandes de cordiers peuvent travailler à la fois: au-deſſus ſe ſéparent les filaſſes & les chanvres. La *fonderie de canons*, le *chantier de conſtruction*, la *ſalle d'armes*, la *Ste. Barbe*, la *tonellerie*, les *fours*, la *boulangerie* méritent d'être vus. Le port renferme auſſi des galeres.

Toulon a été fortifiée avec ſoin, par le chevalier de Ville: un bataillon eſt ſa garniſon ordinaire: ſa population peut être de 25000 habitans. Ses environs sont beaux, fertiles en bons fruits, sur-tout en câpres. Elle a diverses manufactures pour occuper ses pauvres, & quelques fabriques de grosses étoffes de laine. Son évêque est suffragant d'Arles, son diocèse est de vingt-cinq paroisses; il renferme deux abbayes & trois chapitres, donne un revenu de 15000 livres, & celui qui y est nommé paie à Rome 400 fl. pour l'expédition de ses bules.

Sixfours, bourg sur une montagne vis-à-vis de Toulon, il a un port au-dessous nommé St. Senary; ses habitans sont, dit-on, de haute taille, & ils ne s'alliaient autrefois qu'entr'eux pour ne pas avoir des enfans plus petits que leurs ancêtres.

Segne-les-Toulon, grand bourg, siége d'une justice seigneuriale, où l'on compte 600 maisons, 4000 habitans, un couvent, neuf fontaines publiques, plusieurs rues bien percées, un bon port sur la grande rade de Toulon, long de 127 toises, large de 60; sur un fond de vase, où les vaisseaux simplement amarrés sont en toute sûreté. Il a deux places publiques, l'une à son centre, l'autre située à son extrêmité sert à la construction des navires.

La Vallette, bourg à qui la peste, dans le quinzieme siecle, ne laissa pas un habitant. *La Garde* est encore un bourg.

VI. *Sénéchaussée d'Hieres.*

Elle ne renferme que la Viguerie de ce nom, formée par quatorze communautés.

Hieres, *Olbia*, *Areæ*, ville située sur le penchant d'une colline, dans une contrée charmante où régne un printems perpétuel, où se voyent les plus beaux jardins & se recueillent les meilleurs fruits de la

France. Dans ſon territoire les orangers, les citroniers, les grenadiers ſont en pleine terre. Elle renferme une collégiale, une abbaye de filles de cîteaux, pluſieurs couvens & un collége. On y remarque une vieille tour qu'habiterent les Templiers, qui a au bas une chapelle voûtée, & au-deſſus une longue & magnifique terraſſe, où l'on monte par un eſcalier pratiqué dans l'épaiſſeur des murs qui ſemblent être faits d'une ſeule pierre. Sur le haut de la colline ſont les ruines d'un château qui fut très-fort. Près de la ville ſont des ſalines abondantes. On dit qu'elle eut un port célebre & qu'elle était alors plus peuplée: peut-être n'eut-elle jamais d'autre port que ſa rade large de cinq lieues, longue de huit, où les vaiſſeaux ſont dans une ſûreté que n'altere point le ſouvenir des déſaſtres précédens: on s'y embarque tous les jours; mais la ville en eſt à plus de demi lieue. Elle jouit de ſes avantages & de ſa riante perſpective du haut de ſa colline. Un changement plus certain que celui de ſa ſituation au bord de la mer, eſt celui de l'air qu'on y reſpire: les vapeurs d'un grand étang voiſin l'empeſtaient; mais un canal qui conduit les eaux croupiſſantes de cet étang à la mer, l'a épuré.

La Rade ou Golphe d'Hieres, ſe termine dans la mer par deux pointes nommées *les Badines*, & le *Cap de Benat*: au delà ſont quatre isles qu'on nommait autrefois *Stocchades*, de la plante *Stocchas* qui y eſt très-commune, & qu'on nomme aujourd'hui *Isles d'Hieres*, ou *Isles d'or*. La plus grande s'appelle *Porquerolles*, & ce nom lui vient, dit-on, des sangliers qui y accourent du continent manger le gland des chênes dont elle eſt couverte. Les Grecs la nommaient *Prota*: longue de deux lieues, large de onze cents toiſes, elle eſt plus habitable que les autres, &

on y voit quelques fortifications, un petit fort & quelques maisons. L'isle de *Bagneaux* est déserte, sa longueur est de mille toises, sa largeur de quatre cents. *Porto-croz* est le nom de la troisieme, c'est la plus haute de toutes, sa figure est triangulaire ; elle est large d'une lieue, & a deux ports : l'un défendu par deux forts, lui a donné son nom ; l'autre a celui de *Port-maye*, & est défendu par une vieille tour qui tombe en ruines. L'isle du *Titan* ou du *Levant*, parce qu'elle est à l'orient des autres, a quatre ou cinq mille toises de long sur deux mille de large. Elle est inhabitée, & n'a que de petits abris vers le sud, & point de port. Elle s'appellait *Cabaro.c* ou *Hypaïa*, c'est-à-dire, inférieure. Ces isles furent appellées *Isles d'or*, à cause de leur beauté & des belles oranges qu'elles produisent. On n'y trouve que des vergers & des jardins, où l'on recueille des fruits délicieux : les plantes médicinales les plus rares s'y trouvent, celles même qu'on ne croyait pouvoir naître que sous le climat de l'Egypte. Elles furent érigées en marquisat en 1549.

Bormes est un bourg sur une hauteur, près d'une plage qui sert de port, & d'une petite riviere. Les vaisseaux qui ne peuvent atteindre le golfe d'Hieres avant la tempête, s'y retirent. On voit dans ce bourg un couvent qui fut un antique château.

Souliers est un bourg ; il a un couvent, & des campagnes fertiles l'environnent. *Cuers* a une église collégiale, & est situé dans une contrée montagneuse fertile en vins & en fruits. Il députe aux assemblées générales. *Coulonbrieres*, le *Puget* sont encore des bourgs. *Bergançon*, petite isle du golfe d'Hieres, près du Continent. C'est un gouvernement & un marquisat. Elle a une tour munie de canons, & une petite garnison d'invalides dans la paix, qui veille

ꝑour éloigner les corſaires & les navires ſoupçonnés
ꝺe maladies contagieuſes.

VII. *Sénéchauſſée de Draguignan.*

Elle renferme trois Vigueries : celle de ſon nom
ꝺt formée de ſoixante & deux communautés ; celles
ꝺ'*Aulps* & de *Lorgues* en ont chacune deux.

Draguignan, *Dracanum*, ville de neuf mille habi-
ꝺns, près de la riviere d'Artubie, ſous un climat ſain
ꝺ tempéré, environnée de campagnes riantes & fer-
ꝺles. Elle a un commandant, une égliſe collégiale,
ꝺx couvens, un collége, un hôpital. On y voit le
ꝺau palais de l'évêque de Fréjus, qui y réſide.

Fréjus a été forte & bien plus floriſſante qu'aujour-
ꝺhui : elle a été connue ſous différens noms, tels que
ꝺ*rum Julie*, *Colonia Pacenſis*, *Colonia Octavanorum*,
ꝺ*laſſenſis*, *Oxubia*. On la croit fondée par une colonie
ꝺe Marſeille. Près d'elle eſt la montagne d'Eſterel,
ꝺArgent l'arroſe ainſi qu'une partie de ſon territoire.
ꝺlle eſt le ſiege d'un évêché & d'une amirauté ; ſa
ꝺthédrale a 80 pas de long, eſt ſituée près de l'Eſ-
ꝺrel, & conſtruite en pierres de tailles : elle a encore
ꝺnq couvens & un ſéminaire. Son évêché eſt ſuffra-
ꝺnt d'Aix, ſon diocèſe contient quatre-vingt-huit
ꝺroiſſes, ſix chapitres & une abbaye. Ses revenus
ꝺnt de 25000 livres, ſa taxe en cour de Rome,
ꝺ de 1000 florins. Il n'eſt point ſoumis au droit
ꝺ régale.

L'ancienne Fréjus avait cinq mille pas de circuit :
ꝺ murs ſolides étaient défendus par des tours ;
ꝺe avait quatre portes bâties par les Romains, &
ꝺes en annonçaient le goût & la puiſſance. Elle était
ꝺrs ſur le bord de la mer, & y avait un beau port,
ꝺe en eſt éloignée aujourd'hui de près d'une lieue ;

& n'a plus qu'un golfe de deux lieues de profondeur qui porte son nom. Il lui reste encore divers monumens de son antique grandeur ; tels sont ses quatre portes, un aqueduc long de cinq lieues, auquel la Siagle fournissait des eaux, & dont il subsiste quatre arches ; son amphithéatre était au Levant. On y a trouvé des statues, des inscriptions, & un de ces trépieds sur lesquels on rendait des oracles.

Grimaud, *Athenopolis*, ville, chef-lieu d'un marquisat, située sur un ruisseau, au fond du golfe de son nom, & que les Romains appellaient *Sambracitanus sinus*. Elle a été plus voisine de la mer : dans son marquisat est comprise la ville de St. Tropès & diverses paroisses. La premiere fut connue sous le nom de *Tropetopolis :* elle a une citadelle & un port situé au-milieu de la côte de son golfe qui est long de deux lieues & large d'une. L'air y est sain ; & le nord-ouest le renouvelle sans cesse : c'est à ce vent qu'elle doit de n'avoir point connu la peste, lorsqu'elle désolait les villes voisines. Le commerce y est assez actif. On dit qu'il y a des mines d'or dans la paroisse de la *Garde-Fraynet*, dans le lieu où était *Fraxinet*, fort bâti par les Sarrasins ; *Gassin* est un petit bourg près d'un canton désert auquel il donne son nom.

Pignans, petite ville située dans une campagne variée, agréable, fertile en fruits excellens. Elle a un chapitre, dont le prevôt est son seigneur, & jouit de grands droits : on y voit encore deux couvens & quatre chapelles.

Bargemont, petite ville ou bourg, située sur une colline couverte de vignes & d'oliviers, entourée de montagnes, & ornée d'un couvent d'augustins où est une image miraculeuse de la Vierge.

Fayence, *Faventia*, petite ville sur le ruisseau

Binſon ou Biaiſon dans les montagnes. On y fait de la belle vaiſſelle de terre qui porte ſon nom ; l'évêque de Frejus en eſt ſeigneur temporel, & y a un château.

Favas fut autrefois ville, & n'eſt preſque plus rien. *Flayoſc* a le titre de Marquiſat. *Roquebrune*, *Seillans*, ſont des bourgs. *Villecroze* eſt une paroiſſe près de laquelle ſont de belles grottes.

Auvaie, bourg de huit cents dix habitans, & qui a une verrerie.

Aulps, *Alpes*, petite ville ſituée dans une campagne abondante, où l'on reſpire un air pur. Elle renferme une égliſe collégiale, un couvent, & eſt le ſiége d'une juſtice royale & d'un bailliage.

Lorgues, *Leonicæ*, ville ſituée dans une plaine près de la rive gauche de l'Argens : ſes environs ſont plus beaux que fertiles ; mais on y recueille d'excellens fruits. Elle a une juſtice royale, une égliſe collégiale, & une maiſon de chanoines réguliers de la Trinité.

VIII. *Sénéchauſſée de Graſſe.*

Elle renferme les vigueries de *Graſſe* & de *Saint-Paul-les-Vence*, la premiere formée de quarante-quatre communautés, & la ſeconde de vingt-deux.

Graſſe, *Graca*, *Grinnicum*, ville riche, peuplée, aſſez commerçante, & d'une grandeur médiocre. Elle eſt bâtie ſur une hauteur, dans une contrée où ſe recueillent des fruits excellens & des huiles d'olives eſtimées. Son commerce a pour objets les fruits ſecs, les huiles d'olives, les parfums, les pommades, les peaux en mégies, & des cuirs tannés qu'on recherche. Elle eſt le ſiége d'un gouvernement particulier, d'un évêché, d'une juſtice royale, & on y voit un ſéminaire & ſept couvens. Son évêque, ſuffragant d'Embrun, jouit d'un revenu de 24000 liv & il paye à Rome 424 florins pour l'expédition de ses bulles. Son diocèse renferme vingt-deux paroisses une abbaye & deux chapitres.

Antibes, *Antipolis*, ville ancienne, fortifiée par M. de Vauban, dans une situation avantageuse pour le commerce, environnée de campagnes riantes, fertiles en fruits & en vins. Elle a une citadelle, un port défendu par plusieurs forts, un gouverneur, un directeur de fortifications, des ingénieurs & une amirauté. Son nom lui vient de sa situation qui l'oppose à Nice, ou de l'air impur qu'on y respirait, *Antibios*, (contraire à la vie :) en la fortifiant, on a desséché les marais qui exhalaient des vapeurs mortelles; mais on ne lui a pas rendu son évêché que l'air mal sain & les courses des Maures avaient fait transférer à Grasse. Son port est de forme circulaire, il a six cent cinquante toises de tour; mais les sables s'y accumulent, entraînés par les eaux du Var, & n'y laissent plus qu'un espace assez étroit où les vaisseaux peuvent mouiller sur quinze pieds d'eau.

Antibes renferme deux couvens, deux hôpitaux & divers monumens antiques. Les Romains en avaient fait une place d'armes, y avaient fixé un de leurs arsenaux & plusieurs magasins. Elle députe aux assemblées générales: ses habitans sont connus par l'apprêt qu'ils donnent aux *anchois* ou *nonats*, qu'ils pêchent sur les côtés voisines : à plus d'un quart de lieue de la ville est la rade de Goujan, vaste, belle & sûre, ayant 2500 toises de circonférence & dix-huit brasses de fond; elle est formée par l'isle *Ste. Marguerite*, & le cap de la Garoupe, bas à son extrêmité, mais qui s'élevant ensuite, présente sur son sommet élevé une grande tour quarrée avec une chappelle dédiée à *N. D. de la garde d'Antibes*.

Cannes, petite ville ſur une plage défendue par un ancien château bâti ſur la hauteur. Le golfe de ſon nom eſt devant elle; autour eſt un pays varié & par tout fertile, où croiſſent l'olive, le citron, l'orange, la figue, le raiſin; toutes ſortes de fruits & tous excellens. La mer y abonde en anchois & en ſardines, les meilleures de la Provence; on les y ſale, & ils font un objet conſidérable de commerce: il en ſort chaque année environ 1800 quintaux. Près de Cannes, à l'embouchure d'un ruiſſeau qui ſe jette dans le golfe, eſt la paroiſſe de *Napoule*. On y jouit dans l'hyver même d'un climat doux & ſain, & de la perſpective la plus agréable. Son ſeigneur a droit de tenir ſix canons dans le château pour le défendre; le port de *Theſule* où les vaiſſeaux peuvent ancrer facilement, eſt dans ſon territoire, que borne la montagne d'Eſterel.

Au devant du golfe de Cannes, entre les deux caps qui le terminent ſont les isles de *Lerins*. L'une s'appelle *Ste. Marguerite*, autrefois *Lerinus*. Un couvent lui donna le nom qu'elle porte: il y a une citadelle où l'on renferme les priſonniers d'état, une garniſon d'invalides & un gouverneur: elle a une lieue de long, demi-lieue de large & c'eſt la plus grande. L'autre s'appellait *Lero*, du nom d'un homme qu'on y reverait & qui y fut enſeveli, *St. Honorat*, l'inſtituteur de la vie cenobitique, lui donna ſon nom en s'y retirant. Un canal d'un quart de lieue la ſépare de la premiere: ſa forme eſt ovale, ſon ſol uni, ſon air ſain, ſes campagnes riantes, & la perſpective dont on y jouit eſt belle & fort étendue. Des bois de haute futaie, coupés par des allées, des jardins, des vignobles, des fleurs qui flattent l'œil & l'odorat, l'embellissent encore. Par tout elle est cultivée, par tout on y recueille des légumes & du grain : sur ses côtes on pêche divers poissons & le corail. On y voit encore une abbaye célebre fondée par *St. Honorat* dont elle porte le nom, habitée par des bénédictins, diverses chapelles où l'on gagne des indulgences, un puits creusé dans le roc, rempli d'une eau saine & limpide, & voisin de la mer qui ne l'altere point : on dit qu'il n'y a jamais plus ni moins de trois seaux d'eau, soit qu'on en tire ou qu'on n'en tire point. Enfin, on y remarque une haute & grosse tour bâtie sur le rocher, dont les pierres sont taillées en pointe de diamant, & où réside une garnison qui fait partie, & est dépendante de celle de Ste. Marguerite.

L'*isle Ste. Marguerite* n'est couverte que d'arbres, & est infertile pour toute autre production. Le jardin du gouverneur y est la seule terre cultivée, & elle y produit des légumes, des oranges, des citrons & des grenades. Des éceuils rendent l'abord de cette isle dangereux : quelques petits islots sont encore compris sous le nom d'isles de *Lerins* : les deux principaux sont la *Fornigue*, & la *Grenilles*.

Vence, *Civitas Vintiensium*, petite ville, ancienne, peu riche, ornée du titre de baronnie, appartenant en partie à l'évêque, qui ne compte dans son diocese que vingt trois paroisses & un chapitre. Ses revenus sont de 7000 livres, sa taxe de 200 florins : il est suffragant d'Embrun. La cathédrale est bâtie sur le sol qu'occupait un temple réveré & dédié au Dieu Mars. Cette ville, placée près du Var, vis-à-vis de Nice, renferme encore un séminaire & quelques couvens. *Lenglet* la place dans la viguerie

uerie dont nous allons parler & son autorité doit peut-être avoir plus de poids que celle de Busching.

St. Paul-lez-Vence, petite ville fortifiée, siége d'un bailliage & d'une viguerie, située entre Grasse & Vence, près du Var, qui, près de son embouchure, montre des côtes fécondes en bons vins, & le bourg de *St. Laurent.*

Cagnes est un bourg & un marquisat près du Var, dans des campagne couvertes d'aloës commun. Son château quarré est assez beau au-dedans, il est orné de peintures, & le plafond de sa salle représente la chûte de Phaeton avec toutes les illusions de l'optique.

HAUTE PROVENCE.

I. *Sénéchaussée de Castellane.*

Elle est formée de quatre vigueries : celle de *Castellane* a trente-quatre communautés; celle de *Moustiers* en a vingt-six; celle d'*Annot* & de *Guilleaumes* & d'*Entrevaux* en ont, l'une dix-neuf, l'autre vingt-deux.

Castellane, *civitas Salinarum*, est située sur la rive droite du Verdon, au pié d'une montagne, sur laquelle elle fut d'abord bâtie : elle est commandée par un rocher escarpé. Son territoire est fertile & agréable, & c'est dans cette ville que réside l'évèque de Senez; près d'elle est la source salée dont nous avons parlé, & qui se jette dans le Verdon. Elle a deux couvens; sur la montagne est une antique église & un hermitage. Cette ville ancienne députait aux états, & député encore aux assemblées.

Senez, *civitas Saniciensium*, petite ville ou bourg, dans un terroir rude & stérile, entre des montagnes.

On dit qu'elle a près d'elle une fontaine qui cou huit fois dans le jour, & huit fois s'arrête. So évêque, suffragant d'Embrun, jouit de 10000 li de rente & paie 300 florins pour l'expédition de se bulles. Son diocèse renferme 42 paroisses & un cha pitre.

Moustiers, *Monasterium*, ville ancienne, de gra deur médiocre, siege d'un bailliage, située à tro quarts de lieue du Verdon. On y commerce en de rées, en vaisseles de terre & en fayence estimée.

Riès, *Civitas Reïensium*, autrefois *Albece*, jolie vil qui a titre de comté, située sur la rive de l'Auvestre dans une plaine abondante en vins exquis, & toutes sortes de fruits. Elle est le siege d'un évêq dont les revenus montent à 18000 liv. & la taxe, cour de Rome, à 250 florins. Son diocese s'étend su cinquante-quatre paroisses & un chapitre. Il est se gneur de la ville qui renferme encore un séminaire trois couvens.

Greoux, village & marquisat près de la rive dro du Verdon. Il y a une source d'eau minérale que Romains connaissaient, & où les malades vont che cher la santé.

Valensole est un bourg : il députe aux assemblé générales, & renferme deux couvens. La *Pallud* une grande paroisse où l'on trouve des cavernes si gulieres.

Annot, petite ville où siege une justice roya La Vaire l'arrose, & elle députe aux assemblées.

Guilleaumes est située au milieu des montagne sur le Var, à quelques lieues au-dessous de sa sourc Elle est petite, fortifiée, gardée durant la paix quelques compagnies d'invalides. Elle a été cédée roi de Sardaigne en 1760.

Glandeves, *Glanatica*, ville qui a été florissan

mais aujourd'hui presqu'abandonnée. Le Var, en emportant une partie de son territoire, força les habitans de se retirer à Entrevaux, à un quart de lieue delà. Elle a eu le titre de comté, & elle donne son nom a un évêque qui y a encore un palais demeuré désert, & dont le diocèse renferme cinquante-six paroisses, en partie situées dans les états du duc de Savoie : ses revenus sont de 10000 liv. & sa taxe, en cour de Rome, est de 400 florins.

Entrevaux, *Intervalles*, est une ville fortifiée sur le Var : elle donne aujourd'hui son nom à la viguerie de Guilleaumes, & depuis huit cents ans, l'évêque de Glandèves l'habite. C'est là qu'est sa cathédrale & le séminaire.

Gatieres, est une petite ville dont le territoire, avec quelques paroisses, fut cédé à la France en 1760 par le duc de Savoie. Elle a été comprise dans la viguerie de S. Paul.

II. *Sénéchaussée de Digne.*

Elle renferme la viguerie de ce nom, où l'on compte cinquante-sept communautés, celle de *Seyne*, où l'on en compte quatorze, celle de *Colmars*, qui n'en a que quatre, & le val de *Barême* qui en comprend huit.

Digne, *Dea Augusta*, *Civitas Diniensium*, ville plus ancienne que grande, située au pié des montagnes, sur la rive gauche du torrent de Bléaune ou de Mardaric. Elle est le siege d'un évêché dont le diocèse renferme trente-trois paroisses, dont les revenus sont de 12000 l. & la taxe de 400 florins. Elle renferme encore cinq couvens, un séminaire, un collége, un hôpital. Elle n'est pas laide : & on y compte 3000 ames. Ses eaux chaudes & minérales renferment du soufre & du sel alkali ; elles sont salutaires, soit qu'on s'y baigne, ou qu'on en boive. Son territoire est fertile en fruits qui font son plus grand objet de commerce, & elle l'étend dans l'Italie & en Allemagne.

Oraison est un bourg près de la rive gauche de la Durance. *Les Mées*, près de la même riviere, a le droit de députer aux assemblées générales.

Seyne, petite ville sur un ruisseau qui se jette dans la Durance. Elle a un gouverneur, un bailliage & deux couvens, des montagnes l'environnent. Autour d'elle sont de grandes paroisses; mais qui n'ont rien d'intéressant.

Colmars, *Collis-Martis*, ville sur le Verdon, au milieu de montagnes riches en plantes salutaires, & telles qu'en produisent les Alpes. Elle a un commandant, un bailliage, & près d'elle est une fontaine qui a un flux & reflux qui se repete souvent, quatre fois en un quart d'heure.

Barrême est un bourg que l'Osse arrose dans un vallon assez riant, où l'on voit encore quelque villages peuplés, tels sont *Tartonne*, *Chaudon*, *Toramenos*.

III. *Sénéchaussée de Sisteron.*

Elle est formée de la viguerie de ce nom, dans laquelle on compte soixante & dix communautés, & du comté de Grignan.

Sisteron, *Civitas Segesterorum*, ville fortifiée, munie d'une citadelle au pied d'un rocher, sur la rive droite de la Durance. Elle renferme un séminaire & cinq couvens; elle est le siége d'un gouverneur, d'un bailliage, d'un évêché qui étend sa jurisdiction sur soixante & quatre paroisses, trois abbayes & deux chapitres : ses revenus sont de 15000 livres, sa taxe de 800 florins. Sur l'autre rive de la Durance est le grand fauxbourg de *la Beaume*.

Curbans est un bourg près de la Durance, sur un terroir montagneux & cependant assez fertile. *Mizon* est dans une vallée, sur un torrent, & il a une source d'eaux minérales. *Cornillon* est le chef-lieu d'une vallée peuplée, féconde en pâturages, & qui s'avance dans le Dauphiné.

Grignan, ville dans un vallon circulaire arrosé par la Berre & le Lez. Elle renferme un chapitre & un vaste & beau château. Elle est le chef-lieu d'une seigneurie étendue.

IV. *Sénéchaussée de Forcalquier.*

Elle est formée de la viguerie de ce nom, où l'on compte cinquante-huit communautés, de celle d'*Apt* où l'on en compte quarante-huit, & de la Vallée de Barcelonette qui en renferme seize.

Forcalquier, *Forum Calcarium*, fut autrefois la capitale d'un comté considérable, indépendant de celui de Provence. Elle est sur la Laye, dans une contrée charmante, qu'un air pur embellit encore. Elle a un gouverneur, & renferme une église collégiale & quatre couvens. Son faux-bourg est agréable ; ses trois foires, chacune de trois jours, l'enrichissent ; tout son territoire est en franc-aleu, tous ses habitans sont exempts de péages dans la province. Le comté fut réuni à la Provence par un mariage en 1193.

Manosque, *Manuesca*, ville mediocre en étendue, mais très-peuplée, située dans une belle vallée qu'arrosent divers ruisseaux & quelques sources d'eaux minérales, elle est à demi lieue de la Durance, a un gouverneur, ſept couvens & une commanderie de Malthe. On voit dans le château où les anciens comtes de Forcalquier venaient paſſer l'hyver, le corps de *Geraud-Tung*, premier grand maître de l'ordre de St. Jean. Manoſque fut fondée vers la fin du huitieme ſiecle.

Peyruis, bourg où ſiége une juſtice royale; il eſt près de la rive droite de la Durance, a titre de marquiſat, & ſur une hauteur, un grand & magnifique château d'où l'on jouit de la plus belle perſpective. *Mane* renferme un très-beau couvent de Minimes, orné de la bibliotheque du cardinal de Janſon qui lui en fit préſent.

Apt, *Apta Julia*, eſt une des plus anciennes villes de la France. Elle eſt ſituée ſur le torrent de Calavan qu'on y paſſe ſur un beau pont d'une ſeule arche. Elle a un gouverneur, une juſtice royale, un évêché, un ſéminaire, deux abbayes, ſix couvens, trois confrairies de pénitens. Son évêque ſuffragant d'Aix prend le titre de prince, & n'a qu'un vain titre mais ſes revenus ſont de 10000 livres, & ſa taxe en cour de Rome n'eſt que de 250 florins. Son diocèſe renferme trente-trois paroiſſes. *Apt* doit ſon nom à ſa ſituation avantageuſe: elle prétend poſſéder les reſtes du corps de la mere de la Vierge Marie, & a en effet diverſes antiquités, telles que les débris d'un amphithéatre. Son commerce eſt aſſez actif & conſiſte en fruits, en bougies eſtimées qu'on y fabrique & en quelques autres productions.

Saignon, petite ville ſur un mont, dans un terroir ſi fertile en vins qu'on l'y vend ſouvent un ſou la meſure, qui eſt la plus grande du royaume.

Cadonet, petite ville ſur la rive droite de la Durance. *Cucuron*, bourg ſur une hauteur, au pied des monts Liberon: on y voit un couvent de Serrites. *Villars* a le titre de duché. *Gordes* eſt dans une contrée montagneuſe; ſon territoire fertile en denrées renferme l'abbaye de *Senanque*. *Lourmarin* eſt dans les monts Liberon. *Sault*, bourg étendu, eſt le chef-lieu d'une vallée, hériſſée de bois, commerçante en verres qu'on y fait, cultivée par de nombreux habitans occupés ſur-tout à veiller ſur leurs troupeaux. Elle renferme ſept communautés & la Noſque l'arroſe.

Barcelonette, *Barcino-nova*, ville ſur la rive droite de l'Ubaye, bâtie en 1230, ſiege d'une juſtice royale, chef-lieu d'une vallée abondante en pâturages. Dès que la neige a diſparu, elle eſt couverte du plus beau tapis verd, ſur lequel on voit errer de nombreux troupeaux de moutons & d'autre bétail. Elle appartenait au Piémont qui l'a cédée à la France en 1713. On y voit une vingtaine de villages & le bourg d'*Allos*, ſur le Verdon, près du petit lac de ſon nom. Les anciens comtes, originaires de Barcelone, donnerent ce nom à la ville.

ÉTAT D'AVIGNON.

Sa ſituation nous le fait placer ici ; ſes ſouverains devraient nous le faire renvoyer au volume qui renfermera les poſſeſſions du pape ; mais nous avons été obligés de faire trop d'exceptions à cette regle pour nous y adſtreindre, lorſqu'il s'agit d'une province enclavée dans celles de la France, qui en fit partie autrefois, & pourrait bien un jour le redevenir.

Cet état obéit aux Marſeillois, avant d'être ſoumis aux Romains. Il fut une province du royaume d'Arles, & devint enſuite une partie des états des comtes de Provence. Il paſſa à la France ſous *Philippe le Hardi* après l'extinction de la maiſon de Toulouſe : ſon fils le céda à Charles II, roi de Naples & comte de Provence. Les papes y résiderent dans le quatorzieme siecle, & le jugerent à leur bienséance Jeanne de Naples, acheta leur indulgence en le leur cédant, mais dans un âge où elle n'avait point encore le droit de le faire, & c'est ce qui a fondé les prises de possession qu'en a fait la France en différens tems; elle l'a toujours rendu au pape, qui le possède encore, & le possédera aussi longtems que les rois de France voudront être modérés & indulgens.

Avignon, *Avenio Cavarum*, est une ville ancienne située sur la rive gauche du Rhône, & sur un canal rempli des eaux de la Sorgue. Des murailles l'environnent flanquées de tours, construites en pierres de taille, elles suffisent pour une ville que le pape n'a point essayé de défendre quand on l'en a dépouillé. De belles jettées, de solides quais y retardent l'impétuosité du Rhône, & forment entre le fleuve & la ville une promenade agréable. Elle est grande, bien bâtie, & les rues en sont bien pavées & propres. Un vice légat préside sur tous ses tribunaux: il est vicaire du St. Siege pour le spirituel & le temporel. Toutes les affaires civiles, ecclésiastiques, criminelles, militaires, sont portées au tribunal de la *Rotte*, dont les sentences ne peuvent être revues qu'à Rome: les appels des juges inférieurs sont décidés en premiere instance par le tribunal de l'*auditeur-général*: tout ce qui intéresse les ordres monastiques est du ressort de la *vice-gérence*. Il y a encore un tribunal du *Viguier*, une *chambre de conservation* pour les affaires mercantiles, une *inquisition*, une *daterie*; &c. Son archevêché fut érigé en 1474 par Sixte IV; elle avoit auparavant un évêché suffragant d'Arles. On y compte sept collégiales. Le palais de l'archevèque est beau, bien distribué & richement meublé. Près de ui eſt la cathédrale, brillante par ſes ornemens, ntéreſſante par ſes tombeaux, parmi leſquels on diſtingue ceux de Benoît XII & de Jean XXII; celui le *Laure de Sade* eſt dans un couvent de cordeliers : ſes cendres ſont unies à celles de ſon époux, une pierre de ſable les couvre, & une chapelle ſombre & nue les renferme. Ce tombeau fut ouvert deux ſiecles après la mort de celle qui y fut inhumée, & on y trouva une petite boete de plomb dans laquelle étaient les vers étrits par Petrarque, qui lui avait adreſſé 400 ſonnets ou chanſons pendant ſa vie. On y a joint l'épitaphe que *François* I fit enſuite pour elle. La bibliothéque & le jardin des céleſtins méritent d'être vus; leur égliſe renferme le mauſolée de Clément VII, & on y diſtingue deux chapelles, l'une où l'on a peint dans de grands tableaux les principales actions du cardinal Pierre de Luxembourg, qui ne vécut pas dix-huit ans, mais fit des miracles après ſa mort; l'autre où l'on a placé le corps de *St. Benezet*, berger aſſez riche pour faire bâtir ſur le Rhône un pont dont on ne voit plus que quelques arches. On compte encore dans Avignon trente-trois maiſons religieuſes, ſept confrairies de pénitens, neuf hôpitaux ou maiſons de charité, trois ſéminaires. Elle renferme un mont-de-piété, une univerſité, pluſieurs colléges, une commanderie de l'ordre de Malthe, un hôtel de ville, un hôtel des monnaies, & un vaſte palais, irrégulier & cependant majeſtueux, bâti par Jean XXII, ſur un rocher qu'un foſſé entoure. Là eſt un arſenal dont les canons ſervent aux réjouiſſances publiques & une *Juiverie* où l'on voit une petite ſynagogue : Ici ſont différens monumens des anciens Romains. Le diocèſe de l'archevêque s'étend ſur cinquante-une paroiſſes; ſes revenus ſont de 48000 liv. La ville a ſept portes, & l'on y compte

28000 habitans. L'Encyclopédie ne lui en donne que 26000. Les Avignonais ſont regardés en France comme regnicoles. Autour d'elle eſt une belle plaine couverte de mûriers, diviſée en champs, prairies, vergers & jardins. Un beau cours la ſépare des foſſés: il eſt planté de hauts ormes, entretenus & taillés avec ſoin, orné de bancs élégans, borné par un ruiſſeau d'eau pure qui s'éloigne en murmurant. On fabrique dans Avignon des étoffes de ſoie & beaucoup de livres. Son territoire eſt un beau baſſin long de deux lieues ſur preſque autant de large: on y voit deux villages & un grand nombre de métairies & de maiſons de campagne. Le Rhône, la Durance, la Sorgue, la montagne de Caumont en ſont les limites naturelles. On ſait que c'eſt près d'Avignon que des pêcheurs tirerent du Rhône le bouclier qui témoignait la ſageſſe & la généroſité de Scipion, envers une princeſſe qu'il avait fait priſonniere. Ce bouclier peſant quarante-deux marcs eſt dans la bibliothéque du roi.

Comtat Venaiſſin.

Il porta autrefois le nom de marquiſat de Provence, & fut cédé au pape après la guerre des Albigeois; les comtes de Provence reclamerent en vain contre cette ceſſion, ils n'en rentrerent en poſſeſſion qu'en vertu d'une ſentence de l'empereur Frederic II, qui en était ſouverain. Philippe le Hardi s'empara de tout ce comté dont il ne lui revenait qu'une partie par les dernieres diſpoſitions de la veuve du dernier comte, Alphonſe de Poitiers, & il céda le tout au pape en 1273. Les rois ſes ſucceſſeurs ont quelquefois reclamé contre cette donation, en s'emparant du pays; mais ils l'ont toujours rendu.

Le comtat Venaiſſin eſt partagé en trois juriſdiclons : ce ſont celles de *Carpentras*, de *l'Isle*, & de *Vaulreas*. Son nom lui vient de *Venaſque*, ſon ancienne capitale. Il eſt fertile, jouit d'un climat doux, d'un air pur, & a environ treize lieues de long, ſur huit de large.

Carpentras, *Carpentoracte-Meminorum*, ou *Forum-Neronis*, ville ancienne & jolie, mais médiocre en étendue, ſituée ſur la rive gauche de l'Auzon, ou Rouſſe, au pied du mont Ventoux, ayant autour d'elle le payſage le plus varié & le plus riant, fertile en oliviers, en vins excellens, en ſafran, en fruits eſtimés par leur ſaveur, & en différens bleds : les champs y ſont tous bordés de mûriers, qui y nourriſſent le ver utile qui donne aux habitans leur plus grand objet de commerce. Là ſiegent un recteur, un vice-recteur, une chambre apoſtolique, une juſtice conſulaire, & divers juges inférieurs. Elle a un évêché. Sa cathédrale très-bien bâtie, richement décorée, renferme ce clou ſaint que Conſtantin vénérait, & dont il avait fait un mords de bride pour ſon cheval. Le palais épiſcopal eſt comparable aux plus beaux palais de Rome. L'évêque compte vingt-neuf paroiſſes dans ſon diocèſe, & jouit de 42,000 liv. de rente. On voit que c'eſt un pays ſoumis à la puiſſance ſpirituelle. On y voit encore une abbaye de filles de Cîteaux, une égliſe collégiale, un prieuré, pluſieurs couvens, pluſieurs hôpitaux trois confrairies de pénitens, un college, un ſéminaire, dix chapelles, une bibliotheque publique riche en manuſcrits, médailles & curioſités ; un bel hôtel de ville, une juiverie, des halles, diverſes places publiques, un aqueduc, formé de quarante-huit arches, hautes de neuf toiſes, & en ayant ſix d'ouverture ; un marché très-fréquenté, un arc de triomphe, divers monumens antiques, quatre portes dirigées aux quatre points cardinaux, & plusieurs promenades. Sa forme est triangulaire. Elle est ceinte de belles murailles, flanquées de tours rondes. Ses rues sont agréables, son air est pur & tempéré dans toutes les saisons ; tout y est abondant, & c'est un des séjours le plus gracieux de l'Europe. On y compte 12,000 habitans.

Vaison, *Vasio-Vocontiorum*, petite ville située sur une montagne, au haut de laquelle est un château, & dont l'Oueze baigne le pied. Elle est laide : l'évêque en est seigneur, & cet évêque n'a que de minces revenus, qui cependant paraissent grands, quand on les compare à son petit diocèse. Près de là, dans la plaine, sont les ruines de l'ancienne Vaison, long-tems florissante, & une des plus grandes villes des Gaules : elle est détruite depuis plusieurs siecles.

Venasque, ville pauvre, petite & presque déserte, située sur un rocher. Son évêché a été uni à celui de Carpentras. La Nesque coule près d'elle.

Malaucene, petite ville, près d'un vieux château élevé sur un roc. Elle renferme quelques couvens & chapelles : autour d'elle sont des campagnes riantes & fertiles, que la Grausel arrose. Ceux qu'une maladie de langueur consume, viennent y respirer un air pur & sain.

Pernes, petite ville située sur une hauteur, dans un pays abondant arrosé par la Nesque.

Caderousse a le titre de duché, & ses murs ne sont pas éloignés du Rhône.

Monteoux, *Montilium*, ville où résida le pape Clément V. dans un antique château. Elle renferme diverses chapelles & quelques couvens. L'Auzon passe près d'elle, & fertilise une plaine abondante en bleds & en melons estimés, où l'on voit dispersées

n grand nombre de jolies métairies, & où l'on éleve
eaucoup de vers-à-soie.

Bedouin, bourg situé au pied du mont Ventoux:
renferme un couvent & un hôpital.

Bedarides, *Biturritæ*, bourg dont les environs
nt coupés de prairies charmantes, arrosées par
Oueze, l'Azeille, l'Auzon & divers canaux de la
rgue. L'archevèque d'Avignon en est seigneur.
ès de lui est le magnifique jardin de *la Verne.*

Le Pont de Sorgue, bourg fermé de bons murs,
milieu d'une vaste plaine, où serpente la Sorgue
ant de se réunir au Rhône. Près de lui est le beau
onastere de *Gentilles.*

Entraigues est sur un bras de la Sorgue, qui y
t mouvoir une papeterie. On y voit un vieux
âteau.

Caromb est ceint de murs, a un beau château &
elques couvens. Ses environs sont fertiles & agréa-
es. *Crillon* est encore un bourg sur une hauteur:
a titre de duché. *Puymeras* est près du Jabron, & a
château bien bâti. *Mazan* renferme deux châ-
aux, un riche prieuré, & plusieurs monumens an-
ques. L'Auzon arrose ses campagnes, fertiles en
uits, en vins, en olives, en safran, & sur-tout en
rises, dont on fait un grand commerce. *Malemort*
près de la Nesque: ses environs sont variés de
llines & de plaines. L'évèque de Carpentras en est
gneur, & y possede un beau château. *Mormoiron*
sur l'Auzon, dans un pays fertile en huiles, vins &
uits. *Les Méthamis* est sur la Venasque: il est ceint
murs, renferme un château & une seigneurie.

L'Isle, ville & chef-lieu d'une jurisdiction, siée dans des campagnes cultivées avec soin, abon-
ntes en grains, vins, huiles & fruits, arrosées
r la Sorgue, qui environne la ville, elle renferme

ſept couvens, un hôpital & un mont de piété. O
y fabrique des étoffes de laine, des couvertur
de lit & de mulet, &c. Autour de la ville eſt u
belle promenade. L'air y eſt ſain.

Cavaillon, *Cabellio*, ville ancienne, où ſiege u
évêque, dont le diocèſe a dix-ſept paroiſſes, & l
revenus ſont de 16,000 liv. Elle renferme une a
baye, pluſieurs couvens, trois confrairies de p
nitens, un hôpital, une juiverie, &c. Ses ru
étroites ſont ſales : les habitans y couvrent de pail
les immondices, pour en faire du fumier : ſes can
pagnes ſont plus agréables. Elle eſt au pied d'un mo
ſur la rive droite de la Durance, & renferme des an
tiquités Romaines, entr'autres, les ruines d'un ar
de triomphe. Son principal commerce a pour obj
les artichauts, les pois verds, les aulx & dive
fruits.

Menerbe, bourg près du Calavon, ſur une hau
teur, où commence la montagne de Leberon. *Vau
cluſe*, village où demeurerent la belle Laure & ſo
amant. La fontaine qu'il a rendu célebre, y ſo
d'un antre vaſte & profond : elle forme déja la ri
viere de la Sorgue, qui, un peu plus bas, porte d
ja de petits bateaux.

Vaulréas, ou *Valras*, petite ville, chef-lieu de ju
riſdiction, ſituée dans les montagnes qui s'étende
dans le Dauphiné.

Boulene, petite ville, qui doit ſon origine a
couvent qu'elle renferme : la Letz arroſe les cam
pagnes fertiles qui l'environnent.

Mornas, bourg près de la rive gauche du Rhôn
& des ruines d'un château. *Bouſchet* eſt une ſeigneu
rie ſur la Letz : elle renferme une abbaye. *Vizan*
S. Savournin ſont des bourgs.

GOUVERNEMENT DE LANGUEDOC.

La monarchie Françaiſe était diviſée autrefois en Langue-d'*Oc*, & Langue-d'*Oui*, ſelon la diverſe maniere de prononcer cette particule d'affirmation. Les provinces au nord de la Loire étaient la Langue-d'*Oui*; au ſud étaient celles de la Langue-d'*Oc*. Le pays diſtingué aujourd'hui par ce dernier nom, ne faiſait point alors partie de la Langue-d'Oc; il n'y fut joint que dans le treizieme ſiecle, & réuni à la couronne qu'en 1361. A l'orient, il eſt borné par le Rhône; vers le nord, par le Forêt, l'Auvergne, le Rouergue & le Querci; à l'occident, par la Garonne, le Comminges & le comté de Foix; au ſud, par le Rouſſillon & le comté de Foix. Sa plus grande longueur eſt de 68 lieues, ſa plus grande largeur de 34, & ſa ſurface peut être évaluée à 1590 lieues quarrées. La mer a augmenté cette province en ſe retirant; & depuis Agde juſqu'au Rhône, pluſieurs villes qui furent au bord de la mer, en ſont aujourd'hui à plus d'une lieue.

Cette province fit partie de la Gaule *Braccata*: différens peuples l'habitaient. Sous les Romains, le haut & bas Languedoc étaient compris dans la *Premiere Narbonnoiſe*, le Vivarais dans la *Viennoiſe*; & le reſte était renfermé dans l'Aquitanique, ou Aquitaine. Honorius la céda aux Wiſigots dans le cinquieme ſiecle, & ils y formerent un royaume, qui ſe ſoutint pendant 380 ans: *Zama*, à la tête des Sarraſins, le détruiſit. *Eudes*, duc d'Aquitaine, & *Charles Martel* arrêterent les efforts des Muſulmans, & les repouſſerent. Pepin le Bref les chaſſa juſqu'au-delà des Pyrenées, & devint le ſouverain de ces pays: Charlemagne en fit l'appanage de ſon fils Louis le Débonnaire, qui y établit des gouverneurs sous le nom de comtes, dignités d'abord amovibles, que la foiblesse du gouvernement rendit héréditaires, & auxquelles elle laissa attacher le domaine & les droits régaliens. Quelques-uns de ceux qui les possédaient, plus puissans, ou plus habiles, s'éleverent au-dessus des autres, & se les soumirent : tels furent les marquis de *Provence*, les ducs de *Toulouse*, ou d'*Aquitaine* & de *Septimanie*, ou de *Gothie*. Les seconds réunirent les domaines des deux autres, & devinrent plus puissans que le roi de France même, dont ils étaient indépendans. Les guerres de religion, ou des Albigeois rendirent ces princes malheureux, & détruisirent leur puissance : leurs domaines passerent à Philippe le Hardi, comme héritier d'Alphonse de Poitiers, frere de S. Louis, qui fut le dernier comte de Toulouse & marquis de Provence.

Le Languedoc est entremêlé de hauteurs & de plaines, de vallons & de montagnes, qui le rendent plus varié & plus agréable, sans nuire à sa fertilité. Les Cévennes ne sont séparées des Alpes que par le Rhône : elles sont les plus hautes montagnes du pays, & étendent différens bras dans le Gévaudan & le Rouergue, vers Albi & Castres, où elles forment la *Montagne noire*. De-là s'abaissant, & formant d'agréables côteaux & des vallées fécondes, elles vont se joindre aux Pyrenées, au travers du pays de Foix. Elles sont fort peuplées, & sur-tout de Réformés. De grands chemins y ouvrent aujourd'hui un accès facile, y facilitent le commerce, & y assurent la tranquillité. Elles renferment de l'or; la Ceze qui en sort, en charie des paillettes, qu'elle dépose parmi le sable qu'elle entraîne, & qu'elle abandonne après ses débordemens. Elles sont couvertes de chênes. Le Vivarais a de superbes sapins, ainsi que le diocèse d'Aletz

Aletz, & ses monts, qui dominent Aigues-mortes.
Dans le Haut Languedoc, le climat est doux & tempéré; les pluies fréquentes y temperent la chaleur, & y font naître toutes sortes de fruits. Rarement le laboureur voit tromper son espérance: les bleds sont beaux & nourris, & on en fait sortir le bled en faisant fouler la paille sous les pieds des chevaux & des mulets. Le Bas Languedoc est moins fertile; la chaleur le rend aride en été; & en hiver, des monts couverts de neige y rendent le froid très-vif; & ces deux saisons y sont, en quelque maniere, les seules de l'année. L'air y est impur près des marais Salans; il est sain par-tout ailleurs. On y trouve plusieurs volcans éteints. Dans toute la province on recueille des légumes, des fruits & des vins exquis: on en tire 18,000 quintaux d'huile, & plusieurs plantes rares & médicinales. Il en est de plus utiles encore au commerce: tel est le *pastel*, ou la *guesde*, qui donne un bleu beau & durable, & qu'on peut varier. Celui du Languedoc & de la Provence est le meilleur. Sur une racine perpendiculaire, longue d'un pied & demi, de la grosseur d'un pouce, garnie de fibres & pivotante, on voit s'élever cinq ou six longues feuilles, & une fleur crucifere, violette, ou jaune. On coupe les feuilles, lorsque devenues jaunes, elles s'abaissent vers la terre; on les écrase sous la meule d'un moulin, on les réduit en une pâte fine, qu'on accumule, qu'on presse & qu'on unit, & cette pile demeure ainsi sous une croûte noirâtre pendant quinze jours; ensuite on la broie, & on en fait de petits pains, qu'on appelle *coques*, ou *coquaignes*. Le commerce qu'on en faisait, amenait autrefois de grandes richesses dans le pays; & de-là vint que l'expression de *pays de Coquaignes* désignait un pays riche. L'indigo a fait décheoir la culture & le commerce du

pastel ; mais il serait possible de le rétablir, & donner à cette plante, sur-tout à celle à fleur violette & dont les feuilles sont lisses, une préparation qui l'égalât à l'indigo. On la seme en Février autour des maisons, dans les fossés des châteaux, dans un terroir gras, meuble & bien travaillé. On en fait cinq récoltes par an, toujours dans un tems serein.

C'est dans les diocèses d'Agde, de Beziers & de Narbone que croît & se recueille le *Salicot* ou *Salicos*, petit arbrisseau, qui arraché, brûlé dans un trou, pendant qu'on le foule parait tout en feu, se liquéfie, & forme quand il est refroidi une pierre qui se vend six ou sept livres le quintal, & dont on se sert pour faire le savon & le verre : c'est sur-tout dans le diocèse de Nismes que croît la *Maurelle* ou *Tournesol*, plante que les botanistes appellent *Ricinoïde* ; sa racine & sa tige sont rondes, ses feuilles d'un verd cendré, ses fleurs en grapes sont jaunes : les Hollandais s'en servent pour teindre leurs toiles en bleu & en rouge, & encore pour colorer leurs fromages : c'est de son suc qu'on tire le *Tournesol* en *drapeau*, qui sert à la teinture des vins & des liqueurs. C'est dans le bas Languedoc, & sur-tout sur la montagne de *Coutaeh*, près de Sauve, que croît l'Alisier, arbre dont le bois est recherché par sa dureté, & par la forme que les cultivateurs savent lui donner.

Les vents ont des effets divers en Languedoc : ceux du nord-ouest & du sud-ouest sont frais, & temperent les ardeurs de l'été dans le long vallon qui s'étend de Toulouse à la mer : on les nomme *Cers*, & on les nommait autrefois *Circius*. Le vent qui leur est directement opposé se fait sentir près de Narbonne & d'Apt, accroît ses forces en avançant, & devient très-violent à Castel-Naudari ; il est chaud, appesantit la tête, ôte l'appétit, semble gonfler le corps, a

end la respiration pénible, c'est l'*Autan*. Le long
u Rhône regne la *Bise* ou *Vent-noir*, connu des an-
iens sous le nom de *Melanboreas*; & le vent du midi
ui lui est opposé, il amene la pluie, ou l'appesan-
issement & le malaise. De Leucate au Rhône souffle
n vent de mer nommé *Gorbin*, qui se fait sentir
t rafraîchit l'air dans le milieu du jour. Au pied des
yrénées, dans le Mirepois, pendant la nuit, un
ent très-frais s'élance & tombe du haut des ouver-
ures que ces montagnes laissent entr'elles, & d'au-
ant plus violent que le ciel est plus serain, il tem-
ere l'ardeur de l'été, chasse les frimats durant l'hy-
er, & sert à vanner les blés de ceux qui habitent
a vallée de *Blaud*. On l'appelle *Vent-de-pas*.

Le Languedoc renferme des mines de jays, de
itriol, d'antimoine, de charbon de pierre, de fer,
e cuivre, d'argent & d'or; mais ces dernieres
ont trop peu abondantes pour être exploitées. La
ierre & le plâtre y sont communs: le marbre peu
are dans la province, est très-beau dans le diocèse
e Narbonne; son fond est d'un rouge vif, mêlé
e grandes taches blanches. On y trouve aussi de
elles *Turquoises* que le feu ne fait que colorer en
leu; on dit que cette pierre fut autrefois une ma-
ere osseuse, qu'à l'extérieur elle conserve la figure
e la jambe, du bras ou des dents, qu'à l'intérieur
lle en a la texture, & qu'on y distingue des cellules
emplies d'un suc pétrifié. Près de Montpellier est un
ocher qui étend sa base à la profondeur de trois
oises, rempli des coquillages que produit la Médi-
erranée, ce qui fait penser que la mer couvrit les
ampagnes où on le trouve.

Les côtes du Languedoc étaient autrefois semées
e salines; on les a réduit à quatre, dont le sel suffit
à quelques provinces de la France, à la Suisse & à la

Savoie. Les autres fournissent le sel au bas Languedoc, & on ne peut l'y apporter d'ailleurs sans s'exposer à de grandes peines : on n'a trouvé que ce moyen pour faire tenir en bon état les salines de Peiriac qu'on croit important de conserver.

Les eaux minérales sont très-abondantes dans cette province, & nous en parlerons dans la description des lieux où elles sont ; mais nous dirons ici un mot de quelques phénomenes que les eaux y présentent. Tels sont les cinq abymes d'eaux qu'on nomme *Oculi Livoriæ*, du nom d'un village près de Narbonne. Ils sont profonds & poissonneux : la terre qui les environne se meut & tremble sous les pas des paysans qui osent y aller pêcher. Tel est le *Boulidou*, creux formé par la nature près de *Peirols* village voisin de Montpellier : l'eau y bouillonne sans cesse pendant l'hyver, & cependant elle est toujours fraîche : l'été il est sec, nulle source n'y aboutit, & l'eau qu'on y voit parait être de l'eau de pluie, qu'un vent souterrein souleve, & à laquelle il communique un sel volatil qui la rend utile pour les rhumatismes, les ophtalmies, les engelures, &c. Près de là est un puits singulier, qui ne reçoit les eaux d'aucune source, & se remplit d'eaux filtrées au travers des terres, ou de celles de pluie : il a dix-sept pieds de profondeur ; lorsqu'il est plein, on peut le nettaier & y descendre sans crainte ; mais quand il est à sec, une vapeur mortelle y tue les animaux qu'on y expose, & éteint la flamme qu'on en approche. La fontaine interrompue, ou la *Fontestorbes* est encore un phénomene qui a paru plus singulier qu'il ne l'est : pendant neuf ou dix mois de l'année elle coule avec abondance ; mais depuis le mois d'août jusqu'en septembre, elle n'est plus qu'intermittente : on dit qu'on peut juger de la fertilité de l'année par son écoule lient. On parle encore d'une fontaine minérale & périodique dans le diocèse de Nismes.

Plusieurs rivieres arrosent le Languedoc : nous avons parlé du Rhône qui le cottaie, & dont nous décrirons la source quand nous parlerons de la Suisse. La *Garonne* le cottaie aussi, elle sort des Pyrenées. La *Loire* naît dans le Vivarais, ainsi que l'*Eyrieu* qui dans son cours rapide sert à flotter le bois, qu'il conduit dans le Rhône, & l'*Ardesche* qui sortant d'au-dessus d'Aubenas, se grossissant dans son cours par divers ruisseaux, inonde souvent ses bords au printems. La *Ceze* sort du diocèse d'Usez ; elle n'est point navigable, mais les paillettes d'or qu'elle charie en plus grand nombre qu'aucune riviere de France, la font remarquer. Le *Gardon* sort des Cevennes, se divise, se réunit, passe en murmurant sous le pont du *Gard*, & se perd dans le Rhône au-dessous de Beaucaire : on trouve aussi de l'or dans le sable de ses bords. Le *Vistre* prend sa source près de Nismes, & se jette dans l'étang de *Mauguio*. L'*Erault*, *Arauci*, sort du pied du Mont-Eygnel dans les Cevennes ; & se jette dans la mer au-dessous d'Agde. L'*Orbe* ou l'*Arolis* sort aussi de ces montagnes, il arrose le diocèse de Beziers, & traverse le canal de Languedoc que souvent elle renverse. L'*Aude*, *Atax*, sort des Pyrenées, dans le Roussillon, devient navigable à Narbonne, se divise en deux bras qui se perdent en deux étangs différens. Une partie de son cours est parallele au canal de Languedoc. L'*Ariège*, *Areïa*, prend sa source au comté de Foix, sur les frontieres de l'Espagne, est navigable à Hauterive, & se perd dans la Garonne : son sable a des paillettes d'or. L'*Allier*, *Elaver*, sort du pied du mont de Loüzere, l'une des plus hautes montagnes du Gevaudan, & se jette dans la Loire après un cours de soixante & douze lieues. Le *Tarn*, naît près de Florac, devient navigable à Gaillac, & se jette dans la Garonne à Moissac. Le *Lot*, *Oldus*, prend aussi sa source dans le Gevaudan, & après un cours de quatre-vingts lieues, se perd dans la Garonne près d'Aiguillon. Il renferme encore des rivieres plus petites, & dont nous ne parlerons point.

Divers canaux facilitent le commerce en Languedoc, mais le plus considérable d'entr'eux, le plus utile, quoiqu'il soit plus couteux encore qu'utile, c'est le *canal-royal*; il unit l'Océan à la Méditerranée. Les Romains, Charlemagne, François I, Henri IV, & son fils y avoient pensé, Louis XIV le fit faire, *Andreossy* en donna le plan, *Riquet* l'exécuta. Il rassembla les diverses rivieres vers *Narouze* ou *Norouz* qui est le point le plus élevé du canal, & celui où les eaux se partagent, pour se rendre d'un coté à l'Océan, de l'autre à la Méditerranée. De Narouse à la Garonne l'espace est de 28279 toises, la pente est de 32, & on y compte 29 écluses. De ce même Narouse à la Méditerranée, la distance est trois fois plus considérable, & on y compte 75 écluses. Parmi celles-ci est *l'écluse ronde*, admirée de Vauban, qui sur un canal de 20 toises de long & de 5 de large, où aboutissent 3 différens canaux, soutient l'eau à trois niveaux différens, & donne aux barques la facilité de s'y mouvoir & de passer de l'un à l'autre. Le *Malpas* est une voute percée dans le roc, soutenue en pierres de taille, dans un espace assez long. Dans plusieurs endroits les eaux ont été élevées au-dessus des rivieres & des ponts. Des quais, des bassins, des ponts & des chaussées sont dispersés sur ce canal admirable qui a couté treize millions de livres. Sa jurisdiction, ses droits appartiennent aujourd'hui aux états de Languedoc, qui l'ont achetée des descenans de Riquet à qui le roi les avait abandonnés pour la somme de 8500 mille livres. Chaque bateau qui y passe paye un droit de 20 sols par quintal, ce qui donne des sommes immenses quand le commerce est florissant; mais les dépenses pour les réparations sont immenses aussi. Les autres canaux sont ceux de *Grave*, de *Lunel*, de *Radelle*, de *Bourgidou*, de *Silveréal*, de la *Nouvelle Robine* : ils facilitent la communication de diverses villes, & rendent les marais qu'ils dessèchent moins mal sains.

Le Languedoc a vingt-cinq lieues de côtes sur la Méditerranée, mais elles sont dangereuses : les sables y présentent des écueils aux vaisseaux, & les vents y sont violens. On a essayé d'y creuser des ports. St. Louis y avoit formé celui d'Aigues-mortes, mais les sables l'ont comblé, & cette ville en est aujourd'hui à 4000 toises. Le cardinal de Richelieu fit bâtir à grands frais un môle près du cap d'Agde, que les sables rendirent aussi bientôt inutile. Après lui, on y a entretenu un asyle pour les petits vaisseaux & l'on a bâti le port de *Cette*, au centre du golfe de Lyon, défendu par divers ouvrages de fortification : les grands navires n'y peuvent entrer, c'est là cependant que se fait le plus grand commerce de la province.

Son commerce consiste en grains, vins, huiles d'olives, marons & raisins secs, en draps fins de divers qualités, dont on transporte au levant environ soixante mille pieces par an, en draps grossiers qui se vendent en différens lieux de l'Europe, en cadis, burats, serges & autres étoffes de laine; en bas, chapeaux, couvertures, & tapisseries, en toiles, futaines & basins, en étoffes de filoselle, soie grenade & à coudre; en différens taffetas, étoffes à fleurs, gazes, rubans, grisettes, en cuirs tannés, peaux de moutons, de chevres & de boucs, en gans, parchemins & papiers, en eaux de vie & diverses liqueurs, en verdet, verd-de-gris, pastel & autres productions, bois, futailles & tonneaux, le fer de forge, le cuivre, les cartes, le savon, la cire blanche, le verre, les aiguilles. Ces objets d'exportation montent à environ 14 millions de livres par an. Ce que cette province tire du dehors consiste en bœufs & moutons qu'elle tire de l'Auvergne & du Limousin pour se nourrir; car ses habitans conservent les leurs pour fournir de la laine à leurs manufactures; & en toiles, en épiceries, en poissons salés, en laines du levant, de l'Afrique & de l'Espagne, en merceries & quinquailleries, en fer, &c. pour environ 5500 mille livres.

On compte dans cette province deux mille villes, bourgs & villages, environ mille habitans pour chaque lieue quarrée, deux mille cinq cents quarante-sept communautés, trois cents quarante-deux mille sept cents cinquante-huit familles, quinze cents soixante & six mille quatre-vingt-neuf personnes. Si chaque partie de la France était aussi peuplée, elle renfermerait plus de trente millions d'habitans. Comme le climat, le sol, les productions n'y sont pas les mêmes, le génie & les mœurs de ceux qui y naissent different aussi. Dans le Haut Languedoc, les hommes sont grossiers, peu actifs, peu industrieux; mais ils sont économes. Dans le Bas Languedoc, ils ont de l'esprit, & l'aridité du sol y excite l'industrie, y fait prospérer le commerce & les arts : par-là même ils sont plus polis, plus flatteurs & interressés. Il y a plus d'académies chez eux que dans toute autre province; ce qui ne prouve pas toujours qu'on y soit plus instruit. On y compte deux universités & six académies. Le Languedoc est la province où le clergé eſt le plus nombreux & le plus riche ; c'eſt peut-être une des raiſons qui y rendit les ſuccès de la réformation ſi rapide. Malgré le ſang que le fanatiſme y fit répandre pour éteindre cette lumiere importune, c'eſt encore la partie du royaume où il y a le plus de réformés. On y compte trois archevèchés & vingt évèchés, quarante-neuf abbayes d'hommes, douze de filles, ſix cents trente-ſept prieurés, deux cents quarante-huit maiſons religieuſes d'hommes, cent cinq de filles, deux grands prieurés & ſoixante commanderies, treize mille eccléſiaſtiques qui y jouiſſent de quatre millions cinq cents mille liv. Chaque diocèſe a une chambre du clergé où l'évêque préſide, & qui regle les impoſitions des décimes, du don gratuit & des autres charges à impoſer ſur les biens eccléſiaſtiques de ſon diſtrict, juge des conteſtations qu'elles font naître, & reſſortit de la chambre eccléſiaſtique de Toulouſe, formée de dix ſyndics & députés généraux du clergé, tous prètres & choiſis par les provinces eccléſiaſtiques d'Alby & de Narbonne, de Toulouſe & d'Auſch : cette chambre eſt ſouveraine, mais elle ne juge qu'en préſence de deux membres du parlement, qui ordinairement ſont auſſi membres du clergé.

Le parlement de Toulouſe eſt l'égal de celui de Paris par ſes prérogatives ; il a ſous lui différens tribunaux, tels que la cour *des petits ſels*, pluſieurs juriſdictions conſulaires, deux hôtels des monnaies, huit préſidiaux, vingt-neuf juſtices royales ou vigueries, ſix juges d'appels, une grande maîtriſe des eaux & forèts, &c. on trouvera chacun de ces tribunaux à l'article de la ville où ils ſont fixés.

Le Languedoc a ſes états généraux : on en croit voir l'origine dans le gouvernement des Romains qui avaient donné à cette province le droit italique, ou l'exemption des tribus. Tous les cinq, dix ou vingt ans, ils s'assemblaient pour offrir par leurs députés leurs vœux & les contributions volontaires aux dépenses publiques. Ce droit fut conservé aux peuples par les Goths, par les anciens comtes & par les rois de France qui en leur succédant, promirent de ne recevoir d'eux que des contributions auxquelles ils auraient consenti. Les états sont aujourd'hui moins nombreux qu'ils ne l'étaient avant l'an 1500. Leurs assemblées, long-tems sans éclat, ont à présent une forme auguste. Le roi les convoque, & l'archevêque de Narbonne y préside; près de lui sont les deux autres archevêques & les vingt évêques, rangés dans l'ordre de leur sacre : le comte d'Alais, le vicomte de Polignac & vingt-un barons forment l'ordre de la noblesse. Le tiers-état l'est par les maires, les consuls, les députés des villes épiscopales & des villes diocésaines. Tous y paraissent avec les marques de leurs dignités. Les commissaires du roi y portent ses demandes; on n'y peut traiter que ce qui a trait à l'intérêt général de la province, ou à celui des corps particuliers qui la composent : les impositions arrêtées, elles sont réparties sur les vingt-trois diocèses suivant un ancien tarif, & dans chaque diocese, sur l'état de la valeur des biens de chaque communauté, estimée selon la qualité du terroir, la commodité ou incommodité de la situation, au commerce qui s'y fait, &c. On croit que les sommes que la province paie chaque année peuvent monter à quinze millions de livres.

Un gouverneur général, un commandant, trois lieutenans généraux & divers autres officiers veillent sur le militaire. On y compte trente-un gouverneurs particuliers, huit grands sénéchaux & trois duchés-pairies. Des troupes réglées sont dans toutes les places ortes; la milice de terre y forme ſept bataillons de ſept cents vingt hommes chacun : la milice Gardes-Côtes y eſt diviſée en quatre compagnies, & les matelots en trois départemens.

Le Haut Languedoc renferme neuf diocèſes dont nous allons parcourir les lieux les plus remarquables.

I. *Diocèſe de Toulouſe.*

Il eſt fort étendu, & par-tout bien cultivé, parſemé de belles & fertiles plaines, de prairies charmantes, égayées par un grand nombre de rivieres & de ruiſſeaux : il produit beaucoup de blé, de millet, du paſtel & du vin médiocre.

Toulouſe, *Toloſa Colonia*, *Civitas Toloſatienſis*, eſt une ville très-ancienne, & la plus grande ville du royaume après Paris. C'eſt le ſiége d'un lieutenant général, d'un gouverneur particulier, d'un archevêché, d'une chambre ſouveraine eccléſiaſtique, d'un parlement diviſé en ſix chambres, d'une officialité, d'une ſénéchauſſée, d'une viguerie, d'une juſtice royale, d'une amirauté, d'un hôtel des monnoies, &c. On y compte deux abbayes, une chartreuſe, dont on remarque le long cloître & l'ordre de ſes jardins, pluſieurs autres couvens, pluſieurs hôpitaux, quelques confréries de pénitens, dans une deſquelles on trouve inſcrits Louis XIII, Louis XIV, & pluſieurs autres princes; une univerſité fondée en 1229, un bureau de charité, un ſéminaire, dix colléges parmi leſquels on remarque ceux de l'*Eſquille* & des jéſuites, dans ce dernier on voit un *Hercule* qui, s'étant débarraſſé de ſes langes, étouffe de chaque main un ſerpent : c'eſt un ouvrage de *Barbier*, que l'on compare au Laocoon du Vatican par ſon naturel & ſon action. Touloufe a une académie des *jeux-floraux*, la plus ancienne société du royaume dans son genre. Sept nobles, amateurs de la poésie, inviterent en 1323 les *Troubadours* de s'assembler le premier de mai à Toulouse, & promirent une violette d'or à celui qui réciterait les plus beaux vers. Le conseil de la ville approuva ce projet, & décida qu'on l'exécuterait tous les ans. Vers l'an 1540, *Clémence Isaure* laissa la plus grande partie de ses biens à la ville, à condition qu'elle ferait faire chaque année quatre fleurs de vermeil, qui seraient l'*Eglantine*, le *souci*, la *violette*, & l'*œillet*, qui devaient, dans une fete célébrée les premiers jours de mai, être distribuées dans sa maison aux meilleurs poetes. Cette société est devenue une académie en 1694; formée de quarante membres, & dont le chancelier de France est protecteur. Elle distribue cinq prix : le premier est une amaranthe d'or de 400 liv. pour la meilleure ode : la seconde une églantine d'or de même prix pour un discours en prose : le troisieme est une violette d'argent valant 250 liv. pour un poëme héroïque de 60 vers alexandrins, au moins, ou pour une épitre de 150 vers; un souci d'argent de 200 liv. pour une élégie, idylle, ou éclogue; enfin un lys d'argent de 60 liv. pour un sonnet, ou une hymne à la Vierge.

L'académie des *Sciences*, *inscriptions* & *belles-lettres* de Toulouse a le roi pour protecteur, & est formée par soixante & six personnes, soit honoraires, ordinaires, membres libres, associés, adjoints ou correspondans. Celle de *peinture* & de *sculpture*, fondée d'abord par le peintre *Rival* & ses éleves, n'eut le nom d'*académie royale* qu'en 1551 soixante & douze membres la forment, divisés en quatre classes, qui sont celles des fondateurs, des associés honoraires, des ordinaires & des artistes;

c'est parmi ceux-ci que se choisissent les professeurs de peinture, de sculpture, d'architecture & de perspective. L'archevêque a pour suffragans les évêques de *Mirepoix*, de *Montauban*, de *Lavaur*, de *Rieux*, de *Pamiers*, de *St. Papoul* & de *Lombès*. Son diocese renferme deux cents cinquante paroisses, six abbayes d'hommes, deux de filles, & six chapitres. Ses revenus sont de 102000 liv. sa taxe de 5000 florins. Le palais qu'il occupe a de l'élégance, le cloître des chanoines est fort vaste, la cathédrale antique, sans être achevée: le chœur en est beau, clair, élevé, la nef est sans beauté, le grand autel est riche & bien ordonné. La tour a une cloche de cinq cents quintaux. L'église de *St. Sernin* est un édifice grand & majestueux, mais sombre: on la croit bâtie sur pilotis, & elle est remplie de chapelles, de niches & de souterrains, où l'on voit un grand nombre d'autels, de sculptures, d'inscriptions, de lampes & d'autres monumens, des chasses très-riches, sur-tout celle de *St. Saturnin*, couverte de lames d'argent, & celle de *St. George*, faite en forme de temple antique, ornée de colonnes & de diverses figures; mais ce qui la rend plus respectable aux yeux du vulgaire, c'est qu'elle renferme, dit-on, trente corps saints parmi lesquels sont sept apôtres. La *Dorade* est une ancienne église, ornée de colonnes, de figures, de patriarches & de saints, & qui doit son nom à une statue de la Vierge autrefois dorée, aujourd'hui noire, mais toujours l'objet de la confiance du peuple dans les tems de calamité. Un sculpteur, nommé *Luc*, l'a travaillée, & y a mis son nom; le bigotisme a vu dans ce chetif sculpteur l'apôtre S. Luc, fondé sur la ressemblance des noms. L'église des dominicains est belle, grande, plus singuliere que noble dans l'intérieur. On y remarque le tombeau de St.

Thomas où quatre prêtres, dans le même tems, disent la messe sans s'incommoder. Celle des Carmes est vaste, & sa chapelle du *Mont-Carmel* est très-riche en dorures. Celle des cordeliers très-vaste, est connue par ses tombeaux & par son grand autel, admirable dans sa simplicité & dans son travail. On dit que la terre du caveau de cette église conserve seule les cadavres qu'on y dépose; *Busching* dit qu'elle fait encore le même effet sur les corps qu'on y ensevelit; mais l'abbé *De la Croix*, mieux instruit sans doute, assure qu'ils s'y pourrissent aujourd'hui comme par-tout ailleurs; & que cette terre n'eut probablement la vertu qu'elle a perdu que par son mélange accidentel avec la chaux. Quoiqu'il en soit, on voit le long des quatre murs du caveau, long, large & bien voûté, environ quatre-vingt squelettes revêtus d'une peau desséchée & semblable à du parchemin noir.

Le *palais* où s'assemble le parlement est un bâtiment vaste & informe, placé sur les ruines d'une ancienne forteresse. L'*hôtel de ville* porte le nom de *Capitole*, & de-là vient le nom de *Capitouls* donné aux huit échevins élus par les bourgeois pour veiller à l'administration de la justice criminelle & à la police. On y voit diverses curiosités, telles que des armes antiques des Toulousains, des portraits d'anciens magistrats, la statue en marbre blanc de *Clémence Isaure*, divers tableaux & plusieurs volumes *in-folio*, où le plus ancien Capitoul écrit les annales de la ville & du royaume, le buste de Louis XIV & ceux de plusieurs Toulousains illustres. C'est dans une salle de cet hôtel que s'assemble l'académie des jeux floraux.

Toulouse est sur la Garonne; le pont qui s'éleve sur cette riviere est de briques, admirable par sa structure, & fait sur les desseins de Mansard. Il a

12 toises de large, 145 de long, & repose sur sept arches de grandeurs différentes : à chaque pile est une ouverture en coquille pour donner passage à l'eau quand la riviere s'enfle : il est terminé par une grande porte semblable à un arc de triomphe sur laquelle est la statue de Louis XIV. Près de-là le fleuve fait tourner presque sans bruit les seize meules du moulin de *Basacle*, & celles du moulin du château : chacune moud quarante ou cinquante septiers par jour. Les roues en sont horizontales. Ce moulin rapporte 12000 liv. de rentes annuelles, que se partagent ses possesseurs. A un quart de lieue de la ville, le canal royal vient aboutir à la Garonne. Peu de villes sont mieux situées pour le commerce que Toulouse, & cependant elle n'est ni riche, ni commerçante. Etre homme de robe, c'est à quoi tout bourgeois aspire; être capitoul pour devenir noble, est l'objet des vœux de tout homme de robe. On n'y commerce qu'en laines d'Espagne, & ses fabriques se bornent à des tapisseries peu estimées & à quelques étoffes de peu de valeur. Sa vaste enceinte ne renferme que dix-huit mille familles. On y voit quelques belles promenades. Sa longitude est de 19 dég. 16 minutes; sa latitude de 43 dég. 35 min. 54 secondes.

Montesquieu, petite ville sur le canal royal : elle députe aux états & a le titre de baronnie. Son territoire très-étendu est très-fertile en blés, vins & légumes: il le fut aussi en pastel. Elle a été plus grande, mais ayant été détruite, elle ne se releva de ses ruines qu'en se resserrant.

Montgiscard est voisine du canal royal, c'est une petite ville.

Grisolles est voisine de la rive droite de la Garonne. Elle a des foires considérables, & on estime la coutellerie qu'on y fabrique.

Hauterive, petite ville qui a une justice royale, & est située sur l'Ariege qui y est navigable.

Castelnau d'Estretesons, siége aux états. *Buzel* est sur le Tarn. *Ville-franche de Lauragais* est dans le Lauragais, c'est une ville médiocre. *Verfeuil* est à l'orient de Toulouse. *Sauta* est un bourg sur la Saunné, dans un terroir abondant en grains, vins & fruits. *Grouille* est une belle maison de campagne, près de Toulouse, environnée de jardins, de fontaines & de bois. Le parc en est vaste, on s'y égare avec plaisir, & on y trouve une petite isle de laquelle fort une source qui jaillit & va mouiller le haut d'un berceau.

II. *Diocèse de Montauban.*

La ville qui lui donne son nom est située dans le Quercy : 41 de ses paroisses sont renfermées dans le Languedoc, & elles forment un district fertile en blés & en pastel : ses vins se distillent presque tous & sont changés en eaux-de-vie. Une défense de la cour, obtenue par la Ferme, y a fait cesser la cultivation du tabac qui y prosperait ; on y éleve beaucoup de chevaux.

Castelsarasin, petite ville sur la rive droite de la Garonne : quelques auteurs croyent que les Sarrasins lui laissèrent leur nom, mais il est plus probable qu'elle le doit à la rivière d'Azin qui coule près d'elle, *Castel-sur-Azin*, on y voit encore les ruines d'un antique château. Sa justice royale a le nom de *Villelongue*, ce qui fait penser qu'il exista un endroit qui le portait, situé dans son voisinage.

Montech, ville à trois quarts de lieue de la Garonne, & siége d'une justice royale.

Villemur est sur le Tarn, qui arrose ses environs fertiles en blés.

III.

III. *Dioceſe d'Alby.*

Une partie eſt hériſſée de montagnes, l'autre eſt ans de belles plaines très-abondantes en blés, vins paſtel, arroſées par diverſes petites rivieres. Elle de riches pâturages, & on y engraiſſe beaucoup de eſtiaux : on y cultive le ſafran, on y recueille d'ex-llens fruits, & on y trouve des mines de charbon de rre : ce pays eſt peuplé, mais le poids des impoſi-ons y rend la miſere commune. On ſait que ce ays donna ſon nom aux Albigeois, ſecte célebre ar le fanatiſme qui l'anima & qui l'éteignit.

Alby, ville ancienne aſſez grande, ſiége d'un ar-nevèché, ſituée ſur un tertre dont le Tarn baigne pied. La petite ville de Châteauvieux lui ſert de ux-bourg. L'archevêque en eſt ſeigneur, mais il n'y ni haute ni baſſe juriſdiction. Son dioceſe renferme 27 paroiſſes, ſes revenus ſont de 95000 livres, ſa xe eſt de 2000 florins; il a cinq ſuffragans : ſon lais eſt ſur la rive du Tarn qui le défend; il eſt aſte & beau. La cathédrale eſt grande, & c'eſt une es plus belles & des plus riches du royaume. Le el d'Alby eſt pur, ſes environs ſont charmans, ſes romenades ſont les plus agréables du Languedoc, la plus belle d'entr'elles eſt la *Lice*, vaſte terraſſe i regne le long d'un mail large & profond, bordée rangs d'arbres, de bancs & de rampes placées aux uatre portes pour la commodité des différens quar-ers de la ville, & d'où la vue s'égare dans des plai-es délicieuſes. Ce lieu favoriſé par la nature n'a mais été bien floriſſant : les perſécutions, les taxes la peſte l'ont ſouvent devaſtée. On n'y compte que 000 habitans. Elle eſt la capitale de l'Albigeois, petit ays long de dix lieues, large de huit, peuplé, abon-ant en grains, vins, fruits & ſafran.

Gaillac, ville ancienne, peuplée, arrosée par Tarn qui y eſt navigable. Elle renferme une abba de St. Benoît, ſécularisée par le pape Paul III, ma dont on a conſervé le titre: celui qui le porte à revenu de 5000 livres. On y voit encore un prieu de bénédictins, deux hôpitaux, deux couvens, de grands faux-bourgs. Les vins que donnent les c teaux voiſins ſont pleins de force & recherché les habitans en font un grand commerce.

Cordes petite ville ſur un rocher au pied duqu coule le Ceron, *Denal* eſt ſur l'Aſſou, ou Arſo *Giraiſſens* ſur l'Agout près du Tarn. La *Guepie* a titre de baronnie. L'*Isle* eſt ſur le Tarn, & eſt ſiége d'une juſtice royale. *Realmont* eſt le chef-li d'une prévôté royale. *Caſtelnau-de-Montmirail* eſt ſ une hauteur, & une juſtice royale y ſiége. *Leſcure* titre de baronnie, un territoire agréable & fertil & n'eſt pas éloignée du Tarn. *La Penne* eſt ſur l' veiron qui la ſépare du Quercy. Elle a un bon ch teau, & ne forme avec ſon faux-bourg qu'une ſeu rue. *Rabaſteens* eſt ancienne, renferme quelques co vens & un collége, le Tarn l'arroſe; ſon chât tombe en ruines: elle eſt délabrée, & ſi elle ſe ſo tient, c'eſt que les côteaux qui l'environnent pr duiſent d'excellens vins & lui donnent l'objet d'u bon commerce.

Ambialet eſt un bourg ſur le Tarn. *Caſtelnau-de-Levis*, *Caſtelnau-de-Bellefons* ſont deux bourgs deux baronnies: on en compte d'autres encore dan ce diocèſe, mais on n'en connait que les noms.

IV. *Diocèſe de Caſtres.*

Une partie de l'Albigeois y eſt renfermée, des mo tagnes cultivées & de petites plaines y ſont parſ

res & ne produisent que ce que les habitans con-
mment : ce pays est cependant plus riche que ses
isins avec un sol moins fertile, parce que l'indus-
e y rend le commerce actif : il consiste sur-tout en
ites étoffes de laine & de coton.

Castres, ville traversée par l'Agout qui s'y joint
Thoret. C'est le siege d'un présidial, d'une justice
vale, d'un évêché suffragant d'Alby, qui renferme
on Lenglet & Busching 100 paroisses réduites à 75.
l'Encyclopédie. Ses revenus sont de 35000 liv.
taxe est de 2500 florins Le palais épiscopal est
s beau & fut bâti sur les desseins d'Ardouin Man-
d : il a de beaux jardins. La ville a des maisons
gnifiques, le commerce l'embellit & en rend les
bitans aisés. On y compte 10000 ames. Elle for-
it une espece de république lorsque les protestans
dominaient. Près d'elle est le hameau de *Saix* où
une belle chartreuse. A une lieue vers le couchant
yver est une grotte spacieuse, retraite de Saint
minique, & le *roc qui tremble.* (*a*) Dans ses en-
ons encore sont des mines de turquoise que le feu
ore ; mais si on pousse le feu trop loin, la couleur
tere & la pierre se décompose.

Ambres, petite ville & marquisat : elle est située
une hauteur que baignent l'Agoût & le Dadou.

---

a) *Roc tremblant* de la Roquette. Il a la figure d'un
applati, sa masse est un solide de 360 pieds cubes :
re hommes ne peuvent le faire mouvoir du premier ef-
, mais un seul peut le faire par des secousses réiterées :
appuié sur le roc dans toute la longueur de son petit
mais le grand n'y repose que dans son centre. Ses
ncemens sont sensibles & ils se font du nord au midi.
en a conté bien des merveilles qui se sont dissipées
xamen.

La Caune eſt ſur le Gijon: elle eſt le ſiége d'une juſti royale. *Vielmur* eſt ſur l'Agoût. *Lautrec*, placée ſ une hauteur, près de l'Agoût, eſt plus célebre p ceux qui porterent ſon nom, que par elle-même.

Mondredon, *Gaulhet*, ſont encore de petites villes & ſont ſur le Dadou.

V. *Diocèſe de Lavaur.*

Il renferme une partie du Lauraguais: un peu de vin, beaucoup de denrées ſont ſes productions.

La Vaur, *Caſtrum Vauri*, ville ſur l'Agoût, ſié d'une juſtice royale, d'un évêché dont le dioce renferme quatre-vingt & huit paroiſſes, dont l revenus ſont de 35000 liv. & la taxe de 2500 florin il eſt ſuffragant de Toulouſe. Elle a un collége. Ses h bitans détruiſirent le château fort qui y était, & ſu ſes ruines on a fait une promenade publique.

Puy-Laurens, ville près de la ſource de la Girou ſur une hauteur. Elle a un gouverneur particulie eut autrefois des ſeigneurs, & une académie qui disparu avec les priviléges des proteſtans.

Revel, petite ville dans une plaine variée & fe tile, l'une des plus belles de la France. Ses forti cations furent démolies quand les calviniſtes étaie à craindre ſans être aſſez forts pour ſe faire reſpect *La Bruguieres*, eſt ſur l'Agoût. *Soureſe* a une abba de bénédictins. *La Gardiolle* ſiege aux états.

VI. *Diocèſe de St. Papoul.*

Il s'étend ſur une partie du Lauraguais, pays fe tile ſur-tout en blés; il a de vaſtes & belles plain

Saint-Papoul eſt le ſiége d'un évêché ſuffraga de Toulouſe, dont le diocèſe renferme 56 paro

, dont les revenus sont de 20000 livres, & la taxe 2500 florins. C'est plutôt un bourg qu'une ville. n ancien monastere de bénédictins la fit bâtir : Jean XII fit de son abbé un évèque.

Castelnaudarry, *Castrum-novum-Arrii*, est la capi- e du Lauraguais, & le siége d'un présidial & d'une stice royale. Elle est située sur une petite éminence, pied de laquelle on voit le grand bassin du canal yal : sa population est de 5000 habitans. On y it une église collégiale & plusieurs couvens.

Laurac-le grand n'est plus qu'un bourg environné s ruines de ses anciens murs. Ses environs sont ontagneux : elle a été considérable, & un château t la défendait ; son nom est demeuré au Laura- ais dont elle était la capitale. *Ville-pinte* est une tite ville. *Laurabuc* un bourg.

VII. *Diocèse de Rieux.*

C'est un pays de montagnes où vivent des hom- es & des bestiaux, mais à force de travail. La aronne le traverse.

Rieux, petite ville sur la rive droite de la Rise, i près d'elle se jette dans la Garonne. Elle est le ge d'un évèché suffragant de Toulouse, dont le ocèse renferme 90 paroisses. Ses revenus sont de 000 livres, sa taxe de 2500 florins. Cette ville ospere par ses fabriques de drap.

Saint-Sulpice, petite ville sur la Luze. *Montesquieu Valvestre* est sur les confins du comté de Foix.

Cazere est un bourg enclavé dans le comté de omminges, sur la rive gauche de la Garonne. n prétend que c'est l'ancienne *Calagoris* fondée r les partisans de Sertorius.

VIII. *Diocése de Mirepoix.*

Les montagnes & les plaines qui le forment so peu fertiles : on y nourrit du bétail & on y fab que du savon noir & blanc, des peignes de bui &c. Ces fabriques, avec des mines de fer, de jay différentes eaux minérales y font moins sentir stérilité du sol.

Mirepoix, *Mirapicum*, petite ville, forte sous l Albigeois, peu importante aujourd'hui : le Le l'arrose. Son évèché suffragant de Toulouse com prend 154 paroisses, a 24000 livres de revenu & paie à Rome pour l'expédition de ses bulles 250 florins.

Fanjaux, *Fanum-jovis*, petite ville sur une hau teur : elle a un château, & ses environs montagneu sont fertiles en grains, ou couverts de pâturages.

Cintegabelle, petite ville assez commerçante, su l'Arriège, siege d'une justice royale.

Bellestat, bourg sur le Lers, voisin de la fontai de Fontestorbe, qui sort d'une grotte exhaussée, l'extrêmité d'une chaîne de rochers escarpés : so flux & reflux n'est réglé que dans un tems sec : lo du flux elle sort abondamment & avec grand bru On explique son intermittence, en imaginant deu bassins, l'un au-dessus de l'autre, qui commun quent par un siphon renversé, dont la plus long branche répond au bassin inférieur qui se vuide pa différentes issues secretes au-dessous de la principa ouverture. Saluste de Bartas en a fait la descriptio en vers.

Carla-de-Roquefort, bourg sur un ruisseau, dans les montagnes, patrie de Bayle. *Chalabre* est sur l Lers.

IX. *Diocèse de Comminges.*

La plus grande partie est comprise dans la Guienne: nze de ses paroisses sont dans le Languedoc & lui onnent entrée aux états.

Valentine, petite ville qui fut plus considérable au-efois, & où siége une justice royale. *Saint-Beat* est r la Garonne qui la traverse, & y reçoit la Pique. outes les maisons y sont de marbre, pierre comune autour d'elle. On y commerce en chevaux, ulets & autres bestiaux. Elle a un château, un ieuré, quelques fortifications & un pont sur la aronne: le chemin qu'on y a fait conduit en Espane par la vallée d'Aran. Ces deux villes sont partie es onze paroisses.

Le Bas-Languedoc renferme quatorze diocèses.

I. *Diocèse d'Aleth & de Limoux.*

Le Bas-Pyrenée s'y étend & s'y termine: la neige couvre six mois de l'année, il produit cependant ſez de blés & de beaux pâturages: il y a des bain auds, des mines de cuivre, & on trouve des pailttes d'or & d'argent dans les ruisseaux qui tombent es montagnes. Busching y place aussi des mines lor, & en effet il est probable qu'il en est de renrmées dans les monts; on a cherché celles qui y irent, dit-on, autrefois, & les recherches ont é infructueuses.

Aleth, *Electa*, petite ville au pié des Pyrenées, ans un vallon fertile que l'Aude arrose. Ce ne fut 'abord qu'un monastere de bénédictins autour duuel s'éleverent diverses maisons qui formerent bientôt une ville où Jean XXII transféra l'évêché de Limoux. L'évêque est seigneur d'Aleth, & suffragant de Narbonne. Son diocèse renferme quatre-vingt paroisses, ses revenus montent à 18000 liv. sa taxe à 1500 florins. A une lieue & demie de là, est le village de *Rennes* connu par ses bains chauds où l'on trouve des médailles & des inscriptions romaines; ce qui prouve que ses eaux étaient connues des anciens.

Limoux, ville peuplée, commerçante, chef-lieu d'un district de cinquante-quatre paroisses, siege d'un présidial, d'une sénéchaussée, d'une officialité. L'Aude l'arrose, & ses environs rians sont abondans en vins blancs très-recherchés. On y fabrique des draps, des ratines, & elle est l'entrepôt du fer qui se travaille dans les forges nombreuses qui sont autour d'elle. Près d'elle était *Redda*, capitale du comté de *Roses*.

Quillau, petite ville sur l'Aude, siege d'une justice royale.

Escouloubre, bourg de cent quatre-vingt-deux feux, près de l'Aude, chef-lieu du pays de Sault. *S. Paul de Fenouilledes*, petite ville entre des montagnes sur le torrent d'Egli, chef-lieu du petit pays de Fenouilledes qui renferme encore *Caudiez*, petite ville au pié des Pyrenées.

II. *Diocèse de Carcassonne.*

Il est formé de l'ancien comté de ce nom, pays stérile, parsemé de montagnes, de côteaux, de petites plaines, & qui serait misérable, si l'industrie ne suppléait à ce que le sol y refuse. Il y croît cependant de bons vins, & on y voit quelques oliviers.

Carcassonne, ville ancienne, qui fut une république sous les Tectosages, & avait dès-lors deux grands faux-bourgs environnés de fossés & de murs:

& deux autres tout ouverts. La vieille ou haute ville est mal bâtie, & un château fort la commande : la basse ville est moderne, & l'une des plus régulieres du Languedoc ; elle forme un quarré long, au milieu duquel est une fontaine faite de cailloux entassés, & formant un roc d'où sortent quatre chevaux marins, surmontés d'un Neptune. Elle a un gouverneur particulier. Le présidial de Carcassonne y siege dans un palais assez beau. L'évêque y a un palais antique : il est suffragant de Narbonne, & son diocèse qui s'étend sur environ cent paroisses, lui donne un revenu de 36000 livres ; sa taxe, en cour de Rome, est de 6000 florins. Le collége, les églises, les couvens, & l'hôtel de ville y sont de belle apparence ; diverses allées d'arbres y offrent d'agréables promenades. Elle renferme l'abbaye de bénédictins de *St. Hilaire* & la *Rionnette*, abbaye de filles de cîteaux. On y compte dix mille ames. Son territoire est plus riche par ses manufactures que par ses productions. La ville & ses environs ne sont qu'une grande manufacture de draps très-fins & très-beaux. On dit qu'on y trouva autrefois des mines d'argent, & on y voit aujourd'hui du marbre de différentes couleurs. Il y en a une carriere d'un très-bel incarnat mêlé de blanc. On dit encore que cette ville communique par des souterrains au village de *Mascabardès* qui en est à trois lieues.

La Grasse, petite ville dans un vallon, au pié des monts Corbiere, sur l'Orbieu. Elle renferme une abbaye de bénédictins, fondée, dit-on, par Charlemagne : ce qu'il y a de vrai, & ce qui sans doute importe le plus à son abbé commendataire, c'est qu'elle le fait jouir de 18000 liv. de rente. Le grand autel de son église est magnifique.

Alzonne, ville de deux cents & huit feux,

ſur le Freſquet, près du canal royal. *Montréal*, ville qui en eſt voiſine auſſi, & où ſiege une juſtice royale. *Penautier*, *Saiſſac*, & *Trebes* ſont encore de petites villes.

III. *Diocèſe de Narbonne.*

Des plaines fertiles en blés & en olives, & les montagnes de Corbieres le compoſent.

Narbonne, *Narbo Martius*, *Decumenorum Colonia*, ancienne ville, ſituée ſur le canal *Robine*, ouvrage des Romains, rempli par une partie de la riviere d'Aube, par lequel elle communique au canal royal & à la Méditérannée. Elle eſt le ſiege d'un gouverneur, d'un archevèque & d'une amirauté. On y compte deux égliſes collégiales, un collége, deux ſéminaires, treize couvens, pluſieurs hôpitaux & maiſons de charité, quatre portes & dix mille habitans. La Robine la diviſe en deux parties, l'une le *Bourg*, & l'autre la *Cité*, qui ſe joignent par trois ponts. L'égliſe métropolitaine eſt d'une conſtruction hardie, & ſes voûtes ſont très-hautes; on y voit le mauſolée de *Philippe le Hardi.* Ce prince y eſt repréſenté en marbre blanc, revêtu de ſes habits royaux, & couché, tenant de la main droite un long ſceptre, & ſes gants de l'autre. Les quatre faces de ce monument, placé au milieu du chœur, ſont ornées de bas reliefs admirables. On voit d'antiques tapiſſeries dans l'égliſe de S. Paul; elles ſont d'un goût exquis: l'archevèque de Narbonne prend le titre de primat, & ſon diocèſe s'étend ſur 240 paroiſſes. Les évèques de *Beziers*, *d'Agde*, *de Carcaſſonne*, *du Niſmes*, *de Montpellier*, *de Lodeve*, *d'Uzès*, *de S. Pons*, *d'Aleth*, *d'Alais & de Perpignan* ſont ſes ſuffragans. Il habite une eſpece de fortereſſe environnée de tours quarrées: les murs de la cour ſont parſémés d'inſcriptions

& d'antiquités qu'on y a enchaſſé : les jardins en ſont vaſtes, & l'on y voit un tombeau antique de marbre, en forme d'autel, avec une niche, de marbre auſſi, où l'on voit un trou quarré par lequel les prêtres du paganiſme rendaient leurs oracles. Les revenus de ce prélat ſont de 150000 livres, & ſa taxe, en cour de Rome, eſt de 9000 florins.

Cette ville eut autrefois des ſeigneurs puiſſans; elle a été forte, mais aujourd'hui une muraille flanquée de baſtions, fait ſes ſeules défenſes. Des montagnes l'environnent, & font un marais de ſes environs, quand il pleut quelques jours. Son ſeul commerce eſt celui du blé & du miel qu'on recueille dans ſes environs. Elle n'eſt pas peuplée à proportion de ſon étendue, & n'eſt pas riche; mais elle ne doit pas être appellée une *petite ville*, comme s'exprime l'abbé Nicole de la Croix.

Leucate, ville ancienne, ſiége d'une amirauté, autrefois place forte, aujourd'hui ſans défenſe. Elle eſt près de la mer Méditérannée, ſur l'étang de Salcès. A une lieue delà eſt le cap *Franqui*, où les navigateurs ſe refugient derriere une petite isle. Leucate eſt célebre par la fermeté & le courage de deux de ſes gouverneurs, nommés *Bari*.

Sigean, petite ville près d'un lac qui communique à la mer, & reçoit d'elle ſon nom. Elle ſiege aux états, & eſt connue par la victoire de Charles Martel ſur les Sarraſins, & par le ſel qu'on y fabrique.

Azille, petite ville ſur une hauteur, munie d'un château, & ſituée près du canal royal.

Capeſtan, *Caput ſtagni*, eſt ſur le canal royal, au bord d'un marais. *Les Caunes* eſt ſur l'Argent double & a une abbaye de bénédictins qui, quoiqu'en partie ruinée, donne à ſon abbé 13000 livres de rentes. *Rieux* a le titre de comté. *Periac*, bourg ſur un étang auquel il donne quelquefois ſon nom, cet étang, a trois lieues de long, deux de large, & on y fait beaucoup de ſel. *La Caunette*, village dans des montagnes, où l'on dit qu'il y eut autrefois des mines d'argent. *La Palme*, bourg ſur un étang, & qui ſiege aux états. *Perignan* eſt ſur un étang : il a aujourd'hui le titre de duché-pairie & le nom de *Fleuri-Corbières*, vallée & petit pays connu par une victoire de Charlemagne contre les Sarraſins. On dit que lui & ſes ſucceſſeurs y eurent un palais; mais on n'en voit pas même les ruines.

Termenez, petit pays qui doit ſon nom à un château qui fut très-fort : il eſt ſur un roc eſcarpé.

IV. *Diocèſe de St. Pons.*

Il eſt ſitué dans des montagnes dont quelques-unes ſont cultivées, & dont les habitans ne ſe nourriſſent que de millet & de quelques beſtiaux, forcés de vendre le blé qu'ils recueillent pour acheter ce qui leur manque, & payer les impoſitions. Ils fabriquent quelques draps groſſiers.

St. Pons, *Sanctus Pontius Tomerarium*, ville aſſez jolie, mais peu peuplée, arroſée par la Jacre, dans un vallon, environnée de montagnes où l'on trouve beaucoup de marbre. Elle eſt le ſiege d'un évêque, dont le diocèſe s'étend ſur quarante paroiſſes, deux abbayes & un chapitre. Ses revenus ſont de 33000 l. & ſa taxe de 3400 florins. On peut croire qu'il ne vit pas de millet comme ſes diocéſains.

St. Chignan, *Santi Aniani Oppidum*, petite ville qui doit ſon origine à une abbaye de bénédictins; elle a une grande manufacture de draps, & un palais où réſide l'évêque. *Crucy* eſt une baronnie, & ſes environs ſont fertiles. *Caſſenon* eſt ſur l'Orbe. *Olargues* & *Olonzac* ſont des bourgs.

V. *Diocèſe de Beziers*

Mêlé de montagnes & de plaines, il eſt un des plus beaux & des plus fertiles du Languedoc. On y recueille de bons vins, (*a*) de l'huile, de la ſoie, beaucoup de bleds, & ſon voiſinage de la mer & du canal royal y rend les vivres abondans & à bas prix. Il y croît une eſpece de ciſte qui ne ſe trouve point ailleurs.

Beziers, *Biterræ*, ville ancienne, aſſez belle, placée ſur une colline ſur la rive gauche de l'Orbe, & près du canal royal. L'air en eſt pur & doux, l'aſpect en eſt charmant, & ſes environs fertiles & rians ajoutent encore aux plaiſirs dont on y jouit. Elle eſt le ſiege d'un gouverneur, d'un préſidial, d'une ſénéchauſſée, d'une viguerie & d'un évêché. On y compte une égliſe collégiale, 3 abbayes, 10 autres couvens, 2 hôpitaux, un collége & une académie des ſciences formée de 37 membres, fondée par M. de Mairan qui voulut en embellir ſa patrie. L'évêque compte ſans ſon diocèſe trente-ſix paroiſſes, jouit de 30000 livres de rente, & paye à Rome 2008 florins pour l'expédition de ſes bulles. Son palais eſt régulier, & delà on a une vue magnifique. Sa cathédrale eſt petite, mais ornée. Au bas de la rue *Françaiſe* eſt la ſtatue de pierre de *Papeſuc*, qu'on peint ou barbouille les jours de l'aſcenſion pour réjouir le peuple. C'eſt une plaiſante maniere d'honorer le courage, s'il eſt vrai que ce Papeſuc ſoit un capitane intrépide, qui ſeul

(*a*) Ces vins dépoſent beaucoup de tartre, ils ſont nourriſſans, mais il faut en boire peu.

empêcha les ennemis d'entrer dans cette rue. *Beziers* a une enceinte très-étendue, relativement au nombre de ſes habitans qui n'eſt que de dix-huit mille hommes. Elle eſt ceinte d'un mur flanqué de vieilles tours & de quelques mauvais baſtions. Les huit écluſes du canal royal qui ſont à la vue de cette ville, forment un des plus beaux coups-d'œil qu'il y ait en Europe.

Bédarrieux, ville ſur l'Orbe, où l'on fabrique des droguets & autres étoffes de laines qui ſe tranſportent en Allemagne. *Caux*, petite ville, ſiege d'une juſtice royale. *Gignac* eſt ſur la rive gauche de l'Héraut, dans un terrein montueux & très-fertile; elle eſt le ſiége d'une juſtice royale; *Serignan* l'eſt d'une amirauté. *Villeneuve* eſt petite, mais aſſez jolie. *Murviel* eſt ſur le Caulazon.

Cabreiroles, bourg de trois cents habitans : près de-là eſt une montagne où l'on voit une grotte dont l'entrée eſt très-étroite, & qui eſt tapiſſée de criſtaux différemment figurés.

Gabian, bourg ſur la Tougue : ſon territoire eſt fertile, & ſur-tout riche en curioſités caturelles; près de lui eſt une colline nommée la montagne des diamans, où l'on trouve des criſtaux à facetes : ailleurs on trouve du charbon de terre, du vitriol, des bélemnites, des pierres-ponces, des concrétions bitumineuſes, un ſavon foſſile dont on ſe ſervait pour blanchir le linge, des eaux minérales rafraichiſſantes, ſalutaires pour guérir les pâles couleurs, les obſtructions, & une huile médicinale, d'un rouge brun qui ſuinte dans un reſervoir qu'on lui a préparé. Elle diſſout & fond les parties viſqueuſes de la limphe & des autres liqueurs, adoucit leur acidité, les rend plus fluides, & guérit les maladies qui proviennent du relâchement des parties ſolides. On l'emploie pour la brûlure, & la gangrene. Cette ſource eſt la ſeule de cette eſpece qui ſoit en France. *Vendres* eſt un petit bourg au bord de l'étang de ſon nom, & où eſt une ſource d'eaux minérales, qui ſont froides & paroiſſent bouillonner. *Roquebrune*, village qui a dans ſes environs des carrieres de marbre coloré, une fontaine intermittente, de l'ardoiſe, du charbon de terre. *Villemagne*, village où les Romains exploitaient une mine d'argent.

IV. *Diocèſe d'Agde.*

Il eſt fertile & abondant en laines, ſoies, blés, vins, huiles & légumes; c'eſt le plus petit de la province, mais le plus riche par ſon commerce que le voiſinage de la mer facilite.

Agde, ville ancienne, peu étendue, très-peuplée, ſiege d'un gouverneur & d'un évêché ſitué à quelque diſtance du canal royal, ſur l'Héraut qui à demi-lieue d'elle lui forme un port par ſon embouchure. Ce port eſt défendu par le fort de *Breſcou*, dans une preſqu'isle pleine de rochers. L'évêque d'Agde en eſt le ſeigneur, & prend le titre de comte: ſon diocèſe s'étend ſur vingt-une paroiſſes, dont la ville renferme trois. Ses revenus ſont de 30000 liv. ſa taxe eſt de 1560 florins. On y compte ſept couvens, un collége & dix mille habitans.

A un quart de lieue d'Agde eſt un beau couvent de capucins: ſes tableaux, ſes jardins, dignes d'orner un palais, font méconnaître ceux qui l'habitent. Près de lui eſt une chapelle où les pélerins viennent pour obtenir les faveurs de *N. D. de Grace.*

Peſenas, *Piſcenæ*, ville ancienne dont la ſituation eſt charmante & les environs très-rians. Elle renferme une égliſe collégiale, un collége, pluſieurs couvens;

quelques chapelles, de belles maisons, & environ 7000 habitans. Elle est commerçante & a une foire annuelle assez considérable. On lui donne le titre de comté, l'Héraut l'arrose, le Pein coule près d'elle, & facilite la teinture de la laine qui s'y fait avec succès.

Cette ou *St. Louis*, ville nouvelle, dont le port sur la Méditerranée, est muni d'un phare & de plusieurs forts. Elle est le siége d'un gouverneur, d'une amirauté & d'une viguerie. On y compte 600 habitans, & c'est là que commence le canal royal. Cette ville n'est gueres qu'un village. Son port, le seul qui soit sur ces côtes, a été fait à force de bras; il est peu étendu, & il en coute 45000 liv. chaque année à la province, pour y entretenir dix-sept à dix-huit pieds d'eau, en ôtant les sables qui s'y accumulent.

Florensac, petite ville près de l'Héraut, baronnie qui siége aux états. *St. Tiberi*, *Araura*, ville sur l'Héraut, a été plus considérable; mais on y voit encore une abbaye de bénédictins, & un bailli royal y siége. *Meze* a un petit port sur l'étang de Thau: ses environs sont agréables, l'été y est dangereux. *Montagnac* a une justice royale, est située près de l'Héraut, & a des foires fréquentées; la principale marchandise y est la laine. *Bassan* est encore sur l'Héraut, & une justice royale y siége.

VII. *Diocèse de Lodeve.*

Il s'étend sur un pays aride & sec, les plaines y rapportent un peu de blés, les montagnes y nourrissent des bestiaux; mais la misere y feroit sentir son poids aux habitans, si la fabrique des chapeaux & des draps n'y répandait de l'aisance: c'est par cette industrie

industrie que les habitans parviennent à payer toutes les impositions dont ils sont chargés, & à fournir à leurs besoins.

Lodeves, *Luteva*, ville au pied des Cevenes, siege d'un bailliage, d'un évêché, & où l'on remarque une abbaye de bénédictins & quelques couvens. L'évêque prend le titre de comte de Lodeves, son diocèse a 50 paroisses, & lui donne un revenu de 25000 livres ; il est taxé à Rome à 1060 florins. On fabrique des draps à Lodeves, on y commerce ; mais on s'y apperçoit encore des ravages qu'elle a souffert autrefois. On y compte 4200 habitans.

Clermont de Lodeve a un gouverneur particulier, & le titre de baronnie. Cette ville est agréable, située sur un côteau au pied duquel coule la Lergue ; ses marchés où l'on trafique de la laine & des bestiaux, ses draps qu'on envoie dans le levant, & ses chapeaux en font une ville aisée & commerçante.

Villeneuve-lès-Clermont est un village voisin de Clermont, où il y a des manufactures de draps.

Le Caylar, *St. André*, *St. Jean de Fos* sont des villes petites & chetives.

VIII. *Diocèse de Montpellier.*

Les terres y sont médiocres, le pays est agréable, ses champs sont couverts d'oliviers de différentes especes, & ses côteaux de vignes. C'est la partie du Languedoc où il y a le plus de commerce. L'air y est sain & salubre ; mais vif & pénétrant : les vents du nord & du midi y sont les seuls durables : le premier est très-agréable en été ; le second est toujours accablant. L'*aura rousse* au printems, y semble une flamme légere : il fond rapidement la neige. Lorsque la chaleur est excessive, depuis 10 à 12, & de 2 à 4 heures, il s'éleve réguliérement de la mer un vent léger qui soutient les forces du laboureur; mais dans les nuits calmes, la chaleur est étouffante: ce pays présente les vues les plus pittoresques: ses raisins sont beaux, variés, excellens; le vin est très-bon quand il est vieux: l'huile est estimée; le mouton seul y est tendre & succulent; le lait de vache n'y est pas bon, celui d'ânesse & de chevre l'emporte sur celui des autres pays. Il y a peu de volailles: le gibier y est excellent & rare. Il y a peu de fruits & beaucoup de poissons; les hommes y sont vigoureux, mais sujets aux hernies, & aux maladies inflammatoires.

Montpellier, *Mons-Pessulanus*, ville située sur une colline au pied de laquelle coule la Lez, qui prend sa source au bas d'une petite chaîne de montagnes située au nord: elle est belle, peuplée & riche, siege d'un lieutenant-général, d'un juge général de l'amirauté, d'un gouverneur, d'un évêché, d'une cour des aides & chambre des comptes, d'une sénéchaussée, d'un présidial, d'un hôtel des monnaies, d'une jurisdiction consulaire, d'une intendance, &c. On y compte plusieurs églises collégiales, trois confrairies de pénitens, treize couvens, deux maisons de refuge, un séminaire, une université composée d'abord de médecins arabes, & divisée en deux corps, dont l'un est la faculté de médecine, l'autre celle de la théologie, du droit & des arts; une académie des sciences, qui ne fait qu'un même corps avec celle de Paris; plusieurs hôpitaux, des cazernes, une citadelle, &c. On y compte 40000 habitans. Son évêché s'étend sur 200 paroisses, quatre abbayes & un chapitre; les revenus en sont de 32000 livres, & la taxe de 4000 florins; son siege fut d'abord à Maguelonne; la cathédrale est d'une construction fort simple, mais elle renferme des tableaux estimés, un riche trésor, un beau ſanctuaire, & un hôtel à la romaine formé de marbre d'Italie, & orné de bronze doré. La citadelle ſituée dans une plaine, commande à la ville & à la campagne. C'eſt un quarré, ſes foſſés ſont pleins d'eau; mais en vieilliſſant, elle ceſſe d'être forte & d'être utile. Elle fut bâtie par Louis XIII. Le *Peyrou* eſt une des plus belles places de l'Europe, elle eſt hors de la ville, & la vue s'y étend ſur la mer & les Pyrenées; à ſon centre eſt une ſtatue équeſtre de Louis XIV, ouvrage de Coiſevox, peſant 450 quintaux, & poſée ſur un piédeſtal de marbre blanc veiné, haut de dix-huit pieds. Cette promenade eſt encore ornée d'un château d'eau, & de divers autres ouvrages. La porte qui y conduit eſt un arc de triomphe, accompagné de quatre beaux bas reliefs. Le jardin du roi, formé ſous Henri IV, eſt diviſé en ſept grandes allées, dont quelques-unes ſont en amphitéâtre & revêtues de pierres de taille; l'eau peut s'y répandre par-tout, & on y trouve un grand nombre de plantes médicinales. On y donne des leçons de botanique.

Montpellier n'était qu'un château dans le dixieme ſiecle: autour de lui ſe voyaient quelques habitations éparſes, mais ces habitations ſe multiplierent rapidement par la décadence de la ville de Maguelonne, ſituée dans un isle de l'étang qui porte encore ſon nom, & où l'on ne voit plus que l'ancienne cathédrale & une ferme. Elle eſt placée ſur un ſol inégal; qui, ſelon un phyſicien, renferme une mine de mercure: ſes maiſons ſont belles, ſolides & propres; ſes rues ſont étroites, tortues, fatiguantes & couvertes de toiles pour échapper aux rayons brûlans du ſoleil. Le ruiſſeau de Merdanſon en traverſe pluſieurs par des canaux ſouterrains. Il n'y a que deux fontaines; les puits & les citernes y ſuppléent; mais la plûpart ont une eau lourde & pesante, dont le goût est fade & rebutant. On y fait beaucoup de liqueurs, de parfums, de confitures seches & liquides : on y blanchit la cire & fabrique des futaines, des taffetas, des couvertures de laine, des cuirs, des toiles indiennes. Son plus grand commerce consiste en laine du Levant, d'Afrique & d'Espagne, en vins, en huiles, & en verd-de-gris dont les femmes fabriquent annuellement 3000 quintaux.

Lunel, *Lunate*, ville autrefois célebre, près de la Vidourle, sur un sol agréable & fertile en vins muscats. Dans le dixieme siecle elle était remplie de Juifs. Elle est le siege d'une viguerie & a le titre de baronnie.

Ganges, petite ville dans un vallon où l'Herault porte la fraîcheur & la fertilité. Les moutons qui paissent dans ses campagnes ont un goût délicat. Les tanneries rendent la ville riche : elle a été l'asyle du héros de l'honnête criminel.

Aniane, petite ville au pié des montagnes, sur l'Heraut. Elle a une ancienne abbaye de bénédictins : on y prépare le tartre, on l'y met en crystaux, & il sert à la teinture, ou passe en Hollande & en Angleterre.

Frontignan, petite ville, siege d'une justice royale, & située sur le bord de l'étang de Maguelonne : ses vins muscats, ses raisins secs sont connus. Il n'est pas prouvé que ce soit l'ancien *Forum Domitii*.

Villeneuve-les-Maguelonne est une petite ville où l'on compte mille habitans.

Balaruc, bourg célébre par ses eaux thermales, plus légeres que les eaux communes, très-chaudes, & dont il s'éleve sans cesse une vapeur épaisse ; cependant la feuille d'oseille y conserve long-tems sa fraîcheur, & un œuf y peut être plongé pendant près

l'une heure, sans en être altéré : si on l'y suspend
ans un vase bien sec, il éclôt dans le même terme
ue si la poule l'eut couvé. Ces eaux contiennent des
arties salines, & très-peu de soufre ; elles conser-
ent leur chaleur pendant huit heures, & mises sur
e feu, elles bouillonnent moins vîte & avec moins
e bruit que l'eau ordinaire : c'est ce qui persuade
u'elles ne doivent leur chaleur qu'à un sel volatil
cide qui les fait fermenter. On s'y baigne & on les
oit ; elles ouvrent les pores & provoquent les
ueurs. Le bourg est sur le lac de *Thau*, long de
louze lieues, & séparé de la mer par une langue
le terre étroite qui le laisse communiquer par une
mbouchure resserrée avec le golfe de Lyon.

Castris, bourg où l'on voit un beau château : il a
itre de marquisat & siege aux états. Ses environs
ont agréables & fertiles. *Mauguio*, jadis *Melguel*,
ourg sur l'étang de son nom qui communique à
eux de Maguelonne, de Thau, & à la mer. Il fut
utrefois une ville qui avait un port & un château.
Les campagnes voisines sont fertiles. *Pignan* a titre
le marquisat, & on y a déterré deux grandes urnes
ntiques & diverses médailles d'or des empereurs
Romains. *Péraults* ou *Peirols*, près du lac de Thau,
est remarquable par le creux d'eaux bouillonnantes
dont nous avons parlé.

IX. *Diocèse de Nismes.*

Une vaste plaine le forme : elle est abondante en
ruits, grains, vins, huiles, soies & troupeaux :
on y trouve des manufactures de toutes sortes.

Nismes, *Nemausus*, grande ville, dans une plaine
magnifique, abondante en bons vins & en fruits :
derriere elle sont les collines nommées *les Garrigues* ;

à quelque distance coule la Vistre. Elle a un gouverneur particulier, une cour des conventions : une sénéchaussée, un présidial, une jurisdiction consulaire, &c. un séminaire, un collége, & une académie royale qui a pour objet l'antiquité, l'ancienne histoire & les belles lettres ; plusieurs couvens, divers hôpitaux, un hôtel de ville dont l'horloge est remarquable, de belles promenades, une citadelle bien gardée, des casernes, dix portes d'entrée, environ quarante mille habitans, dont on croit que le tiers est de la religion réformée. Elle a été une des plus grandes villes de l'Europe, mais les barbares la saccagerent, & quoiqu'aujourd'hui florissante, elle n'est plus ce qu'elle fut sous les Romains qui y ont laissé des monumens admirés encore. Parmi ces monumens est un amphithéatre nommé les *Arênes*, l'un des plus vastes qui aient existé, d'une forme elliptique, long de 67 toises 3 pieds, & large de 32 toises & 5 pieds, bâti en pierres de tailles, la plupart d'une grandeur énorme, enrichi de colonnes, de pilastres, d'arcades, de bas-reliefs, de frontons, de statues &c. de chetives maisons sont bâties dans son enceinte. On admire encore à Nismes les restes du temple élevé à l'honneur de Caïus & Lucius, fils d'Agrippa, & petits-fils d'Auguste. Trente colonnes cannelées, d'ordre corinthien, avec des chapiteaux taillés en feuilles d'oliviers, dont la frise & la corniche sont sculptées avec beaucoup d'art & de légereté, & un grand vestibule en sont les parties les mieux conservées. Mansard avouait avoir puisé dans ces ruines ce qu'il connaissait de plus grand & de plus fin dans son art. Le temple que les savans croient avoir été un Panthéon, & qu'on nomme le temple de Diane, est bâti près d'une jolie fontaine qui forme une petite riviere à sa source : il n'est pas entier, mais on en voit l'enſemble ; & l'autel, où l'on immolait les victimes, comme celui où l'on brûlait les parfums, ſubſiſtent. Les pierres en ſont d'une grandeur prodigieuſe. La *Tour-mage* a 13 toiſes de hauteur, & elle en avait autrefois 19 : elle eſt toute en pierres de tailles, d'ordre dorique, de forme pyramidale, on la croit un ancien mauſolée, ou un phare, ou un ærarium, ou un temple. 5 aigles, ſculptés avec un art admirable, ſont diſperſés dans la ville, & tous ont la tête abbattue, outrage fait par les barbares à la décadence de l'empire. En 1744, on déterra la ſource abondante & limpide que les Romains avaient ornée de ſtatues, de boſquets, d'allées, de baſſins & d'aqueducs ; & que leurs vainqueurs avaient couverte de ſes décombres. Autour étaient des palais, des bains, & des jardins qu'on repare à meſure qu'on les découvre : cette fontaine eſt aujourd'hui l'établiſſement le plus utile de Niſmes, car ſes eaux ſont la ſeule reſſource qu'on y ait pour les teintures & le lavage des ſoies & des laines.

Les rues de Niſmes ſont la plupart étroites, mais propres : les maiſons en ſont de pierres ; le commerce conſiſte ſur-tout en draps & ſoieries. Les fabriques y ſont diverſes & très-actives : celle de bas en fournit juſqu'à 20000 paires par an.

Au nord de Niſmes eſt le *Pont du Gard* : il joint deux montagnes eſcarpées, & a trois rangs d'arcades en plein ceintre, élevées les unes au-deſſus des autres : le plus élevé a trente-cinq arches, chacune de dix-ſept pieds de diametre ; un aqueduc y eſt poſé & conduiſait à la ville les eaux des fontaines d'Eure & d'Airan, ſituées près d'Uſez : il fait dix-neuf lieues de contour à travers des montagnes & des rochers, avant d'arriver à Niſmes, où partagé en trois conduits, il diſtribuait ſes eaux. Cet édifice majeſtueux eſt d'ordre Toſcan, & bâti en pierres de tailles très-dures, jointes ſans mortier ni ciment. On le croit l'ouvrage d'Agrippa. On voulait le rendre commode pour les voyageurs, mais craignant de le gâter, on y a adoſſé un autre pont.

Beaucaire, *Caſtrum Belliquadri*, ville ancienne ſur la rive droite du Rhône, jointe par un pont de bateaux à Taraſcon. Elle a un gouverneur, une juſtice royale, une égliſe collégiale, un college, cinq couvens & deux hôpitaux. Un château quarré, bâti ſur une éminence voiſine, détruit en 1632, lui donna probablement ſon nom. Un quai ſur le fleuve y forme un port commode. Sa foire célebre de la Magdeleine la rend floriſſante. Là ſe réuniſſent les commerçans de diverſes parties du monde : il s'y négocie pour environ 8 millions en eſpeces, & pour 6 à 7 en échanges de marchandiſes, telles que les laines, les ſoies, les étoffes, épiceries, drogues, cuirs, toiles, coton, tapis, fruits ſecs, &c. Les impôts y ſont très-modiques; car la *réapréciation*, les ſeuls droits qu'on y préleve, n'y montent qu'à 30,000 liv. La police y eſt admirable, & dans les ſix jours de cette foire, elle préſente le plus riche coup d'œil : une multitude de tentes l'environne; & la beauté du climat, la gaieté des habitans, l'activité qu'y jette l'intérêt, tout concourt à en rendre l'aſpect intéreſſant.

Beaucaire eſt l'ancien *Ugernum*, petite ville qui dépendait de Nîmes : elle eſt ceinte de murs, & ſes habitans vivent dans l'aiſance. Le chemin qui conduit d'elle à Nîmes, fait partie de la voie Aurélienne, & eſt le grand chemin le moins dégradé de tous ceux qu'ont fait les Romains : on y découvre encore douze colonnes milliaires, dont ſept n'ont point été déplacées ; les autres ont servi à marquer d'anciens tombeaux.

Aigues-mortes, ville située dans un fond, ceinte de murs de pierres de taille à bossage, flanqués de seize beaux bastions, & défendue par la tour de *Constance*, qui servit jadis de fanal, & aujourd'hui sert de prison. Elle a un gouverneur, une amirauté, une justice royale, deux couvens, deux confrairies de pénitens, un beau & vaste hôpital, & une maison de miséricorde. Ses environs sont sablonneux & stériles ; les étangs & les marais qui l'environnent, en rendent l'air mal-sain. Elle eut un port, où S. Louis s'embarqua ; & avant qu'il l'eût peuplée, il rassemblait ses troupes à *Aimargues*, *Armasanicæ*, petite ville dans des marais, entre le Vistre & la Vidourle, près du ruisseau de Cubele, & qui a été fortifiée.

Sommieres, ville qui a été forte, siege d'une viguerie & d'une justice royale, & arrosée par la Vidourle. Son château a un gouverneur, dont le district est assez étendu. *S. Gilles*, petite ville, qui doit son origine à une ancienne abbaye, & qui est un grand prieuré de l'ordre de Malthe. *Calvisson* est situé sur une colline, & a le titre de baronnie. *Caveyrac*, bourg sur une hauteur environnée de campagnes riantes & fertiles : on y voit un château magnifique, dont la construction a coûté 1,600,000 liv. *Peccais* est un fort sur la rive droite d'un des bras du Rhône, élevé pour défendre dix-sept salines entourées d'une chaussée : elles appartiennent à des particuliers, qui en vendent au roi le sel à 5 liv. le minot. *Quissac*, village sur la Vidourle, remarquable par une fontaine voisine qui sort d'une montagne, dont les eaux minérales & sulfureuses coulent pendant sept heures, & cessent pendant cinq. On croit qu'il y a dans la montagne un réservoir qui communique au dehors par un canal disposé en siphon. *Le Grand-Galargues*, village sur un tertre, sur la rive gauche de la Vidourle, où l'on prépare la morelle, ou tournesol.

X. *Diocèse d'Uzès.*

C'est l'un des plus grands du Languedoc, & le sol y produit des bleds, de l'huile, de très-bons vins: on y fait beaucoup de soie, & on y nourrit de nombreux troupeaux de brebis. Il renferme des eaux minérales & des mines: diverses manufactures y fleurissent.

Uzès, *Castrum Usetiense*, est une petite ville entre des montagnes, sur l'Eysent: elle a le titre de duché; & le roi, l'évêque & le duc le possedent par indivis. Le château est un gros bâtiment, flanqué de tours rondes, & orné d'un beau jardin. L'évêque compte 181 paroisses dans son diocèse, qui lui donne un revenu de 30,000 liv. & il paie 1000 florins pour l'expédition de ses bulles. Son palais est vaste, & au-dessous est la fontaine d'Eure, qui fournissait de l'eau à Nîmes par l'aqueduc du pont du Gard. Sa cathédrale est surmontée d'une tour gothique d'assez bon goût; & de la terrasse qui est voisine, on jouit d'une belle vue. On fait à Uzès beaucoup de draps & de serges. Près d'elle est la fontaine minérale de *Peyret*, qui guérit la galle lorsqu'on s'y baigne, & la gonorrhée quand on en boit.

Pont-Saint-Esprit, petite ville défendue par une citadelle, & qui a un gouverneur particulier. Elle est mal bâtie, renferme un prieuré de Bénédictins, & 4000 habitans. Elle s'appellait autrefois *Savournin du Port*; mais l'église de sa citadelle lui donna son nom. Ce qu'elle a de plus remarquable est son pont de pierres, long de quatre-cents-vingt toiſes, large de ſeize pieds quatre pouces, & ſoutenu par vingt-ſix arches, dont ſept plus petites forment les extrêmités (*a*). Il fut commencé en 1250, & achevé en 1265. On le bâtit du produit des offrandes faites à un petit oratoire dédié au Saint-Eſprit.

Bagnols, *Balneolum*, petite ville fermée de murs, ſur le penchant d'un côteau, près du Ceze, ou Celſe, dans une contrée riante & fertile. Une juſtice royale y ſiege : elle a une place magnifique, environnée d'arcades uniformes, ſur leſquelles repoſent les maiſons; mais elle n'a guère que cette place qui ſoit belle : ſes rues ſont étroites, & preſque toutes ſes maiſons mal bâties : deux fontaines d'une eau limpide y ſervent aux beſoins des habitans, & y rendent fertile la campagne aride qui l'environne. Cette ville doit ſon nom aux bains que les Romains y avaient conſtruits.

Roquemaure, ville ſur un roc eſcarpé, près du Rhône, ſiege d'un gouverneur, d'une viguerie, & ayant le titre de baronnie. Ses environs produiſent de bons vins. *Villeneuve-lez-Avignon*, petite ville, qu'un fort défend, ſéparée d'Avignon par le Rhône, ſur le penchant & au pied du mont S. André. Elle a un gouverneur, une abbaye de Bénédictins, une chartreuſe, dont l'égliſe renferme quelques tombeaux

(*a*) Un auteur inſtruit ou qui devait l'être, ne lui donne que dix-neuf arches, & 300 pieds de long: il eſt élevé dans l'endroit le plus rapide du Rhône, on craint qu'il ne s'écroule: ſon pavé eſt liſſe comme du marbre, effet du frottement des traineaux. Vers le comtat, ſa pente eſt douce, vers la ville elle eſt rapide, & ſa porte gothique, ſes piles ont des gerſures ou fentes perpendiculaires, plus viſibles dans la chaleur que dans le froid.

d'hommes illuſtres, & environ 2,400 habitans. Ces deux villes ſont du diocèſe d'Avignon.

Aramont, petite ville & baronnie, où l'on compte deux couvens. Elle eſt ſur le bord du Rhône, & une contrée délicieuſe l'environne. *Barjac* eſt auſſi une baronnie : elle eſt ſur le ruiſſeau de Molinès, & près du château de Banc. *Saint-Ambroiſe* eſt ſur la Ceze. *Loudun* eſt entouré d'excellens vignobles, & eſt ſur une hauteur entre la Ceze & la Tave. *Touſel*, village près duquel eſt une eau minérale, qui répand autour d'elle l'odeur du ſoufre : on la croit bonne pour les maux de poitrine, l'aſthme, les opilations, les vieilles dyſſenteries, &c.

XI. *Diocèſe d'Alais.*

Il s'étend dans les Cevenes, & renferme des vallons cultivés avec ſoin, où proſperent les oliviers, les mûriers & diverſes ſortes de bleds. Ses manufactures de cadis, de ſerges & de ratines y répandent l'aiſance. On y trouve auſſi du charbon-de-terre : les mines qui en fourniſſent preſque tout le Languedoc, ſont entre le Gardon & la Caze, près d'Alais, au milieu de rochers d'un grain quartzeux, griſâtre & irrégulier, dans un vallon : il y eſt entaſſé ſans lit diſtinct ; & on s'en ſert ſur-tout pour faire la chaux. Ce charbon y eſt toujours accompagné de deux eſpeces de ſchiſtes, ou ſiſſes ; l'un eſt une pierre bithumineuſe, mince, tendre & noire ; l'autre une ardoiſe feuilletée, groſſiere, noire, ou rouſſe, & ſur laquelle on trouve l'empreinte de divers végétaux.

Alais, *Aleſia*, ville médiocre, capitale des Cevenes, ayant le titre de comté & de baronnie, ſiege d'un gouverneur, d'une juſtice royale, & d'un évêché démembré de celui de Nîmes, compoſé de uatre-vingt paroiſſes, qui donne à ſon chef 24000 l. le rente, & dont la taxe en cour de Rome eſt de 00 flor. Il fut fondé pour convertir les proteſtans, inſi qu'un collége & un fort. On y compte environ 0,000 ames. A côté de ſes rues ſont des voûtes, ous leſquelles on ſe promene à couvert. Elle renerme diverſes manufactures, & on en exporte beauoup de ſoie crue.

Anduze eſt ſituée dans un vallon qu'arroſe le Garon: elle a été forte, & n'eſt aujourd'hui que comnerçante. On y fabrique beaucoup d'étoffes de aine, & preſque toutes pour les commerçans de Nîmes.

S. Hypolite, jolie & petite ville ſur la Vidourle, près le ſa ſource, munie d'un fort, ſiege d'un gouverneur articulier, & habitée par des Proteſtans redevenus Romains. Un canal la traverſe, & fait mouvoir pluieurs moulins. *Sauve* eſt petite; mais elle a une abaye de Bénédictins, qui vaut 4000 liv. de rente. *Le Vigan*, grand bourg aſſez commerçant, où ſiege ne juſtice royale. *Sumene* eſt auſſi un bourg.

XII. *Diocèſe de Mende*, ou *Gévaudan*.

Ce dernier nom vient des *Gabali* qui l'habiterent. Le Haut Gévaudan eſt renfermé dans les montagnes le la Marguerite & d'Aubrac; le Bas eſt dans les Céennes. Peu de vins, point ou peu de froment, du eigle, des chataignes ſont tout ce que la nature y lonne; & la grêle vient encore ſouvent l'y retranher: mais l'induſtrie y répand l'aiſance, perſonne l'y demeure oiſif, & dès l'âge de quatre ans, les nfans y filent la laine. Tout payſan a un, ou pluieurs métiers chez lui, & il les fait mouvoir dès ue ſes champs n'ont plus beſoin de ſes bras: il fabrique de petites étoffes, telles que les cadis, les ſerges, &c. Le Tarn, le Lot & l'Allier prennent leur ſource dans le Gévaudan.

Mende, *Memmate*, *Mimas*, ville ancienne, peu étendue, mal bâtie, fort peuplée, ſituée près du Lot, ſiege d'un évêché & d'un bailliage. Elle renferme un college, pluſieurs couvens, quelques belles fontaines & 5000 habitans. L'évêché s'étend ſur 208 paroiſſes, 6 chapitres & une abbaye. Ses revenus ſont de 50,000 liv. & ſa taxe de 3,500 florins. La grande égliſe eſt ornée de deux clochers, dont un ſur-tout eſt d'une extrême délicateſſe. Près de la ville eſt un hermitage & une chapelle taillée dans le roc, où accourent les gens du pays.

Marvejols, ou *Maruege*, ou *Meyrueis*, ville commerçante, peuplée, aſſez bien bâtie & bien pavée, ſituée dans un beau vallon ſur la Coulange, ou Colange. Elle a une égliſe collégiale, cinq couvens, une place grande & belle, & environ 3,500 habitans. Son enceinte eſt peu étendue. C'eſt le ſiege d'une juſtice royale, d'une juriſdiction de la cour royale, dont reſſortiſſent ceux qui habitent les terres du domaine dans le Gévaudan, & d'une juſtice de police, formée de trois conſuls, dont le premier ſiege aux états généraux. Cette ville eſt encore remarquable par trois grottes ſingulieres; deux ſur-tout méritent l'attention des curieux, par les objets variés que la nature y paraît avoir voulu peindre: elles renferment des voûtes de forme & de hauteur différentes, ſculptées & teintes diverſement; quelques-unes incruſtées d'un émail plus blanc que l'ivoire, ſemées de pierres blanches comme l'albâtre, & pavées d'un marbre deſſiné. On y voit une chambre ornée de différentes congélations: au travers des voûtes coule une eau claire & inſipide, qui en deſcendant, forme un uyau d'abord friable, qui se durcit peu à peu, & se emplit; l'eau déborde ensuite, & lui donne des fi-ures diverses.

Langogne, *Urbs Lingoniensis*, ville sur la rive auche de l'Allier, dans un vallon où l'hiver est rude, l'été agréable. Le commerce des mulets & des œufs gras est le principal de cette ville.

La Canourgue est une petite ville où l'on commerce n bestiaux & en étoffes de laine. Elle a un prieuré e Bénédictins, & est située sur un ruisseau dans s montagnes. *Espagnac*, petite ville sur le Tarn, a n prieuré & une collégiale. Près d'elle est une mine ui, sur un quintal, rend trente-trois livres de omb, & sur un quintal de plomb, huit onces d'ar-ent. *Florac* a titre de baronnie : ses environs arrosés r le Tarn, sont fertiles. *Malzieu* est sur la Truye, r les confins de l'Auvergne. *Barre* est dans des mon-gnes. *Sainte-Enemie* est sur le Tarn.

Javoulx, *Anderitum*, est un bourg sur une hau-ur, près des sources de la Truye, ou Truyeres. Il t autrefois une grande ville, & les antiquités l'on retire du sol qu'elle a couvert, le prouvent. *ontmirai*, village où est une mine de plomb qui nd quatre-vingt pour cent : le plomb y est mêlé argent.

XIII. *Diocèse de Viviers.*

Il a ses états particuliers, où l'évêque de Viviers éside, & qui députent aux états de la province. Ce ocèse forme le Vivarais, que l'Eyrieu partage en ut & bas.

Le bas Vivarais s'étend le long du Rhône ; ses cô-ux sont abondans, & sur-tout en soie, en graines en vins, parmi lesquels on distingue ceux de int-Peray & de *Cornas*. Ses habitans laborieux coupent leurs montagnes en terrasses, qu'ils soutiennent par des murs : ils portent la terre sur le roc pour y semer du grain, & y planter des vignes.

Viviers, *Castrum Vivariæ*, est situé sur le Rhône entre des rochers, sur le haut desquels est placée la cathédrale. Cette ville est petite ; elle a un couvent & le titre de comté. Busching dit qu'elle est propre Lenglet & Vosgien assurent qu'elle est fort sale, & il faut les en croire. L'évêché y fut transféré après la ruine d'Albe, ancienne capitale du pays : il est suffragant de Vienne, & comprend 314 paroisses, selon Busching & l'auteur du Dictionnaire Universel de la France, & 200, selon Lenglet. L'évêque est prince de *Donzere*, village du Dauphiné : ses revenus sont de 30,000 liv. & sa taxe de 4400 fl.

Saint-Andéol, *Fanum Sancti Andeoli*, petite ville au confluent de l'Ardèche & du Rhône : on y entre par sept portes : elle a plusieurs églises & deux couvens : l'évêque de Viviers y réside. Au dehors est la fontaine de *Tournes*, où l'on voit un bas-relief antique composé de plusieurs figures, dont l'une est un jeune homme, qu'on croit être le dieu *Mithras* adoré des Perses.

Aubenas, petite ville sur l'Ardèche, siege d'une justice royale. Elle a le titre de baronnie, & a un college & une belle manufacture de toiles de coton & de mouchoirs. On y compte 1600 habitans.

Joyeuse est connue par ses anciens ducs, & n'est rien par elle-même : elle est sur la Beaune, près de l'Ardèche, au pied des Cevenes. On y compte 600 ames.

Villeneuve de Berg, petite ville, siege d'un gouverneur ; elle est sur le torrent d'Ibie, & renferme 2200 habitans. L'*Augentiere* est sur un ruisseau, & l'on prétend qu'il y eut autrefois une mine d'argent. *Privas*

ville

lle connue malgré sa petitesse : elle est située sur un
uisseau qui à deux lieues de là se jette dans le Rhô-
e : on y compte 1500 habitans. *La Voulte*, ou la
oute, petite ville ou bourg sur le Rhône, ainsi
ue le *Pouzin* : siege d'une justice royale, & où
l'on compte 600 habitans.

Vals, *Vallum*, bourg ceint de murs, près du
orrent de Volane, au fond d'un vallon couronné
e côteaux fertiles en blés & en vins. Près de lui
ont des sources célebres : l'une appellée *Marie*,
onne une eau limpide, aigrelette & froide, qui
urge par les urines ; elle est bonne pour la gravelle:
ne autre, distinguée par le nom de *Marquise*, froide
limpide, plus salée qu'acide, peu abondante, est
plus recherchée. Une troisieme moins acide en-
ore, meilleure pour la poitrine, se nomme *la St.
ean*. La *Camuse* reçut son nom du médecin qui la
écouvrit, elle est salée & fort peu acide. La *Domi-
ique*, découverte par un dominicain, a un goût
ere, stiptique, désagréable, est nuisible à l'estomac,
fait vomir : les hommes robustes s'en servent con-
e les fievres intermittentes, la jaunisse, les em-
arras d'entrailles. On les fréquente depuis juin jus-
u'en août.

Aps ou *Abs*, petit bourg qui n'a pas 200 habitans,
ù l'on voit encore des ruines qui annoncent l'an-
enne capitale des *Helviens*, peuple qui cultivait
ne partie du Vivarais. *Boulogne* est une des douze
aronnies du Vivarais qui siégent aux états.

Haut Vivarais.

Il est rempli de montagnes bien cultivées, fertiles
n chataignes, en grains, en fruits, en chanvre ;
c. Ses habitans sont moins industrieux que ceux

du bas Vivarais : ils ont de beaux pâturages, d
nombreux bestiaux, & peu ou point de vin, parc
que l'hyver y est long & froid. Ses monts, ceux d
Valais; ceux de l'Auvergne, furent autrefois semé
de volcans, dans une étendue de 80 lieues, le so
de leurs campagnes, où l'on voit de nos jours de
moissons abondantes, de belles prairies, des arbre
& des fruits de toute espece, n'est qu'un compos
de matieres vitrifiées, calcinées ou réduites en cen
dres, ces rochers ont la couleur & la dureté du fer
élevés sur des terreins autrefois enflammés, ils on
été préparés & fondus parmi le soufre & le bitum
dans les fournaises immenses qui les ont vomis. O
y trouve du basalte en masse, en boule, en colon
nes diverses & incrusté de noyaux de granits, d
spatz, de pierres calcaires, &c. des laves en tables
des laves poreuses, des especes de peperins, du toffa
des pouzzolanes : on trouve une mine de ces der
nieres près du Rhône.

Annonai, petite ville, marquisat, siege d'un bail
liage : elle est située dans un fond, sur la Deume
au pied d'une chaîne de montagnes: ses papéteries l
rendent florissante : elle a deux faux-bourgs.

Tournon, ancienne & petite ville sur le Rhône, vis
à-vis de Tein, au pied d'une montagne au haut d
laquelle est un château. C'est là que les jésuites eu
rent leur premier couvent : il y en a encore un d
minimes. On n'y compte guere que 300 habitans
Audance est située au confluent de la Deume & du
Rhône : *Ste. Agrive* est au pied des montagnes. *Cruss*
sol est un ancien château, au sommet d'un mont
chef-lieu d'une seigneurie.

XIV. *Diocese du Puy.*

Il s'étend sur tout le Velay, est semé de mon

gnes que la neige couvre pendant six mois. Les écoltes du blé suffisent aux besoins des habitans qui nt de nombreux troupeaux de moutons. On y fait eaucoup de dentelles qui se vendent dans les états oisins de la France, & la tanerie y est florissante.

Le Puy, *Podium*, ville formée ou accrue des ruies de *Ruessium*, capitale des *Velauni*. Sa situation ur la montagne d'Anis lui donna son nom, qui vient u vieux mot aquitain *Puisch*, ou *Puech*, sommet 'un mont. Elle est le siege d'un gouverneur, d'un vêché, d'une jurisdiction nommée la *Cour commune u pays*. Elle renferme plusieurs couvens, un sémiaire, un beau collége, une abbaye de Ste. Claire, environ 14000 habitans: embellie par des pronenades publiques, commerçante sur-tout en dentelles, elle se soutient & fleurit. La Borne l'arrose, près d'elle sont les sources de la Loire. L'évêque ient d'un roi de France le titre de comte & la eigneurie de la ville: ses revenus sont de 30000 liv. taxe de 2650 fl. Son diocèse (*a*) de 229 paroisses: cathédrale est renommée par ses reliques, & par dévotion du peuple pour la Vierge qui en est la parone. L'évêque ne dépend que du St. Siege.

Polignac, *Podemiacum*, bourg très-ancien qui a titre de vicomté, situé sur une hauteur, à quelque istance de la Loire: on connait la maison de ce om, dont les chefs, dans les tems des Albigeois, appellaient les rois des montagnes. Il n'a que 700 abitans.

Monistrol, petite ville de 1400 habitans, située ntre deux côteaux, à une lieue de la Loire, sur s confins du Forest: l'évêque du Puy y a sa maison

(*a*) Selon Lenglet, il n'en a que 138.

de campagne. *Lignon*, petite ville de 1100 habitans; *Verzillac* en a 1300 *Yssengeaux* 4000.

GOUVERNEMENT DU ROUSSILLON.

Il renferme la province de ce nom, & la partie orientale de la Cerdagne.

Le comté de Roussillon, *Ruscinensis comitatus*, prit son nom de *Ruscino*, colonie romaine son ancienne capitale. Les bas Pyrenées le séparent du Languedoc, & les hauts de la Catalogne : à l'orient il est borné par la Méditérannée, & au couchant par la Cerdagne & le gouvernement de Foix. D'orient en occident il a vingt lieues de long : du sud au nord il en a douze, & on lui croit 240 lieues quarrées de surface, sur laquelle on voit diverses montagnes dispersées, dont la plus haute est le Canigou, élevé de 1440 toises, au-dessus du niveau de la mer. Les vaches y sont maigres & leur lait n'est pas bon. Le soleil y brûle en été, sur-tout dans les vallées, & rend ses habitans noirs, maigres & indolens. Son sol fertile & gras produit abondamment des grains, des fruits, du fourage, assez de vin, & on y peut faire trois recoltes. Les oliviers font sa richesse : ses orangers, ses citroniers en sont un des agrémens. Les mulets y labourent, on y engraisse des bœufs, la chair des moutons y est excellente, & leur toison très-fine. Les pigeons y sont communs, & les cailles, les perdrix s'y font rechercher par un goût exquis. Le poisson y est abondant; les rivieres n'y sont point navigables, & rendent le bois rare dans un pays où l'on n'en trouve que sur des monts éloignés, & qui n'a guere que des buissons dans la plaine. On fait du sel à *Canel* & dans l'étang de St. Nazaire. Le commerce y souffre de l'indolence les habitans, qui ont les mœurs des Espagnols dont ls dépendirent long-tems, & on n'y voit pas de nanufactures. Les laines, l'huile d'olives, le blé, e millet le font seuls exister, & son produit annuel eut être de 200,000 livres. Ses côtes sont sans orts: celui de *Vendres* est aujourd'hui presque comblé ar la vase qu'y apportent les pluies; & celui de *afranquin* n'est plus qu'une plage qui n'a quelquefois ue quatre brasses de fond. Le *Teth*, *Tetis*: le *Téch*, *ichis*; *l'Angly* ou *la Gli*, *Aquilinus* sortent des Pyreées & l'arrosent. On y trouve des eaux thermales rès-chaudes: celles du *village des bains* font monter thermomètre à 57 degrés & demi; celles d'*Oette* à 70 & demi, celles de *Vernet* à 48, de *Molitz* 33, de *Nossa* à 20, de *Nyer* à 19. Les deux prenieres doivent être tempérées avant qu'on en puisse aire usage.

Les *Sardones* habitaient le Roussillon du tems de César; il fit partie de la Gaule Narbonnoise, sous a domination des Romains. Les Wisigots & les arrasins le posséderent après eux; Charlemagne & ouis le Débonnaire les en chasserent, & y établient des comtes qui se rendirent indépendans, & ar eux il passa à l'Arragon; leurs successeurs l'enngerent aux rois de France à des conditions qu'ils e remplirent pas, & il devint une province franaise sous Louis XIII.

On y compte un évêché & six abbayes. Un coneil supérieur y administre la justice, la police, & s finances; & il a dans sa dépendance deux vieries, plusieurs autres jurisdictions. On n'y connit point la taille: la capitation y rapporte 110000 vres, & ce qu'il fournit pour la guerre & les fortications monte à environ 22000 livres. Les bureaux traites foraines & les greniers à sel rapportent par au 450000 liv. au roi, qui par un ancien usage a la moitié de tous les fourages du pays. Un gouverneur, un lieutenant-général, un lieutenant de roi, plusieurs gouverneurs particuliers président sur le militaire. On divise le comté en deux vigueries.

I. *La viguerie de Roussillon.*

Elle renferme 108 paroisses.

Perpignan, *Perpiniacum*, ville située sur la rive droite de Teth, qui y reçoit le ruisseau de *Basse*, & qu'on y passe sur un beau pont. Son enceinte presque circulaire a 400 toises de diametre; elle est fermée de murs très-hauts & très-épais, bâtis de briques, avec des chaînes & un cordon de pierres de taille, flanqués de bastions & d'autres ouvrages extérieurs, commandés par une citadelle élevée, l'une des plus fortes du royaume, & dont la double enceinte a six bastions chacune, défendue par un donjon, divers ouvrages extérieurs, des fossés & des souterreins. Cette ville est le siége du gouverneur-général de la province, d'un évêché, du conseil supérieur, d'un hôtel des monnaies, d'une viguerie, d'une intendance, d'une justice municipale. Elle a une université, un séminaire, un grand & un petit collége, un prieuré, treize couvens, quatre hôpitaux, quatre grandes portes, deux places publiques, de belles promenades, un hôtel de ville & une belle fonderie de canons. L'évêque est suffragant par le droit, de Terragone, & par le fait de Narbonne: lui & quelques abbés nomment aux bénéfices du diocèse pendant quatre mois, & le pape pendant les huit autres. Cet évêché fondé d'abord à Elne, en a encore le titre, ainsi que celui d'inquisiteur. Son diocese a 180 paroisses, ses revenus sont de 18000 ivres, ſa taxe de 1500 florins. La cathédrale eſt aſte, belle & bien ornée: la nef en eſt large & ſans iliers, le chœur eſt au milieu, & ſon enceinte ſt de marbre blanc & rouge. Le maître autel, orné vec goût, a au milieu une niche où eſt une ſtatue e St. Jean qui diſparait lorſqu'on expoſe le Saint acrement, pour faire voir à ſa place un ſoleil de vermeil doré de plus de ſix pieds de hauteur. Son clergé ſt partagé en deux chapitres dont l'un eſt fort nombreux, tous ne paraiſſent qu'en habits magnifiques. n général il y a beaucoup de prêtres à Perpignan, & ce qui les y fait pulluler, c'eſt qu'ils y ont le droit 'avoir de la viande à meilleur marché que les laïques, & de faire entrer du vin & d'autres denrées ans payer de droits.

Cette ville eſt en partie dans la plaine, & en partie ſur une colline: elle eſt mal bâtie, n'a d'autre eau que celle de puits, déſagréable ſur-tout en été: il y cependant une fontaine au-dehors de la ville. Elle ut bâtie dans le commencement du dixieme ſiecle. es magiſtrats ſont compoſés de cinq conſuls, dont es deux premiers ſont pris alternativement dans les gentilshommes & les bourgeois nobles, un troiſieme parmi ceux qui vivent de leurs rentes, un quatrieme parmi ceux qui cultivent les arts libéraux, & le cinquieme parmi les artiſans. Ils ont le privilége de faire des bourgeois nobles le 16 Juin de chaque année, & ces bourgeois ont tous les priviléges des gentilshommes créés par le prince. Perpignan a encore une porte qui conduit à la *Ville-neuve*, commencée ſous Louis XIV ſur les deſſeins de Vauban: elle n'a encore que quelques maiſons & des jardins. Sa longitude eſt de 20 degrés 34 minutes, ſa latitude 43 degrés 35 minutes 54 ſecondes.

Elne, *Helena*, ville bâtie, dit-on, ſur les ruines

de l'ancienne *Illiberis*, par la mere de l'empereur Constantin qui lui donna son nom; située sur une colline entourée d'une plaine, elle était bien bâtie quand Philippe le Hardi la ruina. Aujourd'hui elle n'est plus qu'un village, entouré de quelques pans de ses anciens murs, orné d'une cathédrale assez vaste, & d'un couvent de capucins.

Collioure, *Caucoliberis*, petite & ancienne ville près de la Méditérannée, avec un port pour les barques. Elle a un gouverneur qui réside dans un château bâti sur un roc escarpé, une garnison logée dans le *Miradou*, autre château peu apparent & un couvent. Cette ville n'a qu'une rue & n'est guere habitée que par des pêcheurs.

Prats de Molo, ou *de Moillou*, forte & petite ville très-irréguliere, bâtie en amphithéâtre, sur le Tech, au milieu des Pyrenées. Elle a un gouverneur particulier, une belle église, un château où l'on monte par un souterrain bien voûté, & une chapelle. Au-dessus est le fort de *La Garde* construit pour dominer une hauteur qui la dominait. C'est un grand ouvrage à cornes, défendu par deux redoutes pentagonales. Il renferme trois grands corps de cazernes, & quelques maisons. Sur une éminence voisine est encore une redoute quarrée. Le territoire de la ville renferme des filons de mines de cuivre mêlés d'argent.

Arles, *Arulæ*, petite ville sur le Tech, au pié du Canigou. On n'y compte pas sept cents habitans. Ce qui la rend plus considérable est sa riche abbaye de bénédictins, dont l'abbé est toujours l'évéque de Perpignan. Avant d'être réunie à l'évèché, son chef avait une jurisdiction épiscopale sur six paroisses. Elle fut, dit-on, fondée par Louis le Débonnaire, & on croit que deux martirs ont été placés dans un sépulcre de marbre brut de structure antique, &

toujours plein d'eau, quoiqu'on cherche en vain par où elle peut y entrer. On imagine bien que cette eau doit guérir plusieurs maladies.

Ceret, ville au pié des Pyrenées, sur le Tech, qu'on y passe sur un pont pavé d'une seule arche qu'on croit être la plus haute & la plus hardie qu'il y ait en France. On ne regarde pas sans frémir l'abyme sur lequel elle est élevée, & les habitans en attribuent la construction au diable. Cette ville a un fauxbourg plus grand qu'elle, deux places publiques, deux couvens & environ 1900 habitans.

Ille, jolie ville, bien bâtie, située sur le Tech, à l'extrêmité de la plaine de Roussillon. Devant elle sont de hautes montagnes; à quelque distance est un beau couvent orné d'un jardin distribué avec goût, arrosé par deux canaux que le Tech remplit de ses eaux. L'église d'Ille est belle, & ses murs sont entourés d'oliviers comme d'uue palissade : on y compte deux mille habitans, & on en loue la politesse & l'honnêteté.

Thuyr, ville de douze cents habitans, siege d'une jurisdiction.

Salces est un bourg muni d'un fort que Charles-Quint fit construire, de figure quarrée, ayant une grosse tour à chaque angle, des murs d'une épaisseur prodigieuse, & de bons souterrains. Le bourg est ouvert, & cependant jouit des prérogatives d'une ville. A quelque distance sont quelques maisons, restes de l'ancienne *Salsulæ*, à qui les eaux salées d'une fontaine voisine avaient donné leur nom. Ces eaux formeraient une petite riviere, si un étang voisin ne terminait leur cours.

Canet, bourg sur la Teth, à quelque distance de la mer. C'est vis-à-vis ce bourg que les barques chargées pour Perpignan, viennent mouiller : des bateaux les y déchargent. *St. Nazaire* donne son nom à un étang, & est voisin de plusieurs marais dont on tire un sel médiocre : il n'y a pas cent ames dans ce village. *Risevaltes*, *Ripæ-altæ*, bourg & siege d'une jurisdiction, arrosé par la Gli, ou l'Agli, connu par le vin muscat qu'on recueille dans ses environs. *Opouls* ou *Apouls*, bourg où siege aussi une jurisdiction. Il est voisin de l'étang de Salces, & il s'y tient un marché de moutons toutes les semaines. *Millas* est sur l'Agli, & a le titre de marquisat. *Vernet* est un village de deux cents habitans, voisin de quelques sources d'eaux médicinales & chaudes.

Le *Val Spir*, *Vallis Asperia*, fut un comté, & n'est plus aujourd'hui qu'une sou-viguerie, où l'on trouve le *Port Vendres*, *Portus-Veneris*, du nom d'un temple consacré à cette déesse, espece de port de quatre cents toises de long sur cent de large, entouré de montagnes, défendu par deux fortins, & n'ayant que cinq à six maisons au fond de son bassin. Le fort *St. Elme* le commande : ce fort est sur une hauteur, & a quatre petits bastions. On y entre par une échelle : deux remparts, à l'épreuve de la bombe, y servent de cours & de promenades. Près des frontieres de l'Espagne est la forteresse de *Bellegarde*. C'est un pentagone régulier, bâti sur une montagne de difficile accès, au même lieu où était une tour élevée pour défendre le passage du *Col de Pertuis*. Ses habitans sont des soldats, ses maisons des casernes, ses magistrats des officiers. On y voit un puits ovale, très-large & très-profond ; plus bas est un fort taillé dans un roc, en forme d'ouvrage à cornes. Plus bas encore sont quelques maisons & des jardins.

II. *Viguerie de Conflans.*

Elle a le titre de comté, renferme des montagnes & des vallées fertiles, ſur-tout en pâturages. Les Pyrenées l'entourent, la Teth l'arroſe. Elle fit partie de la Cerdagne juſqu'en 1659. On y compte 72 paroiſſes.

Ville-Franche, petite ville, placée entre deux montagnes, ſi voiſines que les murs de la ville formée d'une rue, y reſſerrent d'un côté la Teth qui y écume & fuit avec la rapidité d'un torrent, & de l'autre, ne laiſſent d'eſpace libre qu'un foſſé & un petit chemin : telle eſt la hauteur de ces monts que du pié on ne peut diſtinguer un homme au ſommet. Au centre de l'une d'elles eſt une caverne profonde & ſinguliere, où cinq cents perſonnes pourraient ſe retirer à l'abri de la bombe & du canon. On y monte par un eſcalier de cent marches de pierres de tailles : de diſtance en diſtance ſont des pilliers & des morceaux de glace pendans de la voûte.

Au bout de la rue de Ville-Franche eſt ſon fauxbourg, auſſi peuplé & auſſi long qu'elle : il conduit à l'égliſe qui eſt grande & formée de deux nefs. La place d'armes eſt le ſol d'un couvent dont les religieux vivent dans des maiſons bourgeoiſes : il ne leur y reſte qu'un jardin. De l'autre côté du Teth eſt un fort qui domine ſur les paſſages voiſins.

Prades, ville dans une ſituation riante, ſur le Teth, dans une belle plaine qu'il arroſe : la ſeigneurie appartient à l'abbaye de Grace, & on y compte onze cents habitans. Hors de ſes murs eſt un joli couvent de capucins, & plus loin, dans une gorge de montagnes, eſt l'abbaye de *St. Michel de Coxa*, l'une des plus conſiderables de la province.

Vinça eſt une ville de treize cents habitans, ſituée ſur le Teth. *Olette & Molits* ſont remarquables par leurs bains chauds. *Balleiſtein*, bourg dont le territoire renferme deux mines d'argent & de cuivre.

Capſir, eſt un petit pays formant une *ſou.viguerie* dont le chef-lieu eſt *Puy-val-d'or*, petite ville ſur l'Aude : tout y eſt hériſſé de montagnes. On y trouve encore *Formiguera*, bourg de deux cents habitans.

III. *La Cerdagne Françaiſe.*

Le Capſir la borne au nord : au couchant, & au midi elle l'eſt par la Catalogne. Sa ſurface peut être de quinze lieues quarrées, & n'eſt qu'un démembrement de la Cerdagne Eſpagnole fait en 1660. Ses anciens habitans furent les *Cerretani*. Elle eſt abondante en pâturages, produit des grains & des fruits, eſt ſemée de montagnes entre leſquelles coulent la Teth & la Segre : les prêtres y dépendent de l'évêque de Perpignan ; les ſoldats du gouverneur du Rouſſillon, & les affaires civiles s'y décident par les juges de la viguerie ſoumis au conſeil ſupérieur de Perpignan : on y trouve des eaux thermales, & une ville qui eſt *Mont-Louis*, placée dans les Pyrenées, ſur un roc eſcarpé que baigne la Teth, près du *col de la Perche*. Cette ville bâtie en 1681, eſt petite, & n'a que huit rues ; mais elles ſont régulieres & tirées au cordeau. L'égliſe en eſt jolie, l'eſplanade magnifique, les cazernes commodes, les maiſons ſymmétriques & bien bâties On a ſuivi pour la conſtruire les deſſeins de M. de Vauban ; c'eſt ſur eux encore que fut élevée la citadelle, qui eſt belle, réguliere & forte, remplie de bâtimens, d'un corps de cazernes qu'on admire, de magazins, & d'un arſenal : la place d'armes eſt très-belle.

GOUVERNEMENT DE FOIX.

La province de ce nom, le pays de Donnezan, la vallée d'Andorre le composent. Il touche au sud-est au gouvernement de Roussillon, au couchant à la Guyenne, ailleurs au Languedoc. Sa surface est de cent dix-sept lieues quarrées, sa longueur de vingt-trois lieues, & sa largeur de treize.

I. *Comté de Foix.*

Il se divise en haut & bas qu'arrosent l'*Arriege*, connue par les truites saumonées & les aloses excellentes qu'on y pêche, comme par l'or qui se mêle au sable de ses bords; la *Rise* dont le cours bizarre commence à la montagne du *Maz-d'Azil*, & se continue dans une vaste caverne d'une obscurité profonde où ses eaux se précipitent avec grand bruit; l'*Arget* ou *Argey* qui, dans son cours peu étendu, nourrit une multitude de poissons. Dans le bas comté, l'air est doux & le sol fertile en grains, en fruits & en vins : il peut se suffire. Dans le haut, le sol est aride & sec : il ne produit que du bois de chauffage, du gibier excellent, des simples recherchés & des fleurs admirées par la beauté de leurs couleurs. Ses vallées ont de beaux pâturages. Il renferme des mines de fer abondantes, & un grand nombre de forges où on le travaille, des mines d'argent, de cuivre & de plomb négligées, des carrieres de marbre, de jaspe, &c. des eaux minérales, des curiosités naturelles, de l'amiante qu'on y travaille, dont on fait des jarretieres, des cordons, des ceintures, & dont on ferait des toiles si on la savait mieux filer. Au pié de la montagne de Tabe est une fontaine abondante qui a ſon flux & reflux comme la mer : ailleurs ſont des grottes ſingulieres, remplies de ſtalactites. Le froid y eſt très-vif en hyver ; les chaleurs y ſont exceſſives en été : les habitans en ſont vifs, ſouples, courageux : tout leur commerce conſiſte en beſtiaux, réſine, poix, thérébenthine, liége, marbre, jaſpe, ſimples & ſur-tout en fer.

Les *Volcao-Tectoſages* l'habitaient du tems de Céſar : ſous les Romains il fit partie de la *Premiere-Lyonnaiſe.* Les Goths, les Francs, les ducs d'Aquitaine, les Sarraſins, les comtes de Toulouſe, ceux de Carcaſſonne y dominerent tour-à-tour ; il eut encore des comtes particuliers dont Berenger I fut la ſouche, & dont le dernier fut Roger-Bernard III, qui réunit ſon état au vicomté de Bearn : la maiſon d'Albret les poſſéda après lui, & Henri IV les réunit à la monarchie Françaiſe. De cent trente paroiſſes que le pays de Foix renferme, cent trois ſont du reſſort de l'évêque de Pamiers. On y compte quatre chapitres, ſix abbayes en commande, quatorze couvens, quatre cents vingt eccléſiaſtiques ſéculiers ou réguliers. Une ſénéchauſſée, un préſidial, une viguerie, diverſes juſtices royales, reſſortiſſantes du parlement de Toulouſe, y adminiſtrent la juſtice. Les finances y dépendent du gouvernement de Rouſſillon. Ce pays, exempt de taille, s'impoſe par ſes états, compoſé de la nobleſſe, du clergé & du tiers-état, convoqués chaque automne & aſſemblés durant huit jours. Les officiers militaires y ſont préſidés par le gouverneur général & grand ſénéchal de la province.

I. *Haut Pays de Foix.*

Foix, ***Fuxum***, ville ſituée ſur la rive gauche de

l'Arriége qu'on y passe sur un beau pont de pierre. On y compte trois mille cinq cents ames, & on la croit fondée par les Phocéens de Marseille qui lui donnerent le nom de Phocée, changé aujourd'hui en celui de Foix. Les états s'y assemblent. Elle a une abbaye d'augustins fondée, à ce qu'on prétend, par Charlemagne, qui donne 8500 liv. à son abbé, qui préside aux états après l'évêque. Un château, bâti sur un roc, commandé par deux montagnes, est sa seule défense. Sa longitude est de 17 dég. 31 min. sa lat. de 43 dég. 15 min.

Tarascon, ville ancienne de neuf cents habitans, sur l'Arriége, dans un pays où l'on trouve beaucoup de forges.

Ax, ou *Acqs*, petite ville où l'on ne compte pas quatre cents habitans, située au pié des Pyrenées, connue par ses eaux thermales, salutaires pour les maladies qui proviennent d'humeurs froides, pour les fausses couches, &c. elles sont connues sous le nom de bains & eaux d'*Usat*, nom d'une paroisse voisine.

St. Paul est une baronnie, *Miglos* a une justice seigneuriale, est riche par les bestiaux qu'on y nourrit.

II. *Bas Pays de Foix.*

Pamiers, *Apamiæ*, ville sur la rive droite de l'Ariege, sous un climat doux & dans des campagnes fertiles, siege de l'évêché, de la sénéchaussée, d'une viguerie, d'un présidial & de tous les officiers généraux. On y compte deux collégiales, sept couvens, un collége, & environ (*a*) cinq mille habi-

(*a*) Le dictionnaire universel de la France lui en donne 1 mille, c'est trop sans doute.

tans. Les revenus de l'évêque ſont de 25000 liv. & ſa taxe de 2500 florins. Il eſt en partie ſeigneur de Pamiers.

Cette ville formait un domaine ſéparé du comté, & paye encore ſéparément ſes impoſitions qui font le dixieme de celles de la province entiere : ſon ancien nom était *Fredelac* ; celui qu'elle porte lui vient d'un château conſtruit dans le tems des Croiſades, & auquel on donna le nom d'*Apamée* en Aſie. Près d'elle eſt une fontaine minérale, impregnée de fer & de vitriol, utile pour la goute & les obſtructions. *Mazeres* n'était qu'un village dans le treizieme ſiecle, & ne compte encore que quatorze cents habitans dans ſes murs. Ses fortifications ſont abbatues : une petite riviere qui ſe jette dans l'Arriege, l'arroſe ; ſa ſituation agréable en fit la réſidence des comtes de Foix.

Saverdun, ville ſur l'Arriege, ſiege d'un bailliage, composée de la ville haute, laide & mal bâtie, de la baſſe plus jolie & mieux peuplée, & d'un fauxbourg. Elle a été la plus forte place du pays : on y compte trois mille habitans.

Lezat, ville ſur la Leze. Son abbaye de bénédictins fut fondée par un vicomte de Bigorre ; elle donne à ſon abbé 6000 livres, & ſon égliſe renferme diverſes reliques : elle a quinze cents habitans, & paie la vingt-quatrieme partie des impoſitions de la province.

Mas d'Azil, petite ville ſur la Riſe, peuplée & défendue autrefois par les proteſtans, aujourd'hui démantelée. Son abbaye de bénédictins la fit naitre & lui donna ſon nom ; cette abbaye a de beaux priviléges, & donne à ſon abbé 5000 liv. de rente. La ville n'a que quatre cents habitans.

Montaut, petite ville & baronnie, plus peuplée & moinn

oins connue que Mas d'Azil. *St. Ibars* renferme
ille habitans, *Barilles* ou *Varilles*, bourg ſur l'Ar-
ege, ſiege d'un bailliage. *Bolbonne* ou *Balbonne*,
ne des plus belles & des plus riches abbayes de cî-
aux, ſituée au confluent de l'Arriege & du Lers.
le donne 10000 liv. de rente à ſon abbé.

III. *Le Donnezan.*

Des monts le ſéparent du pays de Foix; il a trois
ues de long, deux de large, eſt montueux, très-
oid en hyver, a d'excellens pâturages & des eaux
res. Il forma autrefois une petite ſouveraineté
nt les habitans ne pouvaient être traduits devant
s juges hors de leur territoire : aujourd'hui même,
juge-mage de Foix y vient rendre la juſtice deux
is par an. Ce pays renferme neuf bourgs ou vil-
ges. *Querigut* ou *Guerigut* en eſt le principal; il eſt
ſiege d'un gouverneur, & ſon château fut autrefois
boulevard du Languedoc. On n'y compte que
nt cinquante habitans.

IV. *L'Andorre.*

C'eſt une vallée longue de quatre lieues, large de
ois, riche en pâturages & en mines de fer, arroſée
r divers ruiſſeaux, peuplée de bergers & de for-
rons, ſemée de trente-quatre villages ou hameaux.
roi & l'évêque d'Urgel en Catalogne en ſont ſei-
eurs. C'eſt cet évêque qui en eſt le chef ſpirituel;
ntendant de Perpignan y regle la police & les fi-
nces, le parlement de Toulouſe y décide les af-
res civiles. *Andorre*, à qui l'on donne quelquefois
nom de bourg, *Ourdinés*, qui n'eſt qu'un village,
ſont les lieux principaux.

GOUVERNEMENT DE NAVARRE ET DE BEARN.

La Guyenne, la Gascogne & l'Espagne l'environnent.

I. *Navarre Françaife ou Baffe Navarre.*

Le Labour la borne au nord, la Navarre Espagnole au midi, le pays de Soule au couchant. Elle a onze lieues & demi de long, sept de large, & soixante lieues quarrées de superficie : c'est un pays montueux que le travail seul fait produire : ses vallées donnent quelques fruits excellents, assez de grains, & peu de vins. Ses montagnes sont riches en gibier, en bois, en mines de cuivre & de fer, en pâturages où se nourrissent de nombreux troupeaux de bétail, & sur-tout des chevaux estimés. Deux rivieres l'arrosent : la *Nive* sort des Pyrenées, traverse Bayonne où elle porte de petits navires, & se perd dans l'Adour : la *Bidouse* sort des monts qui touchent au pays de Soule, & se perd aussi dans l'Adour. Ces rivieres & de plus petites sont fort poissonneuses. Les habitans ne sont pas grands, mais bien faits, vifs, agiles, spirituels, honnêtes & francs : ils commercent avec l'Espagne, & parlent la langue basque.

Les *Tarbelli*, & les *Vascei* cultivaient ce pays du tems de César : il fit ensuite partie de la *Novem-populanie*, fut soumis aux Wisigots, aux Français, aux Gascons, aux ducs d'Aquitaine, élut un roi qui le délivra des Sarrasins sous Louis le Débonnaire qui ne le secourait pas. Ce royaume s'étendit en France & en Espagne ; mais la maison de ses premiers rois éteinte, il passa successivement dans quelques autres jusqu'à celle d'Albret que Ferdinand le catholique lépouilla, & à qui il ne laissa que les six merindales le son royaume qui se trouvaient au-delà des Pyrenées.

On n'y trouve ni chapitres, ni abbayes, ni coulens. Une partie est du diocèse de Dax, l'autre de elui de Bayonne. Une sénéchaussée, deux baillifs l'épée, deux juges d'épée ou alcades, y reglent les ffaires civiles & administrent la justice sous l'inspecion du parlement de Pau. L'intendance d'Ausch & e Pau y regle les finances. Les états particuliers, résidés par l'évêque de Bayonne, veillent sur la artie économique de l'administration. On fait monter le produit de ses impositions à 78136 liv. Tout pays renferme cent deux communautés.

Le *Pays de Cize* renferme *St. Jean Pied de Port*, ille qui n'a qu'une rue & neuf cents habitans, siée dans une vallée très-profonde & fertile, au pié l'un mont autour duquel elle s'étend circulairement: Nive l'arrose. Plus haut est une citadelle quarrée, âtie sur un rocher, à l'entrée d'un des passages des yrenées. Autour sont des mines de fer, & des ignes qui donnent un vin clairet, leger & sain.

Le *Pays de Mixte*, ou d'*Amix*, comprend *Saint-alais*, *Fanum Sancti Palagium*, petite ville, chef-lieu une sénéchaussée. Elle est au bord de la Bidouse, ir une hauteur, & renferme treize cents habitans. *arris* est un bourg qui fut une ville, chef-lieu d'une risdiction.

Dans le canton d'*Irissary* est le bourg de ce nom i n'a que quarante maisons, & la petite ville de *Basde de Clarence* sur le Laran, bâtie par Louis le utin.

Le pays d'*Arberonne* ou *Arberoue* renferme sept roisses, & n'a que des villages dont le principal t *Isturitz*. Ce village a donné son nom à une mine exploitée des Romains : elle avait à son ouverture près de 1200 pieds de profondeur. La montagne était percée pour l'écoulement des eaux d'une petite riviere qui la traverse ; trois grosses tours dont il reste des ruines, un retranchement & d'autres fortifications au haut de la montagne servaient à loger des soldats pour soutenir les mineurs, on croit que c'était une mine de fer & une carriere.

La valléed'*Ostabaris* a douze communautés, *Ostabat*, est un bourg près de la Bidouse où l'on compte près de cinq cents ames.

La vallée de *Baigorry* est fertile en pâturages, & renferme douze communautés : le plus haut des Pyrenées la sépare de la haute Navarre : *St. Etienne* en est le chef-lieu, & il est composé d'une centaine de maisons.

La vallée d'*Ossés* contient neuf paroisses & son chef-lieu est *Fybarse* sur la Nive.

II. *Le Bearn.*

L'ancienne ville de *Beneharnum* détruite par les Normands lui donna son nom ; mais on ignore où elle fut placée. L'Armagnac le borne au nord, la Bigorre à l'orient, les Pyrenées au sud, la Basse Navarre au couchant. Il a seize lieues de long, quinze de large, 165 en superficie ; pays sec & montueux, il seroit aride si un peuple paresseux l'habitait. On y voit de petites plaines où sont cultivés le seigle, le froment, le millet & le manioc dont les habitans se nourrissent, & beaucoup de lin dont ils font de très-belles toiles. Les côteaux couverts de vignes y donnent du vin excellent. Les vallées ont de beaux pâturages où le bétail s'engraisse, où l'on éleve de petits chevaux vites & nerveux. Les mon-gnes y ſont riches en pâturages, mines de plomb, de cuivre & de fer, en marbres, en belles forêts dont on fait du bois de conſtruction. Les Pyrenées s'étendent de Fontarabie juſqu'à Perpignan, & offrent dans leur enſemble un des ſpectacles les plus propres à élever l'imagination. La varieté des aſpects, la magnificence des décorations, quelquefois le ſilence & l'horreur de ces lieux, plus ſouvent le bruit des torrens, tout y étonne & y agite l'ame. Là on voit des reſtes d'anciens travaux, & ſur des monts très-élevés des puits creuſés par l'homme & maçonnés: ici on voit des chemins taillés au travers des précipices, & des rochers de 600 pieds de hauteur. Il en eſt un taillé dans le marbre dans toute ſa longueur, & au bord d'un abyme dont la plus grande partie eſt en voute de douze pieds de haut: ſi l'on abaiſſe les yeux, on eſt effrayé de la profondeur du précipice; ſi on les éleve, on l'eſt encore de voir un roc immenſe ſuſpendu ſur ſa tête. Des forêts ſont diſperſées ſur les monts & dans leurs gorges: les ſapins ſur-tout paraiſſent s'y plaire. On exploite celle d'*Iſſaux* dont l'étendue eſt de 3500 arpens; peuplée de hauts ſapins, elle a à ſes pieds & ſur ſes flancs des boſquets de hêtres. Les vallées ne ſont que les parties les moins hautes de ces montagnes, elles ſont tapiſſées d'un herbe tendre & ſavoureuſe qui fait leurs richeſſes. On traverſe une gorge aride & deſerte par des ſentiers eſcarpés, tout d'un coup la vallée ſe préſente, & l'on y voit des villages très-peuplés. Toute parcelle de terre cultivable y eſt cultivée, & là où le roc en eſt dénué l'homme laborieux y en porte. De ces lieux on jouit des plus beaux payſages; tout y eſt varié de terres cultivées, de bois, de prairies, ſur les bords de précipices effrayans, ou couronnées de rochers qui ſe perdent entre les nues.

Deux rivieres arrosent le Bearn, & favorisent son commerce, ce sont la *Gave de Pau*, & la *Gave d'Oleron* : toutes deux sont rapides, elles se jettent dans l'Adour, & l'Adour dans l'Océan. Les *Bearni* l'habitaient au tems de César ; il fut compris ensuite dans la Novempopulanie, & suivit le sort de ses voisins dans les inondations des peuples du nord. Louis le Débonnaire en fit une vicomté que posséderent diverses familles : la maison de Bourbon la reçut de celle d'Albret. Ce pays a ses états dont le clergé & la noblesse ne font qu'un corps : le tiers état forme l'autre. Ses impositions peuvent monter à un million de liv. par an. Les évêques de l'Escar & d'Oleron y réglent les affaires ecclésiastiques ; les parlemens de Pau & diverses justices subalternes y administrent la justice, la police & les finances.

On divise le Bearn en cinq sénéchaussées, & trois vallées.

Sénéchaussée de Pau.

Elle renferme quatre-vingt & deux paroisses.

Pau, *Palum*, ville médiocre, sans murailles, sans portes ; mais dans une situation riante & assez bien bâtie. Elle est sur une hauteur dont la Gave de Pau baigne le pied, a plusieurs places publiques, des vignes & des bosquets agréables, une manufacture de draps florissante, des fabriques de toiles & de mouchoirs, un château, ancienne résidence des princes, où naquit Henri IV, & dont les jardins, les vues, les promenades, le parc sont dignes encore d'être vus. On y prépare les jambons qui prennent le nom de Bayonne où on les embarque, & c'est un des grands objets de commerce du pays. Les campagnes qui environnent Pau produisent de bons fruits & d'excellens vins, sur-tout à *Jurançon*. La beauté du pays, la douceur du climat, l'urbanité des habitans en font le séjour le plus attrayant. C'est là que siégent le parlement, un gouverneur, une sénéchaussée, une jurisdiction & hôtel des monnaies. Elle renferme une université, une académie des sciences, un séminaire, un beau collége, six couvens, deux hôpitaux, une belle fontaine dont l'eau coule par six tuyaux, & environ 12000 habitans.

Lescar est peu éloignée de Pau, sur la même riviere, & l'on prétend qu'elle fut bâtie sur une colline des ruines de *Beneharnum*. Elle n'a que 6000 habitans, est divisée en haute & basse, jouit d'une vue agréable, sur une plaine belle & fertile qu'arrose la Gave de Pau. L'évêque compte dans son diocèse 240 paroisses ou annexes, (*a*) un chapitre, trois abbayes; il a 15000 liv. de revenus annuels; & paye 1300 florins pour l'expédition de ses bulles.

Nay, petite ville de 1000 habitans, arrosée par le Gave de Pau, dans une contrée agréable. On y compte deux couvens, des manufactures de diverses étoffes de laine & de coton. Elle est le siege d'un gouverneur particulier.

Pontac est sur le Gourgues, près du Bigorre. Sa population est un peu moindre que celle de Nay. *Gan*, *Arthès* sont des bourgs.

Sénéchaussée d'Orthès.

On y compte trente-six paroisses.

Orthès, ville où l'on voit un collége & quatre cou-

(*a*) Selon le dictionnaire universel de la France, il n'en a que 178, & selon Lenglet seulement 40. Ces variations nous excusent si nous nous trompons quelquefois.

vens, située sur le penchant d'une colline, au sommet de laquelle sont les ruines d'une forteresse où résiderent quelques-uns des anciens princes. La Gave de Pau y coule sous un pont de pierre. Jeanne de Navarre y avait fondé une université pour les calvinistes; mais elle disparut avec la religion protestante. On y compte 2300 habitans. *Bellocq* en a 800.

Sénéchaussée de Sauveterre.

Elle comprend soixante- cinq commuuautés: on l'appelle aussi *Parsam de Navarreins.*

Sauveterre, petite ville sur une hauteur, arrosée par la Gave d'Oleron, où l'on voit un château délabré & un couvent de carmes. Sa situation est riante: on n'y compte que 400 habitans.

Navarreins, *Navarentium civitas*, ville qui était la plus forte du pays sous les princes de la maison d'Albret; son enceinte est quarrée, de bons murs l'environnent; autour d'elle est une plaine fertile que la Gave d'Oleron arrose. Elle a un gouverneur particulier & environ 90 maisons.

Saliés, petite ville connue par la source dont l'eau donne un sel excellent & très-blanc, qui sert à saler les jambons de Bayonne & leur donne ce goût qui les fait rechercher. On y compte 800 habitans.

Sénéchaussée d'Oleron.

Elle renferme trente-deux paroisses.

Oleron, ville ancienne assez peuplée, connue des Romains sous le nom d'*Iluro* & d'*Elorensium civitas*, assez commerçante, mais qui l'a été davantage autrefois. Deux ruisseaux la séparent des fauxbourgs de *Ste. Marie*, & de *Mercadet*, & ces ruisseaux en e réunissant forment la Gave qui porte son nom. Détruite par les Sarrasins & les Normands, elle fut l'abord rebâtie au lieu où est le premier de ses faux-bourgs, & l'évêché y fut fondé ensuite entre les deux uisseaux. Elle a un séminaire & quatre couvens. Son évêque a le titre de premier baron du Bearn; son diocèse renferme 300 paroisses, ses revenus ne sont que de 13000 liv. & sa taxe de 600 florins.

Moneins, ville de 2000 habitans, dans une enceinte resserrée. Ses environs sont fertiles; on y trouve beaucoup de vignobles, & des mines de plomb, de cuivre & de fer. Son église est vaste & belle. Les montagnes voisines sont couvertes de hauts sapins.

Ogen, village de 200 habitans, où sont des eaux minérales rafraichissantes.

Vallée d'Ossau.

Elle renferme 20 paroisses, le bourg de *Laruns* n est le chef-lieu; il est sur la Gave, dont les eaux ertilisent les campagnes. A une lieue de là sont les aux minérales nommées *Aigues-Caudes*, impregnées e soufre, de nitre & d'alun; elles sont tiedes, huileuses, savonneuses & spiritueuses tout à la fois, & sont recherchées pour les maux de tête & d'estomac. Une e leurs sources a le nom d'*Arquebuzade*, parce qu'on a croit salutaire pour les blessures.

Vallée d'Aspe.

On compte quinze paroisses dans son étendue: e bourg d'*Accous* en est le chef-lieu; la Gave d'Asp arrose ainsi que la Vallée, & le village peuplé d'*Escot*, élebre par ses eaux minérales & rafraichissantes.

Lescun, est un bourg de 500 habitans.

Vallée de Baretons ou *Baretou.*

Elle ne comprend que six paroisses. La principale est celle de *Lanne*, arrosée par la petite riviere de Vert, environnée de bois & de pâturages.

Sénéchaussée de Morlas.

Elle contient 151 paroisses.

Morlas, ville ancienne près de la source de la Luny, antique résidence des princes de Bearn; elle renferme deux couvens, est presque ruinée, & n'a qu'environ 500 habitans : cependant elle tient encore le premier rang dans les états de la province.

Lembeye, ville aussi peuplée que Morlas; mais bien moins étendue. Elle est sur une hauteur sur les frontieres de l'Armagnac.

GOUVERNEMENT DE GUYENNE ET DE GASCOGNE.

C'est le plus étendu du royaume, & il renferme plusieurs provinces particulieres. La Navarre le borne au midi, le Languedoc à l'orient, l'Angoumois & la Saintonge au septentrion, l'océan au couchant. Le climat est divers par sa température, mais il est également sain : le sol y est fertile en grains, vins, fruits, légumes, chanvre & tabac : les pâturages y sont excellens, le gibier & le poisson y abondent : on y trouve des plantes rares. Telle est la *Radoul* utile pour la tannerie & la teinture.

Ses principales rivieres sont la *Garonne* dont la marée arrête le cours à trente lieues de son embouchure : le *Tarn*, qui devient navigable à Gaillac, a *Baise* qui sort du Nebouzan & porte bateau depuis Nerac, le *Lot* dont le cours est de 80 lieues, & qui devient navigable à Cahors par des écluses, le *Drot* qui sort du Perigord & se perd dans la Garonne, ainsi que le *Giers*, *Elgriicus* qui nait dans le Nebouzan, la *Dordogne*, *Duranus*, qui sort du Mont d'Or dans l'Auvergne, se grossit des eaux de plusieurs rivieres, & se joint à la Garonne au lieu où elle prend le nom de Gironde; le flux s'y fait sentir jusqu'à Castillon: l'*Adoux*, *Aturus*, nait dans le Bigorre, entre le Pic du midi & celui d'Espade; est guéable dans une grande partie de son cours, devient navigable à Grenade en Marsan, s'étend par la jonction de plusieurs rivieres ou torrens, & se jette dans la mer par une embouchure qu'un ingénieur lui traça sous le régne d'Henri III; on y trouve plusieurs ports, des eaux minérales salutaires, des mines de cuivre rouge, de charbon de pierre, de fer & d'azur. Elle renferme encore de l'amiante, des carrieres d'un marbre beau & coloré, des cailloux en forme de diamans, & de diverses couleurs, du bitume, des cornes d'ammon, &c.

Son principal commerce consiste en vins dont on exporte chaque année cent mille tonneaux de Bordeaux seul, en vinaigre, eau-de-vie, fruits divers, grains de toute espece, poix, salpêtre, resine, goudrons; tabac, lin, toiles de chanvre, bas, serges, tiretaines & autres étoffes; mulets, chevaux, porcs & autres bestiaux; safran, fromage, laine d'Espagne, sucre, &c. La mer y apporte la plûpart de ces objets, & delà ils se distribuent dans les autres provinces.

Les *Bituriges*, les *Vibisci*, les *Petrocorii*, les *Nitiobriges*, &c. habitaient ce pays du tems de César; il forma dans la suite la plus grande partie des trois Aquitaines: les Wisigots l'arracherent au Romains,

& les Français aux Wisigots. Il obéit ensuite à des ducs que Charlemagne soumit. Des chefs amovibles y furent établis ; mais sous un gouvernement faible, ils se rendirent bientôt indépendans. On sait que leurs possessions étaient alors plus étendues que ne l'est le gouvernement de Guyenne ; leur héritage passa aux rois d'Angleterre que Charles VII en dépouilla. Il seroit inutile de tracer le caractere des peuples qui l'habitent, il est assez connu.

On compte dans ce gouvernement deux archevêchés, douze évêchés, cinquante-cinq abbayes, trente-six chapitres, deux universités. Les affaires civiles, la police & les finances y sont réglées par trois généralités, deux cours des aides, treize élections, treize sénéchaussées, un hôtel des monnaies, une table de marbre, un grand nombre de justices royales, des chatellenies & de jurisdictions ressortissantes, les unes du parlement de Toulouse, les autres de celui de Bordeaux. L'administration du militaire est dans les mains d'un gouverneur-général qui jouit de 100000 liv. de rentes, de deux lieutenans-généraux, de treize lieutenans de roi pour la province, dix lieutenans de roi & quarante-quatre gouvernemens particuliers.

Guyenne propre.

La Saintonge, l'Angoumois, la Marche du Poitou, le Limousin & l'Auvergne le bornent au nord ; l'Océan au couchant ; le pays des Landes, le Condomois, la Lomagne & le pays de Riviere-Verdun au midi ; le Languedoc à l'orient. Elle a 72 lieues de long, 36 de large, & 1400 lieues quarrées en superficie. Le nom qui la distingue aujourd'hui, n'est en usage que depuis le quatorzieme siecle ; c'est une corruption du nom d'Aquitaine, qui fut donné à ce

ays, à cause du grand nombre de sources d'eaux
minérales qu'il renferme. On divise la Guyenne en
x parties : le *Bordelois* à l'occident, le *Périgord* au
eptentrion, l'*Agenois* & le *Quercy* au centre, le
Rouergue à l'orient, & le *Bazadois* au midi.

I. *Bourdelois.*

Il avait seul autrefois le nom de Guyenne ; il a le
itre de comté, & peut avoir 380 lieues quarrées en
uperficie. Ses habitans sont vifs & agiles ; ils aiment
lus le plaisir que le travail. Le sol y est uni, bien
rrosé, plus fertile en vins qu'en bleds : la partie méridionale en est seche & sablonneuse. Ses vins sont
n peu durs : ceux de Grave sont recherchés, &
ouffrent la mer sans s'altérer ; au contraire ils en
deviennent meilleurs : les ceps qui les produisent
essemblent à des arbres de plein-vent. On y trouve
les maronniers & des figuiers d'une grosseur prodigieuse. On le divise en treize districts.

Le Bourdelois propre.

Il est situé sur les bords de la Garonne ; des pluies
fréquentes en sont la principale incommodité.

Bordeaux, *Burdigalæ*, ville bâtie en demi-cercle
ur la rive gauche de la Garonne, à environ dix-sept
lieues de son embouchure dans l'Océan. Elle est le
iege d'un lieutenant-général, d'un maire perpétuel,
d'un archevêché, d'un parlement, établi en 1451,
destitué peu de tems après, & rassemblé en 1462 ;
d'une cour des aides, d'une généralité, d'une intendance, d'une amirauté, d'une sénéchaussée, d'un
présidial, d'une justice consulaire, d'un hôtel des
monnaies, d'une table de marbre, & d'une élection.

Elle a une université, fondée en 1441 ; deux colleges, trois beaux séminaires, une académie royale des sciences & belles-lettres, établie en 1712, & qui a une bibliotheque peu nombreuse, mais bien choisie, & placée dans une belle salle ; une église collégiale, une abbaye de Bénédictins de la congrégation de S. Maur, une riche commanderie de Malthe, une chartreuse magnifique, qui renferme dans son église le tombeau du cardinal de Sourdis, qui la fonda, & un autel couvert de grandes glaces & de rares crystaux ; plusieurs couvens, dont le plus beau est celui des Dominicains ; un bel hôpital, où l'on travaille à diverses manufactures ; plusieurs places publiques, entre lesquelles on remarque la place royale, voisine du port, ornée de bâtimens superbes, & de la statue équestre de Louis XV ; un hôtel-de-ville, dont les appartemens sont distribués avec intelligence, & décorés avec goût, & douze portes d'entrée. Elle renferme 130,000 ames. Busching y compte 7810 feux, & à-peu-près autant de maisons : Lenglet n'en compte qu'environ 5000 ; mais il est probable qu'il se trompe. On y voit encore diverses antiquités Romaines : telle est la *porte-basse*, qu'on croit avoir été construite par Auguste, & qui est entiere encore, quoiqu'elle soit quarrée, & sans voûte, ni ceintre, surchargée de maisons, & que nulle chaux, ni ciment ne lient les énormes pierres qui la composent. Tels sont encore les restes d'un amphithéatre & du palais de Gallien. Louis XIV y fit abattre le *palais de Tutel*, pour étendre l'esplanade du Château-Trompette : c'était un temple somptueux consacré autrefois aux dieux tutelaires. La fontaine d'*Ouges*, ou d'*Audege* est aussi un ouvrage des Romains ; & elle forme encore un ruisseau sur le bord duquel sont diverses tanneries.

Les rues de Bordeaux sont presque toutes étroites : de vieux murs flanqués de tours l'environnent. Son port, un des plus beaux de la France, est formé par un coude qu'y fait la Garonne, & les plus gros vaisseaux marchands viennent y jetter l'ancre : souvent on y voit rassemblés quatre ou cinq cents vaisseaux de diverses nations, qui y apportent des étoffes de laine, de l'étain, du cuivre, du charbon-de-terre, des harengs, des cuirs, du bœuf salé, du suif, des drogues pour la teinture, des planches, des mâts de navire, du chanvre, du goudron ; & s'y chargent de vins, d'eaux-de-vie, de vinaigre, de fruits, de résine, de papier, de miel, de liege, &c. La pêche de la baleine & de la morue est encore un de ses plus grands objets de commerce. Les vaisseaux Français y apportent de la Martinique & de Saint-Domingue du sucre, du coton, de l'indigo, du cacao & autres marchandises. Tous les ans il s'y tient deux foires franches, de quinze jours chacune : dans ce tems on voit quelquefois 1200 vaisseaux remonter, ou descendre la riviere. Tel est son commerce, que le droit de comptablie seul rapporte au roi, de 3,500,000 liv. à 4000000 chaque année. C'est en considération de ce commerce, qu'on y tolere cent familles de Juifs Portugais ; mais ils n'y ont point de synagogue : les Anglais seuls y peuvent avoir un chapelain en habit séculier : les autres nations se bornent à lire des livres de dévotion dans le sein de leurs familles.

L'archevêque de Bordeaux prend, comme celui de Bourges, le titre de primat des Aquitaines : ses suffragans sont les évêques d'*Agen*, d'*Angoulême*, de *Condom*, de *Luçon*, de *Périgueux*, de *Poitiers*, de *la Rochelle*, de *Saintes* & de *Sarlat*. Son diocese s'étend sur 450 paroisses, 50 annexes, 12 abbayes &

4 chapitres. Il est seigneur propriétaire des terres de Montravel, de Belvez, de Bigaroque, & autres dans le Périgord : il jouit de 60,000 liv. de rente, exemptes de toutes charges, & paie à Rome 4000 fl. pour l'expédition de ses bulles. Sa cathédrale est gothique, très-vaste, mais sombre & vuide. Bordeaux a trois fauxbourgs, *Chapeau-Rouge*, *Saint-Surin* & *Chartrons* : ce dernier s'étend circulairement le long de la rive gauche du fleuve, dans un espace de trois quarts de lieue. Là est le port, & les maisons qui le bordent, sont toutes belles & bien bâties: elles appartiennent à des marchands. La ville & le port sont défendus par trois forts : le plus considérable est le *Château-Trompette*, construit en pierres de taille, placé à l'entrée du quai, composé de six bastions, & reparé par Vauban. Ses remparts sont des voûtes massives : il renferme un arsenal, où 6000 hommes peuvent s'armer, & une maison pour le gouverneur, commode, agréable, & où l'on jouit d'un prospect charmant. Le château *Haa* fut bâti en 1454, dans le même tems que le Château-Trompette, dans le quartier de Bordeaux le plus éloigné de la riviere : c'est un quarré long flanqué de quatre tours antiques, & de trois autres tours, dont l'une conduit à la ville. Le fort *S. Louis*, ou de *Ste Croix*, élevé en 1676 sur la riviere, est opposé au Château-Trompette : ce n'est qu'une espece de petit réduit, formé de deux bastions & de quelques ouvrages extérieurs.

Ambarès, petite ville, siege d'une justice royale, ainsi que *Rions*, plus grande & plus peuplée qu'elle. *Badon* renferme 1300 habitans, & a une jurisdiction. *Bassens* n'a que le nom de bourg, ainsi que *Castres*. *Saint-Macaire* est sur la rive droite de la Garonne, & on y compte plus de 2000 habitans. Elle a une jurisdiction, & commerce en vins & en grains.

Pays

Pays de Médoc.

C'eſt une eſpece de preſqu'île entre l'Océan & la
ſaronne, ſemée de marais qui en rendent l'air mal-
ain : ſon ſol ſablonneux en quelques endroits, four-
it en d'autres beaucoup de vins, du bled, de gras
âturages, où les chevaux ſe nourriſſent, & les
ioutons s'engraiſſent. Des pins en ombragent une
artie, & fourniſſent de la réſine. La marée en cou-
re la partie ſeptentrionale : les *Meduli* l'habiterent,
dûrent ce nom aux huitres excellentes qu'on y
êche encore. On n'y voit point de ville, excepté
ſparre, qui peut-être n'en mérite pas le nom. On
y compte que 600 habitans ; mais elle eſt le ſiege
une juriſdicton. *Lafitte* eſt un village connu par ſes
tcellens vins. *Caſtelnau*, bourg ſur l'Areyres.
lanquefort a 1300 habitans ; *Caſtillon* en a 2000,
ne ſont que des bourgs : *Soulac* eſt moins peuplé.
e *Fort de Médoc* a un commandant particulier, &
ı l'a conſtruit vis-à-vis le fort *Pâté-de-Blaye*, pour
éfendre avec lui l'entrée de la Gironde. La *Tour de*
ordouan eſt un édifice pyramidal de 175 pieds de
iut, ſur 21 toiſes 5 pieds de diametre à ſa baſe :
le eſt placée ſur un rocher, reſte d'une île que la
er a couverte, à l'embouchure de la Gironde.
'eſt le plus beau phare de l'Europe : ſon exécution
t hardie, & les trois ordres Dorique, Corinthien
Compoſite entrent dans ſa conſtruction. Le rez-
-chauſſée eſt élevé de 30 pieds au-deſſus des fon-
mens ; deux étages ſont au-deſſus, & le plus haut
: une chapelle pavée en marbre, où l'on voit les
ıſtes de Louis XIV, qui la fit réparer ; de
ouis XV, & de *Louis de Foix*, célebre architecte,
i en jetta les fondemens ſous Henri II. Au-deſſus

est une lanterne de fer, dont le foyer fait en récha
contient 225 livres de charbon-de-terre, qu'on
allume tous les jours au coucher du soleil, & q
quatre gardiens prennent soin d'entretenir. On
voit le feu fort loin dans la mer, & il empêche l
vaisseaux de donner sur les bancs que la riviere y
formés. Cette lanterne est un chef-d'œuvre.

Le Busch-Captalat.

District de onze lieues de long, de huit de larg
sablonneux & aride, où l'on fait un grand commer
de braye, de résine, de goudron, &c. Ses habita
sont mariniers, ou pêcheurs. Les captals de Bus
sont célebres dans l'Histoire de France. On n'y trou
point de villes; le bourg de *Tête-de-Busch*, sieg
d'une justice royale, est le seul qu'on y remarqu
il est situé sur le havre d'*Arcasson*, dont l'enceinte
huit lieues de circonférence, & dont le fond n'e
couvert que de deux brasses d'eau. On croit que c'e
l'ancien *Bojatum*, ou *Boasium*.

Les Landes de Bordeaux.

Leur sol est sablonneux & en partie incult
comme l'annonce son nom. On n'y voit que des vi
lages, dont le principal est *Hostens*.

Le pays de Born.

Des forêts de pins & des marais le composent. O
en tire de la poix & de la résine. Quelques village
& le bourg de *Saint-Pol*, siege d'une jurisdiction, e
tout ce qu'il présente. Ce bourg a 500 habitans.

Le comté de Benauges.

Il est long de quatre lieües & demi, large de uatre, & situé au nord de la Garonne. Il est très-euplé & très-fertile. Il renferme la ville de *Cadillac*, au bord du fleuve, siege d'une justice royale. lle a un couvent, un vaste château, une église ollégiale & 1800 habitans: le *Cantois* & *Gournac* nt des bourgs.

Le pays d'Entre-deux-Mers.

Placé entre la Dordogne & la Garonne, le flux fait remonter la mer, & de là vient son nom. n n'y voit que des bourgs & des villages. *Creon* t son chef-lieu: ses campagnes sont fertiles en ains, vins, fruits & pâturages. *Artigues* a dit-on o habitans, *Cenon* en a 1000, *Floirac* 900.

Le pays de Libourne.

Il est peuplé & touche au précédent. *Libourne* t une ville commerçante, arrosée par la Dordogne l'Ille qui s'y joignent. Elle est le siege d'une sé-échaussée présidiale, & d'une justice royale. On y mpte plusieurs couvens. On y débite beaucoup sel, & c'est un des entrepôts du commerce de rdeaux. Dans une enceinte resserrée, elle ren-rme 5000 habitans: ses environs sont agréables fertiles. *Castillon*, sur la rive droite de la Dordo-e, a un gouverneur particulier & une justice yale; quelques-uns la placent dans le Perigord. *Emilion*, ville de 600 habitans, une lieue au des-us de Libourne & sur la même riviere. Elle fut autrefois une abbaye célebre, fécularifée par Clé-ment V : on y fait quelque commerce.

Le Fronſadois.

Il a de bons pâturages, & on y recueille des grains du vin & des fruits. *Fronſac* lui donne ſon nom c'eſt une ville, ou un bourg ſitué ſur l'Iſle, vis-à-vis de Libourne. On lui donne le nom latin d *Franciacum*, & on prétend que Charlemagne l' fondé, ainſi que le château qui était ſur la hauteur on y compte 1800 habitans. *Cadillac*, petite ville ſiege d'une juſtice royale. *Coutras*, *Certerate*, vill de 2900 habitans, ſituée au confluent de l'Iſle & d la Dromme. Elle a un fauxbourg & eſt célebr par une victoire de Henri IV.

Le Cubzaguès.

Il produit des vins eſtimés, aſſez de blés, & des pâturages où l'on engraiſſe beaucoup de beſtiaux Son chef-lieu eſt le bourg de *Cubzac*, où l'on compt environ 900 habitans.

Le Bourgès.

Le ſol y eſt fertile, & l'air aſſez ſain. Son chef-lie eſt *Bourg*, ville où ſiége une juriſdiction, ſituée ſu la Dordogne, qui lui forme un port. On y commerc beaucoup en vins du pays que les vaiſſeaux vien-nent chercher. On croit qu'elle eſt l'*Etromogus* d'Au-ſonne. *Ambez* eſt un bourg ſitué proche du con-fluent de la Garonne & de la Dordogne qu'on ap-pelle le *Bec d'Ambez*.

Le Blaiguès ou *Blayois.*

Il a quatre lieues de long & deux & demi de large, [e]ſt fertile en blés, en pâturages, en vins. Il était [e]ncore couvert de marais en 1730; mais ils ont [ét]é desséchés. *Blaye* eſt une ville de 3000 habi-[ta]ns, diviſée en haute & baſſe; elle a un port, une [ci]tadelle, un gouverneur particulier, une juſtice [r]oyale, eſt ſituée ſur la rive droite de la Garonne, [&] renferme deux abbayes. Cette ville eſt ancienne: [le]s Romains la connaiſſaient ſous le nom de *Blavu-[tu]m*, de *Blavia*, de *Blaiba*, & le lieu où elle eſt [p]lacée ſous celui de *Promontorium Santonum.* Sa [ci]tadelle a quatre baſtions environnés de bons ou-[v]rages & d'un foſſé large & profond. Les vaiſſeaux [d]époſent leurs armes & leurs canons à Blaye, avant [d]'arriver à Bordeaux. Et comme la Gironde ou [G]aronne y a 1900 toiſes de largeur, on a bâti ſur [u]ne isle qui ſe trouve au milieu le fort *Paté.* Il a [a]u centre une belle tour de maçonnerie, quatre [b]aſtions gazonnés & pluſieurs batteries à barbette, [p]our défendre l'entrée de la riviere. *Anglade*, eſt [u]ne petite ville environnée de marécages & d'abon-[d]antes prairies, à demi lieue de la Garonne: on y [c]ompte 1800 habitans.

Le Vitrezai.

Ce petit diſtrict eſt au nord de la Garonne, ſa [fe]rtilité eſt médiocre; & il n'a que des bourgs & des [v]illages. Le bourg de *Braud* a 1300 habitans, celui [d]e *Murſillac* 1500.

II. *Le Perigord.*

Il a le titre de comté, & doit ſon nom aux *Petro-*

corii qui l'habiterent ; sa superficie est d'environ 330 lieues quarrées ; il est arrosé par la Dordogne, la Vezère, l'Ille, la Dronne & d'autres rivieres moins considérables. La Vezère & l'Ille sont navigables par des écluses. Le climat y est pur & sain ; mais les montagnes le rendent froid. Le sol y est pierreux, & produit beaucoup de bois & de pâturages : il renferme des mines de fer dont on fait des canons excellens, des eaux minérales & des truffes : le gibier, le poisson, la volaille y abondent : en quelques endroits on y recueille du vin ; près les rives de la Dordogne & de l'Ille on voit des champs fertiles ; mais la ressource du paysan est dans les chataignes, qui le nourrissent ainsi que ses troupeaux : on y voit aussi beaucoup de noyers. Le Perigourdin est laborieux, robuste, économe ; il commerce en bois, en fer, en volailles, chataignes & bestiaux ; il fait aussi un peu d'eau-de-vie. On le divise en haut & bas, ou en blanc & noir, le premier à l'occident, le second à l'orient.

Haut ou *Blanc Perigord.*

Perigueux, *Vesunna*, & ensuite *Civitas Petrocoriorum*, ville au bord de l'Ille, qu'on y passe sur un beau pont, siege d'un gouverneur, d'un évêque, d'un présidial & d'un bailliage. Elle a un collége associé à l'université de Bordeaux, un séminaire, quatre couvens, un hôpital & environ 6000 habitans. Elle était plus étendue & plus florissante sous les Romains qui y ont laissé quelques monumens de leur puissance : tels qu'un *Amphithéâtre* dont on voit encore les restes, & la *Tour de Visonne* qui parait avoir été un temple de Venus. Elle est ronde, a 100 pieds de haut, & n'a ni portes ni fenêtres : on n'y entre que par deux grottes souterraines. L'évêque & le roi ıt feigneurs de la ville. Le diocèse s'étend sur 340 roiffes, & donne à son chef 25000 liv. de rentes nuelles: sa taxe est de 2590 florins. Sa cathédrale une grande tour quarrée sur laquelle s'élève une ute pyramide. On connait les pâtés de perdrix l'on prépare à Perigueux, & qui s'envoyent en férens lieux de l'Europe. Elle & son territoire sont empts de taille.

Mucidan, petite ville qui a été fortifiée & qui située sur la rive gauche de l'Ille: elle n'a pas 00 habitans.

Bergerac, ville composée de deux petites villes, Magdelaine & St. Martin, séparées par la Dordgne; elle est dans une grande & belle plaine, est he, commerçante, renferme 7500 habitans, & est plus une place forte comme elle l'a été: c'est siege d'une sénéchaussée. On dit qu'il y eut dans tte ville & son territoire 40000 protestans, dont révocation de l'édit de Nantes a converti la plus ande partie.

Exideuil est sur une hauteur sur la *Loulour*, près la Vezere: elle a le titre de marquisat & 1300 bitans.

Calnide, ville sur la Dordogne, siege d'une jurisction, & qui a 2300 habitans.

Limeuil est située dans une campagne agréable & rtile, entre la Dordogne & la Vezere.

Bugo de St. Sirq, petite ville de 2300 habitans.

urdeilles, bourg sur la Dronne, a un château anque & bien bâti: on y compte 1900 habitans.

antôme, bourg entre la Dronne & la Colle, connu r son abbaye de bénédictins fondée par Charleagne. *La Force*, est dans un pays fertile & agréable, ès de la Dordogne, où l'on commerce en bestiaux, ains & vins, & ce commerce y répand de l'aisance.

Estissac a le titre de duché, des champs fertiles, des vignes, des prairies l'environnent, & la Gresse l'arrose avant de se jeter dans l'Ille. On y trouve encore quelques bourgs tels que *Nontron*, où l'on compte 1200 habitans. *Thiviers* qui en a 1100 & *Brug de Grignols* 1000.

Bas ou Noir Perigord.

Les forêts dont il est ombragé lui font donner cette derniere épithete.

Sarlat, ville située sur un sol aride, dans un fond environné de montagnes, sur une petite riviere qui porte son nom, & se perd à une lieue de là dans la Dordogne. Elle est le siege d'un évêché qui fut d'abord une abbaye dont la ville tire son origine, d'une sénéchaussée & d'un présidial. Sa population est de 4500 ames. Ses habitans sont pauvres & ne commercent qu'en huile de noix. Le diocèse renferme 250 paroisses, quatre abbayes & un chapitre. Les revenus de l'évêque sont de 17000 livres, sa taxe de 742 florins.

Domme, petite ville, qui a un gouverneur particulier, une justice royale, située sur un rocher près de la Dordogne, & défendue par un château.

Eymet, ville de 1000 habitans, environnée d'un pays fertile en grains, vins, fruits & pâturages, arrosée par le Drot. *Montignat* renferme 1500 ames. *Terrasson* 2500 : celle-ci est sur le Vezere, & on y voit une abbaye de bénédictins fondée par St. Sorus dont elle porte le nom. *Monpazier* est bâtie près des sources de la Lot, & on y compte 1200 ames. *Beaumont*, bourg sur la Couse. *Issigeac* est au milieu d'une campagne fertile.

III. *L'Agenois.*

Il a aujourd'hui le titre de duché : sa surface est d'environ 120 lieues quarrés : les Nitiobriges l'habiterent autrefois. C'est la partie la plus fertile de toute la Guyenne : la partie qui touche le Perigord est pierreuse & abondante en chataignes : l'air y est pur ; le sol y est uni, gras & meuble ; il produit beaucoup de vins blancs & rouges, forts & doux, beaucoup de grains de toute espece, beaucoup de fruits, d'excellens pâturages & il a fourni quelquefois aux arsenaux de marine 900 mille livres de chanvre. Il est arrosé par la Garonne, le Lot, le Drot, la Bargalone, la Seune, la Canaule, la Léde & autres qui toutes sont poissonneuses.

Agen, *Aginnum Nitiobrigum*, est une des plus anciennes villes de France, & on y voit encore quelques restes d'antiquités. Elle est située sur la rive droite de la Garonne qui aide à son commerce faible encore, mais plus considérable qu'il n'était. Elle est le siege d'un gouverneur, d'un évêché, d'un présidial, d'une sénéchaussée : on y voit un séminaire, un collége, plusieurs couvens & un cours magnifique le long de la riviere : on y compte 8000 ames : Elle était autrefois plus grande & plus florissante : mais sa situation riante, ses environs fertiles la firent souvent être le théâtre de la guerre, & elle fut dévastée. Elle a longtems langui par l'indolence de ses habitans; elle semble se relever aujourd'hui, & bientôt on ne dira plus que l'Agenois est le pays le plus riche, & Agen la ville la plus pauvre de la Guyenne. Son évêché est un des plus anciens de la France : son diocèse est de 400 paroisses : ses revenus sont de 35000 liv. sa taxe de 2440 florins. L'évêque prend le titre de comte d'Agen.

Valence eſt une petite ville d'environ 1100 habitans, ſiege d'une juriſdiction ; la Garonne l'arroſe.

Aiguillon, ville qui a titre de duché-pairie, ſituée dans un vallon fertile qu'arroſe le Lot, & que la Garonne termine. On y commerce en vins, chanvres & eaux-de-vie. On prétend que c'eſt contre cette ville que s'eſt tiré le premier coup de canon en France.

Tonneins, ville ſur la Garonne, chef-lieu du duché de la Vauguyon. Elle eſt formée de la jonction de deux bourgs, & a 3400 habitans ; ſes environs ſont fertiles en tabac.

Clérac eſt une ville qui eſt le ſiege d'une juriſdiction : elle eſt ſituée avantageuſement ſur le Drot, dans une vallée ; elle doit ſon origine à une abbaye donnée par Henri IV aux chanoines de St. Jean de Latran, & dont le tems de la fondation eſt incertain. Il y a de riches marchands à Clerac, & on y compte 3000 ames. Ses environs ſont fertiles en tabac, en blés, en vins & eaux-de-vie.

Marmande, ville où l'on commerce en blés, vins & eaux-de-vie, ſituée au bord de la Garonne. On y compte 4000 habitans.

Duras, ſiege d'une juriſdiction, a le titre de duché-pairie, elle eſt ſur le Drot ; ſes environs ont de belles prairies, des champs fertiles, des vignes abondantes.

Ville-neuve d'Agenois, petite ville dans une plaine fertile, ſiege d'une juriſdiction. Son pont ſur le Drot eſt le ſeul qu'il y ait ſur cette riviere dans la Guyenne.

Sainte-Foy, *Fanum Sanctæ-Fidei*, eſt le ſiege d'une juſtice royale. Elle eſt ſur la Dordogne qui aide à ſon commerce : elle a été une ville forte.

Monflanquin, ville de 1700 habitans, eſt auſſi le ſiege d'une juſtice royale : la Lede l'arroſe.

Lauzun a une juriſdiction & le titre de duché. Elle a 800 habitans. *Caſſeneuil* eſt ſur le Lot, & a une juriſdiction : c'eſt là, dit-on, que naquit Louis le Débonnaire.

Tournon, petite ville, ſiege d'une juſtice royale, a 900 habitans. *Le Salvelat* eſt un bourg de 900 habitans.

Monhurt a une juriſdiction, & fut autrefois une ville peuplée. Il eſt ſur la Garonne. Nous ne parlerons pas de quelques autres petites villes telles que *Caſtelſagrat* où l'on compte 800 ames. *Clermont* qui n'en a que la moitié autant & eſt ſituée ſur une hauteur, &c.

IV. *Le Quercy.*

Habité autrefois par les *Cadurci*, il a eu enſuite le nom de *Cahourcin*. Sa ſurface eſt d'environ 320 lieues quarrées : l'Aveyron, le Tarn, la Dordogne, le Lot l'arroſent. L'air y eſt ſain ; mais les montagnes dont il eſt ſemé le rendent froid. On y trouve quelques plaines, de belles vallées, des eaux minérales, des mines de fer & d'autres métaux. Il y a des mines de charbon de terre près du village de St. Bolis, & de Montauban. Le ſol y produit du blé, de bons vins, des fruits, du chanvre, du ſafran, des truffes. Le gibier, la volaille, le poiſſon y abondent, & on y nourrit beaucoup de beſtiaux. Les habitans ſont dociles, courageux, robuſtes, & ils commercent en vins, prunes & prunaux, pommes, toiles de chanvre, laines, huile de noix, porcs & autres beſtiaux. Le ſol le diviſe en haut & bas.

Haut Quercy.

Cahors, *Cadurcum*, & plus anciennement *Dibona*, ville ſituée en partie ſur un rocher dans une peninſule que forme le Lot, ſiege d'un évêché, d'un préſidial, d'une juriſdiction de juges conſuls. On y compte pluſieurs couvens, parmi leſquels eſt une chartreuſe belle, vaſte & riche. Elle a un ſéminaire, un collége, & eut une univerſité qu'on a réuni en 1751 à celle de Toulouſe. On y découvre encore quelques anciens monumens, entre leſquels ſont les reſtes d'un amphithéâtre. Ses maiſons ſont irrégulieres, & peu ſont belles, ſes rues étroites, ſes habitans ne ſont pas riches : elle renferme environ 10000 ames : ſes remparts ſervent aujourd'hui de promenades, & les bords du Lot y ſont ornés d'allées d'arbres : ſes environs produiſent beaucoup de vins qui ſont ſon principal commerce. On y recueille beaucoup de fruits, & on y fait de fines dentelles. L'évêque en eſt comte & jouit de ſon domaine utile. Son diocèſe comprend 422 paroiſſes, ſes revenus s'évaluent à 45000 livres, ſa taxe à 1000 florins. Depuis la guerre des Albigeois, il a le privilége de dire la meſſe avec l'épée & ſes gantelets ſur l'autel. Lorſqu'il prend poſſeſſion de ſon évêché, le vicomte de *Seſſac* ſon vaſſal doit l'attendre à la porte de la ville, la tête découverte, ſans manteau, la jambe droite nue, le pied dans une pantoufle, prendre ſa mule, la conduire & le ſervir à dîné ; la mule de l'évêque, ſon buffet de vermeil du prix de 3000 liv. ſont ſa recompenſe. Sa cathédrale renferme, dit-on, le linceuil teint du ſang de Jeſus-Chriſt.

Figeac, ville ſur la Selle, ſiege d'une juſtice royale, d'une ſénéchauſſée & d'un gouverneur particulier. Elle renferme un chapitre, une abbaye de bénédictins fondée par Pepin, & ſéculariſée ſous le pape Paul III, & 3300 habitans. Ses fortifications & ſa citadelle furent raſées en 1622.

Gourdon, ville qui renferme une sénéchaussée, une abbaye de Cîteaux & dix-huit cents habitans. Elle est sur une hauteur à deux lieues de la Dordogne.

Souillac, petite ville sur le Borese, près de la Dordogne, dans un vallon fertile : elle a une abbaye de Bénédictins.

Martel est le siege d'une sénéchaussée & d'une justice royale : elle est bâtie sur une élévation à quelque distance de la Dordogne.

Saint-Cère est petite, mais sa situation est riante, & ses habitans honnêtes.

Usseldun, petite ville qu'on croit être l'ancien *Uxellodunum*, parce qu'elle est située sur une montagne nommée le *Puech d'Ussun* que la Dordogne environne : les mêmes raisons font croire que c'est *Cadenac*.

Roquemadour, petite ville près de la Dordogne, où est un chapitre, une abbaye riche dont l'église est visitée des dévots, & où vécut St. Amateur. La ville renferme 700 habitans.

Cadenac, petite ville très-ancienne, bâtie sur un grand rocher escarpé qu'environne le Lot : elle est exempte de tailles & de subsides pour n'avoir jamais obéi aux Anglais qui possédaient ses environs, & cependant elle n'est pas peuplée.

Castelnau de Bretenous est une petite ville, près de la Dordogne, où est un chapitre, & qui a titre de baronnie.

Vaillac renferme deux mille habitans.

Marsillac est un bourg & une abbaye. *Conquots*, bourg de huit cents habitans : *Luzech* & *Puy-l'Evêque* ont le nom de villes & ne le méritent pas.

Fons, bourg, siege d'une justice royale, & situé dans un terrein fertile. *Mier*, source d'eaux minérales utiles pour la gravelle, sans offenser la poitrine: elles ne s'affaiblissent point par le transport.

Bas-Quercy.

Montauban, *Mons Albanus*, ville divisée en trois parties: la vieille & la nouvelle ville sont dans le Quercy, la ville Bourbon est dans le Languedoc. Elle est le siege d'un évêché, d'une cour des aides, d'une généralité, d'une intendance, d'une sénéchaussée, d'un présidial, d'une jurisdiction consulaire. Elle a une académie de belles-lettres érigée en 1744, une église collégiale, plusieurs couvens, un séminaire, un collége, un hôpital général & vingt-cinq mille ames. L'évêque siege aux états du Languedoc; son diocèse renferme quatre-vingt-dix-huit paroisses, trois chapitres & une abbaye; ses revenus sont de 25000 liv. sa taxe de 2500 florins. Son palais fut bâti dans le siecle dernier sur les ruines de celui des comtes de Toulouse. Sa cathédrale est le plus bel édifice de la province, & fut construite sur les desseins de M. Cotte. Une partie de son diocèse est en Languedoc, & c'est une des plus fertiles.

Cette ville fut bâtie en 1144 par Alphonse, comte de Toulouse, avec les ruines de *Montariet*, petite ville qui dépendait de l'abbaye de St. Théodat, ou *Mons Aureolus*. Cette abbaye donna son nom à la ville & ses droits à son abbé devenu évêque en 1317. Delà vient que la justice s'y exerce en son nom comme en celui du roi. Montauban est bien percée & bien bâtie; sa situation est élevée & magnifique, son air est pur, son climat doux, ses habitans humains & civils. On y passe le Tarn sur un beau pont; ses bords sont ornés de promenades charmantes qui s'étendent dans une vaste & fertile plaine où la vue s'égare au loin, & ne voit de bornes que les Pyrenées qu'on ne découvre que dans les plus beaux jours. Le commerce y est florissant, & consiste en grains, en vins, & en étoffes de laine, dont les plus connues sont les *Cadisdaignan*. Il ne reste plus rien de ses fortifications.

Moissac, ville ancienne & qui a été considérable, située au pié d'une montagne, sur la rive droite du Tarn, près de son embouchure dans la Garonne. Elle a un gouverneur, une abbaye de bénédictins devenus chanoines réguliers, un collége, & environ trois mille habitans. On y commerce en grains, vins & farines.

Lauzerte, ville, siege d'une sénéchaussée, bâtie sur un roc qu'environnent divers ruisseaux. Autour sont des champs, des vignes & des vergers fertiles.

Negrepelisse, *Nigrum Palatium*, petite ville sur l'Aveyron, où l'on voit un vieux château, & qui a le titre de comté. Elle n'a plus que huit cents habitans. La vengeance de Louis XIII y a laissé des traces profondes.

Caussade, petite ville où l'on commerce en bétail, qui a été fortifiée, & où l'on compte mille habitans. *Castelnau de Montratier*, très-petite ville située sur la Lute qui se jette dans le Tarn. Elle renferme un chapitre. *Caylus* a sept cents habitans, *Monricoux* en a dix-huit cents, *Mirabel*, mille; *Moncucq* & *Molieres*, sieges de justice royale, n'ont pas cinq cents habitans chacune. *Françoise* est bâtie sur une élévation, a comme elle une justice royale, & a six cents habitans. *Mondenard* est un bourg sur le Bargalone qui a le titre de baronnie.

V. *Le Rouergue.*

Il a le titre de comté & doit son nom aux *Rutheni*

qui l'habiterent. Il peut avoir 300 lieues de surface. De hautes montagnes, souvent couvertes de neiges & toujours de bois, le coupent en différens sens, & y rendent l'hyver très-froid, & ce n'est qu'à force de travail & d'application qu'on y recueille différens blés. Mais il renferme des mines de fer, de soufre, d'alun, de vitriol, de cuivre, de charbon de terre & des eaux minérales : on y cultive le chanvre ; on y trouve beaucoup d'amandiers & de simples médicinaux ; on y éleve une multitude de bestiaux qui font sa richesse. Ses mulets se transportent en Espagne. L'Aveyron, le Biaur, le Lesert, la Bonnette, le Lere, la Cande, le Serou l'arrosent ; ses habitans sont laborieux & intelligens, & deviennent également bons marins, braves guerriers, artistes industrieux. Les troupeaux, leurs laines, les étoffes qu'ils en fabriquent sont les objets de leur commerce.

Le Rouergue se divisait autrefois en comté de ce nom & en vicomté de Milhaud. On le divise aujourd'hui en *Comté, haute & basse Marche* de Rouergue.

Comté de Rouergue.

Rhodès, Segodunum, Ruteni, ville située sur une colline environnée de montagnes, au bord de l'Aveyron, divisée en bourg & en cité, siege d'un évêché, d'une sénéchaussée présidiale. Elle renferme une abbaye, une chartreuse, six couvens, un séminaire, un collége, un hôpital, & six mille ames. L'évêque est seigneur & comte de Rhodès. Son diocèse renferme cinq cents paroisses, huit abbayes, sept chapitres : ses revenus sont de 60000 liv. sa taxe de 2326 florins. Sa cathédrale est belle, & l'on prétend y conserver un soulier de la Vierge avec la couronne des anciens comtes du pays. On peut

croire

roire à cette derniere relique, mais elle n'est que urieuse. Son clocher a eu la réputation d'être le plus aut & le mieux travaillé qu'il y eut en France. On onne à Rhodès l'épithete de *Fidelis Deo & Regi*, arce qu'elle a toujours rejetté le protestantisme de on sein.

S. Geniez de rive d'Olt, ville sur le Lot ou l'Olt, ui la fait distinguer des autres villes de ce nom. lle a une justice royale, un couvent d'augustins, t trois mille six cents habitans.

Entraigues, petite ville qui a le titre de comté, & ui est l'entrepôt des vins de Quercy pour le haut ouergue & l'Auvergne. Elle est située au confluent e la Truyere & du Lot.

La Guiolles est le siege d'une justice royale : elle st située sur une montagne dont la Selve baigne le ié avant de se perdre dans le Lot qui coule près 'elle.

Le *Mur de Barès* a une châtellenie, deux couvens, t eut un château fortifié.

Estain a le titre de comté : le Lot l'arrose. Elle enferme huit cents ames.

Cassagnettes est un bourg de cinq cents habitans. *lbin* est une ville, si l'on peut donner ce nom à n amas de maisons qui renferment une centaine 'ames. *Villecomtal* n'en a que le double.

Haute Marche.

Milhaud, *Aemilianum*, ville ancienne, sur le arn, siege d'un gouverneur particulier, d'une néchaussée & présidial, d'une justice royale. Elle nferme une commanderie de Malthe, cinq couvens, trois mille ames. Ses foires de bestiaux font son incipal commerce. Les protestans l'avaient fortifiée, Louis XIII la démantela, & on a achevé de les ruiner en 1744.

Nant, ville dans les montagnes, fur les confins du Gevaudan. Elle renferme une abbaye de bénédictins dont l'abbé eft fon feigneur. *Pont de Camarès* eft fur la Dourdon & a des eaux minérales & vitrioliques : elles font rafraîchiffantes & purgatives. *Belmont* eft dans les montagnes fur l'Alrance : cette ville renferme un chapitre & trois mille habitans. *St. Cernin* a auffi un chapitre, mais il eft pauvre. *Ste. Affrique* n'a que quatre à cinq cents habitans & a été une ville forte. Elle eft fur le ruiffeau de Sorges, près de la Durbie fur laquelle elle a un pont. *Severac-le-Châtel* & *Severac-l'Eglife* font deux bourgs. Dans le premier on a découvert une mine de charbon de terre riche en vitriol martial, pyriteux, fchifteux, & un peu cuivreux.

Vabres, *Caftrum Vabrenfe*, ville pauvre, renfermant trois mille ames, fituée au confluent de deux petites rivieres qui bientôt fe jettent dans le Tarn. Elle eft le fiege d'un évêché qui a fuccédé à l'abbaye qui fit naître la ville. L'évêque jouit de 20000 l. de rente, & fa taxe eft de 1000 flor. Son diocèfe eft de 150 paroiffes.

Roquefort, ville de fept cents habitans, célebre par les fromages qu'on y fait. Nous ne parlons pas de diverfes villes & bourgs dont on ne peut dire que les noms.

Baffe Marche.

Ville-Franche eft fituée fur l'Aveyron, & eft le fiege d'une fénéchauffée & d'un préfidial. Elle a une églife collégiale, un beau collége, une chartreufe, trois autres couvens, un hôpital, & cinq mille fix cents habitans. Elle doit fon origine aux nines de cuivre qui sont dans son voisinage, & que 'on y travaille : il y en a eu d'argent. On y commerce en cuivre, en toiles, en pommes & en orcs.

St. Antonin, petite ville située dans un vallon que 'Aveyron arrose. On y commerce en safran & en runes estimées par leur goût & leur grosseur. Elle enferme un chapitre & trois couvens.

Najac est encore sur l'Aveyron : elle est le siege 'une sénéchaussée, & a près d'elle une mine de uivre rouge.

Peyrusse, ville dont César parle sous le nom de *etrucia*, située près de la petite riviere de Diege, ur la croupe d'une montagne, au pié de laquelle st un fauxbourg, un hôpital & une chapelle, objet de vénération du peuple. L'une des églises de cette ille est très-antique, & touche à un cimetiere rempli d'anciens mausolées. Le nom & les armes de Médicis qu'on y voit, a fait penser que cette maison sortit de Peyrusse. Près delà est un rocher très-haut ans lequel sont les ruines d'un ancien temple où les ayens faisaient des sacrifices. Au sommet sont deux ours épaisses qui étonnent, parce qu'on ne peut omprendre comment on y a pu transporter des atériaux, car un homme agile n'y monte pas sans squer sa vie. Auprès de la ville sont des mines qu'on oit être d'argent ; on en a vu s'ouvrir ou se fermer elles-mêmes, & la pierre qu'on y lance, ne fait entendre le bruit de sa chûte qu'après un long intervalle. n maire & trois consuls y décident les affaires ciles. On y compte 900 habitans.

Sauveterre, petite ville sur l'Aveyron, siege d'une stice royale. *Conques* est un bourg sur une hauteur ès du Lot. Le chef de son chapitre sécularisé orte encore le nom d'abbé, comme des plus anciennes abbayes du royaume. *Canſac*, bourg ſitu dans un terroir fertile en grains & en pâturages. On tire du charbon de terre de ſes environs; ſes étuves & ſes deux ſources d'eaux minérales, ſituées à ſix pieds l'une de l'autre, le rendent célebre. On les fré quente en mai & ſeptembre. Elles n'ont aucune odeur ſenſible; leur ſaveur eſt un peu acre, vitriolique & ſulfureuſe: elles ſont apéritives & purgatives. De la montagne d'où elles ſortent, on voit ſans ceſſe s'exhaler de la fumée & quelquefois des flammes.

Dans le Rouergue on remarque encore une mon tagne eſcarpée, nommée *Aubrac*, ſous laquelle étai un établiſſement nommé *Domerie*, fondé par *Alar* vicomte de Flandres, dont le chef avait le nom d Dôme, & 40000 liv. de rente. Les religieux au guſtins en jouiſſent aujourd'hui de 15000. Cett Domerie rend encore 6000 liv. qui doivent être em ployés pour les pauvres.

VI. *Le Bazadois.*

Les *Vaſates* ſes anciens habitans lui donneren leur nom; il peut avoir cent cinquante lieues quar rées de ſuperficie: le Drot, la Dordogne, l'Avanc & d'autres rivieres l'arroſent. La partie au midi de la Garonne eſt ſablonneuſe & aride: celle au nord eſt fertile en blés, vins, fruits & chanvres: l'air y eſt ſain, le climat tempéré; les productions du pays & l'eau-de-vie qu'on y diſtille, forment ſon principa commerce.

Bazas, *Caſſio*, *Civitas Vaſatum*, ville ſituée ſur une montagne, à trois lieues au midi de la Garonne, ſiege d'un gouverneur, d'un évêché, d'une ſéné chauſſée, d'un préſidial, d'une juſtice royale. Ell renferme un ſéminaire, un collége & deux mille cin cents habitans. Ptolomée & Ausone parlent de cette ville. Son évèché est un des plus anciens de la France; son diocèse comprend deux cents cinquante paroisses, & a été plus étendu ; car la Gascogne en dépendait autrefois. Ses revenus sont de 20000 liv. sa taxe de 600 florins.

Langon, petite ville qui a le titre de marquisat: elle est sur la rive méridionale de la Garonne, & c'est jusqu'à elle que se fait sentir le flux de la mer. Une justice royale y siege, ses environs produisent des vins recherchés, qui avec l'eau-de-vie forment les seules branches du commerce de ses habitans.

La Réole, *Regula*, s'appellait autrefois *Squirs*; l'abbaye de *la Regle*, fondée dans le dixieme siécle, habitée par les bénédictins, située dans une plaine entre trois rivieres, dans une situation charmante, lui donna le nom qu'elle porte. On y commerce en blés, vins & eaux-de-vie.

Monsegur, petite ville sur le Drot & où siege une jurisdiction: on y compte douze cents habitans.

Sauveterre, petite ville, a une jurisdiction, *Captieux* en a une comme elle, & n'est qu'un bourg. *Casteljaloux* & *Castelmoron* sont dans le Bazadois, mais font partie du duché d'Albret, & c'est-là qu'on les trouvera.

GASCOGNE.

Elle a le titre de duché, & touche au nord à la Guyenne, à l'orient au Languedoc, au sud aux Pyrenées, & vers le couchant à la mer Atlantique. Sa plus grande longueur est de cinquante lieues, sa largeur de quarante, & sa superficie d'environ 1450 lieues quarrées. Les Vasques qui habitaient la Biscaye, s'emparerent de ce pays au commencement du septieme siecle, & lui donnerent leur nom: Soumis par

Charlemagne ; ils furent ensuite sous la domination de ducs dont ils élurent le premier. Elle est formée de différentes provinces. L'Armagnac est au centre, le Comminges, le Bigorre, la Chaloffe, le Labour sont au midi ; les Landes au couchant ; l'*Albret*, le Condomois, la Lomagne au nord. Nous ne parlons ici que des principales.

I. *L'Armagnac.*

Il a titre de comté & peut avoir 360 lieues quarrées de superficie. Le climat en est tempéré, le sol inégal, fertile en vins, blés, fruits & pâturages ; ses habitans sont civils & vains : son commerce consiste en vins, eaux-de-vie, lins, laines, blés, salpêtre & poires. On en exporte du marbre, du plâtre, &c. On le divise en divers districts.

Haut ou Blanc Armagnac.

Auch, *Climberris*, *Eluzaberris*, *Augusta Ausciorum*, est la capitale de toute la Gascogne. Elle est fort ancienne, située sur une hauteur dont la Gers arrose le pié. C'est le siege d'un commandant, d'un archevêque, d'une intendance, d'un présidial, d'une sénéchaussée, d'une justice royale. On y compte une collégiale, un prieuré & six mille habitans. La cathédrale est très-belle, & on en admire sur-tout les vitraux & les stalles. Le roi, comme comte d'Armagnac, est l'un des cinq chanoines honoraires du chapitre. L'archevêque est co-seigneur de la ville avec lui : il prend le titre de primat d'Aquitaine. Son diocèse renferme trois cents soixante & treize paroisses ; ses revenus sont de 150000 liv. & il paye 10000 fl. à Rome pour l'expédition de ses bulles. Ses suffragans sont les évêques d'*Aire*, de *Bayonne*, de *Bazas*, le *St. Bertrand*, de *St. Lizier*, de *Dax*, de *Lectoure*, le *Lescar*, d'*Oleron* & de *Tarbes*.

Auch est divisée en haute & basse, & l'une communique à l'autre par un escalier de 200 marches. Autour d'elle sont quelques bourgs, tels que *Barran* qui a une église collégiale & sept cents habitans. *Auiet*, *Lussan*; *&c.*

Pays des quatre Vallées,

Elles ont leurs états particuliers & forment une sénéchaussée.

Celle de *Magnoac* a quatre lieues de long & trois de large; elle est arrosée par le Gers, est fertile en grains & pâturages, a le titre de comté & renferme trente-huit paroisses, parmi lesquelles on distingue *Castelnau*, petite ville sur le Gers, siege d'une sénéchaussée & d'une justice royale. *Castères* & *Vieusos* qui sont des bourgs.

Celle de *Nestes* a le titre de baronnie, est longue de deux lieues & demi, a un peu moins de largeur, est arrosée par la grande Neste qui se jette dans la Garonne. Elle n'a que des pâturages; mais ils sont excellens, & les bestiaux qu'ils nourrissent font le seul commerce des habitans. On n'y compte que sept paroisses, dont la principale est le bourg de la *Barthe* où siege une justice royale.

Celle de *Barousse* est un pays froid qui ne produit que des bois & des pâturages: elle a quatre lieues de long, deux de large, & renferme dix-huit paroisses, dont quatorze ont des justices royales, & dont la principale est *Mauleon*, petite ville de trois cents habitans.

Enfin, celle d'*Aure* a 6 lieues de long, quatre de

large, porte le titre de vicomté, & eſt au pied des Pyrenées. Sa plaine eſt tempérée ; ſes montagnes très-froides ; ſon ſol produit un peu de blés, & beaucoup de pâturages ; elle a des eaux minérales, des carrieres de marbres & de belles forêts de ſapins & de hêtres, dont on fait des mats, des rames & des bois de bordage. On y compte trente-huit communautés, & vingt-quatre juſtices royales. *Arreou*, petite ville, en eſt le chef-lieu, il eſt ſur la Neſte. *Sarrancolin*, eſt auſſi une petite ville qui a un prieuré, une bonne verrerie & des carrieres de marbre.

Le Bas-Armagnac.

Il eſt plus étendu que le haut, & ſe diviſe en divers diſtricts.

Armagnac noir.

Nogaro, ville ſur la Midou, qui renferme un chapitre, une juſtice royale & 1700 habitans.

Barcelonne eſt ſur l'Adour, & renferme deux mille habitans. *Jegun*, ſituée ſur un ruiſſeau, a une collégiale, une juſtice royale & cinq cents habitans. *La Vardens* eſt au milieu d'une campagne très-fertile ſur le Loir, *Corneillan*, bourg ſur l'Adour, *Paujas* ſur la Midou, ou la Douſe.

Comté de Feſenſac.

Il a ſept lieues de long, cinq de large, eſt fertile en blés, vins, fruits & excellens pâturages. Il y a beaucoup de gibier.

Vic de Fizenſac, *Fidentia*, ville de ſix cents habitans, où réſiderent les anciens comtes, où eſt une égliſe collégiale. Elle eſt ſur la Bidouze. *Lannepax* eſt le ſiege d'une juſtice royale ; une petite riviere l'arroſe. *Gondrin* a le titre de marquiſat : c'eſt une ville de trois cents habitans.

L'Eauzan.

Il a ſept lieues de long & quatre de large, eſt fertile en vins, grains & pâturages.

Eauze, *Eluza*, ville ancienne qui fut autrefois la capitale du pays ; le lieu où elle fut eſt preſque déſert ; on l'appelle la *Cioutat* : il renferme cinquante arpens où en labourant on découvre diverſes mazures de marbre, & d'anciennes monnaies romaines. Toute la ville n'a pas neuf cents habitans : elle eſt ſur la Geliſe.

Campagne, *Mauleon*, deux petites villes, ſieges de juriſdiction : la premiere eſt ſur la Douze.

Comté de Gavre.

Il a 4 lieues de long & 2 de large, eſt arroſé par le Gers. Il renferme *Fleurence* ou *Fleurange* & *Puy*, petites villes. La premiere a une juſtice royale, & une élection : le Gers l'arroſe.

Le Brullois.

Il a le titre de vicomté ; la Garonne en arroſe la partie ſeptentrionale, & il fournit des blés, du vin & des pâturages. *Leyrac* ou *Leytrac* en eſt la principale ville : elle eſt ſur la Gers, a un prieuré & commerce en productions du pays & en eaux de vie. Elle a 500 habitans. *La Plume* en a 1800, ſon terroir eſt très fertile, & elle prétend au titre de chef-lieu du vicomté. *Caudecoſte* eſt encore une petite ville; *Montesquieu*, un bourg voisin de la Garonne.

Vicomté de Lomagne.

Il a huit lieues de long & six de large, est arrosé par la Garonne, jouit d'un air pur & tempéré, d'un sol fertile en grains, vins, fruits & pâturages.

Lectoure, *Lactora*, ville qui existait sous l'empire Romain, & qui a été la plus forte place de la Gascogne. Elle est située sur une montagne qui n'est accessible que d'un côté, & dont la Gers baigne le pié: des fortifications ajoutaient à la sureté qu'elle devait à la nature, & aujourd'hui elle est encore défendue par une triple enceinte de murs & un château. On y compte 4000 habitans: elle est le siege d'un gouverneur, d'un évêché, d'un présidial, & d'une justice royale. L'évêque en est coseigneur avec le roi. Son diocese comprend 73 paroisses, ses revenus sont de 20000 livres, sa taxe de 1600 florins.

Hauvillars, ville & vicomté voisine de la Garonne. Elle a eu un château fort, & on y fabrique aujourd'hui des bas de laine dont la plus grande partie se vend à Bordeaux.

Vic ou *Lavit*, petite ville où siege une justice royale & où demeurerent les seigneurs du pays. *Granmont*, *Mauraux*, *Miradoux*, &c. sont de petites villes. Cette derniere est la plus considérable, & renferme 1200 habitans.

Comté de l'isle Jourdain.

Il est petit, fertile, agréable, & tient à la Lomagne. *Isle-Jourdain* est une ville où siege une sénéchaussée, où est une église collégiale, & où l'on compte 2600 habitans. Son territoire est fertile en grains, en fruits & en vins. Elle a été forte, mais son château est détruit & ses murs abbatus. La Save l'arrose, & lui donna une partie de son nom en l'environnant. Près de là est la forêt de Baconne, où le soleil ne pénetrait jamais, & qui fut l'asyle des tyrans & des voleurs; mais elle a été éclaircie. Autour de la ville sont quelques bourgs.

Comté de Carmaing.

Il a deux lieues & un quart de long, sur une & demi de large, il touche au Languedoc & renferme seize paroisses, dont la principale est *Carmaing*, ville de 600 ames.

Les Baronies.

Ce petit pays est fertile & renferme quarante & une paroisses dont la principale est *Castelmayran*, ville de 700 ames, à une lieue de la Garonne & le bourg de *Serignac*.

Pays de Riviere-Verdun.

Il s'étend en longueur sur le bord de la Garonne, l'espace de huit lieues; sa plus grande largeur est de trois; il est abondant en grains, en vins & en fruits. On y remarque *Verdun* qui fut autrefois plus considérable. Elle est sur la Garonne. On y compte aujourd'hui 2100 ames, & la *Croix* appelle *une ville assez grande & assez peuplée. Grenade* est le chef-lieu de l'élection du pays; elle a une justice royale, est sur la Garonne & a 500 habitans. *Montrejau*, a une justice royale, est le chef-lieu d'une subdélégation, & est située au confluent de la Neste avec la Garonne. *Mas-Garnier*, renferme une abbaye de bénédictins. *Bologne* est un bourg sur la Gimone. *Gallan*, ville de 200 habitans. *Garganvillar* en a 2000.

On trouve encore dans ce petit pays quelques villes & bourgs, dont on ne pourrait dire que les noms.

Comté d'Astarac, ou *d'Estarac.*

Il a treize lieues de long, & onze de large, & est arrosé par le Gers, la Baise, la Losse, l'Arroz & quelques autres petites rivieres. Le climat y est tempéré; le sol entrecoupé de collines & de plaines, y fournit du froment, du seigle, de l'avoine: on y trouve beaucoup de gibier, de poisson & de volaille. Du vin, de l'eau-de-vie & de la laine nourrissent son faible commerce.

Mirande, ville sur la Baise, bâtie en 1289, est le siege d'une élection, & renferme 1000 ames.

Roquelaure, ville de 1800 ames, qui a titre de duché-pairie. *Masseube* est une ville, ou un bourg de 800 habitans, située sur le Gers. *Simorre* est un bourg, qui renferme une riche abbaye de Bénédictins: *Pessan* en a une aussi, & compte dans son enceinte 600 habitans.

Vicomté de Fezensaguet.

Sa surface est de seize lieues quarrées: on y voit *Mauvesin*, petite ville sur l'Arroz. On y fait beaucoup de salpêtre, & on y compte 2000 ames. Elle a été forte.

II. *Le Comminges*, ou *Commenges.*

Il a le titre de comté, est divisé en haut & bas

touche vers le nord au Languedoc, à l'est au pays de Foix, au sud à l'Espagne, à l'ouest à une partie de l'Armagnac. Son nom vient de ce qu'un amas de diverses nations s'y établirent (*conveniæ*) : sa capitale était alors *Calagoris*. Il a environ 18 lieues de long, 15 de large, & 150 lieues quarrées en superficie. La *grande* & la *petite Neste*, la *Garonne*, le *Lez*, la *Sare*, la *Nove* l'arrosent. Ses habitans sont spirituels, actifs, courageux, laborieux & attachés à leurs anciens privileges. Ils passent en Espagne dans la belle saison, & travaillent pour des hommes paresseux, qu'ils dépouillent. Ils jouissent du droit de *lits & passeries*, par lequel les habitans des diverses frontieres peuvent commercer sans inquiétude, soit dans la paix, soit dans la guerre.

Haut Comminges.

De hautes montagnes le rendent froid : de vastes bois, propres à la construction des navires, mais où il n'y a pas de grosses pieces ; de belles carrieres de marbre, d'excellens pâturages, où se nourrissent des brebis, des bœufs & des mulets estimés, sont toutes ses richesses naturelles.

Saint-Bertrand, *Lugdunum Convenæ*, petite ville, bâtie en 1100, dans la vallée de Cabrieres, par S. Bertrand, évêque de Comminges, qui lui donna son nom : elle est vis-à-vis des ruines de l'ancienne *Convenæ*, qui, dans le cinquieme siecle, était vaste & florissante : on voit encore les ruines de son amphithéatre. Saint-Bertrand est près de la Garonne, & n'a que 5 à 600 habitans. Son évêque prend le titre d'évêque de Comminges. Son diocèse comprend deux cents paroisses, trois abbayes & deux chapitres: une partie s'étend dans le Languedoc, & donne à ſon chef le droit de ſiéger aux états de cette province. Ses revenus ſont de 30,000 liv. & ſa taxe de 4000 fl.

Saint-Béat, *Oppidum Sancti Beati*, ville de 800 habitans, traverſée par la Garonne, qui y reçoit la Pique : elle eſt comme le boulevard de Saint-Bertrand, a un prieuré & des marchés de beſtiaux très-fréquentés. Elle eſt dans un vallon très-reſſerré, entre deux montagnes de marbre, & toutes ſes maiſons en ſont bâties.

Sainte-Valentine, petite ville qu'on place dans le Haut Languedoc. *Aſpect* a un gouverneur, une juſtice royale, & une châtellenie : elle eſt ſituée ſur la rive droite de la Garonne ; ainſi que *Monteſpan*, bourg de 150 habitans, qui a titre de marquiſat. *Caſtillon* eſt une petite ville, où eſt une châtellenie. *Martres* eſt un bourg ; *Saint-Martory* en eſt un autre : celui-ci eſt grand, a un pont ſur la Garonne, & le ſaint dont il porte le nom, y attire bien des dévots inquiets, ou languiſſans. *Bagneres-de-Luchon*, bourg dans la vallée de ce nom, peuplée de 500 habitans, & fréquenté par ſes eaux minérales : il eſt à 6 lieues au ſud de Saint-Bertrand.

Bas-Comminges.

Il s'étend dans la plaine, & ſon climat eſt tempéré : ſon ſol produit du froment, du ſeigle, de l'avoine, du vin & des fruits.

Muret, *Murettum*, petite ville, chef-lieu de l'élection, ſiege d'une juſtice royale, d'une châtellenie & d'une ſubdélégation, ſituée ſur la Garonne, au lieu où elle reçoit la Louge. Elle a 1100 habitans. Près d'elle eſt une chapelle, où ſont les corps de

Pierre d'Arragon, & de deux autres princes tués lorsqu'ils assiégeaient cette ville.

Samathan, ville de 1000 habitans, mais autrefois plus considérable, siege d'une justice royale & d'une châtellenie, située dans un vallon, sur la Sare, défendue par un château fort, bâti sur le sommet de la montagne.

Lombez, ville de 2500 habitans, située sur la Sare. Elle a un séminaire & un évêché, dont le diocèse renferme 86 paroisses, dont les revenus sont de 20,000 liv. & la taxe de 2500 fl. C'était d'abord une abbaye de chanoines réguliers, & Jean XXII l'érigea en évêché en 1317.

L'Isle-Dodon, ou *Isle en Dodon*, est sur une hauteur près de la Sare, & est le siege d'une justice royale & d'une châtellenie. *Aurignac* est un bourg sur la Louge, où il y a de grands marchés & des foires, pour y favoriser le commerce des étoffes & du bétail. Il a 1300 habitans & une justice royale. *Nouillan* & *Montpesat* sont des bourgs.

III. *Le Nebouzan.*

C'est une vicomté & un pays d'état, situé au sud & au couchant du Comminges. Sa surface est d'environ trente lieues quarrées : les montagnes y rendent l'air froid, & il n'a guère que des pâturages. Il faisait partie des domaines de la mere de Henri IV.

Saint-Gaudens, *Fanum Sancti Gaudentii*, petite ville qui renferme 1000 habitans, siege d'un gouverneur & d'une justice royale, arrosée par la Garonne, & où l'on voit une église collégiale & quelques couvens. Ses marchés & l'industrie la rendent commerçante : on y fabrique des cadis, des rats & des burats d'un prix médiocre.

Caſſanbabere, bourg chétif, qui a une châtellenie. *Barbazan* eſt connu par ſes eaux minérales. *Niſors* a une abbaye de Cîteaux, fondée en 1213, dont le chef eſt préſident des états du pays. *Capver*, ou *Capbern*, village où eſt une fontaine minérale dans le fond d'un vallon qui n'a que dix pieds de large, & qui eſt couvert de branchages : l'eau en ſort bouillonnante de la groſſeur d'un homme, & ſe perd près de là dans un ruiſſeau qui coule le long du vallon.

Le Conſerans ou Couſerans.

C'eſt une vicomté. Ce pays doit ſon nom aux *Conſorani*, les mêmes que les *Convenæ* : il a 9 lieues de long, autant de large, eſt au midi du Languedoc & du Comminges, a beaucoup de montagnes, quelques plaines & de belles vallées : l'hyver y eſt froid & aſſez long, le ſol y produit peu de grains, mais il y eſt couvert de beaux pâturages & de bois. On y trouve peu de foſſiles, peu de couches régulieres dans ſes montagnes, point de coquilles ni des bois pétrifiés. Elles ſont formées de quatre eſpeces de rocs, le ſaxum, le marbre, le ſchiſte & le granit : on y trouve du ſpath calcaire, du faux criſtal priſmatique à ſix faces, terminées en pointes de diamans : quelques-unes ſont colorées. Les ours, les ſangliers, les loups, les chamois, les chevreuils, les renards, &c. les habitent : il y a quelques bouquetins, quelques hermines, une eſpece de marte, beaucoup de rats dont une eſpèce preſque ſans poil, ne trouvant plus la faine du hêtre pour s'y nourrir, deſcend dans les vallons en troupes innombrables, & dévore les blés : l'homme n'oppoſe à ce fléau que des proceſſions. On y trouve des gelinotes, des cocqs de bruieres, des perdrix griſes & blan-

ches,

hes, &c. Le ſapin, le pin, l'orme, le tilleul, le
ène, l'érable, le hêtre ſont les arbres qui les cou-
onnent. On pêche d'excellentes truites dans ſes ri-
ieres; elles ſont noires, & perdent leur qualité dans
transport: on en voit dans trois petits lacs dont
plus grand ſe remplit par une caſcade très-belle:
on n'y trouve pas une plante.

St. Lizier, *Fanum Sancti Licerii*: petite ville ſi-
uée ſur le Salat, au pié des Pyrenées. Elle s'appel-
it autrefois *Auſtriæ*, & ſe diviſe en ville & en cité.
Un comte de Comminges ayant détruit la ville de
Conſerans, l'évêque ſe retira à Auſtrie, & en prit le
om qui fit place à celui de *St. Lizier*, l'un des évê-
ues qui y ſiegeait en 750. Elle a treize cents habi-
ans & deux cathédrales. Au pié de la montagne voi-
ne eſt une chapelle vénérée & dédiée à St. Lizier,
ù les Eſpagnols viennent demander la pluie ou un
ems ſerain, ſelon qu'ils en ont beſoin. Le diocèſe
enferme quatre-vingt-deux paroiſſes, & donne à ſon
hef un revenu de 20000 livres, & ſa taxe eſt de
000 florins.

Erée eſt une vallée qui renferme des marcaſſites
t des mines d'étain: on y voit des reſtes des tra-
aux des Romains qui en tiraient de l'or & de l'argent.

Conſerans, de grande ville eſt devenu un bourg
ſſez pauvre. Il eſt ſitué ſur une hauteur.

St. Girons, petite ville ſur le Salat, connue par ſes
oires de beſtiaux. On n'y compte que trois à quatre
ents habitans.

Maſſat, petite ville qui a une égliſe collégiale,
t ſix cents ames. Elle eſt ſituée dans un vallon.

Portel, village dans la vallée de Larbouſt: on y
rouve de la tourbe qui parait avoir été formée par
es genevriers, couverts par un éboulement du

terrain : dans la même vallée eſt une mine plomb.

V. *Le Bigorre.*

Comté qui a 70 lieues quarrées de ſurface, a roſée par la Gave, l'Adour & l'Arroz, habitée jad par les *Bigerri* ou *Bigerrones*, qui lui donnerent le nom. Ce pays eſt ſitué au midi de l'Armagnac; ſ habitans ſont ingénieux & braves; l'air qu'ils reſp rent eſt froid ſur les montagnes & doux dans l plaines. On y trouve de beaux bois de charpente de conſtruction & de mâture : on y recueille d vins excellens, de l'orge, du ſeigle, beaucoup d millet, un peu de froment. Il a d'excellens pât rages, des carrieres d'un très-beau marbre, des eau minérales eſtimées, des ſimples, de l'amiante; plu ſieurs curioſités naturelles, &c. Il a ſes états formé de quatre abbés, de deux prieurs, d'un comman deur de Malthe, de douze barons, des conſuls, de villes & des députés des vallées. Il ſe diviſe en tro parties.

La Plaine.

Tarbes, petite ville qui a ſuccédé à celle de *Bi gorra*, ruinée par les barbares, & dont on voit place où eſt encore la cathédrale. Tarbes s'appellait auparavant *Talva*; elle eſt le ſiege d'un gouver neur, d'un évêché, d'une ſénéchauſſée. Elle renferm deux couvens, uu collége, un hôpital & douze cent habitans. Elle n'a qu'une rue le long de l'Adour dans une plaine, & un château la défend. L'évêque compte dans ſon diocèſe deux cents quarante paroiſſes, jouit d'un revenu de 25000 liv. (*a*) & paye une taxe de 120 florins.

(*a*) Le dictionnaire univerſel de la France ne lui donn nait qu'un revenu de 8000 livres en 1726.

Ibos n'a pas cent habitans. *Gondom* & *Antin*, bourg & duché en ont 400.

Les Montagnes.

Elles ſe diviſent en trois vallées.

Celle de *Lavedan*, *Levitania*, a neuf lieues de long & ſix de large, ſituée dans les Pyrenées, eſt arroſée par la Gave : on y trouve tout ce qui eſt néceſſaire à la vie, & ſur-tout d'excellens pâturages couverts de beſtiaux. *Lourde* en eſt la ſeule ville, ſituée dans une gorge de montagnes, près de la Gave, & défendue par un château bâti ſur un rocher. *Lus* eſt un bourg. *St. Savin* une ancienne abbaye de bénédictins.

Celle de *Campan* eſt moins étendue : mais elle eſt riche en beau marbre rouge, blanc & verd par taches & par veines : il y en a auſſi de verd & d'un blanc très-vif; en eaux minérales, & en gras pâturages. Le bourg de *Campan*, peuplé de dix-neuf cents habitans en eſt le chef-lieu. *Bagneres* eſt une ville de trois mille ſix cent habitans, où des inſcriptions prouvent qu'on y adorait une divinité inconnue ailleurs & nommée *Aghon*. Elle eſt au bord de l'Adour au pié du pic du midi, l'une des plus hautes des Pyrenées, & connue déjà du tems des Romains par ſes eaux médicinales ſous le nom de *Vicus Aquenſis*. De ſes deux fontaines, l'une eſt chaude, & l'autre froide : pluſieurs autres ſont dans le voiſinage, & on en compte trente; ces eaux ſont ſans ſaveur, & ne colorent point les métaux. On les prend au printems & en automne. La fontaine nommée de *Salut* eſt éloignée de la ville : dans un de ſes bains on trouve des pierres cubiques, quelquefois aſſemblages de pluſieurs, & couleur de fer rouillé ou d'or.

La vallée de *Baredges* eſt riche en curioſités naturelles : dans l'intérieur de ſes rochers tranſparens, on trouve de l'amianthe dont les habitans font des bourſes & des jarretieres, des criſtaux qui ont la propriété de ceux d'Islande, & ſur-tout des eaux minérales diſtribuées en pluſieurs bains dont la chaleur varie entre le 90 dégré du thermomètre de Fahrenheith, & le 11e. Elles ſont onctueuſes, tranſparentes, ont le goût d'œufs couvés, & la même peſanteur ſpécifique que les eaux de la riviere de Barreges. Le bourg de ce nom eſt au ſud du pic du midi, & peut avoir cinq cents habitans. *Cauteret* n'eſt qu'un village où l'on trouve auſſi des bains.

Le Ruſtan.

Il ne renferme que la petite ville de *St. Séver* ſur la Rouſſe : qui doit ſon nom à ſon ancienne abbaye de bénédictins.

VI. *La Chaloſſe.*

Ce pays a douze lieues de long ſur quatre de large ; il eſt au nord du Bearn : ſon ſol eſt uni, ſabonneux, mais fertile en grains, vins, fruits & pâturages, arroſé par l'Adour, le Luy, le Pons & le Gabas. L'air y eſt ſain, mais très-chaud durant l'été. Il comprend la Chaloſſe propre, le Marſan & le Turſan.

Chaloſſe propre.

St. Séver ; Fanum Sancti Severi, l'une des plus jolies villes de Gaſcogne, eſt ſur l'Adour. Une ſénéchauſſée y ſiege. Elle doit ſon origine à une abbaye de bénédictins fondée par *Sanche*, duc des Gaſcons. On y commerce en vins.

Hagelmau, ancienne ville ſur le Lons : elle a une égliſe collégiale, un château magnifique, un hôpital, & de jolies promenades. La nobleſſe accourt à ſes combats de taureaux, & le marchand à ſes foires. Ses environs ſont fertiles en vins eſtimés, tels que ceux de *Moreres*, & abondans en perdrix rouges, bécaſſes, pigeons ramiers, becfigues & ortolans qui y paſſent en grandes troupes deux fois l'année. Près delà eſt la ſeigneurie de *Milleſleur* qui renferme un antique bois de hêtres, nommé *Lucuſpin*; ce qui fait croire qu'il fut conſacré au dieu Pan, *Lucus Pani Sacer*. On y a découvert une faible mine d'argent.

Arſac, petite ville ſur le Lons & le Luy, où l'on compte huit cents habitans. *Mugron* & *Baſſempony* ont auſſi le nom de villes. *Douzit* eſt un bourg dans une campagne fertile & riante. *Toloſette* renferme neuf cents ames.

Le Turſan.

Il eſt fertile & chaud; l'Adour, le Lons, le Bahus & le Luy l'arroſent.

Aire, *Adura*, ville ancienne, ſiege d'un évêché & d'une juſtice royale. Elle a un ſéminaire, des environs rians & un ſol fertile. Elle eſt ſur le penchant d'une montagne, au bord de l'Adour qui donna ſon nom au pays, & le reçut des *Aturres*. On y compte quinze cents habitans, en y joignant ceux d'un chetif bourg voiſin nommé *Mas*. On la croit la ville des *Satriates* : elle eut dans la ſuite le nom de *Vicus Julius*, & fut ſoumiſe aux Viſigots; *Alaric*, l'un d'eux, l'aggrandit & y eut un palais dont on voit encore les ruines : divers peuples barbares la ſaccagerent : les guerres de religion l'ont déſolée; auſſi n'eſt-elle plus ce qu'elle a été. Son évêque compte dans son diocèse deux cents quarante paroisses, a un revenu annuel de 30000 liv. & paye une taxe de 1200 florins.

Miremont, ville de 3000 ames, qui a titre de baronnie. *Buannes* est sur le Banus, & a 500 habitans.

Le Marsan.

Il a le titre de vicomté, fut habité par les *Elusates*, & devint ensuite une possession des vicomtes de Bearn. Sa surface est d'environ soixante lieues quarrées. Il est arrosé par la Midou & la Douze. Le climat en est tempéré, le sol fertile en vins & en pâturages qui nourrissent de nombreux troupeaux de moutons, dont la laine sert aux fabriques du pays. On y recueille aussi du seigle & un peu de froment.

Mont-de-Marsan, petite ville, est le siege d'un gouverneur, d'une sénéchaussée & d'une subdélégation : elle est sur une montagne, sur la Douze & la Midou, près de l'Adour ; fut bâtie en 1120, & renferme 4000 habitans. Elle a un couvent de Ste Claire dans son fauxbourg, & des marchés de grains.

Roquefort-de-Marsan, ville de 2000 ames, sur la Douze. *Grenade*, aussi peuplée qu'elle, est sur l'Adour, qui commence à y devenir navigable. *Saint-Justin* est un bourg.

VII. *Vallée*, ou *Vicomté de Soule.*

Elle touche à la Navarre & aux Pyrenées : on y trouve des eaux minérales, des pâturages & des bois pour la construction des vaisseaux. C'est un pays d'états composés des trois ordres : il renferme ſoixante-neuf communautés, dont la plupart des habitans vont travailler en Eſpagne. On n'y voit de villes que *Mauléon*, *Malleo*, petite ville défendue par un château, arroſée par le Gave de Suzon, qui traverſe toute la vallée, & ſiege d'un gouverneur. Elle a 4000 habitans.

VIII. *Terre de Labourd.*

Les *Tarbelli*, ou *Vaſſei* l'habiterent. Sa ſurface eſt de trente-ſix lieues quarrées, occupées par trente-huit communautés, dont trente forment les états du pays, nommés *Béliac*. L'*Adour*, la *Nive*, la *Bidaſſoa* & la *Nivette* l'arroſent. L'été y eſt chaud, le ſol ſablonneux, & mêlé de collines & de montagnes. On y recueille aſſez de bleds & de vins, & beaucoup de fruits délicieux, tels que des poires & des pommes, dont on fait d'excellent cidre. Le pays eſt riche en ſimples utiles, en curioſités naturelles, en pâturages où l'on nourrit une multitude de moutons, & en gibier. Le château de *Lampourdan*, bâti du tems des Romains, lui donna ſon nom, qui demeura quand le château fut détruit. Ses habitans ſont actifs, ſobres, bons navigateurs & bons ſoldats : ils ſont les premiers qui aient été harponner les baleines dans les mers du Groënland : ils pêchent beaucoup de morues, & paient peu d'impoſitions. On les appelle *Baſques*, ou *Vaſques*, & c'eſt l'ancien nom des Gaſcons, dont ils ſont les reſtes. Leur langage ne reſſemble à aucune des autres langues de l'Europe. Le Labourd s'étendait autrefois ſur une partie de Guipuſcoa : le Bidaſſoa le ſépare aujourd'hui de l'Eſpagne. On y trouve beaucoup de Juifs.

Bayonne, ville dont le nom eſt formé des deux mots baſques, *baya* & *ona*, qui ſignifient bon port.

Ce port est de difficile accès ; des sables en bordent l'entrée, mais il contient un grand nombre de vaisseaux, & il s'y fait un grand commerce. C'est l'Adour qui le forme entre la ville & sa citadelle ; & s'il était toujours également profond, & que ses bords fussent stables, il serait un des plus beaux ports de France. Les vaisseaux de trente à quarante canons y remontent jusqu'au-dessus de la ville, & de-là les bateaux plats portent les marchandises jusqu'à Saint-Sever. On n'a commencé à connaître cette ville que dans le dixieme siecle : on la croit bâtie sur les ruines de Lapurdan. Elle est divisée en trois parties ; la grande, la petite ville, & le fauxbourg du S. Esprit : la Nive sépare les premieres ; l'Adour les arrose ; un château défend chacun d'eux, & ils sont fermés encore d'une double enceinte de murs. La petite ville est environnée de huit bastions & d'un grand ouvrage à cornes. Le fauxbourg est de l'autre côté de l'Adour, & il est aussi fortifié. Une citadelle quarrée, située sur une hauteur, commande aux trois parties de la ville, au port & à la campagne.

Bayonne a deux gouverneurs, deux commandans, &c. un évêché, une sénéchaussée, une amirauté, une mairie royale, une justice consulaire, un hôtel des monnaies, une église collégiale, une commanderie de Malthe, une abbaye de Cîteaux, neuf autres couvens, un hôpital, un hôtel-de-ville, une bourse, un college, des magasins de marine, plusieurs ponts, & une place publique, ornée d'une fontaine très-abondante. Les Juifs y sont nombreux, & y ont une synagogue. Elle a trois portes, & les bourgeois ont la garde de deux. C'est la seule des villes de France, qui soit sur deux rivieres où la mer remonte. Son principal commerce est avec l'Espagne, & consiste en bois, fer & goudron, qui r font à bon marché. Elle tire des laines de la Haute Navarre & de l'Arragon, à qui elle fournit des ucres & diverses denrées. On connaît les jambons qui s'en exportent, & on sait que c'est dans son sein que s'est forgée la premiere bayonnette. Le diocèse le l'évêque de Bayonne renferme cent paroisses, selon Busching, & soixante, selon Lenglet. Ses revenus sont de 20,000 liv. & sa taxe de 100 fl.

Saint-Jean-de-Luz, en langue du pays, *Luy*, ou *Loitzun*, c'est-à-dire, lieu marécageux : deux bourgs (*Saint-Jean-de-Luz* & *Sibourre*) la forment ; la riviere de Ninette les sépare, & un pont les réunit. Après Bayonne, c'est la ville la plus commerçante du pays. Ses habitans ont élevé un fort sur la côte, pour protéger les pêcheurs. Elle est située à l'embouchure du torrent d'Urducary dans la mer, & y a un port : ses habitans sont de hardis navigateurs. C'est la derniere ville forte que la France ait sur les frontieres d'Espagne, & on compte 4000 ames dans ses murs.

Andaye, bourg situé sur le Bidassoa, près de son embouchure, vis-à-vis de Fontarabie. Il est renommé par ses bonnes eaux-de-vie. 500 habitans, une compagnie d'invalides & son commandant forment la population.

Bidache a titre de principauté : celui qui la possede, prétend qu'elle est souveraine, mais on le lui dispute.

Anglet est un bourg de 1400 habitans : *Ustaritz* en a 2000. *Guiche*, *Biart*, &c. sont des lieux peu considérables.

IX. *Pays de Marennes, & le Moransin.*

Espace terminé d'un côté par l'Océan, de l'autre

par l'Adour, rempli de marais & de pins, qui donnent de la résine & de la poix. *Marennes* lui a donné son nom : c'est un bourg de 600 ames, sur le bord de la mer : *Magesq* en a 800. *Cap-Breton, Caput Brutti* est très-ancien, son sol aride ne produit que d'excellens vins. D'anciens monumens font croire qu'il a été fondé par Brutus, neveu de Caton. Ses habitans commercent dans tout le royaume, sans payer de droits. *Le Vieux-Boucaut*, petit bourg sur l'ancienne embouchure de l'Adour.

X. *Les Landes*, ou *Lannes*.

Elles se divisent en quatre parties, presque toutes abondantes en miel.

Vicomté d'Acqs, ou *de Dax*.

Il y a des champs, des vignes, des bois & de vastes plantations de pins. Les planches, le goudron & la résine forment les objets de son commerce.

Dax, ou *Acqs*, *Aquæ Augustæ Tarbellinæ*, ville qui est le chef-lieu des Landes, & qui le fut des Tarbelliens. Son enceinte est quarrée, entourée de vieux murs flanqués de tours, ainsi que ceux de son château ; & l'Adour l'arrose. Elle a un gouverneur, un évêché, un présidial, une sénéchaussée, un fauxbourg, nommé *Sabla*, séparé d'elle par la riviere, & jointe par un pont ; six couvens, un college, un séminaire, un hôtel-dieu & 5000 ames. Il s'y tient trois foires par an, & ses marchés sont les plus grands du royaume : les marchands de Biscaye y viennent chercher du froment, des vins, des eaux-de-vie, du bray, des planches & autres marchandises. Le diocèse renferme 194 paroisses : l'évêque duit de 18,000 liv. de rente, & paie à Rome une taxe de 500 fl.

Dax est importante par sa situation ; elle l'est encore par ses curiosités naturelles. A son centre est un bassin de 4348 pieds quarrés de surface, à cinq faces irrégulieres, très-profond & plein d'une eau bouillante, qui en sort par cinq ou six tuyaux, avec une abondance prodigieuse. Plus bas, près de l'Adour, sont des bains, pleins d'une eau bourbeuse & chaude, utiles pour diverses maladies : de la surface du bassin s'éleve une épaisse fumée ; à l'un de ses coins est un espace de quatre toises de diametre, où l'eau semble bouillir ; c'est la bouche de la source : on a dit que c'était un abîme sans fond, cependant on l'a trouvé quatre toises plus bas. La source fournit 543 pieds cubiques d'eau dans quinze minutes : la chaleur de l'eau est de 127 degrés, à la surface, au thermometre de Farenheith, & de 140 à la bouche de la source. On a remarqué comme une merveille, que les œufs n'y pouvaient pas cuire : la raison en est bien facile ; c'est que pour cuire un œuf, il faut que la chaleur de l'eau soit de 200 degrés à ce thermometre. Cette eau est claire, inodore, & très-bonne à boire : elle a la même pesanteur que l'eau commune. On en tire par la distillation des crystaux très-petits, brillans, de figure pyramidale & quadrangulaire, qui ne pétillent point au feu : ce qui reste dans la retorte, est une matiere saline, grise, s'humectant aisément à l'air, & se dissolvant dans l'eau. Il croît au fond du bassin une plante qui se retrouve dans tous les bains chauds ; elle semble un composé de petites vésicules à plusieurs rangs, qui présentent la forme d'un réseau ; l'amas en est terminé par un trenchant, comme le sont les foies des animaux : elle périt dans une eau tempérée. Près de là, dans la paroiſſe de S. Paul, eſt une fontaine très profonde, qui croît comme la lune augmente, & diminue avec elle. Là eſt une caverne voûtée, qui renferme trois tombeaux antiques de marbre.

Pont-de-Caunes eſt ſur l'Adour. *Caupenne* eſt un bourg de 1300 ames. *Baſtennes* eſt remarquable par un banc de bitume qu'on y trouve : les mines en ſont abondantes : il y eſt ſous la forme d'une pierre très-dure & fort noire, il lie les pierres ſi fortement qu'on ne peut plus les ſéparer qu'au feu. On s'en ſert pour les pavés, tel eſt celui de la place du *Château-Trompette*, & pour des murs. Epuré, il ſert pour les vaiſſeaux, & cet enduit dure autant que les vaiſſeaux même. *Gaujac* eſt voiſine de la Luy, & a une juriſdiction.

Vicomté d'Aorte, ou *d'Orteville.*

Un bourg lui donne ſon nom : celui de *Peyrehorade*, au confluent de l'Adour & du Gave, en eſt le chef-lieu.

Vicomté de Tartas.

Il fait aujourd'hui partie du duché d'Albret. *Tartas*, *Tartaſium*, eſt une petite ville bâtie en amphithéatre ſur une colline, près de la Midouſe & de l'Adour, qui ſe joignent près de là. C'eſt le ſiege d'une ſénéchauſſée, & l'on y voit un joli fauxbourg & deux couvens. Toutes les ſemaines il y a un grand marché de ſeigle.

Duché d'Albret.

L'ancienne vicomté de ce nom était plus étendue : il n'a plus que vingt lieues de long ſur à-peu-près autant

ant de large. Louis XIV le donna à la maison de Bouillon, en échange de *Sedan* & *Rocourt*.

Albret, ou *Lebret*, bourg qui a donné son nom au pays, environné d'un sol sablonneux, & rempli de pins & de lierres, d'où lui vient son nom, *Lebret*.

Nerac, jolie ville, capitale de l'Albret, divisée en grande & petite, par la Baise, qui commence à y devenir navigable, siege d'un présidial & d'une justice seigneuriale. Elle a un grand château, orné de beaux jardins, & quatre couvens. On y fabrique des draps & des serges. A une lieue de là est *Barbaste*, petit bourg sur la Gelise, que l'on y passe sur un pont de huit arches. C'est un des plus beaux lieux de la France, & il faisait les délices de Henri IV.

Casteljaloux, petite ville, où siége un présidial, & où l'on voit une église collégiale. L'Averce l'arrose: le commerce du miel, du bétail & du vin la fait prospérer. *Castelmoron*, bourg, siege d'un présidial & d'une jurisdiction, situé entre le Drot & la Dordogne. Ces deux endroits sont en Bazadois.

XI. *Le Gabordan.*

Il a titre de vicomté. Ce pays a dix-huit lieues quarrées de surface: son sol produit peu de bleds, peu de vins, & ses pâturages ne sont pas abondans. Le chef lieu est *Gabaret* sur la Genize, ou Gelize: c'est une petite ville très-ancienne.

XII. *Le Condomois.*

Il a titre de comté, est situé au sud de la Garonne, & a 90 lieues quarrées en superficie. La Garonne, la Baise & la Gelis l'arrosent: le climat y eſt tempéré, & le ſol fertile en bleds & en vins. Les terres voiſines de l'Armagnac ſont peſantes, & demandent de grands travaux; ce qui fait que les habitans n'en ſont pas aiſés.

Condom, *Condomus*, ville où ſiégent un évêque, un préſidial, une ſénéchauſſée, &c. On y compte cinq couvens, un ſéminaire, un college, un hôpital & près de 5000 habitans. Elle n'eſt ni riche, ni commerçante. Son ancienne & riche abbaye de Bénédictins fut érigée en évêché par Jean XXII. Son diocèſe eſt de 140 paroiſſes, ſes revenus de 60,000 l. & ſa taxe de 2500 fl.

Aſtaffort eſt une ville ſur la Gers, ſiege d'une juriſdiction, & où l'on compte 1700 ames.

Dunes eſt un bourg qu'entoure une campagne fertile, arroſée d'un côté par la Gers, & de l'autre par la Baiſe.

Mezin eſt le ſiege d'une juſtice royale; elle eſt près de la Gelize.

Le Mas-d'Agenois eſt un bourg ſur la Garonne, où l'on compte 1000 habitans. *Moncrabeau* & *Damazan* en ont 500.

GOUVERNEMENT DE SAINTONGE ET D'ANGOUMOIS.

Il eſt borné au nord par le Poitou, au ſud & à l'eſt par la Guyenne, & à l'oueſt par l'Océan. Il a 30 lieues de long, vingt-cinq de large, & environ quatre cents quatre-vingt-dix lieues quarrées de ſurface. Un gouverneur général, & d'autres officiers y régiſſent tous les objets relatifs au militaire.

I. *Saintonge.*

Elle touche à l'Océan; ſa longueur eſt de vingt-cinq lieues, & sa largeur de douze. La *Charente*, *Carentonius* l'arrose dans son cours de quarante lieues, presque par-tout navigable, & par-tout remplie de poissons d'excellent goût. Elle amene les vaisseaux jusqu'à Rochefort. Elle sort de l'Angoumois : ses débordemens fertilisent les terres : dans ses sables se recueillent des moules où l'on trouve des perles estimées. La *Boutonne*, *Vultumnus* sort près de Chef-Boutonne, & finit son cours de quatorze lieues, en se jettant dans la Charente au port de Caillon. Le climat de la Saintonge est tempéré ; son sol est fertile en grains & fruits de toutes especes, en vins, en plantes utiles, telles que l'*absynthe*, la *virga santonica*, le *salicot* & la *cryste-marine*, ou *perce-pierre* ; en excellens pâturages, qui nourrissent beaucoup de bétail, & sur-tout des chevaux fort estimés. On y trouve quelques forêts, des eaux minérales, des marais salans, d'où l'on tire un très-bon sel, & des vignes, dont le raisin noir appellé *chauchet*, a un jus préférable à l'hypocras. Les habitans commercent en sel, vins, chevaux, safran, &c. : la situation du pays les appelle à cet état, & ils y réussissent, quoiqu'ils soient en général paresseux.

Les *Santones* qui ont habité ce pays lui ont donné son nom ; il fit partie de la seconde Aquitaine sous l'empire romain, fut soumis aux Anglais sous leur roi Henri II, & redevint une province française sous Charles VII. Il n'y a qu'un évêque dans toute la province : les affaires civiles ressortissent du parlement de Bordeaux. La Charante divise la Saintonge en haute & basse.

Haute Saintonge.

Saintes ou *Xaintes*, *Mediolanum Sanctonum*, petite ville très-ancienne, & par conséquent mal bâtie ;

ses rues sont étroites, tortues & sales, ses bâtimens sont mesquins. Elle est au pied d'une éminence dont elle occupe le sommet, auprès de la Charente, & est le siege d'un gouverneur, d'un évêque, d'un présidial, d'une sénéchaussée : on y compte plusieurs couvens, une église collégiale, une abbaye, trois mille ames, quelques anciens monumens des Romains, tel qu'un beau pont sur lequel est un arc de triomphe, qu'on croit élevé à l'honneur de Germanicus, & un amphithéâtre presque ruiné, qui était de figure elliptique. Ses souterrains, ses voûtes subsistent encore; ses murs étaient formés de pierres cubiques. Il y avait aussi une naumachie. L'évêque est seigneur des trois quarts de la ville; son diocèse renferme 594 paroisses, quinze abbayes, quatre chapitres : ses revenus sont de 20000 livres, sa taxe de 2000 florins.

Pons, ville divisée en haute & basse : la premiere est sur le penchant d'une montagne, la seconde au pied, sur la Seigne ou Sévigne dont les ponts lui ont donné le nom qu'elle porte. Les seigneurs de Pons prenaient le titre de *Sires*; aujourd'hui ils s'appellent *Princes*. Ce fief rapporte 60000 livres, & les rois de France en donnaient l'investiture d'une maniere singuliere. La ville renferme trois couvens, trois hôpitaux, une commanderie de Malthe, & environ quatre mille ames. Près de là est une eau minérale, limpide & sans saveur.

Barbezieux, petite ville qui a le titre de marquisat, autrefois ceinte de murs, aujourd'hui toute ouverte; dans ses environs fertiles, mais sans riviere, est la source d'eau minérale nommée *Fontrouilleuse*, elle sent le marécage. *Montausier* est un duché-pairie formé de sept paroisses. *Talmont*, principauté, est sur la Gironde. *Jonsac*, bourg. *Mortagne*, bourg & principauté

cipauté sur la Gironde. *Montendre* a une source d'eau minérale estimée, & sans goût. *Saint-Cancers* est dans une campagne fertile en blés, vins & pâturages. *Pont-l'Abbé* a des environs agréables, arrosés par une petite riviere. *Saujon* fut une ville forte, & n'est plus qu'un bourg sur la Seudre.

Brouage, ville de sept cents habitans, fortifiée par l'art & la nature, située dans des marais, sur le bord de la mer où elle a un havre. Une grande place & cinq ou six rues tirées au cordeau la composent : l'eau y est mauvaise, l'air mal sain ; mais c'est là qu'on fait le meilleur sel & qu'on l'y charge. Elle est le siege d'un gouverneur qui l'est aussi du petit pays qui en dépend & qui est situé le long des côtes. Près de là est le fort *Chapus*, bâti sur un rocher qu'entoure la Seudre, gardé par des invalides, & situé vis-à-vis l'isle d'Oleron.

Marennes, ville à l'embouchure de la Seudre dans l'Océan, sur un sol marécageux, mais fertile en bons vins & où l'on fait beaucoup de sel: les huîtres vertes qu'on trouve sur ses bords sont recherchées. On y compte cinq mille habitans. *Royan* n'est plus que le fauxbourg de la ville qui résista à Louis XIII. Elle renferme deux couvens, ses environs sont beaux, & elle a un petit port très-commode pour les barques. Vis-à-vis d'elle est la tour de Cordouan, une lieue plus loin est le village de Ste. Palaye, où l'on pêche beaucoup de sardines. *Arvert* ou *Arovert* est un grand bourg dans une presqu'isle couverte de sapins, d'ifs & de houx. *La Tremblade* est très-peuplé, bien bâti, fort commerçant, & fut autrefois un grand port.

Soubise, ville ancienne de huit cents habitans, située sur la Charente. On y trouve de riches marchands, & l'air & l'eau en sont si purs, que les habitans de Rochefort y viennent rétablir leur santé délabrée. Sa principauté renferme sept paroisses. L'*Isle Madame* est située à l'embouchure de la Charente; elle est défendue par une redoute munie de canons. Près de là sont les eaux de *Roussililasse* estimées dans le pays. Ces derniers articles depuis Brouages, sont aujourd'hui partie du gouvernement d'Aunis.

Basse Saintonge.

Saint-Jean-d'Angely, ville sur la Boutonne. Une ancienne abbaye de bénédictins, bâtie en 768, sur les ruines d'un château des ducs d'Aquitaine, lui donna son nom & l'existence; son abbé en est seigneur. On y compte encore trois couvens. On y fait de l'eau-de-vie recherchée, & quelques étoffes de laine; deux moulins sur la Boutonne y font la meilleure poudre du royaume : on y compte encore 4000 ames; mais elle a bien déchu de ce qu'elle a été.

Taillebourg, petite ville sur la Charente, ayant au centre, des rochers sur lesquels s'éleve un château. Elle est le chef-lieu d'un comté qui renferme quarante paroisses.

Tonnay-Charente, ville ancienne sur la riviere qui lui donne le nom qui la distingue. Elle a un port, des magasins, une abbaye de bénédictins, un château & 2500 habitans. *Tonnay-Boutonne* a 600 habitans. *Frontenay-l'Abbattu* est un bourg devenu duché-pairie en 1714, sous le nom de *Rohan-Rohan*: on y compte mille ames.

II. *Angoumois.*

Cette province doit son nom à sa capitale, sa longueur est de vingt lieues, sa largeur de dix-neuf: sa surface d'environ 196 lieues quarrées. La Ch *rente* & la *Touvre* l'arrosent. Celle-ci n'a pas deux lieues de cours, mais elle porte bateau dès sa naissance, & sa source est une des plus belles du royaume : elle sort d'un rocher sur lequel était un antique château, & a plus de douze brasses de profondeur: son cours est embarrassé de rochers, ses eaux paroissent chaudes en hyver, & on y pêche d'excellentes truites. On y voit d'autres rivieres encore, telles que la *Tadoire* qui se déborde souvent, la *Baudiac*, la *Somme*, &c. remarquables par la propriété qu'elles ont de faire du beau papier. Le sol est inégal, rempli de collines, fertile en froment, seigle, orge, avoine, maïs, safran, en vins rouges & blancs, & en fruits de toute espece. On y trouve d'abondantes mines de fer & de l'antimoine : le climat y est tempéré, l'air sain, le commerce peu actif: ses objets sont les vins, les eaux-de-vie, le fer, le papier & le sel.

Les *Agesinates* l'habitaient au tems de César; il fut compris ensuite dans la seconde Aquitaine, passa successivement sous la domination des Wisigots, des Français, de Comtes particuliers, des Anglais, qui en furent dépossédés sous Charles V qui l'unit à la France. Il a un évêché, & pour les affaires civiles il ressortit du parlement de Paris.

Angoulême, *Angoulisma*, *Iculisma*, ville située sur le sommet de la seule montagne qui soit dans le pays: des rochers l'environnent, la Charente l'arrose & un château fort la défend. Elle est ancienne, car ses murs tomberent de vieillesse sous Clovis. Elle est le siege d'un gouverneur, d'un évêque, d'une prévôté royale, d'une sénéchaussée, d'un présidial. On y compte douze paroisses, deux abbayes, un fameux collége, dix couvens, un hôpital-général, une magistrature municipale dont les chefs sous le nom de maires deviennent nobles par leur nomination, & 11200 ames. Elle a quatre grandes foires par année, & des marchés abondans pour les denrées. Son plus grand commerce consiste en papier. L'évêque jouit de 20000 liv. de rentes, & paie une taxe de 1000 fl. son diocèse renferme 290 paroisses.

Aubeterre, ville que la Dronne célebre par ses carpes, partage en haute & basse. Elle a un château antique & beau, une abbaye de Cîteaux, une église collégiale & plusieurs couvens : on y fait de grosses toiles & de beau papier. C'est un comté qui renferme dix-neuf paroisses. *Blanzac* a un chapitre, est sur la Nay. *Montbron* est sur la Tardoire, & est le chef-lieu d'un comté qui s'étend sur dix-huit paroisses. On y compte environ neuf cents ames. *La Rochefoucault*, *Rupes-Fucaldi*, a le titre de duché-pairie, est située sur la Tardoire, a une chatellenie, une église collégiale, un couvent, un hôtel-dieu, & une manufacture de serges. *Ruffecq* a le titre de marquisat; le ruisseau le Lieu l'arrose & produit les meilleures truites du royaume : on y compte 1350 habitans. *Verteuil* est sur la Charente, & a le titre de baronnie. Les ducs de la Rochefoucault qui la possédent y ont leur château, & leur sépulture chez les cordeliers. La population y est de 1400 ames : la situation en est charmante, la riviere y forme un demi cercle qui entoure le château, le parc & les jardins. *Saint-Quentin de Chabanois* a le titre de principauté, est sur la Vienne. *La Valette* eut le titre de duché-pairie : c'est une très-petite ville.

Cognac ou *Coignac*, *Copriniarum*, ville où siégent une élection & une justice royale : une contrée fertile l'environne, la Charente l'arrose, un château, un parc & un vaste étang la décorent. On y voit quelques couvens, on y fait d'excellentes eaux-de-vie très-recherchées & des étamines. On y compte environ 5000 ames.

Chateau-neuf, ville, comté sur la Charente. Ses environs sont fertiles en grains, vins & pâturages.

Jarnac est un bourg célebre : il est sur la Charente & on y compte 1400 habitans. *Bouteville*, *la Couronne* sont des bourgs : le dernier renferme une abbaye célebre de l'ordre de St. Augustin.

GOUVERNEMENT D'AUNIS.

Il est un démembrement de la Saintonge, & s'étend sur l'Aunis propre, & sur les isles de Ré, d'Oléron, d'Aix, &c. Le gouverneur général a sous lui un lieutenant général, un commandant de la province, un lieutenant de roi, un lieutenant des maréchaux de France & douze gouverneurs particuliers.

I. *Aunis propre*.

C'est une ancienne seigneurie au midi du Poitou : elle a neuf lieues de long, autant de large, & sa surface est d'environ quarante-huit lieues quarrées. La *Charente*, la *Seure*, la *Vendie* l'arrosent. La seconde porte bateau depuis Niort, la troisieme depuis Fontenai-le-comte. Le climat est tempéré ; mais les marais qui bordent ses côtes en rendent l'air mal sain. Dans l'intérieur le sol est sec & fertile en blés, vins, fruits, légumes & pâturages : on y trouve beaucoup de gibier & de poisson, & on y fait d'excellent sel : diverses manufactures, les affineries de sucre & les bons ports qui sont sur les côtes font que le commerce y est très-actif & très-étendu.

Ce pays faisant autrefois partie de la Saintonge,

a eu le même sort. Les Rochellois, en chassant les Anglais pour se donner à Charles V, roi de France, acquirent de beaux privilèges, & ils les perdirent pour avoir résisté à Louis XIII, ou plutôt, pour ne lui avoir opposé qu'une résistance sans succès. Il y a un évêché dans cette province, une sénéchaussée, un présidial & d'autres tribunaux y décident les affaires civiles selon les coutumes du pays : ils ressortissent du parlement de Paris.

La Rochelle, *Portus Santonum*, ville ancienne qui doit son origine au château de *Vauclair*, élevé sur la côte pour s'opposer aux descentes des Normands : la destruction d'une ville voisine y fit bâtir plusieurs maisons dont le nombre s'accrut bientôt. Elle est aujourd'hui le siege du gouverneur-général qui l'est aussi de la ville, d'un lieutenant de roi, d'un sous-gouverneur pour les tours, chaînes & hayres, d'un évêché, d'une généralité, d'une intendance, d'un présidial, d'une sénéchaussée, d'une prévôté royale, d'un bailliage, d'une amirauté, d'un hôtel des monnaies, d'une justice municipale & jurisdiction consulaire. Elle a une académie des sciences & belles-lettres fondée en 1732, un séminaire, un collége, une école de médecine, d'anatomie & de botanique; six couvens, plusieurs portes d'entrée, deux faux-bourgs, un hôpital, un hôtel de ville d'une architecture antique & estimée, diverses places publiques dont l'une, (les petits bancs), est menagée dans le plus beau quartier de la ville, & est ornée au centre d'une belle fontaine; la place d'armes du château est très-belle par sa régularité, son étendue & ses allées d'arbres. Son port est commode & sûr; mais les ruines de la digue du cardinal de Richelieu l'ont rendu moins vaste & moins profond : deux tours en défendent l'entrée. Les marais salans qui l'entourent en rendent l'air mal sain ; mais les rues y sont propres, les maisons bien bâties & soutenues d'arcades & de portiques. On y compte 15000 âmes. Le maréchal de Vauban l'a fortifiée, & dix-neuf bastions l'environnent. Son commerce est considérable : ses vaisseaux vont en Amérique y chercher des métaux, des pierreries, des poissons salés, des drogues médicinales, sucres, tabac, pelleteries, &c. en Afrique de la poudre d'or, du morfil, de la cire, des gommes, &c. Les étrangers y viennent charger des vins, des eaux-de vie, du sel, du papier, des toiles, des serges, différentes liqueurs.

L'évêché y fut transféré de Maillezais où il fut fondé : son diocèse est de 425 paroisses selon Lenglet, & de 108 selon Busching : il renferme un chapitre & six abbayes ; ses revenus sont de 50000 liv. sa taxe est de 742 florins.

Rochefort, ville sur la Charente à quelques lieues de son embouchure : elle est le second département de la marine de France, & une intendance. Il y a un port commode fait à force d'art, un beau chantier ; un arsenal le plus grand & le mieux rempli du royaume ; une fonderie de canons, de magnifiques corderies, d'immenses magasins, qui renferment tout ce qui est nécessaire pour équiper & armer une flotte formidable. Les officiers & les soldats de marine y sont logés dans des bâtimens somptueux : elle a un hôtel & un corps de ville, un séminaire, un hôpital, une place publique, vaste, réguliere, ornée par les maisons qui l'entourent ; une maison du roi où loge l'intendant, digne d'être vue par son avenue, sa cour, ses jardins, ses parterres, &c. On y compte 5000 habitans. Elle a de grands priviléges qui ne réparent pas les maux qu'y causent les mauvaises eaux le mauvais air, & des marais salans qui sont près d'elle, le vent du nord, le plus sain de tous, n'y peut souffler. L'entrée de la rade & du port est défendue par le fort de l'Isle d'Aix, la redoute *Aiguille*, les forts *Fourax*, de la *Pointe*, de *Vergeron*, & par des palissades qui ferment la riviere.

Marans, grand bourg environné de marais, sur la Sevre, à deux lieues de son embouchure. C'est un des endroits du royaume où il se fait le plus grand commerce de blé & de farine : c'est de-là que l'on tire le fin minot de Bagnaux qu'on assure être la meilleure farine du monde, & qu'on transporte jusqu'aux indes orientales. On y vend aussi beaucoup de sel. Henri IV peignait ainsi ce bourg en 1588. C'est une isle environnée de marais boccageux, où de cents pas à cents pas il y a des canaux où les bateaux vont charger le bois ; l'eau est claire, peu coulante, les canaux de diverses grandeurs. Parmi ces deserts, sont mille jardins où l'on ne va que par bateaux ; l'isle a deux lieues de tour : une riviere passe au pié du château & au milieu du bourg aussi logeable que Pau. Peu de maisons sont sans un bateau devant leur porte : la riviere s'y partage en deux bras ; des vaisseaux de cinquante tonneaux montent sur cette riviere qui est plutôt un canal de deux lieues, qui va jusqu'à la mer. De-là en remontant jusqu'à Niort, où se rendent encore les bateaux, on trouve une multitude de moulins & de métairies isolées ; là diverses sortes d'oiseaux font entendre leurs chants variés ; les poissons y sont abondans, d'une grandeur monstrueuse & à bas prix : la terre est couverte de blés très-beaux. Il s'y fait un grand trafic. *L'on peut y vivre très-plaisamment en paix & sûrement en guerre. L'on s'y peut réjouir avec ce qu'on aime, & plaindre une absence, &c.* Comparez cet article avec celui de Busching, & vous direz :

Henri IV savait peindre, & nos géographes ne savent que compter.

Surgeres est connu par ses foires de chevaux. *Charon* est au bord de l'Océan, & a une abbaye de citeaux. *Mauzé* renferme quatorze cents habitans, *Aytre*, petite ville à une lieue de la Rochelle, dans des campagnes fertiles en vins & en excellent froment.

Isle de Ré ou de Rhé.

Son nom *Insula Rea*, lui vient de ce qu'on y renfermait des criminels : le *Pertuis d'Antioche* la sépare de l'Isle d'Oleron, & une espace de 1400 toises de la terre ferme. Elle a près de six lieues de long, moins d'une & demie de large & treize de circuit. Elle n'a point d'arbres, point de champs, ni de prairies : mais on y recueille du sel & beaucoup de vin : on y fait des eaux de vie & de la fenouillede : sa situation est commode pour le commerce ; l'exemption des tailles y fait multiplier les habitans qui y sont au nombre de vingt mille. On y voit la petite ville forte de *St. Martin*, où est un port & une citadelle, & sept petits bourgs dispersés sur les côtes. Elle est défendue par la *Tour des Baleines* à l'occident, fanal qui dirige les vaisseaux pendant la nuit ; par le *Fort de la Prée* qui défend l'entrée du *Pertius Breton* ; par celui de *Samblanceau* placé sur un rocher qui domine le Pertuis d'Antioche, & par celui de *Martray*, quarré long assez régulier, qui défend la côte méridionale.

Isle d'Oleron.

Elle a six lieues de long sur deux de large, est située vis-à-vis les embouchures de la Seudre & de la Charente, séparée du fort Chapus par un espace de

1500 toises, éloignée de la Rochelle de 10700, défendue par un château bâti au nord de l'Isle, & où veille toujours un bataillon. Ses habitans sont très-habiles marins, & les réglemens de police de mer ont été pris dans leurs usages. Le climat y est tempéré, le sol abondant en blés, vins, bois, légumes, & on y fait beaucoup de sel. Elle dépend pour le civil du parlement de Bordeaux. On y voit la petite ville de *Château du Bourg*, qu'on appelle aussi *Bourg d'Oleron*; elle touche au château fort, & renferme deux hôpitaux, l'un pour la garnison, & l'autre pour les matelots, une école publique & deux mille habitans. Cinq autres bourgs y renferment environ quatorze mille habitans. Sur la pointe la plus septentrionale est la tour de *Chassiron*, fanal où toutes les nuits deux grands réchauds allumés dirigent les vaisseaux. Ils sont à une hauteur inégale, pour les faire distinguer de celui de la tour de Cordouan.

L'Isle d'*Aix* est entre la terre-ferme & l'isle d'Oleron; elle a un fort souvent détruit, & toujours reconstruit.

GOUVERNEMENT DE POITOU.

Il est situé entre l'Angoumois qui le borne au midi, la Marche & le Limousin à l'orient, la Bretagne, la Touraine & l'Anjou au septentrion, l'Océan à l'occident. Il a quarante-cinq lieues de long, vingt-cinq de large, & environ neuf cents lieues quarrées de surface. Il a le titre de comté : le climat y est inégal, froid vers le nord & à l'orient, tempéré par-tout ailleurs; son sol, varié de collines & de plaines, a des montagnes & des marais, est fertile en blés, vins, fruits & en pâturages toujours couverts de troupeaux nombreux. Le gibier, le poiſſon, & la volaille y ſont abondans par-tout : le bois y eſt rare en quelques endroits. Il renferme des mines d'antimoine & d'autres métaux, des carrieres de marbre & de pierres de taille, des pétrifications, des coquillages de toute eſpece, des foſſiles, des pierres précieuſes, des cryſtaux, & de ſi grands amas d'huitres, qu'ils forment des bancs de 30 pieds de profondeur ſur pluſieurs mille toiſes d'étendue, recouverts ſeulement d'un peu de terre. Les rivieres qui l'arroſent ſont la *Vienne* qui ſort des frontieres du Limouſin, devient navigable à Chatellerault, reçoit la *Creuſe*, la *Gartempe* & la *Claire*, & ſe perd dans la Loire ; la *Sevre Niortoiſe*, qui nait près de St. Maixant, porte bateaux à Niort & ſe jette dans l'Océan ; le grand & le petit *Lay*, l'*Authiſe*, la *Thoue*, &c. Ses côtes de vingt-cinq lieues d'étendue renferment pluſieurs ports dont le plus conſidérable ne reçoit que des vaiſſeaux de cinquante tonneaux, les autres ſervent à la pêche & au tranſport du ſel. Le commerce y conſiſte en blés, vins, bétail, chanvres, lins, peaux de chamois apprêtées, toiles, bas, bonnets, ſerges, droguets & autres étoffes de laine, poiſſons frais & ſalés, montres, horloges, couteaux & mercerie en général, viperes, &c.

Sous Céſar, le Poitou était habité par les *Pictarii* dont il a gardé le nom : il fit partie enſuite de la ſeconde Aquitaine. Lorſque les Francs en eurent chaſſé les Wiſigots, Charlemagne en fit une partie du royaume d'Aquitaine qu'il diviſa en comtés dont les gouverneurs ſe rendirent bientôt indépendans. Il paſſa enſuite aux Anglais, & ils le céderent à la France en 1259 ; ils le reprirent, & Charles V le leur enleva : en 1436 il fut inſéparablement réuni à la couronne. Ses habitans aiment les plaiſirs, & les femmes, ſur-tout les bergeres, ont beaucoup de talens pour la danſe & le chant.

Le Poitou a deux évêchés & un grand nombre d'abbayes, de chapitres, & de prieurés; le peuple y eſt crédule & ſimple, & c'eſt là que l'égliſe s'eſt le plus enrichie. Un préſidial, cinq ſénéchauſſées, & d'autres tribunaux, tous du reſſort du parlement de Paris, y décident des affaires civiles. Un gouverneur général, deux lieutenans généraux, deux lieutenans de roi de la province, ſept lieutenans des maréchaux de France, &c. préſident au militaire.

On diviſe le Poitou en haut & bas.

I. *Haut Poitou.*

C'en eſt la partie orientale, la plus étendue, la plus fertile, la plus agréable & la plus ſaine.

Poitiers, *Auguſtoritum*, *Limonum Pictavorum*, ville où ſiegent un gouverneur, un évêché, un préſidial, un bailliage, un hôtel des monnaies, une juriſdiction conſulaire, une intendance, &c. On y compte vingt-deux paroiſſes, cinq collégiales, dont l'une eſt celle de St. Hilaire dont le roi eſt abbé, & qui renferme des tombeaux célebres, quatre abbayes, vingt-un couvens, un hôtel de ville, deux ſéminaires, une univerſité, un collége, trois hôpitaux, ſix portes, pluſieurs places publiques, pluſieurs anciens monumens, tels qu'un amphithéatre dont on reconnait encore l'enceinte, un arc & deux colonnes d'appui d'une porte conſtruite à l'entrée d'une voie Aurélienne, les ruines d'un palais qu'on croit avoir été habité par l'empereur Gallien, quoiqu'on y remarque une architecture gothique, une groſſe tour ronde élevée au centre de la ville, reſtes du palais des comtes de Poitou, quelques autres tours, des murs très-épais, des aqueducs, &c. Cette ville est peut-être la plus grande ville du royaume après Paris. Située sur une colline, entre le Clain & la Vouneuil, près d'une route très-fréquentée, avec un ciel pur, des habitans doux & honnêtes, des environs fertiles, elle serait un séjour charmant, si elle n'était sombre & mal propre : les quartiers sont séparés par des jardins & des champs ; elle n'a que vingt-un mille habitans, & a peu de commerce : ses artisans ne font que des gans ou des peignes, quelques uns fabriquent des bonnets ronds & des bas pour les colonies Françaises d'Amérique. Cependant le corps des marchands n'y est pas sans richesses : c'est lui qui a fait élever la statue pedestre de Louis XIV, en stuc bronzé, qu'on voit sur la place royale, posée sur un piedestal cubique orné d'inscriptions & de figures allégoriques. On prend dans ses environs des viperes excellentes pour la thériaque dont il se fait un grand débit. Sa longitude est de 18 dég. sa latitude de 46 dég. 40 min. Le diocèse de Poitiers renferme sept cents vingt-deux paroisses, trente abbayes & vingt-cinq chapitres : les revenus de l'évèque sont de 30000 liv. sa taxe en cour de Rome est de 2800 florins.

Lusignan, *Luciniacum Castrum*, petite ville sur la Vonne, siege d'une mairie perpétuelle & d'une justice royale. On y voit les ruines d'un château qui fut une des plus belles forteresses antiques. Cette ville est sur-tout célebre par les seigneurs de son nom. *Vivonne* est sur le Clain, elle a un château, le titre de comté & treize cents habitans.

Nyort est la ville la plus commerçante du pays. Elle a un gouverneur, une sénéchaussée, une justice royale, une justice consulaire, &c. Elle est située sur la Seure qui la traverſe, eſt ceinte de bons murs, renferme neuf couvens, un collége, un hôpital général & huit à neuf mille habitans. Elle a diverſes manufactures de laine, & on y prépare les peaux de chamois : le débit en eſt prodigieux.

St. Maixent, *Fanum Ste. Marcentil*, ville ſur le penchant d'un côteau qu'arroſe la Seure, qui a un gouverneur, un ſiege royal, un corps de ville, une abbaye de bénédictins très ancienne, quatre couvens, un college, un hôpital, 5000 habitans. Cette ville eſt mal bâtie; elle eſt ceinte de murs, a un antique château & deux fauxbourgs. On y fait des droguets & des bas d'eſtame : ſes foires, ſes marchés ſont abondans en denrées & en beſtiaux : ſes environs ſont gras & fertiles; on y voit beaucoup de noyers.

Melle, *Mellurſum*, petite ville qui a deux fauxbourgs, deux égliſes collégiales, un petit college, & des manufactures de ſerge; ſes murs ſont tombés, ſes environs forment une vaſte plaine fertile en blés, fruits & pâturages.

Civray ou *Sivray*, petite ville ſur la Charente, ſiege d'une ſénéchauſſée & d'une mairie perpétuelle. Elle a deux couvens, & eſt ſans commerce; mais ſes environs ſont rians & fertiles. On y compte 1500 habitans.

Charroux, ville ſituée dans le pays de Brion, près de la Charente. Elle a une abbaye de bénédictins. *Luſſac* eſt ſur la Vienne, & a le titre de marquiſat. *L'isle-Jourdain* eſt auſſi ſur la Vienne, dans une campagne fertile. *La Tremouille* eſt ſur la Benaiſe, & a le titre de duché-pairie. *Chauvigny*, ſur la Vienne, a des environs couverts de bois. *Chizay* eſt un bourg ſur la Boutonne. *Aulnay*, ſiege d'une juſtice royale, eſt au bord d'un ruiſſeau. *Marcillac* a le titre de principauté. *St. Savin* sur la Gartempe, renferme une abbaye célebre de bénédictins. *Civaux* est célebre par un grand nombre de tombeaux de pierres où l'on croit que furent renfermés les restes des Français, qui près de là vainquirent les Wisigots.

Rochechouart, petite ville sur le penchant d'une montagne, dont le haut est orné d'une belle promenade, d'un château, & d'une fontaine qui fournit de l'eau à toute la ville. Elle a le titre de duché & 1500 habitans.

Montmorillon, ville où siege une sénéchaussée, & qui est sur la Gartempe. Ses foires sont riches en laines & en bestiaux. Elle a une église collégiale, quatre couvens, deux hôpitaux & 2000 ames. Elle fut plus peuplée autrefois On y remarque une tour octogone, bâtie, dit-on, par les Romains, où huit personnes placées dans les angles, peuvent s'entretenir avec celles qui sont dans l'angle opposé sans être entendues des autres.

Chatelleraut, *Castellum Heraldi*, ville qui a le titre de duché-pairie, située sur la Vienne, qu'on y passe sur un beau pont qui unit la ville à son fauxbourg. Elle a une église collégiale, quatre couvens, un hôpital, une jurisdiction consulaire, un corps de ville & environ 8000 ames. Ses habitans industrieux s'occupent de l'horlogerie & de la coutelerie.

Le petit pays de *Gastine* renferme soixante paroisses. *Partenay* en est le chef-lieu : ce fut jadis une place forte, défendue par un château dont on ne voit plus que les ruines ; elle a aujourdhui un bailliage, une jurisdiction royale, un petit chapitre & trois couvens. Elle est sur la Thoue, est assez grande, mais mal bâtie, a 3500 habitans, & un commerce de bestiaux & de grains assez considérable.

Le *Loudunois* a pour chef-lieu, *Loudun*, ancienne ville assez jolie, peuplée d'environ 4000 ames, située sur une montagne entre la Creuse & la Dive, siege d'une élection, d'un bailliage &c. Elle a une église collégiale, une commanderie de Malthe, neuf couvens & un hôtel-Dieu. Il y a encore plusieurs reformés parmi ses habitans.

Montreuil-Bonin, petite ville de 600 habitans où les anciens comtes de Poitiers faisaient battre monnaie.

Thouars, ville sur une colline, défendue par la Thoue qui l'arrose & par de hauts murs environnés d'nn double fossé, siege d'une élection & d'une jurisdiction. Elle renferme deux chapitres, une abbaye, cinq couvens, deux hôpitaux, un college, un magnifique château. Elle a le titre de duché-pairie & 1700 fiefs en dépendent.

Availles, est un bourg sur la Vienne. Près de lui est une source d'eaux minérales, limpides & salées, qui passérent d'abord pour mal faisantes : elles coulent du milieu d'un monticule, sont renfermées dans trois puits, guerissent un grand nombre de maladies, qui proviennent d'humeurs ardentes & crasses : on en retire du sel marin, du sel de Glauber, & des particules de mars.

II. *Bas Poitou.*

Mauleon, *Malus-Leo*, petite ville de 600 habitans, sur le ruisseau de Lointe, chef-lieu d'une élection, & où l'on trouve une abbaye d'augustins, & une commanderie de Malthe. C'était une baronnie, devenue en 1736 un duché sous le nom de *Chatillon-le-Château*. Ses habitans laborieux élevent beaucoup de bestiaux.

Les

Les Essarts, petite ville environnée d'un sol fertile. *Mortagne* a le titre de duché, on y commerce en toiles. *Argenton-le-château*, bourg sur l'Argentone, peuplé d'environ 700 ames. *Montaigu* a le titre de marquisat : la *Garnache* celui de baronie. *St. Gilles* est sur la mer où il a un petit port. *La Roche-sur-Yon* est sur l'Yon, & a le titre de principauté. *Mareuil* est sur le Lay, il est riche par ses bestiaux ; on y charge les marchandises destinées pour Nantes ou la Rochelle, & on y compte 700 habitans.

Les Sables d'Olonne, ville, siege d'une amirauté, d'une justice seigneuriale, d'une élection. Elle a un hôtel de ville, un prieuré, trois couvens, & les ruines de son antique château. On y compte 6000 ames, & on y voit deux petits ports assez commerçans : ses environs desséchés sont devenus fertiles ; ses habitans bons navigateurs, pèchent & apprètent différens poissons. Elle s'est peuplée des habitans de l'ancienne Olonne, devenue un bourg, placé dans une isle formée par des marais.

Fontenay le-Comte, ville commerçante & bien bâtie, siege d'un bailliage, d'une sénéchaussée, d'une justice consulaire, & d'une élection. On y compte quatre couvens, deux hôpitaux & 7000 ames : il reste encore deux tours de l'ancien château qui lui donna son nom. Son commerce consiste en draps & étoffes de laine, mais sur-tout en bestiaux, qu'on y vend dans les trois foires qui s'y tiennent. Elle est située sur la Vendre au pié d'un côteau dans un vallon, dans lequel s'étendent ses fauxbourgs plus grands qu'elle-même : ses environs sont fertiles en blés & en pâturages.

Luçon, ville située dans des marais qu'un canal long de deux lieues joint à la mer. Elle est le siege d'un évèché & d'une fénéchauffée. Elle a un fémi-naire & deux couvens : aucun mur ne l'environne. Un air mal-fain en éloigne la profpérité. L'évêque prend le titre de baron de Luçon, & il eft feigneur de la ville. Son diocefe renferme 150 paroiffes, fes revenus montent à 22000 livres, fa taxe eft de 1000 florins.

Maillezais eft un bourg ou petite ville, dans une isle marécageufe formée par l'Autize ou Authie & la Seure, où fut fondé autrefois l'évèché de la Rochelle. *Talmont*, fituée près de la mer, renferme une abbaye de bénédictins, & a le titre de principauté. La *Meilleraye*, a le titre de duché-pairie. *Bournezeau*, a le titre de marquifat. *Mouilleron* renferme 1000 habitans.

L'isle de *Noir-Moutier*, *Infula Nigri-Monafterii*, a pris fon nom de la couleur de l'habit des moines de fon abbaye de bénédictins : fituée près de la côte, elle a trois lieues de long, fept de tour, & le titre de marquifat. Son fol eft entrecoupé de marais falans, de vignes dont le vin eft médiocre, de champs qui produifent fucceffivement du froment, de l'orge & des fèves. Ses habitans ne payent d'impôts ni de fubfides, que le papier timbré & les droits de controlle & d'infinuation : de là vient qu'elle eft très peuplée. Elle renferme auffi une abbaye de cîteaux. La ville de *Noir-Moutier* renferme 2500 ames, & le bourg de *Balbaftre* 1800.

L'isle-Dieu, ou *isle* d'*Yeu*, *Oya*, eft à trois lieues du continent & en a quatre de circuit. Elle a un bourg de 150 maifons, & un village où eft un port.

GOUVERNEMENT DE BRETAGNE.

Elle touche à la Normandie, à l'Anjou, au Maine, au Poitou & à l'Océan. C'eſt la partie la plus occidentale de la France : elle a cinquante-ſept lieues de long, trente-trois de large, 1900 lieues quarrées de ſurface, cent & cinquante lieues de côtes, qui par les bayes & les ports qu'elles préſentent aux navigateurs, y font naître & y appellent le commerce. La *Loire* & la *Vilaine* en ſont les ſeules rivieres navigables : on ſe propoſe de joindre la derniere à la Drance par un canal. L'*Ardre*, l'*Isle*, le *Men*, le *Bonneau*, la *Claye*, l'*Aden*, &c. ne portent bateau que juſqu'où remonte le flux, & il ne monte pas bien loin. Le climat y eſt tempéré, & l'air humide & épais dans le voiſinage de la mer. Le ſol y eſt inégal ; là ſont des lieux couverts de bois ; ici des landes ; mais par-tout il eſt cultivé : il produit des blés, du chanvre, du lin, des fruits, & ſur-tout d'excellens pâturages où ſe nourriſſent une multitude de chevaux, de bœufs, de vaches & autres beſtiaux. Le pays Nantois & celui de Rhais produiſent un peu de vin dont on fait de l'eau-de-vie : le cidre eſt la boiſſon ordinaire des habitans. Il y a de petites chaînes de montagnes & des forêts de hêtres, de chênes, de chataigners & de bois blancs. Le gibier & le poiſſon y ſont communs. On y fait autour de la baye de Bourgneuf, dans le Guerrande & le Croiſſic 576000000 livres peſans de ſel tous les ans. Il y a quelques mines de fer, de plomb, de charbon de terre ; mais ces deux derniers, quoique bons, ſont inférieurs à ceux d'Angleterre. On y trouve des eaux minérales, & parmi les curioſités naturelles on remarque le *Champ d'aimant*, nom qui vient des caillaux d'aimant qui ſont à ſa ſurface, & qui font croire que le ſein de la terre en renferme en cet endroit, & le *Puits de Plougaſtel*, près de Breſt, qui monte lorſque la mer, qui en eſt voiſine, deſcend. Les Bretons ſont braves,

& deviennent de bons hommes de mer. Leur commerce est considérable en chevaux, bœufs & autres bestiaux, en beurre, grains, poissons frais & salés, papiers, toiles, fils & ouvrages de fil de toute espece, en bonneterie, & petites étoffes de laines, telles qu'étamines, droguets, serges, molletons, crepons, &c. qu'ils envoyent aux Isles & en divers pays de l'Europe, en échange d'autres denrées qu'ils répandent dans le royaume. La basse Bretagne a un dialecte particulier qu'on croit être l'ancien celtique : on parle français dans la haute.

Elle était connue sous le nom d'*Armoriques*, au tems de César qui les subjugua, d'*Ar* sur ou proche, & *Mor* ou *Moer*, mer : différens peuples l'habitaient & formaient entr'eux une république aristocratique. Ils firent partie sous l'empire romain de la troisieme Lyonnaise. Clovis & ses enfans la posséderent : les Bretons en fuyant de leur isle subjuguée par les Anglo-Saxons, vinrent s'y établir, & lui donnerent le nom de Petite Bretagne : ils eurent bientôt des comtes qui se rendirent indépendans, & que Pepin & Charlemagne soumirent. Le gouverneur que Louis le Débonnaire y nomma, s'en fit roi dès que l'empereur fut mort. Cette espece de royaume fut bientôt divisé en plusieurs souverainetés : & le pays fut cédé aux Normands qui en jouirent peu. Elle eut long-tems ses ducs particuliers. *Anne*, fille & héritiere du dernier duc, en épousant successivement deux rois de France, la joignit à ce royaume. Quelques enfans des rois en portent encore quelquefois le titre de duc.

Il y a neuf évêchés, tous suffragans de Tours, & un grand nombre d'églises collégiales & d'abbayes dans cette province ; le roi n'y nomme aux bénéfices consistoriaux qu'en vertu d'un indult, & par une bulle de Benoit XIV, les évêques & le Saint-

Siege nomment alternativement aux cures pendant six mois de l'année. Le parlement de Rennes y préside aux affaires civiles & à l'administration de la justice. Il fut institué en 1560, est divisé en plusieurs chambres, & exerce le pouvoir dont jouissent ailleurs les cours des aides. C'est de lui que ressortissent les présidiaux & les autres tribunaux subalternes, la chambre des comtes de Nantes, sept sieges d'amirautés, huit maîtrises particulieres des eaux & forêts, trois jurisdictions consulaires, deux hôtels des monnaies, &c. tout s'y régle par le droit coutumier de la province. Les états formés de la noblesse, du clergé & du tiers état composé des députés de quarante communautés, réglent les dépenses de la province, la forme de son gouvernement & le don gratuit qu'on accorde au roi, Le militaire y est dirigé par un gouverneur-général qui est aussi amiral, par deux lieutenans-généraux, trois lieutenans de roi, un commandant en chef, quinze lieutenans des maréchaux de France, &c. La population de cette province est estimée de 1,110,000 ames.

La Bretagne se divise en haute & basse; & chacune d'elles en évêchés.

I. *Haute Bretagne.*

Elle renferme cinq évêchés.

Évêché de Rennes,

Il est situé dans le milieu des terres; son sol produit du blé, du seigle, de l'avoine, du blé sarrazin, du chanvre, du lin, d'excellens pâturages, où se nourrissent sur-tout beaucoup de vaches qui donnent d'excellent beurre, dont on trafique avec l'Anjou & le Nantois.

Rennes, *Condate*, *Civetas Redonum*, ville ancienne, grande & peuplée, sur la Vilaine qui y reçoit Lille, & qu'on y passe sur de beaux ponts. Elle est le siege d'un gouverneur particulier, d'un évêché, du parlement, d'une sénéchaussée présidiale, d'une justice municipale, d'une intendance, d'un hôtel des monnaies, &c. Elle renferme deux abbayes, un séminaire, un beau collége, une faculté de droit, une école noble, dix sept couvens, plusieurs places pubiiques, un cours, de beaux édifices & quelques anciens monumens. Le palais où le parlement s'assemble est décoré au dehors de pilastres dorés & accouplés, & au dedans par des peintures de Jouvenet. C'est un des plus beaux du royaume. La place auquel il donne son nom, est bordée de maisons belles & symmétriques, & a au centre une statue équestre en bronze de Louis XIV, faite par Coisevox, élevée sur un piédestal de marbre blanc veiné, orné de bas reliefs, d'inscriptions, entouré d'un pavé en compartimens de marbre noir & blanc, & fermé d'une balustrade de fer. Au couchant de la place d'armes est un vaste bâtiment, où d'un côté siege le présidial, & de l'autre s'assemble le corps de ville : ces deux parties sont jointes par une tour décorée de plusieurs ordres de colonnes, & surmontée d'un horloge. Au pied est une grande niche où les états firent placer la statue colossale de Louis XV, après qu'il eut été rétabli en 1744, de la maladie qui fit trembler ses peuples pour lui & pour eux-mêmes. On y remarque encore l'église du collége, admirable par son architecture ; la *Tour* de l'ancien horloge de la ville qui fut jadis un temple payen, & le point de vue du jardin des bénédictins.

Le diocèse de Rennes renferme 265 paroisses, quatre abbayes, quatre chapitres : les revenus de l'évêque font de 18000 livres, & fa taxe de 1000 florins. Sa cathédrale a des tours très-élevées. Les anciennes rues de la ville font malpropres, étroites, tortues, fombres : un incendie arrivé en 1720 en a bien diminué le nombre, & cette partie a été relevée avec élégance & fymétrie. Elle doit fon nom aux *Rhedons* les plus fameux des Armoriciens. Sa longitude eft de 15 deg. 58 min. fa latitude 48 deg. 6 min. 45 fec.

Vitrey, ou *Vitré*, petite ville où eft un chapitre & un prieuré, qui députe aux états & a le titre de baronnie. Elle renferme 2000 ames, & on y fait de groffes toiles écrues pour emballage ou pour des voiles. Les filles y font des bas, des chauffons & des gants de fil qui fe portent aux Isles, & dont le produit annuel eft de 25 à 30000 liv.

Saint-Aubin-du-Cormier, petite ville qui députe aux états, & qui fut bâtie en 1222.

Fougeres, *Filicericæ*, ville qui députe aux états & a le titre de baronnie, fiege d'un gouverneur & d'une juftice royale, qui renferme un château, une abbaye, & qui dans fes environs a des eaux minérales. On y compte quatre mille habitans, & on y fait un grand commerce en cuirs. Elle a été forte & le Couefnon l'arrofe. *Antrain*, *Interamnes*, fiege d'une juftice royale, eft fur la même riviere. *La Guerche* a une églife collégiale, une commanderie de Malthe, eft voifine de l'Anjou & d'une vafte forêt. Ses environs font unis & bas, ils nourriffent beaucoup de vaches, de moutons & de porcs ; mais peu de chevaux qui y font mauvais, le mouton y périt bientôt : le bétail, le beurre, les chataignes, les fruits font fa richeffe.

Prevalaye, village fur la Vilaine, connu par le beurre exquis qu'on y fait. *Chateaubourg*, bourg qui a le titre de comté, que la Vilaine arrofe, qui eft environné de bois & de prairies. *Epinay* a le titre de marquisat. *Noyal* est sur la Vilaine, & a une manufacture de toiles écrues qui portent son nom. *Meil* est un bourg où est une fontaine d'eau minérale ferrugineuse.

Evêché de Nantes ou *Comté Nantois.*

La Loire le partage, sa partie septentrionale est séche, remplie de landes, & ne produit de blés que pour la nourriture de ses habitans. La méridionale abonde en vins, en bois, en sel, en mines de fer & de charbons de terre, dont les veines sont paralleles entr'elles, presque perpendiculaires à l'horison, & mêlées d'un schiste grossier. Le sol est fertile en blés, & en pâturages: on y nourrit beaucoup de bestiaux, & le beurre y est un grand objet de commerce.

Nantes, *Nannetes*, *Condivicnum*, ville ancienne, & l'une des plus commerçantes du royaume; située dans un terroir fertile & varié de prairies immenses, de côteaux couverts de vignes & de forêts remplies de gibier, sur la Loire qui y reçoit les petites rivieres d'Esdre & de Chezine. C'est le siege d'un lieutenant général, d'un gouverneur particulier, d'un évêché, d'une chambre des comptes, d'un présidial, d'un tribunal consulaire, d'une amirauté, d'un corps de ville & maitrise, d'un tribunal des manufactures, chambre de commerce, &c. Elle renferme une église collégiale, une abbaye de Ste. Claire, une chartreuse, vingt-trois autres couvens, une université fondée en 1460, un séminaire, un collége, une bibliothéque publique, une école d'anatomie & de chirurgie, une société d'agriculture, de commerce & des arts, un jardin royal des plantes, une école gratuite d'hydrographie, de mathématiques & de navigation, d'autres écoles charitables, une académie de musique, deux sociétés de lecture, une manufacture de cordage qui occupe 1000 à 1200 personnes, & fournit à dix-sept magasins, une fabrique de toiles peintes, une fayencerie, trente-cinq corps de maîtrises, un château vaste & fortifié où est un arcenal, la tour de *Pirmil* ou *Peumil* bâtie à la tête d'un pont, & qui a son gouverneur particulier, quatre fauxbourgs, plus étendus & aussi peuplés que l'intérieur de la ville. On y compte quatre portes d'entrée, dix à quinze ponts, beaux la plûpart, onze grandes places publiques, trois halles, un hôtel de ville, une bourse, quatre pompes & plusieurs puits; plusieurs promenades parmi lesquelles on remarque le *cours des états* par la vue magnifique qu'il offre; 550 lanternes pour l'éclairer durant la nuit, quatre-vingt & quatorze grandes rues, quelques monumens antiques, diverses petites isles formées par les rivieres qui s'y réunissent, un chantier, de magnifiques quais & 80000 ames. (*a*) L'église des carmes renferme le superbe tombeau de François II, duc de Bretagne, de sa femme & de deux de ses filles, placé au milieu du chœur, chargé d'inscriptions & de statues: il est de marbre blanc & noir, & fut sculpté par Michel Colomb. L'hôtel de ville a des sales bien décorées, un portail élégant, un jardin orné d'allées de tilleuls, de berceaux, de tapis de gazon, de bordures garnies d'arbustes & de fleurs. L'hôtel de la bourse des marchands a deux belles places entourées de boutiques portatives pour des marchands bijoutiers, merciers, &c. Le palais de la chambre des comptes est bâti avec magnificence: son architecture est imposante & solide.

(*a*) L'abbé Expilli dit 100,000.

L'évêque eſt ſeigneur d'une partie de la ville, conſeiller né du parlement de Rennes & chancelier de l'univerſité. Son diocèſe renferme 237 paroiſſes, trois collégiales, neuf abbayes, quatre-vingt & dix neuf prieurés, &c. ſes revenus ſont de 40000 liv. & ſa taxe eſt de 2000 florins. Sa cathédrale eſt gothique, ſurchargée d'ornemens, ſurmontée de deux tours quarrées. Sa porte de bronze, & ſa ſonnerie que peu d'autres peuvent égaler ſont remarquables. Elle renferme quelques tombeaux des ducs de Bretagne.

Le Fauxbourg de *la Foſſe* eſt le plus riche & le plus beau des quatre fauxbourgs. Ses habitans ſont de riches négocians, ſes maiſons toutes bâties en pierres y ſont ornées de balcons, & les quais revêtus de pierres de taille & ornés d'allées d'ormes. De-là on jette les yeux ſur le cours de la Loire, chargée de navires & de bâtimens de toute eſpece, environnée d'une vaſte & riante campagne, ornée d'isles & de maiſons: on compare cette perſpective à celle de Conſtantinople, une des plus ſuperbes de l'univers. A l'extrêmité de ce fauxbourg eſt la *Pierre-Nantoiſe*, rocher eſcarpé & très-uni, & près de là eſt l'*Hermitage*, habité par des capucins. L'isle *Feydeau* l'eſt par de riches marchands, & leurs maiſons ſont des hôtels.

Les *Namnetes* lui donnerent ſon nom, ſes avenues ſont charmantes, ſa ſituation eſt belle; peu de villes ſont mieux ſituées pour le commerce maritime, & il eſt immenſe. Ses négocians, ſes armateurs vont chercher & rapportent de la Guinée & de l'Amérique les productions qu'on y deſire & qu'on y recueille. Toutes les nations de l'Europe y arrivent avec leurs marchandiſes, s'arrêtent à *Pain-bœuf*, village formé d'un grand nombre d'hôtelleries, ſur la Loire, qui a un môle & divers bâtimens publics, & de-là les barges ou gabarres, dont quelques-unes portent 120 tonneaux, apportent leur cargaison à Nantes.

Ancenis, *Andenesium*, petite ville qui a titre de marquisat; elle est au bord de la Loire, près d'une grande forêt. *Chateaubriand*, *Castrum briantii*, ville de trois mille habitans, l'un des plus anciens fiefs de la province: elle a un château & deux couvens, dans l'un desquels est le mausolée de la comtesse de ce nom, maitresse de François I. *Guemené-Painfaut* a une église collégiale. *Coislin* a le titre de duché-pairie. *Guerande*, *Aula Quiriaca*, est située entre les embouchures de la Loire & de la Vilaine, dans des marais salans dont le sel passe en Angleterre & en Hollande. Elle a une grande foire de chevaux, un château, une église collégiale, deux couvens, un hôtel-dieu & 2000 habitans. Le *Croisic*, petite ville ou bourg qui a un port, au fond d'un petit golfe sur l'Océan, environné de marais salans: ses habitans s'appliquent au cabotage. *Derval*, bourg riche par ses pâturages, c'est une baronnie. *La Roche-Bernard* est sur la Vilaine. *Le Pelerin* est un grand bourg sur la Loire: il a un port & une rade où montent les vaisseaux médiocres.

Le pays de *Rez*, *Ratiatensis*, doit son nom au bourg de *Ratiate*, détruit depuis long-tems: il est situé au midi de la Loire, & a le titre de duché-pairie. Son chef-lieu est *Machecou*, ou *Machechou*, bourg sur une petite riviere, & où l'on occupe les pauvres enfans à la filature du coton. Il renferme encore *Clisson*, petite ville qui a une église collégiale, que la Sevre Nantoise arrose, & dont les campagnes sont mêlées de champs & de pâturages. *Le Palet* est sur la Sevre, & fut la patrie d'Abeilard. *Pornic*, bourg peuplé de pêcheurs, qui a un petit port & une abbaye d'Augustins. *Bernerie* a un petit port, &

on en tire du poiſſon frais. *Bourg-neuf* a un port & une baye ſûre, où l'on fait aſſez de commerce, eſt bordée de neuf villages peuplés de matelots, & voiſine de marais ſalans, d'où l'on retire, année commune, environ vingt-cinq millions de livres de ſel. L'ile de *Boin* eſt peuplée de 400 habitans, a beaucoup de marais ſalans, & eſt peu éloignée de la terre-ferme. L'ile du *Pillier* n'eſt qu'un rocher.

Evêché de Dol.

C'eſt le moins étendu de tous : il a ſept lieues & demie de long, ſur trois de large. Une partie de ſes terres ſont humides & marécageuſes, & on n'y ſeme que du chanvre ; l'autre partie eſt fertile en grains & en fruits, ſur-tout en pommes, dont on fait d'excellens cidres.

Dol, petite ville mal peuplée, entourée de marais, à une lieue de l'Océan, ſiege d'un évêché, d'une amirauté & d'un ſéminaire. On y compte 1200 maiſons. L'air en eſt malſain. Son évêque prend le titre de comte de Dol : *Nominoé*, qui avait pris le titre de roi, lui donna l'autorité d'un archevêque ; mais il ne conſerve de ſa primatie que le droit de faire porter la croix devant lui dans ſon diocèſe, & d'avoir le pas ſur ſes confreres dans l'aſſemblée des états. Son diocèſe renferme 94 paroiſſes, 3 abbayes & un chapitre. Ses revenus ſont de 25,000 liv. & ſa taxe de 400 fl. Ce diocèſe ne renferme que des villages ; celui de *Pleudiheu* eſt le plus conſidérable : il eſt au bord de la Rence, & a 500 habitans.

Evêché de Saint-Malo.

Il eſt fertile en grains, en fruits, en pâturages, &

abondant en bestiaux : sur le bord de la mer, de la riviere de Coesnon à celle de Logne, la pêche du maquereau occupe cent bâtimens de six à vingt tonneaux; & la vente de ce poisson frais, ou salé, y rapporte des sommes considérables.

Saint-Malo, *Maclopolis*, ville riche, forte, très-peuplée & commerçante, située sur un rocher au milieu de la mer, appellé autrefois *L'Isle d'Aron* : une chaussée la joint à la terre-ferme, & s'appelle *le Sillon*. Un château flanqué de grosses tours, des murs, des fossés & une forte garnison la défendent. Après avoir fermé les portes, on lâchait autrefois des dogues dans ses fossés, pour en défendre l'approche; mais divers accidens funestes les ont fait détruire. Cette ville doit son origine à une abbaye. Elle est le siege d'un gouverneur, d'un évêché, d'une justice consulaire & d'une amirauté. On y compte 4 couvens, 2 chapelles, 1 séminaire, 1 hôpital-général, plusieurs magasins & places publiques, environ dix-mille ames, & un port, l'un des meilleurs du royaume : son entrée n'est pas profonde; elle est difficile par sa barre & des rochers, qui l'embarrassent, & le défendent par dix ou douze forts qu'on y a construits. Le commerce qui s'y fait avec l'Angleterre, la Hollande, l'Espagne & l'Amérique, est immense; il enrichit ses habitans, & répand l'aisance autour d'elle : c'est dommage que ses rues soient étroites & sombres, & qu'on n'y ait d'autre eau que celle qui tombe sur les toits, & que des tuyaux conduisent dans des cîternes. Le diocèse renferme deux cents paroisses, cinq abbayes & un chapitre. Les revenus de l'évêque sont de 36,000 liv. & sa taxe de 1000 fl.

Saint-Servand, petite & nouvelle ville, bâtie au fond de la baye de Saint-Malo, dont elle est comme le fauxbourg. On y compte environ 3000 ames. Son port ſe nomme *Solidor*. Près de là eſt le village nommé *Guidalet*, ou *Bourg-d'Aleth* : là ſont les reſtes de la ville d'Aleth, où fut fondé l'évêché qui eſt à Saint-Malo : elle était une ville forte du tems des Romains.

Dinant, ville ſituée ſur une hauteur, près de la Rence, & dont les murs ſont ſi épais qu'un carroſſe y peut rouler. Elle a un château, deux couvens, un bel hôpital & 4000 habitans. Elle a un gouverneur, & les états de la province s'y ſont tenus. Elle était un lieu de plaiſance des ducs de Bretagne. Ses environs ſont fertiles en lin & en bleds : on y fabrique des toiles & des fils, & il s'y tient une foire où il s'en vend pour pluſieurs millions. Dinant jouit d'un ſite riant ; l'air y eſt pur, les promenades nombreuſes & agréables, & la ſociété choiſie. Près d'elle eſt un vallon profond, d'où ſortent des eaux minérales ferrugineuſes, & de la même nature que celles de Forges. La ville, aidée des états de Bretagne, y a fait élever une ſalle & une belle promenade pour les buveurs.

Monfort-la-Cane, petite ville ſur le Meen, voiſine de l'abbaye de ce nom, qui eſt de l'ordre de S. Auguſtin.

Joſſelin, ou *Saint-Nicolas*, petite ville ſur la riviere d'Ouſt, qui ſépare ce diocèſe de celui de Vannes. Elle a un château antique, & près d'elle eſt l'abbaye d'Auguſtins de *S. Jean-des-prés*.

Ploërmel, ville où ſiégent un gouverneur & une juſtice royale : elle a un gouverneur, & députe aux états. La petite riviere qui l'arroſe, ſe jette près de là dans l'Ouſt. Ses environs ſont riches en pâturages & abondans en bois, gibier & poiſſon.

Bécherel, petite ville de 300 habitans, dans une campagne fertile en lins, dont on fait le fil retors de Bretagne.

Cancalle eſt un bourg au bord de l'Océan, au fond de la belle rade de ſon nom, où l'on pêche des huitres recherchées.

Château-neuf, bourg qui a titre de marquiſat, & eſt environné de bois abondans en gibier, de champs & de prairies. *Corſeult* n'eſt remarquabble que par les médailles & les antiques qu'on y a déterrés. *Beaulieu* a une abbaye d'Auguſtins. *Combourg* a le titre de comté; *Coëtquen* celui de marquiſat. *Camper*, ou *Campel* a 300 habitans, &c.

Evêché de Saint-Brieux.

Les toiles & le fil font ſa principale richeſſe : ſon ſol cependant eſt fertile en bleds, vins & fruits, dont on fait du cidre. On y trouve des mines de fer, & on l'y travaille.

Saint-Brieux, *Fanum Sancti Brioci*, ville ſituée lans un fond, entre des montagnes qui lui cachent a mer, où elle a un port qui n'en eſt pas à demi-ieue, ſiege d'un gouverneur, d'un évêché, d'une uſtice royale & d'une amirauté. Elle a une égliſe ollégiale, un ſéminaire, un college & quelques ouvens. Ses rues ſont belles, ſes places élégantes, es bâtimens publics aſſez beaux, & ſon commerce n fils & en toiles eſt très-actif. Le diocèſe s'étend ır 114 paroiſſes. Les revenus de l'évêque ſont de 5,000 liv. & ſa taxe de 800 fl. Saint-Brieux était la ille des *Aulerci Diablinter*, & on y compte aujourd'hui environ 4000 ames.

Lamballe, ville & chef-lieu du duché de Penievre. Son château en renferme les archives : ſes ux fauxbourgs forment deux communautés. On la oit l'ancienne ville des *Ambiliates*, & elle eſt diviſée haute & baſſe : la premiere renferme une grande place & un marché couvert; dans la basse sont des teinturiers, des tanneurs & d'autres artistes : sa manufacture de toiles y fait sur-tout prospérer le commerce, & ses foires l'y facilitent. Ses environs sont fertiles en grains & pâturages.

Moncontour, petite ville qui député aux états, & est commerçante en fil. *Quintin*, ou *Lorges* a une église collégiale, siege aux états, & est commerçante en fil. On y fait des toiles de lin presqu'aussi fines que des batistes. *Jugon* est situé sur l'Arquenon, & a 700 habitans.

Matignon est un bourg au bord de la mer; *Saint-Cast* un village connu. *Loudeac*, bourg commerçant en fils, est voisin de mines de fer, & a un martinet: *Alinen* est comme la fabrique des toiles & des filets de Saint-Malo. *Uzel* est une ville de 2000 habitans dont le territoire est fertile, mais mal cultivé, parce qu'on s'y adonne aux arts: on y fait beaucoup de toiles,

II. *Basse Bretagne.*

Elle comprend quatre évêchés.

Evêché de Treguier.

Son sol est fertile en blés, en chanvres, en lins & en pâturages qui nourrissent les meilleurs chevaux de la province: ces objets sont avec le papier ceux de son commerce.

Treguier, *Trecorium*, ville ancienne dans une presqu'isle autrefois appellée *Trecos*, où elle a un port : elle a un séminaire & environ trois mille ames. Son évêque en est seigneur & prend le titre de comte: son diocèse renferme cent trente paroisses selon Busching, soixante & dix selon Lenglet, deux abbayes

; trois chapitres : il jouit d'un revenu de 20000 liv. i taxe eſt de 460 florins.

Morlaix, *Mons relaxatus*, petite ville, ſiege d'un ouverneur, d'une juriſdiction conſulaire, d'une ſtice royale, d'une amirauté, ſituée ſur une riviere ui la partage, & qui dans les hautes marées amene s vaiſſeaux dans ſes murs. Elle a une égliſe collé- ale d'une ſtructure ſinguliere, un hôpital, cinq ouvens, un hôtel de ville, un beau quai, une fa- ;ique de tabac & un fauxbourg appellé *Viniec*, auſſi and que la ville, adoſſé contre des monts qui re- ient le long de la riviere juſqu'à la mer, où elle rme un port qui reçoit des navires de cent ton- ;aux. Il ſerait facile d'y en faire un plus vaſte & eilleur. La nature qui a formé cette anſe entre les rres élevées qui bordent la Dourdu, & où la mer èleve de 18 à 27 pieds, y appelle le ſecours de iomme. L'embouchure de la riviere a 50 pieds de ;ge : des deux côtés ſont des carrieres dont on tire excellentes pierres de taille & de forts bons moel- ns. La marée qui conduit les vaiſſeaux dans la ye, les conduirait dans la riviere. Son entrée eſt tuellement défendue par le château du Torreau, ti ſur une isle ou rocher. La ville a deux marchés r ſemaine où l'on vend beaucoup de toiles & de i, & les Anglais y apportent du plomb, de l'étain, i charbon de terre, &c. La *Lauce* de Morlaix eſt ie enfilade de portiques formée par les maiſons i bordent le quai, & les marchands s'y aſſemblent. i partie au-delà de la riviere eſt du dioceſe de St. ıul de Leon.

Lannœurs, petite ville, ſiege d'une juſtice royale.

Le duché de *Penthievre* y renferme *Guincamp*, tite ville ſur la Rieux ou Pontreux : elle a des ıxbourgs, une belle halle, une grande fontaine, ſept couvens, & près d'elle une abbaye d'Auguſ-tins. *Lannion*, ville aſſez commerçante en vins & en chanvres, ſituée ſur la Guer, à une lieue de l'Océan. On y compte 4000 habitans. *Les ſept isles* ſont ſept rochers entourés d'écueils, où ſont quelques cabanes de pêcheurs.

Evêché de Vannes.

Il eſt commerçant & fertile ſur-tout en grains.

Vannes ou *Vennes*, *Urbs Venetica*, ville qui doit ſon nom aux Venetes, peuple courageux qui l'habitait. Elle s'appella dans la ſuite *Dariorigum*; la marée y monte par le petit bras de mer du *Morbihan* qui lui forme un port grand & ſûr, mais peu fréquenté. Elle eſt le ſiege d'un gouverneur, d'un préſidial, d'une amirauté, d'un bailliage, d'une juſtice conſulaire. Elle a deux fauxbourgs dont l'un eſt plus grand que la ville qui en eſt ſéparée par des murs & un foſſé, pluſieurs couvens parmi leſquels celui des urſulines ſe diſtingue par ſa beauté, un ſéminaire, un collége, un hôtel de ville, un château jadis très-fort, dont il ne reſte que quelques tours, un grand hôpital, &c. L'évêque eſt ſeigneur d'une partie de la ville, & ſon diocèſe renferme cent quatre-vingt-neuf paroiſſes, cinq abbayes & trois chapitres. Ses revenus ſont de 30000 livres, & ſa taxe de 350 florins.

Les rues de Vannes ſont petites & étroites, les maiſons ſont aſſez bien bâties, & les gens du pays l'appellent *Guenet* ou la jolie. On y compte cinq à ſix mille habitans.

L'entrée du canal de *Morbihan* eſt parſemée de petites isles dont les plus conſidérables ſont celles d'*Ars* & *des Moines*: la premiere a la forme d'une roix ; & renferme un bourg, onze villages, huit neuf cents habitans, & a une lieue de tour dans haute mer : la seconde produit du froment, du seigle, un peu de vin, & a un bourg, cinq villages & six à sept cents habitans.

Quiberon est une presqu'isle du Morbihan, où est le village de son nom, & deux ports pour les barques. Celle de *Ruys* a un château, une abbaye de bénédictins, & près de-là le bourg de *la Sau.*

Auray, *Auracicum*, ville & port formés d'un grand quai, d'une belle rue, & une chartreuse située sur le Morbihan, à une demi-lieue de la mer, commerçante en grains, fer, miel & sardines.

Port-Louis, petite ville défendue par une citadelle, située à l'extrêmité d'une peninsule, à l'embouchure du Blavet, ayant la forme d'un quarré long qui tient à la terre par un de ses petits côtés, siege d'un gouverneur & d'une justice municipale, renfermant quelques couvens, deux hôpitaux, plusieurs corps de cazernes, un arsenal, un magasin à poudre, des souterrains, des puits, des fontaines, & des citernes. Elle fut bâtie par Louis XIII des ruines de *Blavet* située plus haut. Sa citadelle est isolée dans la mer, & entourée de rochers difficiles à reconnoître & à éviter. Sa rade est spacieuse, son port sûr, son commerce considérable, sur-tout en sardines & anguilles qu'on y pêche.

L'Orient, petite ville forte, à 2000 toises du Port-Louis, située au fond d'une Anse à l'embouchure de la riviere de Ponscroff. Elle fut bâtie en 1720. La plupart des maisons n'y ont qu'un étage ; elles forment trente rues, toutes longues, larges, bien percées, alignées & pavées, quatre places publiques & quinze mille ames. Son port est fameux.

C'était-là que la compagnie avait ses magasins, où elle construisait ses vaisseaux, faisait ses armemens & la vente de ses marchandises. La suppression de cette compagnie a dû influer sur sa prospérité & la faire décheoir.

Henneb on, ville agréable sur le Blavet qui y porte des vaisseaux de moyenne grandeur. Elle est divisée en ville neuve, ville vieille & ville murée; ses fortifications ont été abbatues. Elle a un gouverneur, un bailliage, deux églises dont l'une a un beau clocher, trois mille habitans, la plupart nobles ou riches marchands. On y commerce en grains, fer en verges, miel & sardines.

Pontivy, petite ville sur le Blavet, chef-lieu du duché de Rohan: on y commerce en toiles, & sa population est de deux mille ames. *Maleſtroit* a titre de baronnie, est sur l'Ouste, jouit de divers privileges, & n'a que cinq cents ames. *Redon* a son gouverneur particulier & une abbaye de bénédictins; elle est sur la Vilaine & sert d'entrepôt au commerce de Rennes. *Rochefort* a cinq cents habitans; *Rieux*, petite ville, &c.

Plemur, bourg voisin de l'Orient. *Rohan* est sur l'Oust & renferme 1800 habitans.

Belle-Isle, *Colonesus*, isle qui a le titre de marquisat, à deux lieues de la pointe de *Quiberon*. Elle a quatre lieues (*a*) de long, deux de large, & dix de tour, entourée de rocs escarpés, qui ne laissent que trois passages fortifiés pour y arriver: elle a une bonne rade. Son sol est diversifié & renferme des rocs, des plaines & des salines: son gros froment est

(*a*) L'Encyclopédie lui donne six lieues de long, & l'abbé La Croix l'a suivie. On prétend y voir des restes d'un camp de César.

recherché ; son climat est doux, la récolte y est sûre & souvent la ressource de ses voisins. Le bétail y pait sans être gardé ; il ne quitte point l'hyver ses pâturages, on ne le renferme que pour conserver les moissons. Les habitans de la campagne labourent des terres dont ils ne peuvent être que fermiers, ni se livrer à d'autres occupations qu'on ne le leur permette. Leur pêche monte à trente mille bariques de sardines. On y fabrique des étamines. Elle renferme cent vingt-trois villages ou hameaux, trois bourgs, une ville, & le tout divisé en quatre quartiers. Le *Palais* en est la capitale. Elle est située sur un canal qui la traverse & où remonte la marée, est défendue par une citadelle, qui forme un quarré irrégulier, a un port ou havre pour les chaloupes, deux grands magasins, deux églises, quelques promenades, un château, une saline & environ 500 maisons. Les trois bourgs sont *Locmaria* à l'est, *Bangor* au midi, près duquel est le port *Goulfard* où des vaisseaux de cinquante canons sont à flot dans toutes marées. *Sauzon* au couchant, a un port par tout environné de monts élevés qui le préservent des vents, & des vallons qui offrent des facilités pour la construction & le radoub des vaisseaux. Il n'y entre que des vaisseaux de 40 ou 50 tonneaux; quelques dépenses, & de l'art en feraient un port vaste & sûr. On remarque que lorsque le vent y vient de terre ferme, l'entrée du port est plus large & plus profonde, que lorsqu'il soufle de quelque autre point : on explique ce phénomene par l'action d'un vent qui venant d'une terre élevée plonge & presse l'eau contre le port.

Les isles d'*Houac* & de *Hoedie* appartiennent à l'abbaye de St. Gildas de Rays, & sont munies chacune d'une tour & de canons. Elles ne produiſent que du froment dont l'abbaye retire le quart. Ses habitans labourent, pêchent & commercent avec le congre, la raye & la ſardine fraîche. Leur vie eſt dure, leurs corps ſont ſains; ce ſont des hommes grands, ſorts & vigoureux.

L'isle de *Groays* a une lieue & demi de long, & une demi de large, au ſud-oueſt de l'embouchure du Blavet. On y compte 1000 habitans, qui pêchent le congre, leur principale ſubſiſtance.

L'évêché de Quimper.

Il tire ſon nom du *comté de Cornouaille*, parce que les Brétons de cette province s'y ſont établis, ou peut-être de ſa forme qui préſente une corne. Le ſol y eſt fertile en grains & en pâturages. Le bétail & la pêche des ſardines & du ſaumon ſont auſſi l'occupation des habitans.

Quimper ou *Quimper-Corantin*, ville bâtie ſur les ruines de *Vagoritum*, ancienne capitale des *Curiſolites* ou *Arvii*, au confluent de l'Odu ou Oder, & de la Bedet ou Benaudet. Elle eſt le ſiege d'un gouverneur, d'un préſidial, d'une amirauté, d'un évêque, dont le diocèſe renferme 220 paroiſſes, huit abbayes & un chapitre, dont les revenus ſont de 25000 liv. & la taxe de 1000 florins. Elle renferme une abbaye, deux couvens, un ſéminaire & un magnifique collége & 7000 ames.

Quimperlay, ville autrefois conſidérable ſur l'Elle & l'Izot ou Izotte: elle a deux fauxbourgs, une abbaye, quelques couvens, cinq ponts, de belles halles & un port preſque comblé. Elle a un gouverneur & une ſénéchauſſée royale, & l'on y commerce en beſtiaux. *Douarnenez* eſt petite, a un port, eſt ſituée ſur une grande & belle baye abondante en ſardines. *Carhaix* ou *Kerabès* a un gouverneur, eſt ſituée ſur l'Yer, eſt environnée de beaux pâturages, eſt riche en beſtiaux, en gibier, & ſur-tout en perdrix excellentes. *Châteaulin*, *Caſtrolinum*, doit ſon nom à un vieux château qui ſert d'hôpital, & eſt ſituée ſur l'Aulne qui la diviſe en deux parties jointes par un pont. On avoit projetté de la rendre navigable juſqu'à Carhaix; mais ce projet ne s'exécute pas. On y commerce beaucoup en ardoiſes: ſes environs ont des mines de fer & de cuivre, & la pêche du ſaumon y eſt conſidérable. A peu de diſtance d'elle eſt une ſource ferrugineuſe, utile pour un grand nombre de maladies. *Coatigras*, village où ſont des forges de fer abandonnées.

Audierne, bourg dont la ſituation eſt riante, au centre d'une petite baye. *Berieu* ou *Berien* n'a que 300 habitans. *Roſporden* n'eſt pas plus étendu. *Plongaſt d'Aoulas*, bourg qui a un puits dont l'eau monte quand la mer deſcend, & deſcend quand la mer monte.

L'isle de *Sizun* eſt à trois lieues de la terre ferme, & ne produit que de l'orge dont les habitans ſe nourriſſent pendant trois mois; ils vivent pendant neuf de racines & de poiſſons.

Diocèſe de St. Pol de Leon.

Les chevaux qu'on y éleve font ſa principale richeſſe; ſon ſol produit du lin & du chanvre, peu de grains: on y fait beaucoup de toiles & de papier.

St. Pol de Leon, ou *Leon*, qui tire ſon nom du diſtrict de Léonnois où elle ſe trouve, & de St. Paul ſon premier évêque qui la fonda au ſixieme ſiecle. Elle a un ſéminaire. Le clocher de ſon égliſe de N. D. de *Creïsker* eſt très-hardi: il eſt l'un des plus élevés & des plus beaux de l'Europe. L'évêque est seigneur de la ville & en prend le titre de comte. Son diocèse a 120 paroisses, deux abbayes & deux chapitres : ses revenus sont de 15000 liv. & sa taxe de 800 florins. Le bourg de *Rascoff* en fait partie : il a un port qui pourroit devenir très-bon, & une belle rade. Vis-à-vis est l'isle de *Bas*, ou *Balba*, où l'on compte cinquante habitans, & où l'on voit un fort pour défendre la rade. L'Encyclopédie y place une ville & un couvent nommé *Bathense Monasterium*, où l'abbé Paul gouvernait jadis un grand nombre de religieux.

Landernau, petite ville arrosée par l'Elhorne, environnée d'un pays riant & fertile. Le *Conquet* a un port sur la pointe la plus occidentale de la Bretagne. On n'y compte que 400 habitans.

Brest, *Brivates*, ville forte, l'un des premiers entrepôts de la marine française, siege d'un gouverneur, d'une amirauté, d'une justice municipale, d'une intendance & académie de marine, d'une sénéchaussée. Elle a un très-beau séminaire & un couvent : un bras de mer la sépare de son fauxbourg *la Recouvrance*, & c'est là qu'est un port, un des plus beaux & des plus sûrs de la France, revêtu de deux beaux quais entourés de logemens & de magasins, défendu par un château élevé sur un roc élevé, & par une tour qui lui est opposée, hérissée de gros canons & de batteries à barbette. Son arsenal est superbe, ses édifices sont immenses ; le chantier est magnifique. Rien de si beau & de si ingénieux que ces formes où les vaisseaux se construisent, où ils naissent, & d'où ils ne sortent que pour s'élancer avec rapidité dans une baye immense qui peut contenir cinq cents vaisseaux de guerre ; mais l'entrée en est étroite & très-difficile par des rochers cachés sous l'eau. La ville n'a que des rues étroites, mal percées & en pente ; le fauxbourg eſt apparent, les rues y ſont belles & la plûpart des maiſons bien bâties.

L'isle d'*Oueſſant*, *Uxantus*, isle de ſept lieues de tour, à quatre lieues de la terre ferme. Elle eſt très-eſcarpée vers le continent, fort unie du côté de la mer, mais des chaînes de rochers en défendent l'approche, & l'on s'eſt fié ſur ces obſtacles pour la ſauver des deſcentes de l'ennemi. On n'y voit que deux égliſes, quatre chapelles, quelques hameaux, un moulin, un phare pour diriger les vaiſſeaux qui cinglent vers Breſt, & environ ſept cents habitans. Son ſol eſt fertile, & ceux qui le cultivent ne cherchent point ailleurs pour ſuffire à leurs beſoins. Elle a de bonnes eaux, quelques prairies & point d'arbres. Les animaux y ſont petits & tranſportés dans le continent, on dit qu'ils ne produiſent point leurs ſemblables. Les moutons y ont un goût excellent, & on y va chercher beaucoup de petits chevaux : c'eſt là qu'on parle la langue celtique dans toute ſa pureté : les mœurs y ſont ſimples & innocentes, les habitans ſont ingenus & francs, leur habillement eſt ſans goût : les femmes, ſur une cœffure qui leur eſt propre, portent un bonnet rouge qu'elles ne quittent qu'à l'égliſe lorſqu'elles ſe marient ou qu'elles communient. Peu inſtruits dans la religion, il y a peu de tems qu'ils rendaient des hommages à d'antiques ſtatues de pierres : ils cuiſent le pain ſous la cendre, comme les Hébreux, & ont d'autres anciens uſages. On y allaite les enfans pendant quatre ans ; les filles font toutes les avances dans leurs mariages : accompagnée de ſes parens, elle va porter à l'homme qu'elle deſire, & qui ſe couche alors, du vin, du pain, du lard & d'autres friandiſes : s'il mange & boit le mariage eſt conclu.

L'Isle de Sains eſt très-baſſe & preſque ſubmergée : ſes habitans au nombre de trois cents & cinquante, ſont tous pêcheurs : des rochers & des écueils l'environnent ; le paſſage de *Ras* la ſépare de l'abbaye de *Douarnenez*.

GOUVERNEMENT DE NORMANDIE.

Cette grande & belle province a le titre de duché ; l'Océan la borne au nord & au couchant : ailleurs elle joint la Bretagne, le Maine, le Perche, l'Isle de France, le Beauvoiſis & la Picardie : ſa longueur eſt de 55 à 60 lieues, ſa largeur de 35 à 45, ſa ſurface d'environ 1900 lieues quarrées ; elle a 80 lieues de côtes qui forment pluſieurs bayes & ports. Le climat y eſt tempéré, mais plus froid & humide que chaud & ſec. Le ſol y eſt fertile en grains, en lin, en chanvre, en bois & en plantes propres à la teinture, & telles ſont la garence & le paſtel. La partie baſſe a ſur-tout beaucoup de pâturages, & nourrit beaucoup de beſtiaux, ſur-tout des chevaux grands, bien faits, forts & vigoureux. La volaille y eſt commune ; on y compte quarante forêts, elles abondent en gibier, les rivieres & les côtes en poiſſons. Il y a quelques vignobles près de Rouen & d'Evreux ; par-tout le pays eſt couvert de pommiers & de poiriers dont on fait d'excellent cidre. On fait du ſel blanc dans l'Avranchin, le Cotentin & le Beſſin. On y trouve des mines de cuivre, de fer, de cinabre, de charbons de terre, une d'argent, mais peu riche, des criſtaux de roche, du granit, de la terre ſemblable au *Ka-ölin* & au *Petunt-zé* dont les Chinois ſe ſervent pour faire leur porcelaine, de la terre *ampelite* ou pierre-noire dont les charpentiers & les deſſinateurs font un grand uſage, & beaucoup de pétrifications & de fontaines minérales. Il y a dans la paroisse d'*Anthieux* un ruisseau dont l'eau pétrifie ce qui y tombe, le bois, dit-on, y prend la dureté de l'acier trempé. Diverses rivieres l'arrosent : telle est la Seine, *Sequana*, l'*Eure*, *Aura*, *Actura* qui sort du Perche, porte bateau à Maintenon, reçoit l'*Aure* & l'*Iton* & se jette dans la Seine près du pont de l'Arche : l'*Andelle* qui naît près de Forges & se perd dans la Seine au pied de la côte des deux Amans, après avoir reçu dans un cours de neuf lieues, qui sert à transporter le bois de la forêt de Lions, un grand nombre de ruisseaux & de petites rivieres : la *Rille*, *Risela*, sort des environs de St. Vaudrille, & se perd dans la Seine. La *Dive* qui sort de la paroisse de Courmenil, reçoit la *Vie* qui la rend navigable & se jette dans l'Océan. L'*Orne* qui naît au village d'Aunon, reçoit le *Noireau*, la *Guigue*, la *Laise*, l'*Oudon*, devient navigable à Caen, & le pourrait être avec quelque travail depuis Argenton : elle se joint à la mer au pont d'Estrahan. L'*Aure* & la *Drôme* qui coulent d'abord parallelement, se réunissent, se séparent, se perdent dans une prairie au pied d'un côteau, & reparaissent, dit-on ensuite en petits ruisseaux : la *Bresle*, qui sépare cette province de celle de Picardie ; le *Pesson* sort de la paroisse de Champfort, porte bateau en se joignant à l'*Orbiquet*, prend le nom de *Touques*, & se perd dans l'Océan au gué de Trouville. La *Carentone*, l'*Ante*, l'*Epte*, & d'autres rivieres moins considérables.

Les Normands sont bien faits, robustes, industrieux, trop amis des procès. Leur commerce est en draps & étoffes de laine de toutes especes, en toiles grosses & fines, fleurets & rubans de fil, dentelles, toiles de coton unies & ouvragées, papier de diverses sortes, cuirs, chapeaux, fayence, verres, glaces & criſtaux, fer en barres, ouvrages de cuivre, airain, potin, métail, bronze & fer de fonte, amidon, peignes, ſavon, cartes, &c. cidre, grains, chevaux, bœufs, moutons & autre bétail, beurre, fromages, poiſſon frais & ſalé, volaille, &c.

Sous Céſar la Normandie ou la Neuſtrie était connue ſous le nom de *Ligue des onze cités*, compoſée d'autant de peuples différens. Il les ſoumit, & cette province fit partie enſuite de la ſeconde Lyonnaiſe. Clovis la joignit à ſes états. Les Normands ſortis du fond de la Norwege, forcerent Charles le Simple de leur céder cette province en 912. *Raoul* ou *Rollon* leur chef en fut le premier duc: l'un de ſes ſucceſſeurs Guillaume le Batard devint roi d'Angleterre, & la Normandie fit partie des domaines de ſes ſucceſſeurs: ils en furent dépoſſédés pour jamais ſous Charles VII roi de France.

On y compte un archevêché, ſix évêchés, vingt chapitres, quatre-vingt & quatorze abbayes & environ 4216 paroiſſes. Elle a une univerſité, deux académies & diverſes ſociétés d'agriculture. Une chambre des comptes, une cour des aides, une table de marbre, trois intendances, vingt-trois amirautés, ſept bailliages, ſept préſidiaux, deux hôtels des monnaies, &c. y réglent les affaires civiles, la police & les finances; & les tribunaux civils reſſortiſſent tous du parlement de Rouen: on y ſuit dans l'adminiſtration de la juſtice une coutume particuliere nommée *Le Sage*, & delà lui vient le nom de *Pays de Sapience*. Les revenus annuels que le roi en retire peuvent s'évaluer à 20 millions. Un gouverneur-général, deux lieutenans généraux, ſept lieutenans de roi, vingt-un lieutenans des maréchaux de France, &c. y préſident au militaire. On diviſe cette province en haute & baſſe.

I. *Haute Normandie.*

On la ſoudiviſe en quatre grands bailliages, & elle renferme ſept petits pays.

Le pays de Caux.

Les Caletes ſes anciens habitans lui donnerent leur nom. Il eſt preſque triangulaire, a ſeize lieues de long, dix de large, eſt élevé & plat, manque de bonnes eaux, mais eſt riche en grains, en chanvre, en lin, en excellens pâturages. Le gibier & le poiſſon y ſont communs & la volaille très-bonne; des forêts de pommiers & de poiriers y enveloppent les villages & les fermes, l'on fait de ces fruits du cidre & du poiré. On y fabrique du verre: on y commerce en diverſes ſortes de toiles, en cuirs, chapeaux, papiers, cartes à jouer, peignes, &c.

Caudebec, *Calidobeccum*, ou *Riviere chaude*, nom qu'elle tient d'une petite riviere un peu ſalée qui la traverſe en divers canaux, dont les uns ſervent à des fabriques, d'autres à mouvoir des moulins. Cette ville eſt au bord de la Seine: des murs flanqués de tours l'environnent, une montagne couverte de bois s'éleve derriere elle, ſon enceinte n'eſt pas grande; mais elle eſt peuplée & aſſez commerçante. Sa manufacture de chapeaux a déchu. Elle a un gouverneur particulier, un bailliage, un préſidial, une amirauté. Elle eſt le ſiege d'une élection, a deux couvens un hôpital, un port. Son égliſe eſt bien conſtruite, & on en admire la tribune de pierre qui porte l'orgue.

Lillebonne a été une ville conſidérable; mais il n'eſt pas prouvé qu'elle ſoit l'ancienne *Juliobona*. Elle a le titre de principauté, un château & 2400 habitans.

Elle est située sur un ruisseau à trois quarts de lieue de la Seine.

Argues, *Arcua*, ville autrefois considérable, réduite aujourd'hui à n'être plus qu'une espece de bourg peuplé d'environ 700 ames. Elle a un gouverneur & plusieurs jurisdictions dont le siege est dans le fauxbourg de la Barre, un prieuré, & une belle église.

Dieppe, *Deppa*, ville forte & commerçante, située dans un fond uni entre deux montagnes de roche, sur l'Océan, à l'embouchure de la Bethune : elle a un bon port, deux belles jettées, un vieux château, deux fauxbourgs, une manufacture de tabac; un gouverneur particulier y siege, ainsi qu'une justice dépendante de l'archevêque de Rouen, un corps de ville, une amirauté, une jurisdiction consulaire, &c. On y entre par cinq portes, on y compte six places publiques, un beau pont, un beau collége, une école publique de pilotage, neuf couvens, un hôpital, un hôtel-dieu, deux affineries de sucre, un entrepôt d'huîtres, & environ 21000 ames. Elle est devenue plus belle par le bombardement qu'elle essuya des Anglais, sans en devenir plus commode dans l'intérieur. Ses rues sont assez larges & bien allignées, les maisons désormais doivent être de briques ou de pierres, leur façade réguliere, leur hauteur égale. Les habitans sont exempts de tailles & de gabelles; ils ont de grands priviléges, & celui de se garder eux-mêmes : ils sont laborieux & aisés; on y travaille au tour l'yvoire & la corne avec beaucoup de délicatesse, les tonneaux pour les harengs & les maqueraux y occupent beaucoup de bras; les femmes y font de belles dentelles & d'autres ouvrages, qui forment une branche lucrative de commerce. Son port a 600 toises de long, mais il est étroit : il ne peut contenir que 200 vaiſſeaux, les plus grands de 400 tonneaux eſt preſque à ſec dans les marées baſſes, & n'a que dix-huit pieds d'eau dans les hautes. Il eſt revêtu d'un quai, eſt aſſuré par des jettées dont l'une fort haute a des parapets de chaque côté, eſt ſolidement bâtie avec de groſſes pieces de bois enclavées dans des couliſſes arrêtées ſur des pilotis : elle eſt revêtue & fermée de planches par-deſſus & aux côtés, remplie de galets & de cailloux ; le fanal eſt placé à ſon extrêmité. Il ſe tient douze foires fréquentées à Dieppe.

Eu, *Augum*, ville, chef-lieu d'une élection, où ſiegent un bailliage, un gouverneur, une mairie & une amirauté, ſituée ſur la Bresle, environnée de champs fertiles, de bois & de verreries. Elle a une égliſe collégiale, un college, dans l'égliſe duquel ſont les tombeaux de Henri de Guiſe le Balafré & de ſa femme, une abbaye, un prieuré d'Auguſtins, deux couvens, un hôpital, un hôtel-dieu & deux châteaux. On y trouve quelques antiquités & des tombeaux Romains, dont l'un eſt au milieu d'un bois. Son nom lui vient probablement de ſa ſituation au milieu d'une vaſte prairie. Elle a été très-peuplée, & n'a aujourd'hui que 3400 habitans. Sur la montagne où ſont les fourches patibulaires, on trouve des coquillages, des foſſiles, des gloſſopetres, des orties de mer, & dans de la terre-glaiſe, la pierre d'aigle. En 1728, on vit les bruyeres voiſines s'enflammer d'elles-mêmes, effet qu'on attribue aux matieres ſulfureuſes, bitumineuſes & métalliques renfermées dans la terre.

Treport, *Ulterior Portus*, bourg à l'embouchure de la Bresle, qui a titre de Vicomté, & où ſiege une mairie, qui donne ſa voix pour l'élection du maire d'Eu, ſans que celui-ci en ait dans celle du maire de Treport : les habitans ſeuls l'éliſent. Il y a une abbaye de Bénédictins & un port : il eſt uni à la ville d'Eu. Dans le bourg on voit un puits dont les eaux montent quand celles de la mer deſcendent, & deſcendent quand la mer remonte.

Baons-le-Comte eſt un bourg qui a le titre de baronnie, & 400 habitans. *Yvetot* a le titre de principauté, un château & une égliſe collégiale. On a prétendu ſans preuves qu'il a été érigé en royaume. Ses habitans jouiſſent de grands privileges, ne paient d'impôts que la capitation, & commercent en grains & en foires. Il s'y tient quatre foires tous les ans. *Dondeville* eſt ſitué dans une contrée fertile en grains, en fruits, & abondante en pâturages : ſes foires & ſes marchés ſont fréquentés. *Cany* eſt ſur la Dardan, eſt le ſiege d'une juſtice royale, a des foires & le titre de marquiſat. *S. Valery-en-Caux* eſt à l'entrée d'un vallon d'un quart de lieue de long, ſur quatre-vingt toiſes de large, que la mer inonde & abandonne tour-à-tour. Il a 4000 habitans. Son port eſt bon pour les pêcheurs, & on y commerce en toiles, en draps, en morues & autres poiſſons. Il eſt le ſiege d'une amirauté & d'une mairie. *Bolbec* eſt le ſiege d'une juriſdiction & d'une mairie : on y fait des étoffes de laine, des couteaux, des dentelles, & on y prépare des cuirs. *Longueville* a le titre de duché, eſt ſur la Scie, a un riche prieuré de Bénédictins, un château & diverſes juriſdictions : il n'eſt pas peuplé. *Cailly* eſt ſur un ruiſſeau, a des foires, des marchés & le titre de marquiſat. *Gramville* a un grand hôpital, une juriſdiction & 400 habitans.

Pays de Bray.

Il a huit lieues de long, autant de large, eſt à l'orient

orient du pays de Caux, eſt ſemé de monts incultes,
e vallées marécageuſes, & ſon nom vient de la
oue qui les couvre. Il eſt cependant riche en fruits,
n pâturages, & on y fait du cidre eſtimé.

Neufchâtel, petite ville ſur l'Arques, dans une ſi-
uation agréable & commode, ſiege d'une élection,
: qui renferme un college, trois couvens & 2500
abitans. Elle a diverſes manufactures : celle de
erres de cryſtal eſt ſur-tout utile aux émailleurs de
ouen.

Aumale, *Alba Mala*, petite ville qui a le titre de
uché-pairie, ſituée ſur le penchant d'une colline
ornée par une prairie qu'arroſe la Breſle, voiſine
'une grande forêt de ſon nom, ſiege d'un bailliage
: d'un corps de ville. Elle a une abbaye magnifique
e Bénédictins, dont l'abbé jouit de 10,000 liv. de
ente, deux couvens, trois foires par an, trois mar-
hés par ſemaine, & pluſieurs manufactures d'é-
offes de laine, ſur-tout de ſerges eſtimées, & de
ocs.

Gournay eſt ſur l'Epte, & eſt connue par ſon excellent beure, ſes fromages & ſes marchés. Elle eſt
: ſiege d'un bailliage & d'une mairie : elle a une
gliſe collégiale, quatre couvens, 2300 habitans,
es manufactures de ſerges, & des tanneries. Au-
our d'elle ſont de vaſtes prairies couvertes de nom-
reux troupeaux de vaches.

La Ferté-Saint-Sanſon eſt un bourg ſur une colline,
nvironné de vaſtes champs & de bois, près d'un
tang d'où ſort la riviere d'Andelle. *Gaillefontaine*
ſt ſur l'Arques, près d'une forêt de ſon nom, & eſt
: ſiege d'une juſtice & d'une châtellenie. *Forges* eſt
onnu par ſes eaux minérales, dont il renferme trois
ources : les eaux en ſont ferrugineuſes & ſalutaires
our un grand nombre de maladies : celles de la

ſource nommée *Reinette* deviennent, dit-on, ſur le ſoir, troubles & obſcures, chargées de floccons roux le matin, & ſont claires le reſte du jour. Elles ſont ſituées dans un vallon, où l'on deſcend par une belle avenue d'arbres plantée par les Capucins, dont le couvent eſt voiſin.

Le Vexin - Normand.

Il eſt abondant en toutes ſortes de denrées : l'Epte le ſépare du Vexin-Français. Les *Velocaſſes* l'habiterent.

Rouen, *Rithomagum*, ville ancienne, riche, & l'une des plus commerçantes & des plus peuplées de la France, capitale de la Normandie, ſituée dans un fond entouré de montagnes eſcarpées, qui ne laiſſent une ouverture que là où la Seine coule, & vient lui former un très-beau port, où la marée amene de gros vaiſſeaux. Là réſident le gouverneur-général de la province, un lieutenant-général, un gouverneur particulier, un archevêque, un grand-bailli d'épée; le parlement, la chambre des comptes, la cour des aides, la table de marbre, &c. Elle a un hôtel des monnaies, une juriſdiction conſulaire, un préſidial, une juſtice royale, une intendance, une élection, &c. Trois de ſes rues ſont larges & belles, les autres ſont petites & étroites. Trois petites rivieres viennent s'y réunir à la Seine, ſur laquelle eſt un pont formé de dix-neuf bateaux joints enſemble, pavé par deſſus, ſe hauſſant & ſe baiſſant avec le flot de la mer, s'ouvrant pour faire paſſer les navires, très-coûteux par ſon entretien, & qu'on démonte quand on craint que les glaces n'en entraînent quelques parties. Il fut conſtruit en 1626, eſt long de 270 pas, & conduit au fauxbourg S. Sévere, où eſt un beau mail, & une urs, l'un des plus magnifiques de l'Europe. La omenade du quai a treize portes qui conduisent à la lle : elle est très-agréable. Le vieux palais est à une : ses extrémités ; flanqué de tours rondes, environ- : de murs épais, il a des fossés que la riviere rem- it. Là aussi est la Douane, & sous l'ombrage de :lles allées d'ormes, on y entend quelquefois par- r toutes les diverses langues de l'Europe par les archands qui y sont rassemblés.

Rouen a une académie des sciences, de belles- ttres & des arts, fondée en 1744 ; une société agriculture, cinq colleges, dont l'un est très-vaste ; iatre séminaires, 37 églises, trois chapitres, quatre bbayes, cinq couvens, quarante fontaines pu- iques, sept grandes portes d'entrée, sept places ibliques, un hôtel-de-ville, plusieurs halles & quel- ies anciens monumens. Le palais où s'assemble le irlement est vaste & majestueux. Vis-à-vis est l'hôtel i président, il est grand & magnifique : au-dessus : la porte sont les armes de France soutenues par :ux anges, dont l'attitude est admirable & singu- ere. L'hôtel de la monnaie passe pour le plus beau u royaume. Sur la *place aux vaux* est une très-belle ontaine, surmontée d'une statue de la Pucelle d'Or- ans, très-bien taillée, ayant le casque en tête, te- ant son épée d'une main, & reposant l'autre sur écu de France : on y lit une inscription qui en re- ace les exploits & le sort. Le marché-neuf a au entre une statue pédestre de Louis XV.

L'archevêque a pour suffragans tous les évêques e la province, & prend le titre de *primat de Nor- andie*. Son diocèse s'étend sur 1388 paroisses, 29 bbayes & 10 chapitres. Ses revenus sont de 00,000 liv. & sa taxe de 12,000 flor. Son palais est rand & renferme une vaste salle où s'assemblerent autrefois les états. La cathédrale est une des plus belles du royaume ; c'est un bâtiment gothique dont la face est de 170 pieds. Deux tours lui servent de clochers, & dans l'une est une cloche du poids de 36 à 40000 livres. Elle a 30 pieds de tour, & s'appelle *George d'Amboise*, nom du cardinal célebre qui la fit fondre. Au milieu de la nef de l'église est le tombeau de Charles V ; il est de marbre noir, & sa statue de marbre blanc. A droite est celui de *Richard Cœur de Lion*, roi d'Angleterre, à gauche celui de Henri III, de Guillaume son oncle, & du duc de Bedfort : on y voit aussi ceux des deux cardinaux d'Amboise, &c. A l'extrêmité de la nef est la bibliotheque publique. L'église de S. Martin passe pour un chef-d'œuvre d'architecture ; celle de S. Godard est remarquable par la variété des couleurs & le dessein de ses vitres, & par le tombeau de S. Romain, fait d'un seul morceau de jaspe, & long de sept pieds & demi, sur deux pieds deux pouces de large. L'église de l'abbaye de S. Ouen est admirée par la délicatesse du travail, & son jour. Le palais abbatial est la demeure des rois lorsqu'ils viennent à Rouen.

Cette ville a 11,000 maisons & plus de 60,000 habitans. Elle renferme des manufactures & des fabriques de toutes sortes : elle a trois foires franches, & son commerce est très-étendu ; il consiste principalement en toiles de fil & de coton, draperies & autres étoffes, bas & bonnets, lacets de soie & de fil, amidon, sucre, savon, confitures, faïences, &c. De vieux murs flanqués de tours, avec quelques bastions l'environnent. Ses dehors sont agréables, & parsemés de jolies maisons de campagne : on y remarque celle de *Genetay*, par le bel écho que forme sa cour. A une demi-lieue est la chartreuse de *S. Julien*, une des plus belles de cet ordre. On remarque encore que l'*Aubette*, qui près de la ville se jette dans la Seine, & y fait mouvoir diverses usines, ne gele jamais, quelque froid qu'il fasse. La longitude de Rouen est de 19 deg. 45'. & sa latitude 49 deg. 26'. 43".

Gisors, *Cæsortium*, ville sur l'Epte, siege d'un gouverneur, d'une justice royale, d'une mairie, & chef-lieu d'un des sept bailliages de la province. Elle a trois portes & trois fauxbourgs, sept couvens, un hôpital, un vieux château, & une église, grande, belle & bien sculptée. Cette ville doit son origine au château que Guillaume le Roux fit bâtir en ce lieu, vers l'an 1097. Ses environs sont fertiles en grains. Le duché est composé du comté de ce nom, des vicomtés d'Andely, de Vernon & de Lihons, & du marquisat de Bissy.

Le Grand-Andely, *Andelejum*, ville où siégent un présidial, une justice royale & chef-lieu d'une élection. Elle a un fauxbourg, une église collégiale, une abbaye de Bénédictines, deux couvens, un petit collége. Elle est située dans un vallon sur le ruisseau de Gambon.

Le Petit Andely est à un quart de lieue du Grand: un grand chemin pavé & bordé de maisons les joint. Le dernier a un bon château, un hôpital, un couvent, environ mille habitans. Ses fortifications ont été détruites: la Seine l'arrose, & près d'elle est une forêt de trois mille arpens. On y fabrique des draps aussi beaux que ceux d'Angleterre.

Vernon, *Veronium*, petite ville dans un vallon agréable qui s'ouvre & forme une belle plaine, au bord de la Seine qu'on y passe sur un pont; elle est le chef-lieu d'un bailliage, d'une élection & d'une vicomté. Elle a une église collégiale, six couvens, un hôpital, un hôtel-Dieu, un collége, un vieux château dont les murs ſont très-épais, & une tour d'une hauteur extraordinaire, bâtie en pierre de taille ; on y compte environ quatre mille habitans.

Lions, ou *Libons*, eſt le chef-lieu d'une élection & le ſiege d'une juſtice royale : le ruiſſeau d'Orléan l'arroſe, près d'elle eſt une vaſte forêt où Henri I, roi d'Angleterre avait fait bâtir un château & où il mourut. Elle a deux couvens & onze cents habitans.

Darnetal eſt un bourg près de Rouen, où trois mille ouvriers fabriquent des draps d'elbeuf, de ſceau & de pinchinat. *Jumieges* eſt ſur la Seine, & renferme une célebre abbaye de bénédictins. *Bon-Port* eſt une abbaye de cîteaux fondée & dotée par Richard I, roi d'Angleterre, partant pour la paleſtine. Son abbé a 18000 liv. de rente. Elle eſt ſituée dans un vallon qui produit des plantes propres à la teinture, & des chardons pour peigner les étoffes de laine. *Econis* eſt grande, a un hôpital, une égliſe collégiale, eſt environnée de champs, de vergers & de prairies. *Charleval*, ou *Noyon-ſur-Andelles*, bourg ſur la rive gauche de l'Andelle. Son premier nom vient de Charles IX qui y avoit fait bâtir un un beau château. Ses environs ſont abondans en pâturages, & en bois peuplés de gibier. *Duclair* eſt ſur la Seine ; on y fait beaucoup de chaux, & on y compte neuf cents habitans. *Pavilly* eſt ſituée dans un vallon : il a un prieuré & un hôpital. *Bacqueville* a le titre de comté, eſt ſur le ruiſſeau de Vienne : on y fabrique des toiles & des ſerges. *Neumarché* fut autrefois une ville forte : il eſt ſur l'Epte, a un prieuré, & eſt le ſiege d'une juſtice royale, &c.

Les campagnes de Neubourg & de St. André.

Evreux, *Civitas Ebroicorum*, ville, qui s'appellait *Mediolanum*, lorſqu'elle était la capitale des *Auterci Eburovices*. Elle a le titre de comté-Pairie, un gouverneur particulier, un évêché, un bailliage, une élection. L'Iton l'arroſe; on y compte douze mille habitans, deux abbayes, dont l'une eſt celle de St. Taurin, à l'ordre de S. Benoit, riche de 30000 liv. dix couvens, & un ſéminaire. La cathédrale eſt belle, ſes chanoines ont le droit de porter la ſoutane rouge: le prieur de S. Taurin leur remet l'évêque après ſon élection, en leur diſant : *vif nous vous le baillons; mort vous nous le rendrez.* Le diocèſe s'étend ſur quatre cents quatre-vingt-cinq paroiſſes, deux chapitres, quinze abbayes. Les revenus de ſon chef ſont de 26000 liv. ſa taxe de 2500 florins.

Le commerce d'Evreux conſiſte en draps, toiles & grains. Près d'elle eſt le magifique château de Lovarre, conſtruit ſur les deſſeins de Jules Hardouin Manſard.

Pont de l'Arche, petite ville, mal bâtie, chef-lieu d'une élection & d'un bailliage qui a un gouverneur, un corps de ville, eſt ſituée ſur la Seine ſur laquelle eſt un pont de vingt-deux arches, origine de ſon nom. Elle eſt encore environnée de murs flanqués de tours, défendue par un foſſé & un château conſtruit dans une isle. La marée s'y fait ſentir encore. Elle renferme deux couvens & une belle manufacture de draps.

Louviers, petite ville ſur l'Eure, fermée de murs & de foſſés, elle a le titre de comté que prend l'archevêque de Rouen : ſa manufacture de draps eſt compoſée de ſoixante metiers qui occupent deux mille ouvriers.

Passy, petite ville au bord de l'Eure qu'on y passe sur un beau pont. Elle a un hôpital, une riche abbaye de bénédictins, & environ sept cents cinquante habitans.

Harcourt, bourg sur l'Orne, chef-lieu d'un duché-pairie. *Gaillon*, *castrum Gallionis*, bourg près de la Seine, dans des campagnes fertiles, qui renferme une église collégiale, un beau château qui appartient à l'archevêque de Rouen, & a près de lui une des plus riches chartreuses de l'ordre, dont l'église brûlée aujourd'hui enfermait le mausolée superbe des comtes de Soissons-Bourbon, *Aquigny* a le titre de baronnie: son église est bâtie dans une isle, & il l'est au confluent de l'Eure & de l'Iton. *Boncourt*, petit bourg de deux cents habitans; l'un d'entr'eux avait fondé une lampe d'église; un de ses petits-fils qui devait fournir l'huile, servait le roi & la patrie, & dans son absence la lampe s'éteignit: c'était en 1670. Alors les habitans crurent voir des feux errans les environner, & l'homme à l'huile fut obligé d'accourir & d'allumer la lampe pour calmer la frayeur des peuples. *Neubourg*, chef-lieu d'une jurisdiction, a un château, un hôpital & une abbaye de bénédictins: il a donné son nom à la campagne qui renferme les lieux que nous venons de décrire.

Nonancourt, petite ville qui a été forte, que l'Aure arrose, qui a un bailliage & le titre de vicomté.

Verneuil a le titre de marquisat, est le chef lieu d'une élection, & renferme deux couvens, un collége, & quatre mille habitans. Il ne reste plus qu'une tour du château qui la défendait. Près d'elle est un grand étang que l'Aure traverse.

Conches, *Castellio*, ville, chef-lieu d'une élection, d'une mairie, &c. Située sur la croupe d'une montagne. Elle a deux fauxbourg, un hôpital, une abbaye de bénédictins, un vieux château & 3000 habitans. Autour d'elle est une forêt, & des mines de fer dont on fait des marmites, des clous & autres ouvrages qui sont avec les grains les objets de son commerce.

Breteuil, ville petite, qui a le titre de vicomté; & est située sur l'Iton.

Ivry, bourg qui a le titre de comté, situé au pié d'un côteau, sur l'Eure, & qui renferme un château & une abbaye de bénédictins. *Illiers* a quatre cents habitans. *Damville* fut jadis une place forte & a aujourd'hui le titre de duché : il est sur l'Iton, dans un terroir fertile en grains, pâturages & pommes, dont on fait un bon cidre. Le long de la Rille on remarque les bourgs de *Ferriere*, *de Rugle*, *de Nouvelle & vieille-Lire*; dans ce dernier est une abbaye de bénédictins. *St. André*, qui a donné son nom au pays, a des marchés très fréquentés.

Le Roumois

Il est entre la Seine & la Rille : sa forme est triangulaire; ses productions sont les grains, les fruits, les pâturages qui nourrissent des moutons & d'autres bestiaux.

Pont-Audemer, ville chef-lieu, d'une élection, siege d'un gouverneur, d'un baillinge, & situé sur la Rille. Elle a un fauxbourg, quatre couvens, un petit port revêtu de pierre, plusieurs fabriques de fleurets, blancards, de toiles, & six mille cinq cents habitans. On dit que les hommes y sont polis & les femmes belles.

Quille-Bœuf, ville jadis forte, située près de l'embouchure de la Seine, siege d'une amirauté, Elle n'a qu'une rue, un quai de maçonnerie y ſert de port : les hommes y ſont pilotes ou pêcheurs ; les femmes & filles y font de la dentelle.

Elbœuf, bourg ou ville qui a titre de duché-pairie, ſituée ſur la Seine, connue par les tapiſſeries de Pergame & de points de Hongrie qu'on y fabrique, & par ſa manufacture de draps, façon de Hollande & d'Angleterre, établie en 1667, compoſée de plus de trois cents métiers, qui occupe & fait ſubſiſter 8000 perſonnes dans la ville & ſes environs, & dont la vente monte annuellement à deux millions. *La Bouille*, bourg ſur la Seine, & qui a des manufactures de drap fin. *Bourg-Achard* a le titre de baronnie, un prieuré, un chapitre d'auguſtins, un collége. *Brionne* eſt ſur la Rille : c'eſt un comté. *Annebaut* ſur la même riviere, a un ancien château remarquable par l'épaiſſeur de ſes murs. *Le Bec* ou *Bechellouin* eſt au confluent de la Rille & du Bec, il y a une fameuſe & riche abbaye de bénédictins, dont l'égliſe & la bibliothéque méritent d'être vues. Le chœur de la premiere eſt grand & riche ; l'or & l'azur y brillent par tout. L'Encyclopédie d'Yverdon fait deux bourgs de *Bec* & de *Bechelo‌in*. *Montfort*, ſur la Rille a un couvent, des ruines d'un château fort & un marché fréquenté. *Bourg-Theroude* a une égliſe collégiale, un hôpital & 100 habitans. *Bourneville* en renferme autant. On en compte 1800 dans *Epaigne*.

Le Lieuvin.

Il a douze lieues de long, ſept de large, eſt au ſud de la Seine : fertile en blés, en lins, en pâturages, abondant en beſtiaux, il a encore des mines de fer & des forges.

Liſieux, *Lexovium*, ville qui a eu le nom de *Neo-*

magus, & doit ſon nom aux *Lexovii* qui l'habiterent. Elle eſt aſſez belle, renferme 8000 habitans, eſt ſituée en partie ſur le penchant d'une colline, & en partie dans une vallée, au confluent de l'Orbec & du Gaſſey, qui réunis prennent le nom de Touques. Des murs avec des tours d'eſpace en eſpace, & des foſſés l'environnent. Elle eſt le ſiege d'un gouverneur, d'une élection & d'un évêque, dont le diocèſe eſt de 580 paroiſſes, huit abbayes & un chapitre; les revenus de 50000 liv. & la taxe de 4000 florins. Il porte le nom de comte de Liſieux, mais les chanoines ont droit d'élire deux d'entr'eux qui prennent ce titre, & ont la garde & l'exercice de la juſtice civile de la ville pendant deux jours. On y compte quatre fauxbourgs, une abbaye, un ſéminaire, un hôpital, un collége. On y fabrique des fleurets blancards, des toiles, des frocs & autres étoffes de fil & de laine.

Orbec, petite ville ſur le ruiſſeau d'Orbiquet, ſiege d'un gouverneur & d'un bailliage, où l'on compte deux couvens, & où l'on fabrique beaucoup de petites étoffes de laine.

Honfleur, *Huneflotum*, ville ſituée ſur la rive gauche de la Seine près de ſon embouchure, avec un port où les vaiſſeaux qui ne prennent pas plus de ſeize pieds, peuvent entrer. Elle a un gouverneur, un corps de ville, une amirauté, trois couvens, un hôpital, cinq places publiques, ſix fontaines, pluſieurs magaſins qui ſervent d'entrepôt aux marchands de Rouen; ſes habitans ſont pêcheurs, commerçans, armateurs, & on y en compte 10000.

Cormeilles, bourg étendu entre la Touques & la Rilles, qui renferme une abbaye & trois paroiſſes. *Lievray*, ou *Lieurrai* paſſe pour le chef-lieu de ce pays, *Folleville* eſt ſitué dans un pays de pâturages. *Beuzeville* compte 2000 habitans dans ſes murs.

Pays d'Ouche.

Il a huit lieues & demi de long, quatre de large, eſt ſitué entre la Rille & la Carentone, eſt fertile en blés, en lins, en pâturages & en bois.

Bernay, ville commerçante ſur la Carentone, chef-lieu d'une élection & d'un bailliage, qui renferme une abbaye de Bénédictins qui jouit de 16000 livres de rente, quelques couvens, deux hôpitaux & pluſieurs manufactures de toiles & d'étoffes de laine. Il s'y tient quatre foires abondantes en bétail.

L'Aigle, petite & ancienne ville, qui a le titre de marquiſat, ſituée ſur la Rille, fermée de murs & de foſſés. Elle a deux couvens, trois paroiſſes, un beau château & un hôpital. On y entre par quatre portes, & ſon commerce conſiſte en grains, en épingles & autres quincailleries.

Beaumont-le-Rager, bourg ſur la Rille qui renferme un prieuré de Bénédictins & 4000 habitans : il n'eſt point fermé de murs, & c'eſt ce qui lui fait donner le nom de bourg. *Beaumenil* a un beau château ceints de foſſés, une juſtice ſeigneuriale & le titre de baronnie. *La Ferté-Freſnel* a auſſi un très-beau château, & eſt ſitué près de la Carentone. *Nonant* eſt ſur la Seule. *Montreuil* renferme ſept cents habitans.

II. *Baſſe Normandie.*

Elle eſt diviſée en trois bailliages, ou en huit petits pays.

L'Auge.

Il a treize lieues de long, cinq de large, eſt au couchant du pays d'Ouche, & ne fut jadis qu'une vaſte forêt nommée *Saltus Algine*. Le terroir y eſt pesant, & n'est fertile qu'en chanvre, en fruits, en pâturages où se nourrissent des chevaux vigoureux, & où l'on fait beaucoup de beurre & de fromages.

Pont-l'Evêque, petite ville sans murs, chef-lieu d'une élection & d'un bailliage sur la Touques qui la traverse. Elle est commerçante & son église est belle ; on y compte 1500 habitans.

Beaumont en Auge, bourg qui renferme un beau collége & un prieuré de bénédictins. *Touques* est à l'embouchure de la Touques sur l'Océan, & une amirauté y siege. *Dives* est sur la Dive ; sur laquelle est un pont. il a un petit port & c'est un passage fréquenté. *Beuvron* a le titre de marquisat, de gros marchés & 400 habitans. *Montgommery* est sur la Vie & eut autrefois un château fort : c'est un comté qui a plus de cent cinquante fiefs dans sa dépendance. *Hiemes* ou *Exmes*, *Oximus*, est le siege d'un bailliage, & fut le chef-lieu d'un comté fort étendu qu'on nommait *Hiemois*. *Cambremer* a huit cents habitans. Les *Rieux*, village où sont des eaux thermales qui bouillonnent dans l'hyver comme dans l'été, exhalent une odeur sulfureuse, & sont salutaires à diverses maladies.

Campagne de Caen.

Il est situé entre l'Auge & l'Orne, & produit beaucoup de blés, de fruits & de pâturages.

Caen, *Cadomus*, ville qu'on croit bâtie par les conquérans Normands, située dans un vallon, entre deux grandes prairies, qui à leur extrêmité ont deux côteaux sur lesquels sont les fauxbourgs : sa forme est semblable à un fer à cheval, elle est ceinte de hauts murs flanqués de vingt-une tours rondes ou quarrées avec des plattes formes, des canaux, des fossés & un château bien muni & autrefois redoutable, ſur la place duquel on peut mettre ſix ou ſept mille hommes en bataille. Elle a un boulevard planté de quatre rangs d'arbres qui forment des beaux berceaux; au-deſſous eſt un grand cananal, entre lequel & la riviere eſt un *cours* très-agréable. Un lieutenant-général y ſiege, ainſi qu'un grand bailli d'épée, un gouverneur, une généralité & intendance, un préſidial, un hôtel des monnaies, un corps de ville, une amirauté, une juſtice conſulaire, &c. Elle a une univerſité très-ancienne, une académie des ſciences, une académie d'exercices nobles, ou plutôt pour la nobleſſe, une ſociété d'agriculture, un ſéminaire; un chapitre, deux abbayes de bénédictins, quatorze autres couvens, un hôpital général, un hôtel-dieu, un hôpital des pauvres enfermés, un pour ſervir dans la contagion, quatre places publiques dont l'une eſt ornée de la ſtatue pédeſtre de Louis XIV, un hôtel de ville bâti ſur le pont St. Pierre, quatre fauxbourgs, ſix portes, 10000 maiſons & 40 à 50000 habitans. Le clocher de l'égliſe de St. Pierre eſt curieux: ſa flèche eſt une pyramide octogone de 228 pieds de hauteur, dont les côtés n'ont que quatre pouces d'épaiſſeur, & qui repoſe ſur quatre piliers fondés ſur pilotis: les pierres en ſont liées par des crampons de fer, & quoiqu'elle ſoit évidée par quarante-huit grandes ouvertures en forme d'étoile, & bâtie en 1300, le tems n'a pu l'endommager. Le commerce de cette ville a pour objet les draps, les toiles fines, le fer travaillé, le papier & des ratines qui ſe vendent aux environs. L'Orne & le voiſinage de la mer facilitent ce commerce.

Falaiſe, ville aſſez grande, fort commerçante, qui a titre de marquiſat, chef-lieu d'une élection, ſiege d'un gouverneur, ſituée ſur un rocher qui lui donna ſon nom, près de l'Ante qui non loin de là ſe joint à la Dive. Son château muni de tours eſt remarquable par ſon Donjon & par la naiſſance de Guillaume le Bâtard. Elle renferme une abbaye de prémontrés, deux autres couvens, un hôpital général, un hôtel-dieu, trois fauxbourgs, dans l'un deſquels, appellé la *Quibray*, ſe tient une foire célebre qui dure quinze jours, où l'on trouve toutes ſortes de jouailleries, orfévrerie, merceries, drogues, épices, étoffes d'or, d'argent, de ſoie, laine & coton, des toiles, du fil & du chanvre, des cuirs, &c. Les ſpectacles variés qu'elle donne y attirent beaucoup de monde. Falaiſe a ſix ou ſept mille habitans; on y vend beaucoup de bétail & juſqu'à quatre mille chevaux par an. A une lieue au couchant eſt le *Mont-d'Arriemès* connu par ſes oiſeaux de proye, & par les médailles antiques qu'on y déterra dans le ſeizieme ſiecle. Près d'elle eſt le village d'*Arne*, où l'on dit que la mer envoye ſes eaux de tems en tems par des canaux inconnus, & y forme un étang poiſſonneux, dont l'eau quelquefois très haute, diſparait auſſi quelquefois. Ce village eſt à huit lieues de la mer, & on n'y voit ni rivieres, ni ruiſſeaux qui puiſſent former cet étang.

Argence, bourg ſur la Méance, qui a titre de baronnie, & dans ſes environs un vignoble très-étendu, qui ſelon les uns ne rapporte que du très-mauvais vin, & ſelon d'autres un vin blanc aſſez bon, dont le plant fut apporté de Gaſcogne par les Anglais. *Troarn* & *Fontenay*, bourgs qui ont une abbaye de Bénédictins. *Le Val* a un chapitre de St. Auguſtin, fondé par Sainte Petronille. *Cabourg* eſt un village renommé par ſes moutons & ſes lapins.

Le Buſſin.

Il y a neuf lieues de long, ſix de large, eſt borné

au nord, par la mer, renferme des hommes actifs & industrieux, qui savent rendre leurs campagnes fertiles ; ils recueillent beaucoup de pommes dont on fait du cidre excellent. Le gibier, la volaille, le poisson abondent dans ce pays.

Bayeux, qu'on croit sans raison avoir été nommée *Arganus*, fut la capitale de *Biducassez* : la prospérité de Caen l'a fait déchoir : elle est sur l'Aure, à moins de deux lieues de la mer, près d'une prairie environnée de hauteurs, où l'Aure & la Drome se précipitent & se perdent par plusieurs trous : autour d'elle sont de beaux pâturages, on n'y commerce gueres qu'en cuirs. Cette ville est le siege d'un gouverneur, d'un bailliage, d'une élection, d'une amirauté, d'un évêque qui compte six cents & onze paroisses, quinze abbayes & trois chapitres dans son diocèse, jouit de 90000 livres de rente, & paye à Rome une taxe de 4433 florins. Sa cathédrale est une des plus belles de la province : on en admire le portail & les trois clochers. Une foule de pélerins accourent à l'église de *N. D. de la Délivrance.* On compte dans cette ville deux prieurés, dix-sept églises, sept couvens, un collége, un séminaire, un hôtel-dieu, un hôpital-général & huit mille habitans.

Saint-Lô, *Briovera*, *Fanum Sancti-Laudi*, ville munie d'une citadelle & de bons murs, arrosée par la Vire, entourée de campagnes très-fertiles, siege d'un gouverneur, &c. Elle a trois fauxbourgs, quatre paroisses, un chapitre, une abbaye de l'ordre de Ste. Genevieve, plusieurs couvens, un collége, deux hôpitaux, & des manufactures de draps, de serges, de cuirs, &c. Entre les deux dernieres villes est une mine de charbon, sous une mine de fer ; près de là encore on trouve du jayet, des carrieres d'ardoises, &c.

Isigny,

Isigny, grand bourg, siége d'une amirauté & d'une ustice seigneuriale, situé sur un golfe de l'Océan, nommé le *grand Vay*, entre les rivieres d'Aure & le Vire. Sa situation est riante; il a un beau château orné de jardins, de bosquets & d'avenues, une halle & des salines de sel blanc. L'évêque de Bayeux en est seigneur. *Neuilly-l'Evêque* appartient à l'évêque de Bayeux, dont il grossit les revenus : il a titre de baronnie, est sur la Vire, & eut autrefois un château fort. *Fontenailles* est près de l'Océan, est un marquisat. *Cerisy*, voisin d'une forêt, renferme une abbaye de bénédictins. *Port en Bessin* est sur l'Océan, son utile pont est comblé; mais on a parlé de le rétablir. *Estraham* est le siége d'une amirauté, a le titre de baronnie, est situé sur l'Orne, au bord de l'Océan; les habitans pêchent & cultivent des champs fertiles. *Moon* est sur l'Elle, & renferme 500 habitans. *Longues* est à l'embouchure de l'Aure dans l'Océan, & renferme une abbaye de Bénédictins. *Crevilly*, *Credelium*, est une ancienne baronnie; il est situé sur la Seuille, & environné de champs, de vergers & de prairies. *Annelles* est un bourg de 400 habitans. *Douvres* est sur l'Océan, le ruisseau de Vilouard l'arrose, il a 800 habitans.

Le Cotentin.

Il a vingt lieues de long, neuf de large, a l'Océan pour limites vers le nord & le couchant, & fut habité jadis par les *Venelli* : son sol entrecoupé de rochers & de vallons, arrosé par une multitude de ruisseaux & de fontaines, y produit beaucoup de grains, de bons fruits, du chanvre & du lin, qu'on convertit en toiles; de pâturages, où se nourrissent de nombreux troupeaux de bestiaux, & sur-tout des chevaux estimés. L'on y fait du beurre très-gras, les chapons & les poules font recherchées par leur goût.

Coutances, *Constantia*, ville que l'on croit être l'ancienne *Crociatonum*, capitale des *Venelli*, rebâtie par un successeur de Constantin, est située en partie sur une hauteur, en partie dans la plaine; elle est le siége d'un gouverneur, d'une élection, d'un présidial, d'une amirauté, d'un évêque, dont le diocese s'étend sur 550 paroisses, 10 abbayes & 2 chapitres, dont les revenus sont de 25000 liv. & la taxe de 2500 flor. Sa cathédrale est admirée par son architecture gothique, sur-tout par son portail orné de deux grandes tours, & son dôme octogone porté par quatre piliers. Cette ville était autrefois assise sur le roc nud, aujourd'hui plus d'un pied de terre le couvre. Elle a une abbaye, cinq autres couvens, un bon collége, un hôtel-Dieu, un hôpital, & environ 5000 habitans. Le commerce y consiste en grains, beurre & bétail. Les eaux y sont excellentes pour la teinture, & il y eut autrefois de belles manufactures de draps & de toiles, que les guerres de religion ont anéanties.

Granville, ville qui a un gouverneur, une amirauté, un tribunal de police, &c. Elle est située sur le haut d'un rocher escarpé, formant une presqu'île, qui ne tient à la terre que vers l'orient, & encore une tranchée de vingt pieds taillée dans le roc, qu'on peut inonder, l'en sépare. Son enceinte est ovale, & un mur l'environne. Elle a deux fauxbourgs, deux portes, quelques promenades, plusieurs magasins, & un petit port qui peut recevoir soixante petits navires. On y pêche beaucoup d'huitres: autour sont des carrieres de pierres fort dures & de telle grandeur qu'on desire. On y compte 2500 ames. Près d'elle sont les *îles Chausey*, inhabitées, environnées de rochers, incultes, & qui ne donnent que des pierres à

Carentan, ville auſſi peuplée que Granville, quoique le voiſinage des marais en corrompe l'air. Elle a un ancien château & des tours ruinées, un couvent, un hôpital, un port pour les barques. Elle eſt le chef-lieu d'une élection, le ſiége d'une amirauté, &c. On y commerce en beurre & en bétail. La riviere de aute coule Tauprès.

Valogne, ville chef-lieu d'une élection, ſiége d'une mairie, d'un bailliage, d'une ſénéchauſſée, ſituée ſur un ruiſſeau dans la preſqu'île de *Hague*. Elle renferme un chapitre, une abbaye, deux couvens, un hôpital, un hôtel-Dieu, &c. eſt commerçante en grains & en beurre, eſt ornée d'un beau ſéminaire & de quelques anciens monumens; ſes habitans ſont tanneurs, font de petits draps, &c.

Cherbourg, *Cæſaris Burgus*, ville ancienne, placée dans une belle plaine, à l'embouchure de la Divette & du Trotebec, au fond d'une grande baye, entre les caps de la Hague & de Barfleur, ſiége d'un gouverneur, d'une juſtice ſeigneuriale, d'une amirauté, &c. Elle a deux places publiques, un hôpital, pluſieurs écoles, une abbaye dont l'abbé eſt co-ſeigneur de la ville avec le roi, deux hermitages ſitués hors des murs. Sa forme eſt ronde, ſes rues étroites & tortues, ſes maiſons irrégulieres, toutes de pierres, couvertes d'ardoiſes, aſſez bien bâties; ſes habitans ont de beaux priviléges & ſont au nombre de 6000; le cabotage, la conſtruction de petits vaiſſeaux & la fabrique de diverſes étoffes de laine les occupent; quelques remparts, & quelques forts en défendent l'approche; les Anglais en ruinerent le port en 1758; on y en a fait un autre, où il entre dans les plus grandes vives eaux des navires de 900 tonneaux & de cinquante canons, & dans les plus baſſes de 250 tonneaux. Près delà eſt une forêt qui ſert à la ſabrique de glaces, où ſont occupés 200 ouvriers.

Ceriſy, bourg au milieu de plaines ſemées de lin, dont les habitans font mouvoir plus de 500 métiers de toiles & de coutils. *Gavrey* eſt ſitué ſur la Sienne, qu'on y paſſe ſur un pont : ſes habitans font des chaudrons & des ſas ou cribles; ils commercent en grains. *Gouville* eſt près de l'Océan : ſes habitans ſont merciers & vendent des eſtampes. *Hambye* eſt ſitué près des rivieres de Sioule & d'Ambiotte, a un château ancien, garni de tours, où ſont un large puits profond de 200 pieds, des caves, des écuries taillées dans le roc. A demi-lieue delà, eſt l'abbaye de ce nom, habitée par les Bénédictins, & dont l'égliſe renferme des tombeaux magnifiques. *Ville-Dieu*, bourg grand & riche, dans un fond qu'arroſe la Sienne, & dont les habitans ſont fondeurs, forgerons, chaudronniers, &c. : on les appelle *ſourdins* à cauſe du bruit continuel qu'ils font. *Caniſy* eſt un marquiſat. *S. Sever*, *Montebourg*, *S. Sauveur* ont chacun une abbaye de Bénédictins. *La Haye du Puits* eſt à deux lieues de l'Océan. C'eſt une baronnie dont le château eſt antique. *Pirou* eſt un marquiſat; devant lui eſt un petit havre, que couvrent des rochers dangereux; à côté eſt une mare d'eau douce, où l'on pêche la carpe, le brochet & d'autres poiſſons; dans ſon enceinte eſt un château, qui exiſtait avant les incurſions des Normands, entouré d'un double foſſé plein d'eau, où nagent & ſe propagent l'oye ſauvage, le cygne, le canard & pluſieurs autres oiſeaux aquatiques. *Port-Bail* eſt ſur l'Océan, vis-à-vis Jarſey, & a un port commode & trente ſalines dans ſon voiſinage. *Flamanville* a un beau château, eſt voiſine d'un petit port & d'un cap, qu'on nomme ſon *gros-nez*. *S. Waaſt* eſt mal bâti, ſur l'Océan, où il a un petit havre & des ſalines, eſt le ſiége d'une amirauté, d'une haute-justice, de différens bureaux, est voisin du cap *la Hougue*, qu'un fort & des batteries défendent, & de l'*île Tathiou*, munie de retranchemens, de fortifications & de batteries, où est un lazaret, une grosse tour, & des logemens pour les soldats qui la gardent. *Barfleur*, *Barofluctum*, a un petit port, est une vicomté, & une amirauté y siége. Il est situé à la pointe orientale de la presqu'île du Cotentin, a un couvent d'Augustins, & un petit commerce de poissons frais & salés. Quand son port était le meilleur de la Normandie, elle était une ville considérable; des sables ont détruit sa prospérité, en comblant son bassin. *La Haye*, bourg de 400 habitans: deux forêts portent ce nom dans cette province. Les *îles de S. Marcou* sont au nombre de deux, & ont de beaux pâturages qui engraissent les bestiaux qu'on y transporte. Celles de *Jersey*, *Garnesay*, *Aurigni* & *Cers* appartiennent aux Anglais.

L'Avranchin.

Il a onze lieues de long, six & demie de large, est au sud du Cotentin, a peu de bois, peu de pâturages; mais est fertile en grains, en fruits, chanvres & lins. Le cidre, l'avoine, l'orge, le seigle & le sel sont les objets de son commerce. Le Coesnon, la Seulle, la Sée l'arrosent, & portent des batteaux plats de vingt tonneaux à une lieue dans les terres.

Avranches, ville dont l'ancien nom était *Ingena*, & qui doit celui qu'elle porte aux *Abrincatui*, dont elle était la capitale: elle est sur un côteau que la Sée arrose à demi-lieue de l'Océan. Elle renferme un prieuré de Bénédictins, deux couvens, un séminaire, un college, un hôpital, & 6000 habitans; elle est le siége d'un gouverneur, d'une élection, d'une mairie, d'une justice de police, de différens bureaux, a un évèque dont le diocèse renferme 180 paroisses, cinq abbayes & un chapitre: ses revenus montent à 15000 liv. sa taxe à 2500 fl. Les environs d'Avranches sont rians; la mer y apporte par la Sée des sables, dont on se sert pour fertiliser les terres.

Mont S. Michel, ville très-forte, défendue par un château, ornée d'une abbaye de Bénédictins, située sur un promontoire entre la Sée & la Selune, partagée en deux rochers inégaux, dont l'un, nommé *Tumbella*, avait jadis une forteresse; l'autre, nommé *Tumbé*, est plus élevé, & a un quart de lieue de tour; le monastere le couronne, la ville y est attachée. Le monastere fondé pour un chapitre dans le neuvieme siecle, habité ensuite par les Bénédictins, est un lieu de pélérinages, où l'on ne peut aller qu'à pied, & non sans danger, à cause du reflux de la mer: quelquefois on est englouti dans des sables mouvans, quelquefois aveuglé par des tourbillons d'un sable fin, le reflux arrive & vous entraîne. Ce monastere est formé de plusieurs édifices élevés les uns au-dessus des autres: l'abbé est gouverneur né de la ville, & jouit de 15000 livres de rentes.

Pontorson, *Pons Ursionis*, petite ville sur le Coesnon, près de l'Océan, dans une situation avantageuse; ses fortifications ont été rasées, parce qu'elles appartenaient à un seigneur calviniste.

S. James, petite ville qui fut forte autrefois, située sur les frontieres de Bretagne, & où l'on compte 700 ames.

Mortain est le chef-lieu d'un comté étendu, d'une élection, d'un bailliage: la Lances l'arrose; elle a un vieux château, un pont, une église collégiale, & audehors une abbaye de Citeaux; elle a 1300 habitans, une seule rue, qu'environnent des rocs escarpés.

Brecé est un bourg qui a un château magnifique.

Barenton a 2000 habitans, un couvent, & est situé à la source de l'Ardée. *Bacilli* a 1000 habitans, ainsi que *Cuves*; *Carnet* en a 1100. *Ducé* est petit, mais agréable.

Pays de Bocage.

Il a neuf lieues de long, sept de large : la Vire & l'Orne le bordent; le sol n'y produit que du seigle, de l'avoine & du sarrasin. On y trouve des bois, des pâturages, des mines de fer & des forges, des toiles & des étoffes de laine qu'on y fabrique.

Vire, *Castrum Viriæ*, est sur la riviere de ce nom, a un gouverneur, est le chef-lieu d'une élection, d'un bailliage, renferme cinq couvens & plusieurs manufactures de toiles fines.

Torigny, petite ville, a un château magnifique & le titre de comté : un ruisseau, qui se perd dans la Vire, l'arrose; elle renferme une abbaye, un prieuré, un hôpital & 2000 habitans. On la croit l'ancienne *Augustodure*.

Condé, ville de 3500 habitans, située dans un vallon agréable & fertile, arrosé par la Noireau. Elle est le siége d'une mairie; son commerce consiste en draps, cuirs & ouvrages de coutelleries. Il s'y tient six foires par an.

Clecy est un bourg qui renferme 1700 ames, & *Crioult* 1200. *Evrecy* a le titre de vicomté, & est peu considérable. *Tinchebray* a deux églises, plusieurs foires, & 600 habitans.

Le Houlme.

C'est un pays long de onze lieues, large de huit, situé au midi du Bocage, & peu fertile : il ne produit guere que du bled sarrasin & des pommes;

mais il renferme des bois, des pâturages & de bonnes mines de fer. On y voit quelques vignes.

Argentan, ville jolie & peuplée, ceinte de murs & entourée de remparts & de fossés, sur un mont au milieu d'une plaine très-fertile. Elle a un bon château, & le titre de marquisat; elle est le siége d'un gouverneur, d'un bailliage, d'une élection. Ses rues sont propres, larges, bien percées, ses quatre portes sont ornées chacune d'un fauxbourg; elle renferme un prieuré, quatre couvens, deux hôpitaux, de belles promenades, & plusieurs manufactures où l'on fait de belles toiles, des étamines & autres étoffes. Les eaux de l'Orne, qui l'arrose, sont très-bonnes pour la préparation des cuirs. A deux lieues de là est le village de *Rye*.

Domfromt, *Domini Frons*, petite ville, chef-lieu d'une élection & d'un bailliage, située sur une montagne escarpée, où coule la riviere de Varenne. Elle a un château, un prieuré, plusieurs couvens, un hôtel-Dieu, & 1700 habitans.

Briouze est un bourg & une baronnie. *Fleres* a 1500 habitans. *Carouges* a un château & le titre de comté; des bois, des mines & des forges l'environnent. *Ecouché* est sur l'Orne; ses habitans travaillent à l'horlogerie & à des manufactures de draps, d'étamines & autres étoffes. *O* ou *S. Martin d'O* a le titre de marquisat, & renferme environ 1000 ames. *Medavy*, n'en contient que 400; il a un château dont on remarque la basse-cour.

Campagne d'Alençon.

Elle est fertile en grains, fruits, chanvres & pâturages: on y trouve diverses curiosités naturelles.

Alençon, *Alenchium*, ville ancienne qu'on croit être bâtie dans le sixieme siécle, & dont le nom paraît ſignifier, *Fortereſſe d'Alaïs*; *Carçon* ſignifiait autrefois *fortereſſe*. Elle eſt ſur la Sarte qui y reçoit la Briante, eſt le ſiége d'un gouverneur, d'un des bailliages de la Normandie, d'un préſidial, d'une intendance, généralité & élection, &c. Elle a cinq fauxbourgs, quatre portes, deux prieurés, une abbaye de Ste Claire, trois autres couvens, un college, un hôtel-Dieu & environ 10000 ames. Son commerce conſiſte en toiles de chanvre très-eſtimées, en dentelles faites à l'aiguille; connues ſous le nom de points d'Alençon, en ſerges, étamines & cuirs, &c. Elle a pluſieurs foires : d'antiques murs très-élevés, ſurmontés encore par des tours, l'environnent : les ruines de ſon château prouvent encore la puiſſance de ſes anciens ducs.

Séez, *Civitas Sagiorum*, ville qui exiſtait ſous l'empire d'Honorius, dans une ſituation agréable, au milieu d'une grande & fertile campagne, coupée par une longue prairie qui s'étend le long de l'Orne qui l'arroſe : elle renferme 3000 habitans, & languit ſans commerce. Elle renferme une abbaye, deux ſéminaires, un college, un hôpital, un couvent, &c. Son évêque jouit de 18000 liv. de rentes, paye à Rome une taxe de 3000 flor. & compte dans ſon diocèſe 580 paroiſſes, douze abbayes & un chapitre.

Epay, *Axis*, ville ceinte de murs & de foſſés, ſiége d'un bailliage, & qui renferme une abbaye d'Auguſtins, un hôpital, les veſtiges d'un ancien château voiſin d'un étang, & 1000 habitans.

Almeneches, bourg qui a un château & une abbaye de Bénédictins : un ruiſſeau, qui ſe jette dans l'Orne, l'arroſe, & des bois l'environnent. *Echauffour* a le titre de baronnie, 2000 habitans, & eſt arroſé par un ruiſſeau qui ſe jette dans la Rille. *Le Hertre* eſt remarquable par les diamans d'Alençon qu'on y trouve, qui ne ſont que des cryſtaux de roches, mais dont les jouailliers ſavent faire uſage. *Chailloué* eſt placé ſur un tertre, & renferme 1100 habitans. *Mesle* eſt ſur la Sarte, & n'en a que 400. *Moulins* eſt le ſiége d'un bailliage, d'un vicomté, & contient 1000 ames.

GOUVERNEMENT DU HAVRE-DE-GRACE.

C'eſt la partie occidentale du pays de Caux, & il n'eſt ſéparé du gouvernement de Normandie que rélativement au militaire, auquel préſide un gouverneur général, un lieutenant-général, un lieutenant de roi, un des maréchaux de France, & quatre gouverneurs de place.

Le Havre-de-Grace, *Portus Gratiæ*, ville forte & riche, l'une des clefs du royaume, ſituée à l'extrêmité d'une vallée, dans un terrein uni & marécageux, entrecoupé de criques & de flaques d'eau, à l'embouchure de la Seine, & ſur l'Océan. En 1509, on n'y voyait que quelques maiſons, où vivaient des pêcheurs, qui mettaient leurs batteaux à couvert dans une large foſſe. François premier commença à la bâtir, & l'appella *ville de François*, que quelques auteurs lui donnent encore; une chapelle & l'embouchure de la riviere lui ont donné ſon nom actuel. C'eſt le ſiége du gouverneur général qui eſt auſſi ſon gouverneur particulier, des autres officiers-généraux, d'un bailliage, d'un corps-de-ville, d'une amirauté, &c. Elle eſt exempte de toutes impoſitions, excepté de la capitation, & ſes habitans ſe gardent eux-mêmes. On y compte deux égliſes, trois couvens, un ſéminaire, un petit college, une école d'hydrographie, un hôpital, un hôtel-de-ville, une halle au grain, deux places publiques, dont l'une eſt ornée d'une ſtatue de Louis XIV en pierre de taille, deux portes d'entrée, un arſenal bien fourni, des magaſins, des fabriques relatives à la conſtruction & à l'armement des vaiſſeaux, de belles promenades, une citadelle, un port, environ 15000 ames. Ses rues ſont larges & tirées au cordeau; ſes maiſons, au nombre de 1500, ſont preſque toutes de bois; toutes celles qu'on y a bâties depuis 1719, ſont de pierres, quand elles ſont ſur une rue. On y remarque la citerne au-deſſous de l'hôtel-de-ville qui s'étend ſous la place d'armes, qui peut contenir 1500 tonneaux, & abreuver 9000 hommes pendant trente mois. La ville a de hauts murs, de larges foſſés qu'on remplit d'eau avec des écluſes, quatre baſtions, divers ouvrages extérieurs, une citadelle réguliere à quatre baſtions, bâtie par le cardinal de Richelieu, avec des plans d'armes, des magaſins, des caſernes, &c. Le port eſt entr'elle & la ville. De grandes jettées de maçonnerie l'aſſurent, une groſſe tour le défend : elle eſt bâtie en voûtes à l'épreuve de la bombe. Ce port eſt le plus acceſſible du royaume, il peut contenir 300 vaiſſeaux, & il a vingt pieds d'eau dans les hautes marées. Son baſſin renferme 25 à 30 vaiſſeaux de guerre de 60 pieces de canon, qui entrent & ſortent avec facilité. La grande rade a une lieue d'étendue : ſon fond eſt de terre dure, & ſans rochers.

Le commerce de cette ville a pour objet les dentelles de gros fil, dont les femmes & les filles s'occupent; ſes négocians & armateurs portent aux îles des toiles blanches & écrues, groſſes & fines, du linge ouvré, des dentelles, ſoieries, étoffes de laine, mercerie, miroirs, quincailleries, chapeaux, bas, ſouliers, outils de fer, clous, cryſtaux, fayance, harnais, huiles, ſavons, fromages, farines, beurre, eaux-de-vie, vins de diverſes provinces, &c. Sa longitude eſt de 17 degrés, 45 minutes, 57 ſecondes; ſa latitude eſt de 49 degrés, 29 minutes, 9 ſecondes.

Harfleur, Hariflotum, petite ville, ſiége d'un bailliage, d'une mairie, d'une amirauté, &c. ſituée ſur la petite riviere de la Lézarde, au pied d'un côteau près de la Seine. Elle a quelques privileges, un couvent, un hôpital, & 2600 habitans. La proſpérité du Havre-de-Grace a détruit la ſienne. Son port eſt comblé, & n'eſt acceſſible qu'aux barques. Son gouverneur eſt le même que celui de Montivilliers.

Montivilliers, Monaſterium Vetus, ville, chef-lieu d'une élection, ſiége d'un gouverneur, d'un bailliage ſitué ſur la Lezarde. On y compte trois fauxbourgs, trois égliſes & une abbaye de Bénédictines dont l'abbeſſe exerce une juriſdiction épiſcopale ſur quinze paroiſſes. Les toiles, les cuirs, les dentelles ſont les objets de ſon commerce.

Feſcamp, Fiſcanum, ville très-ancienne, ſiége d'une ſénéchauſſée, d'une amirauté, &c. ſituée ſur l'Océan, dans une vallée longue de 800 toiſes, à la chûte d'une petite riviere. Elle renferme une fameuſe abbaye de Bénédictins, qui jouit des droits épiſcopaux ſur 36 paroiſſes, & a 60000 liv. de rentes, dont l'abbé a 56000. Les moines tirent l'étymologie du nom de la ville de *Fiſci campus*, parce qu'ils appuient le conte qu'ils ont répandus, qu'on y a trouvé le ſang de Jeſus au pied d'un figuier. Cette abbaye doit tous les jours une livre & demie de pain aux pauvres qui ſe préſentent. Son égliſe eſt couverte de plomb, l'autel eſt pavé de marbre blanc, & l'égliſe de marbre de différentes couleurs. Il y a dans Feſcamp une cloche de 32 pieds de tour. Son beau marché a deux portes : la ſûreté y appelle les marchands, & les droits qu'ils payent, montent annuellement à 3000 l.

qui ſont pour l'abbé. Elle a 1000 maiſons; mais pluſieurs ſont ruinées : pour 37 liv. 10 ſols par an, on peut s'exempter de l'impôt ſur le ſel : la mer inonde quelquefois ſes environs, l'air y eſt humide; le port eſt quarré, défendu par du canon & une tour, & a deux écluſes, deux ponts & un réſervoir dont l'eau ſert à le nettayer. Son commerce conſiſte en toiles, ſerges, dentelles, cuirs & chapeaux : elle envoie de groſſes barques à la pêche du hareng, & de petites à la pêche journaliere des côtes.

Godarville, bourg qui a titre de baronnie, ſitué à trois lieues de l'Océan, riche par ſes marchés & ſes foires.

GOUVERNEMENT DU MAINE ET DU PERCHE.

Le Maine, le pays de Laval & la plus grande partie du Perche le compoſent. Il eſt borné au nord par celui de Normandie, à l'eſt par l'Orléanois, au ſud à l'Anjou & à la Tourraine, à l'oueſt par la Bretagne. Un gouverneur-général, un lieutenant-général, deux lieutenans de roi, &c. y préſident au militaire.

I. *Le Maine.*

Il a au nord la Normandie, au levant le Perche, au couchant la Bretagne, au midi l'Anjou & la Tourraine; il a 33 lieues de long, 20 de large, & environ 460 lieues quarrées : le climat y eſt rude & le ſol varié : ici ſont des landes incultes, là des champs qui produiſent des bleds du printems, du ſeigle, de l'orge, du bled ſarrazin, de l'avoine, du maïs, du chanvre, du lin, des vignes médiocres, des pommes, noix, chataignes, fruits à noyaux, &c. Ses pâturages nourrissent beaucoup de bestiaux, sur-tout des moutons, dont la laine est estimée : il a des bois & des forêts, des mines de fer, des carrieres de pierres de taille, d'ardoise, de différens marbres, des marnes, des pierres calcaires, des eaux minérales. Les œufs, le beurre, une volaille exquise font un des objets de commerce, que ces manufactures étendent. On y fabrique des toiles de lin & de chanvre, & on les y blanchit & peint; des étamines, serges & autres étoffes de laine, de la cire, des cuirs préparés, du papier, de la fayance, des verres & crystaux, du fer travaillé, des chaudrons, &c. Diverses rivieres l'arrosent. La *Mayenne*, *Maduana*, sort des frontieres de la Normandie, se grossit de plusieurs ruisseaux & de la Sarthe, devient large, profonde & navigable à Château-Gontier; elle se perd dans la Loire. L'*Huisne*, *Jognia*, sort du Perche & se perd dans la Sarthe. Le *Loir*, *Lidericus*, vient des étangs de l'abbaye du Loire dans le Perche, & se perd aussi dans la Sarthe. La *Sarthe* vient de la Normandie, se grossit des eaux de l'*Orne*, de l'*Huisne*, de l'*Enferne*, &c. & grossit elle-même les eaux de la Mayenne.

Les *Cenomani* habitaient le Maine au tems de César, & il y en a pris son nom. Les Romains, les Français, les Normands, des comtes particuliers le posséderent successivement : Guillaume, duc de Normandie & roi d'Angleterre, s'en empara en 1072 & le transmit à ses successeurs : il retourna à la France en 1203, & fut joint au domaine en 1584 pour ne plus en être séparé.

Un évêque y préside aux affaires ecclésiastiques; il dépend pour les finances de la généralité de Tours;

& pour le civil & l'adminiſtration de la juſtice, du parlement de Paris. On y ſuit une coutume particuliere.

Le Haut Maine.

L'abbé Nicole de la Croix l'appelle le *Bas Maine*, & ſuit en cela l'uſage du pays.

Mayenne, *Maduana*, ville agréable ſituée ſur la rive droite de la Mayenne, ornée d'un château ſitué ſur un roc, qui paſſa pour imprenable, & du titre de duché-pairie, ſiége d'une élection, d'une juſtice royale, d'un gouverneur. Elle a un hôtel-de-ville, pluſieurs couvens, un college, un fauxbourg, & environ 6000 habitans.

Ernée, petite ville ſur l'Ernée; elle a un couvent de Bénédictines, un hôpital & un hôtel-de-ville, & 2400 habitans.

Ambrieres eſt petite, a un château & le titre de baronnie; la Varenne l'arroſe.

Laſſay eſt ſur un ruiſſeau qui tombe dans la Mayenne, & a un château chargé de ſept à huit groſſes tours.

Sillé le Guillaume, eſt ville qui fut forte & qui eſt commerçante. Elle a une égliſe collégiale & le titre de baronnie.

Beaumont le Vicomte eſt ſur la Sarte, eſt le ſiége d'un bailliage & d'une juſtice royale; elle a un hôtel-de-ville & un couvent.

Bonneſtable, autrefois *Maleſtable*, petite ville, chef-lieu d'une juriſdiction, où l'on commerce en bleds.

Mamers, *Mamerciæ*, petite ville où fut autrefois un temple conſacré à Mars, détruit par S. Louis. Elle eſt le chef-lieu du Sennois, le ſiége d'une juſtice royale, d'un bailliage, d'une prévôté: la Dives l'arroſe.

La Fresnaye, ville où siége une justice royale, qui a le titre de baronnie, est environnée de bois & de prairies, & située sur la Sarte. On y commerce en bestiaux.

Balar, ville & marquisat sur l'Orne : c'était une des plus fortes places du pays ; elle renferme 2000 habitans.

Goron, grand bourg, sur le Coesnon, riche par ses foires & ses marchés, décoré d'un château & du titre de baronnie. *Evron* a une abbaye de Bénédictins, des foires & des marchés fréquentés. *Vilaine-la-Juel* est un marquisat. *Nogent-le-Bernard* a 1100 habitans.

Bas Maine.

Le Mans, *Cenonanum*, ville riche, qu'on croit être l'ancienne *Vindinum*, située sur la Sarte, siége du gouverneur-général, d'un évêché, d'un présidial, d'une élection, d'un bailliage, d'un bureau de la société royale d'agriculture, d'une jurisdiction consulaire, &c. Elle a plusieurs fauxbourgs, trois chapitres, quatre abbayes, huit autres couvens, un college, un séminaire, & près de 12000 habitans. L'évêque est suffragant de Tours, compte dans son diocèse 696 paroisses, 21 abbayes & 10 chapitres ; jouit de 25000 l. de revenu, & paye une taxe de 2216 fl. Sa cathédrale renferme divers mausolées, d'antiques inscriptions, & une horloge singuliere. On fait au Mans un grand commerce d'étamines, de belles bougies & de chapons recherchés. Sa longitude est 17 deg. 45 minutes ; sa latitude 47 degrés, 58 minutes.

La *Ferté-Bernard*, petite ville sur l'Huisne, fermée de bons murs & de fossés. Elle a un château, une mairie, un hôtel-de-ville, trois fauxbourgs, une abbaye, deux couvens, un hôpital, &c.

Chateau-

Château du Loir, ville ſur un côteau près du Loir, ſiége d'un gouverneur, d'une élection, d'une juſtice royale, capitale du petit pays de *Vaux du Loir*, long de neuf lieues, large de trois, où croiſſent des vins blancs & clairets, recherchés en Angleterre. Cette ville a 2000 habitans.

S. Calais, petite ville, baronnie ſur la riviere d'Anile : il y a un couvent & une abbaye de Bénédictins célebre.

Ste. Suſanne, petite ville qui fut forte, aujourd'hui le ſiége d'une juſtice royale. Elle eſt ſituée ſur l'Erne.

Sablé, ville ſur la Sarte, marquiſat, dont dépendent cinquante autres fiefs. La ville renferme 3500 habitans ; on y fabrique des gands eſtimés. Elle a un hôtel-de-ville & une juriſdiction.

Montfort eſt un bourg près de l'Huiſne ; il a un château. *Vibrais*, *Vicus Brayé*, grand bourg ſur la Brais, où l'on compte 1200 habitans. *La Suze* a le titre de comté, eſt ſur la Sarte, & n'eſt célebre que par une femme qui a porté ſon nom. *Entraſmes* ou *Entraunes*, bourg de 1200 habitans, connu dans l'hiſtoire.

II. *Pays de Laval.*

Ses ſeigneurs particuliers poſſédaient 140 terres nobles. C'eſt aujourd'hui un comté.

Laval, *Vallis Widonis*, ville fermée de murs antiques, ſituée dans un beau vallon, ſur les rives de la Mayenne, ſiege d'un gouverneur, d'un préſidial, d'une élection, d'une juriſdiction conſulaire, d'un corps-de-ville, &c. Elle a quelques fauxbourgs, deux chapitres, deux prieurés, huit couvens, un hôtel-Dieu, un hôpital-général, & environ 18000 ames. Elle renferme pluſieurs manufactures de toiles.

qui avec celles des environs, font l'objet d'un commerce immense. Près d'elle est une mine de charbon de terre qu'on a abandonnée.

La Gravelle, bourg voisin de la Bretagne. *Abuillé* a 1400 habitans.

III. *Le Perche.*

Il a titre de Comté, est à l'orient du Maine, au sud de la Normandie, a 14 lieues de long, 12 de large, & environ 150 lieues quarrées de surface. Une forêt connue sous le nom de *Saltus Pertius* le couvrait tout entier autrefois, & lui donna son nom; ce qui en reste encore aujourd'hui a 3894 arpens. Le climat y est humide & froid, le sol égal; sur les hauteurs sont de mauvais pâturages; dans les vallons & les plaines sont des champs très-fertiles en bleds, chanvres & fruits: on y recueille un peu de mauvais vin. Il a quelques mines de fer, & plusieurs forges, des eaux minérales & beaucoup de gibier, de poisson & de volaille: l'*Huisne* & la *Sarthe* l'arrosent; ses habitans suppléent par le travail à l'intelligence qu'ils n'ont pas. Leur commerce consiste en bleds, bestiaux, œufs, beurre, volaille, cuirs, fer, épingles, papier, fil, toiles, étamines, serges, draps, &c.

Les *Essui*, les *Cenomani*, les *Carnutes* l'habiterent. Des Romains, il passa aux Français: dans le neuvieme siecle il eut ses seigneurs particuliers, nommés d'abord comtes de *Belleſme*, puis de *Mortagne*, & dans le douzieme siecle ils prirent le nom du pays. Il passa au roi de France Louis VIII, & fut réuni à la couronne en 1584. Ce pays fait partie de plusieurs dioceses, & n'a point d'évêques dans son sein. Le civil y dépend du parlement de Paris: on y suit une coutume particuliere.

Une partie du Perche est comprise dans l'Isle de France, & nous l'y avons décrite ; une autre partie dépend de l'Orléanais, où nous le décrirons. Il ne s'agit ici que du haut ou grand Perche & des Terres Françaises.

I. *Haut-Perche.*

Il est composé du *Corbonnois*, du *Bellermois* & du *ressort* de Nogent-le-Rotrou.

Mortagne, *Castrum Mauritaniæ*, ville capitale de la province, chef-lieu d'une élection, siege d'un gouverneur, d'un bailliage, d'une subdélégation, située sur une montagne près des sources de l'Huisne. Elle a été très-forte, & est encore ceinte de murs & munie d'un château. On y compte cinq fauxbourgs, cinq portes, une église collégiale, quatre couvens, un hôtel-Dieu, & 5000 ames. On y fait beaucoup de grosses toiles.

Bellesme, ville qui a été capitale du Perche & prétend l'être encore, siege d'un gouverneur, d'un bailliage, d'une justice royale, où l'on compte quelques fauxbourgs, un vieux château, & 2500 habitans. Elle était sous S. Louis une des plus fortes places de l'Europe. Elle est située au midi de la forêt de son nom, qui a encore quatre lieues de tour, où l'on croit qu'était jadis un temple payen, & où l'on trouve la fontaine minérale de la *Herse*, dont les eaux ferrugineuses & salutaires sont comparées à celles de Forges.

La Perriere, petite ville sur les confins du Maine, autrefois place forte, aujourd'hui presque ruinée.

Nogent-le-Rotrou est le plus grand bourg du royaume, & le siege de deux bailliages seigneuriaux, d'une subdélégation, d'une officialité. Il a deux ponts ſur l'Huiſne qui l'arroſe; un comte du Perche lui donna ſon ſurnom : il renferme un prieuré de Bénédictins, deux couvens; un hôtel-Dieu, & 2500 habitans. *Corbon* eſt ſur l'Huiſne; on croit qu'il a été une ville forte, & il exiſte une médaille d'un roi de la premiere race, qu'on prétend y avoir été frappée, parce qu'on y lit ces mots, *Curbonno fit. Mauves* eſt auſſi ſur l'Huiſne, fut une ville, & ſes habitans en ont encore les anciens droits. Sa ſituation eſt avantageuſe & riante, & les comtes de Mortagne y réſiderent. *Longny* a le titre de baronnie. *Ceton* a un riche prieuré de Bénédictins. *S. Denis* eſt ſur la Sarthe, & renferme une abbaye de bénédictins, fondée en 1030.

La Trappe, abbaye de Citeaux, célebre par le ſilence & les auſtérités de ſes moines, ſituée entre Séez & Mortagne, dans un grand vallon bordé de collines & de montagnes, & fondée en 1140 par Rotrou, comte du Perche. *Armand-Jean Bouthillier de Rancé* y fit recevoir l'ancienne & étroite pratique de la regle de S. Bernard.

Les Clairets, abbaye de filles de l'étroite obſervance de Citeaux, fondée en 1204. *Arciſſes*, abbaye de Bénédictines, ſituée au bord de l'Ozée, & fondée en 1225.

II. *Les Terres Françaiſes.*

Il renferme le reſſort Français de la *Tour-Griſe*, fortereſſe autrefois conſidérable, élevée pour oppoſer à Verneuil, qui était alors puiſſante & appartenait aux Anglais. Cette tour eſt le chef-lieu d'une juriſdiction qui s'étend ſur vingt-deux paroiſſes, & renferme l'abbaye de *Tiron*, fondée en 1109 par Bernard d'Abbeville, & où l'on ſuit la réforme de la congrégation de St. Maur. C'eſt un chef-d'ordre, dont dépendent ſept abbayes & quarante prieurés, tous en France.

GOUVERNEMENT D'ANJOU.

Il a le titre de duché, eſt au midi du Maine, & à l'orient de la Bretagne, & s'étend en longueur l'eſpace de vingt-cinq lieues, ſur vingt de large; il a environ deux cents ſoixante-dix lieues quarrées de ſurface. L'air y eſt ſain, le climat tempéré, le ſol varié de côteaux & de plaines, fertile en vins blancs, en différens bleds, en feves, pois, lin, chanvre, noix, pommes & autres bons fruits. Le gibier, la volaille, le poiſſon y ſont abondans, les beſtiaux y couvrent des pâturages étendus. On y trouve des mines de charbon de terre, de fer, de cuivre, de plomb & d'étain, des carrieres de pierres blanches, de marbre & d'ardoiſes, dont on couvre toutes les maiſons; des ſources d'eaux minérales, des ſalpêtrieres, des verreries, &c. On y compte trente-ſept forêts plantées de hêtres ou de chênes, & quarante-neuf rivieres, dont ſix portent bateaux; & ce ſont la *Loire*, la *Vienne*, la *Toue*, la *Mayenne*, le *Loir* & la *Sarthe*. Les habitans ſont ingénieux, doux & pareſſeux : leur commerce a pour baſe toutes les productions du pays & des étamines, droguets, bougies, confitures ſeches, merceries, &c. qu'ils fabriquent.

Les *Andegavi* habiterent ce pays & lui donnerent ſon nom; des Romains il paſſa aux Français: diviſé en deux comtés ſous Charles le Chauve, il fut réuni ſur la fin du neuvieme ſiecle: il fit partie des domaines des rois d'Angleterre; Philippe-Auguſte le confiſqua ſur Jean-Sans-terre, & il fut l'appanage de divers princes de la maiſon royale. Louis XI le réunit pour toujours à la couronne : son titre se donne ordinairement au troisieme prince de France. Il dépend de l'évêque d'Angers pour le spirituel, de la généralité de Tours pour les finances, du parlement de Paris pour le civil. C'est un pays de droit coutumier. Un gouverneur-général, un lieutenant-général, six gouverneurs de places, deux lieutenans de roi, &c. y président au militaire.

Angers, *Juliomagus*, ville située sur le penchant d'une colline qui se joint à une grande plaine, abondante en bons vins & fruits, traversée par la Mayenne, grossie alors des eaux de la Sarthe & du Loir, siege du gouverneur-général, d'un évêché, d'une sénéchaussée, d'un présidial, d'un hôtel des monnaies, d'un bailliage, d'une jurisdiction consulaire, d'une élection, &c. Elle a plusieurs fauxbourgs, un château taillé dans le roc, une université fondée par S. Louis, une académie royale de belles-lettres, créée en 1685, deux commanderies de Malthe, huit églises collégiales, seize paroisses, cinq abbayes, un séminaire & plusieurs couvens. Elle renferme une affinerie de sucre, sept blanchisseries de sucre, des fabriques d'étamines, de laine sur soie, de raz, camelots, serges, &c. & 36000 habitans. Ces objets avec les denrées, sont l'objet de son commerce. Son évêque est suffragant de Tours; il compte dans son diocèse 668 paroisses, 24 chapitres & 20 abbayes; il jouit de 26000 liv. de revenus annuels: sa taxe est de 1700 fl. Sa cathédrale est longue & belle; on y voit encore les armes de l'ordre du Croissant. Une cérémonie, nommée *le sacre*, y attire beaucoup de monde le jour de la Fête-Dieu : elle fut instituée pour effacer le crime de son archidiacre Beranger, un des premiers prêtres qui ait eu un peu de philosophie, & qui nia la présence réelle de Jesus dans l'Euchariſtie. La longitude d'Angers eſt de 17 deg. 6 min. ſa latitude eſt de 47 degrés, 28 minutes, 8 ſecondes.

Baugé, *Balgiacum*, ville ſur le Coeſnon, ſiege d'un gouverneur & d'une juſtice royale, chef-lieu d'une élection. On y compte 4000 ames. Près de ce lieu eſt le bourg de *Baugé-le-vieil*, qui a un château & une juriſdiction.

Briſſac, petite ville ſur l'Aubana, qui a le titre de duché-pairie; elle n'a que 100 habitans.

Chateau-Gonthier, ville ſituée ſur la Mayenne, qui la ſépare du fauxbourg d'*Azé*. Elle a le titre de marquiſat, & eſt le ſiege d'un préſidial, d'une élection, &c. Elle renferme une égliſe collégiale, quelques couvens, & 7000 ames. On y fabrique des toiles, du croiſé, des ſerges & de la cire. Près d'elle ſont des eaux minérales.

La Lude, petite ville ſur le Loir, où l'on fabrique des droguets & des étamines.

Duretal, petite ville ſur la rive droite du Loir; elle a le titre de comté, un château vaſte & beau, bâti en 1037: ſes maiſons de pierres, toutes couvertes d'ardoiſes; la tannerie lui fournit ſon principal objet de commerce: ſes environs ſont mêlés de vignes, de champs & de prairies.

La Fleche, *Caſtrum Fiſſæ*, ville, ſiege d'un préſidial, d'une ſénéchauſſée, qui a un hôtel-de-ville, un château magnifique, bâti par Henri IV, un ſuperbe college, où enſeignerent les Jéſuites, & qui ſert de ſéminaire à l'école royale militaire, & une belle égliſe, où ſont renfermés les cœurs de Henri IV & de ſon épouſe. Les hommes y ſont honnêtes, les femmes gracieuſes, les environs beaux: ils forment un grand vallon, couronné de vignes & de bocages, & arroſé par le Loir. On y compte 6000 ames.

Pont-de-Cé ou de *Sé*, a un château fort, un couvent, plusieurs ponts sur la Loire & 1600 habitans.

Rille, petite ville, baronnie, près des sources de l'Authion.

Trèves est sur la rive gauche de la Loire : elle est commerçante, a un château & le titre de baronnie.

S. Aubin de Poanée, petite ville au bord d'un étang, d'où sort le ruisseau de Versé, qui se perd dans l'Oudon. Il y a des forges de fer.

Champtoceaux est sur une hauteur près de la Loire, a le titre de baronnie, & renferme 1000 ames.

Chollet, ville sur la Mayenne, qui a un beau château, un prieuré & deux couvens ; ses foires sont considérables par les toiles & les bestiaux qui s'y vendent. On y fabrique des toiles qu'on nomme *Platilles*.

Doue, *Theoduadum*, est sur la Loire, & renferme un chapitre, un hôpital, un couvent, une des plus belles fontaines du royaume par son architecture & ses eaux bonnes & abondantes. Les restes d'un amphitéâtre prouveraient qu'elle existait sous l'empire Romain, si on n'y reconnaissait plutôt les ruines d'un palais des rois d'Aquitaine : elle a 800 habitans; on y fabrique des droguets & des étamines tremicres.

Ingrande, *Igorandis*, petite ville, baronnie sur la rive droite de la Loire.

Craon, *Credonium*, renferme un chapitre, un prieuré de Bénédictins, un couvent & 2100 habitans. Son seigneur prend le titre de *premier baron d'Anjou* : sa jurisdiction s'étend sur vingt-sept paroisses. La ville est située sur l'Oudon, dans des campagnes fertiles en grains, vins, pâturages & lin. On vend beaucoup de fil dans ses marchés.

Chateau-neuf, petite ville ſur la Sarthe; elle a un château; on y file beaucoup de lin; ſes environs ſont fertiles, & près d'elle eſt une carriere d'ardoiſes.

Candé en Lamée, ville de 700 habitans, ſituée au confluent de la Mandie & de l'Erdre; près d'elle ſont des bois & des mines de fer.

Vihers, ville ſur un étang : elle a le titre de comté, un château, le marché le plus fréquenté de la province, & quatre paroiſſes.

Montrevaux eſt un comté. Cette petite ville eſt à deux lieues de la Loire.

Beaufort en Vallée, eſt le ſiege d'un gouverneur & d'une juſtice royale; elle a des marchés abondans en grains, & on y fabrique des toiles : elle eſt dans une vallée longue de cinq lieues, très-riante & très-fertile, arroſée par l'Authion : on n'y compte que 800 ames.

Lion d'Angers eſt ſur un ruiſſeau près de la Mayenne. *Ségré* ſur l'Oudou eſt une baronnie; cette ville n'a que 500 habitans. *Beaupreau* a le titre de duché, une égliſe collégiale & deux paroiſſes : l'Evre l'arroſe.

Le Verger, eſt un bourg près du Loir : il a un château très-régulier. *Jarzé* a une égliſe collégiale & le titre de marquiſat : il eſt ſitué près d'un étang. *Vaujour* a le titre de duché-pairie, eſt dans un pays de chaſſe, & renferme 500 habitans. *Avoiſe* eſt ſur la Sarthe : on y commerce en fer, en bois, en ardoiſes. *Chantoſſe* eſt ſur la Loire, & a le titre de baronnie. *Chemillé* eſt un comté : il eſt ſur l'Ironne, a une égliſe collégiale & 1200 habitans. *Paſſavant* eſt ſur la Layon, a un château & le titre de comté. *Le Puy de la Garde* a un couvent d'Augſtins, où on accourt vénérer une image de la vierge. *Chenu* eſt un village, où l'on trouve pluſieurs verreries.

GOUVERNEMENT DE SAUMUR.

C'eſt le Bas-Anjou; il eſt au midi de la Loire & de l'Anjou, a douze lieues de long, ſept de large, & ſoixante lieues quarrées de ſurface. On y trouve des mines de charbon de terre, dont les veines ont cinq pieds d'épaiſſeur & trois de large. On prétend que ce charbon donne cinq grains d'or par quintal. Il dépend pour le ſpirituel, de l'évèque d'Angers, pour les finances, de la généralité de Tours, pour le civil, du parlement de Paris. Il a un gouverneur-général, un lieutenant-général & quelques gouverneurs de place.

Saumur, *Salvus-murus*, *Salmurium*, ville forte déja dans le dixieme ſiecle, ſituée ſur la Loire, qu'on paſſe ſur un pont long & célebre : ſes rues ſont obſcures & mal percées; mais ſes fauxbourgs ſont beaux. Elle eſt le ſiege du gouverneur & du lieutenant-général, d'une ſénéchauſſée royale, d'un bailliage, d'une élection. Son château eſt fort ancien : on y compte neuf couvens, dont celui de l'Oratoire eſt le plus remarquable par ſa bibliotheque & ſon égliſe revérée des devots. Elle a un college royal, pluſieurs places publiques & 5500 habitans. Elle fut plus floriſſante, quand des Réformés l'habitaient : derriere elle, eſt un long roc qui reſſemble à un mur, d'où peut-ètre lui vient ſon nom. Il y a une affinerie de ſalpètre, & on le croit le meilleur de la France; on y fabrique des quincailleries, des médailles, des bagues, des chapelets, &c. Sa longitude eſt de 17 degrés, 35 minutes, 6 ſecondes; ſa latitude de 47 degrés, 15 minutes, 24 ſecondes.

Montſoreau, petite ville, qui a le titre de comté. qui renferme un chapitre, un marché de bleds très-fréquenté, & 600 habitans. Ses anciens ſeigneurs l'ont fait connaître.

Montreuil-Bellay, ville ſur la Toue, ſiege d'une ſénéchauſſée, d'une élection, qui a une égliſe collégiale, un hôpital, un couvent, & 1800 habitans.

Richelieu n'était qu'un village en 1631. Le cardinal de Richelieu en fit une ville belle & réguliere, longue de 350 toiſes, large de 250, qui jouit des privileges des capitales de province : on y voit pluſieurs belles places, un palais de juſtice, pluſieurs pavillons ſymmétriques avec les maiſons, & des ornemens qui en font un des plus beaux lieux de l'Europe. Son château eſt magnifique. Cette ville, ſituée près de la Vide & de l'Amable ou Noireau, a le titre de duché-pairie.

Frontevrault, *Frons Evraldi*, bourg au milieu d'une belle forêt, près des bords de la Loire. Une abbaye célebre fut fondée en 1100 par Robert d'Arbriſſelles qui la fit bâtir. Elle renferme une communauté d'environ 60 hommes, & une de 150 femmes; toutes deux ſont ſoumiſes à l'autorité de l'abbeſſe, qui eſt générale de l'ordre. L'égliſe renferme le tombeau de ſon fondateur, & celui de pluſieurs rois & reines d'Angleterre. C'eſt là qu'on inſtruit la jeuneſſe des princeſſes de France.

Pacé, châtellenie dont le poſſeſſeur exerce des droits ſur les chaudronniers & les verriers qui y paſſent; qui peut faire danſer le jour de la Trinité les femmes honnêtes de Saumur, ou s'en faire donner un bouquet de roſes & quatre deniers : celles qui ſont diffamées ſont ſommées de ſe préſenter devant lui.

Le *Mirebalais* eſt un petit pays fertile en grains & en pâturages, qui fit partie du Poitou, puis fut renfermé dans l'Anjou, & enfin a été joint au Saumurois. La petite ville de *Mirebeau* eſt ſon chef-lieu, & renferme un chapitre, deux prieurés, deux couvens, & 2000 habitans. Elle eſt ſituée ſur une hauteur, dont le pied eſt baigné par un ruiſſeau qui y forme des marais. En 1777, on y a découvert une ſalle ſouterraine, entourée de petits caveaux, dans l'un deſquels on a trouvé des os humains : on croit que c'était un cimetiere de proteſtans pendant les guerres civiles. On y a découvert auſſi une cave très-froide & profonde, où étaient diſperſés diverſes plantes & fruits pétrifiés. *Montcontour*, *Mons Conſularis*, eſt une petite ville ſur la Dive : elle a 600 habitans.

GOUVERNEMENT DE TOURAINE.

Cette province a le titre de duché : elle a l'Anjou au couchant, & le Poitou au midi, a 24 lieues de long, 22 de large, & environ 360 lieues quarrées de ſurface. Elle eſt arroſée de pluſieurs ruiſſeaux & de dix-ſept rivieres, parmi leſquelles on compte la *Loire*, le *Cher*, la *Vienne*, la *Creuſe*, le *Loir*, l'*Indre*, &c. Le climat y eſt ſi doux & le ſol ſi fertile, qu'on l'appelle le *jardin de la France.* Elle eſt variée dans ſes diverſes parties. Les *Varrennes* ont un terrein ſablonneux, jamais en jacheres, où proſperent le ſeigle, l'orge, le mil, les légumes, la gaude utile pour la teinture jaune. Le *Verron*, plus élevé & plus gras, produit des bleds, des vins, d'excellens fruits, ſur-tout des prunes, objet d'un grand commerce. La *Campagne*, entre le Cher & l'Indre, eſt unie, graſſe & abonde en froment. La *Brenne*, terre humide & ſemée d'étangs, a des côteaux où l'on recueille abondamment de très-bons vins. La *Gaſtine* eſt ſeche, aride, difficile à cultiver. Par-tout ſont de beaux pâturages. On y trouve des mines de fer & de cuivre, du ſalpêtre ſur les côteaux de la Loire exposés au midi, de grandes forêts, des eaux minérales, & diverses curiosités naturelles: on prétend qu'on y trouverait de l'or en le cherchant. Les habitans sont impétueux & faciles à décourager. Leur principal commerce est fondé sur le produit de leurs manufactures, comme draps, cuirs, étoffes de soie.

Les *Turonii*, ses anciens habitans lui ont donné leur nom, ainsi qu'à sa capitale. Elle fit partie de la troisieme Lyonnaise sous les empereurs Romains, fut soumise aux Wisigoths, aux Français, à des comtes particuliers, aux rois d'Angleterre, sur lesquels Philippe-Auguste la reprit en 1202. Elle devint l'appanage de divers princes de la maison royale, & ne fut réunie à la couronne que sur la fin du seizieme siecle. L'archevêque de Tours y préside aux affaires spirituelles; le civil y dépend du parlement de Paris: on y administre la justice sur une coutume particuliere. Elle a un gouverneur & un lieutenant-général, un lieutenant de roi, plusieurs gouverneurs de place, &c., veillent sur le militaire: toutes les villes, bourgs & les terres appartiennent à des seigneurs, 8 seulement sont au roi.

Tours, *Cæsarodunum*, *Civitas Turonorum*, ville ancienne, située dans une belle plaine entre le Cher & la Loire. C'est le siege du gouverneur général, d'un archevêque, d'un présidial, d'une justice consulaire, d'une intendance & généralité, d'une élection, &c. L'archevêque a pour suffragans les neuf évêques de Bretagne, & ceux d'Angers & du Mans. Son diocese renferme 404 paroisses, 18 abbayes, 12 chapitres & 98 prieurés. Ses revenus sont de 45000 liv. Sa taxe de 9500 flor. Sa cathédrale est remarquable par son portail, accompagné de deux belles tours & d'une rose au milieu, travaillée avec délicateſſe, & par ſa bibliothéque, qui renferme des manuſcrits précieux, parmi leſquels eſt un Pantateuque écrit en lettres majuſcules dans le huitieme ſiecle, & les quatre évangiles en lettres ſaxoniques, qui ont 1200 ans d'antiquité. L'égliſe de St. Martin eſt une des plus vaſtes du royaume; ſon chapitre en eſt le plus nombreux, le plus riche, & le plus noble. Le roi en eſt abbé : divers princes en ont été chanoines : derriere le grand autel eſt le tombeau de St. Martin en marbre noire, blanc & jaſpé.

On compte à Tours, cinq faux-bourgs, douze portes d'entrée, un château fort, une maiſon royale bâtie par Louis XI, qui y vécut long-tems, & toujours inquiet, cinq chapitres, trois abbayes, parmi leſquelles eſt celle de *Marmoutiers*, qui poſſede une ſainte ampoule qui ſervit au ſacre de Henri IV, & dont la maiſon, l'égliſe & les caves ſont magnifiques, douze couvens, un college, un ſéminaire, un hôtel-de-ville, pluſieurs places & ſix fontaines publiques, un quai ſpacieux & magnifique, un mail le plus beau du royaume, un pont de pierre ſur la Loire, & environ 33000 habitans. Elle eſt célebre ſur-tout par ſa manufacture de ſoie établie par Louis XI, mais qui déchoit chaque jour, ſur-tout parce qu'elle n'eſt pas libre dans l'achat des ſoies; celle des draps eſt plus ruinée encore; celle de la tannerie n'eſt preſque plus rien non plus. La ville n'a pas la moitié des habitans qu'elle a eu. Ses rues ſont belles, propres, lavées par différens ruiſſeaux; les maiſons y ſont bâties d'une pierre fort blanche qui les pare, & ſont couvertes d'ardoiſes. On croit que ſous le regne d'Auguſte, elle étoit ſituée ſur l'autre bord de la Loire : c'eſt aujourd'hui *Luines*. A ſes portes eſt l'île de St. Côme, formée par le Cher. Sa longitude eſt de 18 deg. 21 min. Sa latitude de 47 deg. 23 min. 44 ſec.

Lugnes, ou *Luines*, petite ville à quelque distance de la rive droite de la Loire : elle a un beau château ; & dans son église collégiale, sont les tombeaux de ses seigneurs. On croit que c'est l'ancien *Cæsarodunum*, & non Tours, car ce mot signifie la *montagne de César*, & Tours est dans une plaine. *Luines* est sur une hauteur, où l'on voit d'anciens monumens ; sa situation est heureuse, des eaux pures, qui y étaient conduites par des aqueducs dont on voit encore 9 arcades & 17 piliers, l'environnent. Il avait autrefois le nom de *Maillé*.

Langeai, petite ville qui a un château, une justice royale, une église collégiale, deux paroisses : ses environs produisent de bons fruits & d'excellens melons.

Château-Renaud, ville sur la Bransle, dans une contrée agréable & abondante en gibier. On y tient trois foires, & on l'a nommée jadis *Carament* & *Villemoran*. On y compte 1900 habitans.

Amboise, ville qui a le titre de principauté, que la Loire & l'Amasie arrosent, qu'un vaste château placé sur un roc décore. Elle est le siege d'un gouverneur, d'un bailliage, d'une élection. Elle renferme une commanderie de Malthe, quatre couvens, un Hôpital, d'anciens monumens, & 18000 habitans. Sa situation est agréable, elle est exempte de plusieurs impositions, mais non pas ses faux-bourgs. Son château renferme une église collégiale, les statuts de Charles VIII & d'Anne son épouse, un cerf de dix pieds de haut, qu'on a regardé long-tems comme n'étant pas fait de main d'homme, & diverses autres curiosités, parmi lesquelles on peut compter son escalier sans degrés, qui peut conduire en carrosse à la terrasse qui le domine. C'est-là que naquit & mourut Charles VIII. La forêt voisine a 16000 arpens.

Bléré, ville ſur le Cher, autrefois conſidérable, & qui ne renferme aujourd'hui que 1400 habitans.

Montrichard, ville qui a le titre de baronnie, ſituée ſur une montagne dont le Cher baigne le pied, le ſiege d'une juſtice royale. Elle a deux paroiſſes, un hôpital, un couvent, quatre fauxbourgs, 3000 habitans. Près d'elle eſt une forêt.

Burençois, ville ſur l'Indre; elle eſt petite, a le titre de comté, un château, une commanderie de Malthe, un couvent, un hôtel-dieu.

Loches, *Luccæ*, ville chef-lieu d'une élection, ſiege d'un bailliage, d'un corps de ville, &c. Située ſur l'Indre, dans une contrée agréable & fertile. Près d'elle eſt une forêt de 5000 arpens d'étendue. On y compte cinq couvens, un hôtel-dieu, 3000 habitans; un château royal, ſitué ſur un roc eſcarpé, où eſt une égliſe collégiale, enrichie par les dons d'*Agrés Sorel*, qui y a ſon magnifique mauſolée: les chanoines, à qui la vue du tombeau de la maîtreſſe d'un roi déplaiſait dans une égliſe, voulurent l'en ôter; mais Louis XI les exhorta à la reconnoiſſance, & il eſt demeuré. Le château était un fort important. On y voit trois étages de voutes ſouterraines, qui ſervaient de priſon d'état ſous Louis XI, qui les découvrit, & dans leſquelles on trouva un homme d'une grande ſtature, qui tomba en pouſſiere en l'expoſant à l'air. Le donjon contient pluſieurs cachots, entr'autres deux cages de chênes, couvertes de fer, eſpeces de cabinets portatifs.

Beaulieu, renferme une abbaye de Bénédictins, une maiſon de chanoineſſes Auguſtines, un corps de ville, une juriſdiction abbatiale, & 1500 habitans. Elle eſt ſéparée de Loches par l'Indre, un pont & une chauſſée au travers une prairie, les fait communiquer.

Chatillon,

Chatillon, est le chef-lieu de la Brenne ; l'Indre l'arrose. Elle a un présidial, un chapitre, deux couvens, & des environs fertiles & rians.

Cormery, *Cor mærens*, petite ville sur l'Indre, qui renferme une abbaye de Bénédictins.

Montbazon, est située près de la forêt de ce nom, au pied d'une colline, sur l'Indre. Elle a un chapitre, un château, & le titre de duché pairie, dont dépend la petite ville de *Ste. Maure*, & le bourg de *Ste. Catherine-de-Fierbois*, connu par des prunes excellentes, & par l'épée que Jeanne d'Arc y trouva, dit-on, dans le tombeau d'un soldat.

Assay-le-Rideau, petite ville où est un château magnifique. Elle a été forte, & l'Indre y passe.

Chinon, ville, chef-lieu d'une élection & d'un bailliage, située sur la Vienne, & munie d'un château fort. Elle a une église collégiale, plusieurs couvens, un hôpital, & 5000 habitans. Elle est ancienne, & sa situation est agréable.

Candé, petite ville au confluent de la Vienne & de la Loire, le plus ancien patrimoine des archevêques de Tours.

St. Espin ou *Espain*, renferme 1400 habitans.

L'Isle-Bouchard, *Insula Bocardi*, ville qu'entoure la Vienne, & où son Seigneur nommé *Bouchard*, éleva dans le Xme siecle un château qui subsiste encore. Sa situation est charmante ; elle renferme trois prieurés, deux couvens, une commanderie de Malthe, une halle spacieuse, où se tiennent les marchés, & quatre foires par an, & des fauxbourgs plus étendus qu'elle. Les pruneaux sont le principal objet de son commerce.

Preuilly, petite ville, & la premiere baronnie de la province. Elle renferme une abbaye de Bénédictins & 1600 habitans. La Claise l'arrose ; près d'elle ſont des bois & des mines de fer.

La Haye, petite Ville ſituée ſur la Creuſe, patrie de Deſcartes. Elle a le titre de baronnie, & renferme 700 ames.

La Guierche eſt auſſi ſur la Creuſe, & a un château fort, bâti par *Agnès Sorel.*

Ligueil, eſt une baronnie, & appartient au doyen du chapitre de St. Martin de Tours : près d'elle eſt un étang, dont l'eau pétrifie ce qu'on y jette, & dans une plaine voiſine eſt enfouie une maſſe de 130680000 toiſes cubiques de coquillages, ſans aucun mélange de matieres étrangeres. On y remarque des madrepores, des champignons de mer, &c. Les habitans l'appellent *falun*, & en fertiliſent leurs terres.

Champigny, petite ville ſur la Veude ou Vette, qui renferme deux couvens, un petit college, & un antique château, dont il ne reſte plus que la belle cour & ſa magnifique chapelle, & l'égliſe collégiale remarquable par ſes vitres peintes.

Savonieres, petit bourg où ſont des grottes ou voutes, qu'on nomme *gouttieres*, parce qu'il en dégoute ſans ceſſe de l'eau qui ſe congele en partie, même dans l'ardeur de l'été, & forme toutes ſortes de figures tranſparentes, qui ſe durciſſent enfin au point qu'il eſt difficile de les rompre à coups de marteau. Dans l'une eſt une eſpece d'autel d'une belle pierre blanche & dure, couverte de glaçons ou de cryſtaux, formée par l'eau qui tombe du roc : dans une autre ſont deux grands rochers blancs comme la neige, durs comme du marbre, de figure pyramidale, formés par pluſieurs cordons rangés régulierement les uns ſur les autres, ornés d'écailles couchées & creuſes, dont le plus haut eſt un baſſin rempli de l'eau qui tombe de la voute, & celui-là entretient de plus petits baſſins qui ſont autour des cordons : la plûpart des chambres ressemblent à une fabrique de sucreries : les haut, les parois, le sol semblent couverts de dragées.

Sablamçay, bourg connu par la mort injuste de son seigneur, sacrifié par François I. à la haine de sa mere. *Beuil*, a une église collégiale, & eut Racan pour seigneur. *Villebourg* est grand, & situé dans de riches campagnes : il est remarquable par les reliques de son église, & les ossemens qu'on trouve autour de lui, restes d'un combat qui s'y est livré. *Neuvy*, est très-bien bâti, renferme 1700 habitans, & a près de lui un beau château. *Mont-Louis*, est fort ancien, situé sur la Loire. Les maisons y sont enterrées, couvertes de gazon, & ne se reconnaissent qu'aux tuyaux de cheminées. Près de lui est une abbaye. *St. Martin le Beau* est connu par deux batailles. *Montresor*, a le titre de comté, a une église collégiale, est situé sur l'Indre, ainsi que *Palluau*, qui y a un pont. *Pressigny-le-Grand*, est sur la Claise, a un château, un chapitre, & le titre de baronnie. *Paulmy*, est sur une hauteur près du Brignon : il a un église collégiale, un château commode, orné d'un vaste parc, & 500 habitans. *La Rocheposay*, village sur la Creuse, remarquable par ses eaux minérales.

GOUVERNEMENT DE BERRY.

Cette province a le titre de duché ; elle est à l'Orient de la Touraine & du Poitou, a 29 lieues de long, 24 de large, & environ 400 lieues quarrées de surface. Le climat y est tempéré & sain, le sol uni, & fertile en grains, en vins, dont plusieurs sont très-estimés, en fruits, bois & pâturages, où se nourrit une multitude de bestiaux, & sur-tout des moutons dont la laine est la plus fine & la meilleure du royaume.

Le gibier, le poiſſon, la volaille y ſont abondans; on y trouve des eaux minérales, des carrieres de belles pierres, des mines peu conſidérables de fer, d'argent & d'ocre; cette derniere eſt utile & rare. Les rivieres qui l'arroſent, ſont la *Loire*; la *Creuſe*, qui ſort de la Marche, & ſe jette dans la Vienne après un cours de 40 lieues; le *Cher*, qui prend ſes ſources en Auvergne, & ſe joint à la Loire par deux embouchures; la *grande & petite Saudre*, *l'Indre, Anoriſia*, naît près du Village de St. Prieſt de la Marche, devient navigable à Châtillon, & ſe jette dans la Loire; *L'Auron*, *Utrio*, ſort de quelques étangs du Bourbonnois, & ſe perd dans *l'Evre*, *Avara*, qui reçoit auſſi l'Aurette & le Moulon, ſort de Néronde, paſſe à Bourges, & ſe perd dans le Cher. Les habitans ſont ſociables, propres aux arts & nonchalans, parce que la ſituation du pays n'y appelle pas le commerce, & parce que le laboureur y eſt eſclave encore. Les beſtiaux, les laines, le chanvre, le lin, les draps & ſerges drapées, ſont les objets de leur commerce.

Les *Bituriges*, peuple Celte, fort puiſſant, furent ſes premiers habitans connus, & lui ont donné ſon nom. Il fit partie de la premiere Aquitaine ſous les Romains, qui l'abandonnerent aux Wiſigots, & ceux-ci aux Francs. Des comtes le gouvernerent; il devint un fief héréditaire, que Philippe I. acheta en 1094 pour 60 mille ſols d'or, & le réunit à la couronne. Le roi Jean l'érigea en duché, & divers princes de la maiſon royale en ont porté le nom. Il dépend, pour le ſpirituel de l'archevêque de Bourges, pour les finances des généralités de Bourges & d'Orléans, pour le civil du parlement de Paris: on y rend la juſtice conformément à une coutume particuliere. Un gouverneur & un lieutenant général, deux lieutenans de roi, &c. y préſident aux affaires militaires. On le diviſe en haut & bas.

Haut-Berry.

Il eſt ſitué entre le Cher & la Loire.

Bourges, *Avaricum*, *Biturigæ*, ville ancienne qui dut ſon premier nom à l'Evre qui l'arroſe, & le ſecond aux peuples dont elle était la capitale, eſt ſituée ſur une colline qui deſcend juſqu'à l'Evre & à l'Auron qui en forment preſque l'enceinte. Elle eſt le ſiege du gouverneur-général, qui eſt ſon gouverneur particulier, d'un grand baillif, d'un archevêque, d'une généralité & intendance, d'un bailliage & préſidial, d'une élection, d'une juſtice royale, d'une juriſdiction conſulaire, d'un corps-de-ville, &c. Son univerſité fut fondée ou rétablie par Louis XI: elle a un grand & magnifique college, un ſéminaire, 16 égliſes paroiſſiales, 6 chapitres, 4 abbayes, pluſieurs couvens, quelques places publiques, & environ 20000 ames, dont les eccléſiaſtiques & les moines font la plus grande partie; joints aux nobles, ils y font languir le commerce. Bourges eſt diviſée en ancienne & nouvelle ville: la premiere eſt la plus élevée. Des marais voiſins y rendent l'air humide. Elle a des fabriques de toiles, d'étoffes de laine & de bas. On vend dans ſes foires une quantité prodigieuſe. Le Palais oùlogent les gouverneurs, qui ſert de ſiege aux diverſes juriſdictions de la ville, renferme une ſalle ſans pilliers, digne d'être vue, & où ſe tient la foire de Noël. Louis XI, qui nâquit à Bourges, donna la nobleſſe à ſes maires & échevins. Près d'elle eſt la ſource d'eaux minérales de St. Firmin, bonnes pour tempérer l'ardeur du ſang & des humeurs. L'archevêque a pour ſuffragans les évêques de *Clermont*, de *St. Flour*, de *Puy*, de *Tulle* & de *Limoges*. Son dioceſe renferme 800 paroiſſes, trente-cinq abbayes, vingt-cinq chapitres, ses revenus sont de 40000 liv., sa taxe de 4033 flor. Sa cathédrale est un des plus beaux édifices gothiques qui existent. La longitude de Bourges est de 20 deg. 20 min. sa latitude de 47 deg. 4! 58''.

Dun-le-Roi, ville sur l'Auron, siege d'un bailliage; elle a été plus considérable autrefois. Elle dépend du domaine, & n'a que 1500 habitans, & un chapitre.

Châteauneuf, petite ville divisée en haute & basse, arrosée par le Cher, ornée d'une collégiale, d'un château & du titre de marquisat: ses environs sont très-fertiles.

Méhun, *Magdunum*, est sur la rive droite de l'Evre, qui forme sous ses ponts un bassin magnifique. Elle a un bailliage, un chapitre, un hôpital, & les ruines du château où Charles VII se laissa mourir de faim, pour éviter le poison. Elle est bâtie au milieu d'une grande & belle plaine entourée de bois. Ce qui reste du château est magnifique encore: on en a tiré les douze statues des apôtres, qui font aujourd'hui l'ornement de l'église collégiale. Le chanvre & le lin, sont les objets du commerce de cette ville.

Vierzon, *Brivodurum*, est sur l'Eure & le Cher, dans la contrée la plus riante du Berry: elle a le titre de comté, est le siege d'un gouverneur, d'un bailliage, renferme une abbaye, trois couvens, un college, les mazures d'un château, & 2300 habitans: on y commerce en draps, en serges, en bois & en souliers. La mine d'ocre est dans son voisinage.

Chatillon est sur la Loire, dans une situation charmante.

Aubigny, *Albiniacum*, petite ville, château, duché-pairie: la Nerre l'arrose; un sol uni, sain, fertile l'environne; de bons murs & de larges fossés la défendent. Plus considérable autrefois, elle a encore

1300 habitans, trois couvens, & quelques manufactures : celle de draps s'y ſoutient. On pêche près d'elle des truites ſaumonées.

Concorſaut, ville qui renferme un château, & moins de 500 ames. Les guerres de religion l'ont déſolée. Elle eſt le ſiege d'un bailliage & d'une juſtice royale; la Saudre l'arroſe, l'air y eſt ſain, & ſes environs ſont fertiles & abondans en gibier.

La *Chapelle d'Angillon*, ou *Dam-Gillon*, ville ſur la petite Saudre, & qui a le titre de baronnie.

Sancerre, *Vicus Saxiacus*, a le titre de comté, eſt ſituée ſur une colline près de la Loire. Elle eſt ancienne, mais Jules Céſar n'en eſt point le fondateur, comme on l'a dit. On la croit bâtie par Charlemagne, & peuplée de Saxons, & de-là vient ſon nom; mais il peut venir auſſi de ſa ſituation, & le peuple de ſes campagnes, en qui l'on croit reconnaître une origine étrangere, peut bien n'être qu'un reſte des anciens Gaulois. Elle a un couvent & 2500 habitans; ſes environs produiſent beaucoup de vins, & ils ſont très-eſtimés.

Les *Ais - Dam-Gillon*, fut une ville, & n'eſt plus qu'un bourg ſur la Collin. Il renferme un hôtel-dieu & un vieux château, qui dans ſon enceinte a une égliſe collégiale & les maiſons des chanoines.

La principauté de *Bois-Belle*, ou d'*Henrichemont*, eſt une ſouveraineté indépendante poſſédée par la maiſon de Bethun - Sully. C'eſt un pays preſque ſtérile, dont la circonférence eſt de dix à douze lieues, dont les habitans ſont exempts d'impôts, excepté de celui du ſel, qui ſont jugés par une cour ſouveraine & un conſeil ſuprême, où le prince préſide quand il le veut. On y compte 6300 habitans, diſtribués dans une ville, deux bourgs, deux grands villages & pluſieurs hameaux. *Henrichemont*, eſt une ville nouvelle, bâtie par le duc de Sully, sous Henri IV : elle est sur une hauteur, près de la petite Saudre. *Boisbelle*, bourg voisin, a donné son nom au pays. *Mennetou-Sallon* commerce en vins; *Quantilly* n'est qu'un village : ces deux derniers ne sont qu'en partie dans la principauté.

II. *Le Bas-Berry.*

C'est la partie de la province qui est au couchant du Cher.

Issoudun, *Auxellodunum*, ville où siége un gouverneur & un bailliage, & qui est le chef-lieu d'une élection, située en partie dans une vaste plaine découverte, & en partie sur une hauteur, au bord de la Theols qui la divise en deux parties ceintes de murs, ainsi que son vaste château. Elle renferme deux chapitres, une abbaye de bénédictins, cinq autres couvens, deux hôpitaux, & environ 11000 ames. C'est dans la ville-basse que sont les artisans; on y commerce en bois que le Cher transporte, en bestiaux, draps, serges, bas, & chapeaux estimés.

Charrost, *Carrophium*, ville ceinte de murs, arrosée par l'Arnon, décorée d'un château & du titre de duché-pairie. Elle a deux fauxbourgs, deux portes & un prieuré. Ses environs nourrissent beaucoup de moutons.

Linieres, ville entourée de murs, de tours & de fossés, défendue par un château, située sur l'Auron. Elle a une collégiale & un prieuré : ses seigneurs prenaient le titre de *Sires* & de *Princes*. Près d'elle est l'étang poissonneux de *Villiers*, qui a sept à huit lieues de tour, quand il est rempli.

St. Chartier, *Vicus-Lucanianus*, petite ville de 500 habitans, qui eut jadis le titre de principauté.

La Châtre, *Castra*, a le titre de baronnie, est le

chef-lieu d'une élection, a un château qui sert de prison, un chapitre, trois couvens, un hôpital, quelques manufactures d'étoffes de laine : son territoire arrosé par l'Indre, est le plus fertile & le mieux cultivé de cette partie du Berry : on y commerce beaucoup en bestiaux.

Château-Meillant, *Castrum Mediolanum*, ville sans murs, où est une église collégiale, un prieuré, un hôpital, un vieux château, dans lequel on voit une tour quarrée de 72 pieds de haut, sur 47 de large : ses murs de pierres de taille, ont quatre pieds d'épaisseur. On la dit bâtie par Jules César, à qui les ignorans attribuent la construction de toutes les tours qui ornent leur bicoque. Celle-ci est sur le Pinaise, qui coule dans un pays mêlé de bois & de pâturages.

Agurande, petite ville sur une hauteur, & qui s'étend dans une plaine qui produit du seigle & de l'avoine, où l'on nourrit beaucoup de bestiaux.

Boussac, a un château, est située entre la Creuse & le Verron, parmi des rochers escarpés & des précipices.

Argenton, est sur la Creuse, qui la divise en haute & basse. On y voit un couvent, un college, deux églises.

Le Blanc, *Oblincum*, est le chef-lieu d'une élection, & la Creuse l'arrose. La ville haute renferme le château de Naillac ; la basse un prieuré & un couvent. Elle a 4300 habitans. Autour d'elle sont des vignes, des bois, des forges & des étangs.

Château-roux, *Castrum Radulphi*, ville qui a le titre de duché-pairie, située sur l'Indre, dans un pays fertile & riant. Elle est le chef-lieu d'une élection, a une église collégiale, trois couvens, une grande manufacture de draps qui sert aux troupes, & 5500 habitans. Ses environs ne sont pas peuplés ; ils sont semés de bois & d'étangs.

Déols, *ou Bourg-Dieux*, *Vicus Dolensis*, petite ville qui a le titre de principauté, & que l'Indre arrose. Elle a été florissante, & ne compte plus que 900 pauvres habitans, au milieu d'un pays peu fertile, & les ruines d'une magnifique abbaye.

Leuroux, ville ancienne, ceinte de murs, de tours, de fossés, située sur le Naon. Elle a un chapitre, & 1500 habitans; il lui reste quelques monumens Romains.

Valencay est sur le Naon, & a un château.

St.*Aignan* a un château, un chapitre, deux couvens & 2000 habitans. Elle est sur le Cher.

Selles ou *Celle* est sur le Cher; elle a une abbaye, un couvent, un hôpital, & un très-beau château.

Vastan a un château & un chapitre.

Graçay a le titre de baronnie, une église collégiale, est située sur le Foison, renferme 400 habitans, est dans des campagnes entrecoupées de prairies, de bois & d'étangs.

Lury, est la plus petite ville de la province: elle est ceinte de murs, est sur l'Arnon, & ses environs sont fertiles en bleds.

Berthenoux, est un bourg où l'on remarque une belle église.

GOUVERNEMENT DE LA MARCHE.

Cette province qui a le titre de comté, est au midi du Berry, & à l'orient du Poitou. Elle a 23 lieues de long, 15 de large, 200 lieues quarrées en superficie. Son nom lui fut donné, parce qu'elle était frontiere de l'Aquitaine: car *marche* signifiait jadis, *confins* ou *limites* d'un pays. La *Vienne*, la grande & petite *Creuse*, le *Cher*, le *Vincon*, la *Gartempe* l'arrosent: cette derniere nait près de Gueret, & se perd dans la Creuſe, après avoir traverſé le pays d'Orient en Occident. Le climat y eſt pur, ſain, & un peu froid ; le ſol eſt abondant en pâturages, il a quelques vignobles, produit du ſeigle, de l'avoine, des fruits & un peu de froment. Les habitans ſont robuſtes, groſſiers & vains : de gros draps, des tapiſſeries de laine eſtimées, des chevaux, des bœufs, ſont les principaux objets de leur commerce.

Les Lémovites habiterent ce pays, avant qu'il fût ſoumis aux Romains : il fut compris dans la premiere Aquitaine, fut conquis par les Wiſigoths, par les Français, eut des comtes particuliers, & fut confiſqué par le roi Philippe le Bel. François I. le réunit pour jamais à la couronne. Il dépend pour le ſpirituel de l'évêque de Limoges ; pour les finances, des généralités de Limoges, de Bourges & de Moulins ; pour le civil, du parlement de Paris. Dans une partie, on ſuit la coutume du Poitou ; ailleurs, c'eſt celle du pays. Un gouverneur & un lieutenant général, un lieutenant de roi, & un des maréchaux de France y préſident au militaire.

La Marche ſe diviſe en deux parties ; la haute en fait la partie orientale.

Haute-Marche.

Gueret, *Voractum*, ville ancienne, ſituée près de la ſource de la Gartempe, à quelque diſtance de la Creuſe, ſiege des officiers généraux du pays, d'une ſénéchauſſée, d'un préſidial, d'une élection. Elle a un prieuré, un college, un hoſpice & un hôpital, trois couvens, & environ 3000 ames. Elle eſt reſſerrée entre deux montagnes, & n'a point de vue ; ſon air eſt épais, & donne aux habitans un teint plombé, & les rend ſombres & mélancoliques.

Ahusn, *Agedunum*, petite ville, riche, peuplée, située sur une montagne. Elle a un vieux château, & un corps de ville. Au bas est le bourg de *Moustier*, où est une abbaye de bénédictins.

Jarnage, ville située sur une hauteur, qui s'éleve au milieu d'une plaine fertile en pâturages, en seigle, avoine, orge, bled noir, millet, & raves. On y vend beaucoup de beurre & de fromages. Elle n'a que 300 habitans.

Chenerailles, est dans une plaine : il s'y tient treize foires par an ; ses environs sont fertiles en grains, & abondans en pâturages.

Aubusson, *Albucio*, est sur la Creuse, a le titre de vicomté, un chapitre, & une justice royale. Sa manufacture de tapisseries la rend peuplée & commerçante.

Felletin, petite ville, où l'on commerce en bestiaux, & qui a dans ses environs des eaux minérales, bonnes contre la fievre : la Creuse l'arrose.

Bourganeuf, petite ville bien bâtie, sur le Taurion, qui se jette dans la Vienne. C'est la résidence du grand-prieur de Malthe de la langue d'Auvergne, & le siege d'une élection & d'une justice royale. Sa tour très-haute, très-épaisse, divisée en 6 étages, dont le bas renferme des bains, fut bâtie par *Zizim*, frere de Bajazet II.

Grand-mont, abbaye, chef d'ordre, située dans un lieu triste, stérile & froid, plein de rocs, couvert de brouillards, battu des vents, dénué d'arbres. On ne trouve qu'au pied de la hauteur, quelques vignes, champs & jardins. Ce couvent qui suit la régle de St. Benoit, fut fondé d'abord dans le désert de Muret, près de Limoges. Il est très-riche, & les religieux y vivent durement. La dévotion y a fait bâtir une petite ville.

La *Chapelle Taillefer*, bourg dans les montagnes & les bois, qui a une église collégiale, où l'on voit le tombeau superbe du cardinal Pierre de la Chapelle.

Le petit pays de *Franc-Aleu*, est sur les frontieres de la basse Auvergne, & dépend de la Sénéchaussée de la Haute-Marche. Il renferme *Bellegarde*, petite ville dans les montagnes, *Crocq*, ville sur une montagne, dont la Tarde baigne le pied, & qui a une église collégiale, *Sermur*, bourg où est un prieuré.

Basse-Marche.

Bellac, ville sur l'Unicon, ou Vincon, siege d'une justice royale & d'une sénéchaussée : elle doit son nom à son château, place forte au Xme. siecle, & renferme 2500 habitans.

Dorat, petite ville, qui a un séminaire, une église collégiale, & que la Sevre arrose.

Mortemart, est un bourg qui a le titre de duché-pairie. *Rancon*, paraît être au lieu où fut bâtie l'ancienne *Antecamulum*, & les médailles qu'on y trouva en 1762, le prouvent. *St. Benoît du Sault* & *Souteraine*, sont encore des bourgs.

GOUVERNEMENT DU LIMOSIN OU LIMOUSIN.

Cette province a le titre de vicomté, est au Sud de la Marche, au Nord du Quercy, à l'Orient de l'Angoumois. Elle a 23 lieues de long, autant de large, & environ 350 lieues quarrées en superficie. Elle est arrosée par la Vienne qui y naît dans la montagne de Mille-Vaches, d'où sort aussi la *Vezère*, qui porte bateaux à Térasson; la *Dordogne*, la *Correze*, qui sort à quatre lieues de Tulle, & se perd dans la Vezere, la *Brionce*, &c. Son ſol eſt inégal, comme ſon climat. Les terres y ſont ſeches & maigres, elles ne produiſent que du ſeigle, de l'orge, du bled ſarraſin, que les blanches gelées & la grêle y détruiſent même ſouvent. On y cultive de groſſes raves, des légumes; mais ſa plus grande reſſource ſont les chataigniers; les bois y ſont communs, & ſont remplis de gibier: les rivieres y ſont poiſſonneuſes; les pâturages y font nourrir beaucoup de beſtiaux, ſur-tout des chevaux. Quelques cantons donnent des vins, ou excellens, ou fort mauvais. On y trouve des mines de plomb, de cuivre, d'antimoine, de fer & d'ocre; des carrieres de marbre, de ſerpentine, d'ardoiſes, de charbon de terre, des eaux minerales. Ses habitans ſont coleres, laborieux, propres aux ſciences: leur idiome particulier tient beaucoup du latin: ils commercent en chevaux, bœufs & porcs; en papiers & étoffes, en armes qu'on y fabrique: ils vont ſouvent chez leurs voiſins chercher des reſſources qu'ils n'ont pas chez eux.

Les *Lémovices* ſont ſes premiers habitans connus, & d'eux vient ſon nom. Elle fit partie de l'Aquitaine premiere, du royaume des Wiſigoths, de celui des Français, des domaines des rois d'Angleterre, ſur leſquels Philippe Auguſte la confiſqua: ils la recouvrerent & la reperdirent. Henri IV la réunit à la couronne, pour n'en plus être ſéparée.

Les évêques de Limoges & de Tulles y dirigent le ſpirituel, & la généralité de Limoges, les finances; elle eſt du reſſort du parlement de Bordeaux pour le civil: on ſuit dans ſes préſidiaux & ſes ſénéchauſſées le droit Romain. Un gouverneur & un lieutenant général, deux lieutenants de roi, cinq lieutenants des maréchaux de France, un grand ſénéchal, &c. y préſident au militaire.

La Vezere divise le Limosin en haut & bas : le premier au Nord-Ouest, le second au Sud-Est.

Haut-Limosin.

Limoges, était la capitale des *Lémovices*, peuple Celte fort puissant, & son nom était alors *Ratiastum.* Elle est bâtie sur une colline & dans un vallon ; ses rues sont étroites & rapides, ses maisons sombres, & bâties en bois ; les plus anciennes sont de pierres à façades anglaises ; son enceinte est de 4000 pas géométriques ; elle a quelques anciens monumens, quelques belles maisons, une église collégiale, cinq abbayes, un séminaire, vingt-un couvens, un hôpital-général, deux colleges, plusieurs belles fontaines, des places publiques, & 13000 habitans. Elle est le siege des officiers-généraux de la province, d'une sénéchaussée, d'un présidial, d'une justice royale, d'un hôtel des monnaies, d'une jurisdiction consulaire, d'une élection, d'une intendance & généralité, d'un évêque qui compte dans son diocese 908 paroisses, vingt-quatre abbayes, treize chapitres, 18 commanderies de Malthe, dont les revenus sont de 25000 liv., & la taxe de 1600 fl. A deux lieues de la ville est l'abbaye de *Solognac*, fondée par St. Eloy, dans une belle vallée avec un bourg de 700 habitans. Limoges est fort commerçante : on y travaille le cuivre jaune : on y fait des cloux, des épingles, de la fayance, du fil. On y travaille bien en émail, & l'on prétend que ses eaux y favorisent l'exercice de cet art. Sa longitude est 18 deg. 57 m. Sa latitude 45 deg. 48 m.

St. Leonard, ville sur la Vienne : elle a un chapitre & des manufactures de papier & de draps.

St. Junien, appartient à l'évêque, a un chapitre, est sur la Vienne.

Pierre-Buffiere, ville de 700 habitans, baronnie qui dispute le premier rang dans la province à celle de *Les-Tours*.

St. Yriez-de-la-Perche, Alanus, petite ville sur l'Ille; le chapître qu'elle renferme en est co-seigneur avec le roi.

Pompadour, lieu inconnu avant qu'une maîtresse du roi en eut pris le nom: il est situé entre la haute & basse Vezerre.

Chalus, petite ville, baronnie. Elle est divisée en haute & basse. L'avidité de Richard I. roi d'Angleterre, pour un trésor qu'on lui avait refusé, lui fit trouver la mort en l'assiégeant.

Aix, est sur la Vienne, vis-à-vis le gouffre où elle perd une partie de ses eaux.

Eimoûtiers, ville de 2000 habitans, située sur la Vienne; elle a un chapître & un couvent. On y commerce en pelleteries, en cuirs & en vieux linges.

Nexon, bourg de 1600 habitans, *Cieux* en a 1200.

II. *Bas Limosin.*

Tulle, ou *Tuelle*, *Tutela Lemovicum*, ville située au confluent de la Correze & de la Solane, partie dans un fond, partie sur une hauteur, dans un pays hérissé de rocs & de précipices, siege d'un évêché, d'un présidial, d'une sénéchaussée, d'une élection, & qui renferme un séminaire, un college, six couvens, un hôtel-dieu, un hôpital, & 5000 ames. L'évêque qui est vicomte de Tulles, n'a dans son diocese que soixante-dix paroisses, deux abbayes & un chapitre: il jouit de 12000 liv. de revenus, & paye une taxe de 1400 fl. On fait à Tulle du papier & des armes, dans ses environs sont des mines de plomb.

Bord, petite ville sur la Dordogne, où l'on fabrique

brique des gants estimés, & on y fait assez de commerce.

Brives la Gaillarde, *Briva Carretia*, ville ancienne, dans un vallon fertile, bordé de côteaux couverts de vignes, vis-à-vis d'une île que forme la Correze, sur laquelle elle a deux ponts. Elle est le siege d'un présidial, d'une élection, d'une sénéchaussée, & renferme un chapitre, six couvens, un beau college, un hôpital, & 4000 ames. Sa situation agréable, ses promenades charmantes & la gaieté de ses habitans lui ont fait donner le nom de *Gaillarde*: celui de *Brives*, lui vient d'un de ses ponts.

Ayen-Noailles, ville sur la Vezere, où est une église collégiale: c'est un duché dont releve 59 vassaux.

Uzerche, petite ville, sur un rocher près de la Vezere; seigneurie possédée par l'abbaye de bénédictins qu'elle renferme: ses maisons sont élégantes & couvertes d'ardoises; on y compte 1500 ames.

Le duché-pairie de *Ventadour*, ne renferme que les petites villes d'*Ussel* & de *Donzenac*; la premiere est le chef-lieu. Le château de *Ventadour*, lui donna son nom. Plusieurs seigneuries en dépendent.

La vicomté de *Turenne*, a huit lieues de long, sept de large, & est partagée entre le Limosin, le Périgord & le Quercy: c'était autrefois une souveraineté *: elle a été vendue à Louis XV., & est

* Pour parler plus exactement, c'était un *Alleu*; les vicomtes y pouvaient faire des reglemens pour maintenir le bon ordre, avaient droit de vie & de mort, de battre monnaie, de donner des sauve-gardes, d'établir des impôts, de lever des troupes, de connaitre du port d'armes, & de tout ce qui concernait les rivieres & les grands chemins. La vicomté était patrimoniale, héréditaire, inhérente au territoire, & la puissance publique pouvait être exercée, & l'était

aujourd'hui un pays d'états. Elle comprend quelques petites villes & quatre-vingt-dix paroiſſes. Elle était plus heureuſe & plus peuplée ſous ſes anciens poſſeſſeurs. *Turenne* en eſt le chef-lieu : elle renferme 700 habitans & un chapitre. *Beaulieu* eſt ſur la Dordogne : elle a une abbaye de bénédictins, qui rapporte 7000 liv. à ſon abbé. *Argentac* eſt ſur la Dordogne, près du Quercy, & renferme 800 ames. *Colonge* ou *Colongel*, *Meyſſat*, &c. ſont des bourgs.

GOUVERNEMENT D'AUVERGNE.

L'Auvergne, *Alvernia*, eſt au couchant du Limoſin : elle a trente-cinq lieues de long, vingt-trois de large, & environ 480 lieues quarrées en ſuperficie. Un grand nombre de rivieres l'arroſent : les plus conſidérables ſont, l'*Allier* qui vient du Gevaudan, porte bateaux à Viale, & ſe perd dans la Loire : la *Dordogne* qui deſcend du Mont-d'or, l'une des plus hautes montagnes du pays ; & l'*Alagnon* qui a ſa ſource au mont de Grieu, près du Cantal, & ſe jette dans l'Allier, après un cours rapide & dangereux de quatorze lieues. Les autres ſont la *Scioule*, la *Morges*, la *Bedal*, la *Cere*, la *Jordanne*, la *Rue*, &c. On remarque qu'il ne regne point de vents généraux dans cette province ; la diſpoſition des montagnes fait que, lorſqu'il s'éleve un vent d'un côté, il en vient un autre qui le contrarie. La *Baſſe-Auvergne* eſt un des pays les plus tempérés, les plus beaux, les plus fertiles de l'Europe : les prés s'y fauchent trois fois, les terres ne s'y repoſent que tous les vingt ans une fois ;

---

par les femmes. Le roi y conſervait le droit de ſouveraineté & de reſſort. Voyez le *Droit public de France*, par Mr. Bouquet.

les vins, les grains, les légumes, le chanvre, le mil, les fruits délicieux y abondent. La Haute-Auvergne, herissée de montagnes couvertes de neige pendant sept à huit mois de l'année, est un pays froid; mais elle a d'excellens pâturages, où se nourrissent une multitude de mules, de mulets, de bœufs & de vaches, & on y fait des fromages estimés. La province eut autrefois des mines d'or, elle n'en a plus qu'une d'argent, dont on a abandonné l'exploitation. On y trouve du fer, du plomb, de l'antimoine, des pierres figurées & transparentes, des améthystes, des eaux minérales, & beaucoup de charbon de terre, qui n'y est pas disposé par veines; ce sont de grandes masses, que des bandes schisteuses traversent. Les monts les plus élevés de l'Auvergne sont, le *Pui du Dôme*, *Mons Dominans*, élevé de 810 toises sur la surface de la terre, le *Mont-d'or*, *Duranius*, s'éleve de 220 toises plus haut encore: on voit un lac entre lui & *Besse*, dans lequel une pierre lancée fait venir la pluie: plusieurs lacs ont, dit-on, cette propriété dont il est très-permis de douter. Ce mont est fameux par ses bains & ses eaux minérales: on y trouve des plantes rares, ainsi que sur le Cantat, *Calticus*, où l'on fait de bons fromages, & qui a 684 toises. La *Vassiviere*, le *Puy-de-Grion*, formé en pain de sucre; le *Lioran*, le *Luguet*, sont moins hauts. Plusieurs milliers de ses habitans vont travailler en Espagne, ou se répandent en divers lieux de l'Europe, pour travailler à différens arts, sur-tout à la chaudronnerie. Leur commerce consiste en gros bétail, en bleds, vins, fruits, chanvres, fromages, charbon de terre, bois de sapin, toiles fortes, suifs, huiles de noix, draps, camelots, cadis, étamines, dentelles, couteaux, rasoirs, cartes à jouer, & en papiers estimés les meilleurs qu'on fasse en Europe.

Les *Arverni*, nation courageuse, lui donna son nom : les Romains la comprirent dans la premiere Aquitaine, les Goths & les Français l'envahirent. Divisée en quatre comtés, puis réunie en 1360 sous le nom de Duché-Pairie, elle revint à la couronne en 1531. Elle dépend pour le spirituel des évêques de St. Flours, de Clermont & de Limoges; pour les finances, des généralités de Rioms & de Moulins; pour le civil, du parlement de Paris. On y consulte le droit romain, & une coutume particuliere. Un gouverneur & deux lieutenans-généraux, deux lieutenans de roi, quatre lieutenans des maréchaux de France y veillent sur le militaire.

I. *Haute Auvergne.*

Elle est au midi de la riviere de Rue qui la sépare de la basse.

St. Flour, *Oppidum Sti. Flori*, ville qui doit en quelque maniere son existence au pape Jean XXII, située sur une montagne de difficile accès, au pied de laquelle coule une petite riviere. Elle est le siege d'un évêché, d'une élection, d'un bailliage; & l'on y compte un chapitre, un college, quatre couvens, & environ 6000 ames. Elle a plusieurs fabriques de belles tapisseries, de bons draps, de serges, de couteaux, rasoirs, ciseaux fins, & de chaudronnerie. Son commerce de grains, de mules & de mulets est considérable: auprès d'elle est la *Planéze*, district fertile en seigles, dont elle est comme le grenier. L'évêque en est seigneur : il est suffragant de Bourges; son diocese s'étend sur 270 paroisses, six abbayes & sept chapitres; ses revenus sont de 12000 liv.; sa taxe de 900 flor.

Chaudes-Aigues, petite ville qui a un chapitre &

un couvent, située sur un ruisseau qui se rend dans la Truyes. On y commerce en cuirs & en colle-forte; sa source d'eaux minérales nitreuses bouillonne continuellement, & de-là vient son nom.

Murat, ville qui a titre de vicomté & un bailliage; elle est située sur l'Alaignon, & a un chapitre, un couvent, un hôpital, un corps de ville: ses habitans font des chaudrons, des dentelles, & de grosses étoffes.

Alanche, petite ville située dans un vallon au pied du Luguet. On y commerce en bestiaux, & il y a une manufacture de points.

Mauriac, est le chef-lieu d'une élection démembrée de celle de St. Flour. Elle est située dans les montagnes, près de la Dordogne. Son chapitre est très-ancien; elle a un college: on y fait de grosses étoffes, & on y vend beaucoup de chevaux très-estimés.

Salers a le titre de baronnie, un bailliage & un couvent, est sur une montagne, au pied de laquelle est une église nommée *St. Paul.*

Pleaux, petite ville environnée de monts couverts de champs & de pâturages.

La Roque-Brou, *Rupes Berulphi*, ville sur la Cere: elle renferme 1200 habitans.

Aurillac, *Aureliacum*, ville ancienne, dans un vallon fertile sur la Jordanne. Son vaste château est sur la colline, mais renfermé dans ses murs. L'air y est pur, les rues y sont nettaiées par des ruisseaux. Elle est le siege d'un présidial, d'une sénéchaussée, d'une élection: on y compte trois fauxbourgs, un chapitre, dont le chef est seigneur de la ville, sous le nom de comte, & a une jurisdiction presqu'épiscopale sur son territoire, une abbaye, quatre autres couvens, un magnifique college, un bel hôpital, une promenade agréable, appellée l'*Isle Gravier*, plusieurs places publiques, & environ 8000 * habitans. On y fait des dentelles & des tapisseries de haute-&-basse-lisse, des étamines buratées, & on y commerce aussi en bestiaux & en fromages.

Marcolles a un prieuré & 1200 habitans.

Maurs, est dans un vallon, sur la Celle, qui va se perdre dans le Lot. Il y a une abbaye ancienne de bénédictins.

Arpajon est aussi dans un vallon. *Montsalvy* est un bourg, une seigneurie qui appartient au prévôt du chapitre qu'il renferme. Ses environs produisent des pois-verds qu'on préfere à ceux des autres pays de l'Europe. *Pierrefort* est une baronnie qui compte un grand nombre de vassaux.

Le *Carladès* est un pays qui eut longtems des seigneurs particuliers. François I le confisqua sur le connétable de Bourbon qui le possédait. Louis XIII le donna au prince de Monaco. On y voit la ville de *Carlat*, petite ville entre les rivieres de Ger & de Gou, & le bourg de *Vic*, dans un beau vallon arrosé par la Cere, au pied du Cantal : c'est le chef-lieu du pays : il est bien bâti, a un chapitre, un couvent, & une fontaine d'eaux minérales nitreuses.

II. *Basse-Auvergne.*

Plus étendue que la Haute, elle se divise en trois districts, la vallée de *Limagne*, qu'arrose l'Allier, & que borne au midi l'Alaignon : les *Montagnes* qui sont au couchant & au levant de la Limagné ; le *Brivadois* & *Langhadois* qui, depuis l'Alaignon, s'étendent jusqu'au Velay.

---

* L'encyclopédie d'Yverdon lui en donne 20 mille, c'est trop de plus de la moitié.

Clermont, *Nemossus*, *Augustonemetum*, *Civitas Averni*, ville capitale de l'Auvergne, dont elle est comme le marché général, située sur une petite éminence, au pied d'une haute montagne, entre l'Arriere & le Bedat, siege des officiers-généraux de la province, d'un évèché, d'une sénéchaussée, d'un présidial, d'une élection, d'une cour des aides, d'une jurisdiction consulaire. On y compte trois chapitres, trois abbayes, un magnifique college, un séminaire, une société littéraire, plusieurs couvens, quelques fauxbourgs, & environ 16000 ames. Son commerce consiste en grains, vins, laine, étoffes de laine, comme burates, étamines & serges, toiles, dentelles, bétail, &c. Ce commerce a diminué, & Clermont paraît plus riche qu'elle ne l'est: le grand nombre de tribunaux & des droits onéreux n'y favorisent pas l'industrie. Elle n'est pas une belle ville: le voisinage des montagnes y rend l'air froid, elle a peu de belles maisons, & les rues y sont étroites & mal alignées. Son territoire est un beau vignoble, mèlé de prairies, & il est intéressant pour le naturaliste. On y trouve deux sources d'eaux minérales, une fontaine de naphte, & des sources pétrifiantes; celle qui sort de l'enclos de l'abbaye de Ste. Allyre, coulant au travers du jardin, y a formé un mur de 140 pas de long, haut de quinze pieds, large de dix à douze. Une planche qui traversait le ruisseau de Tiretaine, y est devenue par le suc pierreux qui s'y est arrèté, un pont de pierre, formé d'une espece d'arche terminée par une pile, qui sert d'appui à une nouvelle arche, que les habitans firent naitre en dirigeant le ruisseau. On boit de cette eau pierreuse, sans qu'elle cause de maladie.

L'évèque est suffragant de Bourges, & seigneur des villes de Billon, de Croupieres, & de dix-huit paroiſſes; ſon dioceſe renferme 850 paroiſſes, vingt-une abbayes & vingt-cinq chapitres: ſes revenus ſont de 15000 liv.; ſa taxe de 4550 flor. Sa cathédrale eſt grande, & reſſemblerait à celle de Paris, ſi ſes tours n'étaient pas à une des portes latérales, au lieu d'être au frontiſpice. L'abbaye de St. Allyre fut d'abord conſacrée à St. Clément; mais les miracles qu'y fit le corps de St. Allyre, lui fit donner ſon nom. La longitude de Clermont, eſt de vingt deg. quarante-cinq min. Sa latitude eſt de quarante-cinq deg. quarante-ſix m. quarante-cinq ſecondes.

Montferrand, ou *Clermont-Ferrand*, petite ville ſur une haute montagne à un quart de lieue de Clermont, avec laquelle elle ne fait qu'un corps, & à qui on a propoſé de la joindre. Elle a un chapitre & quatre couvens.

Riom, *Ricomagus*, ville bien bâtie, ſituée ſur une colline, ſiege d'une ſénéchauſſée, d'un préſidial, d'une généralité & intendance, d'une élection, & d'un hôtel des monnaies. On y compte trois égliſes collégiales, un college, une académie noble, un petit arſenal, & pluſieurs hôtels. Deux belles rues la forment, ſon commerce n'eſt plus. Tout bourgeois y veut être magiſtrat, & s'appauvrit. Ses environs ſont beaux, & on les appelle le *Jardin de l'Auvergne*: on y trouve du tripoli de diverſes couleurs.

Beaumont eſt ſur une hauteur, & renferme une abbaye de bénédictines; ſes environs ſont très-fertiles en grains.

Combronde eſt un bourg, un marquiſat: il fut ville autrefois. *Volvic* a des carrieres de pierre.

Riz, ville près de l'Allier. Elle a un prieuré de bénédictins: ſes environs fertiles en excellens vins, produiſent du ſeigle & de l'avoine, peu de froment. On y compte 800 habitans.

Thiers ou *Thiern*, ville près des rivieres de Durolle & de Dure, ſiege d'une juſtice royale & d'une juriſdiction conſulaire, & qui renferme une abbaye & un prieuré. On y fait des couteaux, des cartes à jouer, du papier, du fil à marquer, c'eſt le lieu de la province le mieux peuplé & le plus commerçant.

Ambert, ville, chef-lieu du Livradois, ſur la Dove. Il y a des manufactures d'étamines, de raz, de camelots, & autres étoffes de laine, de papier eſtimé le meilleur de l'Auvergne, de cartes, de rubans de fil, d'épingles, de dez, &c. On y compte 4000 habitans.

Maringue eſt ſur l'Allier. Il y a des tanneries & des magaſins de bled, dont on fait un grand commerce.

St. Pourçain, ville ſur la Scioule. Elle a trois couvens, un hôpital, & un prieuré de bénédictins, jadis abbaye, & qui lui donna ſon nom.

Arthonne, petite ville qui renferme un chapitre, qui eſt ſur la Morges, & a dans ſon voiſinage le hameau de St. *Mion*, où ſont des eaux minérales.

Cuſſet eſt le ſiege d'un bailliage, & eſt ceinte de bons murs: ſituée ſur l'Allier, dans des campagnes fertiles en grains, vins, fruits & chanvres. Elle renferme une abbaye de bénédictines, un chapitre, un prieuré, & 3000 habitans.

Ebreuille eſt ſur la Scioule; elle renferme une abbaye de bénédictins, dont le chef exerce la juſtice de la ville: ſes environs ſont fertiles en vins, ſeigles & avoines: on y recueille peu de froment. Elle a un marché très-fréquenté.

Pont-Gibaud eſt ſur la Scioule, & a près d'elle une ſource d'eau minérale ferrugineuſe & une mine d'argent abandonnée.

Herment eſt dans les montagnes près du Limoſin. Elle a une égliſe collégiale, & le titre de baronnie.

Pont-du-Château, ville sur l'Allier, où l'on pêche beaucoup de saumon. Le commerce y est florissant: c'est un marquisat.

Courpiere est sur la Dore, & *Billom* sur la Richer. On voit dans la derniere un chapitre, un college, & le château de *Turluron*.

Lezoux, petite ville qui a un chapitre, & qui est entre l'Allier & la Dore.

Besse est sur un ruisseau & a une église collégiale, où est une image de la Vierge qui a fait des miracles. Son commerce consiste en fromage; elle est aussi l'entrepôt des vins & des bleds de son district. A quelque distance, elle voit le Mont-d'or, la montagne Vassiviere, & un lac, dont on n'a, dit-on, jamais trouvé le fond; nous en avons parlé ci-dessus.

Issoire, *Icciodurum*, petite ville, chef-lieu d'une élection, dans une plaine, sur la Couze & près de l'Allier. Il y a une abbaye de bénédictins de la congrégation de St. Maur, dont l'Abbé est seigneur de la ville. Cette ville est ancienne; ses environs sont riches en bestiaux, en chanvres, en bleds & en noix.

Vic-le-Comte, petite ville, où est un vieux palais, ancienne résidence des comtes d'Auvergne. Elle est située près de l'Allier, a un chapitre, & près d'elle quatre sources d'eaux minérales.

Sauxillanges, *Celsinaniæ*, ville d'environ 3000 habitans, où est un prieuré de bénédictins fondé en 907, & où l'on fait des étamines.

St. Amant & *St. Saturnin*, deux petites villes jointes par une allée de tilleuls: elles sont à un quart de lieue l'une de l'autre.

Usson, *Ucio*, siege d'une justice royale, est située sur une montagne de difficile accès, loin de tout commerce; aussi est-elle mal peuplée. Marguerite de Vallois, femme de Henri IV, habita longtems son château, qui n'est plus.

St. Germain-Lambron eſt le chef-lieu d'un diſtrict abondant en vins & en bled : ſes nobles ſont pauvres, ſes commerçans aiſés : on y compte 1700 ames. Elle doit ſon origine à une abbaye de bénédictins.

Ardes, petite ville dans des campagnes fertiles, au pied du Luguet, vis-à-vis de *Mercœur*, qui donna ſon nom à un duché : le commerce y eſt floriſſant, parce qu'elle eſt l'entrepôt des denrées qui, de la baſſe Auvergne, vont dans la haute.

Blesle eſt ſur l'Alaignon, a deux paroiſſes & une abbaye de bénédictines, dont l'abbeſſe eſt ſeigneur de la ville.

Auzon eſt dans les montagnes près de l'Allier, & a 1300 habitans.

Brioude, *Brivas*, ville ſur l'Allier, dont le pont conſtruit, dit-on, par les Romains, lui donna ſon nom. Cette ville n'était qu'un village dans le quatrieme ſiecle, & ne renferme que 3000 habitans. Elle eſt au pied des montagnes, eſt le chef-lieu d'une élection, & renferme un chapitre, dont les chanoines ont le titre de comtes de Brioude, & font les mêmes preuves de nobleſſe que ceux de Lyon. On fait des ſerges dans cette ville, qui a une juriſdiction conſulaire.

La Chaiſe-Dieu, petite ville, abbaye de bénédictins qui exiſta avant la ville, qui en eſt ſeigneur, & a 16000 livres de rentes. Clément VI. en fut fondateur; ſon égliſe eſt magnifique, ſes environs ſont agréables. Il y a dans la ville une manufacture de points. Nous avons parlé ailleurs de quelques villes, qu'on dit être les plus hautes de la France : les auteurs ne nomment pas celle-ci; il y a cependant lieu de croire qu'elle eſt plus élevée que les autres.

La Volte eſt ſur l'Allier, ainſi que *Langeac*, chef-lieu du Langeadois : cette derniere renferme deux couvens, un château, & 600 habitans.

Le duché-pairie de Montpenfier, qui appartient au duc d'Orléans, contient: l'ancien comté de Montpenfier, qui renferme *Aigue-Perfe*, ville où fiégent un gouverneur qui eft baillif d'épée, & une juftice royale. Elle eft dans une belle plaine arrofée par le Beuron, ou Luron, & n'a qu'une rue, une abbaye de filles & deux collégiales, dans l'une defquelles eft un tableau de St. Sébaftien eftimé un chef-d'œuvre. Près d'Aigue Perfe, eft une fource dont l'eau, quoique froide au toucher, bout continuellement, & fuffoque, dit-on, les animaux qui en boivent. Non loin d'elle, en-fur une hauteur, font les ruines du château de *Montpenfier*.

La Châtellenie de *Vodable*, partie de l'ancien Dauphiné d'Auvergne, qui doit fon nom à *Vodable*, petite ville fituée fur une montagne près de l'Allier. La petite ville de *Brioude*, qui y a pont de pierre d'une feule arche, conftruit, dit-on, par Jules Céfar, renferme auffi une maifon de chanoines réguliers.

La baronnie de *Combrailles* eft abondante en grains, en bois, en pâturages, en bétail, renferme *Evaux*, chef-lieu du pays, fituée fur une hauteur, ornée d'une abbaye d'auguftins, & qui a près d'elle des eaux minérales & des bains. *Montaigu*, fituée à la naiffance de la petite riviere de *Bouble*, fur le penchant d'une montagne, & où l'on fait des armes à feu. *Chambon*, fur la Voife, *Sermur*, chef-lieu du *Pays de Franc-Alleu. Auzance*, fur un côteau environné d'étangs, où l'on commerce en cuirs, chanvres, fils, toiles, laines & plumes; & *Lefpau*, bourg où réfiderent les anciens barons, & qu'environnent de belles prairies couvertes de beftiaux. Nous ne parlerons que de deux autres bourgs de la baffe Auvergne: c'eft *Bellenave*, que d'autres placent dans le Bourbonnais, ſitué dans une contrée abondante en bleds, bois, vins & pâturages; & *Orcival*, ſitué près du lac de *Pierre*, près du Mont-d'or. Il a une égliſe collégiale riche en reliques, & qui a une image de la Vierge, peinte, dit-on, par le médecin St. Luc. Près de là eſt le *Mont d'Angle*, où ſont des eaux minérales & thermales, connues ſous le nom de *Mont d'or*, ſalutaires pour la goute ſciatique, les rhumatiſmes, les paraliſies, rétractions de nerfs, fievres, maux de tête, coliques, rétentions d'urine, gravelle, la pierre, l'hydropiſie, &c. On les croit préférables à toutes celles qu'on a en France. *Pardine*, était un village ſur la croupe d'une montagne, qui en 1733 s'entrouvrit, s'éboula, tomba en partie dans une abyme, avec la plûpart des maiſons, & le reſte ſuivit bientôt après: des eaux ſouterraines avaient cauſé ce déſaſtre, & forment de petits Lacs autour des ruines.

GOUVERNEMENT DU LYONNAIS.

Les provinces du Lyonnais, du Forez & du Beaujolais le compoſent; il eſt au Levant de l'Auvergne, au Nord du Velay & du Vivarais, au Midi de la Bourgogne: le Rhône le ſépare du Dauphiné. Sa longueur eſt de 26 lieues, ſa largeur de 17, ſa ſurface d'environ 300 lieues quarrées. Il dépend, pour le ſpirituel de l'archevèque de Lyon; pour les finances, de ſa généralité; pour le civil du parlement de Paris. On y ſuit le droit Romain. Un gouverneur & lieutenant-général, deux lieutenans de roi pour le Forez & le Beaujolais, un ſénéchal pour le Lyonnais, un commandant général y préſident au militaire.

Le Lyonnais propre.

Il a le titre de comté, eſt au Midi du Beaujolais,

au Nord & au Couchant du Forez; sa longueur est de 13 lieues, la largeur de 8; il est mêlé de côteaux, de plaines, de montagnes, est arrosé par le *Rhône*, la *Saone*, la *Guillotière*, le *Giez*, le *Garon*, l'*Azergue*, &c. ce dernier se jette dans la Saone, les autres dans le Rhône. Le climat y est tempéré, mais les brouillards le rendent humide & plus froid qu'il ne devrait l'être: le sol y produit peu de bleds, mais on y recueille de bons vins, tels que ceux de *Condrieu* & de *Côte-Rotie*. Il y a une mine de cuivre, une source d'eaux minérales, du vitriol, des pierres figurées, sur-tout de bons pâturages: ses habitans sont actifs, bons, industrieux, & les manufactures en divers genres les dédommagent de la médiocrité de leur sol.

Les *Ségusiani* ou *Insubres* habitaient ce pays au tems de César; il fut compris ensuite dans la premiere Lyonnaise: les Bourguignons l'envahirent; les Français les en dépossèderent; il eut ensuite des comtes, devint une province du second royaume de Bourgogne, & en fut séparé pour former un comté: les comtes de Forez le céderent aux archevèques, & de là les chanoines prirent le nom de comtes de Lyon. L'archevèque & le chapitre en céderent la jurisdiction temporelle aux Rois de France; Charles IX. acheta les droits qui leur étaient demeurés, mais ils ont conservé le titre de comtes.

Lyon, *Lugdunum*, *Lugdunum Segusianorum*, est la seconde ville du royaume, plus commerçante que Paris, la plus peuplée de la France après elle, fondée très-probablement par *Lucius Munatius Plancus*, l'an 709 de Rome, & qui en tire peut-être son nom, joint à celui de *Dun* ou *Dunum*, montagne. Elle est située au confluent du Rhône & de la Saone, est le siege du gouverneur général, du Sénéchal, de l'Archevêque, d'une chambre souveraine du clergé, de diverses jurisdictions, d'une cour des monnaies, d'un présidial, d'une intendance & généralité, d'un consulat, d'une chambre de commerce, &c. On y compte quatre grands fauxbourgs, six belles portes d'entrée, vingt-huit quartiers, cinq collégiales, quatre abbayes, cinquante couvens, trois séminaires, deux hôpitaux généraux, un college de médecine, un corps de chirurgie, une académie des sciences, belles-lettres & arts, une société royale d'agriculture, une école royale vétérinaire, une académie royale pour l'éducation des gentils-hommes, une salle de comédie, un concert, une bibliotheque publique, plusieurs bibliotheques particulieres, cabinets de médailles, collections d'antiques, soixante-douze communautés des arts & métiers, trois forts, un arsenal bien fourni, arrangé avec art, quatre places principales, de magnifiques quais, deux beaux ponts sur le Rhône, l'un en pierre, l'autre en bois, & trois sur la Saone, & environ 126000 ames: un académicien de Lyon y en a compté 160000. Son enceinte peut être le quart de celle de Paris: elle renferme quelques monts couverts de vignes, de jardins, de maisons & de couvens, qui présentent une perspective agréable par sa variété.

Le fort de *Pierre-en-Cize* fut autrefois le palais des archevêques: il est au sommet d'un roc qui s'éleve sur le bord de la Saone: trente hommes y veillent sur les prisonniers d'Etat qu'on y renferme; on y monte par un escalier étroit & rapide. L'hôtel-dieu a été fondé vers le milieu du sixieme siecle par le roi Childebert. La grande infirmerie a 560 pieds de long, & a la forme d'une croix grecque. Au milieu de cette vaste croisée s'éleve un dôme de trente-six pieds de diametre, sous lequel est un autel isolé, & à quatre faces, qui peut être vu des rangs les plus éloignés. Son église est magnifique. L'hôpital de la Charité est formé de plusieurs bâtimens uniformes, autour de neuf cours: les pauvres y sont séparés selon leur âge & leur sexe. L'hôtel-de-ville est un des plus beaux de l'Europe, il est neuf, est isolé, & forme un quarré long. On y arrive par la place des Terreaux. La façade du bâtiment est un portail & un frontispice superbe, orné d'une galerie en saillie. Au-dessus est un médaillon représentant Louis XIV à cheval. Sous le vestibule, qui est un portique à la Romaine, on voit deux grandes tables de cuivre, où est gravée la harangue que fit dans le sénat l'empereur Claude en faveur des Lyonnais. De ce vestibule, on a le coup d'œil d'un jardin & de deux longues cours qui se suivent, & que de belles arcades séparent. De la premiere, on voit un second portail aussi magnifique que celui de la rue; au haut, sont gravés en lettres d'or les vers que Jules Scaliger fit en l'honneur des Lyonnais. Le prévôt des marchands, les échevins, le procureur & le greffier de la ville acquierent la noblesse, & la transmettent à leur postérité.

La place de Bellecourt, ou de Louis le Grand, est entourée de bâtimens magnifiques: elle est plantée d'arbres: au centre est la statue équestre de Louis XIV faite en bronze par Desjardins: près de lui sont les statues du Rhône & de la Saone, & des trophées placés sur les deux faces du piedestal.

L'archevêque de Lyon n'est pas le seul qui prenne le titre de primat; mais il est le seul qui en exerce les fonctions sur les provinces ecclésiastiques de Paris, Sens, Tours, & Lyon. Ses suffragans sont les évêques d'*Autun*, de *Langres*, de *Mâcon*, de *Chalon sur Saone*, de *Dijon* & de *Saint-Claude*. Son diocese renferme 841 paroisses, seize abbayes & douze chapitres.

pitres. Ses revenus sont de 5000 livres. Sa taxe de 3000 flor. Son église cathédrale est vaste, gothique, & cependant a un aspect majestueux. L'horloge qui se trouve dans un des bras de la croisée, est une espece d'obélisque figuré, qui s'éleve de terre sur un large piedestal jusques vers la fenêtre du mur. Tout au haut est un coq qui toutes les fois que l'heure est prête à sonner, bat des aîles & chante deux fois. Au dessous est une représentation mouvante de l'Annonciation. L'horloge a plusieurs cadrans, celui des heures, celui des jours, des mois, & de la semaine: celui des planetes est un ovale, & l'aiguille s'allonge & se raccourcit selon qu'elle en parcourt le grand, ou le petit axe. Son chapitre est l'un des plus illustres de l'Europe & un des plus riches: il faut prouver quatre quartiers pour y être admis: ils officient la mitre en tête: il n'y a ni musique ni orgues dans leur église; on ne s'y sert point de livres: tout y est chanté de mémoire, & lorsque l'archevêque officie, on fait l'essai du pain & du vin avant la consécration: usage qui est un reste de son ancienne souveraineté. On dit que l'église de St. Nizier est la plus ancienne de la ville: celle de St. Etienne est une des plus belles: Les dehors de Lyon, le long du Rhône & de la Saone surtout, sont pleins de maisons de campagnes charmantes: Son commerce est immense, & prend chaque jour de nouvelles formes & se crée de nouveaux objets; ses habitans se gardent eux-mêmes, & sont presque tous occupés aux diverses fabriques qu'elle renferme. Ses commerçans embrassent dans leurs spéculations, tout le royaume, la Suisse, l'Italie, les Pays-Bas, l'Angleterre & l'Allemagne. Sa longitude est 22 degrés, 30 minutes. Sa latitude est 45 degrés, 45 minutes, 51 secondes.

Ance, *Antium*, petite ville près de la Saone, dans

une plaine fertile, & qui a un château, un college, un hôpital. On croit qu'elle était connue du tems d'Auguste. Dans ses environs, on trouve des carrieres de pierres de taille, & la fontaine de *Brinieux*, abondante dans les sécheresses, dit-on, & à sec durant les pluies: il faudroit s'assurer du fait avant de l'expliquer.

La Bresle est située dans un fond, entre des montagnes, au confluent de la Tardine & de la Brevenne, dont les ravages sont redoutables. Ses habitans commercent en chanvre.

Condrieux, petite ville au pied d'une colline, au bord du Rhône, connue par les vins qu'on y recueille, & dont les plans furent apportés de Dalmatie par l'Empereur Probus. Elle renferme quelques couvens, & 3000 habitans.

Charlieu est située sur la Sornin, est ceinte de murs, renferme un prieuré de bénédictins, autrefois Abbaye, & cinq autres couvens.

St. Chaumond, petite ville sur le Giez, où l'on commerce en soie, rubans & merceries. Elle a un château fort & un chapitre.

St. Saphorin-le-Chatel est un bourg, ainsi que *Charey*, où l'on trouve du vitriol. *Tarare* est au pied d'une montagne sur la Tardine.

II. *Le Forez.*

Il a le titre de comté, est au couchant du Lyonnais, & forme une grande vallée fertile & agréable, longue de vingt-une lieues, large de onze. Le climat y est tempéré: des étangs y rendent l'air mal sain dans la plaine. La *Loire*, la *Renaison*, l'*Argent*, le *Lignon*, le *Furand*, l'*Aubie* l'arrosent: le sol y est fertile en bleds, en chanvres, en bons vins, en chataignes, connues ſous le nom de marons de Lyon. Le Mont Pilat * eſt la plus haute de ſes montagnes, & l'on y trouve des ſimples & des pâturages excellens. On y trouve beaucoup de charbon de terre, ſur-tout dans le Haut-Forez : on n'a qu'à percer les montagnes dans le flanc pour l'en tirer. Ses mines ſont ſouvent accumulées les unes ſur les autres. Près de St. Etienne de Furand, il y a eu trois montagnes qui jettaient du feu, ſans doute le charbon de terre en était l'aliment. Il a des ſources d'eaux minérales-vitriotiques, & pluſieurs mines de fer. Le commerce des habitans conſiſte en ouvrages d'acier & de fer, en chanvres, vins, bétail, marons, planches, &c.

* Le *Pilat* a environ 500 toiſes de hauteur ſur le niveau du Rhône : il a ſix lieues du nord au midi, & ſa baſe en a quatre de l'orient au couchant. Son aſpect eſt triſte & ſauvage : des rocs blancs le couronnent ; un grand nombre de ſources en découlent ; des forêts de ſapins, entrecoupées par des pâturages, s'étendent de ſa baſe juſqu'à ſon ſommet. Sur ce ſommet eſt une eſpece de plaine, vaſte & riante prairie, que divers ruiſſeaux arroſent, & que des arbres bordent : autour s'élevent des rocs nuds, où s'aſſemblent les nuages qui annoncent la pluie aux lieux voiſins, & qui, ſemblables à un chapeau, lui ont fait donner ſon nom. En général les terres y ſont ſéches, arides, peu profondes : elles couvrent des filons de quartz d'un blanc ſâle, à demi tranſparent, quelquefois ſemblable au cryſtal. On y trouve du mica & de l'ochre martiale ; les eaux qui en deſcendent ſont ſaines & légeres : elles forment de petites rivieres poiſſonneuſes, qui font mouvoir une multitude de moulins, de ſcies, de martinets, de papeteries, &c. La principale eſt la *Gien.* Sa ſource eſt dans la prairie dont nous avons parlé, nommée *La Grange* ; ſes eaux ſortant d'une eſpece de puits très-profond : elles ſont très-froides, & coulent d'abord lentement ; puis groſſies de pluſieurs ruiſſeaux, elles ſe précipitent au travers des rocs les plus eſcarpés.

Les Segusiani furent ses premiers habitans connus. Il eut ensuite le sort du Lyonnais, & François I. le réunit à la couronne en 1531.

Le Haut-Forez.

Feurs, *Forum Segusianorum*, petite ville ceinte de murs, située dans la plaine, à quelque distance de la Loire. Elle est ancienne, & a donné son nom au pays. Au pied du rocher nommé *Dinzy*, situé à une lieue de là, est une source d'eau minérale sulfureuse.

St. *Galmier*, petite ville sur une hauteur, près de la Loire. Près de son fauxbourg, est la fontaine *Font-Forte*, qui a un goût de vin agréable, qui est saine, & dont les habitans se servent comme de levain pour pétrir, & de médecine pour se purger.

St. Etienne de Furand, ville qui était un village avant Charles VII, qui lui permit de se clorre de murs: elle renferme aujourd'hui près de 18000 habitans. Elle est sur le Furand qui lui donne son nom, & dont les eaux sont propres à la trempe du fer & de l'acier: tous ses habitans infatigables, s'occupent à travailler ces métaux: sa population a rendu inutile son ancienne enceinte, & elle est aujourd'hui toute ouverte. Elle est le chef-lieu d'une élection, & le siege d'une sénéchaussée. Ses mines de charbon sont très-abondantes*, elles embrassent un vallon long de six lieues & large

* Celles de *Rive de Giez*, sont au sommet d'une montagne percée par plus de 200 puits : depuis quinze ans, il s'en extrait plus de 5000 quintaux par jour. En 1777, elles s'enflammerent par la négligence des ouvriers, & pour les éteindre, il fallut rassembler les eaux qui tombent de la montagne qui les domine, les y faire pénétrer & les y retenir pendant plus de deux mois.

d'une. *Chazelles* eſt une petite ville de 2000 habitans. *Néronde* eſt ſur la riviere de ſon nom. *La Fouillouſe* eſt un bourg près du Furand. *Bourg Argental*, ville de 800 habitans, ſiege d'un bailliage, ſituée dans une plaine fertile entourée de montagnes. *Fougerolles*, village près duquel ſont deux hauteurs qui formaient autrefois une montagne, & que l'embraſement du charbon de terre qui lui ſervait de baſe, a fait ſéparer en deux. On y voit une ſalle où 300 jeunes filles font de la dentelle : on y prépare les ſoies de maniere qu'elles ont la qualité de celles de Nantes, & l'air y eſt purifié par une machine mue par l'eau.

Le Bas-Forez.

Mont-Briſon, ville capitale de la province, réſidence de ſa nobleſſe, & qui l'a été des comtes du Forez, ſiege d'un lieutenant-général, d'un bailliage, d'une ſénéchauſſée, d'une élection, d'un corps de ville &c. Elle a une égliſe collégiale, un college, un hotel-dieu, une chambre domaniale, de très-belles cazernes, un corps de milice bourgeoiſe, & 4000 habitans. Elle eſt ſituée dans une plaine riante & fertile, arroſée par le Vigeſſy, & d'où l'on voit ſortir les eaux minérales de Moin.

Roanne, *Rodunma*, ville ancienne, peu étendue, bien peuplée, & l'entrepôt des marchandiſes qui vont à Lyon, à Paris, Orléans, Nantes, &c. La Loire, qui commence à y porter bateau, y facilite le commerce. Elle a un college, & eſt le ſiege de quelques tribunaux.

St. Rambert, petite ville ſur la Loire : Elle a un chapitre. *Rochefort* eſt ſur le Lignon. *St. Germain Laval* ſur l'Argent, dans un diſtrict fertile en bons vins. *St. Alban* a une fontaine minérale. *Ambierle* eſt un bourg, ſur un côteau fertile en vins eſtimés : il a un prieuré. *St. Didier*, village voiſin d'une mine de charbon de terre.

III *Le Beaujolais.*

Son poſſeſſeur prenait le titre de *Sire* : la Saone le ſépare de la principauté de Dombes : il a le Lyonnais au midi, & le Forez au couchant. Sa longueur eſt de 12 lieues ſur 7 de large, ſa ſurface de 80 lieues quarrées. L'air y eſt ſain & un peu froid : le ſol y produit du bled, du chanvre, du vin excellent, mais trop délicat pour ſouffrir un long tranſport ; des fruits, des pâturages : on en tire des bois de charpente : la forêt de *Pramenou* eſt la plus conſidérable de celles qu'il renferme : des montagnes s'y étendent en chaîne du nord au ſud, bien au-delà de la province : elles s'abaiſſent en plaines vers l'orient & le couchant : la Loire arroſe ce côté, la Saone fertiliſe l'autre : & ce ſont ſur ſes bords, que s'élevent les vignobles : les mines de différens métaux y ſont abandonnées, & les productions du ſol ſont le plus grand objet du commerce des habitans. Les *Seguſiani* l'habiterent : il ſuivit le ſort du Forez, & le duc d'Orléans le poſſede aujourd'hui.

Ville-Franche, ville bâtie au commencement du douzieme ſiecle, ſiege d'une élection, ancienne réſidence des princes, eſt ſituée ſur le Morgon, dans une belle plaine. Elle a une égliſe collégiale, une académie de belles lettres, ſciences & arts, & environ 3 à 4000 ames. Dans ſa banlieue, lorſque les bleds ſont murs, le petit peuple les coupe ſans conſulter le propriétaire, & en prend la dixieme partie pour ſa peine. Entre les privileges que lui accorda Humbert IV, pour y attirer des habitans, eſt celui de battre leurs femmes, pourvu qu'elles n'en meurent pas.

Belle-Ville, petite ville qui renferme un chapitre, une abbaye, deux couvens. Elle eſt à quelque diſtance de la Saone, dans une campagne fertile. Il y a une manufacture de mouſſelines, des filatures, & des fabriques de toiles de différentes qualités.

Perreux, petite & ancienne ville près de la Loire : on n'y compte que 800 habitans.

Beaujeu fut une ville qui donna ſon nom au pays, & ce n'eſt plus qu'un bourg ſur l'Ardiere, au pied d'une montagne, où l'on voit encore les ruines de ſon antique château. Son égliſe collégiale fut fondée par un ſeigneur du pays, nommé *Béraud* : au deſſus du portail, il fit faire un bas relief qui repréſente un de ces ſacrifices appellés par les Romains *Suovetaurilia*, parce qu'on y ſacrifiait un porc, une brebis & un taureau : c'eſt un chef-d'œuvre pour un ſiecle d'ignorance tel qu'était le IIe. ſiecle.

Amplepuis eſt un grand bourg, près de la Reins, riche par ſes fabriques de toiles. *Chamelet* eſt ſur l'Azergues, & a une juriſdiction. *Poule* eſt voiſin des ſources de l'Azergues & de la Reins, a un château ; eſt une ſeigneurie.

GOUVERNEMENT DU BOURBONNAIS.

Cette province a le titre de duché ; elle a la Bourgogne à l'orient, le Berry au couchant, & l'Auvergne au midi : ſa longueur eſt de 27 lieues, ſa largeur de 13, & ſa ſurface eſt eſtimée de 256 lieues quarrées. La *Loire*, le *Cher*, l'*Œil*, l'*Avron*, la *Bresvres*, l'*Allier* l'arroſent, & cette derniere y eſt ſouvent redoutable, lorſqu'elle eſt groſſie par la fonte des neiges. A ſa ſource, elle roule ſur des cailloux de quartz roux &

jaune, & par-tout ailleurs sur du gravier. L'air y est sain & tempéré, le sol est fertile en grains, en vins, en chanvres, en fruits & pâturages: le bois, la volaille, le gibier, le poisson, y sont abondans. Il y a des mines de fer & de charbon de terre, des eaux minérales, des rochers dont les mines renferment des pierres coupant le verre comme le diamant à qui elles ressemblent. Ses premiers habitans connus, furent les *Aedui*, les *Bituriges-Cubi*, les *Averni*; il fit partie de la premiere Aquitaine, fut soumis aux Wisigots, aux Romains, à des seigneurs particuliers. Charles IV l'érigea en duché-pairie en faveur d'un petit fils de St. Louis, & c'est sa postérité qui est aujourd'hui sur le trône. Ses habitans sont doux, amis du repos & du plaisir; leur commerce consiste en bleds, chanvres, vignes, bestiaux, poissons, bois, clincaillerie, coutellerie, &c. Il renferme vingt-deux villes ou bourgs, & dépend pour le spirituel des évêchés d'*Autun*, de *Bourges*, de *Clermont*, & de *Nevers*: pour les finances, des généralités de Moulins & de Bourges, pour le civil du parlement de Paris: un bailliage, une sénéchaussée, un présidial, dix-neuf chatellenies en sont les tribunaux subalternes, & consultent une coutume particuliere pour former leurs sentences. Le roi pourvoit aux charges, le prince de Condé, qui est duc de Bourbon, y nomme. Un gouverneur, un lieutenant général, deux lieutenans de roi, un lieutenant des maréchaux de France y président au militaire.

Moulins, *Molinæ*, ville sur la rive gauche de l'Allier, qu'on y passe sur un pont magnifique, siege des officiers-généraux, & des premiers tribunaux de la province, d'une intendance & généralité, d'une chambre des domaines, d'une élection, &c. On y compte un chapitre, un college, un hôpital général

& 5 couvens, un beau cours au bord de l'Allier, un hôtel-de-ville, une jurisdiction consulaire & 12000 habitans. Le couvent des filles de la Visitation renferme le beau mausolée du duc de Montmorency, un des plus beaux morceaux qu'il y ait en ce genre : il lui fut élevé par sa femme qui vint finir ses jours dans ce couvent. Près de la *tour mal coëffée*, étaient un grand nombre de moulins qui ont donné le nom à la ville. Ses rues sont bien pavées & assez larges, ses maisons belles, sa situation très-avantageuse pour le commerce : le principal art qu'on y cultive est la coutellerie : ses environs sont un sol sablonneux, rapportent du seigle, peu de froment, du vin, presque point de pâturages, peu de fruits; mais beaucoup de jardinage. Sa longitude est de 20 deg. 59 min. 59 sec. Sa latitude de 56 deg. 30 min.

Bourbon-l'Archambaud, ville qui a donné son nom au pays & à la famille royale, siege d'une sénéchaussée, située dans un fond sur l'Allier, entre quatre collines, sur l'une desquelles sont les restes d'un vieux château quarré, tels que deux chapelles dont on remarque les vitres peintes, & l'intérieur sculpté de l'une, & la croix d'or pesant 14 marcs, enrichie de pierres précieuses que l'on conserve dans l'autre. La ville renferme deux hôpitaux, 2000 ames, des fabriques d'étamines, de droguets & de toiles, & des eaux minérales & thermales, si chaudes qu'on n'y peut tenir la main; mais les œufs ne s'y cuisent pas; les plantes ne s'y flétrissent point : elles sont salées, & laissent sur les bords du vase une couleur jaunâtre & une odeur de soufre. Elles n'ont qu'un léger goût de nitre : au toucher, elles sont onctueuses; une pellicule de graisse y surnage. Elles sont renfermées dans une espece de puits; au-dessous est un grand bain quarré pour les pauvres. Près de là ſont trois chambres à bains, & deux ſont pour les hommes: l'eau n'y eſt qu'à trois pieds de haut. Les maiſons de la ville ſont propres, bien parées & pourvues des commodités qu'on recherche.

St. Amand, ville ſur le Cher, près du Berry, diviſée en deux parties, la ville & le bourg de Montrond.

Hériſſon, petite ville qui a un chapitre, ſituée ſur le torrent d'Œil, entre cinq montagnes, près du Cher, dans une campagne pierreuſe, qui ne rapporte que de l'avoine & du ſeigle. Elle a 800 habitans.

Souvigny, *Salviniacum*, petite ville, qui a été capitale du pays, ſur le ruiſſeau de Gueſne. On y voit les tombeaux de pluſieurs *Sires* de Bourbon.

Montluçon, *Mons Lucionis*, ville chef-lieu d'une élection, ſiege d'une juſtice royale, où ſont un chapitre, quatre couvens, un hôtel-dieu, & ſituée ſur le penchant d'un côteau qui s'étend juſqu'au Cher, qu'on y paſſe ſur un beau pont de pierres. Des murs flanqués de tours l'environnent: on y compte quatre fauxbourgs & quatre portes: ſes environs ſont beaux; cependant elle n'eſt pas peuplée.

Mont-marault, ville dans un pays de pâturages, & riche en bétail.

Gannat, eſt le chef-lieu d'une élection, le ſiege d'une juſtice royale, & eſt ſituée entre la Scioule & l'Allier, ſur les frontieres de l'Auvergne. Il y a un chapitre, un hôpital, trois couvens, & plus de 3000 habitans.

La Paliſſe, ville, château, marquiſat ſur la Besbre: les maiſons en ſont bien bâties, le ſol fertile en froment, ſeigle, chanvre, & on y tient douze foires.

Vichy a un beau couvent de céleſtins, eſt ſur l'Allier, dans un beau pays; ſes eaux minérales &

thermales la font connaître & en font la richesse. *Le Veurdre* est sur l'Allier qu'on y passe sur un bac. *Essial* est dans un pays fertile en grains, chanvres, pâturages & fruits : il y a une maison des peres de l'oratoire, & un hôpital. *Jagligny* est sur la Besbre entre l'Allier & la Loire : elle est entourée de champs, de bois, de prairies. *Aisnay le Château* est sur la Marmauçe, *Huriel* est sur une hauteur, environnée de vignes, de champs & de pâturages. *Neris*, *Aquaneri* est un bourg connu par ses eaux minérales. *Gouron* est une ville pauvre, presque ruinée, n'ayant que 200 habitans. *Billy* ou *Billers* est moins peuplée encore. *Franchesse* est un bourg, son sol produit un peu de vin, & plus de seigle que de bled : on y éleve des moutons & des porcs. On y voit plusieurs étangs, & environ 900 habitans. *Fins* est une terre où il y a quatre puits de mines de charbon de terre. *Noyant* en a une dont le charbon est en morceaux beaux & solides, séparés par des feuillets d'un beau Spath.

GOUVERNEMENT DU NIVERNAIS.

Cette province a le titre de duché, est au nord du Bourbonnais, au couchant de la Bourgogne, au midi de l'Orléanais, à l'orient du Berry. Elle a dix-huit lieues de long, seize de large, & sa surface peut être de 250 lieues quarrées ; la *Loire*, l'*Allier*, l'*Yonne* y sont navigables ; celle-ci a dans son lit une multitude de pierres à fusil, qu'elle n'entraîne point jusqu'à la Seine. La *Nievre*, l'*Annon*, l'*Alaine*, la *Quenne*, l'*Andarge*, l'*Ysseure*, la *Cressonne*, l'*Acolin*, l'*Abron*, la *Besbre*, l'*Acolastre*, &c. ne le sont pas. Le climat y est un peu froid & humide ; la terre y est fertile en bleds, vins & fruits, est couverte de bons pâturages, est abondante en bois, en mines de fer; en charbon de terre très-pyriteux, en eaux minérales : ses habitans moins doux que ceux du Bourbonnais, on leur attribue beaucoup de probité & de valeur : les bleds, le chanvre, le bois, le charbon de terre, le poisson, le fer, la fayancerie, la verrerie, la draperie, le bétail, &c., sont les principaux objets de leur commerce.

Cette province fut habitée par les *Vadicasses* & les *Boji*, les *Aedui*, devint une partie de la Lyonnaise Senonaise, & de la premiere : fut soumise aux Bourguignons, aux Francs, à des comtes. François I. en fit un duché-pairie; ceux qui le possedent, sont les descendans du neveu du cardinal Mazarin. Elle dépend pour le spirituel des évêques de Nevers, de Clamecy ou Bethléem, d'Autun, d'Auxerre; pour les finances, des généralités de Moulins, d'Orléans, de Paris, de Bourges; pour le civil du parlement de Paris, qui préside à diverses jurisdictions subalternes, lesquelles jugent suivant une coutume particuliere; pour le militaire, d'un gouverneur & lieutenant-général, d'un lieutenant de roi, de deux lieutenans des maréchaux de France, &c. On le divise en huit districts.

Les Vallées de Nevers.

Elles produisent des vins, des bleds, du bois, des pâturages.

Nevers, *Noviodunum Æduorum*, eut le nom de *Nivernum* sous les empereurs Romains : elle le prit de la Nievre qui l'arrose, & le donna à la province. Les officiers-généraux de Nivernais y résident; elle a un évêché, une chambre des comptes ducale, un bailliage, une élection : on y remarque onze paroisses, plusieurs couvens, un college, un hôpital-général, un château ducal, qui fait face à une grande & belle place, bordée de maisons symétriques. Elle renferme plusieurs manufactures de fayance, de verre, d'émaux & 8000 habitans. La Loire qu'on y passe sur un beau pont de pierres-de-touche, y facilite le commerce. Elle est bâtie en amphithéâtre sur le penchant d'une colline & sur un terrein inégal; ses rues sont étroites, & a peu de belles maisons. L'évêque est suffragant de Sens, seigneur temporel des châtellenies de Premery, d'Ursay & de Parzy. Son diocese s'étend sur 271 paroisses; ses revenues sont de 20000 livres, sa taxe de 2150 florins. La longitude de Nevers est de 20 deg. 49 min. 25 sec. Sa latitude de 46 deg. 30 min.

La Charité, ville sur la Loire, qui y a un beau pont de pierres, chef-lieu d'une élection, siege d'un bailliage. Elle a un hôpital & un riche prieuré de bénédictins, dont le chef est seigneur spirituel & temporel de la ville, & où il exerce seul la justice. Elle a 4000 habitans.

Poully, ville ancienne sur la Loire, où l'on compte 1500 habitans. *Chamlemy* est voisine d'une des sources de la Nievre. *Pougues*, bourg de 600 habitans, dans une campagne où l'on recueille du bled & du vin, il est au pied d'une montagne, d'où sortent des eaux minérales, froides, vineuses, aigrelettes & ferrigineuses, qu'on dit très-rafraichissantes.

Les Amognes.

C'est un canton situé le long de la Loire, long de cinq lieues, & large de trois. Il est fertile en bleds, vins, bois, & sur-tout en pâturages. On n'y trouve ni bourgs, ni villes : *Montigny* en est le principal village.

Les Vallées de Montenoiſon.

Petit pays de cinq lieues de long ſur quatre de large, fécond en froment, orge, avoine & ſeigle, riche en pâturages & en bétail; on y trouve du bois & des mines de fer. Il ne renferme que la ville du *Premery*, qui a une égliſe collégiale, eſt arroſée par la Nievre, & a un fourneau & deux forges. *Montenoiſon* eſt une paroiſſe ſituée au pied d'une montagne ſur laquelle eſt un vieux château qui a donné ſon nom au pays.

Les Vallées d'Yonne.

Elles ſont le diſtrict le plus fertile de la province: l'Yonne les arroſe du nord au ſud.

Clamecy, ville au confluent du Beuvron & de l'Yonne qui y devient navigable; on y compte 3500 ames: c'eſt dans un fauxbourg de cette ville, nommé *Pantenor*, qu'on a fixé le ſiege de l'évêché de Bethléem, depuis l'expulſion des chrétiens hors de la Judée. C'eſt en 1180 que l'évêque s'y refugia: en 1412, Charles VI leur accorda les mêmes prérogatives que les évêques Français, pourvu qu'ils fuſſent naturaliſés tels. Cet évêque a un revenu de 1000 liv. ſa juriſdiction s'étend peu au-delà du fauxbourg, & il l'exerce rarement: une chapelle eſt ſa cathédrale. Il officie pour ſes confreres, & eſt nommé par le duc de Nevers.

Vezelai, *Viceliacum*, eſt le ſiege d'un bailliage & d'une élection: elle eſt placée ſur la croupe d'une montagne d'un accès difficile, près de la Care. Elle a une égliſe collégiale, & une abbaye ſéculiere qui la fit bâtir, & dont l'abbé eſt ſon ſeigneur. Sa meſure de vin eſt la plus grande du royaume : elle n'a que 1500 habitans ; pluſieurs géographes la placent dans le pays de Morvant. *Baſoches*, grand village où le maréchal de Vauban avait élevé un beau château, & où il fut inhumé. *St. Léonard de Corbigny*, petite ville où eſt une abbaye de bénédictins : elle eſt près de l'Yonne. *Tannay* eſt un bourg où eſt un chapitre. *Metz-le-Comte*, bourg de 500 habitans. *Dornecy* en a 600.

Le Morvant.

Pays montueux, ſec & ſtérile, couvert de bois, de pâturages, de bruyeres, riche ſeulement en vins, ſitué partie en Bourgogne, partie dans le Nivernois. Il eſt long de ſix lieues & large de quatre.

Château-Chinon en eſt le chef-lieu, & l'eſt d'une élection ; ſituée ſur la pente d'une montagne, près de la ſource de l'Yonne, elle a un bailliage, & 2000 habitans. Des monts couverts de bois l'environnent : l'un d'entr'eux plus élevé que les autres, a au ſommet des maſures qu'on croit être du tems des Romains. La tradition veut que c'ait été le *Chenil* de Jules Céſar, & que de-là vient le nom de la ville *Caſtrum Caninum*. Ses habitans ſont honnêtes, mais fort pauvres : on y commerce en toiles, en cuirs, en bois, en laines & draps. Ses manufactures ſeraient floriſſantes, ſi les ouvriers pouvaient acheter leurs laines, & faire dégraiſſer leurs étoffes au foulon ; ce défaut rend leurs draps lourds & de mauvaiſe odeur.

Braſſi, bourg qui a un prieuré de l'ordre de Cluni, & 300 habitans. *Dun-les-places* eſt environné de terres maigres, & ne ſubſiſte guere que de la vente des bois & des beſtiaux. *Ouroux* petite ville de 1000 habitans, au milieu de monts froids & ſtériles.

Le Bazois.

Il a 9 lieues de long, autant de large, eſt formé de pluſieurs vallons adoſſés aux montagnes du Morvant; il produit peu de bleds; mais il eſt riche en bons pâturages, en bois, en charbon de terre, en poiſſons.

Moulins-Engilbert, petite ville qui a un chapitre, deux couvens, un hôtel-de-ville, un hôpital & 950 habitans.

Decizes, ville ancienne qui a un prieuré & deux couvens, ſituée au confluent de l'Airon, & de la Loire, dans une iſle. Elle a un grand pont ſur la Loire, & près d'elle du charbon de terre, recouvert d'une terre compacte où ſont empreint des plantes de fougère. On y trouve auſſi de l'antimoine renfermé dans une ocre ſulfureuſe, & une eſpece d'*Alabaſtrites* claires & tranſparentes, marquées de fibres, ondoyées, & teintes légerement en rouge.

St. Saulge, petite ville ſur l'Ayron & la Quenne, dans un vallon fertile en bleds, entre des monts couverts de bois & de pâturages : ſes habitans ont la réputation d'être crédules & ſimples.

Luzi eſt ancienne, & fut autrefois une baronnie indépendante de la province. *Montrouillon* eſt une paroiſſe aſſez conſidérable.

Le pays d'entre la Loire & l'Allier.

Il commence au confluent de ces deux rivieres, & finit au Bourbonnais, eſt entrecoupé de bois & de champs; il a peu de vignes & de pâturages.

St. Pierre le Moûtier, petite ville dans un fond, près d'un étang bourbeux, entre des montagnes qui ne ne laiſſent entr'elles qu'un paſſage vers le midi : l'air y eſt mal ſain, les terres d'une fertilité médiocre. Elle eſt le ſiege d'une ſénéchauſſée, d'un préſidial, & renferme un chapitre, un prieuré, & deux couvens.

La *Ferté Chauderon*, petite ville ſur la rive droite de l'Allier : ſon ſeigneur a le titre de baron, & prétend avoir le droit de conduire l'armée du duc de Nevers, dans le cas de l'arriere-ban. *Dorne* eſt un bourg.

Le *Donziois*.

Il a neuf lieues de long, quatre de large, & eſt ſitué entre la Loire & l'Yonne. Le ſol y eſt fertile en bleds & en vins ; on y voit de belles prairies, d'aſſez grandes forêts & pluſieurs mines de fer. Ce pays eſt un fief de l'évêché d'Auxerre.

Donzy, *Domitiacum*, petite ville qu'arroſe la Nohain, floriſſante par le commerce, & dont les habitans ſont aiſés : on y voit un hôtel-dieu, un chapitre, un prieuré de moines de cîteaux, un couvent ; c'eſt le chef-lieu d'un bailliage.

Antrain, ou *Extrain*, *Interamnis*, petite ville au bord d'un ruiſſeau, dans une campagne ſemée d'étangs, & cependant fertile.

Dreve ou *Druye*, petite ville ſituée ſur une montagne, du pied de laquelle coule une ſource d'eau pure.

Coſne, *Condate*, petite ville encore, arroſée par la Loire qui y reçoit la Nohain : on y voit une collégiale, trois couvens, un prieuré de l'ordre de Malthe : ſes habitans nombreux ſont preſque tous couteliers, & ſes environs ſont remplis de mines de fer, & de forges.

St. Sauveur, *Billy*, &c., ſont de petits lieux.

GOUVERNEMENT D'ORLÉANNAIS.

Il renferme l'Orléannais, la Sologne, le Blefois, le Gâtinois, la Beauce, le Dunois, le Vendômois, & le Perche-Gouez: il touche au nord à l'ifle de France, à l'orient aux provinces de Bourgogne & de Champagne, au midi à la Tourraine & au Berry, au couchant à celui du Maine. La *Loire*, le *Cher*, le *Loiret* l'arrofent: ce dernier fort du milieu du jardin du château *de la Source*, reçoit les eaux de plufieurs fontaines, & fe jette dans la Loire, après un cours de deux lieues. La *Lacome* y fort de la forêt d'Orléans, & s'y unit au Loir: l'*Aigle* ou l'*Egre* s'y joint auffi, & fort des étangs de Tripleville; l'*Hyeres*, avant de s'y rendre, fe perd fous la terre. Des canaux y facilitent le commerce; celui de *Briare*, commencé par Henri IV, fini fous Louis XIII, prend fon nom d'une petite ville, & joint la Loire à la Seine: c'eft le premier grand canal qui fe foit fait en France; le canal d'Orléans la rendu moins utile, en réuniffant plus d'avantages encore: il eft long de 18 lieues, & fes eaux font retenues par 30 éclufes: il commence à Port-Morant, à deux lieues au-deffus d'Orléans, traverfe la forêt de ce nom, la plaine qui la fuit, & s'unit au *Loing*, auquel vient aboutir auffi le canal de Briare..

Les évêques d'Orléans, de Chartres, de Blois, du Mans, y préfident aux affaires eccléfiaftiques; les finances dépendent de la généralité d'Orléans, les affaires civiles du parlement de Paris, les militaires d'un gouverneur-général, de trois lieutenans-généraux, de deux ou quatre lieutenans de roi, de fix lieutenans des maréchaux de France, de quatre baillifs d'épée, &c.

Orléannais propre.

Il touche au pays Chartrain, au Gatinois ; à la Sologne, au Blesois, au Vendômois & au Dunois : son sol est uni ; l'un des plus beaux de la France, abondant en grains de toute espece, en vins, légumes, & fruits excellens, en chanvre, pâturages, gibier, poisson, volaille, &c. : l'air y est sain, le climat tempéré, les habitans sobres, économes, laborieux, courageux : les vins, les eaux-de-vie, les bleds, les fruits, les arbres même, les bestiaux, les ouvrages de bonneterie, les draps & les peaux de moutons passées en chamois, différens autres objets sont ceux de son commerce. On y éprouve, ce semble, moins de ces incommodités qui interrompent si fréquemment le cours de notre vie ; peut-être seraient-elles plus rares encore, sans la mauvaise qualité des eaux de puits, dont les habitans s'obstinent à faire usage : il est facile de juger de la mauvaise qualité de ces eaux par leur action sur l'estomac & les gencives : l'eau de la Loire ne produit aucun de ces mauvais effets. Une vaste forêt couvrait autrefois tout le pays, & fut la demeure des Druydes ; la forêt d'Orléans en est un reste, & renferme encore 110000 arpens, dont près de la moitié appartient au duc. Les Carnutes habiterent ce pays, il fit ensuite partie de la quatrieme Lyonnaise, fut soumis aux Français, & forma quelque tems un royaume particulier, devint un comté sous les derniers descendans de Charlemagne, & un duché sous Philippe de Valois.

Orléans, *Aureliana Civitas*, *Genabum*, ville ancienne, située sur le penchant d'un côteau, au pied duquel coule la Loire qu'on y passe sur un très-beau pont. Son enceinte forme une espece d'arc, dont la

Loire eſt la corde, & dont le pont peut être enviſagé comme la flèche: ſans y comprendre ſes ſix fauxbourgs, elle a encore 2396 toiſes de tour; elle ſe diviſe en trois enceintes, formées en différens tems; ſes murs entourés d'un foſſé, d'une contreſcarpe, & de remparts, plantés d'ormeaux en partie & changés en promenades agréables, ſont flanqués de quarante-deux tours. Ses rues ſont étroites, ſes maiſons ſerrées & aſſez mal bâties; ſi l'on en excepte pluſieurs commerçans, ſes habitans en général ſont pauvres. Son pont ſur la Loire, rebâti depuis quelque tems, eſt un des plus beaux de la France: à ſes côtés eſt un monument en bronze, & qui a le nom de *la Pucelle*; c'eſt une croix ſurmontée d'un pélican qui abreuve ſes petits de ſon ſang, ayant à ſon pied la vierge aſſiſe, tenant ſon fils mort dans un linceuil: à droite eſt la ſtatue de Charles VII armé, à genoux, élevant ſes mains vers la croix, & près de lui ſa couronne, ſon caſque & l'écu de France: il eſt décoré du collier de l'ordre de St. Michel inſtitué ſous ſon fils: à gauche eſt *Jeanne d'Arc*, à genoux auſſi, armée comme ſon prince, ayant ſon caſque près d'elle, & les cheveux flottans ſur ſon dos: les figures ſont de grandeur naturelle, & le piedeſtal eſt de pierre de ſable. Chaque année on y fait dévotement une proceſſion ſolemnelle.

Cette ville eſt le ſiege d'un lieutenant-général, d'un lieutenant de roi, d'un des maréchaux de France: elle a un gouverneur particulier, un évêque, un préſidial, d'autres tribunaux, un hôtel des monnaies, un intendant, une élection, une juriſdiction conſulaire, un hôtel-de-ville, &c. On y remarque deux belles places publiques, quatre grands marchés, une univerſité fondée par Philippe de Valois, que la juriſprudence rendit célebre, & dont on ne parle plus aujourd'hui ; une ſociété littéraire, un collège, un ſéminaire, quatre chapitres, vingt-ſix paroiſſes, deux abbayes, vingt-trois couvens, un hôpital-général, un hôtel-dieu, une commanderie de Malthe, deux bibliotheques publiques, 4500 feux, & environ 35000 habitans. Sa ſituation ſur la Loire la rend l'entrepôt du commerce que ce fleuve facilite : une multitude de bateaux y amene les productions du Languedoc, de la Provence, du Dauphiné du Lyonnais, de la Suiſſe, de l'Auvergne, & de tous les lieux où elle paſſe avant d'arriver juſqu'à Orléans ; & de l'autre les marchandiſes qui viennent de l'Océan, de la Bretagne, de l'Anjou, de la Tourraine & du Poitou. Elle a dix grandes affineries de ſucre, des papeteries, des verreries ; des manufactures d'étoffes de laine, de bas au tricot, & au métier, de mégiſſerie, de coutellerie, &c. Ses confitures ſont eſtimées, & s'envoient au loin.

Son évêque eſt ſuffragant de Paris, ſon dioceſe s'étend ſur 272 paroiſſes, huit abbayes & dix chapitres : ſes revenus ſont de 30000 liv. Sa taxe de 2000 flor. Le jubé de ſa cathédrale eſt ſuperbe : ſon palais eſt moderne & beau. Autrefois, lorſqu'il faiſait ſon entrée dans ſa cathédrale, porté par cinq barons du pays, tous les criminels étaient délivrés : ce droit vient, dit-on, de St. Agnan, qui, devenu évêque, demanda la liberté des priſonniers au gouverneur romain qui le refuſa ; mais puni de ſon refus, par la chûte d'une pierre qui le bleſſa dangereuſement, il demanda pardon à l'évêque, lui accorda ſa demande, & fut guéri. L'abus de ce droit l'a fait reſtraindre ſous Louis XV. On conſerve dans la tour-neuve d'Orléans diverſes reliques, telles que du lait de la vierge, du ſang de Jeſus, les rameaux ſur leſquels il marcha dans ſon entrée à Jéruſalem, &c. La longitude d'Orléans eſt de 19 deg. 34 min., & ſa latitude de 47 deg. 54 min. 4 ſecondes.

Beaugenci, ville qui a le titre de comté, un gouverneur particulier, une élection, un chapitre : elle eſt ſituée au bord de la Loire, ſur laquelle eſt un pont de vingt-deux arches. Dans ſes environs, on recueille du bon vin.

Meung ou *Mehun*, petite ville, ſiege d'une juſtice royale, ſituée ſur une colline que borde la Loire: elle un château, un chapitre, & 4000 habitans. La pêche y eſt abondante & le poiſſon eſtimé. Les évêques d'Orléans y ont une maiſon de plaiſance.

Boigni eſt le chef-lieu de l'ordre de St. Lazare, établi par Louis le jeune en 1154.

Pithiviers ou *Pluviers*, *Caſtrum Piveris*, petite ville, chef-lieu d'une élection, ſituée ſur l'Œuf, près de la forêt d'Orléans. Elle a un chapitre, & l'on prétend qu'elle doit ſon nom aux pluviers qui ſe trouvent dans les champs qui l'environnent. Le duc d'Orléans en eſt ſeigneur, ainſi que de *Pithiviers le Vieil.*

Château-neuf a un beau château & le titre de marquiſat. *Huiſſeau* a 1000 habitans. *Ingré* en a le double. *Autry* eſt dans des campagnes fertiles : c'eſt un petit bourg. *Bazocher-le-Guerâns* renferme 900 ames. *Checq* & *Chillers* ſont plus peuplés & plus riches.

Bas-Orléannais.

Il eſt au midi de la Loire. On y voit le bourg de *Clery* près de la Loire, connu par une égliſe collégiale qui renferme le mauſolée de Louis XI ſon fondateur ; la petite ville de *Jargeau* ou *Gergeau*, ſituée ſur la Loire qu'on y paſſe ſur un pont de pierre, qui a un gouverneur, un chapitre, environ 1300 habitans, & qu'on croit être le *Gennabum* de Jules-Céſar : la

Ferté-Nabert, ou *Senectere*, qui est un bourg orné du titre de duché-pairie. *Olivet*, qui est un petit bourg au bord de la Loire, sur laquelle il a un pont. *Sully*, duché-pairie, est aussi sur la Loire : on le place mieux dans la Sologne.

La Beauce est le nom général qu'on donne aux pays Chartrain, Dunois, Vendomois, Mantois & Hurepois rassemblés. Elle n'est qu'une vaste plaine, où l'on ne découvre aucun pays inculte : son terroir gras & fécond épargne des travaux au laboureur, & produit presque sans secours toutes sortes de grains : le terrain uni, y reçoit part-tout également les eaux du ciel : ces eaux n'ont point d'écoulement, elles pénetrent le sein de la terre, & s'y perdent insensiblement sans former aucun dépôt dont la vapeur maligne puisse altérer l'air. On a fait sur ce pays cette épigramme.

Belsia, dulce solum, tibi desunt flumina solùm
Fontes, pratas, nemus, montes, virgulta, racemus,
Fructus, strata, panis, mulier, caro, viscis & ignis.

II. *Le pays Chartrain*, ou la Beauce, proprement dite, est au nord de l'Orléannais; il a 12 lieues de long & 10 de large : l'*Eure* & la *Loire* l'arrosent; c'est la partie de la France la plus abondante en bleds qui y fait presque le seul objet de commerce : les *Carnutes* l'habitaient sous Jules César, ainsi que toute la Beauce ; il fit partie de la quatrieme Lyonnaise, fut soumis par les Francs, eut des comtes particuliers, & fut érigé en duché sous François I.

Chartres, *Autricum*, *Carnutes* est une des villes des plus anciennes du royaume, les Druides s'y assemblaient, & l'on prétend qu'il y avait un autel consacré à la Vierge qui doit enfanter, *Virgini pari-*

turæ dans le lieu même où est aujourd'hui son église cathédrale. Elle a été la capitale des *Carnutes* : un lieutenant-général, & d'autres officiers militaires y résident : un grand bailliage & présidial, une justice royale, une justice consulaire, &c. y siegent. Son évêque est suffragant de Paris ; son diocese renferme 810 paroisses, vingt-deux abbayes & neuf chapitres ; ses revenus sont de 25000 liv. sa taxe de 4000 flor. La cathédrale est une des plus belles du royaume : ses clochers sont beaux & très-élevés : on remarque l'église de Saint-André par la construction hardie de son chœur, bâti sur une voûte, sous laquelle passe l'Eure : ouvrage que Vauban trouvoit un des plus admirables de la France : on trouva des corps bien conservés dans un caveau construit dans le mur de cette voûte. La ville est en partie sur une colline : l'Eure la traverse ; ses rues sont étroites ; elles renferme trois chapitres, trois abbayes, quatre fauxbourgs, dix couvens, un séminaire, deux hôpitaux, & environ 10000 ames.

Nogent-le-Roy, petite ville, comté & siege d'une justice royale, située dans un vallon qu'arrose l'Eure qui y devient navigable. Cette seigneurie a de beaux privileges : 700 fiefs & 70 terres en dépendent.

Espernon a eu le titre de duché-pairie : elle est située sur un rocher escarpé, entre trois hautes collines qui en rendent la situation incommode, mais elle est riante par la perspective dont on y jouit. On y compte deux fauxbourgs, & 1000 habitaus.

Maintenon, *Masteno*, a le titre de marquisat depuis 1688 : elle est dans un vallon agréable sur l'Eure qui y reçoit la Gros. Elle a un chapitre, un prieuré, une belle place, des halles, & un aqueduc magnifique, mais imparfait, qui devait conduire les eaux de l'Eure à Versailles.

Gallardon, petite ville, marquiſat, ſur le ruiſſeau de Voiſe. *Courville* eſt un bourg ſur l'Eure. *Dammarie* eſt peuplé d'environ 1000 ames, ainſi que *Pontgouin*. *Ouarville* eſt moins conſidérable.

III. *Le Dunois.*

Il a le titre de comté, eſt long de 12 lieues ſur 9 de large, jouit d'un air pur, d'un ſol fertile en grains, en fruits dont on fait du cidre, en vins, bois & pâturages; le gibier & la volaille y ſont abondans: le *Loir*, l'*Egre*, la *Pacome* l'arroſent. Ses habitans ont l'eſprit vif & pénétrant.

Chateaudun, ville ancienne, connue ſous les rois Francs de la premiere race, chef-lieu d'une élection, d'un bailliage, d'une juſtice royale, ſituée ſur une hauteur proche du Loir. Elle renferme deux égliſes collégiales, une abbaye d'auguſtins où eſt une égliſe remarquable par ſon portail, trois couvens, un hôpital-général, un hôtel-dieu, & environ 3000 habitans. Près d'elle eſt la fontaine de Salans, dont les eaux hautes ou baſſes, préſagent l'abondance ou la ſtérilité.

Bonneval, petite ville ſur le Loir, dans un vallon fertile qui lui donna ſon nom. Plus grande autrefois, dans ſon enceinte reſſerrée on compte 1800 habitans. Elle a une abbaye de bénédictins ſituée dans une iſle.

Pattay, eſt une ville de 900 habitans, connue par la premiere victoire de la Pucelle. *Marchenoir*, a une commanderie de Saint-Lazare, & eſt ſituée près d'une forêt de 4230 arpens. *Fronteval* eſt ſur le Loing, la forêt voiſine porte ſon nom; *Cloye*, ou *Clois* eſt une petite ville de 1000 habitans.

IV. *Le Vendômois.*

Il eſt au midi du Dunois, a le titre de duché,

n'eſt qu'une vaſte plaine arroſée par le Loir, fertile en tout ce qui eſt néceſſaire à la vie; on le diviſe en haut & bas. Le premier renferme quarante-cinq paroiſſes, le ſecond quarante-deux.

Haut-Vendômois.

Vendôme, *Vendocium*, ville, chef-lieu d'une élection, ſiege d'un gouverneur, & d'un bailliage. Elle a un château, une égliſe collégiale où ſont les tombeaux des ducs, une abbaye de bénidictins, où l'on conſerve une *Ste. Larme*, cinq couvens, & 6500 hommes. Un vœu fait par les habitans pour être délivrés de la peſte, les fait encore promener le 20 Janvier en proceſſion, n'ayant ſur leurs corps nuds qu'une aube qui les couvre depuis le cou juſqu'aux jambes.

Le Bas-Vendômois.

Montoire, *Mons aureus*, petite ville ſur le Loir. Elle a un château, une très-belle place, deux paroiſſes & deux couvens.

Montdoubleau, a le titre de baronnie, un prieuré, un hôtel-dieu. Elle eſt ſur une hauteur ſur la Grête. Il y avait autrefois beaucoup de proteſtans: quelques auteurs la placent dans le Maine.

V. *Le Perche-Gouet.*

Long de 10 lieues, ſur 5 de large, il eſt au nord & au couchant du Dunois, doit ſon nom à un de ſes ſeigneurs, eſt fertile en bleds, fruits, chanvre, bois & pâturages. Il fit partie du Perche, & on le diviſe en cinq baronnies, qui ſont, *Montmirail*, ville ſur une montagne, près de la Braye qui a un chapitre, une verrerie, & une forêt. *Bazoche-Gouet*, petit bourg. *Auton*, sur la Ronne, bourg où l'on fabrique des étamines. *Brou*, ville sur l'Ouzanne, voisine de plusieurs marnieres. *Alluye*, bourg sur la Tivon, devenu marquisat, & qui renferme 600 ames.

VI. *Le Blésois.*

Il est long de 16 lieues, large de 9, & est arrosé par la *Loire*, le *Beuvron*, la *Seurdre*, la *Cisse*, la *Raire*, &c. L'air y est sain & tempéré, le sol fertile en grains, vins, fruits, bois & pâturages. Tous les alimens y abondent & y sont excellens; la beauté de ce pays y attirait la cour: les habitans ont de l'esprit du courage, sont honnêtes & laborieux. Il commercent en denrées, en étoffes de laine, en bétail, en eaux-de-vie, &c. Il a eu long-tems ses comtes particuliers.

Blois, *Castrum Blesense*, ville ancienne, chef-lieu d'une élection, siege d'un lieutenant-général, d'un évêché, d'un grand-bailliage, d'une chambre de comptes, d'un corps de ville, &c. On y compte deux chapitres, trois abbayes réunies à l'évêché, huit couvens, un college magnifique, dont l'église renferme les tombeaux de divers princes, un château superbe, un hôtel-dieu, un hôpital-général, un séminaire, un hôtel-de-ville, un beau palais de justice, des prisons antiques, de belles fontaines dont les eaux viennent d'un aqueduc en forme de grotte artistement creusée dans le roc, qu'on croit un ouvrage des Romains, & environ 10000 habitans. Sa situation est magnifique: la Loire l'arrose & y a un beau pont de pierres, orné dans le milieu d'une pyramide. Son principal commerce est l'eau-de-vie & le vin: on y fabrique des serges & des étamines. Autour d'elle est une belle forêt, & des prairies riantes où ſerpentent le Beuvron & le Coſſon; on vante la crême qu'on y fait. C'eſt à Blois qu'on parle dit-on, le Français avec le plus de pureté.

L'évêque eſt ſuffragant de Paris: ſon diocefe renferme 200 paroiſſes, 6 abbayes, & quatre chapitres: ſes revenus ſont de 36000 livres, & il paye à Rome 2533 florins pour l'expédition de ſes bulles.

Le plus bel ornement de la ville eſt le château, irrégulier dans ſa ſtructure, parce qu'il fut l'ouvrage de divers princes. Louis XII, dont on voit la ſtatue équeſtre ſur un des portails, a fait élever les faces orientales & méridionales du principal corps de logis, où l'on trouve des appartemens célebres dans l'hiſtoire, & ſur-tout la chambre noire où Henri duc de Guiſe fut tué. Son frere le cardinal expira ſur la porte de la tour voiſine: leurs corps furent brûlés dans la ſalle des Etats. *Gaſton* d'Orléans l'embellit par un nouveau corps de logis que dirigeait Manſard, & qu'il laiſſa imparfait. Diverſes familles nobles l'habitent: l'avant cour en eſt immenſe, les jardins diviſés en hauts & bas, ſont vaſtes & ornés: il renferment un puits trés-large, & d'une profondeur extraordinaire que Louis XII fit creuſer.

Chambort, paroiſſe & maiſon royale, qui a ſon gouverneur particulier, ſituée dans un vallon qu'arroſe la riviere de Couſſon. Le château eſt ſitué au milieu d'un parc de huit lieues de tour, fermé de murs & rempli de bêtes fauves. François I le fit conſtruire à ſon retour d'Eſpagne, & c'eſt le plus bel édifice gothique que la France poſſede quoiqu'imparfait. Quatre vaſtes pavillons forment le corps du bâtiment: au centre eſt une tour qui renferme un eſcalier en coquilles, compoſée de deux montées au dedans l'une de l'autre, par leſquelles pluſieurs personnes peuvent monter & descendre sans s'entrevoir. Elles ont chacune 174 degrés, & du haut on voit au bas le trou du noyau. Les jardins en sont très-beaux & la forêt voisine ajoute aux agrémens de ce séjour. Elle a 5000 arpens, est presque toute de haute-futaye, & renferme le château de *Monfrault*, vaste solitude qui sert de maison de chasse.

Ménars, marquisat près de la Loire. Son château est très-beau, bâtie sur un côteau environné de terrasses, d'avenues, de jardins, de bois, qui joints aux points de vues qu'il présente, en font un séjour délicieux. Il renferme la petite ville de *Mer*, située à une lieu de la Loire, qui eut autrefois un temple de Calvinistes, & contient 2100 ames.

Millançay, petite ville sur un ruisseau, voisine d'une belle forêt. Ses habitans prétendent qu'elle fut fondée par César, & qu'il y avoit bâti une tour d'une hauteur surprenante, entourée d'un fossé de 500 pas de large, rempli d'eaux vives.

La *Ferté-Imbault*, ou *Hubault*, petite ville sur la Seudre, qui a une collégiale, & un château orné d'un très-beau parc. Quelques-uns la placent dans le Berry, mais mal-à-propos.

Chiverny est un bourg séparé de celui de *Cour*, par une petite riviere; il a un château grand & magnifique, enrichi de peintures & de sculptures, orné d'un parterre & d'un bois en allées, &c. *St. Dié*, grand bourg près de la Loire : l'hermitage de St. Dié l'a fait bâtir; & Clovis y avait fondé un monastere. *Contres* est sur la Bierre, & a de gros marchés. *Pontlevoy*, bourg qui a un college, & une abbaye de bénédictins dont la mense est réunie à l'évèché de Blois; il est dans une situation charmante, & près de la forêt d'Amboise. *Les Montils*, paroisse sur la riviere de Beuvre, avec les ruines d'un château des comtes de Blois.

Herbault, village où eſt un beau château, & une chapelle d'ordre dorique, eſtimée des connaiſſeurs. *Beauregard*, vicomté, ſituée à l'extrémité de la forêt de Ruſſy; ſon château eſt ſi magnifique qu'on lui donne l'épithete de royal: une de ſes galeries eſt ornée des portraits des hommes les plus illuſtres, depuis Philippe de Valois juſqu'à Louis XIV. *Bury* eſt un comté qu'arroſe un ruiſſeau, qui ſe jette dans la Loire. *Chaumont*, château qu'habitait Catherine de Médicis. On trouve encore dans le Blaiſois un grand nombre de châteaux, reſtes de la réſidence qu'y faiſait autrefois la cour.

VII *La Sologne.*

Elle s'étend entre la Loire & la grande Seure, juſqu'au Berry qu'elle touche au midi; & a 22 lieues de long ſur 11 de large. Elle renferme des bois, du gibier, des pâturages; mais l'on n'y recueille guere que du ſeigle, qui peut-être lui donna ſon nom. Ses habitans ſont ménagers, & peu communicatifs.

Remorentin, *Rivus Morentini*, ville ſur le ruiſſeau de *Morentin* qui lui donna ſon nom, que d'autres font venir de *Roma minor*, & ne manquent pas de la faire fonder par Jules-Céſar. Elle eſt le chef-lieu d'une élection, & le ſiege d'un bailliage. Elle a un chapitre: dans ſes environs eſt une terre propre à dégraiſſer les laines: on y fabrique des draps & des ſerges eſtimées: on y commerce auſſi en laines non ouvrées, & en poiſſons. On y compte 7000 ames.

La Ferté-Aurain, ville de 3 à 400 habitans, qui a le titre de duché-pairie, & eſt ſur la Beuvron.

Sulles ou Sully, eſt ſur la Loire. Il a une égliſe collégiale, & 2700 habitans. Près d'elle eſt une abbaye de bénédictins: les uns la placent dans l'Orléannais, d'autres dans le Gatinois.

Pierre-Fitte, eſt un bourg; il en eſt pluſieurs de ce nom diſperſés dans le Gatinois, le Berres &c.

VIII. *Le Gatinois Orléannais.*

Il a au nord le Hurepoix, la Loire le ſépare du Berry; au levant, il a le pays Chartrain & l'Orléannais. Sa longueur eſt de 24 lieues, ſa largeur de 6 à 8, il eſt compoſé de vaſtes plaines qu'arroſent la Loire, le Loing, &c. traverſées par les canaux de Briare & d'Orléans, ſemées d'étangs qui en rendent l'air malſain. Les bois, le gibier, les poiſſons, les pâturages y abondent: près de la Loire on recueille du vin & du ſafran eſtimé: le ſol y eſt ſablonneux & très-ſec. Il tire ſon nom de *Gaſtines*, mot qui déſigne le lieu d'une forêt dont les arbres ont été abbattus. Les *Senons*] & les *Aureliani*, ont habité ce pays. Il eut des comtes dès le IXe. ſiecle, & Philippe I le réunit à la couronne.

Montargis, *Mons Argiſus*, ville de 6000 habitans, ſituée au pied d'un côteau ſur le canal de Briare, près du Loing. Elle eſt belle & fut rebâtie à neuf dans le XVIe. ſiecle. Elle eſt le chef-lieu d'une élection, a le titre de duché-pairie, eſt le ſiege d'un préſidial, & d'un bailliage, qui jugent ſuivant une coutume particuliere. On y compte ſept couvens: d'anciens monumens ſe voient dans celui des dominicains. Son vieux château bâti ſur la hauteur, fut élevé par Charles V. Près d'elle eſt une forêt de 8300 arpens.

Bois Commun eſt une petite ville, ſiege d'une chatellenie, & elle renferme 1600 habitans.

Terrieres a une abbaye de citeaux: elle eſt ſur le Clery, près du Loing & du canal de Briare, & ſes environs ſont très-agréables. On y compte 1200 habitans.

Lorris est dans des marécages : autrefois si un de ses habitans niait une dette, il se battait sans armes avec celui qui prétendait être son créancier, & le battu payait.

Château-Renard, petite ville ancienne, où l'on compte 200 habitans, & où l'on fabrique des draps pour les troupes.

Puiseaux, petite ville dont un torrent trop resserré dans ses rues, renversa dans une heure 150 maisons sur la fin du dernier siecle. Elle n'a pas 500 habitans.

Chatillon-sur-Loing, ville qui a le titre de duché-pairie, située dans un beau vallon, sur le canal de Briare, à l'endroit où le Loing le traverse. Elle a une église collégiale, & 1700 habitans. Au milieu de la colline voisine, s'éleve un château dont la chapelle renferme les tombeaux de l'amiral Coligny & de sa femme.

Gien, ville, chef-lieu d'une élection, & d'un comté, siege d'un gouverneur & d'un bailliage. Elle a une église collégiale & trois couvens. La Loire l'arrose, & on l'y passe sur un beau pont, d'où la vue est charmante. On y compte 4200 habitans.

Briare, *Bribodurum*, ville de 1000 habitans, sur la Loire, à l'origine du canal de son nom.

Le *Puisage* ou *Puisay*, est un petit pays fertile en pâturages, en bleds & en vins, situé au midi du Gatinois, arrosé par la Loire, dont *St. Targeau* est la capitale, ville qui a un château, le titre de duché, & est sur le Loing. Il renferme encore *St. Amand*, ville qui a 1000 habitans. *Bleneau* sur le Loing, siege d'un bailliage, ville de 1200 ames, & *Bonny*, au confluent de la Cheville avec la Loire, ville où siege un bailliage, & qui renferme 1300 habitans.

La

La France possede encore dans les diverses parties du monde, plusieurs établissemens.

En Asie	*Pondichery*, &c.
En Afrique	Le *Bastion de France*, dans le royaume d'Alger. Le *Fort Arquin*, près du Cap-Blanc. L'Isle *Gorée*, près du Cap-Verd. Les Forts Joal, Bintan ou Vintain, Portendic, St. Joseph, Louis, Albreda & Bissos. Les Isles de Bourbon & de France, dans la mer des Indes.
En Amérique	Une partie de l'Isle St. Domingue. Quelques unes des petites Antilles. La Martinique. Une partie de la Guyane.

Enfin, elle possede encore l'Isle de Corse : elle l'a reçue des Genois, comme en hypotheque des sommes qu'ils lui devaient; mais cette hypotheque n'est qu'apparente, & est une véritable propriété. Nous la placerons à l'article de l'Italie.

FIN du Tome Cinquieme.

NOTES ET TABLE

POUR

LA FRANCE.

IL n'eſt pas de pays dont on ait plus de cartes que de la France. Les plus anciennes ſont celles de *Poſtelle*, de *Thevet*, de *Planitus*, de *Jolivet*: les meilleures ſont celles de *Deliſle*, de *d'Anville*, de *Julien*, deſſinées par Caſſini de Thury: l'Atlas de la France par Julien, eſt le plus complet qu'on ait encore.

Chaque province a ſes cartes particulieres. On eſtime ſurtout celles de Deliſle qui a travaillé preſque ſur toutes: celles de Sanſon, de Robert de Vaugondy, de Jaillot ſont eſtimées.

Le titre du roi de France eſt peu étendu, & pourrait l'être moins encore, ſans rien ôter à la grandeur de celui qui le porte; le voici: *Par la grace de Dieu, Roi de France & de Navarre.* Ses ſujets lui donnent le nom de *Sire*, les étrangers celui de *Majeſté très-Chrétienne*, le pape, celui de *Fils aîné de l'égliſe.* Le fils aîné du Roi s'appelle *Dauphin*, & le fils aîné du Dauphin, *Duc de Bourgogne.*

Ses armes ſont deux écus accolés; le premier d'azur à 3 fleurs de lis d'or, pour la France; le ſecond de gueules, aux chaînes d'or, paſſées en croix, en ſautoir & en double orle, renfermant une émeraude en cœur, pour la Navarre. Ces deux écus ſont timbrés d'un caſque royal d'or, c'eſt-à-dire, *taré de front & tout-à-fait ouvert*, aſſorti de ſes lambrequins d'or, d'azur & de gueule, qui ſont les *couleurs du roi :* ſurmonté d'une couronne formée de 8 demi-cercles, & d'autant de fleurs de lis d'or, qui eſt le cimier de France : les deux écus ſont entourés des deux colliers des ordres du St. Eſprit, & de St. Michel, portant deux anges revêtus de dalmatiques, l'une de France, & l'autre de Navarre, tenant l'une, la banniere de France, l'autre celle de Navarre : le tout ſous un pavillon ſemé de France, doublé d'hermines, frangé & houpé d'or, le comble rayonné d'or, ſommé d'une couronne royale françaiſe, avec l'oriflamme ondoyante ſemée de France, au bout d'une pique ferrée d'une double fleur de lis d'or. La deviſe eſt *Lilia neque laborant neque nent*, & le cri de guerre *Mont joye Saint Denis.*

Nous avons eu occaſion de voir par nous mêmes, quelques uns des lieux qui font le ſujet des différens articles de cette géographie ; nous donnerons ici deux ou trois corrections qui nous paraiſſent importantes.

L'arſenal de Lyon eſt détruit, on penſe à en établir un nouveau : la ſalle d'armes ſeule, mérite l'épithete qu'on donne à l'arſenal, & c'eſt à elle ſans doute que l'on donnait ce nom. Les ruines de l'Aqueduc élevé par les Romains, au-deſſus du fauxbourg St. Irénée, méritent encore d'être vues : l'ouvrage était revêtu de pierres très-dures, épaiſſes, taillées à 6 faces, ayant 5 à 6 pouces de diamètre, & jointes comme le ſont les alvéoles d'un gâteau d'abeilles.

On s'y plaint que l'on ſoit obligé de paſſer à bac l'Iſere, la Drome & la Durance, & l'on ajoute qu'il ſerait digne d'un protecteur du commerce, d'y élever des ponts, cet ouvrage eſt fait aujourd'hui : l'Iſere a un beau pont de bois, la Drome a un magnifique pont de pierres ; la Durance en a un auſſi.

On a rapporté deux meſures différentes du pont

St. Eſprit : l'une était dans Buſching, l'autre eſt d'un anonyme qui a publié ſes obſervations dans le journal de phyſique ; celui-ci devait être ſuppoſé plus exact : cependant la meſure de Buſching eſt la ſeule vraie. Il y a tout lieu de croire que dans les obſervations de l'anonyme, il y a quelques fautes d'impreſſion : peut-être qu'au lieu de pieds, il faut lire toiſes ; ce qui rapprocheroit beaucoup les deux différentes eſtimations.

TABLE.

La nécessité de l'abréger, nous y a fait omettre les lieux dont on ne dit que les noms dans l'ouvrage même.

Gorze.

T.

ERRATA.

www.ingramcontent.com/pod-product-compliance
Lightning Source LLC
Chambersburg PA
CBHW050057230426
43664CB00010B/1348
* 9 7 8 2 0 1 9 5 5 5 4 9 8 *